U0922684

村镇干部法律工作手册（下）

CUNZHENGANBUFALV GONGZUOSHOUCE

张志杰　主编

山西出版集团
山西人民出版社

农村企业篇　目录

经典案例选编

相关法律问答

附：相关法律法规

农村生活篇　目录

经典案例选编

相关法律问答

附：相关法律法规

农村土地篇　目录

经典案例选编

相关法律问答

附：相关法律法规

NONGCUN

QIYE PIAN

农村企业篇

经典案例选编

1. 李某等承包合同纠纷案

案情：山西某村民李天来极具经营头脑，他1999年3月提出建立一个股份合作制的农业企业，动员其他村民以土地入股，平时也在该土地上劳作，但生产什么和前期准备、后期销售要听从企业安排。入股的农民不仅可以领取工资，而且可以在年终的时候领取股息。村干部以农民土地不可以入股办企业制止李天来的该行为。李不服，请求乡领导解决这一争议。乡领导根据《土地管理法》有关规定认为只有集体经济组织进行联营时可以以土地入股，农民个体不得以土地入股。

李天来以承包合同纠纷为由向人民法院提起诉讼。法院审理认为李天来等村民未经发包方同意，擅自将土地入股，程序不合法。

评析：农民土地可以入股，但必须经发包方同意，并不得擅自将耕地转为非耕地。李某等人未经村民会议同意，程序上具有不合法性，应补足程序。

1998年《中华人民共和国土地管理法》第60条第一款。即：农村集体经营组织使用乡（镇）土地利用总体规划确定的建设用地兴办企业与其他单位、个人以土地使用权入股、联营等形式共同创办企业的，应当持有关批准文件，向县级以上地方人民政府土地行政主管部门提出申请，按照省、自治县、直辖市规定的批准权限，由县级以上地方人民政府批准；其中涉及占用农用地的，依照本法四十四条的规定办理。

作为村委会组成人员既要鼓励村民又要积极的组织村民发展经济，同时也要引导村民严格遵照法律程序来进行。

2. 钱某与镇政府承包合同纠纷案

案情：1991年陕西省某县农民钱某搞运输发财了，但近年运输行业竞争激烈，他想把赚得的钱投入到实业中。镇建材工厂因经营不善，连年亏损，镇政府决定把它承包出去。钱某认为自己对建材市场熟悉，想去承包。钱某与镇政府签订了承包协议。后来厂里的职工也想承包镇建材工厂，向政府提出：乡镇企业内部人员有权优先承包，钱某作为农民无权承包企业。于是，镇政府解除了与钱某签订的承包协议，把厂承包给了厂里职工。钱某已经为承包企业做了准备，因承包合同被解除而产生经济损失。钱某要求镇政府履行承包合同，赔偿损失，镇政府拒不赔偿。钱某该怎么办？

评析：钱某可以到法院去起诉镇政府，要求镇政府赔偿违反合同所造成的损失，根据乡镇企业颁布的规定：农民有权承包乡镇企业。镇政府在违反承包合同约定的情况下，单方面撕毁合同，要承担违约责任，赔偿因违反合同给承包人钱某造成的损失。

1987年国务院《城乡个体工商户管理暂行条例》第二条：有经营能力的城镇待业人员、农村村民以及国家政策允许的其他人员可以申请从事个体工商业经营。因此，钱某有权要求镇政府履行承包合同并且赔偿损失。作为村委会工作人员我们要做到熟悉相关的法律法规，必要的时候给予村民相应的法律指导。

3. 徐某以个人身份开办企业引发争议案

案情：农民徐某因在村间贩卖猪崽和猪肉而发财，成为远近闻名的“万元户”。1999年，县食品公司为开拓农村肉制品市场，决定出资扶持几个县食品销售公司，其中选定徐某作为扶持对象，由县食品公司借款给徐某作为出资，三年后偿还。以徐某的名义成立私营销售公司，专营县食品公司的产品，兼营由徐某自己决定。同村王某认为徐某是农民，开办企业有身份限制，县食品公司应当扶持自己的销售公司，于是向法院提起诉讼。

评析：徐某可以开办私营企业，国家法律和法规对农民开办私营企业没有禁止性规定。国家鼓励农民开办企业，扩大就业渠道，因此法院应当支持徐某。

1999年《中华人民共和国个人独资企业法》第八条，设立个人独资企业应当具备下列条件：

（1）投资人为一个自然人；

（2）有合法的企业名称；

（3）有投资人申报的出资；

（4）有固定的生产经营场所和必要的生产经营条件；

（5）有必要的从业人员；

因此徐某可以开办私营企业。

4. 村委会主任利用职权干涉集体经济组织人选引发纠纷案

案情：甲村集体组织投资设立了某乡办厂，经营畜牧业，由于经营有方，企业效益一直很好。该厂副厂长张三是甲村村委书记的弟弟，村委书记仰仗自己在村里的势力，明知弟弟张三没有能力还要强行撤换现任厂长，并任命张三为新任厂长。对此，厂里的村民不服，而村委书记说，该厂是村集体经济组织的企业，身为村委书记有权利决定谁任企业负责人。该村民不服向法院提起了诉讼。

评析：在本案例中，甲村村委书记的说法不符合法律的规定，乡镇企业依法实行独立核算，自主经营，自负盈亏，即使是本村集体组织投资设立的企业，其经营和财务也是独立的，不属于村委。企业有权自主决定经营方式和人事安排，不受村委的管辖。乡镇企业法规定，任何组织或者个人不得违反法律、行政法规干预乡镇企业的生产经营，撤换企业负责人；不得非法占有或者无偿使用乡镇企业的财产。因此，本案例中村委书记不得干预该厂厂长人选的安排。

根据《中华人民共和国乡镇企业法》第11条、第12条。

5. 王某开办企业债务纠纷案

案情：1993年农民王某因自己手头存有一些积蓄，再向亲朋好友借点钱，另外一部分资金通过银行贷款，开办一个小煤窑，并办理了私营企业登记。刚运营没多久，国务院下令在全国范围内关闭小煤窑，王某的小煤窑也被关闭了，因为尚未盈利，王某无法偿还借款，负债累累。于是王某只好去南方打工，经过3年的努力，王某再次小有积蓄，银行得知后，便要求王某还债。但王某认为自己以前开煤窑的债务应该随着小煤窑的破产而消灭，企业也注销了，债务也与他无关了，便拒不还款，但银行认为企业是王某的，因此债务也应该由王某来承担，所以银行向法院起诉了王某。

评析：法院支持了银行的诉讼请求，要求王某偿还借款和利息，因为独资企业投资者对企业债务承担无限责任。

根据1999年《中华人民共和国个人独资企业法》第28条：个人独资企业解散后，原投资人对个人独资企业存续期间的债务仍承担偿还责任，但债权人在五年内未向债务人提出偿债要求的，该责任消失了，以及第31条个人独资企业财产不足以清偿债务的，投资人应当以其个人的其他财产予以清偿。

由此可以看出，银行向王某要求支付借款是有法律依据的。王某应当还款。

6. ××公司状告胡某欠款纠纷案

案情：××市人民法院审理查明（义民初字第2972号）：1999年两被告（夫妻）到××市做服装生意，为原告公司的能达利品牌服装做总代理。2002年4月15日，原告公司与被告胡某协商，双方共同出资组建经营××集团南昌分公司，联营协议载明："双方出资比例为5：5。联营公司单独核算，自主经营，自负盈亏。联营期间所形成的财产、债权、债务原则上以出资比例分割，联营时间为一年。”联营协议签订后，原告公司派员参与市场开拓和销售管理，但双方并未注册登记成立能达利集团南昌分公司。经营期间被告胡某应付公司货款，由公司每月寄发对账单给被告胡某进行确认。2002年12月，原告公司寄给被告胡某的对账单载明，截止2002年11月30日，被告尚欠原告货款304187元，该对账单由被告雇佣的员工骆某于2002年12月26日代胡某签名后寄回原告公司。原告以此为据要求两被告给付欠款304187元。庭审中，两被告提供了原告公司2003年1月1日出具的对账单，该对账单载明截止2002年12月31日止，两被告欠原告货款105440元。被告胡某当庭承认对账单上的款项系被告欠原告的货款，但要求对联营期间的账目进行清算，扣除相关费用后进行找补。

原告诉称：两被告与原告有服装购销往来，至2002年底，双方结算，两被告尚欠原告货款304187元，要求给付。庭审中变更诉讼请求，要求两被告给付欠款105440元。

被告辩称：被告从1999年开始在××市给原告服装做总代理，2002年4月15日与原告联营合伙做生意，一直没有结算过，要求把账目算清楚。

××市人民法院认为：原、被告双方虽签订了联营协议书，但并未注册登记成立联营公司，故原、被告双方的联营体实际并不存在。被告胡某欠原告货款105440元，有对账单为凭，事实清楚，两被告系夫妻，被告胡某经营所欠债务应为夫妻共同债务。原告要求两被告给付105440元货款，应予支持。两被告要求和原告清算联营期间的账目，属另一法律关系，可另行解决。依照《中华人民共和国合同法》第一百五十九条的规定，判决：被告张某、胡某给付原告××集团有限公司货款105440元，于判决生效后一个月内履行完毕。

原判生效后，原审被告提出再审申请，法院决定再审。

××市人民法院再审判决认定：双方签订的《联营协议书》载明："…四、联营公司单独核算，自主经营，自负盈亏。五、由乙方担任联营公司的法人代表、任董事长，甲方派员任总经理…联营时间暂定壹年…八、联营期满后，若撤销联营，原则上谁投入的资产仍归谁所有，折价方法与联营开始一致，联营期间新形成的财产、债权、债务原则上以出资比例分割，也可双方协商其他分割方法。"其余事实与原审认定一致。

××市人民法院再审判决认为：被申请人主张的货款，发生在被申请人与申请再审人胡某履行联营协议期间，应属双方联营期间的对外债务，应由联营协议当事人原审原告与胡某共同承担。按照联营协议约定，双方各应负50%，胡某依法承担其应负担的份额。关于欠款数额，胡某在原审庭审中对"××市分公司"欠被申请人货款105440元没有异议，可以认定。而申请再审人张某不是联营协议当事人，原审判令其与胡某共同承担原审原告所主张的全部货款，于法无据，应予纠正。申请再审人要求与被申请人就联营协议的履行进行清算，不在本案审理范围。判决：一、撤销本院（2004）义民初字第2972号民事判决。二、申请再审人（原审被告）胡某给付被申请人（原审原告）××集团有限公司货款52720元，于本判决生效后十日内付清。三、驳回被申请人（原审原告）××集团有限公司的其他诉讼请求。

胡某不服××市人民法院再审判决，向××市中级人民法院提起上诉，主要理由为：一、以被申请人于2003年元月1日出具的对账单作为欠款依据错误。申请人在一审时提供该份对账单的目的在于否认被申请人提出的截止2002年11月30日止的对账单，并说明双方账目未清，要求清算。二、本案不属于买卖纠纷而应属于联营纠纷，双方应依据"联营协议书”承担相应的权利和义务。三、在双方账目未清、责任尚不明确的前提下，法院应判令清算。请求二审法院撤销原审判决，依法改判。

被上诉人××市集团有限公司（以下简称能达利公司）辩称：一审判决认定事实清楚，适用法律正确，请求维持。

××市中级人民法院经再审查明的事实，与××市人民法院再审认定的事实一致。

××市中级人民法院认为，××公司与“××分公司”之间存在买卖合同关系，××公司为出卖人，“××分公司”为买受人。作为出卖人，××公司享有请求“××分公司”支付货款的权利，“××分公司”则有支付货款的义务。由于“××分公司”是通过签订“联营协议”的方式成立的，且未经依法登记，故其性质为个人合伙。根据《中华人民共和国民法通则》第三十五条第二款的规定，“××分公司”的债务应当由各合伙人即××公司与胡某连带清偿。鉴于××公司既是本案买卖关系的债权人，同时又是合伙关系中的债务人，根据债法原理，××公司与胡某应负的连带清偿之债因××公司的主体混同而消灭；但作为债权人的合伙人（××公司）有权根据合伙协议的约定，向其他合伙人（胡某）主张应承担的份额，即连带清偿之债转化为作为债权人的合伙人向其他合伙人的追偿之债。本案中，根据双方当事人签订的《联营协议》第八条的约定，对于联营期间债务，原则上以出资比例分割，故××公司与胡某应当对“××分公司”对外产生的货款各半负担。原审法院判决上诉人胡某支付被上诉人××公司一半份额的货款并无不当。关于清算问题，合伙人与合伙之间存在交易关系的情况下，该交易关系为外部关系，合伙人之间因合伙终止等引起的清算关系属于内部关系。由于这两种法律关系产生的依据、纠纷性质及所适用的法律规范均不同，相应的权利义务关系内容也不同，由此产生的请求权并不冲突。因此，虽然合伙活动终止后未经清算，并不影响买卖合同关系权利人行使货款请求权，故胡某主张本案为联营纠纷，应当判令清算的理由不能成立。关于货款数额，一方面，上诉人自己提供的落款日期为2003年元月1日的对账单载明，截止2002年12月31日，“账面余额105440元”；另一方面，上诉人在原审庭审中对该对账单质证时承认过“我欠原告方10万元，我们账没有算”，能印证欠款数额10544元的事实，故胡某认为欠款错误的理由不能成立。综上，原审法院审理程序合法，所作判决实体适当。依照《中华人民共和国民事诉讼法》第一百五十三条第一款第（一）项之规定，作出判决：驳回上诉，维持原判。

评析：（1）合伙的对外法律关系与对内法律关系。

在合伙人个人向合伙进行货物交易的情况下，存在两种不同的法律关系，即外部关系与内部关系。合伙人与合伙之间的交易关系为外部关系，合伙人之间的合伙关系为内部关系。因货物买卖产生的如价款、质量等交易纠纷，所依据的是买卖合同，根据合同法的规范调整；因合伙出资、清算等产生的纠纷，依据的是合伙协议，适用有关合伙法律规范调整。鉴于两种法律关系发生的依据及相应的权利义务内容不同,纠纷性质及所调整的法律规范也不同，由此产生的请求权应为相互独立、并不冲突。本案中，就合伙关系而言，××公司与胡某之间的清算属于内部事务，是否清算以及何时清算均由合伙协议约定。就买卖关系而言，××公司主张货款的权利得到满足后,只是导致买卖关系的消灭,不影响××公司与胡某作为合伙人对合伙的清算权利（包括盈余的分配及亏损的承担）。因此，胡某主张本案不是买卖纠纷而是联营纠纷，账目未清的情况下应当判令清算的理由不能成立。需要明确的是，本案货物买卖关系的当事人是××公司与“××分公司”，因此，直接的付款义务人应当是“××分公司”而不是胡某个人。

（2）合伙债务的清偿顺序。

在合伙未经清算的情况下，合伙的债权人是否有权要求合伙人个人清偿合伙债务或者合伙人能否以合伙未经清算为由拒绝清偿？涉及合伙财产与合伙人个人财产清偿合伙债务的顺序问题。

合伙债务清偿的财产范围，各国立法均从保护债权人的角度出发，将合伙债务清偿责任规定为无限责任，即合伙债务不仅要以合伙财产清偿，而且要以合伙人个人财产承担连带责任。但对于合伙财产和合伙人个人财产清偿债务的顺序，各国的立法规定却不同，有并存主义与补充主义之分。所谓并存主义，就是对合伙债务，由合伙财产和合伙人个人财产负连带清偿责任，债权人可就合伙财产和合伙人个人财产选择请求清偿。并存主义立法例有德国和瑞士。所谓补充连带主义，就是对合伙债务，债权人应首先要求以合伙财产作为清偿，合伙财产不足清偿时，各合伙人就不足之额连带负其责任，即合伙人个人对合伙债务仅负补充责任。世界上规定补充连带主义的国家和地区，仅有巴西和我国的台湾。台湾民法第681条规定：“合伙财产不足清偿合伙之债务时，各合伙人对于不足之额，连带负其责任。”

在我国，合伙被区分为合伙企业与个人合伙两大类。原《合伙企业法》第39条规定：“合伙企业对其债务，应先以其全部财产进行清偿。合伙企业财产不足清偿到期债务的，各合伙人应当承担无限连带清偿责任。”可见，我国立法对于合伙企业的债务，非常明确地选择了补充连带主义。个人合伙的情况也相同，从最高院《关于贯彻执行<中华人民共和国民法通则>若干问题的意见（试行）》第47条规定的“全体合伙人对合伙经营的亏损额，对外应当负连带责任”的内容分析，合伙人只对“亏损额”承担责任，应属补充连带责任。此外，1992年，最高法院《关于审理合伙型联营体和个人合伙对外债务纠纷案件应否一并确定合伙内部各方的债务份额的复函》认为：“合伙型联营和个人合伙的财产能够清偿联营或合伙债务的，应当以合伙型联营体或个人合伙的财产清偿。合伙型联营体、个人合伙无财产清偿或者其财产不足清偿联营、合伙债务的，应当由联营成员或合伙人承担责任。”更加明确地表明个人合伙也采补充连带主义的精神。

由于合伙债务以合伙人个人财产清偿还是以合伙财产清偿，取决于合伙财产是否足以清偿合伙债务，有必要对合伙财产的清偿能力区分三种情况加以研究：①合伙财产足以清偿全部债务；②没有任何合伙财产可供清偿合伙债务；③合伙财产只能部分清偿合伙债务。上述第二种情况，合伙债务应当由各合伙人个人财产清偿全部的合伙债务，各合伙人之间互负连带清偿责任，通常不会产生争议。但在第一种、第三种情况的债务清偿，争议在所难免。因为，在补充连带主义立法模式下，合伙人个人只就合伙财产不足清偿部分承担补充责任，只要合伙财产可全部或部分清偿合伙债务，合伙人个人有权拒绝以自己的财产承担全部或部分清偿责任。因此，如果债权人对于合伙财产能否清偿合伙债务提出异议，或人民法院审理中难以确定合伙财产能否全部或部分清偿债务，是否应当在程序上以诉不合法而驳回债权人的起诉？如果应当作出实体上的判决，则又如何确定合伙人个人应当清偿的份额？等等，问题产生的根本原因来自于补充连带主义立法本身。笔者认为：在立法论上，合伙债务清偿实行补充连带主义存在重大缺陷。在没有个人破产制度的背景下，先用合伙财产清偿合伙债务、不足部分由合伙人补充，与先用合伙人个人财产清偿合伙债务、受清偿的合伙人通过内部关系追偿，只是时间上和程序上有区别，结果上并无二致。根据合伙人责任的无限性特点，合伙人追偿中可能存在的风险应当由合伙人承受，不应当转嫁给合伙债权人。此外，能否清偿合伙债务的问题本身不是也不应当是诉讼程序中明确的问题，而是执行程序中所需要解决的问题。事实上，我国的执行实务中，合伙企业不能清偿合伙债务，通常直接追加合伙人个人为被执行人。因此，补充主义立法不适用我国国情，有必要修改为并存主义立法。在法律适用论上，审判实务应当以现行法为基础，在不突破现行法的原则下，在法律解释上尽量克服或弥补立法缺陷。在立法未作修改前，可通过对合伙人苛以较重举证责任的方法予以矫正。

（3）合伙清偿能力的举证责任分配。

在补充连带主义的立法模式下，合伙人个人承担连带责任的前提是“合伙财产不足以清偿合伙债务”，因此，“合伙财产能否足以清偿合伙债务”为案件的要件事实。合伙债权人负有对“合伙（上接第69页）财产不足以清偿合伙债务”的举证责任，合伙人则负有对“合伙财产足以清偿合伙债务”的举证责任。有疑问的是，如果合伙债权人、合伙人均未对自己的主张尽举证责任，或者虽然提供了证据但不足以证明，最终导致“合伙财产能否足以清偿合伙债务”真伪不明，谁应当承担不利后果，换言之，谁应当承担“合伙财产不足以清偿合伙债务”结果意义上的举证责任？对此法律或司法解释均未规定。根据最高法院《关于民事诉讼证据的若干规定》第七条的规定，无法确定举证责任承担时，人民法院可以根据公平原则和诚实信用原则，综合当事人的举证能力等因素确定举证责任的承担。笔者认为，从举证能力的角度分析，应当由合伙人负举证责任。因为，合伙人控制着合伙财产，有能力对财产能否清偿债务的状况提供证据，而债权人对于合伙财产情况并不知情，也无从举证。

本案中，“南昌分公司”的合伙人胡春花，只是提出账目未清的主张，并未举证证明合伙财产能清偿上述债务的事实，因此，再审中两级法院均以“合伙财产不足以清偿合伙债务”作为裁判前提，是符合个人合伙纠纷的实际情况的。

（4）债权人为合伙人时其他合伙人债务份额的确定。

本案是一个特殊的合伙纠纷，其特殊之处还表现在合伙人之一向合伙提供货物，即合伙人与合伙之间存在买卖法律关系。此种情况，该合伙人既是买卖关系的债权人，同时又是合伙关系的债务人。恰巧，合伙人又只有原、被告双方，容易使两种法律关系混淆。导致原、被告双方在是否需要清算为前提产生重大分歧，也使得原一审与再审（一、二审）的对于债务份额的确定存在不同认识。原一审判决两被告支付105440元货款，混淆了合伙债务与合伙人个人债务，显属不当。再审一审判决，根据联营协议由胡某个人承担一半的数额结果妥当，但未能厘清债的性质，尚有不足。再审二审法院在认定全体合伙人（原、被告双方）对合伙（“××分公司”）债务承担连带清偿责任的基础上，根据本案债权人即为合伙人之一的特点，根据主体混同发生债消灭的原理，将全体合伙人连带之债转换为债权人向其余合伙人的按份追偿之债，符合债法原理，值得赞同。

7. 名为独资，实为合伙企业所欠债务各合伙人承担连带清偿责任

案情：上诉人卞某因与被上诉人南通双底贸易有限公司（以下简称双盈公司）、原审被告某市丹徒区联达机械厂（以下简称联达厂）、魏某某、蒋某某、祝某某、尹某某、洪某买卖合同纠纷一案，不服江苏省南通市中级人民法院（2007）通中民二初字第0062号民事判决，向本院提起上诉。本院于2009年4月22日受理后，依法组成合议庭，于2009年7月27日公开开庭审理了本案。上诉人卞某的委托代理人刘某某，被上诉人双盈公司的法定代表人石某某及委托代理人邱某到庭参加了诉讼。原审被告联达厂、魏某某、蒋某某、祝某某、尹某某、洪某经本院合法传唤，无正当理由未到庭，本院依法缺席审理。本案现已审理终结。

双盈公司一审诉称：魏某某、蒋某某、卞某、祝某某、尹某某、洪某于2005年12月开始合伙经营联达厂，合伙期限为10年。2006年10月3日，联达厂与双盈公司签订工矿产品购销合同一份，约定联达厂向双盈公司购买，单价为1200元／吨，货到需方场地后一周内结清货款。合同签订后，双盈公司先后供给联达厂焦炭1636.625吨，总货款为1821038.65元，但联达厂仅给付部分货款，仍拖欠货款1213785.95元。请求判令：联达厂、魏某某、蒋某某、卞某、祝某某、尹某某、洪某共同给付货款1213785.95元，并承担逾期付款利息42259.18元。在一审庭审中，双盈公司要求利息按银行同期贷款利率计算，时间为自2006年12月15日起至判决确定的给付之日止。

卞某一审辩称：本案中的焦炭买卖业务发生于双盈公司与联达厂之间，如联达厂的资产不足以清偿债务，该厂投资人魏某某应该以个人财产予以清偿。虽然魏某某、蒋某某、卞某、祝某某于2005年12月18日签订了合伙合同，但是该合伙合同并未实际履行，联达厂仍为个人独资企业。卞某不是本案的适格主体，双盈公司要求卞某等个人支付联达厂的欠款没有事实和法律依据，故请求驳回双盈公司的诉讼请求。

联达厂、魏某某、蒋某某、祝某某、尹某某、洪某在一审中未应诉答辩。

原审法院经审理查明：双盈公司与联达厂于2006年10月3日签订工矿产品购销合同一份，约定由双盈公司向联达厂提供焦炭2000吨，单价为1200元/吨，货到需方场地后一周内结清货款。合同签订后，双盈公司先后向联达厂供货1636.625吨，总货款为1821038.65元。联达厂支付了部分货款，尚欠1213785.95元。2007年1月7日，联达厂向双盈公司出具欠条一份，载明"发票已全部收到，共计欠款1213785.95元"。

魏某某于2005年9月8日登记注册成立个人独资企业联达厂，并领有营业执照。魏某某、蒋某某、卞某、祝某某于2005年12月18日签订合伙合同一份，约定：合伙人魏某某原独资经营的联达厂因扩建、改建需追加投资，现由魏某某、蒋某某、卞某、祝某某四人共同出资，合伙经营，变更为合伙经营企业；合伙人魏某某以位于某市丹徒区高资镇巢山村的部分厂房和土地作价出资，土地上现有部分房屋将在合伙后拆除，原有企业的机器设备也将报废；蒋某某、卞某、祝某某三人根据实际建房及购买设备需要出资；合伙后的企业名称仍为联达厂，仍使用原魏某某领取的联达厂营业执照，原个人独资企业营业执照自合伙合同签订之日起归合伙企业所有，原投资人魏某某不得再单独使用该营业执照；蒋某某、卞某、祝某某的出资，用于新建厂房和购买机械设备，全部投资结束后，根据实际使用资金大家共同认可；魏某某、蒋某某、卞某、祝某某各占25%的比例分配；合伙债务先由合伙财产偿还，合伙财产不足清偿时，由各合伙人共同承担；合伙企业由魏某某负责生产及工人的管理，蒋某某负责对外开展业务，对合伙企业进行日常管理和产品销售，卞某负责财务，祝某某负责采购。合伙合同签订后，联达厂购买了冶炼炉等设备进行技术改造，并向双盈公司购买焦炭用于生产。

2006年12月23日，魏某某、蒋某某、卞某、祝某某、尹某某、洪某签订协议书一份，载明魏某某等六人按照约定出资成立联达厂，因正常生产进人困境，现就怎样解决该厂困境一事，协商达成一致意见：在10日内理清该厂自成立至该协议生效期间的所有账目；魏某某等六人一致同意全权委托魏某某将该厂对外承包，承包费用于偿还对外的债务和六人各自的投资；承包金额暂定最低每年50万元；该厂承包前对外的债权债务由魏某某负责处理，与其余五人无关。

此后，联达厂将厂房、设备等租赁给他人使用。

本案"一审争议焦点为：(1) 联达厂是否欠双盈公司货款；(2) 如联达厂欠货款，卞某等个人应否向双盈公司承担责任。

原审法院认为：

（1）双盈公司已提供了购销合同、入库单、欠条等证据证明联达厂欠双盈公司货款未付，卞某对该证据的真实性虽提出异议，但未能提供反驳证据。相反，卞某提供的魏某某的调查笔录能证明联达厂确欠双盈公司货款。其他原审被告均因不到庭而放弃了抗辩的权利。因此，对于双盈公司关于联达厂欠其货款1213785.95元的主张，应予采信。

（2）双盈公司主张联达厂由魏某某、蒋某某等人合伙经营，并提供了合伙合同、协议书等证据证明。双盈公司还认为，其提交的入库单中有祝某某的签名，祝某某正是按合伙合同中关于其负责采购的分工约定而在入库单中签名，由此说明合伙合同已实际履行。卞某主张其虽签有合伙合同、协议书，但实际并未履行。原审法院认为，双盈公司提供的合伙合同等证据已能初步证明魏某某等人之间系合伙关系，卞某提供的本案另三位原审被告的书面陈述，因其不到庭，对其真实性难以认定。即使卞某及其他三位原审被告所作的陈述是真实的，其也只是提出投资未到位，而投资未到位只能说明未诚信履约，并不能产生如同解除合同或退伙、散伙等法律行为所产生的法律效果。相反，在后来的六人协议书中，却进一步明确了联达厂系六人出资成立的事实，并且六人还同意以该厂对外承包的费用来偿还对外债务及六人各自的投资。因此，对于双盈公司提出的联达厂系魏某某等人合伙经营的主张，应予采信。

联达厂按工商登记仍为个人独资企业，但实质上已转化为合伙企业，未在工商部门进行变更登记，符合合伙人在合伙合同中延用原营业执照的约定。从后来的六人协议书来看，四人签订合伙合同之后，尹某某、洪某二人又加入合伙企业成为合伙人。

综上所述，联达厂尚欠双盈公司货款1213785.95元，此款应由联达厂偿还。联达厂通过出具欠条明确了义务，此后其未付款即应赔偿双盈公司货款的利息损失。联达厂系魏某某等六人合伙经营的企业，根据法律规定，合伙人对合伙的债务承担连带责任，魏某某等六位合伙人应对联达厂的债务承担连带清偿责任。联达厂、魏某某、蒋某某、祝某某、尹某某、洪某经传票传唤无正当理由未到庭参加诉讼，视为其放弃诉讼权利，原审法院依法缺席审判。依照《中华人民共和国民法通则》第三十五条、第八十四条、第八十八条第一款，《最高人民法院关于贯彻执行〈中华人民共和国民法通则〉若干问题的意见（试行）》第四十七条，《中华人民共和国民事诉讼法》第一百三十条之规定，原审法院判决：一、联达厂偿还双盈公司货款1213785.95元，并给付双盈公司该款自2007年1月8日起至判决确定之日止按中国人民银行同期贷款利率计算的利息；二、魏某某、蒋某某、卞某、祝某某、尹某某、洪某对联达厂的上述债务承担连带清偿责任。上述应履行之付款义务于判决发生法律效力之日起10日内履行完毕。如果未按判决指定的期间履行给付金钱义务，应当依照《中华人民共和国民事诉讼法》第二百二十九条的规定，加倍支付迟延履行期间的债务利息。案件受理费16580元、财产保全费5000元、公告费590元，合计22170元，由联达厂、魏某某、蒋某某、卞某、祝某某、尹某某、洪某共同负担。

卞某不服原审判决，向本院提起上诉称：第一，原审判决依据合伙合同及协议书认定存在合伙关系不当。①卞某提供的对魏某某、蒋某某、尹某某的调查笔录可以证明：合伙合同并未实际履行，蒋某某、卞某等人均未出资，亦未共同经营管理或执行合伙事务；魏某某向尹某某和洪某各借25万元用于联达厂的技术改造；联达厂无法偿还债务，尹某某和洪某多次催款，魏某某则采用签订协议书的方式稳住借款人；魏某某要求蒋某某、卞某、祝某某也在协议书上签字的理由是证明联达厂对外承包所得款项应用来偿还魏某某所欠尹某某和洪某的50万元借款。原审判决对卞某提供的上述证据以真实性难以认定为由未予采纳，且在魏某某、卞某等人均明确表示没有合伙的情况下确认存在合伙关系，该认定违背了当事人之间的真实意思表示。②原审法院并未查清合伙人的出资金额与出资比例，这印证了合伙合同仅为意向性合同，并未实际履行。③有祝某某签名的入库单并未经其本人确认，无法确认该签名的真实性，不能作为证据使用，即使该签名是真实的，也不能得出合伙关系成立的结论。第二，原审法院在相关当事人没有收到开庭传票的情况下就开庭审理本案，程序违法。综上所述，原审判决认定事实不清，程序违法，请求依法改判或将本案发回重审。

被上诉人双盈公司辩称：原审法院审理程序合法，认定事实清楚，适用法律正确，卞某的上诉理由不能成立，请求二审法院驳回上诉，维持原判决。

本院经审理查明：原审法院查明的事实正确，本院予以确认。

本案二审争议焦点为：①联达厂是否为魏某某、蒋某某、卞某、祝某某、尹某某、洪某六人合伙经营的企业；②卞某等人的出资数额、出资比例不明确以及联达厂名义上的个人独资企业性质是否影响本案中各合伙人的民事责任；③原审法院的审理程序是否违法。

本院认为：

第一，联达厂是魏某某、蒋某某、卞某、祝某某、尹某某、洪某六人合伙经营的企业。

（1）卞某等人有合伙经营联达厂的明确意思表示。魏某某、蒋某某、卞某、祝某某四人于2005年12月18日签订的合伙合同，明确约定由该四人共同出资、合伙经营，将原由魏某某最独资经营的联达厂变更为合伙企业。该合同还对合伙经营范围、合伙期限、出资方式、利润分配、合伙事务的执行、入伙与退伙等合伙企业设立中的主要内容作了明确约定。该合伙合同表明魏某某、蒋某某、卞某、祝某某合伙经营联达厂的意思表示是非常明确的。

（2）卞某等人已实际出资并共同参与了联达厂的经营决策活动。2006年12月23日，魏某某、蒋某某、卞某、祝某某、尹某某、洪某六人签订协议书一份，载明魏某某等六人按照约定出资成立联达厂，为解决联达厂的生产经营困境，六人一致同意将联达厂对外发包，承包金额暂定为最低每年50万元，并用收取的承包费偿还联达厂的债务与六人的投资。根据该协议的内容可以认定，魏某某、蒋某某、卞某、祝某某在签订合伙合同后已“按照约定”实际出资，且合伙人已由合伙合同签订时的四人变更为签订协议书的六人。而且，企业是否继续生产经营、是否选择“对外承包”这一模式进行经营、收取多少承包费用等，均关乎企业的前途命运，属于企业的重大经营决策事项。魏某某等六人以签订协议书的形式共同就上述重大经营事项作出决策，行使了合伙人才应享有的权利，从而进一步证明该六人已实际共同参与了联达厂的经营活动。卞某等人已实际出资并共同经营的事实说明合伙合同已实际履行。卞某在无法推翻共同出资、共同经营这一事实的情况下，以原审法院未查清出资数额及比例为由认为合伙合同仅为意向性合同、并未实际履行的观点不能成立，本院不予采纳。

（3）魏某某与其他五人之间系共同投资而非借款关系。卞某认为其与蒋某某、祝某某在2006年12月23日的协议书上签字仅是对魏某某与尹某某、洪某之间的借款关系进行证明，并在一审中提交了其委托代理人向魏某某、蒋某某、尹某某所作的调查笔录，用以证明上述观点。本院认为，由于魏某某、蒋某某、尹某某是本案的当事人，该调查笔录的内容经当事人本人确认后，性质上属于案件当事人的陈述，人民法院应当结合案件的其他证据对其进行审查才能确认应否作为认定事实的依据。但魏某某等三人经原审法院合法传唤，未到庭参加诉讼，未能对调查笔录进行确认，且调查笔录的内容与本案中其他证据存在矛盾。因此，原审法院未采信该三份调查笔录并无不当。此外，2006年12月23日的协议书并未提及卞某所称的借款事实，亦不能从中得出卞某等三人是作为借款关系证明人参与协议签订的结论。相反，该协议书关于魏某某等六人一致决定在10日内理清联达厂自成立至该协议生效期间的所有账目、将联达厂对外发包并将承包费用于偿还联达厂的债务和六人各自的投资的约定，可以证明卞某等六人与联达厂之间系投资关系、魏某某与其他五人之间系共同投资而非借款关系。因此，卞某的上述观点缺乏事实依据，本院不予采纳。

第二，卞某等人的出资数额、出资比例不明确以及联达厂名义上的个人独资企业性质均不影响本案中各合伙人的民事责任。

（1）卞某等人的出资数额、出资比例不明确不影响各合伙人对联达厂的债务所应承担的责任。出资数额、出资比例是合伙协议的重要内容，但仅涉及合伙企业的内部关系，并不影响合伙企业及合伙人对外的责任承担。而且，卞某等人在合伙合同中明确约定“合伙债务先由合伙财产偿还，合伙财产不足清偿时，由各合伙人共同承担”，该约定表明卞某等人对出资数额、出资比例不影响合伙企业及合伙人对外的责任承担这一问题是清楚的。因此，尽管根据现有证据合伙人的出资数额及比例尚不清楚，但这并不影响卞某等合伙人在本案中的责任承担。

（2）联达厂名义上的个人独资企业性质不影响各合伙人本应承担的民事责任。由于合伙合同明确约定合伙后的企业仍沿用原企业名称与营业执照，原个人独资企业营业执照自合伙合同签订之日起归合伙企业所有，原投资人魏某某不得再单独使用该营业执照，故尽管联达厂实质上已变更为合伙性质，生产经营活动由各合伙人共同决策，但联达厂在工商行政管理部门仍登记为个人独资企业。换言之，联达厂未据实变更企业性质系各合伙人作出的安排。各合伙人既然共同决定联达厂的生产经营活动，就应对联达厂生产经营过程中对外所负的债务负责。卞某等合伙人故意不将联达厂的个人独资企业性质据实变更为合伙企业的行为，不应成为各合伙人不承担法律责任的理由，否则交易安全得不到保护，相关法律规制合伙企业及合伙人的目的将会落空。

第三，原审法院的审理程序合法。原审法院在采用法院专递无法向蒋某某等当事人送达开庭传票等相关法律文书的情况下，采用公告的方式进行送达，符合法律规定。蒋某某等人经合法传唤，无正当理由未到庭，原审法院依法可以缺席审理。卞某关于原审法院在相关当事人没有收到开庭传票的情况下即开庭审理的主张与事实不符，其关于原审判决程序违法的上诉理由无事实依据，本院不予采纳。

综上所述，联达厂虽在工商行政管理部门登记为个人独资企业，但实质系魏某某、蒋某某、卞某、祝某某、尹某某、洪某合伙经营的企业。联达厂欠双盈公司的1213785.95元货款发生于合伙期间，属于合伙企业的债务。对合伙债务如何承担，《中华人民共和国民法通则》、《最高人民法院关于贯彻执行〈中华人民共和国民法通则〉若干问题的意见（试行）》以及《中华人民共和国合伙企业法》（1997年8月1日起施行）（以下简称《合伙企业法》）均有相关规定。根据特别法优于一般法的法律适用原则，本案应当适用《合伙企业法》。《合伙企业法》第三十九条规定："合伙企业对其债务，应先以其全部财产进行清偿。合伙企业财产不足清偿到期债务的，各合伙人应当承担无限连带清偿责任。"第四十条第一款规定："以合伙企业财产清偿合伙企业债务时，其不足的部分，由各合伙人按照本法第三十二条第一款规定的比例，用其在合伙企业出资以外的财产承担清偿责任。"据此可知，合伙企业债务的承担分为两个层次：第一顺序的债务承担人是合伙企业，第二顺序的债务承担人是全体合伙人。由于债权人的交易对象是合伙企业而非合伙人，合伙企业作为与债权人有直接法律关系的主体，应先以其全部财产进行清偿。因合伙企业不具备法人资格，普通合伙人不享受有限责任的保护，合伙企业的财产不足清偿债务的，全体普通合伙人应对合伙企业未能清偿的债务部分承担无限连带清偿责任。进而言之，《合伙企业法）第三十九条所谓的"连带"责任，是指合伙人在第二顺序的责任承担中相互之间所负的连带责任，而非合伙人与合伙企业之间的连带责任。本案中，对于联达厂欠双盈公司的货款，联达厂应先以其全部财产进行清偿。联达厂的财产不足清偿该债务的，卞某等合伙人对不能清偿的部分承担无限连带清偿责任。原审判决对联达厂与五位合伙人的责任顺序未作区分，应予纠正。综上，卞某的上诉请求无事实与法律依据，本院不予支持。原审判决认定事实清楚，审理程序合法，但适用法律有误。依照《中华人民共和国合同法》第一百五十九条、第一百六十一条，《中华人民共和国合伙企业法》（1997年8月1日起施行）第三十九条、第四十条第一款，《中华人民共和国民事诉讼法》第一百三十条、第一百五十三条第一款第（二）项之规定，判决如下：

（1）维持江苏省南通市中级人民法院（2007）通中民二初字第0062号民事判决第一项及案件受理费部分；

（2）撤销江苏省南通市中级人民法院（2007）通中民二初字第0062号民事判决第二项；

（3）魏某某、蒋某某、卞某、祝某某、尹某某、洪某对联达厂不能清偿的债务部分承担无限连带清偿责任。

上述联达厂应履行之付款义务于本判决发生法律效力之日起10日内履行完毕。如果未按本判决指定的期间履行给付金钱义务，应当依照《中华人民共和国民事诉讼法》第二百二十九条之规定，加倍支付迟延履行期间的债务利息。

二审案件受理费16580元，公告费600元，合计17180元，由上诉人卞某负担。本判决为终审判决。

8. 胡甲等30人诉胡乙合伙纠纷案

（1）案情：

1999年，申诉人胡甲等30人与被申诉人胡乙及其他合伙人共70人集资合伙开办砖厂，砖厂开办后即选举董事长及董事会成员，以有限公司之形式管理，并在其所属县工商行政管理局登记注册，登记种类为民营合伙企业，工商局为其核发企业法人营业执照。2000年始，胡乙承包该砖厂。2004年因砖厂所在镇政府之招商引资项目需征购砖厂租用之土地，双方遂签订搬迁协议，并就拆迁补偿费达成一致，砖厂即停办。该拆迁费由承租该厂之胡乙领取，并由胡乙持有。砖厂停办后机器设备由胡乙变卖，所得款项由其持有。胡甲等30人认为胡乙之行为已侵害其合法权益，要求胡乙偿还未分发款项、设备变卖款及其他款项。双方遂起纠纷，胡甲等三十人诉至法院，请求“终止合伙关系、进行财务清算，处理财产，债权债务和盈亏”。

（2）裁判要旨

一审认为，胡甲等30人与胡乙及其他合伙人共70人合伙开办砖厂后将该厂租赁给胡乙经营之行为合法。砖厂停办后，胡乙变卖该厂机器设备所得款项属全体合伙人所有。砖厂拆迁补偿费属全体合伙人所有。综上，判决胡乙将变卖机器设备所得款项交由全体合伙人分配；将砖厂拆迁补偿费交由全体合伙人分配。

胡乙不服，提出上诉。

二审认为，依照双方租赁协议，胡乙与该厂之间形成租赁承包合同法律关系。2004年因该厂所在镇人民政府之招商引资项目导致该厂停止经营，但该厂停办后一直未清算，亦未申请注销，依照法律之规定，企业法人应当依法清算完结，并办理注销登记后，方归于消灭。籍此，砖厂未清算注销登记前，仍视为存续，应以自己之名义进行诉讼活动。因胡乙与胡甲等30人之间不存在直接之租赁关系，胡甲等30人非合同对方当事人，故胡甲等30人之请求无法律依据。胡甲等30人无诉讼主体资格，本案应以合伙企业之名义向胡乙主张权利。另外，即使胡甲等30人代全体合伙人主张权利，亦必须依照《合伙企业法》第三十一条“处分合伙人之不动产和其他财产权利必须经全体合伙人同意”之规定。本案仅有胡甲等30人起诉，在一、二审中未能提供其诉讼行为业经全体合伙人之授权同意，故其诉讼行为不符合法律之规定。此外，《合伙企业法》第二十条规定，合伙企业进行清算前，合伙人不得请求分合伙企业之财产。因此，砖厂尚未清算前，胡甲等30人起诉主张分割合伙企业财产与法律相悖。综上，原审判决适用法律错误，应依法改判。二审裁定，撤销原判决，驳回胡甲等30人之起诉。

胡甲等人不服，已提出申诉，该案已进入再审。

（3）焦点问题

该案焦点问题有二：其一，该厂之性质，即该厂系合伙企业抑或企业法人；其二，诉权问题，即胡甲等30人作为该厂之合伙人是否具有诉权，能否以个人（集合个人）之名义向法院提起诉讼。惟明晰该案之焦点问题，方可理清正确处理思路。

（4）法律解析

①关于企业性质之认定

依照我国民法通则，企业按其性质划分为企业法人和非法人企业。企业法人具备法人资格之组织体，能够独立承担责任，体现为有限责任公司和股份有限公司两种形式，其至为重要之特点即承担责任以公司之财产为限。非法人企业无法人资格，但能够作为民事主体进行民事活动，合伙企业是其重要表现形式。根据我国民法通则确立的法人基本制度，合伙企业无法人资格，在其资本运营方式不变之情况下，不得以任何理由改变对企业属性之认定。

本案中，胡甲、胡乙等共70余人共同集资合伙开办砖厂，并登记为民营合伙企业。依照《合伙企业法》（旧法——因该案发生于新法颁本之前，应适用旧法，故以旧法分析）第二条对合伙企业之定义：“本法所称合伙企业，是指依照本法在中国境内设立的由各合伙人订立合伙协议，共同出资、合伙经营、共享收益、共担风险，并对合伙企业债务承担无限连带责任的营利性组织”，该砖厂为合伙企业性质（依新《合伙企业法》第十四条，该厂属于普通合伙）。

该案二审适用有关企业法人之法律规定，其在对该砖厂性质之认识上存在一定偏差。二审对企业性质认定错误其原因可能在于工商局为该砖厂核发企业法人营业执照这一事实。事实上，工商局为该厂核发企业法人营业执照应属错误行政行为。

笔者认为，认定企业性质应以企业资产运营方式为准。工商营业执照非认定企业性质之惟一依据，企业性质之认定应根据企业现有资产运营状况综合分析，工商部门之登记属于行政行为，对司法认定无拘束力，故应根据企业资产之具体情况进行分析。《公司法》(旧法)第二十三条规定："有限责任公司的注册资本为在公司登记机关登记的全体股东实缴的出资额。有限责任公司的注册资本不得少于下列最低限额：(一)以生产经营为主的公司人民币五十万元；……"，本案中，该砖厂属生产性企业，从其提供的资本状况分析(集资总额为19.35万元)，其集资远没有达到50万之注册资本最低限额。因此该厂不具备成为有限责任公司作为法人之基本要素，应当是合伙企业之性质。工商部门为其核发企业法营业执照，当属行政行为错误，但不因此影响该厂之合伙性质。此其一。

其二，胡乙租赁经营该厂系企业内部承包经营方式，但不能籍此改变企业属性。就本案而言，无论租赁协议怎样约定，均不得违背合伙企业法之立法目的，即不能从实质上违背《合伙企业法》(旧法)第三十二条之规定即合伙协议不得约定将全部利润分配给部分合伙人或者由部分合伙人承担全部亏损(新法第三十三条)。合伙企业法之立法目的，在于维护合伙人间之信任关系，以保护合伙人之合法权益，使合伙人之间利益共享，风险同担。无论合伙企业采取何种经营方式，合伙人均应当共担风险，不能转嫁于部分合伙人全部承担，也即在实质上不能改变合伙关系。因此内部承包经营之方式亦不能打破该厂之合伙性质。

②关于合伙个人诉权之认定

根据我国法律规定，合伙体之财产属于全体合伙人共有。部分合伙人采取非法手段，恶意侵占合伙财产，此种行为无疑违法。但是，其他合伙人如何选择法律救济途径？在选择诉讼方式时是以合伙人个人名义起诉抑或以合伙体名义起诉？

结合本案，胡甲等30人作为合伙人，其诉求与其本身具有直接利害关系，符合起诉主体之规定，应当认定其有权以诉讼之方式来维护其作为合伙人之权益。由是观之，合伙人认为其权益遭受其他合伙人侵害时，能够以合伙个人之名义诉诸法院。法院若对其实体权利之主张不予支持，应当驳回诉讼请求，但不得剥夺其诉权(即驳回起诉)。(新《合伙企业法》第103条："合伙人违反合伙协议的，应当依法承担违约责任。合伙人履行合伙协议发生争议的，合伙人可以通过协商或者调解解决。不愿通过协商、调解解决或者协商、调解不成的，可以按照合伙协议约定的仲裁条款或者事后达成的书面仲裁协议，向仲裁机构申请仲裁。合伙协议中未订立仲裁条款，事后又没有达成书面仲裁协议的，可以向人民法院起诉。"此条表明合伙人拥有个人诉权。)

如上所呈，胡甲等30人与胡乙之间之纠纷应为合伙纠纷。对合伙纠纷诉诸法院之诉讼主体，只能是合伙人，而不能是合伙企业。以合伙企业之名义起诉解决合伙人纠纷，既不符合权利主张之理论，在法律上亦无法操作。

关于胡甲等人起诉拆伙，是否违反《合伙企业法》（旧法）第三十一条“处分合伙人的不动产和其他财产权利必须经全体合伙人同意”之规定，我们认为，合伙人之诉讼权利非财产权利，而是涉及财产之程序权利，而三十一条之规定系对合伙财产实体处理之权利，以对实体财产权利之规定来否定合伙个人之程序性诉权之作法将不能获得支持。

需要注意的是，本案在胡甲等30人起诉之后，法院应当依申请或依职权追加原告或第三人。

9. 在仅有两个合伙人的合伙企业中一方对另一方作出的除名决定是否有效

案情：2007年7月5日，吴某与袁某签订共同创办制衣厂的合伙协议，约定各投入资金10万元用于租赁厂房和购置机器设备，平均分享经营利润和承担亏损。在合伙企业进行工商登记时，吴某按约投入了10万元，袁某由于资金周转困难，只投入了5万元，但袁某向吴某出具书面承诺：在3个月内将另外的5万元投资款补足。企业成立后，双方共同参与了制衣厂的管理和生产。承诺到期后，虽经吴某多次催促，但袁某仍未补足5万元投资款，双方为此产生矛盾。吴某便以袁某违反合伙约定、未履行出资义务为由，作出并向袁某送达了将其从合伙企业中除名的书面决定。此后，袁某向法院起诉，要求确认吴某作出的除名决定无效。

分歧：对本案的处理，存在两种意见：

第一种意见认为，应当判决驳回原告袁某的诉讼请求。理由是：合伙企业法第四十九条规定：“合伙人有下列情形之一的，经其他合伙人一致同意，可以决定除名：（一）未履行出资义务；……”根据这条规定，作出除名决议的前提是“经其他合伙人一致同意”。从“一致同意”的字面上解释，作出除名决议的合伙人应是两个或两个以上，全体合伙人应是三个或三个以上。在仅有两个合伙人的合伙企业中，当一方对另一方作出除名决定时，不存在“经其他合伙人一致同意”的情形。因此，该条因没有规定“在仅有两个合伙人的合伙企业中，一方可对另一方作出除名决定”而存在法律漏洞，法官在适用并解释该条法律规定时应进行目的性扩张予以填补，即既然在有三个或三个以上合伙人的合伙企业中，可依法律规定对其中一名合伙人作出除名决议，那么在仅有两个合伙人的合伙企业中应同样适用，而且这样解释符合合伙企业法关于保护守约方合伙人合法权益的立法目的。因此，由于袁某违反诚实信用原则，没有按约定足额出资，作为守约方的吴某有权对其作出除名决定。

第二种意见认为，应当判决确认吴某作出的除名决定无效。理由是：在仅有两个合伙人的合伙企业中，当一方被除名时，另一方则构成了单独主体，既不符合合伙企业法第四十九条规定的“经其他合伙人一致同意”的法定前提条件，也使该企业不再具备“有二个以上合伙人”的法律特征，因此，吴某无权对违约的袁某作出除名决定。

评析：笔者同意第二种意见，认为应当判决确认吴某作出的除名决定无效。具体分析如下：

第一，合伙企业法第四十九条关于对合伙人除名的规定，在文字表达上清楚明确，法官在裁判案件时应严格适用。法律适用的过程就是法律解释的过程，法律解释包括文义解释、论理解释、比较法解释、社会学解释等。解释法律必须从文义入手是法律解释上的一条规则，文义解释具有优先性是维护法律尊严和适用安定性的基础。文义解释是指按照法律条文用语的文字、语法以及通常的使用方式去理解其含义。无论大陆法系还是英美法系国家，如果法律规定的含义很清楚，且这种语义不会产生荒谬的结果时，法官就有义务严格适用法律的规定。合伙企业法第四十九条中的“经其他合伙人一致同意”这一作出除名决议的前提条件，从字面含义理解，只能得出“在有三个或三个以上合伙人的合伙企业中才能适用”的结论，否则谈不上“一致同意”。在仅有两个合伙人的合伙企业中，一方对另一方作出除名决定，不符合“经其他合伙人一致同意”的条件。本案中，依文义解释规则和从严适用法律出发，吴某无权对袁某作出除名决定。

第二，合伙企业法第四十九条没有规定“在仅有两个合伙人的合伙企业中，一方可对另一方作出除名决定”，这不是立法者的疏忽，而是为了维持合伙企业自身法律特征而有意作出的制度安排。合伙企业法第十四条规定了设立合伙企业应当具备“有二个以上合伙人”的条件，因此，任何合伙企业其合伙人应是两个或两个以上，如只剩下一个投资主体则构不成合伙企业。在有三个或三个以上合伙人的合伙企业中，当其余合伙人一致同意对其中一个合伙人作出除名决定时，假定作出的除名决议符合法律规定，那么在该合伙人被除名后，企业仍将有两个或两个以上的合伙人存在，企业不会丧失“合伙”这一法律特征。如果在仅有两个合伙人的合伙企业中，允许一方对另一方作出除名决定，则只剩下一方投资主体在经营，该企业将丧失“合伙”的法律特征。这正是合伙企业法第四十九条规定作出除名决议的前提是“经其他合伙人一致同意”的目的之所在。正因如此，合伙企业法第八十五条也规定“合伙人已不具备法定人数满三十天”应当解散合伙企业。当合伙企业要解散时，也就意味着要清算、处分合伙财产，行使除名权已没有任何实质意义。

合伙企业法于 1997 年 2 月 23 日通过，2006 年 8 月 27 日进行了修订。对比修订前后的内容来看，作出除名决议需“经其他合伙人一致同意”的这一前提条件没有任何改变。由此看来，立法者在修订前后，均没有规定“在仅有两个合伙人的合伙企业中，一方可以对另一方作出除名决定”，这并非是立法者的疏忽，而是为保持合伙企业自身法律特征而有意作出的制度安排。对立法者有意留下的所谓的“法律漏洞”，法官只能严格适用，不能进行填补。

第三，虽然吴某作出的除名决定无效，但其对袁某未按期缴纳合伙资金的违约行为仍有法律上的救济途径。袁某违背诚实信用原则，未足额履行合伙出资义务，对全额投资的吴某来说，有失公允。吴某如不想继续与袁某合伙经营该企业，在无权对袁某作出除名决定的情况下，有权提出解散合伙企业，由双方对合伙企业的财产、债权和债务等进行清算、分配；对袁某未按期足额缴纳合伙资金的违约行为，可依合伙协议追究其违约责任，要求其赔偿因此造成的损失。

10. 黄永鎏与叶少新合伙协议纠纷上诉案

案情：2000年12月5日，原、被告签订合伙经营协议，约定被告原经营的佛山市城区红酒吧财产、经营权作价130000元，占股权69.2%，原告入伙出资40000元，占股权30.8%。在签订协议前，红酒吧的债务由被告负责，原、被告合伙经营红酒吧期间的债权、债务按比例享有和承担风险等条款。协议签订后，于2000年12月6日，原告依约出资40000元，由被告签收，被告收取原告合伙投资款后，擅自将大部分款项转入自己承包经营的西苑餐厅使用。造成经营红酒吧资金周转困难，铺位的租金、工商管理费无法支付，合伙经营两个多月的红酒吧停业。于2002年2月9日被告写下证明确认，合伙经营利润原告占2940元，至同年3月27日，双方达成分伙协议，被告按股份提成占6500元，原告按股份提成占3500元（含代交工商管理费、诉讼费用），原告曾提出起诉后又撤回起诉。

原审法院认为：被告将原经营的红酒吧财产、设施没有列出名称项目作价，而又将其原经营权作价以股权的形式出卖给原告，不符合合伙企业法规定，与法律相抵触，故部分条款无效。合伙经营协议签订后，原告依约出资40000元入伙，并参与合伙经营红酒吧，而被告却以出卖的股权得款擅自提取，并将资金投入自己承包经营的西苑餐厅使用，造成红酒吧资金周转困难，致使合伙经营二个多月的红酒吧停业关闭。被告将合伙企业的资金据为己有属侵占合伙企业财产，应将合伙资金退还给合伙企业，但合伙经营红酒吧仅经营两个多月时间，便停业关闭造成合伙人原告的经济损失，被告应依法承担赔偿责任。原告要求赔偿出资款40000元的损失，符合法律的规定，本院予以支持。原告要求被告支付利息，由于原告出资是合伙经营并不是债权。原告主张利息，本院不予支持。原、被告合伙经营红酒吧取得利益，原、被告分伙协议已确认，被告应依分伙协议约定支付合伙既得利益给原告，原告要求被告支付利润及代交费用的主张，证据充分，本院予以支持。被告认为，原告出资40000元，是原告向被告购买股权，不是新增合伙股金，被告有权自行处理，利润分成原告占的份额已写有还款计划书，请求驳回原告的诉讼请求，缺乏证据，本院不予采纳。依照《中华人民共和国合伙企业法》第六十八条、第六十九条、《中华人民共和国民法通则》第四条、第三十一条、第三十二条、第三十四条第一款、第一百一十七条和《中华人民共和国民事诉讼法》第一百三十四条第一款、第二款、第三款的规定，判决：一、被告黄永鎏应于本判决发生法律效力之日起十日内赔偿损失费40000元给原告叶少新。二、被告黄永鎏应于本判决发生法律效力之日起十日内支付合伙利润分配款、代垫工商管理费3500元给原告叶少新。本案受理费1808元，由被告黄永鎏承担。

宣判后，黄永鎏不服，向本院提起上诉称：一、一审法院认定事实错误。一审法院认定“2000年12月5日，黄永鎏与叶少新签订合伙经营协议，约定黄永鎏原经营的佛山市城区红酒吧财产、经营权作价130000元，占股权69.2%，叶入伙出资40000元，占股权30.8%”，并认定叶少新向黄永鎏支付的40000元属合伙企业财产，并进而认定黄永鎏将该40000元用于自己承包经营的西苑餐厅属于侵占合伙企业财产。上述认定的事实是错误的。事实是：在2000年12月5日前，“红酒吧”属于黄永鎏一人所有，当时为经营酒吧，黄永鎏先后投入资金10多万元，叶少新此前一直在该酒吧打工，对该财产情况和经营状况很清楚。2000年12月5日，黄永鎏与叶少新签订合伙经营协议（见合伙经营协议书）约定：红酒吧的财产、经营权作价130000元，叶少新出资40000元向黄永鎏购买该酒吧财产经营权的一部分。这样，“红酒吧”的财产经营权的一部分转让给了叶少新，该企业变成合伙企业。其财产、经营权计130000元，黄永鎏占其中的90000元，叶少新占40000元。因而，该40000元属于黄永鎏转让自己企业中的财产、经营权的一部分所得价款，而不是叶少新向合伙企业的新投资，该款属于黄永鎏个人所有，如何支配与叶少新无关。二、一审法院认定该案为合伙协议纠纷是错误的，本案应认定为分伙协议纠纷。根据事实：2001年初，该合伙企业就因种种原因而无法继续经营，后双方于2002年3月27日经协商签订《分伙协议》，对原合伙企业“红酒吧”经营期间的有关事宜已进行处理，故该案应认定为分伙纠纷。

上诉人黄永鎏在上诉期间未提交新的证据。

被上诉人叶少新辩称：被上诉人之所以起诉上诉人是因为上诉人挪用了部分经营款，其中盈利部分8000元，应交未交的租金为12600元，合计20600元。导致无钱交租，才被屋主封屋，上诉人对此应该负全部责任。且分伙时，上诉人曾经告知牌照可以出租，但是，被上诉人事后方知道“红酒吧”的牌照因未缴纳工商管理费已经被吊销。

被上诉人叶少新在上诉答辩期间未提交新的证据

上诉后，经审查，上诉人对原审确认本案属合协议纠纷、认定被上诉人向上诉人支付的40000元属合伙财产有异议，其余事实无异议。对无异议部分事实，本院予以确认。

本院认为，上诉人与被上诉人于2002年3月27日签订的分伙协议，因上诉人在签订该协议的时候就已经知道双方所经营的“红酒吧”的牌照因未按时缴纳工商管理费而被工商机关吊销，但是，上诉人仍然将“红酒吧”的牌照作价给被上诉人，被上诉人对此毫不知情，被上诉人是基于“红酒吧”牌照可以继续使用的前提下才签订该协议的，故该协议显失公平。根据《中华人民共和国合同法》第五十四条的规定：下列合同，当事人一方有权请求人民法院或者仲裁机构变更或者撤销：（一）因重大误解订立的合同；（二）在订立合同时显失公平的。本案被上诉人向南海法院起诉要求上诉人返还股金40000元及要求支付盈利及欠款的行为，应视为请求撤销《分伙协议》的行为。因《分伙协议》的内容显失公平，如果按此协议履行，则会导致上诉人和被上诉人之间的权利义务明显失衡，所以本院同意被上诉人的撤销请求，认定《分伙协议》无效。因上诉人和被上诉人合伙经营的“红酒吧”已停业关闭，上诉人和被上诉人事实上已结束合伙关系，故上诉人和被上诉人按各自的出资份额享有分割合伙财产和分得合伙利润的权利。上诉人认为被上诉人出资的40000元属于购买股权，是上诉人向被上诉人转让自己企业中的财产、经营权的部分所得价款，该款属于上诉人自己所有，如何支配与被上诉人无关，但本院认为，尽管该购买股权的40000元属上诉人所有，但由于被上诉人支付了40000元购买合伙股权，被上诉人因此对该合伙体享有相应的权利，有权要求分割合伙体的财产和分得合伙体的利润，上诉人在一审开庭时已经承认“红酒吧”在合伙经营期间处于赢利状态，既然合伙期间处于赢利状态，那么分伙时，被上诉人可以拿回的份额应该包括合伙出资款（或者等价的财产）和合伙期间的所得利润，但是因为上诉人未能按时缴纳工商管理费及擅自将“红酒吧”内的设备出卖的行为，导致被上诉人无法分到价值相当的财产，故上诉人应该返还40000元出资款及支付相应的利润给被上诉人。上诉人提出在“红酒吧”停止经营后，还需要支付水电费、租金、和其他杂费的主张，因上诉人未能在法定的期间内提供充分证据予以佐证，本院不予支持。被上诉人在起诉时请求赔偿的盈利及欠款数额为2940元，但是原审判决赔偿的合伙利润分配款、代垫工商管理费为3500元，根据不告不理的原则，应予纠正。

11. 叶棠生、郭洪本、陈德安、蔡明礼、劳允文、陈国让合伙协议纠纷上诉案

案情：1997年1月28日，被告叶棠生与两原告郭洪本、陈德安签订了《石场合作协议书》一份，约定：被告同意两原告投资30万元参与经营广西小平阳龙头山石场，第一期在1月底前投入10万元，第二期在3月18日前投入20万元；如两原告第二期资金不能及时到位，被告只承认向两原告借款，如半年后归还可按投入资金的50%付利息给两原告，即本息合计15万元；被告担保两原告占有石场股份的15%，并在资金投入后以原告陈德安的名义成为名正言顺的股东，并派出一人参与管理石场，否则被告承担罚金两倍给两原告（以投入资金计算）等等。之后，两原告分别于当日将10万元、于同年3月23日将20万元，合计共30万元交给被告收取，被告出具了收据。1997年2月，被告叶棠生与蔡明礼、劳允文、陈

国让三人签定《广西南柳高速公路龙头山石场合股投资开采及管理协议书》一份，内容：广西南柳高速公路龙头山石场是合股投资开采，经合股人员确定此石场分为两大股东，第一股东为陈国让、叶棠生，第二股东为蔡明礼、劳允文；经股东商议石场总投资为160万元，两股分摊每股为80万元，资金由各股东自筹，如有借贷由各股东负责；等等。石场经营至1998年结业。2001年5月8日，石场第一股东叶棠生与第二股东蔡明礼、劳允文签订《关于广西龙头山石场石料单、工人工资、运费、材料款的处理》一份，对石料应收未收的石料单、工人工资、运费及料款等进行了处理。另查，第三人蔡明礼有参与石场的管理，第三人劳允文没有参与石场的管理，第三人蔡明礼、劳允文均不知道两原告与被告之间存在入伙的决定。1995年12月15日，叶棠生与广东省郁南县桂圩镇经济发展公司签订《关于承包桂圩镇鸡心山石场的协议》承包经营了郁南县桂圩镇鸡心山石场。1997年1月17日，叶棠生与广西南宁至柳州高速公路工程建设总指挥签订《合同协议书》，约定由郁南县鸡心山石场负责广西小平阳龙头山石场的开采，有效期至1998年10月底止。广西小平阳龙头山石场没有向工商行政管理部门办理工商登记手续。

原审判决认为：广西小平阳龙头山石场实际是一个由被告叶棠生与第三人蔡明礼、劳允文、陈国让合伙经营的合伙体，这从1997年2月被告叶棠生与蔡明礼、劳允文、陈国让三人签订的《广西南柳高速公路龙头山石场合股投资开采及管理协议书》可得到证实，广西小平阳龙头山石场的合伙人有第一股东陈国让和叶棠生，第二股东蔡明礼和劳允文。虽然《石场合作协议书》签订在前，《广西南柳高速公路龙头山石场合股投资开采及管理协议书》签订在后，但从后者约定的内容“合股人员确定此石场分为两大股东；每股为80万元，资金由各股东自筹，如有借贷由各股东负责”可见，被告叶棠生与两原告签订前者的目的是为了筹备作为股东的出资资金，同意两原告入伙只是手段而已，从后来被告没有将此约定告知第三人亦印证这一点。因此，被告叶棠生关于1997年1月28日其与两原告签订《石场合作协议书》时广西小平阳龙头山石场由其个人经营的辩解，法院不予采信。本案的争议焦点在于《石场合作协议书》是否有效。根据《最高人民法院关于贯彻执行〈中华人民共和国民法通则〉若干问题的意见》的有关规定，在合伙经营过程中增加合伙人，书面协议有约定的按照协议约定，书面协议未约定的，须经全体合伙人同意，未经全体合伙人同意的，应当认定入伙无效。本案中，被告叶棠生与原告郭洪本、陈德安于1997年1月28日签订的《石场合作协议书》实际上是被告叶棠生同意两原告郭洪本、陈德安加入合伙体广西小平阳龙头山石场的入伙协议。而广西小平阳龙头山石场的其他合伙人并没有在此协议上签名确认，而且事后蔡明礼和劳允文并不知道两原告入伙事宜，由此可见两原告加入合伙体并未经得全体合伙人同意，故法院确认《石场合作协议书》无效，被告叶棠生因此而取得的财产应返还给两原告。对此，被告叶棠生具有过错，应赔偿两原告郭洪本、陈德安因此造成的利息损失。两原告请求支付违约金无理，法院不予支持。第三人在本案不需要承担任何责任。第三人陈国让经法院合法传唤，拒不到庭参加诉讼，法院依法缺席判决。依照《中华人民共和国民事诉讼法》第一百三十条、《中华人民共和国民法通则》第五十八条第一款第（五）项、第六十一条第一款的规定原审法院于2003年12月1日作出判决：（1）确认被告叶棠生与郭洪本、陈德安于1997年1月28日签订的《石场合作协议书》无效；（2）被告叶棠生应于本判决生效之日起十日内返还投资款30万元及赔偿利息损失（其中10万元1997年1月28日起、20万元自于1997年3月23日起至本判决确定返还之日均按中国人民银行同期一年流动资金贷款利息计算利息）予原告郭洪本、陈德安；（3）驳回原告的其他诉讼请求。本案受理费11010元，财产保全费1270元，合共12280元，由原告负担4094元，被告负担8186元。

上诉人叶棠生不服上述判决，向本院提起上诉称：一审法院的判决认定上诉人与被上诉人签订的《石场合作协议书》无效是认定事实不清，适用法律错误，请二审法院依法裁定将此案发回重审，理由：上诉人与被上诉人签订的《石场合作协议书》符合《民法通则》第五十五条和《合伙法》第二条、第三条、第四条和第八条关于合伙的规定，是合法、有效的民事法律行为，应受法律保护。一、在佛山市南海区人民法院于2002年受理的被上诉人诉上诉人合伙纠纷一案中，案号是（2002）南民一初字2287－2号，因被上诉人不服一审法院的判决向佛山市中级人民法院提出上诉案号是（2002）佛中法民一终字第1048号。在上诉期间，上诉人向二审法院提供了《合同协议书》及《关于承包桂圩镇鸡心山石场的协议》各一份，以证明龙头山石场是由上诉人独立经营，两被上诉人对上诉人提供的证据没有异议，两材料证明了以下事实：在1995年12月15日，上诉人与广东省郁南县桂圩镇经济发展公司签订承包又鸡心山石场的协议，后上诉人在1997年1月17日以鸡心山石场的名义与广西南宁至柳州高速公路工程建设总指挥签订协议，由其负责广西小平阳龙头山石场的开采。由此可见，广西小平阳龙头山石场只是由上诉人一人经营，既然如此，在被上诉人与上诉人签订《石场合作协议书》之前，小平阳龙头山石场的经营权只属于上诉人一人，且龙头山石场并没有在工商部门办理登记手续，上诉人不必经其他人同意邀请被上诉人共同开采经营小平阳龙头山石场，有权与上诉人签订《石场合作协议书》。被上诉人与上诉人签订《石场合作协议书》后，就已经符合了《中华人民共和国合伙企业法》第二条、第三条、第四条及第八条的规定。因此，从签订合作协议时起，上诉人与被上诉人的合伙关系已经成立，不需要再办理任何手续，被上诉人就已经成为小平阳龙头山石场名正言顺的合伙人，上诉人与被上诉人签订的《石场合作协议书》符合《民法通则》第五十五条及合伙企业法的以上规定，是有效的合法的民事法律行为，应受法律保护。二、根据民诉法的规定，已生效的判决书认定的事实可作为证据使用。已生效的判决书查明了以下事实：广西小平阳龙头山石场没向工商行政管理部门办理工商登记手续，只是由上诉人与被上诉人共同开拓经营的石场。

已生效的判决书认定广西小平阳龙头山石场是由上诉人与被上诉人共同开拓经营的石场，也就是承认了上诉人与被上诉人之间存在合伙关系，证明了上诉人与被上诉人签订的《石场合作协议书》是合法的、有效的民事法律行为。三、上诉人与被上诉人在合作经营石场的过程中，尽管上诉人再邀请其他合伙人参与石场的经营，但上诉人与被上诉人的合伙关系仍然存在，其增加合伙人的行为并不影响上诉人与被上诉人的合伙关系。综上：上诉人认为一审法院认定上诉人与被上诉人签订的《石场合作协议书》无效属于认定事实不清，适用法律错误，据此判决上诉人退回被上诉人投资款及赔偿利息损失更无法律依据，为此请求二审法院裁定将此案发回重审。

两被上诉人没有进行二审答辩，二审期间，上诉人与两被上诉人均无提交新证据。

经审查，本院对原审认定的事实予以确认。

本院认为：上诉人与两被上诉人签订的《石场合作协议书》是双方真实意思的表示，其内容没有违反法律规定，且此合同的效力已经（2002）佛中法民一终字第1048号生效，民事判决确认，故此《石场合作协议书》为合法有效的合同。原审法院认定《石场合作协议书》无效错误，本院予以纠正。双方当事人在签订合同后应按照协议约定履行各自的权利义务，两被上诉人依约交付了投资款30万元，上诉人就应按协议约定使两被上诉人占有15%的股份，但本案中，上诉人在未告知第三人存在《石场合作协议书》存在的情况下，又与第三人签订了《广西南柳高速公路龙头山石场合股投资开采及管理协议书》，并明确了其与第三人的合伙关系，且龙头山石场（以下简称石场）的实际经营和管理也受这个协议书的约束，直至合作结束，其与第三人又就石场的剩余事项进行了处理，因此可以认定上诉人与第三人之间就石场的开采存在合伙法律关系，上诉人主张石场的经营权只属于其一人，本院不予采信。上诉人与两被上诉人虽然签订了《石场合作协议书》，但上诉人没有提供任何证据证明两被上诉人对石场进行过实际经营或者管理，由于上诉人与第三人实际完成了开采石场的合作，使得两被上诉人的合同根本目的没有实现，故上诉人应对两被上诉人承担违约责任，由于双方在《石场合作协议书》中没有对违约进行约定，因此根据《中华人民共和国合同法》第一百一十三条的规定，上诉人应返还给两被上诉人基于《石场合作协议书》取得的财产并赔偿两被上诉人因此造成的利息损失。

12. 汪某某诉刘某某个人合伙纠纷

案情：2009年6月，汪先生和刘先生就胜卡特项目达成合作协议，约定：双方利用上海某切割设备公司为操作平台共同投资胜卡特项目（德国品牌的切割焊接设备），刘应出资160万元，担任博灏公司法定代表人/董事长，汪应出资40万元，担任博灏公司副总经理,税后利润应按双方投资比例分配。然而，实际只有汪先期注入的20万元，而刘未出任何一分钱，并且刘以"大股东决议不分配利润为由，拒绝了汪请求分配利润及查看胜卡特项目会计账簿等财务凭证要求。于是汪先生委托本律师，要求：（1）终止与刘的合作；（2）按份额获得利润；（3）赔偿经济损失。法院判决公民的人身权利、财产权利受法律保护，他人不得侵害。刘与汪系个人合伙纠纷，刘已构成违约，承担全部责任。判决支持汪解除《项目合作协议》的请求，由刘承担返还汪投资款人民币20万元的义务。

评析：我们认为，作为律师，首先要考虑的是把当事人的要求转化为在法律上可行的诉讼请求。在本案中，本律师接受汪先生的委托后，首先要考虑的是双方签订的合作协议是否有效？针对上述问题，首先，我们对该项目的协议内容、附件及公司章程进行了细致的审查，得出的结论是该协议是合法有效的。在确定协议的有效性后，我们其次要做的是针对刘向前所做的行为展开调查取证工作，来确认其是否构成违约？针对此工作，我们经过调查，在公司获取了该项目中部分资产仓单，及固定资产的购销凭证。最终，大量证据证明本案刘的违约行为毫无异议。那本案诉讼请求究竟是什么？有种方案是主张解除协议，在主张解除协议的基础上还是进一步对公司该项目的盈利请求分配。但我们认为要使利润分配的请求在法院得以主张则就必须先进行财务审计来理清公司就该项目的财务状况。而在此案中，因为刘、汪两人是利用公司这个"操作平台"进行胜卡特项目的合作开发的，与公司的其他日常主营业务无论在财务上还是在人事上均有混同，且根本无法清晰明确的对上述二者进行区分，且公司所有资产及财务账簿会计凭证都掌握在刘手里，刘完全有可能在起诉后转移资产。因此基于目前情况下，我们认为即使进行了财务审计，也无法得到对我们有利的结果，在与我方当事人汪先生沟通后，汪先生选择主张解除协议，拿回出资。

关键二，如果要解除协议，那么具体诉讼请求又是什么。主张返还出资之诉，还是主张合伙清算之诉？因为这两诉的最大区别是适用法律的不同，若主张合伙清算之诉的法律依据是合伙企业法，根据相关规定，合伙企业要求解散，必须要经过清算程序最终才能得以解散。而主张返还出资之诉的依据是民法通则，根据相关规定，合同一方违约时相对另一方有解除合同的权利。我们认为因为本案双方合伙行为的性质属于个人合伙而非属于合伙企业，不应适用合伙企业法更不应适用公司法，在没有进一步司法解释的前提下，宜适用民法通则的规定。

在合伙关系无法继续的前提下，我们争取到了最快的判决，有效地维护了当事人的合法利益，避免了客户的损失扩大。

13. 合伙人退伙后转让合伙财产未明确告知的行为无效

案情：原告刘汉收与被告马文义合伙建一蔬菜市场，取名黄桥乡长虹果蔬交易市场，地点在黄桥乡前石羊段路南（西漯公路），面积为2340平方米（3.51亩），该土地的原使用权人是前石羊村十一组村民孙洪思、孙收、孙玲恩。原告刘汉收以自己的名义于2001年6月1日与该三人的代表孙收签订了租赁土地合同书一份，土地租赁使用期限为20年，每亩费用800元。原告刘汉收及被告马文义合伙在该市场建房八间、棚子八间，房产证、土地使用证均为刘汉收的名字。2003年11月6日被告马文义退伙，并达成协议，将共建房屋八间中的四间及四间棚子给被告，后原告又以3000元买回一间房屋及一间棚子，被告马文义分得合伙中贷款12000元，被告马文义得三间房和三间棚子。当时马文义把三间房以20000元价格卖给刘汉收时，刘汉收嫌贵没有买。2003年11月26日被告马文义将三间房屋及三间棚子以4000元现金、9000元贷款本金及利息（从2003年11月26日起计算，以前利息由马文义偿还）卖给了孙收。2006年马文义向法院起诉刘汉收，要求刘汉收协助办理该三间房屋的过户手续时，称三间房屋是租赁给孙收，西华县人民法院以马文义所诉不属其管辖范围，驳回了马文义的起诉。2007年2月西华县土地局通知刘汉收给孙收办理过户手续并将马文义与孙收的转让协议交给刘汉收。后刘汉收起诉至西华县法院要求确认被告马文义与第三人孙收的房屋转让协议无效。另查明从2003年至今，双方争议的3.51亩土地的承包款均由原告刘汉收交给了第三人孙收。

裁判：西华县人民法院审理认为：原、被告合伙经营蔬菜交易市场，二人散伙时对共同财产进行了分割，之后一个或数个原共有人分得财产属于一个整体或者配套使用，其他原共有人在相同条件下有优先购买权。马文义与刘汉收分房时以20000元价格让刘汉收购买，刘汉收未同意，后被告马文义以14000元价格卖给孙收时未征得刘汉收同意，侵犯了原告刘汉收的优先购买权，被告马文义与第三人孙收签订的转让协议属无效协议，原告的主张合理合法，依法应当予以支持。第三人孙收称购买时付给马文义现金5000元，贷款本金9000元，第三人孙收未还贷款是因被告马文义未办理房产证；被告马文义称第三人孙收给付其5000元不是事实，而是4000元，并给第三人孙收打有收据。因第三人未请求返还购房款，本案不予审理。根据《中华人民共和国民法通则》第七十八条、最高人民法院《关于贯彻执行〈中华人民共和国民法通则〉若干问题的意见》第92条，以及《中华人民共和国合伙企业法》第二十二条之规定，判决：一、被告马文义与第三人孙收所签订的房屋转让协议无效；二、在同等条件下，原告刘汉收有优先购买权。案件受理费400元及其诉讼费350元，由被告马文义负担。

第三人孙收不服一审判决向周口市中级人民法院提起上诉称：被上诉人马文义在2003年11月26日以14000元价格出售本案争议的三间房屋及三间棚子时，已经征求了被上诉人刘汉收的意见，在刘汉收明确表示不要的情况下才卖给了孙收。一审判决认定孙收与马文义之间的转让协议侵犯了刘汉收的优先购买权是错误的，请求撤销原判，改判驳回被上诉人刘汉收的诉讼请求。

被上诉人刘汉收辩称：马文义在出售三间房屋及三间棚子时刘汉收根本不知情，直到2007年1月31日西华县土地局通知刘汉收协助办理过户手续时才知道他们之间的协议内容，因此说刘汉收已经放弃优先购买权不是事实。一审判决正确，请求依法予以维持。

被上诉人马文义辩称：卖房屋及棚子时问刘汉收要不要，他说不要，所以才卖给孙收，刘汉收已不再享有优先购买权。

二审查明的事实与一审查明的相同。

周口市中级人民法院审理后认为：被上诉人马文义出售给上诉人孙收的三间房屋及三间棚子原系西华县黄桥乡长虹果蔬交易市场的组成部分，在刘汉收与马文义合伙经营该市场时属于合伙人的共有财产。马文义退伙后向与合伙无关的第三人转让其分得的房屋及棚子时应当通知原共有人，原共有人在同等条件下享有优先购买的权利。孙收虽然上诉称马文义转让房屋及棚子时已经征求了被上诉人刘汉收的意见，在刘汉收明确表示不要的情况下才卖给了自己，但其主张缺乏相关证据证明，对其上诉理由本院依法不予采信。原审判决认定事实清楚，适用法律正确，依法应当予以维持。依照《中华人民共和国民事诉讼法》第一百五十三条第一款第（一）项之规定，判决：驳回上诉，维持原判。

评析：（1）合伙人优先购买权的法律基础。合伙关系是一种共有关系，由于共有关系一般是建立在相互信任的基础之上的，为了防止某一共有人转让其份额时，接受转让的人是为其他共有人所不了解或者不信任的，从而给其他共有人带来损害，因而法律设定了共有人的优先购买权。合伙人的优先购买权，只是共有人优先购买权的一种，是合伙人向合伙人以外的第三人转让其合伙财产份额时，在同等条件下，其他合伙人有优先受让的权利，除非合伙协议另有约定。对此，我国合伙企业法第二十二条明确规定："合伙人依法转让其财产份额的，在同等条件下，其他合伙人有优先受让的权利。"此外民法通则第七十八条第三款及民法通则若干问题意见（试行）第92条以及新颁布实施的物权法第一百零一条都对共有人的优先购买权进行了明确规定。赋予合伙人的优先购买权，从法律效果上讲，是将其受让合伙人出让财产份额的顺序处于优先于合伙人以外的第三人的位置，其根源在于合伙人对共有物的共有。因此，在处理合伙人优先购买权时，应当首先尊重合伙人的特别约定，如果合伙人在合伙协议中有特别约定的，则应当按其特别约定处理，如果未特别约定，其他合伙人的优先购买权应予支持。

（2）本案中原告刘汉收与被告马文义系合伙关系，在马文义退伙后转让其分得的房屋及棚子等共有物时，应当通知原合伙人刘汉收，明确告知刘汉收自己转让房屋及棚子的情况，如果刘汉收明确表示在同等条件不愿购买时，才有权与合伙无关的第三人孙收签订协议转让房屋及棚子。由于本案被告马文义未举证证明自己履行了明确告知义务，故其与第三人孙收签订的协议侵犯了合伙人刘汉收的优先购买权，为无效协议。因此，一、二审法院据此判决是正确的。

（3）需要指出的是，为保护共有人转让共有物的权益以及善意第三人的合法权益，促使商品或者标的物的快速流转，使物尽其用，其他共有人的优先购买权应当在一定期限内行使。否则，如果其他共有人无限拖延是否购买的表示，共有人转让共有物的权利就无法得到实现。在现行法律没有规定期限的情况下，可以协商确定一个合理期限，共有人及时告知其他共有人后，其他共有人在此期限内不作是否购买的表示的，应认为其丧失优先购买权，共有人可以将共有物转让给非共有人。

14. 合伙人与合伙组织之间不能成立合同关系

案情：2003年12月18日，李琼、李煜佳及李霖三人签订协议，约定合伙出资成立美耀汽车服务中心，李煜佳出资人民币36万元，占总出资总额的40%，被告李琼出资36万元，占总出资总额的40%，李霖出资18万元，占合伙出资总额的20%。其后各合伙人按约履行了出资义务并共同经营。在合伙经营期间，因合伙企业资金周转困难等原因，李煜佳于2004年6月22日以借款的形式交给美耀汽车服务中心5万元用于交纳美耀汽车服务中心所欠房租费，美耀汽车服务中心向李煜佳出具了借款借据。同年10月，经三合伙人协商同意，李煜佳退出合伙，但未对合伙进行清算。同年12月李煜佳向法院提起诉讼，要求美耀汽车服务中心归还上述5万元借款。

分歧：一种意见认为：美耀汽车服务中心向李煜佳出具的是借款收据，而不是出资证明，借款收据反映了李煜佳与美耀汽车服务中心之间就借款达成了合意，李煜佳提供了借款，双方形成借款合同关系，并非合伙人对合伙追加投资。该借款合同系双方真实意思表示，内容合法，合同依法成立并有效。李煜佳的借款属于美耀汽车服务中心的外部债务，无需经过合伙清算来确认。本案中，对外而言，李煜佳是合伙企业的债权人，对内而言，李煜佳作为合伙人之一也是该5万元借款的债务人，合伙人对合伙企业的外部债务对外承担无限责任，对内承担按份责任，也就是说，李煜佳债权债务混同的只是合伙内部应承担的份额，而不是5万元借款的全部，李煜佳对其应承担的份额之外的债权理应受到法律保护。因此，李煜佳要求美耀汽车服务中心及李琼承担还款责任并无不妥，首先应当以美耀汽车服务中心的全部财产清偿原告李煜佳的5万元借款，不足部分由合伙人按照出资比例或者合伙协议的约定，以各自的财产承担清偿责任。本案中，李煜佳既是5万元借款债权人，同时作为合伙人之一也应承担该5万元借款的40%的责任，该40%因债权债务同归于李煜佳一人而消灭。美耀汽车服务中心的财产不足清偿部分，应当由李琼承担60%的清偿责任。

另一种意见认为：合伙企业不具有法人资格，全体合伙人承担的是无限责任，对于合伙企业出现的亏损应以自己的全部财产承担责任，不以各出资额为限，对于经营过程中因经营需要，也可以增加投入，不受原出资数额限制。本案中李煜佳以借款的形式向合伙企业交纳资金，是因合伙企业经营亏损和资金周转困难等原因引起的，虽无书面协议，仍可认定为属于资金填补，属履行承担无限责任的行为。因此，虽然美耀汽车服务中心出具是借款借据，但实质上是合伙内部事务，属合伙内部财务结算范围，而不属于合伙企业对外债务。这种合伙人在合伙经营中以借款的形式投入的资金能否退还与合伙清算结果有直接的关系，需清算后才能确定。李煜佳在未经退伙清算的情况下，要求退回“借款”无法律依据，其诉讼请求应予驳回。

评析：合伙实务中，当合伙组织资金周转困难，而合伙人又不愿改变合伙协议中约定的出资比例时，通常会采用由合伙组织向合伙人借款的方式来进行融资。这种借款与一般借款有无区别？是通过合伙清算的方式来解决这种借款纠纷还是通过主张借款债权的方式来解决？对这些常见的法律问题，无论是《民法通则》还是《合伙企业法》，抑或最高法院的有关司法解释都未给出明确的意见。

而本案的焦点恰恰就是，合伙组织美耀汽车服务中心向合伙人之一李煜佳借款5万元用于合伙开支，李煜佳能否以有关借款法律为请求权基础规范，主张借款合同债权？第一种意见认为既然合伙组织明确出具了借据，就充分证明了这是一种借款合同关系，而不是追加投资，因而把这种借款认定为是合伙组织的对外债务。这种认识是因为被借据这一形式所束缚，简单地认为既有借据则必属借款合同关系，没有注意到，合伙组织是由合伙人构成，两者之间存在着特殊的不可截然分割的利害关系，这种人格上的密切关联，导致合伙人对合伙组织的借款应有别于他人对合伙组织的借款。否则，就会出现一方面合伙人对合伙组织债务负无限连带责任，另一方面却又与其他债权人一起对合伙组织的财产享有平等受偿权这一悖论，因而显然是错误的。第二种意见认为，本案形式上是借款合同关系，但实质上是合伙组织资金周转困难，合伙人承担填补合伙组织资金缺口的责任，这正是合伙人对合伙债务负无限责任的表现，因而仍然是合伙内部的清算问题，而非合伙组织的对外债务，这种观点注意到了合伙人与合伙组织的特殊联系，区分了合伙人对合伙组织的借款与他人对合伙组织的借款两种不同法律性质，因而最终的处理结果是符合合伙法基本原理的。

正确地分析本案，需要更深层次地澄清合伙法律中的一些基本问题：尽管现代民法理论承认合伙组织特别是经过登记的合伙企业具有民事主体资格，合伙组织可以合伙的名义从事民事法律活动，但合伙组织没有完全独立的财产，没有完全独立的意思，更没有完全独立的民事责任能力，只是一个相对独立的民事主体，合伙组织与合伙人之间仍然存在着千丝万缕的联系，在人格上存在一定程度的混同。因此，合伙人与合伙组织之间不可能成立那些只能存在于具有完全独立人格的民事主体之间的民事法律关系，借款合同关系就是其中一种。合伙人不可能一方面是合伙组织的债权人，另一方面作为合伙组织的一员又是自己债权的债务人，这在理论上是相互矛盾的。当然，从纯粹数学的角度，先由合伙组织偿还出借款项合伙人的借款，再由各合伙人之间分担责任的方式与合伙人之间进行合伙清算解决“借款”纠纷的方式可能是结果相同的。但是把合伙人对合伙组织的借款等同于他人对合伙组织的借款，将其视为合伙组织的对外债务，既不符合合伙法的基本理论，更有可能在实际操作中带来讼累，即如果合伙组织的财产不足清偿借款，出借款项的合伙人又因需要承担内部按份责任，就会存在一个执行回转的问题。由此可以得出结论，合伙组织与合伙人之间存在一定程度的人格混同，两者之间不可能成立只能存在于具有完全独立人格的民事主体之间的借款合同关系等等民事法律关系，即使在形式上是合同关系，也应由全体合伙人以合伙清算的方式予以解决，合伙人不能向合伙组织主张合同债权。

15. 已形成事实上合伙关系的个人合伙合法有效

案情：1998年5月1日，兰海、白金明、李仲三人与北京市通州区徐辛庄镇葛渠村经济合作社（以下简称葛渠村）经协商签订汽车转让协议，约定：兰海、白金明、李仲三人出资共同购买葛渠村下属北京市通州区葛渠砖厂的斯太尔牌旧的货运汽车6辆，价值71万元。2000年3月1日双方在车队投资情况确认书上签字，确认书上载明各方实际购车出资情况是：李森投资22.8万元，李亚利投资8万元，白金明投资15万元，兰海投资13万元，李仲投资13.2万元，五人为购汽车共投资72万元，从事经营挖运土石方及其他运输工作。1999年3月24日，李亚利自愿退伙并领走退伙金15.75万元。1998年经李森联系，为北京市公路局挖运土方三万方，合计工程款18万元，该款北京市公路局至今未给付。1998年11月9日至1999年11月5日期间，李森因故被有关部门限制人身自由，此间，兰海、李仲、白金明、李亚利未征得李森同意，擅自退伙并分割合伙财产。兰海、李仲、白金明各分得2辆汽车，自2000年1月1日起，三人各自单独经营汽车运输工作。2000年3月，兰海委托通州区徐辛庄镇经管站干部张国全和葛渠村干部杨勤，清理核算合伙经营期间的账目，其结果为：1998年至1999年合伙经营期间，实现纯利润785977.73元。另该利润中不含有李亚利已取走的退伙款15.75万元和李森联系的为北京市公路局挖运土方的债权18万元。原告李森诉称：1998年初，我与四被告口头约定合伙购车经营土石方及其他运输工作，为此我投入资金22.8万元，与四被告共同购买6辆运输车，但合伙期间的盈利我分文未得，合伙经营利润及所购车辆却被四被告擅自分割，致使我财产权益遭受侵害，故诉至法院，要求维护合伙人的权益并清算合伙期间的财产。被告兰海、李仲、白金明辩称：我们与原告李森之间未签定合伙协议，亦不存在合伙关系，合伙经营土石方运输的是我们四被告，原告李森投入的22.8万元是作为李亚利的入伙投资，李亚利已在1999年3月24日自愿退伙并取走其合伙投资及收益，故不同意原告李森的诉讼请求。被告李亚利辩称：我们四被告合伙搞土石方运输与原告李森间确实不存在合伙关系，我们的合伙资产中虽有李森投入的22.8万元，但这笔款是以我的名义投资的，应属李森借给我使用，现我已自愿退伙，故应由我归还李森该笔借款及相应的利息。

审理结果：北京市通州区人民法院经审理认为：被告兰海、李仲、白金明、李亚利均承认合伙购车的投资中有原告李森出资，故双方事实上已形成合伙关系，因此被告兰海、李仲、白金明、李亚利未征得原告李森同意，擅自退伙并分割合伙财产的行为，侵犯了作为合伙投资人之一的原告李森的合法财产权益，现双方缺乏信任，又出现侵犯合伙人财产权益的情况，故已无法再继续合伙经营下去，因此原告李森起诉要求退伙、分割合伙财产及收益的请求合法，证据充分，本院应予准许。被告兰海、李仲、白金明、李亚利否认双方间存在合伙关系，但却未提供相应证据予以证实，故本院不予采信。李亚利否认合伙账目清算结果，但又不提供相应证据，故本院亦不予采信。依据《中华人民共和国民法通则》第三十条、第三十二条、第七十八条之规定，判决如下：

（1）准许原告李森退出与被告兰海、白金明、李仲、李亚利的合伙经营；

（2）被告兰海、白金明、李仲、李亚利共同给付原告李森合伙投资款及收益共计六十七万一千一百八十五元四角八分，于本判决生效之日起七日内执行。

分析理由：本案争议的焦点是双方当事人之间的合伙关系是否成立，合伙效力应如何认定？本案在审理过程中，有两种不同的意见。一种意见认为，双方当事人之间的合伙关系不成立。理由是，双方当事人间并未订立书面的合伙协议，口头协议也因四被告均加以否认而无法认定，且原告方也提供不出有力证据证明其合伙人的身份，因此依照《中华人民共和国民法通则》中的有关规定，李森与四被告间并未形成有效的合伙关系，因此其要求清算并维护合伙人权益的诉讼请求不能成立，所以应判决驳回原告李森的诉讼请求。第二种意见认为：双方当事人之间的合伙关系成立。理由：不能单纯仅以有无合伙协议去考虑该合伙关系的效力。应结合本案实际综合考虑，双方合伙虽未订立书面合伙协议，但根据已查明的事实，兰海、李仲、白金明、李亚利均认可合伙购车中有李森的投资，李森被限制人身自由期间，李亚利与兰海、李仲、白金明所签订的退股协议书及李森为合伙联系活源等情况，均证实五人之间的合伙关系是成立的，虽然双方之间未订有书面的合伙协议，但实际上已形成了事实上合伙关系，因此原告李森的诉讼请求应予支持。笔者同意第二种意见，理由如下：根据现行相关法律，《合伙企业法》虽然就合伙企业作了专门的规定，但就本案个人合伙关系的适用则显得过于概括和宽泛，可操作性不强。关于个人合伙还应依照《民法通则》的相关规定去处理。从概念上来看，个人合伙是指两个以上公民按照协议，各自提供资金、实物、技术等合伙经营、共同劳动。因而这里的合伙协议其实质就如同合伙企业中的章程，内容涉及合伙人的出资，合伙利润的分配、亏损的承担，以及入伙、退伙等情况。基于此，一般情况下对于个人合伙均要求订立书面的合伙协议，但是在实践中由于未订立书面合伙协议而产生合伙纠纷的情况非常普遍，如果单纯就以是否订有书面合伙协议来认定合伙关系是否成立并把它作为标准，则未免显得有些偏颇，不仅不利于保护当事人的合法权益，也不利于客观公正地审理案件。因此笔者认为应结合案件实际，重事实、靠证据，不拘泥于法律条文的规定，从立法原则出发，注重法律精神和社会实际效果。联系本案，双方没有订立书面的合伙协议，在有无口头合伙协议上也各执一词，但是有一点可以认定的是双方在最初关于合伙购车经营土石方运输的出资确认书上明确载有五人的出资情况，这其中自然非常明确地载明了原告李森以本人名义出资22.8万元的事实。这份出资确认书不仅非常清楚地体现出了双方的出资情况，而且实质上也约定了合伙期间利润的分配和亏损的承担。合伙人的出资是合伙组织的物质基础，而出资义务又是合伙人的最重要义务，因此这份出资确认书实质上起到的正是合伙协议的作用。至于被告所辩称的李森22.8万元的出资是李亚利从李森处所借以李亚利的名义出资的情况，一方面李森对此予以否认，被告等人又拿不出有力证据加以证实，另一方面假如真如被告所称李亚利的出资为其本人的8万元及李森的22.8万元，为何在李亚利退伙时拿走的退伙款仅为15.7万元，对此他也未提出任何异议，显然被告的说法是站不住脚而且也违背客观常理。另外，还有一点不可忽视的是李森经手联系的为北京市公路局挖土方的工程，并由此为合伙财产增加18万工程款债权，这也从另一个侧面表明李森不仅实际出资而且还实际经营并发挥着合伙人的积极作用。故从事实及相关证据来看，李森实际合伙人的身份是可以确认的，其作为合伙人的正当合法权益理应受到法律保护，基于双方合伙关系难以继续，因此准予李森退伙并判令被告给付李森合伙投资款及收益也就顺理成章的符合法律的有关规定。综上，李森与被告间已形成事实上的合伙关系，该合伙关系理应受到法律保护，李森要求退伙并分割合伙财产及收益的请求合理合法。故笔者认为通州区人民法院的判决是正确的。

16. 上诉人马光栋因合伙纠纷一案

案情：2002年11月，原告与被告索振贵、第三人签订三方合作协议，约定原告与被告索振贵以现金和设备出资，各占股份的45%，第三人以技术出资，占股份的10%，利润按股份分配，其中第三人每月预领1000元。2003年1月4日，原告及被告索振贵、第三人签订股权确认明细书一份，确认了原告与被告索振贵的出资。2003年3月1日，由第三人执笔，原告与被告索振贵签订分伙协议一份，约定分伙，并约定已销售的澄清剂共83吨扣除税金及5个月房租15000元、2003年2月份工资后按股份分配，工厂设备作价50000元归被告索振贵，甩干机卖后原告与被告索振贵均分，塑料桶原告与被告索振贵平分，已开发的市场山东万达集团归被告索振贵，东辛采油厂归原告。原告与被告在分伙协议上签字认可，第三人未签字。

另查明，分伙协议中确定的83吨澄清剂税后价格为每吨4141.15元，共计343715.45元均已结算，其中结算至原告处5吨，计款20705.75元，经被告索振贵结算至被告天齐公司处78吨，计款323009.70元。2003年2月份工人工资为3750元。第三人自合伙组织预领收益2000元。三人合伙财产甩干机及塑料桶在签订分伙协议时存放于被告索振贵处，被告索振贵及第三人均表示放弃分割，被告同时主张塑料桶已烂掉，原告及第三人均无异议。原告与被告索振贵签订分伙协议时协议中未涉及的合伙财产有价值10000元的破乳剂、价值10000元的成品引发剂。被告索振贵主张该部分财产都在桶中，但已当成废品卖掉了。分伙协议签订后原告未经营原合伙项目。

另查明，被告天齐公司成立于2003年2月24日。

原告主张分伙协议中无第三人签字，协议无效，合伙关系实际并未解散，被告索振贵于2003年2月与他人共同出资设立被告天齐公司从事同业经营，违反了法律规定，侵犯了合伙人的合法权益，二被告应以侵权利润对原告及第三人承担侵权责任。二被告认为被告索振贵与他人成立被告天齐公司时合伙组织已停止经营，且不存在侵权行为，不应承担民事责任。第三人对原告主张无异议。

原审法院认为，原告与被告索振贵、第三人签订的三方合作协议是三方真实意思，合伙关系依法成立。2003年3月1日的分伙协议，因第三人对协议内容有异议，未在协议上签字，故分伙协议无效。但协议签订后，合伙组织已停止经营，应视为合伙关系实际终止，合伙人应就此前合伙财产按合伙协议确定的分配方法进行分配。分伙协议签订时的价值20000元的产品，分伙时由被告索振贵实际占有，虽其主张已按废品处理，但未经其他合伙人同意，应以产品价值对原告及第三人承担责任。第三人已预领的收益款应一并纳入分配财产，并在分配中予以扣除。原告主张被告索振贵在合伙期间与他人成立被告天齐公司，要求分配被告天齐公司的侵权利润，因被告天齐公司成立虽然在分伙协议签订前七天，但原告提供的证据不能证明此间被告天齐公司的收益情况，故对原告主张，不予采信。因被告索振贵将合伙收益结算至被告天齐公司，被告天齐公司应对被告索振贵应归还原告及第三人合伙财产承担连带清偿责任，被告索振贵与被告天齐公司的债权债务关系，本案不作处理。合伙协议中对销售市场所作约定，因原告在签订分伙协议后未从事原合伙项目，本案亦不作处理。依照《中华人民共和国合伙企业法》第三十二条、《中华人民共和国民事诉讼法》第六十四条之规定，判决：（1）被告索振贵支付原告马光栋合伙收益款164678.70〔（4141.15*83+50000+20000+2000）*45%– 20705.75〕元，支付第三人孙凤梅合伙收益款39196.55〔（4141.15*83+50000+20000+2000）*10%–2000〕元。（2）被告天齐公司对被告索振贵的还款义务向原告及第三人承担连带清偿责任。三、被告索振贵返还原告马光栋甩干机一台。四、驳回原告马光栋的其他诉讼请求。以上一至三项于判决生效之日起十日内履行。案件受理费8960元，由原告负担4670元，被告索振贵负担4290元。财产保全费7700元由原告负担5600元，被告索振贵负担2100元。

评析：上诉人马光栋上诉称，一审认定分伙协议无效是正确的，但认定该协议签订后，合伙组织已经停止经营，没有事实依据和法律依据。上诉人认为，无效的分伙协议不能产生解除合伙关系的法律后果，因此合伙关系并未终止，被上诉人索振贵作为合伙人之一，利用合伙财产进行生产经营所得财产应归全体合伙人共有。被上诉人索振贵利用自己既是合伙人之一又是天齐公司法定代表人的双重身份之便利，侵占其资金、场地和销售市场，通过天齐公司占有合伙组织的财产及生产经营所得拒不向其他合伙人分配的行为，已对其他合伙人构成侵权。被上诉人应当按照上诉人在一审期间提交的计算方式和计算结果，对上诉人进行赔偿。请求二审法院变更原审判决第一项、撤销原审判决第四项，支持上诉人的上诉请求。

被上诉人索振贵辩称，原审认定事实清楚，适用法律正确。上诉人与被上诉人自从2003年3月1日在第三人孙凤梅的执笔下签订分伙协议，只是第三人认为没有牵扯个人利益才未在该协议书上签字。因此，不管分伙协议的效力如何，就分伙时的剩余财产上诉人是认可的。天齐公司经营的产品与原合伙组织经营的产品并非相同产品，上诉人以产品的主要效果要求值来判断属于同一产品与事实不符。所以，原审对分伙剩余财产的分配合理合法，请求二审法院驳回上诉，维持原判。

被上诉人天齐公司的答辩意见同被上诉人索振贵。

第三人孙凤梅述称，同意原审判决的处理意见。

二审中，双方当事人均未提交新的证据。

二审查明的事实与一审查明的事实一致。

本院认为，上诉人、被上诉人索振贵以及原审第三人对双方合伙协议的签订、合伙关系的成立、合伙事实的存在均无异议，原审对此亦予以确认，二审在此不再赘述。双方当事人在二审期间争议的主要焦点问题是：原审对合伙财产的认定与分割是否正确。从分伙协议的签订过程分析，上诉人与被上诉人索振贵分伙协议上的签字行为，是对合伙解散的真实意思表示。原审第三人孙凤梅未签字的原因，二审期间，孙凤梅向法庭作出明确陈述："在分伙协议起草完之后，双方对合伙期间的剩余财产均认可，只是上诉人与被上诉人索振贵口头表示分伙协议中涉及的财产由其二人平均分配，未分给孙凤梅按照合伙期间约定的应得10%合伙利润的份额，故未在分伙协议上签字。"对孙凤梅的这一陈述，上诉人与被上诉人索振贵均无异议。由此可见，双方当事人的散伙是基于合伙人的约定，按照有关法律规定，合伙解散意味着合伙关系消灭。上诉人上诉称，分伙协议签订后原合伙组织仍在继续经营，未提供充分证据予以证明，本院不予采信。原审对分伙协议中的财产予以确认并根据双方约定的分配比例对合伙财产进行的分割并无不当。上诉人主张被上诉人索振贵在合伙期间与他人成立被告天齐公司后，侵占其资金、场地和销售市场，要求分配被上诉人天齐公司的侵权利润的诉讼请求系侵权之诉，与本案并非同一法律关系，本院在本案中不予审查，上诉人可另行起诉。

17. 合伙企业涉债问题之确定

案情：王某、黄某、李某三人于2006年10月达成协议，集资80万元共同开设一家超市，其中王某出资20万元，黄某出资20.5万元，李某出资30.5万元，三人约定按出资比例分享盈利、分摊亏损。三方在当月交清全部投资并经核准登记领取营业执照。由于经营得当，年终结算，盈利5万元，三人按协议进行了分配。2007年2月开始，三人发生分歧。王某在2007年9月个人贷款买了一辆汽车从事鲜活商品贩卖，因所运海鲜腐烂，损失严重，高达40万元，王某变卖了他的这辆车清偿，还清了贷款，但仍欠渔场20万元。2007年11月，王某私自与常某商量把自己在超市中的20万元财产份额转让给常某，但黄某、李某不同意。在黄某、李某不同意的情况下，王某私自取走了自己的出资20万元。同年年终结算，该合伙超市共亏损60万元。这时，李某也要求退伙，合伙难以维持。黄某、李某商定按进货价格计算分别得价值10.5万元、20万元的商品，但对合伙债务未作处理。黄某、李某要求王某分摊超市的亏损，王某以自己已退伙，应由常某分摊为由拒绝分摊。

2008年初与该超市有业务往来的债权人海洋公司获悉超市散伙的消息后，便找王某，要求王某清偿合伙企业2006年所欠货款60万元。王某说自己早已退出合伙超市，对合伙债务可由常某负责，自己不负责。海洋公司找到李某，李某认为按照协议只承担债务的44%。海洋公司又找黄某，黄某认为还债三人都有份，他不还，我也不还，要还只以超市折价清偿。为此，海洋公司向人民法院起诉。

同时，由于王某欠某渔场20万元债务久欠不还，渔场也诉诸法院，要求王某偿还债务。

评析：本案被告王某、黄某、李某三人按照协议共同出资、领取营业执照进行经营活动，是合法的。他们之间的关系是合伙关系。由于在合伙协议中没有约定经营期限，王某可随时提出退伙，但应提前30日通知黄某、李某。王某私自抽回出资的行为无效，王某在退伙时，必须对合伙财产进行清算。黄某、李某私分合伙财产的行为也是无效的，三人分别取得的合伙财产应全部返还，作为合伙共有财产，偿还合伙债务。

由于黄某、李某不同意常某入伙，因而常某对合伙超市的债务不承担责任。

合伙超市欠海洋公司的60万元债务，是2006年超市所欠货款，即该项债务是王某提出退伙时已经存在的合伙债务，因此，王某应和李某、黄某一起对合伙债务负连带责任。

根据合伙企业法的规定，对合伙企业的债务，应先以合伙企业财产偿还，只有在不足清偿时，才用合伙人的个人财产清偿。本案合伙企业财产80万元，亏损了60万元，仍有20万元，应用于合伙债务的清偿。合伙超市欠海洋公司的债务共有60万元，在以20万元合伙财产清偿后，不足清偿的40万元，由王某、黄某、李某三人按其协议约定，依照其出资比例，以其各自的财产承担责任，三人对这40万元的债务承担的是连带责任。

王某个人由于从事鲜活商品贩卖亏损所欠的债务，是王某的个人债务，应由王某以他的个人财产偿还。本案中，王某的个人债务与王某所加入的合伙超市的债务同时存在，合伙人王某的个人债务的债权人渔场和合伙超市的债权人海洋公司都要求以合伙人个人的财产和他在合伙超市财产中的应有份额来满足自己的债权。在这种情况下，王某的个人财产首先应当偿还其个人债务；而王某在合伙超市中的应有份额优先用于偿还合伙超市的债务。本案中，当合伙超市财产不足清偿合伙超市债务，而王某的个人债务又未得到清偿时，在王某个人的债权人就王某个人财产满足债权之前，合伙超市的债权人无权要求王某以他的个人财产来偿还债务。合伙债务中王某应承担的部分，在王某无力负担的情形下，应由黄某、李某承担连带责任。

18. 个人合伙终止后合伙财产能否适用约定清算

案情：甲、乙二人共同经营某采矿厂，2005年1月18日，甲、乙与丙、丁签订《采矿厂经营合同》，约定每人出资7.5万元，共同经营该采矿厂。合同签订后，甲、乙以该厂在某坐标内的采矿许可证作价15万元出资，丙、丁依约各以现金7.5万元出资。2006年7月25日，甲、乙二人未征得丙、丁同意将该采矿厂及采矿许可证以55万元转让给第三人，并取得相应价款。丙、丁二人得知转让事实后，于2008年6月30日向人民法院起诉，要求平分所得收益。庭审中查明，双方在签订合同时约定，合同终止后应推举清算人进行清算，若有盈余，按投资比例进行分配，若有亏损，则按投资比例承担连带责任。

争议：该案争议焦点为：55万元收益是否应按约定待清算后再予分配?

审理中主要有两种观点。第一种观点认为，应待清算后再进行分配。理由是：双方在协议中明确约定了终止后进入清算程序，双方应严格履行合同约定。

第二种观点认为，55万元收益可直接进行分配。理由是：个人合伙对外承担无限连带责任，基于这一特性，可对现有收益先进行分配。若以后发现有债务，债权人可向任一合伙人要求偿还，其他合伙人承担连带责任。清偿债务后的合伙人在偿还后再要求其他合伙人承担责任，若发现有收益则按约定进行分配。对现有收益进行分配，有利于化解各合伙人之间急于解决的矛盾；同时，清算程序适用于合伙企业，并不适用于个人合伙，且适用清算程序后一旦清算不能，因法律无规定，就会导致部分合伙人权利得不到救济。因此，约定的清算程序不能适用于该个人合伙。

评析：笔者赞同第一种观点。

我国对个人合伙仅在民法通则及其司法解释中作了简单的规定，对合伙终止后的财产处理也未作明确规定。本案中双方约定终止后进行清算，超出了对个人合伙的一般规定，从而导致了争议的产生。笔者认为，本案应严格按照约定先进行清算，然后在有盈余的前提下再予分配，理由如下：

首先，该约定合法有效。根据合同法规定，依法成立的合同，在不违反法律、行政法规及社会公德的前提下对当事人具有法律约束力。本案中双方约定合伙终止后推举清算人进行清算，并未违反国家强制性规定。根据法不禁止即自由的原则，只要合同条款是双方真实的意思表示，就是合法有效的。因此，本案当事人应本着诚实信用原则严格履行合同约定，否则构成违约。

其次，执行该约定符合个人合伙财产的分配原则。根据《最高人民法院关于贯彻执行〈中华人民共和国民法通则〉若干问题的意见》第五十五条的规定，合伙终止时，对合伙财产的处理，有书面协议的，按协议处理。因此，本案中双方按照协议的约定进行清算，也是符合法律规定的。

再次，执行该约定也符合双方订立该条款的目的。双方在合同中约定清算，目的是为了最大限度防止合伙解散后留有隐患。合伙终止后，进行清算可以增强合伙财产的“透明度”，有效避免收益被部分合伙人利用优势地位隐瞒不分配，造成合伙人再次耗时、耗力甚至进行诉讼来维护自己的权利的情形发生；同时，通过清算先偿债后分配，可厘清各合伙人对外、对内应承担的责任大小，尤其是在负债不超过现有资产的前提下，先偿债再分配能避免各合伙人内部陷入一些不必要的追偿经济纠纷中。因此，清算能使各合伙人对各自获得的利润和负担义务有正确的认识，更有利于化解各合伙人之间在合伙终止后产生的经济纠纷。而在有约定的前提下仍直接进行分配，与合同约定的初衷相悖。

最后，该约定实际履行受阻后有救济途径，不会成为阻碍合伙人实现自己权益的“挡路石”。法律没有对个人合伙规定清算程序，也没有规定一方不履行导致清算不能的救济途径，而是否参照合伙企业法中的相关规定也无法律依据可循。因此，如果约定清算而实际操作中部分合伙人不予配合，就有可能导致请求分配收益的一方很难实现自己的权益。笔者认为，合伙协议是约束各合伙人的内部合同，根据合同法第一百零七条的规定，当事人一方不履行合同义务或者履行合同义务不符合约定的，应承担继续履行、采取补救措施或者赔偿损失等违约责任。因此，一方要求清算，而另一方不进行清算的，请求清算方可以起诉至法院，要求其按照合同约定继续履行合同，对合伙资产进行清算，并承担违约责任。一旦清算完成，再按约定进行分配。

19. 合伙账目未结算能否讨回投资款

案情：2000年5月，仝某、李某和张某三人合伙承包经营一加油站，每人各出资7万元，合伙协议约定盈亏共担。三人合伙经营到2003年2月，仝某以经营无利可图为由要求退伙，但另两人则不同意，也不给算账。而后，仝某便不再参与经营。同年5月，仝某将李某、张某二人起诉至法院，要求退伙并返还合伙投资款人民币7万元。庭审中，李、张二人对仝某要求退伙的主张没有意见，但主张合伙未经结算，仝某无权要求返还投资款，请求驳回仝某的诉讼请求。

评析：对此案的审理存在两种不同观点：

一种观点认为，合伙账目未经结算，仝某无权起诉，由于已经起诉，应裁定驳回起诉。

另一种观点认为，仝某有权起诉，但其要求返还投资款的主张，由于合伙账目未有结算，故无法支持，应判决驳回诉讼请求。

笔者认为，仝某有权起诉要求退伙，并有权要求对合伙账目进行结算。《中华人民共和国合伙企业法》第46条、第47条分别列举了在“其他合伙人严重违反合伙协议的义务或者合伙协议未约定合伙企业的经营期限的，合伙人在不给合伙企业事务执行造成不利影响的情况下，提前三十日通知其他合伙人后，可以退伙。”等可退伙的情形。该法第52条规定：“合伙人退伙的，其他合伙人应当与该退伙人按照退伙时的合伙企业的财产状况进行结算，退还退伙人的财产份额。”第76条亦规定：合伙人履行合伙协议发生争议的，可以向人民法院起诉。所以，从这些规定看，合伙人在要求协议退伙未果时，是有权起诉要求退伙并要求对合伙账目进行结算的。

就此案而言，作为审判机关，人民法院可对案件中止审理，责令双方在限期内进行算账，如当事人双方不能自行算账，可责令账目持有人交出账目，由法庭组织算账或委托审计部门进行审计，然后依据结算结果依法进行处理。如果持有账目的人拒不交出账目，则推定未持有账目的人主张成立。因仝某的起诉符合《中华人民共和国民事诉讼法》第108条的规定，故第一种观点裁定驳回起诉是无法律依据的；仝某在要求退伙无果的情况下提起诉讼，是一种合法的寻求公力救助行为，他是在自行协商无果的情况下才求助法院予以处理的，如果法院再拒之门外，以未经结算为由不予处理，那么，仝某的合法权益将意味着永远无法实现，拒不算账者的不良居心刚好得逞。

实际上作为人民法院，其是处理各类纠纷的最终机关，完全有权也有能力处理此类纠纷，就不应再以未经结算而不予处理。但当前对此纠纷究竟如何处理缺少明确的法律依据，还期待最高人民法院尽快作出司法解释，以更好地解决此类纠纷。

相关法律问答

1. 乡镇企业法的立法目的是什么？

答：我国乡镇企业法在第1条就开宗明义地确立了本法如下目的：

为了扶持和引导乡镇企业持续健康发展，保护乡镇企业的合法权益，规范乡镇企业的行为，繁荣农村经济，促进社会主义现代化建设，制定本法。

我国自改革开放以来，乡镇企业蓬勃发展，已成为我国农村经济的主要支柱和国民经济的重要组成部分。但是，乡镇企业要持续健康发展，还存在许多困难和问题，最主要是缺乏基本法律的保护和规范。基于此，第八届全国人民代表大会常务委员会第二十二次会议于1996年10月29日通过了《中华人民共和国乡镇企业法》，并于1997年1月1日起开始施行。

2. 什么是乡镇企业？

答：乡镇企业是指农村集体经济组织或者农民投资为主，在乡镇（包括所辖村）举办的承担支援农业义务的各类企业，是中国乡镇地区多形式、多层次、多门类、多渠道的合作企业和个体企业的统称。包括乡镇办企业、村办企业、农民联营的合作企业、其他形式的合作企业和个体企业五级。乡镇企业行业门类很多，包括农业、工业、交通运输业、建筑业以及商业、饮食、服务、修理等企业。20世纪80年代以来，中国乡镇企业获得迅速发展，对充分利用乡村地区的自然及社会经济资源、向生产的深度和广度进军，对促进乡村经济繁荣和人们物质文化生活水平的提高，改变单一的产业结构，吸收数量众多的乡村剩余劳动力，以及改善工业布局、逐步缩小城乡差别和工农差别，建立新型的城乡关系均具有重要意义。乡镇企业已成为中国农民脱贫致富的必由之路，也是国民经济的一个重要支柱。

3. 乡镇企业在国民经济中的地位有哪些？

答：乡镇企业，是七十年代后期逐渐发展起来的。发展乡镇企业是振兴我国农村经济的必由之路。党的十三大强调在重视粮食生产的同时，“必须继续合理调整城乡经济布局和农村产业结构，积极发展多种经营和乡镇企业”。回顾近几年的发展过程，可以看到乡镇企业显示出充沛的活力。到1986年，全国乡镇企业总产值首次超过农业总产值达到3000亿元，成为工农结合部突起的一支新军，这标志着我国农村的产业结构发生了根本性的变化，将对我国国民经济的发展起到巨大的推动作用。

4. 乡镇企业的特点有哪些?

答：乡镇企业是独立自主的经济实体，它有如下特点：(1)产供销活动主要靠市场调节;(2)职工大都实行亦工亦农的劳动制度和灵活多样的分配制度;(3)与周围农村联系密切，便于利用本地各种资源；(4)分布点多、面广，便于直接为各类消费者服务；(5)经营范围广泛，几乎涉及各行各业;(6)规模较小，能比较灵活地适应市场需求的不断变化;(7)在现阶段大多是劳动密集型的经济组织，技术设备比较简陋，能容纳大量农村剩余劳动力。这些特点使得乡镇企业具有极大的适应性和顽强的生命力，也具有较大的盲目性和不稳定性，劳动生产率一般都比较低。

5. 乡镇企业发展面临的问题有哪些?

答：一是发展环境亟待改善。特别是在中西部经济欠发达地区，乡镇企业融资难、贷款难、担保难，成为制约乡镇企业发展的瓶颈；当前一些地区正在进行第二轮机构改革，有的县乡两级乡镇企业管理机构被撤销，出现乡镇企业无人抓无人管的局面。

二是结构调整亟待加强。乡镇企业行业、产业、产品趋同现象仍较严重，企业之间无序竞争比较普遍；区域性特色经济发展不够突出。

三是地区间发展很不平衡，东部与中西部的差距进一步拉大。镇企业发展面临的突出问题在中国农村和小城镇兴办的、非全民所有制的、从事商品生产或经营活动的经济实体。乡镇企业大多集中在小城镇，是小城镇社区的重要经济支柱。

6. 乡镇企业的发展前景有哪些?

答: 乡镇企业要及时跟踪研究外部环境变化给自己带来的影响，必须重新研究自己的发展战略，要认真分析现实和潜在的竞争对手，挖掘自己的比较优势，充分利用两个市场提供的机遇，培植自己的强项。因为乡镇企业走向国际经济大循环已经不是自己愿意不愿意或想不想的问题，而是迫到临头的现实。据有关方面统计，世界500强大企业进入中国市场的已有230多家，乡镇企业面对的现实是，在国内市场要与国有企业、国际强者竞争，在国际市场更要面对众多的竞争对手，所以乡镇企业重新研究自己的发展战略十分重要。如自己要进入或退出哪一市场，如何设定市场占有目标。主攻的市场区域是国内还是国际，是收缩战线壮大主业，还是战略扩张，多角经营；如何选择技术发展方向，如何确定新产品开发方案，是靠投资建设实现扩展，还是走兼并联合与协作之路，如何选择适宜的企业组织结构和财务管理体制，如何设定企业资产负债结构，主要融资方式是什么?……人无远虑必有近忧，做为一个决策者和经营者，如此等等众多的问题，在外部环境急剧变化过程中，都是需要认真研究和回答的。不能到时再说，市场不相信眼泪，更不同情弱者，如果到时候再说，以不变应万变，必然坐失商机，什么都晚了。确立人才、技术开发和市场营销在企业中的基础地位。

乡镇企业必须确立人才、技术开发和市场营销在企业中的基础地位，在短缺经济下，买方求卖主，市场营销没有作用；在供不应求情况下，产品可以几十年一贯制，技术开发和人才没有地位，在市场约束增强，企业竞争加剧之后，过去的一切全然变了。一些拥有巨型生产能力的企业竟出现亏损，一些曾填补过我国“空白”的企业也陷入困境。而一些名不见经传的“幼稚企业”却如一匹匹黑马，频频争标夺魁。从这里可以清楚地看到短缺经济，卖方市场条件下证明企业实力的是生产能力，而转向供需平衡之后，决定企业兴衰的则是技术开发和市场营销。技术转化为生产力周期的大幅缩短，使企业间的竞争越来越突出地表现为技术实力的竞争；用户越来越充分的选择性，使得企业营销能力、经营策略、服务水平已直接影响经营业绩，而决定这两者水平的是人才。乡镇企业必须搞好结构调整，用自己的“拳头”产品，敲响两个市场的大门。在全球化经济中，乡镇企业靠什么来跻身于国际、国内两个市场?只能靠自己的产品。一般的产品是不行的，必须用自己的“拳头”产品。所谓的“拳头”产品，包括名牌产品、特色产品、别人没有我有的产品等。拳头产品的诞生，说起来容易做起来难，这要求乡镇企业根据两个市场的变化和需求。本着“名、优、新、特”的原则，确定自己主攻产品的方向，找好自己的市场定位。产业结构的定位，科学的规划发展，关系到今后乡镇企业发展能否持续、快速、健康发展的大局。我们要接受和吸取乡镇企业二十多年来发展的经验教训，要适时进行产业结构的调整升级。把培育产业“龙头”作为拉动点，带动特色产业快速升级发展。把发展骨干企业群作为支撑点，促使特色产业扩规模，上档次，再造特色产业优势，从而诞生“拳头”产品，有效地扩大市场知名度和辐射力，从而占领国际、国内两个市场。总而言之，全球化经济给乡镇企业发展提出了更高的要求。乡镇企业要认真分析自己的优势和弱势，扬长避短，把结构调整同改造，提升传统产业结合起来；同推进农业产业化，增加农民收入结合起来；同促进产业结构优化，实施可持续发展战略目标结合起来。然而乡镇正处于不利的政策环境之中，结构调整也极需要充分发挥地方政府、职能部门的有力支持和推动。规定相应的标准，制定激励机制，从资源和环境保护出发建立补偿或限制的制度等等。

7. 乡镇企业对就业的作用主要是什么?

答: 中国特色的乡镇企业是在改革开放的大背景下和我国社会经济条件下迅速发展壮大的，是由农民创造并脱胎于农业和农村的一支十分重要的经济力量。经过20多年的发展，乡镇企业已有相当的规模和经济总量。

到2002年，全国乡镇企业实现增加值31800亿元，占国内生产总值31%，占农村社会增加值的65%；其中乡镇工业增加值22000亿元，占全国工业增加值47.8%；实现营业收入

125800亿元；完成出口交货值10500亿元，占全国出口交货值的40%左右；实现利润总额7200亿元；上缴税金2500亿元，占全国财政收入的13.2%。乡镇企业已经成为国民经济的重要支柱，农村经济的主体部分，工业经济的半壁江山，出口创汇的有生力量，财政收入的重要来源。

乡镇企业从发展之日起，就以吸纳农村富余劳动力为己任，通过各种方式安排农民就业。截止到2002年，乡镇企业已经吸纳了农村富余劳动力1.33亿人，占农村劳动力的27%，占社会劳动力的18%。乡镇企业的发展使得从事农业的劳力与从事非农业的劳力从1978年的9.3：0.7变成了2002年的7.3：2.7。

1978年中国改革开放以来，乡镇企业促进农村劳动力就业的功能不断增强，吸纳农村富余劳动力的人数逐年增多。虽然中间年份增减变化起伏较大，但总体上增加农村就业的趋势没有变化。1979年至2001年的22年间，乡镇企业从业人员由2827万人增加到1.33亿人，增长了4.75倍，每年平均增长7.3%。占农村劳动力的比重由9.23%上升到27.13%，占全社会劳动力的比重由7.04%上升到17.92%。因此，发展乡镇企业是促进农村劳动力由农业向非农产业转变、由农村向城镇转变、由农民身份向市民身份转变的有效途径。

改革开放初期，中国一部分农民从土地中解放出来，开始由从事单一农业生产向二、三产业转移。上世纪80年代中期以来，乡镇企业促进农村就业功能显现，就业人员迅猛增加，并与中国宏观经济周期性变化相适应，深刻反映了国家宏观调控政策取向。近年来，中国工业化、信息化步伐加快，进入了一个工业化与信息化并行的时代，同时由于经济全球化影响，世界范围内经济结构的战略性调整以及世界科技进步的日新月异，乡镇企业资本有机构成不断提高，资本技术密集型企业增多等因素，加之布局较为分散，乡镇企业促进农村就业的能力有所减弱，吸纳就业人员的增幅趋缓，这些问题应引起我们的高度关注。

8. 乡镇企业在促进农村就业方面有什么特点?

答:（1）从乡镇企业就业的产业分布看，第二产业是吸纳农村劳动力就业的主体。截止到2001年，乡镇企业第二产业就业人员达到7615万人，占乡镇企业就业总人数的58%。但从总的趋势上看，乡镇企业第二产业就业人数比重呈平稳下降趋势。从1980年到2001年平均每年下降0.3个百分点。而第三产业就业人数近年呈快速增长态势，由1980年的601万人增加到2001年的5270万人，占乡镇企业从业人员的比重由20%增加到40%，年均上升1个百分点。

（2）从乡镇企业就业的行业分布看，乡镇企业就业主要集中在工业、服务业和建筑业。这三大行业分别占全部从业人员的58%、20%和12%。1978年至1991年，工业行业就业人数占乡镇企业全部就业人数的比重基本维持在60%以上。1991年以后，工业行业的就业比重有所下降，总体上呈下降趋势，但就业比重仍保持在58%以上，是乡镇企业劳动力就业的主要行业。商业及服务业从业人员比重增幅较大，1991年至2001年十年间，商业及服务业从业人员由1248万人增加到2568万人，净增1320万人，年均增长7.5%。建筑业就业变化不明显。

（3）从乡镇企业就业的所有制结构看，乡镇企业就业主要集中在私有企业。2001年个体私有企业就业人数达到9713万人，占74%，说明农村个体私有经济是农村就业的最基本的载体和主要形式。混合所有制经济是促进农村就业增长最快的所有制形式，越来越成为农村就业的主渠道。集体企业自80年代中期以来，从业人员比重持续下降，由1985年的60%下降到2001年的26%，特别是90年代中期以来，集体企业从业人员比重大幅下滑，1995年至2001年，集体企业就业比重由47%骤然降至26%，下降了21个百分点。主要是集体企业产权制度改革，大量集体企业改制成个体私有企业，以及国家肯定个体私有企业地位作用，个体私有企业发展速度较快等原因所致。

（4）从乡镇企业就业的布局情况看，开始向工业园区、小城镇和城市周边集中。据对全国11省222村调查，农村劳动力地域分布很不平衡，30%左右的乡镇企业从业人员集中在工业园区和小城镇。农村劳动力外出务工主要由中西部地区向东部沿海省份。1996年至2000年，农村劳动力迁移到城镇人数达5732万人，年均迁移1146万人。农村劳动力跨地区就业主要是由中西部地区向东部地区和小城镇集聚。在异地转移劳动力中，农村间流动占48.5%，流向集镇占5.3%，流向县城及建制镇占12.1%，流向中小城市占29.4%，流向大城市占3.8%，出国占0.6%。

（5）从乡镇企业就业的地区分布看，乡镇企业就业区域不平衡性非常明显。东部地区占全部从业人员的比重高达49%，中部地区占36%，西部地区仅占15%。外地务工人员也主要流向广东、上海、浙江、江苏等东部地区。

9. 乡镇企业的主要任务是什么？

答：乡镇企业的主要任务是，根据市场需要发展商品生产，提供社会服务，增加社会有效供给，吸收农村剩余劳动力，提高农民收入，支援农业，推进农业和农村现代化，促进国民经济和社会事业发展。农民不可能都种地，否则农民会永远贫困下去，以二、三产业为主的乡镇企业是农民增收的重要途径。另外，农民不可能都进城，否则会形成世界上最大的贫民窟，发展乡镇企业就地就近转移农村富余劳动力是重要出路。再者，农民建设新农村不可能靠国家包下来，任何政府也负担不了这么繁重的任务，必须依靠农民自主创业，发展乡镇企业。

10. 发展乡镇企业应遵循哪些原则？

答：发展乡镇企业，应坚持以农村集体经济为主导，多种经济成分共同发展的原则。农村集体经济亦称“农村集体所有制经济”。我国宪法第八条规定“农村集体经济组织实行家庭承包经营为基础、统分结合的双层经营体制。农村中的生产、供销、信用、消费等各种形式的合作经济，是社会主义劳动群众集体所有制经济”。

农村集体经济，改革开放以来发展变化很大。传统农村集体经济，是指区域性农村劳动群众共同占有生产资料的一种公有制形式，是农民按照自愿互利原则组织起来，基本生产资料公有，在生产与交换过程中实行某种程度的合作经营，在分配上实行一定程度的按劳分配的集体所有制经济。随着农村经济的发展和改革的深化，农村集体经济在内涵和外延上都有了较大突破。

目前，农村集体经济已转变为农民按照一定区域或自愿互利原则组织起来，基本生产资料共有或按股份所有，在生产与交换过程中实行某种程度的合作经营，按劳分配和按生产要素分配相结合的所有制经济。

发展乡镇企业，应当主要发展农村集体经济，这是根本，同时配合其他经济成分，这样才能更好发展农村经济。

11. 国家对乡镇企业管理应遵循哪些原则

答：国家对乡镇企业积极扶持、合理规划、分类指导、依法管理。

12. 我国的乡镇企业行政管理机制的内容是什么？

答：国家鼓励和重点扶持经济欠发达地区、少数民族地区发展乡镇企业，鼓励经济发达地区的乡镇企业或者其他经济组织采取多种形式支持经济欠发达地区和少数民族地区举办乡镇企业。国务院乡镇企业行政管理部门和有关部门按照各自的职责对全国的乡镇企业进行规划、协调、监督、服务；县级以上地方各级人民政府乡镇企业行政管理部门和有关部门按照各自的职责对本行政区域内的乡镇企业进行规划、协调、监督、服务。

中国在整个20世纪的“现代国家政权建设”中，出现了4种新型的乡镇管理模式：即晚清至民国时期的所谓“乡镇自治”，中国共产党建立的“议行合一制”乡镇基层政权、“政社合一”的人民公社体制和“乡政村治”二元治理模式。但这一时期，传统小农经济的有限剩余根本无法支撑一个全面渗透穷乡僻壤的庞大国家机器和现代化工业体系，从而形成了国家行政权的下沉与“以农养政”时代的制度设计、经济上的工业化与政治上的民主化严重对立的局面，最终导致我国乡镇行政管理体制变动频繁且反复无常。从2006年1月1日起，中国农民彻底告别延续了2600多年的“皇粮国税”，标志着工业反哺农业、城市支持农村的“后农业税时代”已经到来。因此，下一步的乡镇改革基本方向和总体目标是：改进党对农村工作的领导方式，进一步完善“村民自治”制度，发展农村新型合作经济组织和社会中介组织，加快建设适应社会主义市场经济体制和中国国情的法制型、服务型乡镇基层政府，不断提高农村社会管理和公共服务水平。

13. 乡镇企业如何进行登记备案？

答：（1）符合四个条件的乡镇企业提出申请，具体包括：

①有固定的生产经营组织、场所、设备和生产经营人员；

②常年从事生产经营活动，或从事季节性生产经营活动，但全年开工时间在三个月以上；

③具备独立核算条件，能够独立计算收入、支出、盈亏情况；

④除农业企业外，应持有工商行政管理部门颁发的《企业法人营业执照》或《营业执照》。

（2）企业在县局领取《乡镇企业登记备案表》并填写，由企业负责人确认内容签字。

（3）乡镇企业办公室初审盖章，县级乡镇企业管理局审查确认盖章。

（4）县局给申请企业编号并打印《乡镇企业登记备案证书》。

（5）送省局复核并盖章。

14. 乡镇企业财产权如何界定？

答：乡镇企业依法实行独立核算，自主经营，自负盈亏。

具有企业法人资格的乡镇企业，依法享有法人财产权。

国家保护乡镇企业的合法权益；乡镇企业的合法财产不受侵犯。

任何组织或者个人不得违反法律、行政法规干预乡镇企业的生产经营，撤换企业负责人；不得非法占有或者无偿使用乡镇企业的财产。

15. 乡镇企业停业、终止后职工应如何安置？

答：乡镇企业停业、终止，已经建立社会保险制度的，按照有关规定安排职工；依法订立劳动合同的，按照合同的约定办理。原属于农村集体经济组织的职工有权返回农村集体经济组织从事生产，或者由职工自谋职业。

16.《乡镇企业法》对企业合法权益有哪些保护性规定？

答：国家对符合下列条件之一的中小型乡镇企业，根据不同情况实行一定期限的税收优惠：

（1）集体所有制乡镇企业开办初期经营确有困难的；

（2）设立在少数民族地区、边远地区和贫困地区的；

（3）从事粮食、饲料、肉类的加工、贮存、运销经营的；

（4）国家产业政策规定需要特殊扶持的。

前款税收优惠的具体办法由国务院规定。

国家运用信贷手段，鼓励和扶持乡镇企业发展。对于符合前条规定条件之一并且符合贷款条件的乡镇企业，国家有关金融机构可以给予优先贷款，对其中生产资金困难且有发展前途的可以给予优惠贷款。

17. 乡镇企业的运作应遵循哪些原则？

答：乡镇企业应当按照市场需要和国家产业政策，合理调整产业结构和产品结构，加强技术改造，不断采用先进的技术、生产工艺和设备，提高企业经营管理水平。

举办乡镇企业，其建设用地应当符合土地利用总体规划，严格控制、合理利用和节约使用土地，凡有荒地、劣地可以利用的，不得占用耕地、好地。

举办乡镇企业使用农村集体所有的土地的，应当依照法律、法规的规定，办理有关用地批准手续和土地登记手续。

乡镇企业使用农村集体所有的土地，连续闲置两年以上或者因停办闲置一年以上的，应当由原土地所有者收回该土地使用权，重新安排使用。

乡镇企业应当依法合理开发和使用自然资源。

乡镇企业从事矿产资源开采，必须依照有关法律规定，经有关部门批准，取得采矿许可证、生产许可证，实行正规作业，防止资源浪费，严禁破坏资源。

乡镇企业应当按照国家有关规定，建立财务会计制度，加强财务管理，依法设置会计账册，如实记录财务活动。

乡镇企业必须按照国家统计制度，如实报送统计资料。对于违反国家规定制发的统计调查报表，乡镇企业有权拒绝填报。

乡镇企业应当依法办理税务登记，按期进行纳税申报，足额缴纳税款。

各级人民政府应当依法加强乡镇企业的税收管理工作，有关管理部门不得超越管理权限对乡镇企业减免税。

乡镇企业应当加强产品质量管理，努力提高产品质量；生产和销售的产品必须符合保障人体健康，人身、财产安全的国家标准和行业标准；不得生产、销售失效、变质产品和国家明令淘汰的产品；不得在产品中掺杂、掺假，以假充真，以次充好。

乡镇企业应当依法使用商标，重视企业信誉；按照国家规定，制作所生产经营的商品标识，不得伪造产品的产地或者伪造、冒用他人厂名、厂址和认证标志、名优标志。

乡镇企业必须遵守有关环境保护的法律、法规，按照国家产业政策，在当地人民政府的统一指导下，采取措施，积极发展无污染、少污染和低资源消耗的企业，切实防治环境污染和生态破坏，保护和改善环境。

地方人民政府应当制定和实施乡镇企业环境保护规划，提高乡镇企业防治污染的能力。

乡镇企业建设对环境有影响的项目，必须严格执行环境影响评价制度。

乡镇企业建设项目中防治污染的设施，必须与主体工程同时设计、同时施工、同时投产使用。防治污染的设施必须经环境保护行政主管部门验收合格后，该建设项目方可投入生产或者使用。

乡镇企业不得采用或者使用国家明令禁止的严重污染环境的生产工艺和设备；不得生产和经营国家明令禁止的严重污染环境的产品。排放污染物超过国家或者地方规定标准，严重污染环境的，必须限期治理，逾期未完成治理任务的，依法关闭、停产或者转产。

乡镇企业必须遵守有关劳动保护、劳动安全的法律、法规，认真贯彻执行安全第一、预防为主的方针，采取有效的劳动卫生技术措施和管理措施，防止生产伤亡事故和职业病的发生；对危害职工安全的事故隐患，应当限期解决或者停产整顿。严禁管理者违章指挥，强令职工冒险作业。发生生产伤亡事故，应当采取积极抢救措施，依法妥善处理，并向有关部门报告。

18. 新形势下乡镇企业为什么要承担支农义务？

答：（1）承担支农义务是对乡镇企业的客观要求。我国乡镇企业之所以迅速发展，除了乡镇企业自身的努力，主要是靠国家的扶持和农业、农村集体的长期积累，乡镇企业是在农业基础上，靠农业哺育发展起来的。当前，随着农村生产力的提高，农业为乡镇企业的发展提供了越来越多的生产原料和劳动力，这为乡镇企业的发展创造了更加有利的条件。乡镇企业多数地处农村，投资来自于农村集体经济组织和广大农民。乡镇企业在发展过程中也占用了农村的人力和资源，利用了农村的基础设施，企业的职工也享受了农村各项社会福利和公益事业服务。因此，可以说没有农业的发展也就不会有乡镇企业。同时，我国农业的基础还比较薄弱，农村经济和各项事业比较落后，国家财力有限，完全靠国家投入解决这些问题是不现实的，还必须依靠乡镇企业提供一定的资金、技术、人力等方面的支持。

（2）承担支农义务是乡镇企业发展的自身需要。当前，乡镇企业正处于结构调整的重要时期，国家产业政策和市场竞争的加剧要求乡镇企业必须充分发挥得天独厚的农副产品资源优势，发展农副产品的加工、贮藏、保鲜和运销业，这不仅有利于推动农业产业化经营，提高农民收入，也有利于乡镇企业立足资源优势，加快结构调整，形成具有特色的产业体系，提高竞争能力和经济效益，有利于乡镇企业从以工补农、建农向带农转变，与农业互为依托，共同发展。这也是乡镇企业尤其是中西部地区和农副产品主产区乡镇企业发展的方向。

19. 乡镇企业如何支农？

答：乡镇企业的支农形式主要有三种：一是建农，乡镇企业为农业提供生产资料，为农业生产的产前、产中、产后提供运输、供销服务；二是补农，为农业发展提供资金支持；三是带农，大力发展从事农副产品加工、贮藏、保鲜、运销的乡镇企业，建设能够带动农业产业化经营的"龙头"企业。

20. 国家对哪些企业实行税收优惠？

答：国家对符合下列条件之一的中小型乡镇企业，根据不同情况实行一定期限的税收优惠：

（1）集体所有制乡镇企业开办初期经营确有困难的；

（2）设立在少数民族地区、边远地区和贫困地区的；

（3）从事粮食、饲料、肉类的加工、贮存、运销经营的；

（4）国家产业政策规定需要特殊扶持的。

21. 乡镇企业发展基金由哪些资金构成？

答：（1）政府拨付的用于乡镇企业发展的周转金；

（2）乡镇企业每年上缴地方税金增长部分中一定比例的资金；

（3）基金运用产生的收益；

（4）农村集体经济组织、乡镇企业、农民等自愿提供的资金。

22. 乡镇企业发展基金的使用范围有哪些？

答：（1）支持少数民族地区、边远地区和贫困地区发展乡镇企业；

（2）支持经济欠发达地区、少数民族地区与经济发达地区的乡镇企业之间进行经济技术合作和举办合资项目；

（3）支持乡镇企业按照国家产业政策调整产业结构和产品结构；

（4）支持乡镇企业进行技术改造，开发名特优新产品和生产传统手工艺产品；

（5）发展生产农用生产资料或者直接为农业生产服务的乡镇企业；

（6）发展从事粮食、饲料、肉类的加工、贮存、运销经营的乡镇企业；

（7）支持乡镇企业职工的职业教育和技术培训；

（8）其他需要扶持的项目。

23. 乡镇企业的人才政策包括哪些内容？

答：国家积极培养乡镇企业人才，鼓励科技人员、经营管理人员及大中专毕业生到乡镇企业工作，通过多种方式为乡镇企业服务。

乡镇企业通过多渠道、多形式培训技术人员、经营管理人员和生产人员，并采取优惠措施吸引人才。

24. 乡镇企业如何实行经济技术合作?

答：国家采取优惠措施，鼓励乡镇企业同科研机构、高等院校、国有企业及其他企业、组织之间开展各种形式的经济技术合作。

25. 乡镇企业如何发展外向型经济?

答：国家鼓励乡镇企业开展对外经济技术合作与交流，建设出口商品生产基地，增加出口创汇。

具备条件的乡镇企业依法经批准可以取得对外贸易经营权。

26. 乡镇企业如何促进小城镇建设?

答：地方各级人民政府按照统一规划、合理布局的原则，将发展乡镇企业同小城镇建设相结合，引导和促进乡镇企业适当集中发展，逐步加强基础设施和服务设施建设，以加快小城镇建设。

27. 乡镇企业应如何调整产业结构加强技术改造，提高管理水平?

答：乡镇企业应当按照市场需要和国家产业政策，合理调整产业结构和产品结构，加强技术改造，不断采用先进的技术、生产工艺和设备，提高企业经营管理水平。

28. 举办乡镇企业建设用地应注意哪些问题?

答：举办乡镇企业，其建设用地应当符合土地利用总体规划，严格控制、合理利用和节约使用土地，凡有荒地、劣地可以利用的，不得占用耕地、好地。

举办乡镇企业使用农村集体所有的土地的，应当依照法律、法规的规定，办理有关用地批准手续和土地登记手续。

乡镇企业使用农村集体所有的土地，连续闲置两年以上或者因停办闲置一年以上的，应当由原土地所有者收回该土地使用权，重新安排使用。

29. 乡镇企业财务会计管理应遵循哪些规定?

答：乡镇企业应当按照国家有关规定，建立财务会计制度，加强财务管理，依法设置会计账册，如实记录财务活动。

30. 乡镇企业应如何报送统计资料?

答: 乡镇企业必须按照国家统计制度，如实报送统计资料。对于违反国家规定制发的统计调查报表，乡镇企业有权拒绝填报。

31.《乡镇企业法》对乡镇企业的税收管理方面是如何规定的?

答：乡镇企业应当依法办理税务登记，按期进行纳税申报，足额缴纳税款。

各级人民政府应当依法加强乡镇企业的税收管理工作，有关管理部门不得超越管理权限对乡镇企业减免税。

32. 乡镇企业应如何进行产品质量管理?

答：乡镇企业应当加强产品质量管理，努力提高产品质量；生产和销售的产品必须符合保障人体健康，人身、财产安全的国家标准和行业标准；不得生产、销售失效、变质产品和国家明令淘汰的产品；不得在产品中掺杂、掺假，以假充真，以次充好。

33. 乡镇企业应当如何使用商标、制作商品标识?

答: 乡镇企业应当依法使用商标，重视企业信誉；按照国家规定，制作所生产经营的商品标识，不得伪造产品的产地或者伪造、冒用他人厂名、厂址和认证标志、名优标志。

34. 乡镇企业在保护环境方面应做哪些工作?

答: 乡镇企业必须遵守有关环境保护的法律、法规，按照国家产业政策，在当地人民政府的统一指导下，采取措施，积极发展无污染、少污染和低资源消耗的企业，切实防治环境污染和生态破坏，保护和改善环境。

地方人民政府应当制定和实施乡镇企业环境保护规划，提高乡镇企业防治污染的能力。

乡镇企业建设对环境有影响的项目，必须严格执行环境影响评价制度。

乡镇企业建设项目中防治污染的设施，必须与主体工程同时设计、同时施工、同时投产使用。防治污染的设施必须经环境保护行政主管部门验收合格后，该建设项目方可投入生产或者使用。

乡镇企业不得采用或者使用国家明令禁止的严重污染环境的生产工艺和设备；不得生产和经营国家明令禁止的严重污染环境的产品。排放污染物超过国家或者地方规定标准，严重污染环境的，必须限期治理，逾期未完成治理任务的，依法关闭、停产或者转产。

35.《乡镇企业法》对乡镇企业劳动安全和卫生保护是如何规定的?

答：乡镇企业必须遵守有关劳动保护、劳动安全的法律、法规，认真贯彻执行安全第一、预防为主的方针，采取有效的劳动卫生技术措施和管理措施，防止生产伤亡事故和职业病的发生；对危害职工安全的事故隐患，应当限期解决或者停产整顿。严禁管理者违章指挥，强令职工冒险作业。发生生产伤亡事故，应当采取积极抢救措施，依法妥善处理，并向有关部门报告。

36. 违反《乡镇企业法》承担什么法律责任?

答：违反本法规定，有下列行为之一的，由县级以上人民政府乡镇企业行政管理部门责令改正：

（1）非法改变乡镇企业所有权的；

（2）非法占有或者无偿使用乡镇企业财产的；

（3）非法撤换乡镇企业负责人的；

（4）侵犯乡镇企业自主经营权的。

前款行为给乡镇企业造成经济损失的，应当依法赔偿。

37. 国家对经济欠发达地区、少数民族地区发展乡镇企业采取何种政策?

答：国家鼓励和重点扶持经济欠发达地区、少数民族地区发展乡镇企业，鼓励经济发达地区的乡镇企业或者其他经济组织采取多种形式支持经济欠发达地区和少数民族地区举办乡镇企业。

38. 各级政府如何对乡镇企业实行管理?

答：国务院乡镇企业行政管理部门和有关部门按照各自的职责对全国的乡镇企业进行规划、协调、监督、服务；县级以上地方各级人民政府乡镇企业行政管理部门和有关部门按照各自的职责对本行政区域内的乡镇企业进行规划、协调、监督、服务。

39. 申请企业法人登记应当具备哪些条件?

答：（1）有符合规定的名称和章程；

（2）有国家授予的企业经营管理的财产或者企业所有的财产，并能够以其财产独立承担民事责任；

（3）有与生产经营规模相适应的经营管理机构、财务机构、劳动组织以及法律或者章程规定必须建立的其他机构；

（4）有必要的并与经营范围相适应的经营场所和设施；

（5）有与生产经营规模和业务相适应的从业人员，其中专职人员不得少于8人；

（6）有健全的财会制度，能够实行独立核算，自负盈亏，独立编制资金平衡表或者资产负债表；

（7）有符合规定数额并与经营范围相适应的注册资金，其中生产性公司的注册资金不得少于30万元（人民币，下同），以批发业务为主的商业性公司的注册资金不得少于50万元，以零售业务为主的商业性公司的注册资金不得少于30万元，咨询服务性公司的注册资金不得少于10万元，其他企业法人的注册资金不得少于3万元，国家对企业注册资金数额有专项规定的按规定执行；

（8）有符合国家法律、法规和政策规定的经营范围；

（9）法律、法规规定的其他条件。

40. 企业登记注册事项有哪些？

答：企业法人登记注册的主要事项有：企业法人名称、住所、经营场所、法定代表人、经济性质、经营范围、经营方式、注册资金、从业人数、经营期限、分支机构。

41. 企业法人设立登记需要什么材料？

答：（1）出资人（单位）法定代表人签署的《非公司企业设立登记申请书》；

（2）出资人（单位）出具的《企业（公司）申请登记委托书》；

（3）法律、行政法规规定设立企业必须报经有关审批的，提交有关部门的批准文件；

（4）加盖出资人（单位）印章的企业法人章程；

（5）出资人（单位）的资格证明；

（6）出资人（单位）为国有企业的提交国有资产管理部门出具的《国有资产占有产权登记表》；出资人（单位）为集体所有制企业的提交法定验资机构出具的验资报告；

（7）出资人（单位）出具的企业法定代表人的任职文件和身份证明复印件；

（8）住所使用证明；

（9）企业的经营范围中，属于法律行政法规、国务院决定规定必须报经审批项目的提交有关部门的批准文件；

（10）《企业名称预先核准通知书》。

42. 不得担任企业法人法定代表人的情形有哪些？

答：（1）无民事行为能力或者限制民事行为能力的。

（2）正在被执行刑罚或者正在被执行刑事强制措施的。

（3）正在被公安机关或者国家安全机关通缉的。

（4）因犯有贪污贿赂罪、侵犯财产罪或者破坏社会主义市场经济秩序罪，被判处刑罚，执行期满未逾五年的；因犯有其他罪，被判处刑罚，执行期满未逾三年的；或者因犯罪被判处剥夺政治权利，执行期满未逾五年的。

（5）担任因经营不善破产清算的企业的法定代表人或者董事、经理，并对该企业的破产负有个人责任，自该企业破产清算完结之日起未逾三年的。

（6）担任因违法被吊销营业执照的企业的法定代表人，并对该企业违法行为负有个人责任，自该企业被吊销营业执照之日起未逾三年的。

（7）个人负债数额较大，到期未清偿的。

（8）法律和国务院规定的其他不能担任企业法定代表人的。

43. 章程有什么要求？

答：企业法人章程的内容应当符合国家法律、法规和政策的规定，并载明下列事项：

（1）宗旨；

（2）名称和住所；

（3）经济性质；

（4）注册资金数额及其来源；

（5）经营范围和经营方式；

（6）组织机构及其职权；

（7）法定代表人产生的程序和职权范围；

（8）财务管理制度和利润分配形式；

（9）劳动用工制度；

（10）章程修改程序；

（11）终止程序；

（12）其他事项。

联营企业法人的章程还应载明：

（1）联合各方出资方式、数额和投资期限；

（2）联合各方成员的权利和义务；

（3）参加和退出的条件、程序；

（4）组织管理机构的产生、形式、职权及其决策程序；

（5）主要负责人任期。

44. 登记的具体地点在哪里?

答:特区内的企业在注册分局、市民中心工商局内资窗口办理,特区外的企业在所在区工商分局注册科办理。

45. 变更登记事项有哪些?

答:企业法人改变名称、住所、经营场所、法定代表人、经济性质、经营范围、经营方式、注册资本、经营期限,以及增设或者撤销分支机构,应当申请办理变更登记。

46. 变更登记需要什么材料?

答:(1)变更名称的,提交以下材料:

①企业法定代表人签署的《非公司企业法人变更登记申请书》;

②《企业(公司)申请登记委托书》;

③出资人(单位)审查同意的文件;

④字号查询证明或者上级公司登记机关出具的名称变更核准通知书;

⑤法律、行政法规、国务院决定所规定变更企业登记事项必须报经审批的提交有关的批准文件;

⑥企业法人营业执照正、副本。

(2)变更住所的:

①企业法定代表人签署的《非公司企业法人变更登记申请书》;

②《企业(公司)申请登记委托书》;

③新住所使用证明;法律、法规对新住所、经营场所在消防、环保、卫生、国土等方面有特殊规定的,提交有关批准文件;

④企业法人营业执照正、副本。

(3)变更法定代表人的:

①企业法定代表人签署的《非公司企业法人变更登记申请书》;

②《企业(公司)申请登记委托书》;

③原法定代表人的免职文件,新任法定代表人的任职文件和身份证明复印件;

④法律、行政法规、国务院决定所规定变更企业登记事项必须报经审批的提交有关的批准文件;

⑤企业法人营业执照正、副本。

(4)变更经营范围的:

①企业法定代表人签署的《非公司企业法人变更登记申请书》;

②《企业（公司）申请登记委托书》;

③出资人（单位）审查同意的文件;

④行政法规、国务院决定所规定变更企业登记事项必须报经审批的提交有关的批准文件

⑤企业法人营业执照正、副本。

（5）变更营业期限的：

①企业法定代表人签署的《非公司企业法人变更登记申请书》;

②《企业（公司）申请登记委托书》；;

③新的企业法人章程或者章程修正案（由出资人盖章）;

④出资人（单位）审查同意的文件;

⑤法律、行政法规、国务院决定所规定变更企业登记事项必须报经审批的提交有关的批准文件;

⑥企业法人营业执照正、副本。

（6）变更注册资本的：

①企业法定代表人签署的《非公司企业法人变更登记申请书》;

②《企业（公司）申请登记委托书》;

③出资人（单位）审查同意的文件;

④具有法定资格的验资机构出具的验资证明（国有企业提交《国有资产占有产权登记表》, 集体所有制企业的提交法定验资机构出具的验资报告）;

⑤法律、行政法规、国务院决定所规定变更企业登记事项必须报经审批的提交有关的批准文件;

⑥企业法人营业执照正、副本。

（7）变更经济性质的：

①企业法定代表人签署的《非公司企业法人变更登记申请书》;

②《企业（公司）申请登记委托书》;

③出资人（单位）审查同意的文件;

④企业法人营业执照正、副本;

⑤企业资产性质改变的文件。

（8）变更出资人（单位）的：

①企业法定代表人签署的《非公司企业法人变更登记申请书》;

②《企业（公司）申请登记委托书》;

③新的企业法人章程或者章程修正案（由出资人盖章）;

④出资人（单位）审查同意的文件;

⑤具有法定资格的验资机构出具的验资证明（国有企业提交《国有资产占有产权登记表》，集体所有制企业的提交法定验资机构出具的验资报告）；

⑥原出资人（单位）与现出资人（单位）双方签订的有关产权转让协议；

⑦涉及国有资产或者集体资产转让，有特别规定的，应提交有关的批准文件；

⑧新出资人（单位）的法人资格证明复印件；

⑨企业法人营业执照正、副本。

（9）出资人（单位）改变名称的：

①企业法定代表人签署的《非公司企业法人变更登记申请书》；

②《企业（公司）申请登记委托书》；

③新的企业法人章程或者章程修正案（由出资人盖章）；

④出资人（单位）改变名称的证明文件和出资人（单位）更名后的法人资格证明；

⑤企业法人营业执照正、副本。

47. 分立的类型有哪些？

答：分立包括派生分立和新设分立。

48. 分立所需要的材料有哪些？

答：派生分立的需提交分立后企业设立的材料并同时办理原企业变更；新设分立的需提交分立后新设企业的设立的材料并办理原企业注销。

49. 合并的类型有哪些？

答：合并分为新设合并和吸收合并。

50. 合并所需要的材料有哪些？

答：新设合并的需同时提交原企业的注销材料和新企业的设立材料；吸收合并的提交吸收方办理变更材料被吸收方注销材料。

51. 企业法人变更为有限公司或股份有限公司后的注册资本如何确定？

答：变更前企业的净资产不低于变更后企业的注册资本，低于部分要予以补足。

52. 企业法人变更为有限公司或股份有限公司后的经营范围如何确定？

答：原经营范围中涉及前置审批的，如果能提交合法有效前置审批文件的可以保留，不能提供的，不予核准。

53. 企业法人变更为有限公司或股份有限公司的需要提交的材料有哪些?

答:（1）提交《非公司企业法人变更登记申请书》和《公司设立登记申请书》;

（2）企业（公司）申请登记委托书》;

（3）出资人（单位）审查同意的文件;

（4）评估报告及确认函;

（5）具有法定资格的验资机构出具的验资报告;

（6）涉及国有产权转让的，提交国有资产管理部门同意转让的文件及产权交易合同;

（7）新的公司的章程或原章程的修正案;

（8）字号查询证明;

（9）公司董事、监事、经理的任命文件及身份证明复印件;

（10）公司董事长的任命文件;

（11）新股东的资格证明。

54. 注销登记的法律后果是什么?

答：注销后企业的主体资格和经营资格全部趋于消失。

55. 在什么情况下应该办理注销登记?

答：企业法人歇业、被撤销、宣告破产或者因其他原因终止营业，应当向登记主管机关办理注销登记。

56. 注销登记应当提交哪些材料?

答:（1）企业清算组织负责人签署的《非公司企业法人注销登记申请书》;

（2）《企业（公司）申请登记委托书》;

（3）企业出资人出具的清理债务完结的证明文件;

（4）企业法人营业执照正、副本;

（5）企业出资人申请企业注销的文件，或人民法院裁定破产的文件，或政府部门责令关闭的文件;

（6）法律、行政法规要求提供的其他材料。

57. 申请增、补领营业执照时应当提交什么材料?

答:(1)企业法定代表人签署的《补(增)发证照申请书》;

(2)《企业(公司)申请登记委托书》;

(3)出资单位意见;

(4)未遗失或毁坏的企业法人营业执照;

(5)企业在报纸上刊登证照遗失并声明作废的公告(因执照毁坏须补发的不需提交此项)。

58. 什么是合伙企业?

答:合伙企业,是指依照《中华人民共和国合伙企业法》在中国境内设立的,由各合伙人订立合伙协议,共同出资、合伙经营、共享收益、共担风险,并对合伙企业债务承担无限连带责任的营利性组织。

合伙企业的利润和亏损,由合伙人依照合伙协议约定的比例分配和分担,合伙协议未约定利润分配和亏损分担比例的,由各合伙人平均分配和分担。

59. 什么是无限连带责任?

答:无限连带责任,是指每个合伙人对于合伙债务都负有全部清偿的义务,而合伙的债权人也有权向合伙人中的任何一人或数人要求其清偿债务的一部分或全部。

连带责任是指两个以上须承担同一民事责任的人,权利人可以对任何一方提出承担民事责任的请求。在向权利人承担责任后,各责任人根据各自的具体情况再分担责任。

具体地说:(1)连带责任是一种多数主体责任,即与债权人相对应的债务人在数量上为两个以上。(2)连带责任是违反法律义务所承担的民事责任。这种法律义务首先是合同法上的义务,即给付义务,表现为作为。合同法上的义务可以是合同当事人的约定(如约定的连带保证责任),也可以是对合同当事人权利义务的法定(如法定的合伙人对合伙债务的连带责任)。其次是侵权法上的义务,即不得侵害他人人身、财产权益的义务,表现为不作为(如共同侵权的连带责任)。(3)连带责任人中任何一人对违反法律义务的后果都必须负全部责任。

60. 什么是合伙协议?

答:合伙协议是依法由全体合伙人协商一致、以书面形式订立的合伙企业的契约。

61. 合伙协议应当载明哪些事项?

答:合伙协议应当载明下列事项:(1)合伙企业的名称和主要经营场所的地点;(2)合

伙目的和合伙企业的经营范围；（3）合伙人的姓名及其住所；（4）合伙人出资的方式、数额和缴付出资的期限；（5）利润分配和亏损分担办法；（6）合伙企业事务的执行；（7）入伙与退伙；（8）合伙企业的解散与清算；（9）违约责任。合伙协议可以载明合伙企业的经营期限和合伙人争议的解决方式。合伙协议经全体合伙人签名、盖章后生效。合伙人依照合伙协议享有权利，承担责任。经全体合伙人协商一致，可以修改或者补充合伙协议。

62. 合伙企业与公司的区别?

答：合伙企业与公司的区别是：

（1）合伙企业由一个自然人投资，公司，除国有独资公司外，由二个以上投资人投资；

（2）合伙企业投资人以其个人财产对企业债务承担无限责任，公司投资人以其出资对公司承担有限责任；

（3）合伙企业名称不得使用“有限”、“有限责任”或者“公司”字样，公司名称必须使用“有限责任公司”或者“股份有限公司”字样；

（4）合伙企业没有最低注册资本金的限制，公司有最低注册资本金的限制；

（5）合伙企业不具有法人资格，公司企业具有独立的法人资格；

（6）合伙企业只缴纳个人所得税，而不缴纳企业所得税，公司企业缴纳企业所得税，股东对其所取得的公司红利或股息缴纳个人所得税。

63. 合伙企业与个人独资企业的区别?

答：合伙企业与个人独资企业的区别是：

（1）个人独资企业由一个自然人投资，合伙企业由二个以上合伙人投资；

（2）个人独资企业投资人以其个人财产或者家庭共有财产对企业债务承担无限责任，合伙企业合伙人以其个人财产对企业债务承担无限责任和连带责任。

64. 合伙企业与个体工商户的区别?

答：合伙企业与个体工商户的区别是：

（1）合伙企业必须根据其经营规模，招用必要的从业人员，可以是几个从业人员，也可以是几十甚至更多；个体工商户则雇工人数不得超过7名；

（2）合伙企业可以设立分支机构，分支机构可以使用该合伙企业的字号，个体工商户不可以设立分支机构；

（3）合伙企业每月向税务局报税，不需交纳工商管理费，个体工商户每月向税务局交税，还需向工商局交纳工商管理费。

65. 合伙企业需要缴纳工商管理费吗?

答：不需要。

66. 合伙企业有没有最低注册资金的要求?

答：没有。按照《合伙企业法》的规定，设立合伙企业应当有投资人申报的出资即可。合伙企业的出资额由投资人自愿申报，投资不必向登记机关出具验资报告，登记机关也不审核投资人的出资是否实际缴付。

67. 合伙企业的合伙人出资的形式有哪些?

答：按照《合伙企业法》规定，合伙人可以用货币、实物、土地使用权、知识产权或者其他财产权利出资；上述出资应当是合伙人的合法财产及财产权利。

对货币以外的出资需要评估作价的，可以由全体合伙人协商确定，也可以由全体合伙人委托法定评估机构进行评估。

经全体合伙人协商一致，合伙人也可以用劳务出资，其评估办法由全体合伙人协商确定。

68. 合伙人的资格能否被继承?

答：依据《合伙企业法》规定，合伙人死亡或者被依法宣告死亡的，对该合伙人在合伙企业中的财产份额享有合法继承权的继承人，依照合伙协议的约定或者经全体合伙人同意，从继承开始之日起，即取得该合伙企业的合伙人资格。

合法继承人不愿意成为该合伙企业的合伙人的，合伙企业应退还其依法继承的财产份额。

69. 合伙企业存续期间合伙人如何转让财产?

答：合伙企业存续期间，合伙人向合伙人以外的人转让其在合伙企业中的全部或者部分财产份额时，应当通知其他合伙人，并须经其他合伙人一致同意。

同时，合伙人依法转让其财产份额的，在同等条件下，其他合伙人有优先受让的权利。

70. 合伙企业申请设立登记时应当提交哪些文件?

答：（1）全体合伙人签署的《合伙企业设立登记申请书》；

（2）全体合伙人指定的代表或者共同委托的代理人的委托书，及代理人的居民身份证复印件（核对原件）；

（3）全体合伙人的居民身份证或户籍证明复印件（核对原件）；深圳市外户口的需提交经经营所在地计生部门验证的计划生育证明复印件（核对原件）（广东省户口（不含深圳）的，20–49周岁的已婚妇女提交《广东省计划生育服务证》；49周岁以下的已婚男性及未婚男、女提交《流动人口婚育证明》，已婚男性与配偶同流入的可持其配偶的《流动人口婚育证明》；广东省外户口的，49周岁以下的男、女提交《流动人口婚育证明》）；

（4）全体合伙人签署的《合伙协议书》；

（5）全体合伙人委托一名或数名合伙人执行合伙企业事务的决议；

（6）出资权属证明；（是指合伙人用于出资的财产和财产权利属于合伙人所有或者使用的证明文件。不能提交所有权和使用权证明的，应当提交全体合伙人认定的书面文件）

（7）经营场所证明：①对合伙人自有房产的，提交房产产权证明复印件（核对原件）；②对租用房产的，提交经房屋租赁主管机关登记的房屋租赁合同原件；

（8）经营范围涉及法律、行政法规、国务院决定须报经有关部门审批的业务，还应当提交有关部门的批准文件。

71. 如何办理合伙企业设立登记？（合伙企业设立的办事程序是什么？）

答：（1）到登记机关办理字号查询证明，领取《合伙企业设立登记申请书》。

（2）投资人备齐文件后，由投资人或者投资人委托的代理人向登记机关申请合伙企业设立登记，登记机关受理后发给《合伙企业（分支机构）登记申请受理通知书》；对于不符合受理条件的登记申请，登记机关不予受理，并发给申请人《不予受理通知书》。

（3）领照人凭《合伙企业（分支机构）登记申请受理通知书》及身份证原件到登记机关缴交登记费，领取《合伙企业营业执照》；或者领取《不予登记通知书》。

72. 设立合伙企业应具备哪些条件？

答：依照《中华人民共和国合伙企业法》的规定，设立合伙企业，应当具备下列条件：

（1）有二人以上合伙人，并且都是依法承担无限责任者；

（2）有书面合伙协议；

（3）有各合伙人实际缴付的出资；

（4）有合伙企业的名称；

（5）有经营场所和从事合伙经营的必要条件。

73. 办理合伙企业名称预先核准应该提交什么材料?

答：提交的材料有：

（1）全体合伙人签署的《合伙企业名称预先核准申请书》；

（2）全体合伙人指定的代表或者共同委托的代理人的委托书，及代理人的居民身份证复印件（核对原件）；

（3）字号查询证明；

（4）全体合伙人的居民身份证明复印件（核对原件）。

74. 合伙企业都要办理名称预先核准吗?

答：不是所有的合伙企业都需办理名称预先核准的，涉及前置审批业务或企业认为需要的，可以办理名称预先核准，其他的不需办理。

75. 合伙企业的名称应该怎么命名?

答：按照名称登记管理有关规定，企业名称依次由行政区划名称、字号、行业或者经营特点、组织形式四项法定基本要素构成。例如“深圳市龙岗区洋洋商行”。

行政区划名称是指企业名称登记机关所属级别的行政区划名称。合伙企业的行政区划名称是指县级以上行政区划名称。例如“深圳市”或“深圳市龙岗区”。

字号应当由两个以上的字组成。如“北京市金风商店”中的“金风”。合伙企业可以以投资人的姓名做字号。字号由申请人选择，经登记机关核定。

行业及经营特点，由登记机关根据企业经营范围和经营方式，按国民经济行业分类的标准确定，并用规范用语表述。如“北京市红都制衣厂”中的“制衣”一词，即为表述行业及经营特点的字词。

合伙企业的组织形式表述为“厂”、“店”或者“所”等。如“北京市红都制衣厂”中的“厂”一字，即为表述组织形式的字词。

76. 合伙企业的名称可不可以称为“××公司”?

答：不可以，合伙企业在其名称中不得使用“有限”、“有限责任”或者“公司”字样。

77. 哪些自然人不能成为合伙企业的投资人?

答：根据《合伙企业法》第十六条的规定，法律、行政法规禁止从事营利性活动的人，不得作为投资人申请设立合伙企业。目前全国人大及其常委会通过的禁止从事营利性活动的人的法律有：一是《中华人民共和国法官法》，该法第三十条规定，法官不得从事营利性的经营活动；二是《中华人民共和国检察官法》，该法第三十三条规定，检察官不得从事营利性经营活动；三是《中华人民共和国警察法》，该法第二十二条规定，人民警察不得从事营利性的经营活动或受雇于任何个人或组织。目前国务院颁布的禁止从事营利性活动的人的行政法规有:《中华人民共和国国家公务员暂行条例》，该条例第三十一条规定，国家公务员不得经商、办企业及参与其他营利性的经营活动；第四十九条规定，国家公务员不得在企业和营利性事业单位兼任职务。

另外，根据国务院、中央军委的有关规定，现役军人不准私人经商，不准个人、合资办企业。

78. 合伙企业住所证明指的是什么？

答：1.住所为投资人自有的，提交房屋产权证明复印件，并出示原件；2.住所为租赁的，提交经房屋租赁主管机关登记的租赁合同原件。

79. 合伙企业可以从事哪些行业？

答：合伙企业是私营企业，所以凡是个体工商户和私营企业可以从事的行业，合伙企业均可从事；凡是国家禁止个体工商户和私营企业从事的行业、经营的商品，合伙企业也不得从事和经营。个体工商户和私营企业可以从事行业有工业、交通运输业、建筑业、商业、饮食服务业、修理业、科技咨询以及文化娱乐等，合伙企业也可以从事这些行业。国家有关法律、行政法规规定，个体工商户和私营企业不得从事下列行业：军工业、邮电通讯业、铁路运输业、金融保险业等，合伙企业也不可以从事这些行业。

80. 什么是合伙企业的成立日期？

答：根据《合伙企业法》第十七条的规定，合伙企业的成立日期是指合伙企业的营业执照的签发日期。

根据《合伙企业法》第十七条第二款的规定，合伙企业成立后，还必须到登记机关领取营业执照后，才能开展经营活动。如果合伙企业迟迟不领取营业执照，即使登记机关签发了营业执照，合伙企业正式成立了，合伙企业也不得从事经营活动，否则属于违法行为。

81. 合伙企业成立后，还需要做哪些相关工作？

答：合伙企业领取营业执照后，还应当做好如下相关工作：

（1）到公安局刻制公章；

（2）到银行开立银行账户；

（3）到税务局申请纳税登记。

82. 合伙企业名称变更登记需要提交哪些材料？

答：（1）《合伙企业变更登记申请书》；

（2）全体合伙人指定代表或者共同委托代理人办理工商变更登记的委托书，及代理人的居民身份证复印件（核对原件）；

（3）字号查询证明；

（4）全体合伙人签署的变更决定书；

（5）《合伙企业营业执照》正、副本。

83. 合伙企业名称变更应当注意什么？

答：（1）新名称不得与同一工商行政管理机关核准或登记注册的同行业企业名称字号相同，有投资关系的除外；

（2）名称不得与其他企业变更名称未满 1 年的原名称相同；

（3）名称不得与注销登记或者被吊销营业执照未满 3 年的企业名称相同；

（4）名称中冠以"中国"、"中华"、"全国"、"国家"、"国际"等字样的或者在名称不含行政区划的，须另填名称登记表，报国家工商局审批；冠省名的，须另填名称登记表，报省工商局审批；

（5）名称还须符合国家其他有关规定。

84. 合伙企业名称可不可以冠以"××省"的字样？

答：可以。冠省名的，须另填名称登记表，报省工商局审批。

85. 合伙企业名称可不可以冠以"中国"、"中华"、"全国"、"国家"、"国际"等字样？

答：可以，须另填名称登记表，报国家工商局审批。

86. 合伙企业住所变更需要提交哪些材料？

答：（1）《合伙企业变更登记申请书》；

（2）全体合伙人指定的代表或者共同委托的代理人的委托书，及代理人的居民身份证复印件（核对原件）；

（3）全体合伙人签署的变更决定书；

（4）《合伙企业营业执照》正、副本；

（5）提交新经营场所的证明：①对合伙人自有房产的，提交房产产权证明复印件（核对原件）；②对租用房产的，提交经房屋租赁主管机关登记盖章的房屋租赁合同原件；

（6）法律、行政法规规定要求提交的其他文件。

87. 合伙企业跨越辖区变更住所，应当如何办理变更登记手续?

答：由合伙企业向迁出地登记机关申请迁出，提交申请报告，迁出地登记机关在申请报告上签署“同意迁出”字样；合伙企业凭迁出申请报告向迁入地登记机关申请变更登记，迁入地登记机关同意迁入后，发给《调档通知函》，合伙企业凭此函到原登记机关调取企业档案，移交给迁入地登记机关，迁入地登记机关办理合伙企业变更登记。

88. 合伙企业执行人变更登记需要提交哪些材料?

答：（1）《合伙企业变更登记申请书》；

（2）全体合伙人指定的代表或者共同委托的代理人的委托书，及代理人的居民身份证复印件（核对原件）；

（3）《合伙企业营业执照》正、副本；

（4）全体合伙人签署的变更决定书；

（5）法律、行政法规规定要求提交的其他文件。

89. 合伙事务的执行方式有哪些?

（1）由全体合伙人共同执行。（2）由各合伙人分别单独执行合伙事务。（3）由一名合伙人执行合伙事务。（4）由数名合伙人共同执行合伙事务。

90. 合伙企业经营范围变更需要提交哪些材料?

答：（1）《合伙企业变更登记申请书》；

（2）全体合伙人指定的代表或者共同委托的代理人的委托书，及代理人的居民身份证复印件（核对原件）；

（3）全体合伙人签署的变更决定书；

（4）《合伙企业营业执照》正、副本原件；

（5）经营范围涉及法律、行政法规、国务院决定须报经有关部门审批的业务，还应当提交有关部门的批准文件。

91. 合伙企业合伙人变更需要提交哪些材料?

答:(1)《合伙企业变更登记申请书》;

(2)全体合伙人指定的代表或者共同委托的代理人的委托书，及代理人的居民身份证复印件(核对原件);

(3)全体合伙人签署的变更决定书(合伙人之间转让财产份额的,还应提交通知其他合伙人的证明);

(4)经公证的转让协议;

(5)新合伙协议书;

(6)《合伙企业营业执照》正、副本;

(7)新合伙人的居民身份证或户籍证明复印件(核对原件);深圳市外户口的需提交经营所在地计生部门验证的计划生育证明复印件(核对原件)(广东省户口(不含深圳)的,20–49周岁的已婚妇女提交《广东省计划生育服务证》;49周岁以下的已婚男性及未婚男、女提交《流动人口婚育证明》,已婚男性与配偶同流入的可持其配偶的《流动人口婚育证明》;广东省外户口的，49周岁以下的男、女提交《流动人口婚育证明》);

(8)法律、行政法规规定要求提交的其他文件。

92. 合伙企业增加合伙人(入伙)变更登记需要提交哪些材料?

答:(1)《合伙企业变更登记申请书》;

(2)全体合伙人指定的代表或者共同委托的代理人的委托书，及代理人的居民身份证复印件(核对原件);

(3)全体合伙人签署的变更决定书;

(4)新合伙协议书;

(5)新合伙人以货币以外的出资需要评估作价的,可以由全体合伙人协商确定,也可以由全体合伙人委托法定评估机构进行评估;

(6)新合伙人的居民身份证或户籍证明复印件(核对原件);深圳市外户口的需提交经营所在地计生部门验证的计划生育证明复印件(核对原件)(广东省户口(不含深圳)的,20–49周岁的已婚妇女提交《广东省计划生育服务证》;49周岁以下的已婚男性及未婚男、女提交《流动人口婚育证明》,已婚男性与配偶同流入的可持其配偶的《流动人口婚育证明》;广东省外户口的，49周岁以下的男、女提交《流动人口婚育证明》);

(7)《合伙企业营业执照》正、副本;

(8)法律、行政法规规定要求提交的其他文件。

93. 新合伙人如何加入合伙企业?

答：（1）新合伙人入伙时，应当经全体合伙人同意，并依法订立书面入伙协议。

（2）订立入伙协议时，原合伙人应当向新合伙人告知原合伙企业的经营状况和财务状况。

（3）入伙的新合伙人与原合伙人享有同等权利，承担同等责任。入伙协议另有约定的，从其约定。

（4）入伙的新合伙人对入伙前合伙企业的债务承担连带责任。

94. 新合伙人权利义务如何?

答: 订立入伙协议时,原合伙人应当向新合伙人如实告知原合伙企业的经营状况和财务状况。

入伙的新合伙人与原合伙人享有同等权利,承担同等责任。入伙协议另有约定的,从其约定。

新合伙人对入伙前合伙企业的债务承担无限连带责任。

95. 合伙企业减少合伙人（退伙）变更登记需要提交哪些材料?

答：（1）《合伙企业变更登记申请书》;

（2）全体合伙人指定的代表或者共同委托的代理人的委托书，及代理人的居民身份证复印件（核对原件）;

（3）全体合伙人签署的变更决定书;

（4）新合伙协议书;

（5）《合伙企业营业执照》正、副本;

（6）法律、行政法规规定要求提交的其他文件。

96. 合伙人在哪些情形下可能会被除名?

答：合伙人有下列情形之一的，经其他合伙人一致同意，可以决议将其除名:

（1）未履行出资义务;

（2）因故意或者重大过失给合伙企业造成损失;

（3）执行合伙企业事务时有不正当行为;

（4）合伙协议约定的其他事由。

对合伙人的除名决议应当书面通知被除名人。被除名人自接到除名通知之日起,除名生效，被除名人退伙。

被除名人对除名决议有异议的，可以在接到除名通知之日起三十日内，向人民法院起诉。

97. 如何退出合伙企业？

答：依照《合伙企业法》规定，合伙协议约定合伙企业的经营期限的，有下列情形之一时，合伙人可以退伙：

（1）合伙协议约定的退伙事由出现；

（2）经全体合伙人同意退伙；

（3）发生合伙人难于继续参加合伙企业的事由；

（4）其他合伙人严重违反合伙协议约定的义务。

合伙协议未约定合伙企业的经营期限的，合伙人在不给合伙企业事务执行造成不利影响的情况下，可以退伙，但应当提前三十日通知其他合伙人。

同时，《合伙企业法》还规定，合伙人有下列情形之一的，当然退伙：

（1）死亡或者被依法宣告死亡；

（2）被依法宣告为无民事行为能力人；

（3）个人丧失偿债能力；

（4）被人民法院强制执行在合伙企业中的全部财产份额。

前款规定的退伙以实际发生之日为退伙生效日

98. 合伙企业减少合伙人应该注意哪些问题？

答：（1）符合《中华人民共和国合伙企业法》规定的退伙条件；

（2）退伙后人数符合《中华人民共和国合伙企业法》的规定；

（3）退伙的方式和程序须符合法律、法规及合伙协议的规定；

（4）合伙协议作出变更决定十五日内。

99. 合伙人退伙的类型有哪些？

（1）声明退伙。

声明退伙又称自愿退伙，是指合伙人基于自愿的意思表示而退伙。声明退伙又可分为协议退伙和通知退伙。当合伙协议约定了合伙的经营期限的，则有下列情形之一时，合伙人可以退伙：①合伙协议约定的退伙事由出现；②经全体合伙人一致同意；③发生合伙人难以继续参加合伙的事由；④其他合伙人严重违反合伙协议约定的义务。当合伙协议约定了合伙期限时，合伙人欲退伙须经其他合伙人同意，不得单方通知退伙。合伙协议未约定合伙期限的，在不给合伙事务执行造成不利影响的前提下，合伙人可以不经其他合伙人同意而退伙，但应当提前30天通知其他合伙人。

（2）法定退伙。

指直接根据法律的规定而退伙。法定退伙又可分为当然退伙和除名退伙。

①当然退伙。是指发生了某种客观情况而导致的退伙，合伙企业法第49条规定了这些客观情况，即：a. 作为合伙人的自然人死亡或者被依法宣告死亡；b. 个人丧失偿债能力；c. 作为合伙人的法人或者其他组织依法被吊销营业执照、责令关闭、撤销，或者被宣告破产；d. 法律规定或者合伙协议约定合伙人必须具有相关资格而丧失该资格；e. 合伙人在合伙企业中的全部财产份额被人民法院强制执行。

②开除退伙，是指在合伙人出现法定事由的情形下，由其他合伙人决议将该合伙人除名。合伙企业法第50条规定了开除退伙的事由：a. 未履行出资义务；b. 因故意或者重大过失给合伙企业造成损失；c. 执行合伙事务时有不正当行为；d. 发生合伙协议约定的事由。

100. 合伙人退伙时如何处理财产?

答：按《合伙企业法》规定，合伙人退伙的，其他合伙人应当与该退伙人按照退伙时的合伙企业的财产状况进行结算，退还退伙人的财产份额。退伙时有未了结的合伙企业事务的，待了结后进行结算。

退伙人在合伙企业中财产份额的退还办法，由合伙协议约定或者由全体合伙人决定，可以退还货币，也可以退还实物。

退伙人对其退伙前已发生的合伙企业债务，与其他合伙人承担连带责任。

合伙人退伙时，合伙企业财产少于合伙企业债务的，由合伙人依照合伙协议约定的比例分配和分担债务；合伙协议未约定亏损分担比例的，由各合伙人平均分配和分担。

101. 合伙企业增加出资额变更登记需要提交哪些材料?

答：（1）《合伙企业变更登记申请书》；

（2）全体合伙人指定的代表或者共同委托的代理人的委托书，及代理人的居民身份证复印件（核对原件）；

（3）全体合伙人签署的变更决定书；

（4）新合伙协议书；

（5）对货币以外的出资需要评估作价的，可以由全体合伙人协商确定，也可以由全体合伙人委托法定评估机构进行评估；

（6）《合伙企业营业执照》正、副本；

（7）法律、行政法规规定要求提交的其他文件。

102. 合伙人的出资方式有哪些?

答：中华人民共和国合伙企业法第十一条规定：“合伙人可以用货币、实物、土地使用权、知识产权或者其他财产权利出资；上述出资应当是合伙人的合法财产及财产权利。对货币以外的出资需要评估作价的，可以由全体合伙人协商确定，也可以由全体合伙人委托法定评估机构进行评估。经全体合伙人协商一致，合伙人也可以用劳务出资，其评估办法由全体合伙人协商确定。”《民法通则》第三十条规定：“个人合伙是指两个以上的公民按照协议，各自提供资金、实物、技术等，合伙经营、共同劳动。”《最高人民法院关于贯彻执行（中华人民共和国民法通则）若干问题的意见（试行）》第四十六条规定：“公民按照协议提供技术性劳务而不提供资金、实物，但约定参加盈余分配的，视为合伙人。”

根据上述规定，在个人合伙中，合伙人可以拿资金、实物、技术、技术性劳务等，作为合伙的投资。应该说，凡是符合法律和政策的要求的标的，都可作为个人合伙时的投资。

103. 合伙企业的财产由哪几部分构成?

答：合伙企业的财产由两部分构成：（1）在合伙企业设立及存续期间，全体合伙人的原始出资及追加的出资；（2）在合伙企业存续期间，以合伙企业名义取得的各类收益及其他财产，包括营业收入和非营业所得。从合伙企业的财产的表现形式来看，合伙企业的财产包括合伙企业的资金、技术、厂房、车间、设备、仓库、知识产权、特定合伙人的劳务以及其他物资（如交通工具、办公用品等）。

104. 合伙企业的财产如何管理?

答：合伙企业的财产由全体合伙人依照《合伙企业法》共同管理和使用。合伙企业进行清算前，合伙人不得请求分割合伙的财产，但《合伙企业法》另有规定的除外。合伙企业存续期间，合伙人向合伙人以外的人转让其在合伙企业中的全部或者部分财产份额时，须经其他合伙人的一致同意。合伙人之间转让在合伙企业中的全部或者部分财产份额时，应当通知其他合伙人。合伙人依法转让其财产份额的，在同等条件下，其他合伙人有优先受让的权利。未经其他合伙人一致同意，合伙人以其在合伙企业中的财产份额出资的，其行为无效，或者作为退伙处理；由此给其他合伙人造成损失的，依法承担赔偿责任。合伙人在合伙企业清算前私自转移或者处分合伙企业财产的，合伙企业不得以此对抗不知情的善意第三人。合伙企业的利润和亏损，由合伙人依照合伙协议约定的比例分配和分担，合伙协议未约定利润分配比例和亏损分担比例的，由各合伙人平均分配和分担。合伙协议不得约定将全部利润分配给部分合伙人或者由部分合伙人承担全部亏损。

105. 合伙人如何转移其在合伙企业中的财产份额?

答: 除合伙协议另有约定外，合伙人向合伙人以外的人转让其在合伙企业中的全部或者部分财产份额时，须经其他合伙人一致同意。合伙人之间转让在合伙企业中的全部或者部分财产份额时，应当通知其他合伙人。

合伙人向合伙人以外的人转让其在合伙企业中的财产份额的，在同等条件下，其他合伙人有优先购买权；但是，合伙协议另有约定的除外。合伙人以外的人依法受让合伙人在合伙企业中的财产份额的，经修改合伙协议即成为合伙企业的合伙人，依照本法和修改后的合伙协议享有权利，履行义务。

合伙人以其在合伙企业中的财产份额出资的，须经其他合伙人一致同意；未经其他合伙人一致同意，其行为无效，由此给善意第三人造成损失的，由行为人依法承担赔偿责任。

106. 需由全体合伙人同意方能决定的事务有哪些?

答:（1）改变合伙企业的名称；

（2）改变合伙企业的经营范围、主要经营场所的地点；

（3）处分合伙企业的不动产；

（4）转让或者处分合伙企业的知识产权和其他财产权利；

（5）以合伙企业名义为他人提供担保；

（6）聘任合伙人以外的人担任合伙企业的经营管理人员。

107. 合伙人对合伙企业要承担哪些义务?

答：合伙人的义务包括以下几个方面：

（1）出资义务。出资是合伙人承担的首要义务。合伙人应以自己的合法财产及财产权利出资，并应严格按照约定的方式、数额和期限出资。否则，就要承担损害赔偿责任。另外，需要注意的是，各合伙人按照合伙合同实际缴付的出资，为其对合伙企业的出资；并且在合伙企业存续期间，合伙人不负有增加出资的义务。当然，依照合伙协议约定或全体合伙人决定，合伙人可以增加出资，用于扩大经营规模或者弥补亏损。

（2）承担合伙事务的义务。这既是合伙人的义务，实际上也是合伙人的权利。设立合伙业务执行人的，业务执行人应认真履行职责，按照约定向其他合伙人报告有关情况并接受监督检查。一般合伙人查阅账簿，对合伙事务进行监督、检查，共同决定合伙重大事务，这些都是履行承担合伙事务义务的形式。

（3）分担亏损的义务。共享收益、共担风险是合伙的共同特征。既然合伙人共同共有合伙企业的财产，当然也应该共同分担合伙企业的亏损。因此，合伙人有分担合伙亏损的义务，具体表现为对外的连带责任，对内的按比例分担责任。

108. 合伙人的主要权利有哪些？

答：合伙人的权利主要包括共有财产权、合伙经营权和利润请求权。现介绍如下：

（1）共有财产权。所谓共有财产权是指合伙财产归合伙人共有，而非合伙人个人所有；在合伙企业存续期间，合伙财产属于合伙企业的财产，也就是说，属于全体合伙人的共同财产。正因为如此，我国合伙企业法明文规定，合伙企业财产由全体合伙人共同管理和使用。并规定在合伙企业进行清算前，合伙人不得请求分割合伙企业的财产，但本法另有规定的除外。在这里，所谓另有规定，就是指退伙这种情形。

合伙企业的财产来源，根据我国《合伙企业法》第19条的规定，合伙企业存续期间，合伙企业的财产来自两个方面：一是合伙人的出资；二是所有以合伙企业名义取得的收益。

（2）合伙经营权。共同经营是合伙企业的重要特点，因此，合伙经营权是合伙人最重要的权利。具体而言，合伙经营权包括以下这样几个权利：

首先，合伙事务的决定权。合伙重大事务，应由全体合伙人作出决定；合伙日常事务，可由业务执行人自行决定。合伙人就合伙事项作出决议时，一般采用一人一票的表决办法。但合伙合同可以作出不同的约定。需要注意的是，像处分合伙企业不动产、改变合伙企业名称等事务，根据合伙企业法的规定，必须经全体合伙人同意。其他事务的决定方式，是一致同意、或绝对多数、或简单多数，应由合伙协议来具体约定。

其次，合伙事务执行权。一般来说，合伙企业的事务应由全体合伙人共同执行。但根据协议和全体合伙人决定，也可以设立合伙事务执行人，此时其他合伙人不再执行合伙事务。

再次，监督检查权。当设立合伙事务执行人、其他合伙人不再执行合伙事务时，其他合伙人有权监督合伙事务的执行情况；另外，当合伙事务由合伙人分别执行时，合伙人对其他合伙人执行的事务享有提出异议的权利。

最后，查阅账簿权。对于合伙企业的经营状况和财务状况，合伙人享有查阅账簿的权利，从而使其能够在合伙决议中做出正确判断。

（3）利润分配请求权。合伙人组成合伙企业、进行经营的目的在于获得经济利益，这是不言而喻的。因此，利润分配请求权应是合伙人最基本的权利，应当依据合伙协议中的约定行使。

109. 合伙人如何分配合伙企业利润？合伙人如何分担亏损？

合伙企业的利润和亏损，由合伙人依照合伙协议约定的比例分配和分担，合伙协议未约定利润分配和亏损分担比例的，由各合伙人平均分配和分担。

110. 合伙企业的债务如何承担？

答：（1）合伙人对合伙债务负无限清偿责任。由于合伙企业及其责任财产的特殊性，各国法律从维护交易秩序、债权人合法权益，保障合伙经营的自身发展出发，无不规定合伙人对合伙债务负无限清偿责任。我国法律规定，合伙债务由合伙人以各自的财产承担清偿责任，合伙型联营的债务由联营各方以各自所有的或者经营管理的财产承担责任。合伙企业财产不足清偿到期债务的，各合伙人应当承担无限清偿责任，用其在合伙企业出资以外的财产承担清偿责任。无论是个人合伙还是法人合伙，合伙人都应以自己的全部财产承担合伙债务的清偿责任。

（2）合伙人对合伙债务负连带清偿责任。对合伙人是否对合伙债务承担连带责任存在不同的立法例，主要体现为分担主义与连带主义区别。我国立法基本是采取连带主义，合伙人对合伙的债务承担连带责任，法律另有规定的除外。《合伙企业法》规定合伙人对合伙债务应当承担无限连带清偿责任；入伙的新合伙人对入伙前的债务承担连带责任；合伙企业解散后，合伙人对合伙债务仍负连带责任。合伙人之所以承担连带责任，基于合伙财产的共有性质及合伙人对第三人的共同行为产生，除法律另有规定外，合伙人对合伙债务承担连带责任是不以当事人之间有无约定或有无相反约定为转移的法定责任。

需要注意的是，我国原对合伙型联营企业的债务并未规定联营各方对外必须承担连带责任。后来最高人民法院统一明确为连带主义，全体合伙人对合伙经营债务对外应当负连带责任；联营各方应当依照有关法律、法规的规定或者合同的约定对联营债务负连带清偿责任。

（3）合伙人对合伙债务承担的是补充清偿责任。在确定以合伙财产和合伙人个人财产清偿债务的顺序上，各国法律对此规定了两种不同的原则：并存主义和补充连带主义。适用不同的原则所导致的责任截然不同，在前者合伙人承担的是直接清偿责任，在后者合伙人承担的是补充清偿责任。

111. 合伙企业在哪些情形下应当解散？

答：（1）合伙期限届满，合伙人决定不再经营；

（2）合伙协议约定的解散事由出现；

（3）全体合伙人决定解散；

（4）合伙人已不具备法定人数满三十天；

（5）合伙协议约定的合伙目的已经实现或者无法实现；

（6）依法被吊销营业执照、责令关闭或者被撤销；

（7）法律、行政法规规定的其他原因。

112. 在解散清算后合伙企业的财产应按照什么顺序分配?

答：合伙企业财产在支付清算费用和职工工资、社会保险费用、法定补偿金以及缴纳所欠税款、清偿债务后的剩余财产，可以按照合伙协议的约定进行分配。合伙协议未约定或者约定不明确的，由合伙人协商决定；协商不成的，由合伙人按照实缴出资比例分配、分担；无法确定出资比例的，由合伙人平均分配、分担。

113. 如何认定合伙是否成立?

答：虽然《民法通则》和《合伙企业法》对合伙和合伙企业有明确的规定，要求无论是一般合伙还是合伙企业都要有合伙协议，并且在合伙协议中明确合伙人员组成，要向工商部门登记注册，要在合伙协议中明确合伙的性质。但是在实践中却往往有很多与法律、法规规定不相符或不完全相符的事情。比如有的登记为纯个人工商户，却有人争议说是合伙，有的登记为集体企业，但实际上集体并未投资；有的是国家工作人员或者企业的负责人办有企业，但国家不允许经商办企业，就登记为他人的名字；有的登记的是一个或一些人，而实际上投资人或说了算的却是另外的人；还有的登记的和实际上的人员不一样。这些都给合伙的认定造成了很多困难。而我们又不能仅仅根据登记和有无协议去简单地认定合伙的有无。

（1）登记为合伙，又有明确的合伙协议，且登记、协议和实际情况完全一致的，认定为合伙，应是毫无疑义的；

（2）合伙法规定合伙要“共同投资、共同经营”这是一个总原则。实践中有的不参加经营，有的以技术投资也应允许。最高院《关于贯彻民法通则的若干意见》第46条规定“公民按照协议提供资金或者实物，并约定参与合伙盈余分配，但不参与合伙经营、劳动的，或者提供技术性劳务而不提供资金、实物，但约定参与盈余分配的，视为合伙人”。

（3）登记的是一部分人，实际是另一部分人，或者有个别人员不一致但互相均没有争议的，应该认定的为合伙成立，并应根据无争议的意见据实认定。

（4）登记为集体企业但实际是个人合伙的应该按合伙处理。最高院《贯彻意见》第49条“个人合伙或者个体工商户，被工商行政管理部门错误地登记为集体所有制的企业，但实际为个人合伙或者个体工商户的，应当按个人合伙或者是个体工商户对待。

（5）有两人证明的口头合伙。《贯彻意见》第50条“当事人之间没有书面合伙协议，又未经工商行政管理部门核准登记，但具备合伙的其他条件，又有两个以上无利害关系人证明有口头合伙协议的，人民法院可以认定合伙关系。

（6）后加入合伙是否认定为合伙人。最高院《贯彻意见》第51条“在合伙经营过程中增加合伙人，书面协议有约定的，须经全体合伙人同意，未经全体合伙人同意的，应当认定入伙无效。”这就是说，经过全体合伙人同意的认定有效。没有经过全体合伙人同意的认定无效，不能认定入伙。

（7）在经营过程中退伙的人是否还认定是合伙人。《贯彻意见》第52条“合伙人退伙，书面有约定的，按书面协议处理；书面协议未约定的，原则上应予准许。但因其退伙给其他合伙人造成损失的，应当考虑其退伙的原因、理由以及双方当事人的过错等情况，确定其应当承担的赔偿责任。”也就是说按书面协议符合退伙条件的，在退伙前是合伙人，退伙前的事务按合伙处理，退伙后不承担合伙人的责任。不符合退伙条件的自行退伙无效，其退伙前后均为合伙人，承担自始至终的责任。没有书面协议的退伙人提出退伙即可以认定退伙，但因其退伙造成的损失，要考虑退伙的原因、理由及过错程度承担相应的赔偿责任。其在退伙后不再是合伙人。但其退伙前的纠纷仍然是合伙人之间的纠纷。

114. 合伙与债务人的关系是怎样的？

答：合伙企业不能清偿到期债务的，合伙人承担无限连带责任。

连带责任意味着：其一，每个合伙人均须对全部合伙债务负责，债权人可以依其选择，请求全体、部分或者个别合伙人为清偿，被请求的合伙人即须清偿全部的合伙债务，不得以自己承担的份额为由拒绝；其二，每个合伙人对合伙债务的清偿，均对其他合伙人发生清偿的效力；其三，合伙人由于承担连带责任所清偿债务数额超过其应当承担的数额时，有权向其他合伙人追偿。

115. 有限合伙企业的概念是什么？

答：有限合伙企业由二个以上五十个以下合伙人设立；但是，法律另有规定的除外。有限合伙企业至少应当有一个普通合伙人。有限合伙企业名称中应当标明“有限合伙”字样。

116. 有限合伙企业的出资形式有哪些？

答：有限合伙人可以用货币、实物、知识产权、土地使用权或者其他财产权利作价出资。有限合伙人不得以劳务出资。

117. 哪些情形下合伙企业应当解散？

答：（1）合伙期限届满，合伙人决定不再经营；

（2）合伙协议约定的解散事由出现；

（3）全体合伙人决定解散；

（4）合伙人已不具备法定人数满三十天；

（5）合伙协议约定的合伙目的已经实现或者无法实现；

（6）依法被吊销营业执照、责令关闭或者被撤销；

（7）法律、行政法规规定的其他原因。

118. 合伙人之间发生纠纷有哪些途径可以解决？

答：合伙人履行合伙协议发生争议的，合伙人可以通过协商或者调解解决。不愿通过协商、调解解决或者协商、调解不成的，可以按照合伙协议约定的仲裁条款或者事后达成的书面仲裁协议，向仲裁机构申请仲裁。合伙协议中未订立仲裁条款，事后又没有达成书面仲裁协议的，可以向人民法院起诉。

119. 什么是个人独资企业？

答：个人独资企业，简称独资企业，是指由一个自然人投资，全部资产为投资人所有的营利性经济组织。

120. 个人独资企业的特征有哪些？

答：投资主体方面的特征：

个人独资企业仅由一个自然人投资设立。这是独资企业在投资主体上与合伙企业和公司的区别所在。我国合伙企业法规定的合伙企业的投资人尽管也是自然人，但人数为2人以上；公司的股东通常为2人以上，而且投资人不仅包括自然人还包括法人和非法人组织。当然，在一人有限责任公司的场合，出资人也只有一人。

企业财产方面的特征：

个人独资企业的全部财产为投资人个人所有，投资人（也称业主）是企业财产（包括企业成立时投入的初始出资财产与企业存续期间积累的财产）的惟一所有者。基于此，投资人对企业的经营与管理事务享有绝对的控制权与支配权，不受任何其他人的干预。个人独资企业就财产方面的性质而言，属于私人财产所有权的客体。

责任承担方面的特征：

个人独资企业的投资人以其个人财产对企业债务承担无限责任。这是在责任形态方面独资企业与公司（包括一人有限责任公司）的本质区别。所谓投资人以其个人财产对企业债务承担无限责任，包括三层意思：一是企业的债务全部由投资人承担；二是投资人承担企业债务的责任范围不限于出资，其责任财产包括独资企业中的全部财产和投资人的其他个人财产；三是投资人对企业的债权人直接负责。换言之，无论是企业经营期间还是企业因各种原因而解散时，对经营中所产生的债务如不能以企业财产清偿，则投资人须以其个人所有的其他财产清偿。此外，如投资人在申请企业设立登记时明确以其家庭共有财产作为个人出资的，应当依法以家庭共有财产对企业债务承担无限责任。

主体资格方面的特征：

个人独资企业是一个不具有法人资格的经营实体。尽管独资企业有自己的名称或商号，并以企业名义从事经营行为和参加诉讼活动，但它不具有独立的法人地位。其一，独资企业本身不是财产所有权的主体，不享有独立的财产权利；其二，独资企业不承担独立责任，而是由投资人承担无限责任。这一特点与合伙企业相同而区别于公司。独资企业不具有法人资格，但属于独立的法律主体，其性质属于非法人组织，享有相应的权利能力和行为能力，能够以自己的名义进行法律行为。

121. 个人独资企业和个体工商户的区别有哪些?

答：个人独资企业和个体工商户都是自然人出资，这是它们的共同点。两者的区别是：

（1）个人独资企业仅能以个人出资设立；个体工商户则可以是一个自然人设立，也可以是家庭出资设立。

（2）个人独资企业，投资人以其个人财产对企业债务承担无限责任；仅在企业设立登记时明确以其家庭共有财产作为个人出资的，才依法以家庭共有财产对企业债务承担无限责任。而根据民法通则第29条的规定，个体工商户的债务如属个人经营的，以个人财产承担，属家庭经营的，以家庭财产承担。

（3）依据的法律不同。个人独资企业依照个人独资企业法设立，个体工商户依照民法通则、《城镇个体工商户管理暂行条例》及其实施细则的规定设立。

（4）个人独资企业是经营实体，是一种企业组织形态，性质上属于非法人组织，具有团体人格的组织体属性。个体工商户则不采用企业形式。不具有组织体的属性。个人独资企业法颁布之前，我国曾以雇工人数对个人独资企业与个体工商户加以区别，雇工8人以上者为个人独资企业，雇工不足8人者为个体工商户。显然，这种区分标准缺乏科学性，个人独资企业法颁布后不再采用这一标准，即雇工人数少于8人的也可设立独资企业，关键看是否进行了独资企业登记，领取独资企业营业执照。

122. 个人独资企业和一人公司的区别有哪些?

答：一人公司是指只有一个股东的有限责任形式的公司，即公司的投资人为一人，由投资人独资经营，但投资人对公司债务仅负有限责任。我国新修改的公司法规定了一人有限责任公司，自然人和法人都可以出资设立一人有限责任公司。除自然人和法人出资设立的一人公司外，我国公司法上的国有独资公司也属于一人有限责任公司，只是其股东地位特殊而已。个人独资企业和一人公司都是一个主体出资建立的企业，但两者性质是完全不同的，体现在：

（1）出资人不同。个人独资企业只能由自然人出资设立，一人公司既可以由自然人出资设立，也可以由法人出资设立，还可以由国家出资设立。

（2）主体资格不同。个人独资企业属于非法人组织，不具有法人资格，一人公司作为公司的一种，是企业法人，在公司成立时取得法人资格。

（3）责任承担不同。个人独资企业的投资人对企业的债务承担无限责任；一人公司的投资人（股东）仅以出资额为限对公司负责，即负有限责任。

（4）注册资本要求不同。对个人独资企业，法律并无最低注册资本的要求，而一人公司法律有最低注册资本的要求，依据公司法的规定，其最低注册资本为10万元，且需在公司成立时一次足额缴纳。

（5）设立的法律依据不同。个人独资企业依照个人独资企业法设立；一人公司则须依照公司法设立。

123. 个人独资企业与全资国有企业的区别有哪些？

答：传统的国有企业即全资的国有企业，也是一种独资企业。两者的共同之处是独资形式，但两者的不同之处是明显的。

（1）个人独资企业不具有企业法人资格；全资国有企业则是依法成立的企业法人。

（2）个人独资企业的投资人是自然人；全资的国有企业的投资人是国有出资人。

（3）个人独资企业的投资人对企业的债务承担无限责任；国有出资人仅以出资额为限对国有企业负责。

（4）个人独资企业法依照个人独资企业法设立；全资的国有工业企业则依照全民所有制工业企业法设立，其他的全资国有企业也需依照全民所有制工业企业法规定的原则设立。

124. 个人独资企业与外商独资企业的区别有哪些？

答：我国的外商投资企业包括中外合资经营企业、中外合作经营企业和外商独资企业三种类型，其中的外商独资企业与个人独资企业有相类似之处，即投资人仅为一人，二者的区别主要是：

（1）资本的来源不同。前者来自中华人民共和国境外，后者来自中华人民共和国境内。

（2）出资者不同。前者的出资者可以是单个自然人，也可以是单个法人。后者只能是单个的自然人。

（3）设立依据不同。前者依照外资企业法设立，后者依照个人独资企业法设立。

（4）责任承担不同。前者主要是为有限责任公司（也可采取其他责任形式），后者为无限责任。

125. 个人独资企业与合伙企业的区别?

答：个人独资企业和合伙企业的出资人均为自然人，对企业债务都承担无限责任，都属于法律主体中的非法人组织，这是二者的相同之处。二者的不同是：

（1）投资人人数不同。个人独资企业的出资人仅为1人，合伙企业为2人以上。

（2）财产归属不同。个人独资企业的财产归出资人一人所有，合伙企业的财产由全体合伙人共有。

（3）责任承担有所不同。个人独资企业仅由出资人一人承担无限责任，合伙企业则由全体合伙人承担连带无限责任。

126. 设立个人独资企业应当具备哪些条件?

答：根据独资企业法第8条的规定，设立独资企业须具备以下五个方面的条件：

（1）投资人为一个自然人。个人独资企业的投资人必须是一个人，而且只能是一个自然人。此处所称的自然人只能是具有中华人民共和国国籍的自然人，不包括外国的自然人，所以外商独资企业不适用独资企业法，而适用外资企业法。

（2）有合法的企业名称。如前所述，独资企业享有名称权和商号权。独资企业的名称应当与其责任形式及所从事的营业项目相符合。企业的名称应遵守企业名称登记管理规定。企业只准使用一个名称，在登记主管机关辖区内不得与已登记注册的同行业企业名称相同或者近似。独资企业的名称中不得使用“有限”、“有限责任”字样。

（3）有投资人申报的出资。一定的资本是任何企业得以存在的物质基础，独资企业也不例外。但由于独资企业的出资人承担的是无限责任，而并不是仅以出资额为限承担责任，对与之进行交易的第三人并无所虞，故独资企业法不要求个人独资企业有最低注册资本金，仅要求投资人有自己申报的出资即可。这一规定便于独资企业的设立，有利于独资企业的发展。

（4）有固定的生产经营场所和必要的生产经营条件。这是个人独资企业存续与经营的基本物质条件，必备不可。至于经营场所与经营条件的规模与数量等原则根据各企业不同情况来确定。

（5）有必要的从业人员。

127. 设立个人独资企业需提交哪些材料?

答：投资人申请设立独资企业，应向登记机关提交下列文件：

（1）设立申请书。设立申请书应包括下列事项：

①企业的名称和住所（个人独资企业以其主要办事机构所在地为住所）；

②投资人的姓名和居所；

③投资人的出资额和出资方式；

④经营范围。

（2）投资人身份证明。

（3）生产经营场所使用证明等文件。

由委托代理人申请设立登记的，应当出具投资人的委托书和代理人的合法证明。

128. 个人独资企业的设立依据什么原则?

答：个人独资企业实行准则设立的原则，即个人独资企业依个人独资企业法规定的条件设立。登记机关应当在收到设立申请文件之日起15日内，对符合个人独资企业法规定条件者，予以登记，发给营业执照；对不符合个人独资企业法规定条件者，不予登记，并给予书面答复，说明理由。个人独资企业营业执照的签发日期为独资企业的成立日期。

129. 个人独资企业分支机构的设立程序是怎样的?

答：独资企业的分支机构是指独资企业在住所地以外设立的从事业务活动的办事机构。独资企业分支机构的设立与登记程序与独资企业的设立程序大体相同。

（1）设立申请与登记。个人独资企业欲设立分支机构的，由投资人或者其委托的代理人向分支机构所在地的登记机关申请登记，领取营业执照。

（2）登记备案。个人独资企业分支机构经核准登记后，应将登记情况报该分支机构隶属的个人独资企业的原登记机关备案。

（3）个人独资企业分支机构民事责任的承担。企业的分支机构是企业的一部分，其产生的民事责任理应由企业承担。由于投资人以其个人财产对个人独资企业的债务承担无限责任。所以，个人独资企业分支机构的民事责任实际上还是应由投资人承担。

130. 什么是个人独资企业的变更？程序如何?

答：个人独资企业的变更是指个人独资企业存续期间登记事项发生的变更。如企业名称、住所、经营范围、经营期限等方面发生的改变。独资企业应当在作出变更决定之日起的15日内依法向登记机关申请办理变更登记。个人独资企业登记事项发生变更时，未按个人独资企业法规定办理有关变更登记的，责令限期办理变更登记；逾期不办理的，处以2000元以下的罚款。

131. 个人独资企业投资人的条件有哪些?

答：由于个人独资企业具有投资主体的单一性、经营管理的直接性的特点，与公司大为不同，所以个人独资企业法没有对企业的组织机构作出具体规定，而是集中在投资人的条件以及企业设立的事务管理。

个人独资企业投资人，是指以其财产投资设立独资企业的自然人。投资人只能是一个自然人；投资的财产必须是私人所有的财产。关于独资企业投资人的条件，个人独资企业法并未规定其积极条件，而只规定了其消极条件，即不得成为独资企业投资人的条件。该法第16条规定：法律、行政法规禁止从事营利性活动的人，不得作为投资人申请设立个人独资企业。这一规定表明，除法律、行政法规禁止从事营利性活动的自然人以外，其余自然人均可以作为个人独资企业的投资人。就我国现行法律、行政法规所禁止从事营利性活动的人包括：

（1）法官，即凡取得法官任职资格、依法行使国家审判权的审判人员；

（2）检察官，即凡取得检察官任职资格、依法行使国家检察权的检察人员；

（3）人民警察；

（4）国家公务员。

132. 个人独资企业投资人的权利有哪些?

答：（1）个人独资企业投资人对企业财产享有所有权。独资企业成立时的出资和经营过程中积累的财产都归独资企业的投资人所有。此处的财产主要是指企业的有形财产，如房屋、机器、设备、原材料等，不包括工业产权、专有技术等无形财产。

（2）个人独资企业的投资人的有关权利可以依法进行转让或继承。由于独资企业投资人的人格与企业的人格密不可分，企业财产所有权均归投资人，所以投资人对于企业财产享有充分和完整的支配与处置权，他可以将企业财产的某一部分转让给他人，也可以将整个企业转让给他人。同时，当投资人死亡或被宣告死亡时，其继承人可以依继承法的规定对独资企业行使继承权。

133. 个人独资企业投资人的责任有哪些?

答：个人独资企业投资人对企业债务承担无限责任。依照个人独资企业法第18条的规定，个人独资企业在申请企业设立登记时明确以其家庭共有财产作为个人出资的，应当依法以家庭共有财产对企业债务承担无限责任。换言之，以投资人个人财产出资设立的，由投资人的个人财产承担无限责任；以投资人的家庭财产出资设立的，由投资人的家庭财产承担无限责任。由于我国目前尚无完善的财产登记制度，个人财产与家庭财产往往难以区分，实践中主要根据独资企业设立登记时在工商行政管理机关的投资登记来确定投资人是以其个人财产还是家庭财产来对企业债务承担责任。

134. 个人独资企业的事务管理方式有哪些？

答：（1）投资人有权自主选择企业事务的管理形式。个人独资企业事务管理主要有三种模式：

①自行管理。即由个人独资企业投资人本人对本企业的经营事务直接进行管理。

②委托管理。即由个人独资企业的投资人委托其他具有民事行为能力的人负责企业的事务管理。

③聘任管理。即个人独资企业的投资人聘用其他具有民事行为能力的人负责企业的事务管理。

（2）委托或聘用管理应签订书面合同。委托管理，须由投资人与受托人签订书面合同，明确委托的具体内容和授予的权利范围。聘用他人管理企业事务，须由投资人与被聘用的人签订书面合同，明确委托的具体内容和授予的权利范围。投资人委托或者聘用的人员管理个人独资企业事务时违反双方订立的合同，给投资人造成损害的，应承担民事赔偿责任。

（3）投资人对受托人或者被聘用的人员职权的限制，不得对抗善意第三人。

135. 个人独资企业中受托人或者被聘用的管理人的义务有哪些？

答：受托人或者被聘用人应当履行诚信、勤勉义务，按照与投资人签订的合同负责个人独资企业的事务管理。

根据个人独资企业法第20条的规定，投资人委托或者聘用的管理个人独资企业事务的人员不得有下列行为：

（1）利用职务上的便利，索取或者收受贿赂；

（2）利用职务或者工作上的便利侵占企业财产；

（3）挪用企业的资金归个人使用或者借贷给他人；

（4）擅自将企业资金以个人名义或者以他人名义开立账户储存；

（5）擅自以企业财产提供担保；

（6）未经投资人同意，从事与本企业相竞争的业务；

（7）未经投资人同意，同本企业订立合同或者进行交易；

（8）未经投资人同意，擅自将企业商标或者其他知识产权转让给他人使用；

（9）泄露本企业的商业秘密；

（10）法律、行政法规禁止的其他行为。

投资人委托或者聘用的人员违反上述规定，侵犯个人独资企业财产权益的，责令其退还侵占的财产；给企业造成损失的，依法承担赔偿责任；有违法所得的，没收违法所得；构成犯罪的，依法追究刑事责任。

136. 个人独资企业在保障职工权益方面有哪些规定?

答:（1）个人独资企业招用职工的，应当依法与职工签订劳动合同，保障职工的劳动安全，按时、足额发放职工工资。

（2）个人独资企业应当按照国家规定参加社会保险，为职工缴纳社会保险费用。独资企业的职工社会保险主要包括养老保险、工伤保险和医疗保险等。

（3）独资企业的职工可以依法组建工会组织，以维护职工的合法权益，独资企业应当为本企业工会提供必要的活动条件。

（4）个人独资企业违反个人独资企业法的规定，侵犯职工合法权益，未保障职工劳动安全，不缴纳社会保障费用的，按照有关法律、行政法规予以处罚，并追究有关责任人员的责任。

137. 个人独资企业的解散事由有哪些?

答:独资企业的解散是指独资企业因出现某些法律事由而导致其民事主体资格消灭的行为。解散仅仅是个人独资企业消灭的原因，企业并非因解散的事实发生而立即消灭。根据个人独资企业法第26条的规定，个人独资企业有下列情形之一时，应当解散:

（1）投资人决定解散。这是个人独资企业解散的任意原因。只要不违反法律规定，投资人有权决定在任何时候解散独资企业。

（2）投资人死亡或者被宣告死亡，无继承人或者继承人放弃继承。在投资人死亡或宣告死亡的情况下，如果其继承人继承了独资企业，则企业可继续存在，只需办理投资人的变更登记，但若出现无继承人或全部继承人均决定放弃继承的情形，独资企业失去继续经营的必备条件，故应当解散。

（3）被依法吊销营业执照。这是独资企业解散的强制原因。被处以吊销营业执照的处罚的原因包括独资企业提交虚假文件以欺骗手段取得登记情节严重的行为，涂改、出租、转让营业执照情节严重的行为，企业成立后无正当理由超过6个月未开业或开业后自行停业连续6个月以上的行为等。

（4）法律、行政法规规定的其他解散情形。

138. 个人独资企业解散时的清债顺序是怎样的？

答：个人独资企业解散的，财产应当按照下列顺序清偿：

（1）所欠职工工资和社会保险费用；

（2）所欠税款；

（3）其他债务。

个人独资企业财产不足以清偿债务的，投资人应当以其个人的其他财产予以清偿。

139. 企业所得税的税率是多少？

答：企业所得税的税率为25%。

140. 企业的应纳税所得额如何计算？

答：企业每一纳税年度的收入总额，减除不征税收入、免税收入、各项扣除以及允许弥补的以前年度亏损后的余额，为应纳税所得额。

141. 企业的收入总额包括哪些？

答：（1）销售货物收入；

（2）提供劳务收入；

（3）转让财产收入；

（4）股息、红利等权益性投资收益；

（5）利息收入；

（6）租金收入；

（7）特许权使用费收入；

（8）接受捐赠收入；

（9）其他收入。

142. 企业的收入总额中的哪些收入为不征税收入？

答：（1）财政拨款；

（2）依法收取并纳入财政管理的行政事业性收费、政府性基金；

（3）国务院规定的其他不征税收入。

143. 在计算应纳税所得额时，哪些支出不得扣除？

答：（1）向投资者支付的股息、红利等权益性投资收益款项；

（2）企业所得税税款；

（3）税收滞纳金；

（4）罚金、罚款和被没收财物的损失；

（5）本法第九条规定以外的捐赠支出；

（6）赞助支出；

（7）未经核定的准备金支出；

（8）与取得收入无关的其他支出。

144. 在计算应纳税所得额时，企业按照规定计算的固定资产折旧，哪些固定资产不得计算折旧扣除？

答：（1）房屋、建筑物以外未投入使用的固定资产；

（2）以经营租赁方式租入的固定资产；

（3）以融资租赁方式租出的固定资产；

（4）已足额提取折旧仍继续使用的固定资产；

（5）与经营活动无关的固定资产；

（6）单独估价作为固定资产入账的土地；

（7）其他不得计算折旧扣除的固定资产。

145. 在计算应纳税所得额时，企业按照规定计算的无形资产摊销费用不得计算摊销费用扣除的有哪些？

答：（1）自行开发的支出已在计算应纳税所得额时扣除的无形资产；

（2）自创商誉；

（3）与经营活动无关的无形资产；

（4）其他不得计算摊销费用扣除的无形资产。

146. 在计算应纳税所得额时，企业发生的哪些支出作为长期待摊费用，按照规定摊销的，准予扣除？

答：（1）已足额提取折旧的固定资产的改建支出；

（2）租入固定资产的改建支出；

（3）固定资产的大修理支出；

（4）其他应当作为长期待摊费用的支出。

147. 企业的哪些收入为免税收入？

答：（1）国债利息收入；

（2）符合条件的居民企业之间的股息、红利等权益性投资收益；

（3）在中国境内设立机构、场所的非居民企业从居民企业取得与该机构、场所有实际联系的股息、红利等权益性投资收益；

（4）符合条件的非营利组织的收入。

148. 企业的哪些所得，可以免征、减征企业所得税？

答：（1）从事农、林、牧、渔业项目的所得；

（2）从事国家重点扶持的公共基础设施项目投资经营的所得；

（3）从事符合条件的环境保护、节能节水项目的所得；

（4）符合条件的技术转让所得；

149. 企业的哪些支出，可以在计算应纳税所得额时加计扣除？

答：（1）开发新技术、新产品、新工艺发生的研究开发费用；

（2）安置残疾人员及国家鼓励安置的其他就业人员所支付的工资。

150. 哪些乡镇企业可以享受国家税收优惠？

答: 国家对于符合下列条件之一的中小型乡镇企业，根据不同情况实行一定期限的税收优惠: 集体所有制企业开办初期经营确有困难的; 设立在少数民族地区、边远地区和贫困地区的; 从事粮食、饲料、肉类的加工、贮存、运营经销的; 国家产业政策规定需要特殊扶持的。

另外对于一些帮教、残疾人安置、新能源、环保项目以及国家扶持项目也可享受国家税收优惠。

151. 乡镇企业在生产经营活动中有哪些权利？

答: 乡镇企业在生产经营活动中享有下列权利:（1）占有和使用企业资产，依照国家规定筹集资金;（2）在核准登记的范围内自主安排生产经营活动（3）确定企业内部机构设置和人员配备: 一发招聘、辞退职工，并确定工资形式和奖惩办法;（4）有权自行销售本企业产品，但国务院另有规定的除外;（5）有权自行确定本企业的产品价格、劳务价格，但国务院规定由物价部门和有关主管部门控制价格的除外；（6）自愿参加行业协会和产品评比；（7）自愿参加各种招标、投标活动，申请产品定点生产，取得生产许可证；（8）自主订立经济合同，开产经济技术合作；（9）依法开发和利用自然资源；（10）依法利用外资、引进先进技术和设备，开展进出口贸易等涉外经济活动，并依照国家规定提留企业的外汇收入；（11）拒绝摊牌和非法罚款，但法律、法规规定应当提供财力、物力、人力的除外。

152. 乡镇企业在生产经营活动中应当承当哪些义务?

答：乡镇企业在生产经营活动中应当承当下列义务（1）依法缴纳税金；（2）依照国家以及省、自治区、直辖市人民政府的规定，上交支农资金和管理费；（3）依法建立健全财务会计、审计、统计等制度，按期编报财务、统计报表；（4）保护自然资源和环境，防止和治理污染；（5）努力降低原材料和能源消耗，发展符合国家产业政策的产品；（6）做好劳动保护工作，实行安全生产；（7）保证产品质量和服务质量；（8）依法履行合同；（9）对职工进行政治思想、科学文化、技术业务和职工道德等方面的教育；（10）遵守法律、法规和政策的其他规定。

153. 哪些乡镇企业可以获得国家有关金融机构有优先贷款、优惠贷款?

答: 国家运用信贷手段,鼓励和扶持乡镇企业发展。对于符合以下条件之一并且符合贷款条件的乡镇企业,国家有关金融机构可以给予现行贷款,对其中生产资金困难且有发展前途的可以给予优惠贷款; 集体所有制乡镇企业开办初期经营确有困难的; 设立在少数民族地区、边远地区和贫困地区的; 从事粮食、饲料、肉类的加工、贮存、运销经营的; 国家产业政策规定需要特殊扶持的。

154. 发展乡镇企业对解决“三农”问题有什么作用?

答: 社会主义新农村建设是党中央为解决新时期“三农”问题做出的重大战略政策，是推进“三农”工作的新途径。解决“三农”问题的切入点就是大力发展农村经济，让农民得到实惠，缩小城乡差别。而要缩小城乡差别就必须依靠乡镇企业大力发展非农产业，乡镇企业对解决“三农”问题具有不可替代的重要作用: 首先，发展乡镇企业是扩大农民就业和增加农民收入的一个主要渠道; 其次，发展乡镇企业是建设现代农业的重要途径; 再次，发展乡镇企业是推进中国特色的农村工业化、城镇化和现代化的必然选择。

155. 乡镇企业发展基金的资金来源于何处?

答: 国家规定县级以上人民政府依照国家有关规定，可以设立乡镇企业发展基金，基金由下列资金组成：政府拨付的用于乡镇企业发展的周转金；乡镇企业每年上缴地方税金增长部分中一定比例的资金；基金运用产生的收益；农村集体经济组织，乡镇企业、农民自愿提供的资金。

156.《中华人民共和国乡镇企业法》制定了哪些法律责任?

答:《中华人民共和国乡镇企业法》中关于法律责任的规定，大体有三种情况：

第一种是违反《乡镇企业法》所规定行为的，在《乡镇企业法》中作出相应的处罚规定。比如第三十八条，对非法改变乡镇企业所有权的，非法占有或者无偿使用乡镇企业财产的，非法撤换乡镇企业负责人的行为，规定由县级以上人民政府乡镇企业行政管理部门责令改正，如果违法行为给乡镇企业造成经济损失的，还要承担赔偿责任。至于触犯刑律的，则依法承担刑事责任。

第二种情况为，乡镇企业违反国家产品质量、环境保护、土地管理、自然资源开发、劳动安全、税收及其他有关法律、法规的，依照有关的法律、法规进行处理。除此之外还规定，在违法企业改正之前，应当根据情节轻重给予停止部分或全部优惠的处罚。

第三种情况是: 规定乡镇企业有权以控告、检举形式维护自己的权益，有关部门和上级机关应当责令改正，并由有关部门对责任人员给予处罚。

157.国家对乡镇企业的总体政策是什么?

答:《中华人民共和国乡镇企业法》第五条规定: 国家对乡镇企业积极扶持、合理规划、分类指导、依法管理。

总体而言，国家鼓励和倡导发展乡镇企业，对于我们村委会组成人员来说，应该借助此有利条件，大力发展乡镇企业。

158.哪些乡镇企业具有企业法人资格

答: 所谓“法人”是相对“自然人而言”的，按照我国《中华人民共和国民法通则》规定，法人是具有民事权利能力和民事行为能力，依法独立享有民事权利承担民事义务的组织。法人应当具备下列条件（1）依法成立；（2）有必要的财产和经费；（3）有自己的名称、组织机构和场所；（4）能够独立承担民事责任。

我国目前将法人分为企业法人、机关法人、事业单位法人和社会团体法人。按照《中华人民共和国民法通则》和《中华人民共和国公司法》的规定，乡镇企业中属于集体所有制的乡镇企业采取有限和责任公司、股份有限公司形式的乡镇企业，都可以依法取得法人资格；而合伙性的乡镇企业、私营的独资形式的乡镇企业，不具有法人资格，应当由投资的农民个人作为法律主体，享有义务和承担责任。

（依据）《中华人民共和国乡镇企业法》第2条，《中华人民共和国民法通则》第37条。

159. 乡镇企业可以采取哪些组织形式？

答：从企业的责任形式来看，乡镇企业可以设立为公司（包括有限责任公司、股份有限公司）合伙企业独资企业以及股份合作制企业。

从企业的所有制性质看，乡镇企业可以分为集体所有制企业、混合所有制企业以及私营企业。

我国已经制定和颁布相应法律、行政法规和规章，例如《中华人民共和国公司法》《乡村集体所有制企业条例》、《私营企业暂行条例》、《农民股份合作企业暂行规定》，对不同企业形式和所有制形式，都分别规定了不同的设立企业的具体条件和具体程序，在公司的发起人或企业出资人数、最低注册资本金额、公司章程内容、出资的方式、设立的审批程序等方面，各有不同的要求和规定。

160. 成立乡镇企业需要满足哪些条件？

答：设立乡镇企业应具备下列条件：（1）产品和提供的服务为社会所需要，并符合国家法律、法规和政策规定；（2）有自己的名称、组织机构和生产经营场所；（3）有确定的经营范围；（4）有与生产经营和服务规模相适应的资金、设备、从业人员和必要的原材料条件；（5）有必要的劳动卫生、安全生产条件和环境保护措施；（6）符合当地乡村建设规划，合理利用土地。

161. 在保护乡镇企业合法财产和权益方面，我国有哪些主要的法律规定？

答：《中华人民共和国宪法》第8条第3款规定，国家保护城乡集体经济组织的合法权利和利益，鼓励、指导和帮助集体经济的发展，第11条和第13条分别规定国家保护私营经济的合法的权利和利益；国家保护公民人，合法财产的所有权。

《中华人民共和国民法通则》第74条、75条中规定，集体所有的财产和公民个人的合法财产都受法律保护，禁止任何组织或个人侵占、哄抢、四分、破坏或者非法查封、扣押、冻结、没收等、

《农业法》第17条规定，国家保护农民和农业生产经营组织的合法财产不受侵犯。

《中华人民共和国乡镇企业法》第12条也明文规定，国家保护乡镇企业的合法权益，乡镇企业的合法财产不受侵犯。任何组织或个人不得违反法律、行政法规敢于乡镇企业的生产经营，撤换企业负责人；不得非法占有或者无偿使用乡镇企业的财产。

附：相关法律法规

中华人民共和国民法通则

第一章 基本原则

第一条 为了保障公民、法人的合法的民事权益，正确调整民事关系，适应社会主义现代化建设事业发展的需要，根据宪法和我国实际情况，总结民事活动的实践经验，制定本法。

第二条 中华人民共和国民法调整平等主体的公民之间、法人之间、公民和法人之间的财产关系和人身关系。

第三条 当事人在民事活动中的地位平等。

第四条 民事活动应当遵循自愿、公平、等价有偿、诚实信用的原则。

第五条 公民、法人的合法的民事权益受法律保护，任何组织和个人不得侵犯。

第六条 民事活动必须遵守法律，法律没有规定的，应当遵守国家政策。

第七条 民事活动应当尊重社会公德，不得损害社会公共利益，破坏国家经济计划，扰乱社会经济秩序。

第八条 在中华人民共和国领域内的民事活动，适用中华人民共和国法律，法律另有规定的除外。

本法关于公民的规定，适用于在中华人民共和国领域内的外国人、无国籍人，法律另有规定的除外。

第二章 公民（自然人）

第一节 民事权利能力和民事行为能力

第九条 公民从出生时起到死亡时止，具有民事权利能力，依法享有民事权利，承担民事义务。

第十条 公民的民事权利能力一律平等。

第十一条 十八周岁以上的公民是成年人，具有完全民事行为能力，可以独立进行民事活动，是完全民事行为能力人。

十六周岁以上不满十八周岁的公民，以自己的劳动收入为主要生活来源的，视为完全民事行为能力人。

第十二条　十周岁以上的未成年人是限制民事行为能力人，可以进行与他的年龄、智力相适应的民事活动；其他民事活动由他的法定代理人代理，或者征得他的法定代理人的同意。

不满十周岁的未成年人是无民事行为能力人，由他的法定代理人代理民事活动。

第十三条　不能辨认自己行为的精神病人是无民事行为能力人，由他的法定代理人代理民事活动。

不能完全辨认自己行为的精神病人是限制民事行为能力人，可以进行与他的精神健康状况相适应的民事活动；其他民事活动由他的法定代理人代理，或者征得他的法定代理人的同意。

第十四条　无民事行为能力人、限制民事行为能力人的监护人是他的法定代理人。

第十五条　公民以他的户籍所在地的居住地为住所，经常居住地与住所不一致的，经常居住地视为住所。

第二节　监护

第十六条　未成年人的父母是未成年人的监护人。

未成年人的父母已经死亡或者没有监护能力的，由下列人员中有监护能力的人担任监护人：

（一）祖父母、外祖父母；

（二）兄、姐；

（三）关系密切的其他亲属、朋友愿意承担监护责任，经未成年人的父、母的所在单位或者未成年人住所地的居民委员会、村民委员会同意的。

对担任监护人有争议的，由未成年人的父、母的所在单位或者未成年人住所地的居民委员会、村民委员会在近亲属中指定。对指定不服提起诉讼的，由人民法院裁决。

没有第一款、第二款规定的监护人的，由未成年人的父、母的所在单位或者未成年人住所地的居民委员会、村民委员会或者民政部门担任监护人。

第十七条　无民事行为能力或者限制民事行为能力的精神病人，由下列人员担任监护人：

（一）配偶；

（二）父母；

（三）成年子女；

（四）其他近亲属；

（五）关系密切的其他亲属、朋友愿意承担监护责任，经精神病人的所在单位或者住所地的居民委员会、村民委员会同意的。

对担任监护人有争议的，由精神病人的所在单位或者住所地的居民委员会、村民委员会在近亲属中指定。对指定不服提起诉讼的，由人民法院裁决。

没有第一款规定的监护人的，由精神病人的所在单位或者住所地的居民委员会、村民委员会或者民政部门担任监护人。

第十八条　监护人应当履行监护职责，保护被监护人的人身、财产及其他合法权益，除为被监护人的利益外，不得处理被监护人的财产。

监护人依法履行监护的权利，受法律保护。

监护人不履行监护职责或者侵害被监护人的合法权益的，应当承担责任；给被监护人造成财产损失的，应当赔偿损失。人民法院可以根据有关人员或者有关单位的申请，撤销监护人的资格。

第十九条　精神病人的利害关系人，可以向人民法院申请宣告精神病人为无民事行为能力人或者限制民事行为能力人。

被人民法院宣告为无民事行为能力人或者限制民事行为能力人的，根据他健康恢复的状况，经本人或者利害关系人申请，人民法院可以宣告他为限制民事行为能力人或者完全民事行为能力人。

第三节　宣告失踪和宣告死亡

第二十条　公民下落不明满二年的，利害关系人可以向人民法院申请宣告他为失踪人。

战争期间下落不明的，下落不明的时间从战争结束之日起计算。

第二十一条　失踪人的财产由他的配偶、父母、成年子女或者关系密切的其他亲属、朋友代管。代管有争议的，没有以上规定的人或者以上规定的人无能力代管的，由人民法院指定的人代管。

失踪人所欠税款、债务和应付的其他费用，由代管人从失踪人的财产中支付。

第二十二条　被宣告失踪的人重新出现或者确知他的下落，经本人或者利害关系人申请，人民法院应当撤销对他的失踪宣告。

第二十三条　公民有下列情形之一的，利害关系人可以向人民法院申请宣告他死亡：

（一）下落不明满四年的；

（二）因意外事故下落不明，从事故发生之日起满二年的。

战争期间下落不明的，下落不明的时间从战争结束之日起计算。

第二十四条　被宣告死亡的人重新出现或者确知他没有死亡，经本人或者利害关系人申请，人民法院应当撤销对他的死亡宣告。

有民事行为能力人在被宣告死亡期间实施的民事法律行为有效。

第二十五条　被撤销死亡宣告的人有权请求返还财产。依照继承法取得他的财产的公民或者组织，应当返还原物；原物不存在的，给予适当补偿。

第四节　个体工商户、农村承包经营户

第二十六条　公民在法律允许的范围内，依法经核准登记，从事工商业经营的，为个体工商户。个体工商户可以起字号。

第二十七条　农村集体经济组织的成员，在法律允许的范围内，按照承包合同规定从事商品经营的，为农村承包经营户。

第二十八条　个体工商户、农村承包经营户的合法权益，受法律保护。

第二十九条　个体工商户、农村承包经营户的债务，个人经营的，以个人财产承担；家庭经营的，以家庭财产承担。

第五节　个人合伙

第三十条　个人合伙是指两个以上公民按照协议，各自提供资金、实物、技术等，合伙经营、共同劳动。

第三十一条　合伙人应当对出资数额、盈余分配、债务承担、入伙、退伙、合伙终止等事项，订立书面协议。

第三十二条　合伙人投入的财产，由合伙人统一管理和使用。

合伙经营积累的财产，归合伙人共有。

第三十三条　个人合伙可以起字号，依法经核准登记，在核准登记的经营范围内从事经营。

第三十四条　个人合伙的经营活动，由合伙人共同决定，合伙人有执行和监督的权利。

合伙人可以推举负责人。合伙负责人和其他人员的经营活动，由全体合伙人承担民事责任。

第三十五条　合伙的债务，由合伙人按照出资比例或者协议的约定，以各自的财产承担清偿责任。

合伙人对合伙的债务承担连带责任，法律另有规定的除外。偿还合伙债务超过自己应当承担数额的合伙人，有权向其他合伙人追偿。

第三章　法人

第一节　一般规定

第三十六条　法人是具有民事权利能力和民事行为能力，依法独立享有民事权利和承担民事义务的组织。

法人的民事权利能力和民事行为能力，从法人成立时产生，到法人终止时消灭。

第三十七条　法人应当具备下列条件：

（一）依法成立；

（二）有必要的财产或者经费；

（三）有自己的名称、组织机构和场所；

（四）能够独立承担民事责任。

第三十八条　依照法律或者法人组织章程规定，代表法人行使职权的负责人，是法人的法定代表人。

第三十九条　法人以它的主要办事机构所在地为住所。

第四十条　法人终止，应当依法进行清算，停止清算范围外的活动。

第二节　企业法人

第四十一条　全民所有制企业、集体所有制企业有符合国家规定的资金数额，有组织章程、组织机构和场所，能够独立承担民事责任，经主管机关核准登记，取得法人资格。

在中华人民共和国领域内设立的中外合资经营企业、中外合作经营企业和外资企业，具备法人条件的，依法经工商行政管理机关核准登记，取得中国法人资格。

第四十二条　企业法人应当在核准登记的经营范围内从事经营。

第四十三条　企业法人对它的法定代表人和其他工作人员的经营活动，承担民事责任。

第四十四条　企业法人分立、合并或者有其他重要事项变更，应当向登记机关办理登记并公告。

企业法人分立、合并，它的权利和义务由变更后的法人享有和承担。

第四十五条　企业法人由于下列原因之一终止：

（一）依法被撤销；

（二）解散；

（三）依法宣告破产；

（四）其他原因。

第四十六条　企业法人终止，应当向登记机关办理注销登记并公告。

第四十七条　企业法人解散，应当成立清算组织，进行清算。企业法人被撤销、被宣告破产的，应当由主管机关或者人民法院组织有关机关和有关人员成立清算组织，进行清算。

第四十八条　全民所有制企业法人以国家授予它经营管理的财产承担民事责任。集体所有制企业法人以企业所有的财产承担民事责任。中外合资经营企业法人、中外合作经营企业法人和外资企业法人以企业所有的财产承担民事责任，法律另有规定的除外。

第四十九条　企业法人有下列情形之一的，除法人承担责任外，对法定代表人可以给予行政处分、罚款，构成犯罪的，依法追究刑事责任：

（一）超出登记机关核准登记的经营范围从事非法经营的；

（二）向登记机关、税务机关隐瞒真实情况、弄虚作假的；

（三）抽逃资金、隐匿财产逃避债务的；

（四）解散、被撤销、被宣告破产后，擅自处理财产的；

（五）变更、终止时不及时申请办理登记和公告，使利害关系人遭受重大损失的；

（六）从事法律禁止的其他活动，损害国家利益或者社会公共利益的。

第三节　机关、事业单位和社会团体法人

第五十条　有独立经费的机关从成立之日起，具有法人资格。

具备法人条件的事业单位、社会团体，依法不需要办理法人登记的，从成立之日起，具有法人资格；依法需要办理法人登记的，经核准登记，取得法人资格。

第四节　联营

第五十一条　企业之间或者企业、事业单位之间联营，组成新的经济实体，独立承担民事责任、具备法人条件的，经主管机关核准登记，取得法人资格。

第五十二条　企业之间或者企业、事业单位之间联营，共同经营、不具备法人条件的，由联营各方按照出资比例或者协议的约定，以各自所有的或者经营管理的财产承担民事责任。依照法律的规定或者协议的约定负连带责任的，承担连带责任。

第五十三条　企业之间或者企业、事业单位之间联营，按照合同的约定各自独立经营的，它的权利和义务由合同约定，各自承担民事责任。

第四章　民事法律行为和代理

第一节　民事法律行为

第五十四条　民事法律行为是公民或者法人设立、变更、终止民事权利和民事义务的合法行为。

第五十五条　民事法律行为应当具备下列条件：

（一）行为人具有相应的民事行为能力；

（二）意思表示真实；

（三）不违反法律或者社会公共利益。

第五十六条　民事法律行为可以采取书面形式、口头形式或者其他形式。法律规定是特定形式的，应当依照法律规定。

第五十七条　民事法律行为从成立时起具有法律约束力。行为人非依法律规定或者取得对方同意，不得擅自变更或者解除。

第五十八条　下列民事行为无效：

（一）无民事行为能力人实施的；

（二）限制民事行为能力人依法不能独立实施的；

（三）一方以欺诈、胁迫的手段或者乘人之危，使对方在违背真实意思的情况下所为的；

（四）恶意串通，损害国家、集体或者第三人利益的；

（五）违反法律或者社会公共利益的；

（六）经济合同违反国家指令性计划的；

（七）以合法形式掩盖非法目的的。

无效的民事行为，从行为开始起就没有法律约束力。

第五十九条　下列民事行为，一方有权请求人民法院或者仲裁机关予以变更或者撤销：

（一）行为人对行为内容有重大误解的；

（二）显失公平的。

被撤销的民事行为从行为开始起无效。

第六十条　民事行为部分无效，不影响其他部分的效力的，其他部分仍然有效。

第六十一条　民事行为被确认为无效或者被撤销后，当事人因该行为取得的财产，应当返还给受损失的一方。有过错的一方应当赔偿对方因此所受的损失，对方都有过错的，应当各自承担相应的责任。

双方恶意串通，实施民事行为损害国家的、集体的或者第三人的利益的，应当追缴双方取得的财产，收归国家、集体所有或者返还第三人。

第六十二条　民事法律行为可以附条件，附条件的民事法律行为在符合所附条件时生效。

第二节　代理

第六十三条　公民、法人可以通过代理人实施民事法律行为。

代理人在代理权限内，以被代理人的名义实施民事法律行为。被代理人对代理人的代理行为，承担民事责任。

依照法律规定或者按照双方当事人约定，应当由本人实施的民事法律行为，不得代理。

第六十四条　代理包括委托代理、法定代理和指定代理。

委托代理人按照被代理人的委托行使代理权，法定代理人依照法律的规定行使代理权，指定代理人按照人民法院或者指定单位的指定行使代理权。

第六十五条　民事法律行为的委托代理，可以用书面形式，也可以用口头形式。法律规定用书面形式的，应当用书面形式。

书面委托代理的授权委托书应当载明代理人的姓名或者名称、代理事项、权限和期间，并由委托人签名或者盖章。

委托书授权不明的，被代理人应当向第三人承担民事责任，代理人负连带责任。

第六十六条　没有代理权、超越代理权或者代理权终止后的行为，只有经过被代理人的追认，被代理人才承担民事责任。未经追认的行为，由行为人承担民事责任。本人知道他人以本人名义实施民事行为而不作否认表示的，视为同意。

代理人不履行职责而给被代理人造成损害的，应当承担民事责任。

代理人和第三人串通，损害被代理人的利益的，由代理人和第三人负连带责任。

第三人知道行为人没有代理权、超越代理权或者代理权已终止还与行为人实施民事行为给他人造成损害的，由第三人和行为人负连带责任。

第六十七条　代理人知道被委托代理的事项违法仍然进行代理活动的，或者被代理人知道代理人的代理行为违法不表示反对的，由被代理人和代理人负连带责任。

第六十八条　委托代理人为被代理人的利益需要转托他人代理的，应当事先取得被代理人的同意。事先没有取得被代理人同意的，应当在事后及时告诉被代理人，如果被代理人不同意，由代理人对自己所转托的人的行为负民事责任，但在紧急情况下，为了保护被代理人的利益而转托他人代理的除外。

第六十九条　有下列情形之一的，委托代理终止：

（一）代理期间届满或者代理事务完成；

（二）被代理人取消委托或者代理人辞去委托；

（三）代理人死亡；

（四）代理人丧失民事行为能力；

（五）作为被代理人或者代理人的法人终止。

第七十条　有下列情形之一的，法定代理或者指定代理终止：

（一）被代理人取得或者恢复民事行为能力；

（二）被代理人或者代理人死亡；

（三）代理人丧失民事行为能力；

（四）指定代理的人民法院或者指定单位取消指定；

（五）由其他原因引起的被代理人和代理人之间的监护关系消灭。

第五章　民事权利

第一节　财产所有权及其有关的财产权

第七十一条　财产所有权是指所有人依法对自己的财产享有占有、使用、收益和处分的权利。

第七十二条　财产所有权的取得，不得违反法律规定。

按照合同或者其他合法方式取得财产的，财产所有权从财产交付时起转移，法律另有规定或者当事人另有约定的除外。

第七十三条　国家财产属于全民所有。

国家财产神圣不可侵犯，禁止任何组织或者个人侵占、哄抢、私分、截留、破坏。

第七十四条　劳动群众集体组织的财产属于劳动群众集体所有，包括：

（一）法律规定为集体所有的土地和森林、山岭、草原、荒地、滩涂等；

（二）集体经济组织的财产；

（三）集体所有的建筑物、水库、农田水利设施和教育、科学、文化、卫生、体育等设施；

（四）集体所有的其他财产。

集体所有的土地依照法律属于村农民集体所有，由村农业生产合作社等农业集体经济组织或者村民委员会经营、管理。已经属于乡（镇）农民集体经济组织所有的，可以属于乡（镇）农民集体所有。

集体所有的财产受法律保护，禁止任何组织或者个人侵占、哄抢、私分、破坏或者非法查封、扣押、冻结、没收。

第七十五条　公民的个人财产，包括公民的合法收入、房屋、储蓄、生活用品、文物、图书资料、林木、牲畜和法律允许公民所有的生产资料以及其他合法财产。

公民的合法财产受法律保护，禁止任何组织或者个人侵占、哄抢、破坏或者非法查封、扣押、冻结、没收。

第七十六条　公民依法享有财产继承权。

第七十七条　社会团体包括宗教团体的合法财产受法律保护。

第七十八条　财产可以由两个以上的公民、法人共有。

共有分为按份共有和共同共有。按份共有人按照各自的份额，对共有财产分享权利，分担义务。共同共有人对共有财产享有权利，承担义务。

按份共有财产的每个共有人有权要求将自己的份额分出或者转让。但在出售时，其他共有人在同等条件下，有优先购买的权利。

第七十九条　所有人不明的埋藏物、隐藏物，归国家所有。接收单位应当对上缴的单位或者个人，给予表扬或者物质奖励。

拾得遗失物、漂流物或者失散的饲养动物，应当归还失主，因此而支出的费用由失主偿还。

第八十条　国家所有的土地，可以依法由全民所有制单位使用，也可以依法确定由集体所有制单位使用，国家保护它的使用、收益的权利；使用单位有管理、保护、合理利用的义务。

公民、集体依法对集体所有的或者国家所有由集体使用的土地的承包经营权，受法律保护。承包双方的权利和义务，依照法律由承包合同规定。

土地不得买卖、出租、抵押或者以其他形式非法转让。

第八十一条　国家所有的森林、山岭、草原、荒地、滩涂、水面等自然资源，可以依法由全民所有制单位使用，也可以依法确定由集体所有制单位使用，国家保护它的使用、收益的权利；使用单位有管理、保护、合理利用的义务。

国家所有的矿藏，可以依法由全民所有制单位和集体所有制单位开采，也可以依法由公民采挖。国家保护合法的采矿权。

公民、集体依法对集体所有的或者国家所有由集体使用的森林、山岭、草原、荒地、滩涂、水面的承包经营权，受法律保护。承包双方的权利和义务，依照法律由承包合同规定。

国家所有的矿藏、水流，国家所有的和法律规定属于集体所有的林地、山岭、草原、荒地、滩涂不得买卖、出租、抵押或者以其他形式非法转让。

第八十二条　全民所有制企业对国家授予它经营管理的财产依法享有经营权，受法律保护。

第八十三条　不动产的相邻各方，应当按照有利生产、方便生活、团结互助、公平合理的精神，正确处理截水、排水、通行、通风、采光等方面的相邻关系。给相邻方造成妨碍或者损失的，应当停止侵害，排除妨碍，赔偿损失。

第二节　债权

第八十四条　债是按照合同的约定或者依照法律的规定，在当事人之间产生的特定的权利和义务关系，享有权利的人是债权人，负有义务的人是债务人。

债权人有权要求债务人按照合同的约定或者依照法律的规定履行义务。

第八十五条　合同是当事人之间设立、变更、终止民事关系的协议。依法成立的合同，受法律保护。

第八十六条　债权人为二人以上的，按照确定的份额分享权利。债务人为二人以上的，按照确定的份额分担义务。

第八十七条　债权人或者债务人一方人数为二人以上的，依照法律的规定或者当事人的约定，享有连带权利的每个债权人，都有权要求债务人履行义务；负有连带义务的每个债务人，都负有清偿全部债务的义务，履行了义务的人，有权要求其他负有连带义务的人偿付他应当承担的份额。

第八十八条　合同的当事人应当按照合同的约定，全部履行自己的义务。

合同中有关质量、期限、地点或者价款约定不明确，按照合同有关条款内容不能确定，当事人又不能通过协商达成协议的，适用下列规定：

（一）质量要求不明确的，按照国家质量标准履行，没有国家质量标准的，按照通常标准履行。

（二）履行期限不明确的，债务人可以随时向债权人履行义务，债权人也可以随时要求债务人履行义务，但应当给对方必要的准备时间。

（三）履行地点不明确，给付货币的，在接受给付一方的所在地履行，其他标的在履行义务一方的所在地履行。

（四）价款约定不明确的，按照国家规定的价格履行；没有国家规定价格的，参照市场价格或者同类物品的价格或者同类劳务的报酬标准履行。

合同对专利申请权没有约定的，完成发明创造的当事人享有申请权。

合同对科技成果的使用权没有约定的，当事人都有使用的权利。

第八十九条　依照法律的规定或者按照当事人的约定，可以采用下列方式担保债务的履行：

（一）保证人向债权人保证债务人履行债务，债务人不履行债务的，按照约定由保证人履行或者承担连带责任；保证人履行债务后，有权向债务人追偿。

（二）债务人或者第三人可以提供一定的财产作为抵押物。债务人不履行债务的，债权人有权依照法律的规定以抵押物折价或者以变卖抵押物的价款优先得到偿还。

（三）当事人一方在法律规定的范围内可以向对方给付定金。债务人履行债务后，定金应当抵作价款或者收回。给付定金的一方不履行债务的，无权要求返还定金；接受定金的一方不履行债务的，应当双倍返还定金。

（四）按照合同约定一方占有对方的财产，对方不按照合同给付应付款项超过约定期限的，占有人有权留置该财产，依照法律的规定以留置财产折价或者以变卖该财产的价款优先得到偿还。

第九十条　合法的借贷关系受法律保护。

第九十一条　合同一方将合同的权利、义务全部或者部分转让给第三人的，应当取得合同另一方的同意，并不得牟利。依照法律规定应当由国家批准的合同，需经原批准机关批准。但是，法律另有规定或者原合同另有约定的除外。

第九十二条　没有合法根据，取得不当利益，造成他人损失的，应当将取得的不当利益返还受损失的人。

第九十三条　没有法定的或者约定的义务，为避免他人利益受损失进行管理或者服务的，有权要求受益人偿付由此而支付的必要费用。第三节　知识产权

第九十四条　公民、法人享有著作权（版权），依法有署名、发表、出版、获得报酬等权利。

第九十五条　公民、法人依法取得的专利权受法律保护。

第九十六条　法人、个体工商户、个人合伙依法取得的商标专用权受法律保护。

第九十七条　公民对自己的发现享有发现权。发现人有权申请领取发现证书、奖金或者其他奖励。

公民对自己的发明或者其他科技成果，有权申请领取荣誉证书、奖金或者其他奖励。

第四节　人身权

第九十八条　公民享有生命健康权。

第九十九条　公民享有姓名权，有权决定、使用和依照规定改变自己的姓名，禁止他人干涉、盗用、假冒。

法人、个体工商户、个人合伙享有名称权。企业法人、个体工商户、个人合伙有权使用、依法转让自己的名称。

第一百条　公民享有肖像权，未经本人同意，不得以营利为目的使用公民的肖像。

第一百零一条　公民、法人享有名誉权，公民的人格尊严受法律保护，禁止用侮辱、诽谤等方式损害公民、法人的名誉。

第一百零二条　公民、法人享有荣誉权，禁止非法剥夺公民、法人的荣誉称号。

第一百零三条　公民享有婚姻自主权，禁止买卖、包办婚姻和其他干涉婚姻自由的行为。

第一百零四条　婚姻、家庭、老人、母亲和儿童受法律保护。残疾人的合法权益受法律保护。

第一百零五条　妇女享有同男子平等的民事权利。

第六章　民事责任

第一节　一般规定

第一百零六条　公民、法人违反合同或者不履行其他义务的，应当承担民事责任。

公民、法人由于过错侵害国家的、集体的财产，侵害他人财产、人身的，应当承担民事责任。

没有过错，但法律规定应当承担民事责任的，应当承担民事责任。

第一百零七条　因不可抗力不能履行合同或者造成他人损害的，不承担民事责任，法律另有规定的除外。

第一百零八条　债务应当清偿。暂时无力偿还的，经债权人同意或者人民法院裁决，可以由债务人分期偿还。有能力偿还拒不偿还的，由人民法院判决强制偿还。

第一百零九条　因防止、制止国家的、集体的财产或者他人的财产、人身遭受侵害而使自己受到损害的，由侵害人承担赔偿责任，受益人也可以给予适当的补偿。

第一百一十条　对承担民事责任的公民、法人需要追究行政责任的，应当追究行政责任；构成犯罪的，对公民、法人的法定代表人应当依法追究刑事责任。

第二节　违反合同的民事责任

第一百一十一条　当事人一方不履行合同义务或者履行合同义务不符合约定条件的，另一方有权要求履行或者采取补救措施，并有权要求赔偿损失。

第一百一十二条 当事人一方违反合同的赔偿责任，应当相当于另一方因此所受到的损失。

当事人可以在合同中约定，一方违反合同时，向另一方支付一定数额的违约金；也可以在合同中约定对于违反合同而产生的损失赔偿额的计算方法。

第一百一十三条 当事人双方都违反合同的，应当分别承担各自应负的民事责任。

第一百一十四条 当事人一方因另一方违反合同受到损失的，应当及时采取措施防止损失的扩大；没有及时采取措施致使损失扩大的，无权就扩大的损失要求赔偿。

第一百一十五条 合同的变更或者解除，不影响当事人要求赔偿损失的权利。

第一百一十六条 当事人一方由于上级机关的原因，不能履行合同义务的，应当按照合同约定向另一方赔偿损失或者采取其他补救措施，再由上级机关对它因此受到的损失负责处理。

第三节 侵权的民事责任

第一百一十七条 侵占国家的、集体的财产或者他人财产的，应当返还财产，不能返还财产的，应当折价赔偿。

损坏国家的、集体的财产或者他人财产的，应当恢复原状或者折价赔偿。

受害人因此遭受其他重大损失的，侵害人并应当赔偿损失。

第一百一十八条 公民、法人的著作权（版权）、专利权、商标专用权、发现权、发明权和其他科技成果权受到剽窃、篡改、假冒等侵害的，有权要求停止侵害，消除影响，赔偿损失。

第一百一十九条 侵害公民身体造成伤害的，应当赔偿医疗费、因误工减少的收入、残废者生活补助费等费用；造成死亡的，并应当支付丧葬费、死者生前扶养的人必要的生活费等费用。

第一百二十条 公民的姓名权、肖像权、名誉权、荣誉权受到侵害的，有权要求停止侵害，恢复名誉，消除影响，赔礼道歉，并可以要求赔偿损失。

法人的名称权、名誉权、荣誉权受到侵害的，适用前款规定。

第一百二十一条 国家机关或者国家机关工作人员在执行职务中，侵犯公民、法人的合法权益造成损害的，应当承担民事责任。

第一百二十二条 因产品质量不合格造成他人财产、人身损害的，产品制造者、销售者应当依法承担民事责任。运输者、仓储者对此负有责任的，产品制造者、销售者有权要求赔偿损失。

第一百二十三条 从事高空、高压、易燃、易爆、剧毒、放射性、高速运输工具等对周围环境有高度危险的作业造成他人损害的，应当承担民事责任；如果能够证明损害是由受害人故意造成的，不承担民事责任。

第一百二十四条 违反国家保护环境防止污染的规定，污染环境造成他人损害的，应当依法承担民事责任。

第一百二十五条　在公共场所、道旁或者通道上挖坑、修缮安装地下设施等，没有设置明显标志和采取安全措施造成他人损害的，施工人应当承担民事责任。

第一百二十六条　建筑物或者其他设施以及建筑物上的搁置物、悬挂物发生倒塌、脱落、坠落造成他人损害的，它的所有人或者管理人应当承担民事责任，但能够证明自己没有过错的除外。

第一百二十七条　饲养的动物造成他人损害的，动物饲养人或者管理人应当承担民事责任；由于受害人的过错造成损害的，动物饲养人或者管理人不承担民事责任；由于第三人的过错造成损害的，第三人应当承担民事责任。

第一百二十八条　因正当防卫造成损害的，不承担民事责任。正当防卫超过必要的限度，造成不应有的损害的，应当承担适当的民事责任。

第一百二十九条　因紧急避险造成损害的，由引起险情发生的人承担民事责任。如果危险是由自然原因引起的，紧急避险人不承担民事责任或者承担适当的民事责任。因紧急避险采取措施不当或者超过必要的限度，造成不应有的损害的，紧急避险人应当承担适当的民事责任。

第一百三十条　二人以上共同侵权造成他人损害的，应当承担连带责任。

第一百三十一条　受害人对于损害的发生也有过错的，可以减轻侵害人的民事责任。

第一百三十二条　当事人对造成损害都没有过错的，可以根据实际情况，由当事人分担民事责任。

第一百三十三条　无民事行为能力人、限制民事行为能力人造成他人损害的，由监护人承担民事责任。监护人尽了监护责任的，可以适当减轻他的民事责任。

有财产的无民事行为能力人、限制民事行为能力人造成他人损害的，从本人财产中支付赔偿费用。不足部分，由监护人适当赔偿，但单位担任监护人的除外。

第四节　承担民事责任的方式

第一百三十四条　承担民事责任的方式主要有：

（一）停止侵害

（二）排除妨碍；

（三）消除危险；

（四）返还财产；

（五）恢复原状；

（六）修理、重作、更换；

（七）赔偿损失；

（八）支付违约金；

（九）消除影响、恢复名誉；

（十）赔礼道歉。

以上承担民事责任的方式，可以单独适用，也可以合并适用。

人民法院审理民事案件，除适用上述规定外，还可以予以训诫、责令具结悔过、收缴进行非法活动的财物和非法所得，并可以依照法律规定处以罚款、拘留。

第七章　诉讼时效

第一百三十五条　向人民法院请求保护民事权利的诉讼时效期间为二年，法律另有规定的除外。

第一百三十六条　下列的诉讼时效期间为一年：

（一）身体受到伤害要求赔偿的；

（二）出售质量不合格的商品未声明的；

（三）延付或者拒付租金的；

（四）寄存财物被丢失或者损毁的。

第一百三十七条　诉讼时效期间从知道或者应当知道权利被侵害时起计算。但是，从权利被侵害之日起超过二十年的，人民法院不予保护。有特殊情况的，人民法院可以延长诉讼时效期间。

第一百三十八条　超过诉讼时效期间，当事人自愿履行的，不受诉讼时效限制。

第一百三十九条　在诉讼时效期间的最后六个月内，因不可抗力或者其他障碍不能行使请求权的，诉讼时效中止。从中止时效的原因消除之日起，诉讼时效期间继续计算。

第一百四十条　诉讼时效因提起诉讼、当事人一方提出要求或者同意履行义务而中断。从中断时起，诉讼时效期间重新计算。

第一百四十一条　法律对诉讼时效另有规定的，依照法律规定。第八章　涉外民事关系的法律适用

第一百四十二条　涉外民事关系的法律适用，依照本章的规定确定。

中华人民共和国缔结或者参加的国际条约同中华人民共和国的民事法律有不同规定的，适用国际条约的规定，但中华人民共和国声明保留的条款除外。

中华人民共和国法律和中华人民共和国缔结或者参加的国际条约没有规定的，可以适用国际惯例。

第一百四十三条　中华人民共和国公民定居国外的，他的民事行为能力可以适用定居国法律。

第一百四十四条　不动产的所有权，适用不动产所在地法律。

第一百四十五条　涉外合同的当事人可以选择处理合同争议所适用的法律，法律另有规

定的除外。

涉外合同的当事人没有选择的，适用与合同有最密切联系的国家的法律。

第一百四十六条　侵权行为的损害赔偿，适用侵权行为地法律。当事人双方国籍相同或者在同一国家有住所的，也可以适用当事人本国法律或者住所地法律。

中华人民共和国法律不认为在中华人民共和国领域外发生的行为是侵权行为的，不作为侵权行为处理。

第一百四十七条　中华人民共和国公民和外国人结婚适用婚姻缔结地法律，离婚适用受理案件的法院所在地法律。

第一百四十八条　扶养适用与被扶养人有最密切联系的国家的法律。

第一百四十九条　遗产的法定继承，动产适用被继承人死亡时住所地法律，不动产适用不动产所在地法律。

第一百五十条　依照本章规定适用外国法律或者国际惯例的，不得违背中华人民共和国的社会公共利益。

第九章　附则

第一百五十一条　民族自治地方的人民代表大会可以根据本法规定的原则，结合当地民族的特点，制定变通的或者补充的单行条例或者规定。自治区人民代表大会制定的，依照法律规定报全国人民代表大会常务委员会批准或者备案；自治州、自治县人民代表大会制定的，报省、自治区人民代表大会常务委员会批准。

第一百五十二条　本法生效以前，经省、自治区、直辖市以上主管机关批准开办的全民所有制企业，已经向工商行政管理机关登记的，可以不再办理法人登记，即具有法人资格。

第一百五十三条　本法所称的“不可抗力”，是指不能预见、不能避免并不能克服的客观情况。

第一百五十四条　民法所称的期间按照公历年、月、日、小时计算。

规定按照小时计算期间的，从规定时开始计算。规定按照日、月、年计算期间的，开始的当天不算入，从下一天开始计算。

期间的最后一天是星期日或者其他法定休假日的，以休假日的次日为期间的最后一天。

期间的最后一天的截止时间为二十四点。有业务时间的，到停止业务活动的时间截止。

第一百五十五条　民法所称的“以上”、“以下”、“以内”、“届满”，包括本数；所称的“不满”、“以外”，不包括本数。

第一百五十六条　本法自一九八七年一月一日起施行。

中华人民共和国个人独资企业法

第一章　总则

第一条　为了规范个人独资企业的行为，保护个人独资企业投资人和债权人的合法权益，维护社会经济秩序，促进社会主义市场经济的发展，根据宪法，制定本法。

第二条　本法所称个人独资企业，是指依照本法在中国境内设立，由一个自然人投资，财产为投资人个人所有，投资人以其个人财产对企业债务承担无限责任的经营实体。

第三条　个人独资企业以其主要办事机构所在地为住所。

第四条　个人独资企业从事经营活动必须遵守法律、行政法规，遵守诚实信用原则，不得损害社会公共利益。

个人独资企业应当依法履行纳税义务。

第五条　国家依法保护个人独资企业的财产和其他合法权益。

第六条　个人独资企业应当依法招用职工。职工的合法权益受法律保护。

个人独资企业职工依法建立工会，工会依法开展活动。

第七条　在个人独资企业中的中国共产党党员依照中国共产党章程进行活动。

第二章　个人独资企业的设立

第八条　设立个人独资企业应当具备下列条件：

（一）投资人为一个自然人；

（二）有合法的企业名称；

（三）有投资人申报的出资；

（四）有固定的生产经营场所和必要的生产经营条件；

（五）有必要的从业人员。

第九条　申请设立个人独资企业，应当由投资人或者其委托的代理人向个人独资企业所在地的登记机关提交设立申请书、投资人身份证明、生产经营场所使用证明等文件。委托代理人申请设立登记时，应当出具投资人的委托书和代理人的合法证明。

个人独资企业不得从事法律、行政法规禁止经营的业务；从事法律、行政法规规定须报经有关部门审批的业务，应当在申请设立登记时提交有关部门的批准文件。

第十条　个人独资企业设立申请书应当载明下列事项：

（一）企业的名称和住所；

（二）投资人的姓名和居所；

（三）投资人的出资额和出资方式；

（四）经营范围。

第十一条　个人独资企业的名称应当与其责任形式及从事的营业相符合。

第十二条　登记机关应当在收到设立申请文件之日起十五日内，对符合本法规定条件的，予以登记，发给营业执照；对不符合本法规定条件的，不予登记，并应当给予书面答复，说明理由。

第十三条　个人独资企业的营业执照的签发日期，为个人独资企业成立日期。在领取个人独资企业营业执照前，投资人不得以个人独资企业名义从事经营活动。

第十四条　个人独资企业设立分支机构，应当由投资人或者其委托的代理人向分支机构所在地的登记机关申请登记，领取营业执照。分支机构经核准登记后，应将登记情况报该分支机构隶属的个人独资企业的登记机关备案。分支机构的民事责任由设立该分支机构的个人独资企业承担。

第十五条　个人独资企业存续期间登记事项发生变更的，应当在作出变更决定之日起的十五日内依法向登记机关申请办理变更登记。

第三章　个人独资企业的投资人及事务管理

第十六条　法律、行政法规禁止从事营利性活动的人，不得作为投资人申请设立个人独资企业。

第十七条　个人独资企业投资人对本企业的财产依法享有所有权，其有关权利可以依法进行转让或继承。

第十八条　个人独资企业投资人在申请企业设立登记时明确以其家庭共有财产作为个人出资的，应当依法以家庭共有财产对企业债务承担无限责任。

第十九条　个人独资企业投资人可以自行管理企业事务，也可以委托或者聘用其他具有民事行为能力的人负责企业的事务管理。投资人委托或者聘用他人管理个人独资企业事务，应当与受托人或者被聘用的人签订书面合同，明确委托的具体内容和授予的权利范围。受托人或者被聘用的人员应当履行诚信、勤勉义务，按照与投资人签订的合同负责个人独资企业的事务管理。投资人对受托人或者被聘用的人员职权的限制，不得对抗善意第三人。

第二十条　投资人委托或者聘用的管理个人独资企业事务的人员不得有下列行为：

（一）利用职务上的便利，索取或者收受贿赂；

（二）利用职务或者工作上的便利侵占企业财产；

（三）挪用企业的资金归个人使用或者借贷给他人；

（四）擅自将企业资金以个人名义或者以他人名义开立账户储存；

（五）擅自以企业财产提供担保；

（六）未经投资人同意，从事与本企业相竞争的业务；

（七）未经投资人同意，同本企业订立合同或者进行交易；

（八）未经投资人同意，擅自将企业商标或者其他知识产权转让给他人使用；

（九）泄露本企业的商业秘密；

（十）法律、行政法规禁止的其他行为。

第二十一条　个人独资企业应当依法设置会计账簿，进行会计核算。

第二十二条　个人独资企业招用职工的，应当依法与职工签订劳动合同，保障职工的劳动安全，按时、足额发放职工工资。

第二十三条　个人独资企业应当按照国家规定参加社会保险，为职工缴纳社会保险费。

第二十四条　个人独资企业可以依法申请贷款、取得土地使用权，并享有法律、行政法规规定的其他权利。

第二十五条　任何单位和个人不得违反法律、行政法规的规定，以任何方式强制个人独资企业提供财力、物力、人力；

对于违法强制提供财力、物力、人力的行为，个人独资企业有权拒绝。

第四章　个人独资企业的解散和清算

第二十六条　个人独资企业有下列情形之一时，应当解散：

（一）投资人决定解散；

（二）投资人死亡或者被宣告死亡，无继承人或者继承人决定放弃继承；

（三）被依法吊销营业执照；

（四）法律、行政法规规定的其他情形。

第二十七条　个人独资企业解散，由投资人自行清算或者由债权人申请人民法院指定清算人进行清算。

投资人自行清算的，应当在清算前十五日内书面通知债权人，无法通知的，应当予以公告。债权人应当在接到通知之日起三十日内，未接到通知的应当在公告之日起六十日内，向投资人申报其债权。

第二十八条　个人独资企业解散后，原投资人对个人独资企业存续期间的债务仍应承担偿还责任，但债权人在五年内未向债务人提出偿债请求的，该责任消灭。

第二十九条　个人独资企业解散的，财产应当按照下列顺序清偿：

（一）所欠职工工资和社会保险费用；

（二）所欠税款；

（三）其他债务。

第三十条　清算期间，个人独资企业不得开展与清算目的无关的经营活动。在按前条规定清偿债务前，投资人不得转移、隐匿财产。

第三十一条　个人独资企业财产不足以清偿债务的，投资人应当以其个人的其他财产予以清偿。

第三十二条　个人独资企业清算结束后，投资人或者人民法院指定的清算人应当编制清算报告，并于十五日内到登记机关办理注销登记。

第五章　法律责任

第三十三条　违反本法规定，提交虚假文件或采取其他欺骗手段，取得企业登记的，责令改正，处以五千元以下的罚款;情节严重的，并处吊销营业执照。

第三十四条　违反本法规定，个人独资企业使用的名称与其在登记机关登记的名称不相符合的，责令限期改正，处以二千元以下的罚款。

第三十五条　涂改、出租、转让营业执照的，责令改正，没收违法所得，处以三千元以下的罚款；情节严重的，吊销营业执照。伪造营业执照的，责令停业，没收违法所得，处以五千元以下的罚款。构成犯罪的，依法追究刑事责任。

第三十六条　个人独资企业成立后无正当理由超过六个月未开业的，或者开业后自行停业连续六个月以上的，吊销营业执照。

第三十七条　违反本法规定，未领取营业执照，以个人独资企业名义从事经营活动的，责令停止经营活动，处以三千元以下的罚款。个人独资企业登记事项发生变更时，未按本法规定办理有关变更登记的，责令限期办理变更登记;逾期不办理的，处以二千元以下的罚款。

第三十八条　投资人委托或者聘用的人员管理个人独资企业事务时违反双方订立的合同，给投资人造成损害的，承担民事赔偿责任。

第三十九条　个人独资企业违反本法规定，侵犯职工合法权益，未保障职工劳动安全，不缴纳社会保险费用的，按照有关法律、行政法规予以处罚，并追究有关责任人员的责任。

第四十条　投资人委托或者聘用的人员违反本法第二十条规定，侵犯个人独资企业财产权益的，责令退还侵占的财产；给企业造成损失的，依法承担赔偿责任；有违法所得的，没收违法所得；构成犯罪的，依法追究刑事责任。

第四十一条　违反法律、行政法规的规定强制个人独资企业提供财力、物力、人力的，按照有关法律、行政法规予以处罚，并追究有关责任人员的责任。

第四十二条　个人独资企业及其投资人在清算前或清算期间隐匿或转移财产，逃避债务的，依法追回其财产，并按照有关规定予以处罚；构成犯罪的，依法追究刑事责任。

第四十三条　投资人违反本法规定，应当承担民事赔偿责任和缴纳罚款、罚金，其财产不足以支付的，或者被判处没收财产的，应当先承担民事赔偿责任。

第四十四条　登记机关对不符合本法规定条件的个人独资企业予以登记，或者对符合本法规定条件的企业不予登记的，对直接责任人员依法给予行政处分；构成犯罪的，依法追究刑事责任。

第四十五条　登记机关的上级部门的有关主管人员强令登记机关对不符合本法规定条件的企业予以登记，或者对符合本法规定条件的企业不予登记的，或者对登记机关的违法登记行为进行包庇的，对直接责任人员依法给予行政处分；构成犯罪的，依法追究刑事责任。

第四十六条　登记机关对符合法定条件的申请不予登记或者超过法定时限不予答复的，当事人可依法申请行政复议或提起行政诉讼。

第六章　附则

第四十七条　外商独资企业不适用本法。

第四十八条　本法自 2000 年 1 月 1 日起施行。

中华人民共和国乡镇企业法

第一条　为了扶持和引导乡镇企业持续健康发展，保护乡镇企业的合法权益，规范乡镇企业的行为，繁荣农村经济，促进社会主义现代化建设，制定本法。

第二条　本法所称乡镇企业，是指农村集体经济组织或者农民投资为主，在乡镇（包括所辖村）举办的承担支援农业义务的各类企业。

前款所称投资为主，是指农村集体经济组织或者农民投资超过百分之五十，或者虽不足百分之五十，但能起到控股或者实际支配作用。

乡镇企业符合企业法人条件的，依法取得企业法人资格。

第三条　乡镇企业是农村经济的重要支柱和国民经济的重要组成部分。

乡镇企业的主要任务是，根据市场需要发展商品生产，提供社会服务，增加社会有效供给，吸收农村剩余劳动力，提高农民收入，支援农业，推进农业和农村现代化，促进国民经济和社会事业发展。

第四条　发展乡镇企业，坚持以农村集体经济为主导，多种经济成分共同发展的原则。

第五条　国家对乡镇企业积极扶持、合理规划、分类指导、依法管理。

第六条　国家鼓励和重点扶持经济欠发达地区、少数民族地区发展乡镇企业，鼓励经济发达地区的乡镇企业或者其他经济组织采取多种形式支持经济欠发达地区和少数民族地区举办乡镇企业。

第七条　国务院乡镇企业行政管理部门和有关部门按照各自的职责对全国的乡镇企业进行规划、协调、监督、服务；县级以上地方各级人民政府乡镇企业行政管理部门和有关部门按照各自的职责对本行政区域内的乡镇企业进行规划、协调、监督、服务。

第八条　经依法登记设立的乡镇企业，应当向当地乡镇企业行政管理部门办理登记备案手续。

乡镇企业改变名称，住所或者分立、合并、停业、终止等，依法办理变更登记、设立登记或者注销登记后，应当报乡镇企业行政管理部门备案。

第九条　乡镇企业在城市设立的分支机构，或者农村集体经济组织在城市开办的并承担支援农业义务的企业，按照乡镇企业对待。

第十条　农村集体经济组织投资设立的乡镇企业，其企业财产权属于设立该企业的全体农民集体所有。

农村集体经济组织与其他企业、组织或者个人共同投资设立的乡镇企业，其企业财产权按照出资份额属于投资者所有。

农民合伙或者单独投资设立的乡镇企业，其企业财产权属于投资者所有。

第十一条 乡镇企业依法实行独立核算，自主经营，自负盈亏。

具有企业法人资格的乡镇企业，依法享有法人财产权。

第十二条 国家保护乡镇企业的合法权益；乡镇企业的合法财产不受侵犯。

任何组织或者个人不得违反法律、行政法规干预乡镇企业的生产经营，撤换企业负责人；不得非法占有或者无偿使用乡镇企业的财产。

第十三条 乡镇企业按照法律、行政法规规定的企业形式设立，投资者依照有关法律、行政法规决定企业的重大事项，建立经营管理制度，依法享有权利和承担义务。

第十四条 乡镇企业依法实行民主管理，投资者在确定企业经营管理制度和企业负责人，作出重大经营决策和决定职工工资、生活福利、劳动保护、劳动安全等重大问题时，应当听取本企业工会或者职工的意见，实施情况要定期向职工公布，接受职工监督。

第十五条 国家鼓励有条件的地区建立、健全乡镇企业职工社会保险制度。

第十六条 乡镇企业停业、终止，已经建立社会保险制度的，按照有关规定安排职工；依法订立劳动合同的，按照合同的约定办理。原属于农村集体经济组织的职工有权返回农村集体经济组织从事生产，或者由职工自谋职业。

第十七条 乡镇企业从税后利润中提取一定比例的资金用于支援农业和农村社会性支出，其比例和管理使用办法由省、自治区、直辖市人民政府规定。

除法律、行政法规另有规定外，任何机关、组织或者个人不得以任何方式向乡镇企业收取费用，进行摊派。

第十八条 国家根据乡镇企业发展的情况，在一定时期内对乡镇企业减征一定比例的税收。减征税收的税种、期限和比例由国务院规定。

第十九条 国家对符合下列条件之一的中小型乡镇企业，根据不同情况实行一定期限的税收优惠：

（一）集体所有制乡镇企业开办初期经营确有困难的；

（二）设立在少数民族地区、边远地区和贫困地区的；

（三）从事粮食、饲料、肉类的加工、贮存、运销经营的；

（四）国家产业政策规定需要特殊扶持的。

前款税收优惠的具体办法由国务院规定。

第二十条 国家运用信贷手段，鼓励和扶持乡镇企业发展。对于符合前条规定条件之一并且符合贷款条件的乡镇企业，国家有关金融机构可以给予优先贷款，对其中生产资金困难且有发展前途的可以给予优惠贷款。

前款优先贷款、优惠贷款的具体办法由国务院规定。

第二十一条　县级以上人民政府依照国家有关规定，可以设立乡镇企业发展基金。基金由下列资金组成：

（一）政府拨付的用于乡镇企业发展的周转金；

（二）乡镇企业每年上缴地方税金增长部分中一定比例的资金；

（三）基金运用产生的收益；

（四）农村集体经济组织、乡镇企业、农民等自愿提供的资金。

第二十二条　乡镇企业发展基金专门用于扶持乡镇企业发展，其使用范围如下：

（一）支持少数民族地区、边远地区和贫困地区发展乡镇企业；

（二）支持经济欠发达地区、少数民族地区与经济发达地区的乡镇企业之间进行经济技术合作和举办合资项目；

（三）支持乡镇企业按照国家产业政策调整产业结构和产品结构；

（四）支持乡镇企业进行技术改造，开发名特优新产品和生产传统手工艺产品；

（五）发展生产农用生产资料或者直接为农业生产服务的乡镇企业；

（六）发展从事粮食、饲料、肉类的加工、贮存、运销经营的乡镇企业；

（七）支持乡镇企业职工的职业教育和技术培训；

（八）其他需要扶持的项目。

乡镇企业发展基金的设立和使用管理办法由国务院规定。

第二十三条　国家积极培养乡镇企业人才，鼓励科技人员、经营管理人员及大中专毕业生到乡镇企业工作，通过多种方式为乡镇企业服务。

乡镇企业通过多渠道、多形式培训技术人员、经营管理人员和生产人员，并采取优惠措施吸引人才。

第二十四条　国家采取优惠措施，鼓励乡镇企业同科研机构、高等院校、国有企业及其他企业、组织之间开展各种形式的经济技术合作。

第二十五条　国家鼓励乡镇企业开展对外经济技术合作与交流，建设出口商品生产基地，增加出口创汇。具备条件的乡镇企业依法经批准可以取得对外贸易经营权。

第二十六条　地方各级人民政府按照统一规划、合理布局的原则，将发展乡镇企业同小城镇建设相结合，引导和促进乡镇企业适当集中发展，逐步加强基础设施和服务设施建设，以加快小城镇建设。

第二十七条　乡镇企业应当按照市场需要和国家产业政策，合理调整产业结构和产品结构，加强技术改造，不断采用先进的技术、生产工艺和设备，提高企业经营管理水平。

第二十八条　举办乡镇企业，其建设用地应当符合土地利用总体规划，严格控制、合理利用和节约使用土地，凡有荒地、劣地可以利用的，不得占用耕地、好地。

举办乡镇企业使用农村集体所有的土地的，应当依照法律、法规的规定，办理有关用地批准手续和土地登记手续。

乡镇企业使用农村集体所有的土地，连续闲置两年以上或者因停办闲置一年以上的，应当由原土地所有者收回该土地使用权，重新安排使用。

第二十九条　乡镇企业应当依法合理开发和使用自然资源。

乡镇企业从事矿产资源开采，必须依照有关法律规定，经有关部门批准，取得采矿许可证、生产许可证，实行正规作业，防止资源浪费，严禁破坏资源。

第三十条　乡镇企业应当按照国家有关规定，建立财务会计制度，加强财务管理，依法设置会计账册，如实记录财务活动。

第三十一条　乡镇企业必须按照国家统计制度，如实报送统计资料。对于违反国家规定制发的统计调查报表，乡镇企业有权拒绝填报。

第三十二条　乡镇企业应当依法办理税务登记，按期进行纳税申报，足额缴纳税款。

各级人民政府应当依法加强乡镇企业的税收管理工作，有关管理部门不得超越管理权限对乡镇企业减免税。

第三十三条　乡镇企业应当加强产品质量管理，努力提高产品质量；生产和销售的产品必须符合保障人体健康，人身、财产安全的国家标准和行业标准；不得生产、销售失效、变质产品和国家明令淘汰的产品；不得在产品中掺杂、掺假，以假充真，以次充好。

第三十四条　乡镇企业应当依法使用商标，重视企业信誉；按照国家规定，制作所生产经营的商品标识，不得伪造产品的产地或者伪造、冒用他人厂名、厂址和认证标志、名优标志。

第三十五条　乡镇企业必须遵守有关环境保护的法律、法规，按照国家产业政策，在当地人民政府的统一指导下，采取措施，积极发展无污染、少污染和低资源消耗的企业，切实防治环境污染和生态破坏，保护和改善环境。

地方人民政府应当制定和实施乡镇企业环境保护规划，提高乡镇企业防治污染的能力。

第三十六条　乡镇企业建设对环境有影响的项目，必须严格执行环境影响评价制度。

乡镇企业建设项目中防治污染的设施，必须与主体工程同时设计、同时施工、同时投产使用。防治污染的设施必须经环境保护行政主管部门验收合格后，该建设项目方可投入生产或者使用。

乡镇企业不得采用或者使用国家明令禁止的严重污染环境的生产工艺和设备；不得生产和经营国家明令禁止的严重污染环境的产品。排放污染物超过国家或者地方规定标准，严重污染环境的，必须限期治理，逾期未完成治理任务的，依法关闭、停产或者转产。

第三十七条　乡镇企业必须遵守有关劳动保护、劳动安全的法律、法规，认真贯彻执行安全第一、预防为主的方针，采取有效的劳动卫生技术措施和管理措施，防止生产伤亡事故和职业病的发生；对危害职工安全的事故隐患，应当限期解决或者停产整顿。严禁管理者违章指挥，强令职工冒险作业。发生生产伤亡事故，应当采取积极抢救措施，依法妥善处理，并向有关部门报告。

第三十八条　违反本法规定，有下列行为之一的，由县级以上人民政府乡镇企业行政管理部门责令改正：

（一）非法改变乡镇企业所有权的；

（二）非法占有或者无偿使用乡镇企业财产的；

（三）非法撤换乡镇企业负责人的；

（四）侵犯乡镇企业自主经营权的。

前款行为给乡镇企业造成经济损失的，应当依法赔偿。

第三十九条　乡镇企业有权向审计、监察、财政、物价和乡镇企业行政管理部门控告、检举向企业非法收费、摊派或者罚款的单位和个人。有关部门和上级机关应当责令责任人停止其行为，并限期归还有关财物。对直接责任人员，有关部门可以根据情节轻重，给予相应的处罚。

第四十条　乡镇企业违反国家产品质量、环境保护、土地管理、自然资源开发、劳动安全、税收及其他有关法律、法规的，除依照有关法律、法规处理外，在其改正之前，应当根据情节轻重停止其享受本法规定的部分或者全部优惠。

第四十一条　乡镇企业违反本法规定，不承担支援农业义务的，由乡镇企业行政主管部门责令改正，在其改正之前，可以停止其享受本法规定的部分或者全部优惠。

第四十二条　对依照本法第三十八条至第四十一条规定所作处罚、处理决定不服的，当事人可以依法申请行政复议、提起诉讼。

第四十三条　本法自1997年1月1日起施行。

中华人民共和国乡村集体所有制企业条例

第一章　总则

第一条　为了保障乡村集体所有制企业的合法权益，引导其健康发展，制定本条例。

第二条　本条例适用于由乡（含镇，下同）村（含村民小组，下同）农民集体举办的企业。

农业生产合作社、农村供销合作社、农村信用社不适用本条例。

第三条　乡村集体所有制企业是我国社会主义公有制经济的组成部分。

国家对乡村集体所有制企业实行积极扶持，合理规划，正确引导，加强管理的方针。

第四条　乡村集体所有制企业的主要任务是：发展商品生产和服务业，满足社会日益增长的物质和文化生活的需要；调整农村产业结构，合理利用农村劳动力；支援农业生产和农村建设，增加国家财政和农民的收入；积极发展出口创汇生产；为大工业配套和服务。

第五条　国家保护乡村集体所有制企业的合法权益，禁止任何组织和个人侵犯其财产。

第六条　乡村集体所有制企业实行自主经营，独立核算，自负盈亏。

乡村集体所有制企业实行多种形式的经营责任制。

乡村集体所有制企业可以在不改变集体所有制性质的前提下，吸收投资入股。

第七条　国家鼓励和扶持乡村集体所有制企业采用先进适用的科学技术和经营管理方法，加速企业现代化。

第八条　国家鼓励和保护乡村集体所有制企业依照平等互利、自愿协商、等价有偿的原则，进行多种形式的经济技术合作。

第九条　国家鼓励和支持乡村集体所有制企业依法利用自然资源，因地制宜发展符合国家产业政策和市场需要的产业和产品，增加社会有效供给。

第十条　乡村集体所有制企业经依法审查，具备法人条件的，登记后取得法人资格，厂长（经理）为企业的法定代表人。

第十一条　乡村集体所有制企业职工有返回其所属的农民集体经济组织从事农业生产的权利。

第十二条　国务院乡镇企业行政主管部门主管全国乡村集体所有制企业。地方人民政府乡镇企业行政主管部门主管本行政区域内的乡村集体所有制企业（以下简称企业）。

第二章　企业的设立、变更和终止

第十三条　设立企业应当具备下列条件：

（一）产品和提供的服务为社会所需要，并符合国家法律、法规和政策规定；

（二）有自己的名称、组织机构和生产经营场所；

（三）有确定的经营范围；

（四）有与生产经营和服务规模相适应的资金、设备、从业人员和必要的原材料条件；

（五）有必要的劳动卫生、安全生产条件和环境保护措施；

（六）符合当地乡村建设规划，合理利用土地。

第十四条　设立企业必须依照法律、法规，经乡级人民政府审核后，报请县级人民政府乡镇企业主管部门以及法律、法规规定的有关部门批准，持有关批准文件向企业所在地工商行政管理机关办理登记，经核准领取《企业法人营业执照》或者《营业执照》后始得营业，并向税务机关办理税务登记。

企业应当在核准登记的经营范围内从事生产经营活动。

第十五条　企业分立、合并、迁移、停业、终止以及改变名称、经营范围等，须经原批准企业设立的机关核准，向当地工商行政管理机关和税务机关办理变更或者注销登记，并通知开户银行。

第十六条　企业分立、合并、停业或者终止时，必须保护其财产，依法清理债权、债务。

第十七条　企业破产应当进行破产清算，法人以企业的财产对企业债权人清偿债务。

第三章　企业的所有者和经营者

第十八条　企业财产属于举办该企业的乡或者村范围内的全体农民集体所有，由乡或者村的农民大会（农民代表会议）或者代表全体农民的集体经济组织行使企业财产的所有权。

企业实行承包、租赁制或者与其他所有制企业联营的，企业财产的所有权不变。

第十九条　企业所有者依法决定企业的经营方向、经营形式、厂长（经理）人选或者选聘方式，依法决定企业税后利润在其与企业之间的具体分配比例，有权作出关于企业分立、合并、迁移、停业、终止、申请破产等决议。

企业所有者应当为企业的生产、供应、销售提供服务，并尊重企业的自主权。

第二十条　实行承包或者租赁制的企业，企业所有者应当采取公开招标方式确定经营者，不具备条件的，也可以采取招聘、推荐等方式选用经营者。

招标可以在企业内部或者企业外部进行。投标者可以是经营集团或者个人。经营集团中标后，必须确定企业经营者。

企业所有者应当对投标者全面评审，择优选定。

第二十一条　实行承包或者租赁制的企业，企业经营者应当具备下列条件：

（一）坚持四项基本原则和改革开放，遵纪守法；

（二）必要的文化知识和专业技术知识；

（三）必要的企业经营管理能力；

（四）提供必要的财产担保或者保证人；

（五）企业所有者提出的其他合法条件。

第二十二条　企业经营者是企业的厂长（经理）。企业实行厂长（经理）负责制。厂长（经理）对企业全面负责，代表企业行使职权。

第二十三条　实行承包或者租赁制的企业，订立承包或者租赁合同时，应当坚持平等、自愿、协商的原则，兼顾国家、集体和个人的利益。

第四章　企业的权利和义务

第二十四条　企业在生产经营活动中享有下列权利：

（一）占有和使用企业资产，依照国家规定筹集资金；

（二）在核准登记的范围内自主安排生产经营活动；

（三）确定企业内部机构设置和人员配备；依法招聘、辞退职工，并确定工资形式和奖惩办法；

（四）有权自行销售本企业的产品，但国务院另有规定的除外；

（五）有权自行确定本企业的产品价格、劳务价格，但国务院规定由物价部门和有关主管部门控制价格的除外；

（六）自愿参加行业协会和产品评比；

（七）依照国家规定自愿参加各种招标、投标活动，申请产品定点生产，取得生产许可证；

（八）自主订立经济合同，开展经济技术合作；

（九）依法开发和利用自然资源；

（十）依法利用外资、引进先进技术和设备，开展进出口贸易等涉外经济活动，并依照国家规定提留企业的外汇收入；

（十一）拒绝摊派和非法罚款，但法律、法规规定应当提供财力、物力、人力的除外。

第二十五条　企业在生产经营活动中应当履行下列义务：

（一）依法缴纳税金；

（二）依照国家以及省、自治区、直辖市人民政府的规定，上交支农资金和管理费；

（三）依法建立健全财务会计、审计、统计等制度，按期编报财务、统计报表；

（四）保护自然资源和环境，防止和治理污染；

（五）努力降低原材料和能源消耗，发展符合国家产业政策的产品；

（六）做好劳动保护工作，实行安全生产；

（七）保证产品质量和服务质量；

（八）依法履行合同；

（九）对职工进行政治思想、科学文化、技术业务和职工道德等方面的教育；

（十）遵守法律、法规和政策的其他规定。

第五章　企业的管理

第二十六条　企业职工有参加企业民主管理，对厂长（经理）和其他管理人员提出批评和控告的权利。

企业职工大会或者职工代表大会有权对企业经营管理中的问题提出意见和建议，评议、监督厂长（经理）和其他管理人员，维护职工的合法权益。

第二十七条　企业应当兼顾国家、集体和个人的利益，合理安排积累与消费的比例，对职工实行各尽所能、按劳分配的原则。

男工与女工应当同工同酬。

第二十八条　企业招用职工应当依法签订劳动合同，实行灵活的用工形式和办法。

对技术要求高的企业，应当逐步形成专业化的技术职工队伍。

第二十九条　企业不得招用未满十六周岁的童工。

第三十条　企业对从事高度危险作业的职工，必须依照国家规定向保险公司投保。

有条件的企业，应当参照国家有关规定实行职工社会保险。

第三十一条　企业发生劳动争议，可以参照《国营企业劳动争议处理暂行规定》处理。

第三十二条　企业税后利润，留给企业的部分不应低于百分之六十，由企业自主安排，主要用作增加生产发展基金，进行技术改造和扩大再生产，适当增加福利基金和奖励基金。

企业税后利润交给企业所有者的部分，主要用于扶持农业基本建设、农业技术服务、农村公益事业、企业更新改造或者发展新企业。

第三十三条　企业应当根据国家有关规定，加强本企业的各项基础管理和合同管理。

第六章　企业与政府有关部门的关系

第三十四条　各级人民政府乡镇企业行政主管部门根据国家的法律、法规和政策，加强对企业的指导、管理、监督、协调和服务：

（一）监督检查企业执行国家法律、法规和政策；

（二）制订企业发展规划，协同有关部门制定农村剩余劳动力就业规划；

（三）会同有关部门指导企业的计划、统计、财务、审计、价格、物资、质量、设备、技术、劳动、安全生产、环境保护等管理工作；

（四）组织和指导企业的技术进步、职工教育和培训；

（五）向企业提供经济、技术咨询和信息服务；

（六）协调企业与有关方面的关系，帮助企业开展经济技术合作；

（七）总结推广企业发展的经验；

（八）组织和指导企业的思想政治工作，促进企业的社会主义精神文明建设。

第三十五条　各级人民政府有关行业管理部门应当根据国家的产业政策和行业发展规划，对企业的发展方向进行指导和监督；对企业开展技术指导、人才培训和经济、技术信息服务；指导、帮助和监督企业开展劳动保护、环境保护等工作。

第三十六条　政府有关部门应当为符合国家产业政策，经济和社会效益好的企业创造发展条件：

（一）对企业所需的能源、原材料、资金等，计划、物资、金融等部门应当积极帮助解决；生产纳入国家指令性计划的产品所需的能源、原材料等，由安排生产任务的部门和单位组织供应；

（二）根据国家有关规定，对生产名、优产品和出口创汇产品的企业，应当在信贷、能源、原材料和运输等方面给予扶持；

（三）为企业培训、招用专业技术人才和引进先进技术创造条件。

第七章　奖励与处罚

第三十七条　对在企业经营管理、科技进步、劳动保护、环境保护和思想政治工作等方面作出显著成绩的企业和个人，由人民政府给予奖励。

第三十八条　企业产品质量达不到国家规定标准的，企业所有者和企业主管部门应当责令其限期整顿，经整顿无效者，应当责令其停产或者转产，直至建议有关机关撤销生产许可证，吊销营业执照。

企业因生产、销售前款所指的产品，给用户和消费者造成财产损失、人身损害的，应当承担赔偿责任；构成犯罪的，依法追究刑事责任。

第三十九条　企业厂长（经理）侵犯职工合法权益，情节严重的，由企业所有者给予行政处分；构成犯罪的，依法追究刑事责任。

第四十条　对向企业摊派的单位和个人，企业可以向审计机关或者其他有关部门控告、检举。经审计机关确认是摊派行为的，由审计机关通知摊派单位停止摊派行为，限期退回摊派财物；对摊派单位的负责人和直接责任人员，监察机关或者有关主管部门可以根据情节轻重，给予行政处分。

第四十一条　政府部门的工作人员玩忽职守、滥用职权，使企业合法权益遭受损害的，由其所在单位或者上级主管机关给予行政处分；构成犯罪的，依法追究刑事责任。

第四十二条　企业违反财政、税收、劳动、工商行政、价格、资源、环境保护等法律、法规的，依照有关法律、法规处理。

第八章　附则

第四十三条　本条例由国务院乡镇企业行政主管部门负责解释，并组织实施。

第四十四条　省、自治区、直辖市人民政府可以根据本条例制定实施办法。

第四十五条　本条例自 1990 年 7 月 1 日起施行。

中华人民共和国合伙企业

第一章 总则

第一条 为了规范合伙企业的行为，保护合伙企业及其合伙人、债权人的合法权益，维护社会经济秩序，促进社会主义市场经济的发展，制定本法。

第二条 本法所称合伙企业，是指自然人、法人和其他组织依照本法在中国境内设立的普通合伙企业和有限合伙企业。

普通合伙企业由普通合伙人组成，合伙人对合伙企业债务承担无限连带责任。本法对普通合伙人承担责任的形式有特别规定的，从其规定。

有限合伙企业由普通合伙人和有限合伙人组成，普通合伙人对合伙企业债务承担无限连带责任，有限合伙人以其认缴的出资额为限对合伙企业债务承担责任。

第三条 国有独资公司、国有企业、上市公司以及公益性的事业单位、社会团体不得成为普通合伙人。

第四条 合伙协议依法由全体合伙人协商一致、以书面形式订立。

第五条 订立合伙协议、设立合伙企业，应当遵循自愿、平等、公平、诚实信用原则。

第六条 合伙企业的生产经营所得和其他所得，按照国家有关税收规定，由合伙人分别缴纳所得税。

第七条 合伙企业及其合伙人必须遵守法律、行政法规，遵守社会公德、商业道德，承担社会责任。

第八条 合伙企业及其合伙人的合法财产及其权益受法律保护。

第九条 申请设立合伙企业，应当向企业登记机关提交登记申请书、合伙协议书、合伙人身份证明等文件。

合伙企业的经营范围中有属于法律、行政法规规定在登记前须经批准的项目的，该项经营业务应当依法经过批准，并在登记时提交批准文件。

第十条 申请人提交的登记申请材料齐全、符合法定形式，企业登记机关能够当场登记的，应予当场登记，发给营业执照。

除前款规定情形外，企业登记机关应当自受理申请之日起二十日内，作出是否登记的决定。予以登记的，发给营业执照；不予登记的，应当给予书面答复，并说明理由。

第十一条　合伙企业的营业执照签发日期，为合伙企业成立日期。

合伙企业领取营业执照前，合伙人不得以合伙企业名义从事合伙业务。

第十二条　合伙企业设立分支机构，应当向分支机构所在地的企业登记机关申请登记，领取营业执照。

第十三条　合伙企业登记事项发生变更的，执行合伙事务的合伙人应当自作出变更决定或者发生变更事由之日起十五日内，向企业登记机关申请办理变更登记。

第二章　普通合伙企业

第一节　合伙企业设立

第十四条　设立合伙企业，应当具备下列条件：

（一）有二个以上合伙人。合伙人为自然人的，应当具有完全民事行为能力；

（二）有书面合伙协议；

（三）有合伙人认缴或者实际缴付的出资；

（四）有合伙企业的名称和生产经营场所；

（五）法律、行政法规规定的其他条件。

第十五条　合伙企业名称中应当标明“普通合伙”字样。

第十六条　合伙人可以用货币、实物、知识产权、土地使用权或者其他财产权利出资，也可以用劳务出资。

合伙人以实物、知识产权、土地使用权或者其他财产权利出资，需要评估作价的，可以由全体合伙人协商确定，也可以由全体合伙人委托法定评估机构评估。

合伙人以劳务出资的，其评估办法由全体合伙人协商确定，并在合伙协议中载明。

第十七条　合伙人应当按照合伙协议约定的出资方式、数额和缴付期限，履行出资义务。

以非货币财产出资的，依照法律、行政法规的规定，需要办理财产权转移手续的，应当依法办理。

第十八条　合伙协议应当载明下列事项：

（一）合伙企业的名称和主要经营场所的地点；

（二）合伙目的和合伙经营范围；

（三）合伙人的姓名或者名称、住所；

（四）合伙人的出资方式、数额和缴付期限；

（五）利润分配、亏损分担方式；

（六）合伙事务的执行；

（七）入伙与退伙；

（八）争议解决办法；

（九）合伙企业的解散与清算；

（十）违约责任。

第十九条　合伙协议经全体合伙人签名、盖章后生效。合伙人按照合伙协议享有权利，履行义务。

修改或者补充合伙协议，应当经全体合伙人一致同意；但是，合伙协议另有约定的除外。

合伙协议未约定或者约定不明确的事项，由合伙人协商决定；协商不成的，依照本法和其他有关法律、行政法规的规定处理。

第二节　合伙企业财产

第二十条　合伙人的出资、以合伙企业名义取得的收益和依法取得的其他财产，均为合伙企业的财产。

第二十一条　合伙人在合伙企业清算前，不得请求分割合伙企业的财产；但是，本法另有规定的除外。

合伙人在合伙企业清算前私自转移或者处分合伙企业财产的，合伙企业不得以此对抗善意第三人。

第二十二条　除合伙协议另有约定外，合伙人向合伙人以外的人转让其在合伙企业中的全部或者部分财产份额时，须经其他合伙人一致同意。

合伙人之间转让在合伙企业中的全部或者部分财产份额时，应当通知其他合伙人。

第二十三条　合伙人向合伙人以外的人转让其在合伙企业中的财产份额的，在同等条件下，其他合伙人有优先购买权；但是，合伙协议另有约定的除外。

第二十四条　合伙人以外的人依法受让合伙人在合伙企业中的财产份额的，经修改合伙协议即成为合伙企业的合伙人，依照本法和修改后的合伙协议享有权利，履行义务。

第二十五条　合伙人以其在合伙企业中的财产份额出质的，须经其他合伙人一致同意；未经其他合伙人一致同意，其行为无效，由此给善意第三人造成损失的，由行为人依法承担赔偿责任。

第三节　合伙事务执行

第二十六条　合伙人对执行合伙事务享有同等的权利。

按照合伙协议的约定或者经全体合伙人决定，可以委托一个或者数个合伙人对外代表合伙企业，执行合伙事务。

作为合伙人的法人、其他组织执行合伙事务的，由其委派的代表执行。

第二十七条　依照本法第二十六条第二款规定委托一个或者数个合伙人执行合伙事务

的，其他合伙人不再执行合伙事务。

不执行合伙事务的合伙人有权监督执行事务合伙人执行合伙事务的情况。

第二十八条　由一个或者数个合伙人执行合伙事务的，执行事务合伙人应当定期向其他合伙人报告事务执行情况以及合伙企业的经营和财务状况，其执行合伙事务所产生的收益归合伙企业，所产生的费用和亏损由合伙企业承担。

合伙人为了解合伙企业的经营状况和财务状况，有权查阅合伙企业会计账簿等财务资料。

第二十九条　合伙人分别执行合伙事务的，执行事务合伙人可以对其他合伙人执行的事务提出异议。提出异议时，应当暂停该项事务的执行。如果发生争议，依照本法第三十条规定作出决定。

受委托执行合伙事务的合伙人不按照合伙协议或者全体合伙人的决定执行事务的，其他合伙人可以决定撤销该委托。

第三十条　合伙人对合伙企业有关事项作出决议，按照合伙协议约定的表决办法办理。合伙协议未约定或者约定不明确的，实行合伙人一人一票并经全体合伙人过半数通过的表决办法。

本法对合伙企业的表决办法另有规定的，从其规定。

第三十一条　除合伙协议另有约定外，合伙企业的下列事项应当经全体合伙人一致同意：

（一）改变合伙企业的名称；

（二）改变合伙企业的经营范围、主要经营场所的地点；

（三）处分合伙企业的不动产；

（四）转让或者处分合伙企业的知识产权和其他财产权利；

（五）以合伙企业名义为他人提供担保；

（六）聘任合伙人以外的人担任合伙企业的经营管理人员。

第三十二条　合伙人不得自营或者同他人合作经营与本合伙企业相竞争的业务。

除合伙协议另有约定或者经全体合伙人一致同意外，合伙人不得同本合伙企业进行交易。

合伙人不得从事损害本合伙企业利益的活动。

第三十三条　合伙企业的利润分配、亏损分担，按照合伙协议的约定办理；合伙协议未约定或者约定不明确的，由合伙人协商决定；协商不成的，由合伙人按照实缴出资比例分配、分担；无法确定出资比例的，由合伙人平均分配、分担。

合伙协议不得约定将全部利润分配给部分合伙人或者由部分合伙人承担全部亏损。

第三十四条　合伙人按照合伙协议的约定或者经全体合伙人决定，可以增加或者减少对合伙企业的出资。

第三十五条 被聘任的合伙企业的经营管理人员应当在合伙企业授权范围内履行职务。

被聘任的合伙企业的经营管理人员，超越合伙企业授权范围履行职务，或者在履行职务过程中因故意或者重大过失给合伙企业造成损失的，依法承担赔偿责任。

第三十六条 合伙企业应当依照法律、行政法规的规定建立企业财务、会计制度。

第四节 合伙企业与第三人关系

第三十七条 合伙企业对合伙人执行合伙事务以及对外代表合伙企业权利的限制，不得对抗善意第三人。

第三十八条 合伙企业对其债务，应先以其全部财产进行清偿。

第三十九条 合伙企业不能清偿到期债务的，合伙人承担无限连带责任。

第四十条 合伙人由于承担无限连带责任，清偿数额超过本法第三十三条第一款规定的其亏损分担比例的，有权向其他合伙人追偿。

第四十一条 合伙人发生与合伙企业无关的债务，相关债权人不得以其债权抵销其对合伙企业的债务；也不得代位行使合伙人在合伙企业中的权利。

第四十二条 合伙人的自有财产不足清偿其与合伙企业无关的债务的，该合伙人可以以其从合伙企业中分取的收益用于清偿；债权人也可以依法请求人民法院强制执行该合伙人在合伙企业中的财产份额用于清偿。

人民法院强制执行合伙人的财产份额时，应当通知全体合伙人，其他合伙人有优先购买权；其他合伙人未购买，又不同意将该财产份额转让给他人的，依照本法第五十一条的规定为该合伙人办理退伙结算，或者办理削减该合伙人相应财产份额的结算。

第五节 入伙、退伙

第四十三条 新合伙人入伙，除合伙协议另有约定外，应当经全体合伙人一致同意，并依法订立书面入伙协议。

订立入伙协议时，原合伙人应当向新合伙人如实告知原合伙企业的经营状况和财务状况。

第四十四条 入伙的新合伙人与原合伙人享有同等权利，承担同等责任。入伙协议另有约定的，从其约定。

新合伙人对入伙前合伙企业的债务承担无限连带责任。

第四十五条 合伙协议约定合伙期限的，在合伙企业存续期间，有下列情形之一的，合伙人可以退伙：

（一）合伙协议约定的退伙事由出现；

（二）经全体合伙人一致同意；

（三）发生合伙人难以继续参加合伙的事由；

（四）其他合伙人严重违反合伙协议约定的义务。

第四十六条　合伙协议未约定合伙期限的，合伙人在不给合伙企业事务执行造成不利影响的情况下，可以退伙，但应当提前三十日通知其他合伙人。

第四十七条　合伙人违反本法第四十五条、第四十六条的规定退伙的，应当赔偿由此给合伙企业造成的损失。

第四十八条　合伙人有下列情形之一的，当然退伙：

（一）作为合伙人的自然人死亡或者被依法宣告死亡；

（二）个人丧失偿债能力；

（三）作为合伙人的法人或者其他组织依法被吊销营业执照、责令关闭、撤销，或者被宣告破产；

（四）法律规定或者合伙协议约定合伙人必须具有相关资格而丧失该资格；

（五）合伙人在合伙企业中的全部财产份额被人民法院强制执行。

合伙人被依法认定为无民事行为能力人或者限制民事行为能力人的，经其他合伙人一致同意，可以依法转为有限合伙人，普通合伙企业依法转为有限合伙企业。其他合伙人未能一致同意的，该无民事行为能力或者限制民事行为能力的合伙人退伙。

退伙事由实际发生之日为退伙生效日。

第四十九条　合伙人有下列情形之一的，经其他合伙人一致同意，可以决议将其除名：

（一）未履行出资义务；

（二）因故意或者重大过失给合伙企业造成损失；

（三）执行合伙事务时有不正当行为；

（四）发生合伙协议约定的事由。

对合伙人的除名决议应当书面通知被除名人。被除名人接到除名通知之日，除名生效，被除名人退伙。

被除名人对除名决议有异议的，可以自接到除名通知之日起三十日内，向人民法院起诉。

第五十条　合伙人死亡或者被依法宣告死亡的，对该合伙人在合伙企业中的财产份额享有合法继承权的继承人，按照合伙协议的约定或者经全体合伙人一致同意，从继承开始之日起，取得该合伙企业的合伙人资格。

有下列情形之一的，合伙企业应当向合伙人的继承人退还被继承合伙人的财产份额：

（一）继承人不愿意成为合伙人；

（二）法律规定或者合伙协议约定合伙人必须具有相关资格，而该继承人未取得该资格；

（三）合伙协议约定不能成为合伙人的其他情形。

合伙人的继承人为无民事行为能力人或者限制民事行为能力人的，经全体合伙人一致同意，可以依法成为有限合伙人，普通合伙企业依法转为有限合伙企业。全体合伙人未能一致同意的，合伙企业应当将被继承合伙人的财产份额退还该继承人。

第五十一条　合伙人退伙，其他合伙人应当与该退伙人按照退伙时的合伙企业财产状况进行结算，退还退伙人的财产份额。退伙人对给合伙企业造成的损失负有赔偿责任的，相应扣减其应当赔偿的数额。

退伙时有未了结的合伙企业事务的，待该事务了结后进行结算。

第五十二条　退伙人在合伙企业中财产份额的退还办法，由合伙协议约定或者由全体合伙人决定，可以退还货币，也可以退还实物。

第五十三条　退伙人对基于其退伙前的原因发生的合伙企业债务，承担无限连带责任。

第五十四条　合伙人退伙时，合伙企业财产少于合伙企业债务的，退伙人应当依照本法第三十三条第一款的规定分担亏损。

第六节　特殊的普通合伙企业

第五十五条　以专业知识和专门技能为客户提供有偿服务的专业服务机构，可以设立为特殊的普通合伙企业。

特殊的普通合伙企业是指合伙人依照本法第五十七条的规定承担责任的普通合伙企业。

特殊的普通合伙企业适用本节规定；本节未作规定的，适用本章第一节至第五节的规定。

第五十六条　特殊的普通合伙企业名称中应当标明“特殊普通合伙”字样。

第五十七条　一个合伙人或者数个合伙人在执业活动中因故意或者重大过失造成合伙企业债务的，应当承担无限责任或者无限连带责任，其他合伙人以其在合伙企业中的财产份额为限承担责任。

合伙人在执业活动中非因故意或者重大过失造成的合伙企业债务以及合伙企业的其他债务，由全体合伙人承担无限连带责任。

第五十八条　合伙人执业活动中因故意或者重大过失造成的合伙企业债务，以合伙企业财产对外承担责任后，该合伙人应当按照合伙协议的约定对给合伙企业造成的损失承担赔偿责任。

第五十九条　特殊的普通合伙企业应当建立执业风险基金、办理职业保险。

执业风险基金用于偿付合伙人执业活动造成的债务。执业风险基金应当单独立户管理。具体管理办法由国务院规定。

第三章　有限合伙企业

第六十条　有限合伙企业及其合伙人适用本章规定；本章未作规定的，适用本法第二章第一节至第五节关于普通合伙企业及其合伙人的规定。

第六十一条　有限合伙企业由二个以上五十个以下合伙人设立；但是，法律另有规定的除外。

有限合伙企业至少应当有一个普通合伙人。

第六十二条　有限合伙企业名称中应当标明“有限合伙”字样。

第六十三条　合伙协议除符合本法第十八条的规定外，还应当载明下列事项：

（一）普通合伙人和有限合伙人的姓名或者名称、住所；

（二）执行事务合伙人应具备的条件和选择程序；

（三）执行事务合伙人权限与违约处理办法；

（四）执行事务合伙人的除名条件和更换程序；

（五）有限合伙人入伙、退伙的条件、程序以及相关责任；

（六）有限合伙人和普通合伙人相互转变程序。

第六十四条　有限合伙人可以用货币、实物、知识产权、土地使用权或者其他财产权利作价出资。

有限合伙人不得以劳务出资。

第六十五条　有限合伙人应当按照合伙协议的约定按期足额缴纳出资；未按期足额缴纳的，应当承担补缴义务，并对其他合伙人承担违约责任。

第六十六条　有限合伙企业登记事项中应当载明有限合伙人的姓名或者名称及认缴的出资数额。

第六十七条　有限合伙企业由普通合伙人执行合伙事务。执行事务合伙人可以要求在合伙协议中确定执行事务的报酬及报酬提取方式。

第六十八条　有限合伙人不执行合伙事务，不得对外代表有限合伙企业。

有限合伙人的下列行为，不视为执行合伙事务：

（一）参与决定普通合伙人入伙、退伙；

（二）对企业的经营管理提出建议；

（三）参与选择承办有限合伙企业审计业务的会计师事务所；

（四）获取经审计的有限合伙企业财务会计报告；

（五）对涉及自身利益的情况，查阅有限合伙企业财务会计账簿等财务资料；

（六）在有限合伙企业中的利益受到侵害时，向有责任的合伙人主张权利或者提起诉讼；

（七）执行事务合伙人怠于行使权利时，督促其行使权利或者为了本企业的利益以自己的名义提起诉讼；

（八）依法为本企业提供担保。

第六十九条　有限合伙企业不得将全部利润分配给部分合伙人；但是，合伙协议另有约定的除外。

第七十条　有限合伙人可以同本有限合伙企业进行交易；但是，合伙协议另有约定的除外。

第七十一条　有限合伙人可以自营或者同他人合作经营与本有限合伙企业相竞争的业务；但是，合伙协议另有约定的除外。

第七十二条　有限合伙人可以将其在有限合伙企业中的财产份额出质；但是，合伙协议另有约定的除外。

第七十三条　有限合伙人可以按照合伙协议的约定向合伙人以外的人转让其在有限合伙企业中的财产份额，但应当提前三十日通知其他合伙人。

第七十四条　有限合伙人的自有财产不足清偿其与合伙企业无关的债务的，该合伙人可以以其从有限合伙企业中分取的收益用于清偿；债权人也可以依法请求人民法院强制执行该合伙人在有限合伙企业中的财产份额用于清偿。

人民法院强制执行有限合伙人的财产份额时，应当通知全体合伙人。在同等条件下，其他合伙人有优先购买权。

第七十五条　有限合伙企业仅剩有限合伙人的，应当解散；有限合伙企业仅剩普通合伙人的，转为普通合伙企业。

第七十六条　第三人有理由相信有限合伙人为普通合伙人并与其交易的，该有限合伙人对该笔交易承担与普通合伙人同样的责任。

有限合伙人未经授权以有限合伙企业名义与他人进行交易，给有限合伙企业或者其他合伙人造成损失的，该有限合伙人应当承担赔偿责任。

第七十七条　新入伙的有限合伙人对入伙前有限合伙企业的债务，以其认缴的出资额为限承担责任。

第七十八条　有限合伙人有本法第四十八条第一款第一项、第三项至第五项所列情形之一的，当然退伙。

第七十九条　作为有限合伙人的自然人在有限合伙企业存续期间丧失民事行为能力的，其他合伙人不得因此要求其退伙。

第八十条　作为有限合伙人的自然人死亡、被依法宣告死亡或者作为有限合伙人的法人及其他组织终止时，其继承人或者权利承受人可以依法取得该有限合伙人在有限合伙企业中的资格。

第八十一条　有限合伙人退伙后，对基于其退伙前的原因发生的有限合伙企业债务，以其退伙时从有限合伙企业中取回的财产承担责任。

第八十二条　除合伙协议另有约定外，普通合伙人转变为有限合伙人，或者有限合伙人转变为普通合伙人，应当经全体合伙人一致同意。

第八十三条　有限合伙人转变为普通合伙人的，对其作为有限合伙人期间有限合伙企业发生的债务承担无限连带责任。

第八十四条　普通合伙人转变为有限合伙人的，对其作为普通合伙人期间合伙企业发生的债务承担无限连带责任。

第四章　合伙企业解散、清算

第八十五条　合伙企业有下列情形之一的，应当解散：

（一）合伙期限届满，合伙人决定不再经营；

（二）合伙协议约定的解散事由出现；

（三）全体合伙人决定解散；

（四）合伙人已不具备法定人数满三十天；

（五）合伙协议约定的合伙目的已经实现或者无法实现；

（六）依法被吊销营业执照、责令关闭或者被撤销；

（七）法律、行政法规规定的其他原因。

第八十六条　合伙企业解散，应当由清算人进行清算。

清算人由全体合伙人担任；经全体合伙人过半数同意，可以自合伙企业解散事由出现后十五日内指定一个或者数个合伙人，或者委托第三人，担任清算人。

自合伙企业解散事由出现之日起十五日内未确定清算人的，合伙人或者其他利害关系人可以申请人民法院指定清算人。

第八十七条　清算人在清算期间执行下列事务：

（一）清理合伙企业财产，分别编制资产负债表和财产清单；

（二）处理与清算有关的合伙企业未了结事务；

（三）清缴所欠税款；

（四）清理债权、债务；

（五）处理合伙企业清偿债务后的剩余财产；

（六）代表合伙企业参加诉讼或者仲裁活动。

第八十八条　清算人自被确定之日起十日内将合伙企业解散事项通知债权人，并于六十日内在报纸上公告。债权人应当自接到通知书之日起三十日内，未接到通知书的自公告之日起四十五日内，向清算人申报债权。

债权人申报债权，应当说明债权的有关事项，并提供证明材料。清算人应当对债权进行登记。

清算期间，合伙企业存续，但不得开展与清算无关的经营活动。

第八十九条　合伙企业财产在支付清算费用和职工工资、社会保险费用、法定补偿金以及缴纳所欠税款、清偿债务后的剩余财产，依照本法第三十三条第一款的规定进行分配。

第九十条　清算结束，清算人应当编制清算报告，经全体合伙人签名、盖章后，在十五日内向企业登记机关报送清算报告，申请办理合伙企业注销登记。

第九十一条　合伙企业注销后，原普通合伙人对合伙企业存续期间的债务仍应承担无限连带责任。

第九十二条　合伙企业不能清偿到期债务的，债权人可以依法向人民法院提出破产清算申请，也可以要求普通合伙人清偿。

合伙企业依法被宣告破产的，普通合伙人对合伙企业债务仍应承担无限连带责任。

第五章　法律责任

第九十三条　违反本法规定，提交虚假文件或者采取其他欺骗手段，取得合伙企业登记的，由企业登记机关责令改正，处以五千元以上五万元以下的罚款；情节严重的，撤销企业登记，并处以五万元以上二十万元以下的罚款。

第九十四条　违反本法规定，合伙企业未在其名称中标明“普通合伙”、“特殊普通合伙”或者“有限合伙”字样的，由企业登记机关责令限期改正，处以二千元以上一万元以下的罚款。

第九十五条　违反本法规定，未领取营业执照，而以合伙企业或者合伙企业分支机构名义从事合伙业务的，由企业登记机关责令停止，处以五千元以上五万元以下的罚款。

合伙企业登记事项发生变更时，未依照本法规定办理变更登记的，由企业登记机关责令限期登记；逾期不登记的，处以二千元以上二万元以下的罚款。

合伙企业登记事项发生变更，执行合伙事务的合伙人未按期申请办理变更登记的，应当赔偿由此给合伙企业、其他合伙人或者善意第三人造成的损失。

第九十六条　合伙人执行合伙事务，或者合伙企业从业人员利用职务上的便利，将应当归合伙企业的利益据为己有的，或者采取其他手段侵占合伙企业财产的，应当将该利益和财产退还合伙企业；给合伙企业或者其他合伙人造成损失的，依法承担赔偿责任。

第九十七条　合伙人对本法规定或者合伙协议约定必须经全体合伙人一致同意始得执行

的事务擅自处理，给合伙企业或者其他合伙人造成损失的，依法承担赔偿责任。

第九十八条　不具有事务执行权的合伙人擅自执行合伙事务，给合伙企业或者其他合伙人造成损失的，依法承担赔偿责任。

第九十九条　合伙人违反本法规定或者合伙协议的约定，从事与本合伙企业相竞争的业务或者与本合伙企业进行交易的，该收益归合伙企业所有；给合伙企业或者其他合伙人造成损失的，依法承担赔偿责任。

第一百条　清算人未依照本法规定向企业登记机关报送清算报告，或者报送清算报告隐瞒重要事实，或者有重大遗漏的，由企业登记机关责令改正。由此产生的费用和损失，由清算人承担和赔偿。

第一百零一条　清算人执行清算事务，牟取非法收入或者侵占合伙企业财产的，应当将该收入和侵占的财产退还合伙企业；给合伙企业或者其他合伙人造成损失的，依法承担赔偿责任。

第一百零二条　清算人违反本法规定，隐匿、转移合伙企业财产，对资产负债表或者财产清单作虚假记载，或者在未清偿债务前分配财产，损害债权人利益的，依法承担赔偿责任。

第一百零三条　合伙人违反合伙协议的，应当依法承担违约责任。

合伙人履行合伙协议发生争议的，合伙人可以通过协商或者调解解决。不愿通过协商、调解解决或者协商、调解不成的，可以按照合伙协议约定的仲裁条款或者事后达成的书面仲裁协议，向仲裁机构申请仲裁。合伙协议中未订立仲裁条款，事后又没有达成书面仲裁协议的，可以向人民法院起诉。

第一百零四条　有关行政管理机关的工作人员违反本法规定，滥用职权、徇私舞弊、收受贿赂、侵害合伙企业合法权益的，依法给予行政处分。

第一百零五条　违反本法规定，构成犯罪的，依法追究刑事责任。

第一百零六条　违反本法规定，应当承担民事赔偿责任和缴纳罚款、罚金，其财产不足以同时支付的，先承担民事赔偿责任。

第六章　附则

第一百零七条　非企业专业服务机构依据有关法律采取合伙制的，其合伙人承担责任的形式可以适用本法关于特殊的普通合伙企业合伙人承担责任的规定。

第一百零八条　外国企业或者个人在中国境内设立合伙企业的管理办法由国务院规定。

第一百零九条　本法自 2007 年 6 月 1 日起施行。

中华人民共和国企业所得税法

第一章 总则

第一条 在中华人民共和国境内，企业和其他取得收入的组织（以下统称企业）为企业所得税的纳税人，依照本法的规定缴纳企业所得税。个人独资企业、合伙企业不适用本法。

第二条 企业分为居民企业和非居民企业。本法所称居民企业，是指依法在中国境内成立，或者依照外国（地区）法律成立但实际管理机构在中国境内的企业。本法所称非居民企业，是指依照外国（地区）法律成立且实际管理机构不在中国境内，但在中国境内设立机构、场所的，或者在中国境内未设立机构、场所，但有来源于中国境内所得的企业。

第三条 居民企业应当就其来源于中国境内、境外的所得缴纳企业所得税。非居民企业在中国境内设立机构、场所的，应当就其所设机构、场所取得的来源于中国境内的所得，以及发生在中国境外但与其所设机构、场所有实际联系的所得，缴纳企业所得税。非居民企业在中国境内未设立机构、场所的，或者虽设立机构、场所但取得的所得与其所设机构、场所没有实际联系的，应当就其来源于中国境内的所得缴纳企业所得税。

第四条 企业所得税的税率为25%，非居民企业取得本法第三条第三款规定的所得，适用税率为20%。

第二章 应纳税所得额

第五条 企业每一纳税年度的收入总额，减除不征税收入、免税收入、各项扣除以及允许弥补的以前年度亏损后的余额，为应纳税所得额。

第六条 企业以货币形式和非货币形式从各种来源取得的收入，为收入总额。包括：（一）销售货物收入；（二）提供劳务收入；（三）转让财产收入；（四）股息、红利等权益性投资收益；（五）利息收入；（六）租金收入；（七）特许权使用费收入；（八）接受捐赠收入；（九）其他收入。

第七条 收入总额中的下列收入为不征税收入：（一）财政拨款；（二）依法收取并纳入财政管理的行政事业性收费、政府性基金；（三）国务院规定的其他不征税收入。

第八条 企业实际发生的与取得收入有关的、合理的支出，包括成本、费用、税金、损失和其他支出，准予在计算应纳税所得额时扣除。

第九条　企业发生的公益性捐赠支出，在年度利润总额12%以内的部分，准予在计算应纳税所得额时扣除。

第十条　在计算应纳税所得额时，下列支出不得扣除：（一）向投资者支付的股息、红利等权益性投资收益款项；（二）企业所得税税款；（三）税收滞纳金；（四）罚金、罚款和被没收财物的损失；（五）本法第九条规定以外的捐赠支出；（六）赞助支出；（七）未经核定的准备金支出；（八）与取得收入无关的其他支出。

第十一条　在计算应纳税所得额时，企业按照规定计算的固定资产折旧，准予扣除。

下列固定资产不得计算折旧扣除：（一）房屋、建筑物以外未投入使用的固定资产；（二）以经营租赁方式租入的固定资产；（三）以融资租赁方式租出的固定资产；（四）已足额提取折旧仍继续使用的固定资产；（五）与经营活动无关的固定资产；（六）单独估价作为固定资产入账的土地；（七）其他不得计算折旧扣除的固定资产。

第十二条　在计算应纳税所得额时，企业按照规定计算的无形资产摊销费用，准予扣除。

下列无形资产不得计算摊销费用扣除：（一）自行开发的支出已在计算应纳税所得额时扣除的无形资产；（二）自创商誉；（三）与经营活动无关的无形资产；（四）其他不得计算摊销费用扣除的无形资产。

第十三条　在计算应纳税所得额时，企业发生的下列支出作为长期待摊费用，按照规定摊销的，准予扣除：（一）已足额提取折旧的固定资产的改建支出；（二）租入固定资产的改建支出；（三）固定资产的大修理支出；（四）其他应当作为长期待摊费用的支出。

第十四条　企业对外投资期间，投资资产的成本在计算应纳税所得额时不得扣除。

第十五条　企业使用或者销售存货，按照规定计算的存货成本，准予在计算应纳税所得额时扣除。

第十六条　企业转让资产，该项资产的净值，准予在计算应纳税所得额时扣除。

第十七条　企业在汇总计算缴纳企业所得税时，其境外营业机构的亏损不得抵减境内营业机构的盈利。

第十八条　企业纳税年度发生的亏损，准予向以后年度结转，用以后年度的所得弥补，但结转年限最长不得超过五年。

第十九条　非居民企业取得本法第三条第三款规定的所得，按照下列方法计算其应纳税所得额：（一）股息、红利等权益性投资收益和利息、租金、特许权使用费所得，以收入全额为应纳税所得额；（二）转让财产所得，以收入全额减除财产净值后的余额为应纳税所得额；（三）其他所得，参照前两项规定的方法计算应纳税所得额。

第二十条　本章规定的收入、扣除的具体范围、标准和资产的税务处理的具体办法，由国务院财政、税务主管部门规定。

第二十一条　在计算应纳税所得额时，企业财务、会计处理办法与税收法律、行政法规的规定不一致的，应当依照税收法律、行政法规的规定计算。

第三章　应纳税额

第二十二条　企业的应纳税所得额乘以适用税率，减除依照本法关于税收优惠的规定减免和抵免的税额后的余额，为应纳税额。

第二十三条　企业取得的下列所得已在境外缴纳的所得税税额，可以从其当期应纳税额中抵免，抵免限额为该项所得依照本法规定计算的应纳税额；超过抵免限额的部分，可以在以后五个年度内，用每年度抵免限额抵免当年应抵税额后的余额进行抵补：（一）居民企业来源于中国境外的应税所得；（二）非居民企业在中国境内设立机构、场所，取得发生在中国境外但与该机构、场所有实际联系的应税所得。

第二十四条　居民企业从其直接或者间接控制的外国企业分得的来源于中国境外的股息、红利等权益性投资收益，外国企业在境外实际缴纳的所得税税额中属于该项所得负担的部分，可以作为该居民企业的可抵免境外所得税税额，在本法第二十三条规定的抵免限额内抵免。

第四章　税收优惠

第二十五条　国家对重点扶持和鼓励发展的产业和项目，给予企业所得税优惠。

第二十六条　企业的下列收入为免税收入：（一）国债利息收入；（二）符合条件的居民企业之间的股息、红利等权益性投资收益；（三）在中国境内设立机构、场所的非居民企业从居民企业取得与该机构、场所有实际联系的股息、红利等权益性投资收益；（四）符合条件的非营利组织的收入。

第二十七条　企业的下列所得，可以免征、减征企业所得税：（一）从事农、林、牧、渔业项目的所得；（二）从事国家重点扶持的公共基础设施项目投资经营的所得；（三）从事符合条件的环境保护、节能节水项目的所得；（四）符合条件的技术转让所得；（五）本法第三条第三款规定的所得。

第二十八条　符合条件的小型微利企业，减按20%的税率征收企业所得税。国家需要重点扶持的高新技术企业，减按15%的税率征收企业所得税。

第二十九条　民族自治地方的自治机关对本民族自治地方的企业应缴纳的企业所得税中属于地方分享的部分，可以决定减征或者免征。自治州、自治县决定减征或者免征的，须报省、自治区、直辖市人民政府批准。

第三十条　企业的下列支出，可以在计算应纳税所得额时加计扣除：（一）开发新技术、新产品、新工艺发生的研究开发费用；（二）安置残疾人员及国家鼓励安置的其他就业人员所支付的工资。

第三十一条　创业投资企业从事国家需要重点扶持和鼓励的创业投资，可以按投资额的一定比例抵扣应纳税所得额。

第三十二条　企业的固定资产由于技术进步等原因，确需加速折旧的，可以缩短折旧年限或者采取加速折旧的方法。

第三十三条　企业综合利用资源，生产符合国家产业政策规定的产品所取得的收入，可以在计算应纳税所得额时减计收入。

第三十四条　企业购置用于环境保护、节能节水、安全生产等专用设备的投资额，可以按一定比例实行税额抵免。

第三十五条　本法规定的税收优惠的具体办法，由国务院规定。

第三十六条　根据国民经济和社会发展的需要，或者由于突发事件等原因对企业经营活动产生重大影响的，国务院可以制定企业所得税专项优惠政策，报全国人民代表大会常务委员会备案。

第五章　源泉扣缴

第三十七条　对非居民企业取得本法第三条第三款规定的所得应缴纳的所得税，实行源泉扣缴，以支付人为扣缴义务人。税款由扣缴义务人在每次支付或者到期应支付时，从支付或者到期应支付的款项中扣缴。

第三十八条　对非居民企业在中国境内取得工程作业和劳务所得应缴纳的所得税，税务机关可以指定工程价款或者劳务费的支付人为扣缴义务人。

第三十九条　依照本法第三十七条、第三十八条规定应当扣缴的所得税，扣缴义务人未依法扣缴或者无法履行扣缴义务的，由纳税人在所得发生地缴纳。纳税人未依法缴纳的，税务机关可以从该纳税人在中国境内其他收入项目的支付人应付的款项中，追缴该纳税人的应纳税款。

第四十条　扣缴义务人每次代扣的税款，应当自代扣之日起七日内缴入国库，并向所在地的税务机关报送扣缴企业所得税报告表。

第六章　特别纳税调整

第四十一条　企业与其关联方之间的业务往来，不符合独立交易原则而减少企业或者其关联方应纳税收入或者所得额的，税务机关有权按照合理方法调整。企业与其关联方共同开发、受让无形资产，或者共同提供、接受劳务发生的成本，在计算应纳税所得额时应当按照独立交易原则进行分摊。

第四十二条　企业可以向税务机关提出与其关联方之间业务往来的定价原则和计算方法，税务机关与企业协商、确认后，达成预约定价安排。

第四十三条　企业向税务机关报送年度企业所得税纳税申报表时，应当就其与关联方之间的业务往来，附送年度关联业务往来报告表。税务机关在进行关联业务调查时，企业及其关联方，以及与关联业务调查有关的其他企业，应当按照规定提供相关资料。

第四十四条　企业不提供与其关联方之间业务往来资料，或者提供虚假、不完整资料，未能真实反映其关联业务往来情况的，税务机关有权依法核定其应纳税所得额。

第四十五条　由居民企业，或者由居民企业和中国居民控制的设立在实际税负明显低于本法第四条第一款规定税率水平的国家（地区）的企业，并非由于合理的经营需要而对利润不作分配或者减少分配的，上述利润中应归属于该居民企业的部分，应当计入该居民企业的当期收入。

第四十六条　企业从其关联方接受的债权性投资与权益性投资的比例超过规定标准而发生的利息支出，不得在计算应纳税所得额时扣除。

第四十七条　企业实施其他不具有合理商业目的的安排而减少其应纳税收入或者所得额的，税务机关有权按照合理方法调整。

第四十八条　税务机关依照本章规定作出纳税调整，需要补征税款的，应当补征税款，并按照国务院规定加收利息。

第七章　征收管理

第四十九条　企业所得税的征收管理除本法规定外，依照《中华人民共和国税收征收管理法》的规定执行。

第五十条　除税收法律、行政法规另有规定外，居民企业以企业登记注册地为纳税地点；但登记注册地在境外的，以实际管理机构所在地为纳税地点。居民企业在中国境内设立不具有法人资格的营业机构的，应当汇总计算并缴纳企业所得税。

第五十一条　非居民企业取得本法第三条第二款规定的所得，以机构、场所所在地为纳税地点。非居民企业在中国境内设立两个或者两个以上机构、场所的，经税务机关审核批准，可以选择由其主要机构、场所汇总缴纳企业所得税。非居民企业取得本法第三条第三款规定的所得，以扣缴义务人所在地为纳税地点。

第五十二条　除国务院另有规定外，企业之间不得合并缴纳企业所得税。

第五十三条　企业所得税按纳税年度计算。纳税年度自公历1月1日起至12月31日止。

企业在一个纳税年度中间开业，或者终止经营活动，使该纳税年度的实际经营期不足十二个月的，应当以其实际经营期为一个纳税年度。企业依法清算时，应当以清算期间作为一个纳税年度。

第五十四条　企业所得税分月或者分季预缴。企业应当自月份或者季度终了之日起十五日内，向税务机关报送预缴企业所得税纳税申报表，预缴税款。企业应当自年度终了之日起五个月内，向税务机关报送年度企业所得税纳税申报表，并汇算清缴，结清应缴应退税款。企业在报送企业所得税纳税申报表时，应当按照规定附送财务会计报告和其他有关资料。

第五十五条　企业在年度中间终止经营活动的，应当自实际经营终止之日起六十日内，向税务机关办理当期企业所得税汇算清缴。企业应当在办理注销登记前，就其清算所得向税务机关申报并依法缴纳企业所得税。

第五十六条　依照本法缴纳的企业所得税，以人民币计算。所得以人民币以外的货币计算的，应当折合成人民币计算并缴纳税款。

第八章　附则

第五十七条　本法公布前已经批准设立的企业，依照当时的税收法律、行政法规规定，享受低税率优惠的，按照国务院规定，可以在本法施行后五年内，逐步过渡到本法规定的税率；享受定期减免税优惠的，按照国务院规定，可以在本法施行后继续享受到期满为止，但因未获利而尚未享受优惠的，优惠期限从本法施行年度起计算。法律设置的发展对外经济合作和技术交流的特定地区内，以及国务院已规定执行上述地区特殊政策的地区内新设立的国家需要重点扶持的高新技术企业，可以享受过渡性税收优惠，具体办法由国务院规定。国家已确定的其他鼓励类企业，可以按照国务院规定享受减免税优惠。

第五十八条　中华人民共和国政府同外国政府订立的有关税收的协定与本法有不同规定的，依照协定的规定办理。

第五十九条　国务院根据本法制定实施条例。

第六十条　本法自2008年1月1日起施行。1991年4月9日第七届全国人民代表大会第四次会议通过的《中华人民共和国外商投资企业和外国企业所得税法》和1993年12月13日国务院发布的《中华人民共和国企业所得税暂行条例》同时废止。

中华人民共和国合伙企业登记管理办法

第一章　总则

第一条　为了确认合伙企业的经营资格，规范合伙企业登记行为，依据《中华人民共和国合伙企业法》（以下简称合伙企业法），制定本办法。

第二条　合伙企业的设立、变更、注销，应当依照合伙企业法和本办法的规定办理企业登记。

申请办理合伙企业登记，申请人应当对申请材料的真实性负责。

第三条　合伙企业经依法登记，领取合伙企业营业执照后，方可从事经营活动。

第四条　工商行政管理部门是合伙企业登记机关（以下简称企业登记机关）。

国务院工商行政管理部门负责全国的合伙企业登记管理工作。

市、县工商行政管理部门负责本辖区内的合伙企业登记。

国务院工商行政管理部门对特殊的普通合伙企业和有限合伙企业的登记管辖可以作出特别规定。

法律、行政法规对合伙企业登记管辖另有规定的，从其规定。

第二章　设立登记

第五条　设立合伙企业，应当具备合伙企业法规定的条件。

第六条　合伙企业的登记事项应当包括：

（一）名称；

（二）主要经营场所；

（三）执行事务合伙人；

（四）经营范围；

（五）合伙企业类型；

（六）合伙人姓名或者名称及住所、承担责任方式、认缴或者实际缴付的出资数额、缴付期限、出资方式和评估方式。

合伙协议约定合伙期限的，登记事项还应当包括合伙期限。

执行事务合伙人是法人或者其他组织的，登记事项还应当包括法人或者其他组织委派的代表（以下简称委派代表）。

第七条　合伙企业名称中的组织形式后应当标明“普通合伙”、“特殊普通合伙”或者“有限合伙”字样，并符合国家有关企业名称登记管理的规定。

第八条　经企业登记机关登记的合伙企业主要经营场所只能有一个，并且应当在其企业登记机关登记管辖区域内。

第九条　合伙协议未约定或者全体合伙人未决定委托执行事务合伙人的，全体合伙人均为执行事务合伙人。

有限合伙人不得成为执行事务合伙人。

第十条　合伙企业类型包括普通合伙企业（含特殊的普通合伙企业）和有限合伙企业。

第十一条　设立合伙企业，应当由全体合伙人指定的代表或者共同委托的代理人向企业登记机关申请设立登记。

申请设立合伙企业，应当向企业登记机关提交下列文件：

（一）全体合伙人签署的设立登记申请书；

（二）全体合伙人的身份证明；

（三）全体合伙人指定代表或者共同委托代理人的委托书；

（四）合伙协议；

（五）全体合伙人对各合伙人认缴或者实际缴付出资的确认书；

（六）主要经营场所证明；

（七）国务院工商行政管理部门规定提交的其他文件。

法律、行政法规或者国务院规定设立合伙企业须经批准的，还应当提交有关批准文件。

第十二条　合伙企业的经营范围中有属于法律、行政法规或者国务院规定在登记前须经批准的项目的，应当向企业登记机关提交批准文件。

第十三条　全体合伙人决定委托执行事务合伙人的，应当向企业登记机关提交全体合伙人的委托书。执行事务合伙人是法人或者其他组织的，还应当提交其委派代表的委托书和身份证明。

第十四条　以实物、知识产权、土地使用权或者其他财产权利出资，由全体合伙人协商作价的，应当向企业登记机关提交全体合伙人签署的协商作价确认书；由全体合伙人委托法定评估机构评估作价的，应当向企业登记机关提交法定评估机构出具的评估作价证明。

第十五条　法律、行政法规规定设立特殊的普通合伙企业，需要提交合伙人的职业资格证明的，应当向企业登记机关提交有关证明。

第十六条　申请人提交的登记申请材料齐全、符合法定形式，企业登记机关能够当场登记的，应予当场登记，发给合伙企业营业执照。

除前款规定情形外，企业登记机关应当自受理申请之日起20日内，作出是否登记的决定。予以登记的，发给合伙企业营业执照；不予登记的，应当给予书面答复，并说明理由。

第十七条 合伙企业营业执照的签发之日，为合伙企业的成立日期。

第三章 变更登记

第十八条 合伙企业登记事项发生变更的，执行合伙事务的合伙人应当自作出变更决定或者发生变更事由之日起15日内，向原企业登记机关申请变更登记。

第十九条 合伙企业申请变更登记，应当向原企业登记机关提交下列文件：

（一）执行事务合伙人或者委派代表签署的变更登记申请书；

（二）全体合伙人签署的变更决定书，或者合伙协议约定的人员签署的变更决定书；

（三）国务院工商行政管理部门规定提交的其他文件。

法律、行政法规或者国务院规定变更事项须经批准的，还应当提交有关批准文件。

第二十条 申请人提交的申请材料齐全、符合法定形式，企业登记机关能够当场变更登记的，应予当场变更登记。

除前款规定情形外，企业登记机关应当自受理申请之日起20日内，作出是否变更登记的决定。予以变更登记的，应当进行变更登记；不予变更登记的，应当给予书面答复，并说明理由。

合伙企业变更登记事项涉及营业执照变更的，企业登记机关应当换发营业执照。

第四章 注销登记

第二十一条 合伙企业解散，依法由清算人进行清算。清算人应当自被确定之日起10日内，将清算人成员名单向企业登记机关备案。

第二十二条 合伙企业依照合伙企业法的规定解散的，清算人应当自清算结束之日起15日内，向原企业登记机关办理注销登记。

第二十三条 合伙企业办理注销登记，应当提交下列文件：

（一）清算人签署的注销登记申请书；

（二）人民法院的破产裁定，合伙企业依照合伙企业法作出的决定，行政机关责令关闭、合伙企业依法被吊销营业执照或者被撤销的文件；

（三）全体合伙人签名、盖章的清算报告；

（四）国务院工商行政管理部门规定提交的其他文件。

合伙企业办理注销登记时，应当缴回营业执照。

第二十四条 经企业登记机关注销登记，合伙企业终止。

第五章　分支机构登记

第二十五条　合伙企业设立分支机构,应当向分支机构所在地的企业登记机关申请设立登记。

第二十六条　分支机构的登记事项包括：分支机构的名称、经营场所、经营范围、分支机构负责人的姓名及住所。

分支机构的经营范围不得超出合伙企业的经营范围。

合伙企业有合伙期限的,分支机构的登记事项还应当包括经营期限。分支机构的经营期限不得超过合伙企业的合伙期限。

第二十七条　合伙企业设立分支机构,应当向分支机构所在地的企业登记机关提交下列文件：

（一）分支机构设立登记申请书；

（二）全体合伙人签署的设立分支机构的决定书；

（三）加盖合伙企业印章的合伙企业营业执照复印件；

（四）全体合伙人委派执行分支机构事务负责人的委托书及其身份证明；

（五）经营场所证明；

（六）国务院工商行政管理部门规定提交的其他文件。

法律、行政法规或者国务院规定设立合伙企业分支机构须经批准的,还应当提交有关批准文件。

第二十八条　分支机构的经营范围中有属于法律、行政法规或者国务院规定在登记前须经批准的项目的，应当向分支机构所在地的企业登记机关提交批准文件。

第二十九条　申请人提交的登记申请材料齐全、符合法定形式,企业登记机关能够当场登记的，应予当场登记，发给营业执照。

除前款规定情形外，企业登记机关应当自受理申请之日起20日内，作出是否登记的决定。予以登记的，发给营业执照；不予登记的，应当给予书面答复，并说明理由。

第三十条　合伙企业申请分支机构变更登记或者注销登记,比照本办法关于合伙企业变更登记、注销登记的规定办理。

第六章　年度检验和证照管理

第三十一条　合伙企业应当按照企业登记机关的要求,在规定的时间内提交年度检验报告书等文件，接受年度检验。

第三十二条　合伙企业的营业执照分为正本和副本，正本和副本具有同等法律效力。

合伙企业根据业务需要，可以向企业登记机关申请核发若干营业执照副本。

合伙企业应当将营业执照正本置放在经营场所的醒目位置。

第三十三条　任何单位和个人不得伪造、涂改、出售、出租、出借或者以其他方式转让营业执照。

合伙企业营业执照遗失或者毁损的，应当在企业登记机关指定的报刊上声明作废，并向企业登记机关申请补领或者更换。

第三十四条　合伙企业及其分支机构营业执照的正本和副本样式，由国务院工商行政管理部门制定。

第三十五条　企业登记机关吊销合伙企业营业执照的，应当发布公告，并不得收取任何费用。

第七章　法律责任

第三十六条　未领取营业执照，而以合伙企业或者合伙企业分支机构名义从事合伙业务的，由企业登记机关责令停止，处5000元以上5万元以下的罚款。

第三十七条　提交虚假文件或者采取其他欺骗手段，取得合伙企业登记的，由企业登记机关责令改正，处5000元以上5万元以下的罚款；情节严重的，撤销企业登记，并处5万元以上20万元以下的罚款。

第三十八条　合伙企业登记事项发生变更，未依照本办法规定办理变更登记的，由企业登记机关责令限期登记；逾期不登记的，处2000元以上2万元以下的罚款。

第三十九条　合伙企业未依照本办法规定在其名称中标明“普通合伙”、“特殊普通合伙”或者“有限合伙”字样的，由企业登记机关责令限期改正，处2000元以上1万元以下的罚款。

第四十条　合伙企业未依照本办法规定办理清算人成员名单备案的，由企业登记机关责令限期办理；逾期未办理的，处2000元以下的罚款。

第四十一条　合伙企业的清算人未向企业登记机关报送清算报告，或者报送的清算报告隐瞒重要事实，或者有重大遗漏的，由企业登记机关责令改正。由此产生的费用和损失，由清算人承担和赔偿。

第四十二条　合伙企业未依照本办法规定接受年度检验的，由企业登记机关责令限期接受年度检验，可以处3000元以下的罚款；逾期仍不接受年度检验的，吊销营业执照。

第四十三条　合伙企业在年度检验中，隐瞒真实情况，弄虚作假的，由企业登记机关责令改正，可以处3000元以下的罚款。

第四十四条　合伙企业未将其营业执照正本置放在经营场所醒目位置的，由企业登记机关责令改正；拒不改正的，处1000元以上5000元以下的罚款。

第四十五条　合伙企业涂改、出售、出租、出借或者以其他方式转让营业执照的，由企业登记机关责令改正，处2000元以上1万元以下的罚款；情节严重的，吊销营业执照。

第四十六条　企业登记机关的工作人员滥用职权、徇私舞弊、收受贿赂、侵害合伙企业合法权益的，依法给予处分。

第四十七条　违反本办法规定，构成犯罪的，依法追究刑事责任。

第八章　附则

第四十八条　合伙企业登记收费项目按照国务院财政部门、价格主管部门的有关规定执行，合伙企业登记收费标准按照国务院价格主管部门、财政部门的有关规定执行。

第四十九条　本办法自发布之日起施行。

04

NONGCUN

SHENGHUO PIAN

农村生活篇

经典案例选编

1.破坏选举制度拉选票触犯刑法

案情：山东省临沂市某村，村民年纯收入不足3000元。在2003年的村委会主任选举中，有人竟开出了150万的天价购买村委会主任一职。在选举中，由村支部书记、村选举委员会主任王某峰指使、策划，在选民中游说鼓动。村委会主任候选人赵吉借款150万元分给投票村民，用以拉取选票，赵吉如愿当选了村委会主任。两位副主任候选人侯宏和刘源也分别向村民发放15万元顺利当选。事后，经村民到有关部门举报，三人均受到法律的制裁。

评析：根据《刑法》第二百五十六条关于破坏选举罪的规定，“在选举各级人民代表大会代表和国家机关领导人员时，以暴力、威胁、欺骗、贿赂、伪造选举文件、虚报选举票数等手段破坏选举或者妨害选民和代表自由行使选举权和被选举权，情节严重的，处三年以下有期徒刑、拘役或者剥夺政治权利。”但这里所说指的是选举各级人民代表大会代表和国家机关领导人员时，而村民委员会是群众自治组织，不是国家机关，故不能适用，所以不属于犯罪。

对于破坏村民委员会选举的，只能依照《治安处罚法》第二十三条：“有下列行为之一的，处警告或者二百元以下罚款；情节较重的，处五日以上十日以下拘留，可以并处五百元以下罚款。破坏依法进行的选举秩序的，聚众实施前款行为的，对首要分子处十日以上十五日以下拘留，可以并处一千元以下罚款。”的规定进行行政处罚。

赵吉、侯宏、刘源等人在村委会主任选举过程中的贿选行为，对村委会选举具有严重的社会危害性。因村民委员会是群众自治组织，不是国家机关，因此不能适用刑法中规定的破坏选举罪处罚。依照《治安处罚法》的规定对其三人进行行政处罚，符合我国民主法治建设的客观需要。

2. 违反选举程序，选举无效应重新进行选举

案情：2004年6月15日，济州县络子峪乡二道梁村进行第五次村委会换届选举，该村年满18周岁以上有选举资格的村民1241人。然而该村的村支书不成立选举委员会，只是实际召集了43人参加的选举大会，其中包括25名党员，与候选人关系较好的部分村民，另外还有乡财务科长、乡包村干部、乡农机站统计员、县委派驻该村的一名书记。选举会议在这部分人员中，进行了高度集中的选举，直接选举产生了村委会领导班子成员。

事后，村民把此事举报到了县里，县基层政权建设领导小组通过调查取证，确认情况属实后，对绺子峪乡人民政府下发了《关于绺子峪乡二道梁村重新进行第五次村委会换届选举

的处理决定》，责成绺子峪乡人民政府务必加强领导、严格依法操作，为该村重新进行选举提出了具体的操作要求。为顺利完成该村村委会的换届选举依法有效，领导小组对其选举进行全程监督，确保了公平、公正、公开。

评析：在本案中，村委会首先没有按选举程序推选村民选举委员会。根据《村委会组织法》规定："应由各村民小组推选5–7人成立村民选举委员会"。该村没有通过村民小组推选产生村民选举委员会，而是由村支部书记一手操作，直接选举产生村委会领导班子成员，其行为已严重违反了《村委会组织法》第十二条的规定，村民委员会的选举，由村民选举委员会主持。村民选举委员会的成立由村民会议或各村民代表会议选举产生。

其次，也没有通过群众选举直接产生村委会领导班子。根据《村委会组织法》的规定："选举村委会领导班子应由村民选举委员会组织全村18周岁以上有选举权的村民进行无记名投票选举产生"。而该村根本没有按这些程序进行选民登记、摸底并张榜公布。而该村委会成员的产生是由与候选人关系较好的部分村民，另外还有乡财务科长、乡包村干部、乡农机站统计员、县委派驻该村的一名书记等43人选举产生的。其行为严重违反了《村委会组织法》第十一条的规定，村民委员会主任、副主任和委员，由村民直接选举产生。任何组织和个人不得指定、委派或者撤换村民委员会成员。第十三条的规定，年满18周岁的村民，都有选举权和被选举权；但是，依法被剥夺政治权利的人除外，有选举权和被选举权的村民名单，应当在选举日20日前公布。第十五条的规定，选举村民委员会，由登记参加选举的村民直接提名候选人。候选人的名额应当多于应选名额。第二十六条规定，村民代表会议有三分之二以上的组成人员参加方可召开，所作决定应当经到会人员的过半数同意。因此，络子峪乡二道梁村进行第五次村委会换届选举是无效的，应重新依照法律程序进行合法有效的选举。

3. 对选民资格有异议应如何解决

案情：2004年5月四川省邛崃市后鼎区南河镇郭苏庄村村民委员会进行换届选举，包才等37人前去进行选民登记，该村村民选举委员会对包才等37人选举资格不予认定。包才等人对村选举委员会提出异议，村选举委员会答复：对包才等人的选民资格确认，但指导该村选举工作的南河镇政府不同意。异议人包才等37人，都是南河镇郭苏庄村的老居民，长期居住在郭苏庄村。37人中有5人户籍在郭苏庄村，其余人员户籍在内湖办事处，但居住地在郭苏庄村。该32人从未在内湖办事处进行过选民登记。包才等人诉至法院要求确认选举资格。

人民法院审理认为，依照法律规定，对村民选举委员会公布的有选举权和被选举权的村民名单有异议的由村民选举委员会讨论决定，本案不属本院受案范围。裁定驳回包才等人的诉讼请求。

评析：选民资格是指作为一个选民所必须具备的条件。确定具有选举资格，是进行选民登记的前提条件。

选举权和被选举权是宪法赋予公民的一项基本的政治权利，凡年满18周岁，没有被剥夺政治权利的公民享有选举权和被选举权。除精神病患者因不能行使选举权利，经选举委员会确认，不列入选民名单外，其余均应列入选民名单。选民名单是对选民资格的公开宣告，对公布的选民名单有异议的，可向选举委员会提出申诉。选举委员会应对此作出处理决定，对此决定不服的可以向法院起诉，由受诉法院判决确定是否有选民资格。

按照我国选举法的规定，公民对于选民名单有不同意见的，应先向选举委员会提出申诉，不可直接向法院起诉，起诉人坚持起诉的，裁定不予受理。选举委员会对申诉意见应在3日内作出处理决定，公民对选举委员会的处理决定不服的，才可以向法院提起诉讼。

4.用益物权进行登记不得反悔

案情：沟顶村村民聂某原有5间土房，坐北朝南，门前就是村委会分给其的自留地。聂某的东面住着阚某，阚某家有一辆用以运输货物的汽车，因自己家没有地方停放，每天需将汽车停放在聂家门口。因此找聂某商量，提出占有聂某的一部分自留地用于停车，直至自留地被村收回，并一次性补偿2000元给聂某，聂某答应，双方并登记备案。后来因为聂某买了农用车，自己的车没有地方停放。于是，便不让阚某停车，两家为此发生纠纷诉讼到法院。

法院经过审理调查，双方已登记备案，阚某享有用益物权，而且在约定期限内，所以阚某有权停放汽车。

评析：根据《物权法》的相关规定，用益物权是指权利人对他人所有物享有的以使用、收益为目的的物权。阚某使用聂某门前的自留地，与聂某协商了使用期限至自留地被村收回并支付了2000元的费用，双方并登记备案此用益物权。因此，阚某享有此自留地的用益物权中的地役权，聂某不得反悔，并应当继续让阚某使用门前的自留地停车。

5.影响邻居通行，“车库”要拆除

案情：赵家庄村民张云霞与李方英是前后院邻居，两家中间有一条街道，李方英家在路南，张云霞家在路北。2009年9月1日，为方便租房户放农用车，李方英越过街道，在街道北侧张云霞家南房外的荒地上盖了个车库，车库离张云霞的房屋不足三十公分远，车库后屋檐基本与张云家屋檐同高。张云霞以李方英所建房屋影响自己通行，影响房屋通风、采光为由，要求李方英将车库拆除协商无果。无奈之下起诉到法院，请求法院判令拆除李方英所建车库。

经法院调查发现，李方英所建车库并没有办理审批手续，而且无集体土地使用权证，系违法建筑；经过调查，发现其车库房屋后檐与张云霞房后檐基本同高，确实影响了张云霞家的采光、通风和通行。依照《民法通则》第八十三条，《物权法》第八十四条、八十九条做出判决，限令李方英于判决生效后10日内，自行拆除违法建造的车库。

评析：根据《民法通则》第八十三条的规定，不动产的相邻各方，应当按照有利生产、方便生活、团结互助、公平合理的精神，正确处理截水、排水、通行、通风、采光等方面的相邻关系。给相邻方造成妨碍或者损失的，应当停止侵害，排除妨碍，赔偿损失。《物权法》的相关规定，不动产的相邻权利人应当按照有利生产、方便生活、团结互助、公平合理的原则，正确处理相邻关系；建造建筑物，不得违反国家有关工程建设标准，妨碍相邻建筑物的通风、采光和日照；集体所有的土地作为建设用地的，应当依照土地管理法等法律规定办理。

本案中，李方英在街道北侧张云霞家南房外的荒地上盖了个车库，没有办理审批手续，无集体土地使用权证，属违法建筑。其车库又影响了张云霞家的采光、通风和通行，违反了《民法通则》和《物权法》中相邻权的有关规定。因此，应该自判决生效后，自行拆除违法建造的车库。

6.悬赏启事，失主应履行约定

案情：2001年6月8日，李解放在村内路边拾到一个书包,包内除失主的身份证、户口簿外,还约有价值15万元的现金、存折、首饰等。几天后，李解放在报纸上看到失主王菊花的“悬赏广告”：如果捡到书包者将书包返还愿出一万元的酬谢金。李解放联系到王菊花将书包返还，并索要1万元酬金。王菊花反悔，二人发生纠纷。后法院判决，王菊花应履行约定支付酬金1万元。

评析：根据《合同法》的规定，悬赏广告属于要约,而只要将失主丢失的物品交还失主就是作出承诺，合同立即生效。在本案中，王菊花的悬赏广告属于要约，李解放将书包返还王菊花必须对要约作出承诺，因此，王菊花应该履行自己的诺言，支付1万元的酬谢金。所以王菊花不肯支付1万元酬金是违约行为,不合法。

7.将借来的房屋出租，所有权人有权要求返还房屋

案情：山西省的齐韦德与李东方是大学同学，李东方毕业后工作不是很好，住房比较困难。齐韦德知道后，于2002年将自己继承的2间平房借给李东方居住。2004年李东方将其中不住的一间出租给别人用于商业经营，月租金1000元。齐韦德知道后认为借房给李东方是让他居住，并不是让其用来经营，于是便向李东方提出收回出借的2间房屋。李东方却认

为这两间房屋自己居住多年经过了多次的翻修，投入了不少的资金，并认为齐韦德默认他维修房屋，没有进行干涉或要求补交费用，实际上已放弃了对房屋的所有权。齐韦德多次要求李东方返还房屋未果，起诉到法院，请求李东方返还房屋。

法院经过开庭审理判决，房屋所有权归齐韦德所有，李东方应将房屋返还齐韦德，但是，齐韦德也应赔偿李东方房屋维修款1000元。

评析：根据《合同法》的规定，齐韦德与李东方之间只是借用合同关系，房屋的所有权并没有发生转移。根据《物权法》的规定，不动产物权的转让，经依法登记，发生效力。本案中的这两间房屋没有办理变更登记，所以说房屋的所有权还是齐韦德的，不能因为默认维修房屋就放弃了对房屋的所有权。李东方只是享有这两间房屋的使用权，无权对房屋进行处分。因此，李东方出租房屋的行为属于无权处分，给房屋所有权人造成的损失，应当承担赔偿责任。当所有权人要求返还房屋时理应返还，当然，针对房屋的装修及维护所产生的费用，所有权人齐韦德也应给予李东方一定的补偿。

8.车辆维修费超过车辆实际价值的，应按实际价值赔偿

案情：2006年5月1日，北京市民张柳驾车去郊游游玩，当车辆行驶至东三旗时与史杰驾驶的奇瑞QQ车相撞，造成张柳的车辆严重损坏。交警大队出具的交通事故责任认定书，认定史杰对本次事故的发生负有全部的责任。之后，张柳将车辆直接交给4S店进行修理，并交代凡是需要更换的零件全部换成最好的，光修理费就花费了20万元。双方对车辆损失的部位、程度均无异议，但史杰认为，事故发生时，车辆的实际价值大约是14万元，然而修理费用却高达20万元，应以事故发生时车辆的实际价值为基准，进行赔偿。

评析：根据《民法通则》第117条第二款的规定，对损坏的财产应尽量进行修复，能恢复原状的，应尽量恢复原状，但是否能恢复原状，应根据财产受损的实际情况和性质确定。也就是说，根据受损财产的实际情况和财产性质，不能恢复原状或恢复原状的费用、成本过高的，应对财产进行折价赔偿，不应再要求恢复原状。我国《民法通则》第4条规定："民事活动应当遵循自愿公平的原则"财产损害赔偿，作为民事活动的一种法律后果，也应当受公平原则的调整。

本案中，在交通事故发生时，张柳的车辆实际价值为14万元，根据公平原则，史杰对其承担损害赔偿的数额，也应与14万元相等。若让其按照全部修理费用20万元赔偿的话，会导致史杰承担的法律责任大于实际造成的财产损失，对史杰来说是不公平的。因此根据车辆实际价值进行赔偿，已足以弥补受害人的财产损失，也符合民法填补损失的基本原则。

9.学生上课患急症学校延误应担责

案情：新疆和田县村民魏福财夫妇之子魏小东是村小学二年级的学生，2005年8月21日上午第三节课时，魏小东额头冒冷汗并伴有呕吐等症状。任课老师发现后，以为是魏小东感冒了，便派两名学生小松、小宝（当时均9岁）送小东回家。小松、小宝将小东送到小东家门口时发现小东家没人，就把小东放在大门口的地上，返回学校继续上课。过了1个小时小东爸爸魏福财才从地里回来，看见儿子躺在门口已经昏迷，急忙抱起小东送到乡医院。此时已是中午，乡医院诊断不出小东的病情于下午2点左右又转到和田县医院，诊断出是急性单纯疱疹病毒性脑炎。医院连夜将小东转入塔河市第一人民医院治疗，但为时已晚，小东于第二天死亡。虽然保险公司对医疗费用已经进行了赔偿，但是痛失爱子的魏福财夫妇认为学校没有尽到职责，如果不延误治疗，或许还有转机，小东也不会因抢救不及时而死亡。于是要求学校赔偿医疗费及死亡慰抚金等共计28469.46元。但校方认为他们已经采取了适当的措施，尽到了责任，小东的死亡并不是学校直接造成的，不应当承担责任。

评析：经法院审理认为，根据《未成年人保护法》规定，学校对在校的未成年学生负有管理和监护的职责，应保护其人身健康和安全。本案中，小东在学校上课期间患有急症，任课老师没有及时把他送往医院或直接与其家长联系，耽误了治疗时间导致小东因抢救无效死亡。因为任课老师履行的是职务行为，所以学校应为承担责任的主体，但是鉴于小东的死因特殊，其死亡与学校并无直接的因果关系，而且医疗费用已由保险公司赔付。但是，学校还是要承担一定的责任，对小东的死负责，因此还是要支付死亡慰抚金的。

10.学校不得剥夺学生受教育的权利

案情：哈尔滨铁路小学四年级的学生鲁西奥聪明机灵，但是很贪玩，没有将心思放在学业上。平时还鼓动跟他在一起玩的同学打架斗殴，欺负小同学，学习成绩一直排在班级的最后。鲁西奥经常逃学，跑到网吧打游戏，一到放学的时间就背着书包回家，因此他的父母一直以为鲁西奥在学校上课没有逃学。鲁西奥的班主任认为像这样的差生很可能会把其他的同学带坏，产生不好的连锁反应，于是建议学校将其开除。学校领导经过开会研究，采纳了班主任的建议，一纸公告将鲁西奥开除了学籍。

鲁西奥的父母认为受教育是每个未成年人的权利，学校不能随意开除学生。在经过多次找校领导讨要说法无果的情况下，便将学校告到了法院。

分析：根据《未成年人保护法》第三条的规定，“未成年人享有受教育权，国家、社会、学校和家庭尊重和保障未成年人受教育权”。同时，宪法也赋予了每个公民都有受教育的权利。学校因鲁西奥打架、逃学等行为随意开除学生，是没有法律依据的，严重侵犯了学生受教育的权利。法院应当责令该学校撤销对鲁西奥开除学籍的处分，并对其造成的损害予以赔偿。

因为中小学生的自控能力比较差，难免会犯一些错误，学校和老师理应对其进行思想教育，给学生一个改正错误的机会。教育学生是学校的责任和义务，而为了维护正常的教学秩序，将违反校规校纪的学生开除，不负责的推向社会，就严重的违背了教育者的职业道德。

11.寄宿学生寝室喝酒中毒死亡，学校承担责任

案情：2008 年 8 月 28 日，是山东省某寄宿制中学二年二班李朝的生日。班里的同学及他的好朋友约好了为他庆祝生日，买了 4 瓶 45 度的白酒和 3 瓶干红及花生、瓜子等零食。姜玲玲（生活委员）、崔群生等人从下午 2 点左右开始在学生寝室喝酒，不能喝酒的同学便吃瓜子聊天。一直喝到晚上 7 点钟左右，造成多名学生醉酒，在寝室里喧闹疯打。崔群生醉酒入睡，不久，收拾寝室的同学发现崔群生面部苍白，呼吸困难，已经昏迷，立即报告老师，并将其送医院抢救。经鉴定，为急性酒精中毒致呼吸抑制死亡。事后，死者崔群生的父亲便将学校、姜玲玲诉至法院，请求判决二被告承担死亡补偿费、丧葬费、精神抚慰金等共 10 万余元。

评析：根据《未成年人保护法》第 11 条的规定，“父母或者其他监护人应当关注未成年人的生理、心理状况和行为习惯，以健康的思想、良好的品行和适当的方法教育和影响未成年人，引导未成年人进行有益身心健康的活动，预防和制止未成年人吸烟、酗酒、流浪、沉迷网络以及赌博、吸毒、卖淫等行为。”

学校作为寄宿制学校，其管理责任更重于一般的学校，学生在学校持续长达 5 个小时的饮酒、喧闹疯打竟没有老师发现或制止。可见该校的管理制度是多么的不完善，因此学校应当承担责任。而姜玲玲作为班干部，却带头违反校规，并缺少应有的管理责任心，对造成的严重后果也存在疏于管理之责。当地人民法院应根据学校、姜玲玲及死者崔群生在本案中的过错情况，分别对死者的父母进行赔偿。

12.因诈骗发生的婚姻关系，法院可判决无效

案情：2002 年 1 月 25 日，山东省梁山县朱家庄村村民景顺发与一自称为刘桂英的女子到梁山县民政局办理了结婚登记手续。结婚第三天，刘桂英以结婚第三天回门的风俗习惯为由回娘家，向景顺发要了 10000 元钱。一个月后，景顺发现妻子还不回来，以为在娘家出了什么意外，便去刘桂英的娘家看看，结果到了地方却打听不到刘桂英的娘家，当地居民说此地根本就没有刘桂英这个人。这时，景顺发才感觉到自己受骗了，于是根据刘桂英的身份证上地址查找，发现该地址的刘桂英和与自己登记结婚的人并不是同一个人。经向公安机关报

案后，方知有人冒用刘桂英的名义借婚后回娘家骗取了景顺发的钱财，该女子的真实身份及住处均无从知晓。

2002年4月9日，景顺发向梁山县人民法院起诉要求与刘桂英离婚。经法院审理认为本案并不存在婚姻关系，不能就不存在的婚姻关系进行裁判，于是驳回了景顺发的诉讼请求。在民政部门不予撤销婚姻登记的情况下，景顺发于5月10又向该法院提出诉讼请求，请求依法宣告婚姻关系无效。法院经审查景顺发提供的证明材料，证实该女子冒用她人身份证与景顺发登记结婚的事实，作出判决：宣告景顺发与刘桂英的婚姻无效。

评析：结婚登记必须符合婚姻法的规定，本案中，所办理的结婚登记系冒用他人的身份骗取登记，非出自双方的真实意愿，双方的婚姻关系应属无效。往往有些人利用农村大龄青年急于成婚的心理，借婚姻骗取钱财。这种骗婚行为不但触犯刑律规定，也使受骗者身份从未婚者变成已婚者。根据最高人民法院婚姻法解释（二）第二条规定："人民法院受理申请宣告婚姻无效案件后，经审查确属无效婚姻的，应当依法作出宣告婚姻无效的判决……"

在本案中，景顺发第一次起诉要求离婚，法院查明该双方的婚姻系一方当事人受骗而缔结的，不能以双方未建立婚姻关系而驳回原告的起诉。因为我国法律规定的婚姻缔结是以取得结婚证作为辨别当事人是否结婚的依据，看双方有没有婚姻登记管理机关核发的结婚证来确定当事人的婚姻状况的。景顺发要求解除这种仅具形式的婚姻，法院将该案驳回，婚姻登记机关无宣告婚姻无效之职权，当事人将无法解决其尴尬处境。所以对于当事人以离婚为由提起的诉讼，人民法院经审查认为确属无效婚姻的，应当行使释明权，让当事人变更诉讼请求为确认婚姻无效，从而避免当事人的重复诉讼。

13.离婚后，夫妻对共同债务仍承担连带清偿责任

案情：2002年4月，江西省上饶市刘家湾村村民丁明亮（男）与班淑英（女）夫妇向本村村民杜国庆借款5万元开食杂店，约定于2004年春节前还清就不计算利息。因为丁明亮经营不善，食杂店一直亏损，直到2004年春节过后都没有按时还款。2005年4月，夫妻感情开始恶化，双方自愿签订了离婚协议，协议中规定：孩子归班淑英抚养，大部分财产归班淑英所有，夫妻关系存续期间的债务由丁明亮偿还。6月，二人到民政部门办理了离婚手续。2005年12月期间，债权人杜国庆向丁明亮讨债未果，于2006年1月把丁明亮与班淑英诉至法院，要求两被告偿还所欠债务5万元及利息。

法院经审理认为，婚姻关系存续期间所欠债务应由夫妻共同偿还。而二人离婚时未用共同财产清偿共同债务，与我国婚姻法的规定相违背，判决丁明亮、班淑英应共同赔偿杜国庆的借款及利息。

评析：夫妻共同债务主要是基于夫妻共同的生活需要，以及对共同财产的管理、使用、

收益和处分而产生的债务。夫妻共同债务也包括夫妻共同经营所产生的债务。根据我国《婚姻法》第四十一条的规定："离婚时，原为夫妻共同生活所负的债务，应当共同偿还。共同财产不足清偿的，或财产归各自所有的，由双方协议清偿；协议不成时，由人民法院判决。"《最高人民法院关于适用〈中华人民共和国婚姻法〉若干问题的解释（二）》第二十五条第一款"当事人的离婚协议或者人民法院的判决书、裁定书、调解书已经对夫妻财产分割问题作出处理的，债权人仍有权就夫妻共同债务向男女双方主张权利。"的规定。

本案中，丁明亮夫妇向杜国庆借款5万元经营食杂店，是夫妻双方为了生活需求而从事小商品经营所产生的债务，不论该债务以夫妻两人中谁的名义借的，只要所产生的债务是因夫妻共同经营所致，则为丁明亮与班淑英的共同债务，应由夫妻双方共同偿还。我国夫妻财产实行共同共有制，因此在承担责任的方式上，夫妻"共同偿还"的责任是连带的清偿责任，即不论双方是否已经离婚，对共同债务应以夫妻双方共同所有的财产或夫妻任何一方个人所有的财产清偿。债权人有权向夫妻一方或双方要求清偿债务的部分或全部，不分夫妻应分担的份额，也不分先后顺序，夫妻任何一方应根据债权人的要求全部或部分偿还债务，一方财产不足以清偿时，另一方负有连带的清偿责任。

14.事实关系没有解除，索要抚养费于法无据

案情：湖南省郴州市陈家村的历新妹（化名），出生于1988年2月19日，因为在她上面已经有三个姐姐，出生后第四天，经同村人介绍，就被生父母送给了邻村的历志新、彭兰（均为化名）收养。历志新、彭兰夫妇二人视历新妹为己出并以父母子女的关系为历新妹办理了户籍登记。2004年历新妹中考后，被市重点中专院校录取，户口也随之迁到了学校。这时，历新妹的生父母孟铁林、孔庆芬（均为化名）觉得这些年一直没有抚养历新妹，心里有些愧疚。于是，到学校认领了历新妹，并且支付了三年的学杂费和生活费，购置了一些生活用品。2005年5月，历志新、彭兰将孟铁林、孔庆芬起诉至法院，要求孟铁林、孔庆芬夫妇支付这些年代为抚养历新妹的抚养费10万元。

法院经审理查明：该收养事实发生于1989年，当时我国尚无关于收养必须进行登记的强制性法律规定，因此应当参照《最高人民法院关于贯彻执行民事政策法律若干问题的意见》的规定，认定历志新、彭兰夫妇与历新妹之间已构成事实上的收养关系。收养关系没有解除，索要抚养费是毫无法律依据的。因此，法院驳回了历志新、彭兰的诉讼请求。

评析：根据《中华人民共和国收养法》第十五条第一款之规定，收养应当向县级人民政府民政部门登记，收养关系自登记之日起成立。在本案中，收养的事实发生在1989年，因为当时我国尚无关于收养必须进行登记的强制性法律规定，并且历志新、彭兰夫妇还为历新妹报了户口，并以父母与女儿的关系共同生活了多年。我国《收养法》自1992年4月1日

起生效施行，该法对之前发生的行为不应具有溯及力。本案应当参照《最高人民法院关于贯彻执行民事政策法律若干问题的意见》的规定，认定历志新、彭兰夫妇与历新妹之间已经构成事实上的收养关系。现历志新、彭兰夫妇与历新妹之间的收养关系未解除，且孟铁林、孔庆芬夫妇并没有要求历新妹解除与历志新、彭兰夫妇之间收养关系的情况下，历志新、彭兰夫妇起诉孟铁林、孔庆芬赔偿抚养费，没有法律依据，是得不到法律的支持的。

15.形成事实收养关系，法定继承也受法律保护

案情：河北省崇礼县炮营村女孩邢玉珍在3岁的时候父母双亡，于1984年跟着她的小姨（邢玉珍妈妈的妹妹）李秋玲生活。一开始双方以小姨与外甥女相称，在生活了2年之后，邢玉珍改称李秋玲夫妇为爸爸、妈妈。在1984年至2003年间邢玉珍与李秋玲夫妇一直没有办理关于收养的任何手续。2003年邢玉珍出嫁，嫁给邻村的居民高峰时，李秋玲夫妇以邢玉珍父母的身份参加了他们的婚礼，高峰也将他们当作邢玉珍的亲生父母来对待。2004年3月，邢玉珍与其夫高峰外出旅游，在回家的飞机上一同遭遇空难，邢玉珍、高峰夫妇双双当场死亡。邢玉珍夫妇没有孩子，经确认，保险公司赔偿邢玉珍、高峰死亡抚恤金16万元。之后，高峰父母就邢玉珍的抚慰金同李秋玲夫妇产生纠纷，高峰父母认为李秋玲夫妇与邢玉珍不成立收养关系，不能就邢玉珍的抚慰金主张权利。李秋玲夫妇则认为自己与邢玉珍形成了收养关系，邢玉珍自父母双亡那天起，就一直由他们抚养成人，理应取得邢玉珍的死亡赔偿金。双方对此争执不下，于2005年7月诉至法院，请求对邢玉珍的死亡赔偿金及其他遗产做出分割。

法院审理后认为，邢玉珍与李秋玲夫妇形成了事实上的收养关系，依《继承法》第5条，在邢玉珍无遗嘱的情况下，按法定继承办理，李秋玲夫妇享有法定继承权。

评析：我国《收养法》对收养关系成立的条件做了明确规定，实质条件主要包括被收养人、收养人、送养人所应具备的条件等，形式条件主要是指到民政局登记。但是对于《收养法》实施之前所形成的事实收养关系，主要是从当事人之间的关系、共同生活以及群众公认三个方面来予以确认的，不能简单的以未登记为由否认事实收养关系的存在。根据1992年《最高人民法院关于学习、宣传、贯彻执行＜中华人民共和国收养法＞的通知》第2条的规定："收养法施行前受理，施行时尚未审结的收养案件，或者收养法施行前发生的收养关系，收养法施行后当事人诉请确认收养关系的，审理时应适用当时的有关规定；当时没有规定的，可比照收养法处理。"由此可知1992年的《收养法》不具有追溯力，当时施行的有关规定是1984年8月30日最高人民法院审判委员会讨论通过的《最高人民法院关于贯彻执行民事政策法律若干问题的意见》（以下简称《意见》），依《意见》第28条："亲友、群众公认，或有关组织证明确以养父母与养子女关系长期共同生活的，虽未办理合法手续，也应按收养

关系对待。”由此可知，构成事实收养必须同时具备三个条件：（1）当事人之间必须以养父母与养子女关系相待；（2）必须有共同生活的事实；（3）须群众和亲友公认。邢玉珍与李秋玲夫妇生活长达十几年，并且邢玉珍一直称呼李秋玲夫妇为爸妈，同时也得到了群众的公认，认定形成事实收养关系是没有问题的。事实收养关系与合法的收养关系相同，其当事人之间的关系也适用于法律对父母子女关系的规定，他们之间的权利义务也受法律的保护。根据《继承法》第5条：“继承开始后，按照法定继承办理；有遗嘱的，按照遗嘱继承或者遗赠办理；有遗赠扶养协议的，按照协议办理。”

在本案中，邢玉珍与李秋玲夫妇，形成了事实上的收养关系，在邢玉珍没有立遗嘱的情况下，李秋玲夫妇作为法定继承的第一顺序继承人，理应享有继承权。

16.遗嘱应当对缺乏劳动能力又没有生活来源的继承人保留必要的遗产份额

案情：山东省许小姐的父亲于2002年去世后，她的母亲用自己这些年挣的钱于2008年在济南买了一处房屋。许小姐姐弟二人都已经分别成家。许小姐的母亲因为身体一直不舒服，在2009年5月写下遗嘱，房屋由许小姐继承，去年11月，许小姐的母亲去世。在许小姐办理房屋过户手续时，遭到房管局的拒绝，原因是：徐小姐的祖母（现已88岁，已经丧失劳动能力）以前一直由许小姐的母亲抚养，在其母亲去世的时候没有为其祖母留下必要的遗产以维持她正常生活，所以该房屋将不能办理过户。

评析：根据《继承法》第十六条的规定，公民可以依照本法规定立遗嘱处分个人财产，并可以指定遗嘱执行人。公民可以立遗嘱将个人财产指定由法定继承人的一人或者数人继承。公民可以立遗嘱将个人财产赠给国家、集体或者法定继承人以外的人。第十九条规定，遗嘱应当对缺乏劳动能力又没有生活来源的继承人保留必要的遗产份额。如果遗嘱人未保留缺乏劳动能力又没有生活来源的继承人的遗产份额，遗产处理时，应当为该继承人留下必要的遗产，所剩余的部分，才可参照遗嘱确定的分配原则处理。

在本案中，许小姐的祖母已达88岁高龄，属于已经失去劳动能力又没有生活来源的法定继承人，如果其母亲的遗嘱中没有其他财产份额留给其祖母继承，那么在处理该遗嘱中的房屋时，必须为其祖母留下必要的遗产以维持她正常生活。

17.休产假，单位不给工资不合法

案情：在北京某外贸公司打工的高女士，2002年因难产剖腹生一男孩，在家休了90天产假。当年7月份上班的时候，单位领导安排她在8月到11月之间必须完成休假期间及这几个月的业绩，否则，将不发给休假这期间的工资。对单位领导的这一决定，高女士感到很意外，自己在法定年龄结婚，只生一胎，并且还是难产，只休了90天的产假，休完假之后立即上班，单位领导为什么作出如此的决定。

高女士去找单位领导问个明白，领导却说，“你休产假这期间没有给单位带来业绩，理应不发给工资，除非能将这几个月的业绩补回来。”高女士不服，但是不知道该如何维护自己的合法权益。

评析：根据我国《妇女权益保障法》第二十五条规定，“妇女在经期、孕期、产期、哺乳期受特殊保护。”另外，《女职工劳动保护规定》第四条也规定：“不得在职工怀孕期、哺乳期降低其基本工资，或解除劳动合同。凡哺乳（包括人工喂养）一周岁以内婴儿的女职工都应按《女职工劳动保护规定》执行。

在本案中，高女士单位以她休了90天产假没有给单位带来业绩为由，取消她3个月的基本工资，这是严重违反法律规定的。高女士完全有权向所在单位的主管部门或到当地的劳动部门提出申诉，受理申诉的部门应当自收到她的申诉书之日起30日内作出处理决定。若高女士对决定不服，还可以在收到处理决定书之日起15天内向当地的人民法院起诉。

18.老年人婚姻自由，任何人不得干涉

案情：马老今年62岁，是某企业的退休人员，他的老伴在15年前因病去世。马老将3个孩子抚养长大没有再娶。去年经人介绍认识附近一个60岁的老太太，二人聊得很是投缘，准备在今年十一结婚，却遭到马老儿女们的极力反对。

评析：根据《中华人民共和国老年人权益保障法》第十八条的规定，老年人的婚姻自由受法律保护。子女或者其他亲属不得干涉老年人离婚、再婚及婚后的生活。赡养人的赡养义务不因老年人的婚姻关系变化而消除。第四十三条规定，老年人合法权益受到侵害的，被侵害人或者其代理人有权要求有关部门处理，或者依法向人民法院提起诉讼。人民法院和有关部门，对侵犯老年人合法权益的申诉、控告和检举，应当依法及时受理，不得推诿、拖延。第四十七条的规定，暴力干涉老年人婚姻自由或者对老年人负有赡养义务、扶养义务而拒绝赡养、扶养，情节严重构成犯罪的，依法追究刑事责任。

因此，在本案中，马老的儿女们不得干涉马老的婚姻自由，根据法律的规定，马老可以要求有关部门处理，或者向法院起诉，保护自己的合法权益。如果马老的儿女们以暴力干涉马老的婚姻自由，情节严重，构成犯罪的，依法还要追究刑事责任。

19. 因帮工活动遭受人身损害的，被帮工人应当承担赔偿责任

案情：2008年6月，付某兄弟即四被告之母马某病逝。当月12日，四被告按照民间传统风俗，到原告梁某家磕头请求原告帮忙打墓，原告答应了四被告的请求。当月14日，在原告帮四被告之母马某打墓时，墓顶突然塌陷，将原告砸伤。后原告被送往医院治疗。四被

告承诺赔偿原告的一切费用，但实际上四被告只支付了原告出院后的部分生活费共6000元和住院期间的全部医疗费。虽然原告及其家人曾多次要求四被告赔偿原告各项损失，但四被告均拒绝赔偿。原告认为，原告在为四被告帮工期间遭受人身损害，四被告应当依法承担连带赔偿责任，故诉至法院，要求四被告连带赔偿原告残疾赔偿金、护理费、误工费、营养费、住院伙食补助费、二次手术费、精神损害抚慰金、医疗档案调取费及司法鉴定费，并承担本案的诉讼费。

评析：根据最高人民法院《关于审理人身损害赔偿案件适用法律若干问题的意见》第十四条规定，因帮工活动遭受人身损害的，被帮工人应当承担赔偿责任。被帮工人明确拒绝帮工的，不承担赔偿责任；但可以在受益范围内予以适当补偿。本案四被告之母去世后，第一被告委托第三被告和同村张某去原告梁某家磕头的行为，按照当地风俗应当认定为第一被告邀请原告帮忙办理其母丧事意思表示，但第二被告、第三被告、第四被告在原告梁某之后的帮工活动中，并未明确表示拒绝其帮工，四被告均系原告帮工活动的受益人，故对于原告因帮工遭受的人身损害，四被告均有义务承担赔偿责任。

20. 占有的不动产或动产被侵占的，占有人有权请求返还原物

案情：两原告马某、薛某共有的位于太原市××区××镇××街××号房屋正常居住期间，被告李某于2010年6月闯入，将门锁撬开，强行占了两间，把床搬进去后又对外招租。原告曾多次劝其离开，被告不但不听，还与原告吵闹，为维护合法权益不受侵害，二原告诉至法院，要求被告将其强占的东房两间腾开，并承担本案诉讼费用。

评析：根据《中华人民共和国物权法》第二百四十五条规定，占有的不动产或动产被侵占的，占有人有权请求返还原物；对妨害占有的行为，占有人有权请求排除防害或者消除危险。上述法律规定表明，我国《物权法》中的“占有”，是一种事实上的支配，与法律上的权利无关。本案中原告马某自1980年与薛某（已去世）结婚至今一直居住于××街××号，其在××街××号院长期居住、对××街××号院占有是事实。被告李某与原告马某因××街房屋继承权问题发生争议，应当通过法律途径解决，采取砸门换锁搬入床铺的行为维护其儿女继承权益明显不当，构成对马某占有的妨害，被告李某应将其强行搬入的东房两间腾出。考虑到原告薛某自2006年结婚后，已不居住于××号院，不是院内房屋的实际占有人，被告李某抢占房屋的行为并不构成对原告薛某占有状态的侵害，故原告薛某要求被告李某返还房屋的诉讼请求，应当不予支持。

21. 不动产权利人因用水、排水、通行、铺设管道等利用相邻不动产的，应当尽量避免对相邻的不动产权利人造成损害

案情：原告高某的住宅与被告县粮食局的直属仓库相邻。为了明确双方的权利义务，便

于各自的生产、生活，原被告在1977年间曾订立协议，该协议明确约定：被告保证与原告住宅西北角相邻处原有的通道不予毁坏堵塞；与原告住宅北侧相邻的水路保持2米宽度，保证水路畅通。近年来，由于被告的管理混乱，内部职工乱修乱占，将原告西北的甬道用砖块垒死。特别是原有的水路被乱修乱占，导致水路窄小堵塞，每逢雨季，大量污泥积水从原告院内倾泻，原告修筑的护墙已被冲毁，直接威胁着原告的起居安全。基于上述情况，原告与被告多次协商，请求被告遵守约定，恢复通道、水路原状，均遭到被告的拖延拒绝。原告认为被告违背公平合理的相邻关系原则，擅自堵垒与原告住宅相邻的甬道，妨碍了原告的通行便利，故意抢占堵塞水路，给原告的生活带来极大的威胁，原告修筑的护墙已被冲虚冲垮，再次修复护墙和两孔窑洞，（因水路被堵渗水裂缝急需修复），应由被告承担修复费用。依据《民法通则》八十三条和《中华人民共和国物权法》的有关规定，提起诉讼，请求判令被告及时恢复与原告住宅相邻的通道、水路等原状并承担侵权的损害赔偿责任。

评析：占地修建窑洞议定书和补充协议是被告粮食局与原告之夫自愿协商签订的协议，双方都应维持客观事实、尊重客观事实的存在，不应反悔，更不应毁坏，在各自的责任范围内维护双方的利益，被告没有尽到自己的保护责任使原有的通道堵塞，水路受损，被告就有义务修复。被告曾据协议以原告家侵害其地基使用权为由提起过诉讼，为此被告以签订协议是其下属直属仓库，而不是其本身的行为为由拒绝承担责任的理由不足。法律根据《中华人民共和国物权法》第九十二条规定：不动产权利人因用水、排水、通行、铺设管道等利用相邻不动产的，应当尽量避免对相邻的不动产权利人造成损害；造成损害的，应当给予补偿。《中华人民共和国民法通则》第八十三条规定：不动产的相邻各方，应当按照有利生产、方便生活、团结互助、公平合理的精神，正确处理截水、排水、通行、通风、采光等方面的相邻关系。给相邻方造成妨碍或者损失的，应当停止侵害，排除妨碍，赔偿损失。

22. 婚姻经营不善，结果可能导致夫妻感情破裂

案情：原告刘某与被告高某由于婚前缺乏了解，感情基础薄弱，生活习性不同，尤其是被告高某性格暴躁，对原告刘某恶语相加，婚后没有正常的夫妻生活，没有体会到夫妻的相互照顾及夫妻之间的关爱和家庭的幸福。原告刘某所希望的只是家庭的一点温暖，但是，累了只有自己默默承受，病了自己照顾自己，子女不在身边，一切都是原告刘某独自一人承受，因而理当结束这段婚姻。

评析：原告刘某与被告高某于1981年农历腊月二十八经人介绍结婚。婚后共同生育两个孩子，儿子已参加工作，女儿已在云南大学上研究生。婚后多年来原被告双方因忙于工作及性格的差异，导致夫妻二人感情逐渐恶化。

原被告一起生活将近三十年，本应和睦相处，互谅互让，但是因二人的性格差异，导致

双方互不接受容忍对方，夫妻感情确已破裂。该二人所生子女均已长大成人，随父随母生活应由其自择。法律根据《中华人民共和国婚姻法》第32条之规定：男女一方要求离婚的，可由有关部门进行调解或直接向人民法院提出离婚诉讼。人民法院审理离婚案件，应当进行调解；如感情确已破裂，调解无效，应准予离婚。有下列情形之一，调解无效的，应准予离婚：（一）重婚或有配偶者与他人同居的；（二）实施家庭暴力或虐待、遗弃家庭成员的；（三）有赌博、吸毒等恶习屡教不改的；（四）因感情不和分居满两年的；（五）其他导致夫妻感情破裂的情形。一方被宣告失踪，另一方提出离婚诉讼的，应准予离婚。

23. 合法的借贷关系受法律保护

案情：原告李某与二被告王某、赵某系同村村民，相互熟识。2007年，被告王某、赵某因生意周转向原告李某提出借款。被告王某、赵某先后两次分别于2007年2月24日向原告李某借款10万元，言明月息3分；2007年9月1日又向原告李某借款10万元，言明月息二分。此后，被告王某分多次将借款利息四万九千元送到原告李某家。两年来原告李某多次向两被告王某、赵某索要借款本息，两被告均推诿不给，2009年4月23日被告王某、赵某将所欠利息分别出具欠条。

评析：原被告均系同一自然村村民，素有往来。被告王某因生意周转数次向原告李某借款，但之前双方均已结算清楚。2007年2月24日被告王某向原告李某借款10万元，并当即书写借条，口头言明利息为月息3分，当日，被告王某即将款取走。2009年9月1日被告王某又向原告李某借款10万元，被告王某也为原告李某书写借条，言明利息为2分。之后，被告赵某曾分多次归还利息49000元整。2009年4月23日在原告李某的催要下，被告王某、赵某经结算，由被告王某给原告李某打欠条两支，一支为欠原告李某从2008年1月24日到2009年4月24日的利息45000元整，一支为欠原告李某2008年5月2日至2009年5月2日的利息24000元整。原告李某多次向被告王某、赵某催要该借款，但是两被告未支付。

同时被告王某在借款时曾由被告赵某将他们在××中药厂投资宿舍的交款单据作为抵押交给原告李某，在审理中，原告李某曾向本院提出要求查封被告王某、赵某在xx中药厂投资的宿舍，但该宿舍已转户于被告赵某之兄。

被告王某、赵某向原告李某借款20万元的事实有被告王某为原告李某书写的借据为证，事实清楚，证据充分。被告王某在借款时虽未写明利息的多少，但是在其所写的欠原告李某的利息条中可以证实其中10万元的借款利息为月息3分，另10万元的利息为月息2分；且其中的利息为3分的10万元借款的利息已结算至2008年1月23日，利息为2分的10万元借款的利息已结算至2008年5月1日。被告王某数次向原告李某借款，可见原被告之间的关系非同一般，在被告王某借款之时虽未约定借款期限，但是被告应在原告李某的催收下及时归还原告李某。因原被告约定的利息不高于银行贷款利息的4倍，所以原告李某要求被告王某、赵某按约还本归息的请求应予支持。该案借款条据中虽仅有被告王某签字，但被告赵某作为被告王某的妻子，应为连带债务人，承担连带义务。法律根据《中华人民共和国民法通则》第八十四条规定：债是按照合同的约定或者依照法律的规定，在当事人之间产生的特定的权利和义务关系，享有权利的人是债权人，负有义务的人是债务人。债权人有权要求债务人按照合同的约定或者依照法律的规定履行义务。九十条之规定：合法的借贷关系受法律保护。

24. 合法的转包合同受法律保护

案情：2006年3月27日，被告×县××乡××村委会召开村民大会，采取公开出包的方式，将其所属的大后沟砖厂承包给被告马某经营。承包期限为：五年，承包费每年二万元。取土为：××梁。该范围东至山路，西至水渠，北至坝堰，南至房子路保持现状。同时约定：被告马某无偿供给被告x县xx乡xx村民委员会十万青砖修戏台用。后于2006年5月，被告马某经过村委的同意，将该砖厂转包给原告李某经营。原告李某对砖厂取土范围及现场都清楚的情况下与被告马某签订了转包协议，协议内容与原承包合同内容基本相同。亦约定：若被告×县××乡××村民委员会修戏台时，原告李某应无偿供给其十万块青砖。原告李某承包该砖厂后，即开始检修，在检修过程中，因为村民王某的坟在××梁上，所以王某在电话中跟原告李某协商，让原告李某推迟几天再取坟周围的土，等风水先生看后具体再定怎么取，原告李某表示同意。隔了三四天，王某找风水先生看完后，即告诉原告李某，靠近坟推土机往后压一铲处即可取土。原告李某亦表示同意。此后，原告李某就组织工人开始正常的生产，双方再没有为此发生纠纷，直至2006年农历九月底封冻后无法生产原告李某才停工。2007年正月二十四日，被告×县××乡××村民委员会动工修戏台需拉青砖时，原告李某即以采土不足，影响生产为由，拒绝让被告拉砖。后二被告与原告共同到砖厂协商，并清点了拉砖的具体数量，被告×县××乡××村民委员会于2007年正月二十九日派村民赵某等三人去原告砖厂拉砖，当三人拉了4000块后，遭到李某的阻拦，为此双方发生纠纷。此后，砖厂再未开工。

同时查明，原告2006年的承包费已向被告马某交清。2008年根据上级政策关闭该砖厂时，一次性补偿该砖厂140000元整，该笔补偿款由原告李某于2008年9月12日领取。

评析：被告×县××乡××村民委员会通过召开村民大会，将其所属的大水沟砖厂承包给被告马某经营，该行为合法有效，应受法律保护。后被告马某征得其同意，按原合同内容将砖厂转包给原告李某经营，在原告李某对其砖厂的取土范围及现场都清楚的情况下与被告马某签订了转包协议，原来二被告之间的权利、义务关系转化为原告李某与被告×县××乡

××村民委员会之间的权利义务关系。原告李某因村民王某的阻拦，影响其正常取土，要求二被告承担违约赔偿责任，证据不足，与事实亦不符。该阻拦行为发生在检修过程中，客观上对原告影响不大，且该取土是在承包的第一年中即2006年（其承包期为五年）不应该亦不可能影响原告的正常取土。原告以取土不够，未动工生产来预计损失的要求，更是有悖于事实及法律的规定，故本案中，二被告不存在违约行为，原告以此为由，拒绝履行供砖义务，并要求赔偿的主张不能成立。法律依据《中华人民共和国民法通则》第五条、《中华人民共和国合同法》第八条之规定。

25. 夫妻感情是否确已破裂，需具体分析，区别对待

案情：原告李某与被告王某经人介绍于2008年5月1日按习俗举行了结婚仪式，2009年9月4日补办了结婚证。婚后，于2009年农历2月22日生下一个女儿，取名李玉清。

结婚时被告家以18000多元的金额为原告置买了黄金手镯及项链，及以1200元购买手机一部，同时为被告家中购买了电视机一台，电视柜一个，洗衣机一台等日常生活用品。后被告又给原告一只银手镯、孩子四只银手镯。原告父母为原告李某购买了冰箱一台。

婚后原被告二人在×市居住一段时间，后迁入×县城内租房居住。并共同购买电动自行车一辆，饮水机一台。

婚初，原被告二人感情很好，后在生下小孩后为给孩子做满月及过生日，双方意见不一，发生矛盾。为此原告李某提起诉讼，请求离婚；抚养孩子，由被告王某负担抚养费；分割共同财产。

评析：原被告结婚是双方自愿的真实意志的表示，婚后双方相处得很好，并且生育有一个共同的孩子，可谓幸福美满，现在原告仅仅因为给小孩过满月和生日双方意见不一致，而起诉离婚，这不仅不足以证明夫妻感情确已破裂，同时不利于孩子的成长，也不利于社会的和谐。法律根据《中华人民共和国婚姻法》第三十二条之规定。

26. 交通事故责任认定书中确定的责任人是当然的赔偿主体

案情：被告王某、赵某自愿成立吕中艺术晋剧团后，2006年冬，原告李某受二人之雇佣，在该团弹奏电子琴，月薪600元。2008年，被告张某也受二被告雇佣为司机，2008年10月14日7时许，被告张某驾驶属于被告王某、赵某的陕A15972货车，载着唱戏工具及人员，从×县×乡启程回另一县，行至307国道线8KM+500M处时，将车驶离路面，致使车翻，人员伤亡，其中也致使原告李某受伤。事发后被告张某弃车逃离。原告李某在×县×镇被抢救后，次日被送往×省医科大学第二附属医院治疗，诊断为骨折脱位并截瘫。

至今下半身神经系统损伤没有知觉，翻身靠人，生活不会自理，成了终身残废。于2008

年12月18日在×县法院原告李某与王某、赵某二被告达成赔偿协议，由二被告一次性赔偿原告李某治疗终结前的医疗、营养、住院伙食费、陪护费、误工费、交通费等费用共十万元。对于原告李某的残疾费用未作赔偿，为此原告李某提起诉讼，请求被告王某、赵某、张某赔偿定残后的伤残赔偿金、残疾用具费、护理费、被抚养人生活费、鉴定费、定残日前的误工费等经济损失62万元。

评析：2008年10月24日，×县交警大队作出的交通事故责任认定书，认定被告张某负本次事故的全部责任。2006年冬季，原告李某被王某、赵某二被告聘用为吕中艺术晋剧团演奏人员。2008年10月14日早上，在×县演出完毕后，从该县乘坐二被告的车返还另一县途中，在驶出×县城十二华里的路段，因该车车速过快，拐弯时无法制动，翻在公路的陡崖下面，造成原告李某的伤残是因被告张某不安全驾驶严重过失造成的。而被告张某的行为也是在被告王某、赵某雇佣过程中发生的；被告张某应对此次交通事故的受害人承担人身及财产赔偿责任。法律依据《中华人民共和国道路交通安全法》、《中华人民共和国民法通则》、《中华人民共和国侵权责任法》、《最高人民法院关于审理人身损害赔偿案件适用法律若干问题的解释》。

27. 对利息约定不明或没有约定的，推定没有利息支付义务

案情：被告王某于2004年10月1日（农历）向原告李某借款139700整，并约定两月还清，立有借据。时隔不久，原告李某向被告王某索要借款时，发现被告已举家外出，即与被告电话联系，最后确定被告另一债权人赵某拿着被告王某的工资本，待还完赵某的借款后，即由赵某将被告王某的工资本给原告李某，用被告王某工资抵债。2009年1月，赵某持被告王某工资本取款时，发现被告王某已将工资本挂失，随即将此情况告诉原告李某，原告李某见索款无望，诉至法院，要求责令被告王某归还原告李某借款本金及利息。

评析：合法的借贷关系受法律保护。原、被告借款一事有借据证实及证人证实，原告李某要求支付逾期利息的请求有法可依。原告李某所诉双方口头约定利息3分，无据证实，不能支持。法律依据《中华人民共和国民法通则》第90条、108条的规定。

28. 村办企业亦应遵守国家法律的有关规定

案情：原告李某于1989年参加工作，原属×县××村××煤矿工人，企业改制后属被告×县××村××焦煤有限公司职工，2009年1月在被告×县××村××焦煤有限公司办理调动手续时，被告拒不缴纳应由被告单位缴纳的1999年9月—2008年12月的基本养老保险费14313.76元，而由原告代缴。2009年1月向原告李某收取养老金400元，原告诉至法院，要求被告×县××村××焦煤有限公司支付其单位应缴纳的保险费用。

评析：原告李某系×县××村××焦煤有限公司职工，依法应享有获得社会保险的权利，缴费单位应足额缴纳社会保险费，而不应由个人支付，被告×县××村××焦煤有限公司拒不缴纳应由其单位缴纳的单位职工保险费，有悖于法律规定。原告的诉讼请求应予支持。法律根据《中华人民共和国劳动法》第70条、72条、《社会保险费征缴暂行条例》之规定。

29. 借贷双方未约定利息的，债务人应否支付利息

案情：原告村民李某和被告王某系朋友关系，被告王某做生意，原告李某多次帮忙其资金周转，从2004年开始原告李某陆续为被告王某借款，到2008年10月28日累计借55万元整，双方结算后被告王某给原告李某出具借条一支。

在案件审理过程中，原告李某于2009年7月5日向法院院提出财产保全的申请，要求冻结被告王某在×县工商银行的工资及账户，并提供担保，法院于2009年7月6日作出裁定冻结被告王某在×县工商银行的账户及工资。

评析：被告王某借原告李某款项有被告王某亲自书写的借据为证，该事实清楚，证据确实充分，所以被告王某有义务如数归还原告李某借款。因原被告在借款之时双方均未确定借款利息及还款时间，该借款属于不定期无息借款，所以原告李某现主张由被告王某归还从借款之日起的利息的理由不足，但是被告王某应从原告李某主张权利之日起以银行同期贷款利息归还原告李某利息。因原告李某没有证据证明其主张权利的具体时间，故法院只能以其起诉的时间为其主张权利的日期。法律根据《中华人民共和国民法通则》第八十四条及最高人民法院《关于人民法院审理借贷案件的若干意见》第九条之规定。

30. 丈夫不照顾“植物人”，女儿替母打官司离婚

案情：张某系某村村民，无稳定收入。与前夫离婚后与离异的某事业单位职工林某结为夫妻，双方未生育小孩。2008年11月，张某因车祸成植物人，林某在张某出事后既不积极治疗，亦不照顾张某。张某躺在病床上已逾两年，没有表达自我意愿的意识更加没有能力照顾自己的生活起居，已经是“植物人”状态。为此，张某之女替母将林某告上法庭，请求解除双方的婚姻关系。近日，江西省分宜县人民法院判决准许离婚。

评析：离婚属于身份行为，而我国法律又规定，身份行为一般不能由他人代理。而无民事行为能力人能否提起离婚诉讼，法律亦无明文规定。此时作为张某监护人的女儿能否代替母亲打这场离婚官司呢？

我国《民法通则》第十二、十三、十四条规定：无民事行为能力人的活动，由他的法定代理人代理。而我国法律并未将植物人界定为无民事行为能力人。要解决本问题，必须分析植物人的生命特征，尽管植物人有相应的生命特征，但却没有思维意识，与无民事行为能力

人的特征相吻合。因此，能认定张某为无民事行为能力人。无民事行为能力人作为离婚案件的被告参与诉讼没有异议。在理论研究和司法实践中，通常认为在无民事行为能力人的合法权益遭到侵害时，可由其监护人代为提起侵权之诉。在其配偶作为第一顺序监护人同时又作为侵权人的情况下，应首先变更监护人作为法定代理人提起离婚诉讼。因此，张某的女儿可以代为提起诉讼。

张某与林某在婚姻存续期间，当张某成植物人后的二年多时间里，在生活无法自理的情况下，作为丈夫的林某不积极治疗，不履行配偶照顾义务，双方感情确实已经破裂。法院依据上述事实和相关法律规定认定张某与林某的感情确已破裂，判决双方离婚。

31. 丈夫怀疑儿子非已血脉，妻子哺乳期间被诉离婚

案情：2007年初，小海经人介绍与同龄女青年小彩相识，于2008年3月份登记结婚。婚后初期二人的小日子也充满了幸福。可随后，小彩外出打工。在两人分开的日子里，双方缺乏沟通，渐渐产生了矛盾。2010年4月，小彩生下一男孩，可是，小海却丝毫没有初为人父的欢乐，因为他怀疑孩子的父亲另有他人，要求给孩子做亲子鉴定，小彩坚持孩子是夫妻俩所生不同意做鉴定，并离家出走。2010年10月，小海起诉要求离婚，但却未说明女方在哺乳期间的事实。

评析：法院审理案件过程中，由于小彩下落不明，法庭发出了公告。2011年3月份，小彩递交了书面答辩状称，自己生育小孩后还在哺乳期内，并表示为了孩子不同意离婚。法庭在查明事实的基础上对小海进行了思想教育，并告知小海按照婚姻法规定，在女方分娩后一年内，男方不得提出离婚。小海因此撤回了起诉。

我国婚姻第三十四条规定："女方在怀孕期间、分娩后一年内或中止妊娠后六个月内，男方不得提出离婚。女方提出离婚的，或人民法院认为确有必要受理男方离婚请求的，不在此限"。原告在起诉时隐瞒了女方处于哺乳期的事实，所以其撤回起诉法院予以准许。

32. 婆媳不和大动干戈，夹心丈夫诉请离婚

案情：原告万某和被告吴某2005年登记结婚，婚后夫妻感情较好。但在平时的日常生活中，被告吴某和婆婆经常为家务琐事吵架，有时甚至会发生肢体冲突。每次吵架后，原告万某便会遭到妻子和母亲的双份指责，万某感到异常苦恼。2010年4月初，婆媳又为一件小事大动干戈。万某气愤之余，向法院提起离婚诉讼。

评析：法庭上被告吴某辩称夫妻感情一直很好，坚决不同意离婚，希望原告万某考虑孩子的感受撤回诉讼，同时保证自己以后会妥善处理婆媳关系，不让丈夫夹心难受。

法院审理后认为，夫妻应该珍惜来之不易的夫妻感情，多为家庭，为子女，为对方着想

做到互谅互让，积极稳妥解决家庭矛盾，这样生活才能美满幸福。考虑到原被告夫妻感情尚未达到破裂的程度，同时被告吴某亦表示将积极解决婆媳矛盾。综上，该院依据相关法律规定，遂作出了依法驳回原告万某要求离婚的诉讼请求的判决。

33. 不生育再婚是否构成“禁止三代内旁系血亲结婚”的例外

案情：1994年4月25日，原、被告系双方已生育子女，且被告（女方）已结扎后的舅表亲（三代内旁系血亲）再婚（原告，男，42岁；被告，女，31岁），婚姻登记机关凭被告已结扎证书向其颁发了结婚证，原、被告双方共同生活了17年。2009年，被告发现原告在外有婚外情，双方乃发生争吵，后双方分居三个月。2010年2月27日，原告诉求宣告婚姻无效。

评析：从婚姻法学概念分析，首先，上述案例呈现两个事实，第一个事实：原、被告系三代内旁系血亲结婚；第二个事实：原、被告为不生育的再婚。继而，我们从法理学分析这两个事实，第一个事实，禁止的三代内旁系血亲结婚；三代内旁系血亲结婚，被我国婚姻法所禁止，那么婚姻法为何对其禁止？婚姻法学是这样论述的：第一，近亲结婚不利于后代的健康，这是人类在繁衍中得出的实践经验并得到了科学的论证；第二，人类两性关系的发展证明，血缘过近的亲属间通婚，容易把双方生理上的缺陷遗传给后代，影响家庭幸福，危害民族健康；第三，限制一定范围内的近亲结婚也符合人类的伦理道德观念。因此，近亲结婚一直为古今中外许多国家的法律所禁止。

那么三代内旁系血亲结婚，其情形有哪些呢？包括三种情形，（1）兄弟姐妹，包括同胞兄弟姐妹、同父异母或同母异父的兄弟姐妹，但不包括并无血缘关系或异母异父的兄弟姐妹等。（2）伯、叔与侄女、姑与侄，舅与外甥女、姨与外甥。（3）堂兄弟姐妹、表兄弟姐妹。这三种情形，均属于近亲，如果结婚，结婚紧接着的是婚姻生育，首要出现的问题是后代健康问题，影响的是人类质量，次而，近亲结婚破坏的是人类伦理道德，关于人类伦理，其实质是道德范畴，从表面看，道德不是法律，道德是靠人类理念约束人们行为，法律是由国家机器约束人们行为，道德不由国家强制力执行，道德是观念问题，而法律既是观念更是工具，道德不为法律，但道德是法律的渊源，尤其道德是习惯法的主要渊源，道德成为习惯法后就是法律，由此婚姻法将禁止近亲婚姻这一伦理道德上升为法律，因而该伦理道德成为法律。

联系上述案例，原、被告于1994年再婚，由于双方均有子女，且女方已被结扎，她们的婚姻纯粹系不生育再婚，尽管她们为三代内旁系血亲，血亲关系不产生生育，旁系血亲不影响情性组合，是可以成为夫妻的，如果情性关系好，而以三代内旁系血亲禁止结婚，对原、被告似乎太苛刻了，现婚姻17年后，以原、被告三代内旁系血亲而宣告为无效婚姻，对被告是不公正的；如果原、被告目前夫妻感情破裂，对于17年前婚姻登记机关颁发的结婚证，可以不去追究，法院查明原告存在过错，应该追究原告过错责任，按照有效婚姻判决离婚。通过该案，以点带面，充分反映，婚姻法的禁止三代内旁系血亲结婚应该修改，对婚姻生育的依然坚持禁止三代内旁系血亲中的表姊妹婚姻，而不生育婚姻，根据婚姻法立法宗旨，取消禁止三代内旁系血亲中的表姊妹不生育结婚的规定。

34. 妻子红杏出墙变卖家产，丈夫诉求离婚并获补偿

案情：2003年10月，安徽省明光市村民林某某与周某某登记结婚，并于同年11月生一子。婚后，妻子周某某与一男子数次在深夜共同入住当地洗浴场所的同一个房间，并于数小时或十几小时后同时退房离开（当地公安局大队材料予以证实）。林某某与周某某于2011年春节起分居至今，期间，周某某擅自将夫妻共同所有的美容店转让他人。妻子红杏出墙，并将共有的美容店偷偷转让他人后离家不归，丈夫愤然起诉要求与之离婚，并要求妻子给付精神抚慰金、店面转让金等。

评析：夫妻有互相忠实的义务，被告数次与其他男子在不正常的时间、地点，单独相处较长时间，关系暧昧，严重伤害了夫妻感情，故对原告的离婚请求，予以支持。但原告要求被告赔偿精神抚慰金20000元，依据不足，依法不予支持。婚生子以随原告生活为宜，被告应当给付抚养费，按每月300元计。被告转让美容店所得款为夫妻共同财产，数额认定为30000元，应当给付原告15000元。安徽省明光市某区人民法院作出一审判决，准予原告林某某与被告周某某离婚；儿子随原告林某某生活，被告周某某每月给付抚养费300元，一次付一年，直至儿子18周岁止；同时判令被告周某某于本判决生效后十日内给付原告林某某美容店转让款15000元。

35. 儿子误食药物中毒死亡，丈夫起诉离婚未获准许

案情：王某（男）与孙某（女）2005年秋天经人介绍认识，2006年农历年举行婚礼开始同居生活，于2008年3月生有一子，后于2008年8月办理结婚登记。2009年12月，孙某在与王某及其家人发生争吵后，从楼上跳下，致使孙某身上多处骨折，经治疗后仍未痊愈，且尚需二次手术。在孙某出院后，由于和王某协商未果，便带着儿子回娘家居住。没想到，2010年8月，由于照顾不周，儿子误服大量苯乙哌啶，导致药物中毒，后经医院抢救无效死亡。王某得知后，痛不欲生，带着家人去孙某家中吵闹一番后，便向法院提起离婚起诉。

王某认为，孙某自上次吵架后便带着儿子回娘家居住，双方一直处于分居状态。考虑到孙某跳楼后心情一直不好，便让其带儿子一直在娘家居住。但没想到孙某既然连最起码的照顾义务都无法尽到，导致双方的独子中毒死亡，给王某带来巨大打击，夫妻双方感情确已破

裂，因此要求离婚。

评析：王某与孙某结婚后，共同生活了几年，并在婚后育有一子，应建立起了一定的感情。婚生子不幸夭折，这是双方都不期望发生的，现在双方正经历丧子之痛，加上孙某原有的伤情也没有完全康复，其所经受的痛苦要甚于王某。所谓“一日夫妻百日恩”，在此困难时期，夫妻双方更应该互相鼓励、互相支持，共同渡过难关。综上，法院遂判决不准许王某与孙某离婚。

36. 由继承引起的房屋、土地行政争议的处理

案情：原告徐甲与徐乙、徐丙系姐弟关系，徐甲远嫁外地。其母亲已去世多年，1981 年其父去世。去世时留有一处土坯房屋，东房两间半，北房三间。徐乙与徐丙兄弟二人将父母遗留房屋进行了翻建，并办理了宅基地使用权证。徐甲以涉案房屋系其父母遗留，且翻建时自己也有出资属姐弟共同翻建为由，以发证机关为被告，徐乙和徐丙为第三人，向法院提起行政诉讼。要求撤销发证机关为徐乙和徐丙颁发的宅基地使用证。

评析：最高人民法院《关于执行〈中华人民共和国行政诉讼法〉若干问题的解释》第十二条规定，与具体行政行为有法律上利害关系的公民、法人或者其他组织对该具体行政行为不服的，可以依法提起行政诉讼，即决定能否提起行政诉讼的重要条件之一是“与具体行政行为有法律上的利害关系”。本案中，原告主张父母去世遗留的房屋和宅基至今没有处置，第三人现有房屋是在父母旧房宅基上由原告和第三人姐弟共同翻建，没有进行分割。第三人则主张已对父母所留房屋进行了处置分割。由此可见双方的诉求是以民事权利是否存在为基础。由于行政诉讼是对被诉具体行政行为合法性进行审查，而裁决民事争议不属行政诉讼主管范围。《解释》第二十七条规定原告对起诉是否符合法定条件负责举证。原告在没有通过法定途径确定其享有涉案房屋及土地民事权利的情况下，仅以遗产没有分配及存在共建问题要求起诉撤销第三人现有房屋的土地使用权证书，不能证明其与被诉具体行政行为之间有法律上的利害关系。事实证据不足，不符合《行政诉讼法》第四十一条规定的起诉条件。其起诉不予受理，已受理的应依法裁定驳回起诉。依照《行政诉讼法》第四十一条第三项、《解释》第十二条、第二十七条第（一）项、第四十四条第一款第（二）项之规定，裁定驳回了原告的起诉。

本案是一起民事、行政交叉案件，这类案件是“先民后行”还是“先行后民”，《最高人民法院关于审理房屋登记案件若干问题的规定》第八条作了明确规定。如果说此类案件在该规定生效前存在争议的话，那么 2010 年 11 月 18 日该规定生效后，各级法院均应按该规定审理案件。但是实践中有些法官还是沿用习惯思维，在民事案件的审理中，遇到房屋和土地权属证书，法官让当事人打行政官司要求撤销他人已登记的房屋或土地权属证书。有的直接

提起行政诉讼，法院对登记行为进行了审查并作出裁判，非但没有解决民事争议，反而不利于民事争议的正确处理。所以有必要对此类案件的处理做进一步的阐释。

关于徐某的行政诉讼原告资格问题。《解释》第十二条规定，与具体行政行为有法律上利害关系的公民、法人或者其他组织对该行为不服的，可以依法提起行政诉讼。同法第二十七条第（一）项规定，原告对证明起诉符合法定条件承担举证责任。与具体行政行为有利害关系，是行政诉讼首先要审查的条件，对是否符合起诉条件，原告承担举证责任。本案原告主张父母去世遗留的房屋和宅基至今没有处置，第三人现有房屋是在父母旧房宅基上由原告和第三人姐弟共同翻建，没有进行分割。原告主张的事实不能通过行政诉讼程序来审查认定，不能证明其与本案有法律上的利害关系。原告不符合提起行政诉讼的原告资格。

关于“先行后民”还是“先民后行”的问题。本案原告提起行政诉讼不能解决房屋权属争议，不管行政诉讼审理结果如何，原告与第三人的根本矛盾是民事争议，最终还要通过民事诉讼来确权。原告可以提起民事诉讼，持生效裁判文书向行政登记部门申请变更登记。由于本案原告此前没有提起民事诉讼，不适用中止诉讼的规定，只能裁定驳回原告起诉。如果原告此前已经提起民事诉讼，那么依据《解释》第五十一条第（六）项的规定，案件的审判须以相关民事、刑事或者其他行政案件的审理结果为依据，而相关案件尚未审结的，中止诉讼。可裁定中止行政诉讼，待民事裁判结果出来后，再恢复行政诉讼的审理。

37. 夫妻之间的“忠贞协议”是否有效

案情：张某（男）与陈某（女）结婚后，双方签订了一份协议，其主要内容为任何一方都要洁身自好，不得发生婚外性行为，否则违约方应向对方补偿名誉损失费及精神损失费50万元。两年后，张某与他人发生男女关系，被陈某发现。不久陈某起诉离婚，主张夫妻平分财产的同时，要求张某按协议另补偿其50万元。

评析：一、《中华人民共和国宪法》第三十七条第一款规定：“中华人民共和国公民的人身自由不受侵犯”。可见，人身自由是法定权利而不是约定权利。因此，通过人为约定的方式来限制公民的人身自由是不合法的。与情投意合的异性自愿发生性行为，属于人身自由权之一，是一种基本权利，高于其他权利。不能因为要保护其他权利而限制这一基本权利。任何强行限制这些基本权利的行为，不论其表现形式如何，均是违背宪法的。夫妻忠诚协议，其实就是通过一纸协议，将夫妻双方一些基本人身权利特别是人身自由给予限制甚至是剥夺，就其本质而言，是违背宪法的。违法的民事行为，是不能产生法律效力的。同时，人身权既然是法定权利，就只能依从法定，而不能由当事人任意约定，亦即不能通过协议来调整。再者，从定约权的角度而言，“忠诚协议”也是无效的。因为法律允许夫妻对财产关系进行约定，但并不允许通过协议来设定人身关系。适用《合同法》或《民法通则》中确认合同是否有效的条款来判断有关人身自由方面协议是不是有效，显然属于适用法律不当。

二、《婚姻法》第四条所规定的是“夫妻应当相互忠实”，而非“必须忠实”。“应当”意在提倡，只有“必须”才是法定义务。当然，从有利于家庭和社会稳定的角度出发，《婚姻法》已将严重违背夫妻忠诚义务对方有权请求损害赔偿的情形作了严格而具体的列举，即：重婚；有配偶者与他人同居。除此之外的不忠实，是一些轻微的不忠实，属于道德的调整范畴，不在法律的强制调整范围之内。协议所指的婚外性行为，并不在列举之中，判定“不忠赔偿”显然扩大了对法律的解释。

三、夫妻忠诚协议中的补偿并不是婚姻财产约定，而是一种损害赔偿，不能约定，只能依法据实计算。婚姻法也确实规定了婚姻双方可以对婚前婚后财产归属进行约定，这种约定所指的财产，应是具体有所指的，亦即某个或某类财产，其归属在约定时即已定到具体的某个人；夫妻忠诚协议中所议定的补偿，则是将违约者有所有权的财产补偿给了对方，与夫妻约定财产归属有本质的区别，两者不能混为一谈。

夫妻忠诚协议中所议定的补偿，其本质是损害赔偿，包括物质上的和精神上的赔偿。且不说《婚姻法》已将就赔偿的情形作了严格的规定，即使是扩大了应赔偿的情形，通过协议预先确定今后可能发生的违背协议后的损害赔偿额，也是与基本法理相违背的。这是因为，损害赔偿是以损害事实为基础，其数额不能由双方当事人预先约定。损害赔偿适用填补原则，数额上应依照法律规定的标准进行计算，当事人有多大损失就赔偿多大损失，而不是凭空想象。综上所述，夫妻签订的“忠诚协议”是无效的。

38. 从本案看如何行使对胎儿预留权保护

案情：2008年5月17日13时05分，驾驶员高某某驾驶一辆起亚轿车，由某区往某市，沿S328线由北向南行驶至一交叉口处，与张某某驾驶的二轮摩托车相撞，致张某某及乘坐人孙某某、孙某受伤，孙某某经抢救无效死亡，此时孙某某的妻子已怀孕四个月。该起事故经某区公安局交通巡逻警察大队交通事故责任认定书认定，高某某负本次事故的主要责任，张某某负本起事故的次要责任，其他人无责任。高某某因犯交通肇事罪被某法院判处有期徒刑1年。就相关赔偿事宜，经协商未果，故受害者的第一顺序法定继承人诉至法院，要求赔偿孙某某的死亡赔偿金、被抚养人生活费等费用，其中被抚养费生活费包含孙某某的妻子已怀孕四个月的胎儿的抚养费。

在该案中第三者险责任限额为20万元，考虑到该起事故中受害人孙某某的妻子已怀孕四个月，是否应该为胎儿预留一定数额的抚养费？如果预留，判决书的主文该如何表述？

评析：一、胎儿预留权的行使

《中华人民共和国继承法》第二十八条的规定“遗产分割时应当保留胎儿的继承份额，

胎儿出生时是死体的，保留的份额按照法定继承办理”。江苏省高级人民法院《2001年全省民事审判工作座谈会纪要》中明确指出，死者在交通事故死亡之前，其配偶已经受孕但尚未出生，如胎儿出生后系活体的，应当赔偿必要的生活费。这里仅规定胎儿享有得到必要的生活费赔偿的权利，那么是不是要待到胎儿出生后才能行使，才能主张权利呢？回答是否定的，法院应本着为当事人着想，减少当事人的诉讼负担，应当一并处理比较适宜。那么胎儿预留权由谁来行使呢？诉讼主体如何明确？目前我国法律没有明文规定，在理论界亦存在很大争议，但胎儿的权利应得到保护，这一原则符合我国法律的立法精神和立法本意。司法解释只规定了“被扶养人是指受害人依法应承担扶养义务的未成年人或者丧失劳动能力又无其他生活来源的成年近亲属。”在这一规定中缺失了受害人死亡或丧失劳动能力时尚未出生的“胎儿”应获得赔偿生活费的权利，而且现实生活中胎儿出生后的生活费也是必需的。

我国对自然人的民事权利能力采用了出生说，即公民从出生时起到死亡时止，具有民事权利能力，承担民事相应的民事责任。胎儿在出生前虽不具有民事权利能力，但胎儿出生后必然获得接受扶养的权利，这是现实的。如《继承法》第28条规定：遗产分割时，应该保留胎儿的继承份额；劳动和社会保障部颁布的《因工死亡职工供养亲属范围规定》，遗腹子女可以申请供养亲属抚恤金。《司法解释》未明确规定胎儿享有被抚养人生活费请求权，但并非否定。对这一迟到权利主体的请求权，《日本民法典》、《法国民法典》中把胎儿的预留权作为若干例外情况视为胎儿有民事权利能力，故在审判实践中，我们应参照相关法律，从人性化角度出发，对胎儿生活费应当进行保护。有人认为胎儿在出生前不具有民事权利能力，无法来行使权利，我们可以通过对民法通则的立法精神的进一步理解和分析，胎儿的权利可以通过母体来实现，并不违反有关法律、法规，只有这样胎儿的预留权才能得到实现和充分得到保护。

二、实践中判决书主文如何表述胎儿预留权

判决主文不宜表述为：胎儿出生后的抚养费×元，待胎儿出生后即行给付；如出生时是死体的，则不予赔偿。其理由是：首先，根据《中华人民共和国婚姻法》第三十七条第二款的规定，关于子女生活费和教育费的协议和判决，不妨碍子女在必要时向父母任何一方提出超出协议和判决原定数额的合理要求。所以一次性判决赔偿不适宜，判决书主文可以表述为：胎儿出生后的抚养费每月X元，限在每年的12月30日前给付完当年的抚养费，从胎儿出生时起至小孩独立生活时止。理由是小孩的抚养费是一种与人身利益密切相关的权利，如果在给付期间，小孩出现死亡，这种权利是不可以让予和继承的，赔偿义务人就可以不赔偿了。

39. 有瑕疵的协议离婚应如何处理

案情：陈某与张某于2006年5月1日登记结婚。2006年11月，陈某患抑郁症，2008年

12月22日，陈某与张某到婚姻登记部门填写了离婚登记申请书，双方订立了离婚协议书。同日，民政局向陈某、张某颁发了离婚证。陈某的父母得知后于2009年1月7日向法院起诉，要求宣告陈某与张某的离婚无效。在此案的审理过程中，经原告方申请，法院委托某医院法医精神病鉴定所进行司法鉴定。得出的结论是陈某患有精神分裂症，辨认和控制能力受损，对在离婚协议上签字这一行为缺乏实质性辨认能力，结论为精神分裂症，无行为能力。

评析：本案由陈某作为原告，其父母作为法定代理人向人民法院提起民事诉讼，申请宣告离婚无效。理由如下：

一、婚姻登记机关具体行政行为的性质。我国实行的是登记制的婚姻程序立法原则。婚姻登记管理机关的审查登记行为属于行政确认行为（确认式的行政决定）。结婚登记行为即属于婚姻登记机关根据相对人的申请依法对当事人之间自愿缔结婚姻关系的法律事实进行认可和证明的具体行政行为，一经作出，即宣告当事人之间成立婚姻关系，当事人之间互为配偶，相互享有婚姻法上的权利和义务。离婚登记行为则产生相反的效果。这种登记行为只具有表明身份关系有变动的事实的宣告效力，而没有使身份关系发生变动的创设效力。既不赋予相对人权利，也不限制当事人权利。

二、婚姻登记机关的职权。按照婚姻法第三十一条及《婚姻登记条例》第十条、第十一条规定，自愿离婚的，男女双方应当共同到一方当事人常住户口所在地的婚姻登记机关办理离婚登记，在办理离婚登记时，双方当事人应当共同签署离婚协议书，离婚协议书应当载明双方当事人自愿离婚的意思表示以及对子女抚养、财产及债务处理等事项协商一致的意见。第十二条规定，办理离婚登记的当事人属于无民事行为能力或限制行为能力的，属于婚姻登记机关不予受理的情形之一。本案即属于此种情形，而婚姻登记机关又未能审查出来，发放了离婚证，对此情形应如何处理？1994年国务院《婚姻登记管理条例》第十二条、第十八条分别规定了不予结婚登记和不予离婚登记的情形，第二十五条及第二十八条规定婚姻登记机关对当事人弄虚作假、骗取婚姻登记的，婚姻登记机关有权撤销婚姻登记，宣布已形成的法律关系无效，收回登记证书，并对可归责的当事人进行行政处罚，对婚姻登记管理人员进行行政处分。但2003年8月8日国务院发布了新的《婚姻登记条例》，新条例不仅在名称上去掉了“管理”二字，而且在内容上也删除了婚姻登记的行政管理的色彩，仅在当事人依据婚姻法第十一条的规定，因胁迫结婚的，向婚姻登记机关请求撤销其婚姻时，婚姻登记机关才能依申请人的申请作出行政行为，对于其他已完成的婚姻登记，包括无效结婚登记和无效离婚登记，婚姻法及《婚姻登记条例》未授予婚姻登记机关主动依职权作出具体行政行为，婚姻登记机关无权撤销离婚登记，宣告离婚无效，因而不能通过行政诉讼强行要求行政机关行使本不属于其的职权。

三、按照《婚姻登记条例》第十二条及第十三条的规定，婚姻登记机关应对办理离婚登记当事人的行为能力、意思表示、子女抚养、财产、债务等协议内容进行审查、询问，当事人也应共同到场，这种审查主要针对双方离婚的意思表示及对离婚后果的安排，在这种审查未能排除违法离婚的情形时，应由当事人按民事诉讼程序申请人民法院宣告离婚无效，人民法院宣告离婚无效的判决具有对世效力，无需再由婚姻登记机关再次进行离婚无效的宣告，婚姻登记机关只需将人民法院的判决收入婚姻档案即可。

综上所述，本案由陈某作为原告，其父母作为法定代理人向人民法院提起民事诉讼，申请宣告离婚无效。

40. 新娘卷款而逃，冒牌婚姻无效

案情：2004年5月，齐河县华店乡五旬农民张某，经人介绍认识了在济南打工的一陌生女子并带到家来。该女子自称巴某，系河南省濮阳县鲁河乡砦上村人，并言明其丈夫出车祸死亡，现在是一个人生活，其所出示的户口本上显示为丧偶。该女子看了张某的家庭情况后，表示愿在这里生活，并于2004年5月19日在齐河县民政局与张某登记领取了结婚证。

在张某家生活了4个月后，该女子于同年9月底趁家中无人不辞而别，并带走了张某家中8000余元现金。此后，张某曾找到河南，但没有结果。张某独自生活近六年后，因又有人介绍对象，需要与已经跑了的媳妇离婚，便诉至法院。

评析：齐河县人民法院审理查明，该陌生女子的身份系伪造的虚假信息，而河南那位真正的“巴某”从未离开过自己的村子。法院认为，该女子利用伪造的身份证件，冒充巴某身份在民政部门骗取婚姻登记，违反了婚姻登记程序的相关规定。另外，该婚姻登记也并非真实巴某本人的真实意愿。据此，法院遂作出婚姻关系无效的判决。

41. 离婚协议探视时间拒绝探视支付违约金

案情：离婚时，为了争得孩子的抚养权，在协议中承诺保证配合对方探视，否则支付巨额违约金。离婚后却屡屡阻挠探视，当初的违约金约定是否有效？

2009年8月19日，丁某（女）与杨某（男）在宛城区民政局协议自愿解除婚姻关系，杨某为了争得对婚生子女的抚养权，提出一定会配合丁某对孩子的探视权利，否则支付巨额违约金。得到对方保证后，丁某做出了让步，双方随后达成协议：婚生的两个孩子随杨某生活，丁某有权探望子女且每月探望时间不少于4天，若杨某不让探望，每次向丁某支付违约金10000元。双方离婚后，因探望子女问题而经常发生矛盾，杨某多次拒绝丁某的探视要求。丁某遂向法院起诉，要求杨某按协议约定的探望方式协助行使探望权，并支付违约金10000元。

评析：离婚后，不直接抚养子女的父或母，有探望子女的权利，另一方有协助的义务。探视权系法定权利，原告丁某主张的探视权及要求被告杨某给予协助的诉讼请求予以支持。

双方为完全民事行为能力人，签订离婚协议是其真实意思表示，不违反法律强行性和禁止性规定，因此双方签订的协议应确认有效。双方对婚生子女的探视方式及违约情形有明确约定，根据婚姻法的立法精神，在处理探视子女问题时应以双方约定优先。本案中被告杨某未按照协议约定履行协助原告丁某行使探望权的义务，已构成双方约定的违约情形，故对原告的违约金请求予以支持，但考虑到当地的经济状况及被告的经济条件，酌情予以减少。法院遂依照《中华人民共和国婚姻法》第三十八条作出判决：判令被告杨某协助原告丁某行使探望权，探望方式按照离婚协议书约定；被告杨某并支付违约金5000元。

42. 与“死者”登记结婚，法院判定婚姻无效

案情：自己没有达到法定婚龄，竟然冒用死者身份办理结婚登记。2005年10月，宜黄县黄陂镇农民余某与李某登记结婚，同年12月余某、李某按农村习俗举行了结婚仪式，婚后双方先后生育两个儿女。近几年来，由于性格差异，双方常因家庭生活琐事争吵，且李某多次对余某暴力相向。余某无法忍受，遂提起离婚诉讼。

法庭上，李某提出，夫妻吵嘴打架是常有的事，但其夫妻感情尚未完全破裂，不同意与余某离婚。而余某态度坚决，一直坚持说过不下日子，非要离婚。

见和好无望，李某便主动曝光了一件事。原来。当初两人办理结婚登记时，由于余某未到法定婚龄，两人便协商由余某持其已故姐姐的身份证登记结婚。

评析：余某与李某登记结婚时，向婚姻登记机关隐瞒实情，用余某已故姐姐的身份证登记结婚，其婚姻关系无效，不受法律保护。余某、李某共同生活多年属非法同居，依法应予解除。

43. 闪婚遭遇癫痫妻，男子诉离获支持

案情：原本以为对象正是自己寻觅的佳偶，于是在认识仅一个月后闪婚结合，不料婚后发现妻子居然患有癫痫，幸福生活梦想随之粉碎，不到半年两人便分道扬镳。原告王某与被告漆某经人介绍于2010年3月相识，随后确定恋爱关系并订婚。2010年4月16日两人到宜丰县民政局登记结婚。不久，原、被告未举行婚礼就一同到广州市务工。2010年5月13日，原、被告同他人在一起吃饭时，被告突然神志不清、抽搐，送往医院诊治被诊断为癫痫病。后被告病情经常发作，在广州当地医院进行多次治疗。同年9月中旬，原被告一同结束务工回到原籍后便分开，不久原告向法院提起离婚诉讼。原被告在相识时，被告方说过被告身体不好，经常头痛，但未明确其患的是癫痫病。婚后两人未生育子女。

评析：原被告经人介绍相识到登记结婚，仅一个多月时间，双方了解不够就草率结婚，婚姻感情基础不牢。婚后不久被告癫痫病反复发作，虽然被告主观无过错，但对原被告的新

婚生活造成很大的影响，夫妻感情逐渐淡薄。在原告得知被告婚前就有癫痫病史后，更是对婚姻丧失信心，双方的关系更加恶化。

原、被告婚前感情基础不牢，婚后较短的共同生活过程中，不但未建立起深厚的夫妻感情，反而感情疏远，关系恶化以至分开。现原被告夫妻感情已完全破裂，婚姻关系难以维系，应准予原告与被告离婚。据此，一审法院作出准予原告王某与被告漆某离婚的判决。

44. 丈夫出轨妻子不堪忍受骚扰，状告第三者侵犯配偶权

案情：孙女士和杨先生原本是一对恩爱夫妻，然而却因为另一女子黎某的出现，导致孙女士夫妻俩平静的家庭生活完全被扰乱。孙女士一气之下将第三者黎某告上法庭，认为黎某侵犯自己的配偶权和人身权，要求黎某赔偿自己精神损失费10万元。

孙女士的丈夫杨先生今年36岁，夫妻二人在郑州都有很体面的工作。孙女士和丈夫经过多年的拼搏，刚刚在郑州购买了房子和车子。如果不是一个女人的出现，孙女士一直认为他们的家庭生活是幸福的。大概是2008年9月的一天，孙女士拿着丈夫杨先生的手机玩时，突然接到一个黎姓女子打来的电话，电话中，黎某自称是孙女士丈夫杨先生的女朋友。黎某的话让孙女士感到很惊讶，孙女士以为黎某是在开玩笑，挂了电话后就没当回事。

孙女士称，自从她接了那个电话后，黎某就隔三差五地打来电话，并不断发骚扰短信。孙女士事后从丈夫处了解到，2008年初，丈夫在网上认识了29岁的黎某，并和黎某发生了婚外情。孙女士强调说：丈夫发现自己的错误后，立即明确表示和黎某提出分手，表示不再和黎某往来。但黎某却一直骚扰孙女士及其丈夫。这样的骚扰一直持续了两年多，孙女士有时候一天就收到上百条骚扰短信，很多短信内容不堪入目。

2010年7月，不堪骚扰的孙女士约黎某见面，要求其说明此事。见面后，黎某当着孙女士夫妻的面，表态如果两人没有离婚，自己将果断分手，决不再纠缠。

但2010年11月，黎某又多次打电话给杨先生做生意的合伙人，杨先生的合伙人告诉黎某，杨先生夫妻感情很好，不可能离婚。但是黎某仍不肯罢手，并再次以打电话、发短信的形式不断骚扰孙女士一家。孙女士说，黎某开始以电话、短信的形式，骚扰、诽谤孙女士，截至目前，她先后收到上千条骚扰短信，至今她手机内还存有好几十条骚扰短信。这些骚扰导致孙女士无法正常工作。孙女士称，黎某后来还肆无忌惮地到杨先生的单位去闹，而且一直往杨先生的手机上打电话，严重影响了孙女士夫妻正常的生活和工作。更让孙女士受不了的是，在孙女士父亲住院期间，由于黎某的行为，导致孙女士的父亲病情恶化至不可救治的地步。

评析：黎某在明知孙某和其丈夫尚未离婚的情况下，仍和其丈夫来往，并对孙某进行骚扰，其行为严重侵犯了她的配偶权和人身权，给她精神上造成了极大的痛苦和创伤。为维护

自己的合法权益，孙女士遂将黎某起诉至法院，要求黎某赔偿其因此造成的精神损失共10万元。法律依据《最高人民法院关于审理人身损害赔偿案件适用法律若干问题的解释》。

45. 婚后四天丈夫即被劳教，冷漠夫妻三年后离婚

案情：办理结婚登记手续后的第四天，新婚丈夫就因为吸毒被劳动教养两年。劳教期满后，双方也一直未曾一起生活。丈夫终于向法院提起离婚诉讼。2007年5月1日，林力和肖萍在经过一年的恋爱后登记结婚，林力大肖萍8岁，平时对肖萍很是照顾。两人本以为开始幸福的婚姻生活，没想到结婚后的第四天，5月4日，林力就因为吸毒被劳动教养，时间是两年。新婚夫妇就这样劳燕分飞，林力劳教的两年时间内，心灰意冷的肖萍只来看过他一次，以后任凭他怎么恳求，妻子再也没有来看过他。

2009年，林力结束劳教，回到家里，可是家里早已是人去屋空，妻子再也联系不上。林力多方打听，终于在肖萍的娘家找到了她，可是肖萍给他的只有两个字，离婚。虽然两人提到了离婚，但肖萍对林力是敬而远之，既不肯跟他说话，也不肯跟他去办手续，而林力心里还是想挽留这段婚姻的，离婚这件事情就这样搁置下了。这样名存实亡的婚姻居然又持续了一年多，在这段时间里，两人不仅没有一起生活，甚至连面都没有见过一次，夫妻关系冷漠至此。去年年底，林力想到自己老父亲已经60多岁，自己也已经30几岁，还没有孩子，而妻子又是那样冷漠，不想再这样不死不活地拖着了。他向北塘法院提起离婚诉讼，要求与肖萍离婚，双方无任何财产分割。

评析：案件审理过程中，肖萍从未露面，也联系不上，下落不明。北塘法院经审理，认为林力和肖萍夫妻关系确已破裂，准许二人离婚。对于双方共同财产的分割问题，因为肖萍始终未到庭应诉，在本案中不予理涉。

46. 对使用虚假身份信息登记的婚姻应当如何解除

案情：2007年1月，四川省屏山县大乘镇王某通过别人介绍认识了四川省雷波县的彝族姑娘高某（假名），几天后，在王某给了高某家人8000元彩礼后，两人即领取了结婚证。二个月后的一天，高某悄然离家，4年来再无任何消息。王某四处寻找，高某始终杳无音信。后经过查询得知，高某与王某登记结婚使用的身份证和户籍证均系伪造，王某方才感觉受骗，到法院起诉离婚。

评析：该离婚纠纷法院应不予受理，原告王某可以提起行政诉讼，请求法院撤销该结婚登记行政行为。

婚姻登记行为是一种行政确认行为，根据婚姻登记条例第五条“办理结婚登记的内地居民应当出具下列证件和证明材料：（1）本人的户口簿、身份证；（2）本人无配偶以及与对方

当事人没有直系血亲和三代以内旁系血亲关系的签字声明。”高某在婚姻登记时提交虚假身份证和户口簿，而非条例规定中的本人的身份证和户口簿，婚姻登记机关据此作出的行政确认行为违法，依法应当撤销。

民事诉讼法第一百零八条规定，起诉必须符合以下条件：1. 原告是与本案有直接利害关系的公民、法人和其他组织；2. 有明确的被告；3. 有具体的诉讼请求和事实、理由；4. 属于人民法院受理民事诉讼的范围和受诉人民法院管辖。本案中，被告高某是虚假身份证上的一个虚拟的人，叫这个名字的人并不真实存在，原告起诉就没有明确的被告，就不符合法院受理案件的条件，法院不应受理。如后得知高某真实身份，原告王某由于没有与其办理结婚登记，也不符合事实婚姻关系，也不应由人民法院受理。

根据婚姻登记条例，结婚必须由符合婚姻法结婚登记条件的当事人携带法律规定的证件，到民政部门进行结婚登记申请。结婚登记部门对当事人提交的材料进行审核后，根据申请材料是否符合婚姻法及婚姻登记条例的规定，来决定是否颁发结婚证书。2003 年 10 月 1 日开始施行的《婚姻登记条例》，较之前实行的《婚姻登记管理条例》有许多宽松之处，办理结婚登记的证明材料除了本人的户口簿、身份证和本人关于“无配偶”等内容的签字声明外，无须单位再开证明。这就要求婚姻登记部门进行最大程度上的确认，当事人持假的身份证件就能得到婚姻登记部门的认可，并颁发结婚证件的行为,婚姻登记部门存在重大过失，对此，婚姻登记部门应当负审核不实的责任。原告王某可向法院提起行政诉讼，请求法院撤销该结婚登记行政行为。

47. 从本案看夫妻共同债务的认定

案情：因与李某感情不和，自2009年5月张某便带着3岁的女儿去了另外一个城市，开始过上分居生活。2010年2月，李某做生意急需用钱向朋友胡某借了3万元，并打有欠条一份，但未约定还款期限。后因李某无力偿还欠款，胡某便找到张某让其还钱。此时，张某完全丧失了破镜重圆的信心，在大感失望的同时，起诉至法院要求与李某离婚。在离婚官司尚未下判决的时候，胡某又将夫妻二人告上了法院，要求连带偿还债务。

评析：在二人夫妻关系存续期间，一方所欠下的债务属于共同债务，应由夫妻共同偿还，如果张某有证据证明自己对此毫不知情，且李某借的钱未用于共同生活，那么，张某在还款限额内享有追偿权。理由如下：

（1）分居不等于离婚。离婚以民政部门发放的离婚证或法院签发的准予离婚的裁判书为凭证，故无论因为什么而分居，也不管分居达到多长时间，只要双方未办理离婚手续，婚姻关系就依法存在。从本案情况看，张某与李某分居还未满一年，彼此对婚姻可能都还抱有很大希望，尚未将离婚提上日程，婚姻关系基本上还在有效地维持着，如果以此就将该笔债务认定为李某的个人债务，对第三人胡某显然不公平。

（2）夫妻关系存续期间所欠的债务一般应认定为夫妻共同债务。《中华人民共和国婚姻法》第十九条规定："夫妻可以约定婚姻关系存续期间所得的财产以及婚前财产归各自所有、共同所有或者部分各自所有、部分共同所有。约定应当采用书面形式。夫妻对婚姻关系存续期间所得的财产约定归各自所有的，夫或妻一方对外所负的债务，第三人知道该约定的，以夫或妻一方所有的财产清偿。"本案中，张某既提供不了证据证明自己与李某有婚内财产约定且胡某知道有此约定，也不能提供证据证明二人对分居期间的债权、债务归属有约定且胡某知道有此约定，那么，在二人夫妻关系存续期间所得财产为夫妻共同财产，所负债务为夫妻共同债务。如此认定更有利于保护第三人的合法权益，以维护市场交易的良性运转。

（3）张某享有追偿权。《最高人民法院关于适用若干问题的解释（二）》第二十五条规定："当事人的离婚协议或者人民法院的判决书、裁定书、调解书已经对夫妻财产分割问题作出处理的，债权人仍有权就夫妻共同债务向男女双方主张权利。一方就共同债务承担连带责任后，基于离婚协议或者人民法院的法律文书向另一方主张追偿的，人民法院应当支持。"在本案中，如果张某能够提供证据证明是李某独自筹资从事经营活动，自己对此笔借款毫不知情，其收入也未用于家庭生活，那么，张某在承担连带责任限额内可以向李某主张追偿，以维护自身利益。

48. 此案被抚养人生活费应如何计算

案情：2010年7月3日21时，贾某驾驶挂半挂车与前方顺行潘某驾驶的挂半挂车相撞，造成贾某死亡，车辆损坏的交通事故。该事故经县交警大队认定二人均负事故的同等责任。贾某之亲属六原告诉至法院，要求保险公司、司机潘某、车主刘某某等赔偿死亡赔偿金294360元、丧葬费14191.5元、被抚养人生活费30150元、精神损害抚慰金5万元，尸检费500元；六原告主张车损费133480元、交通费、住宿费、复印费共5000元、车损评估费3800元、施救费8900元、拖送车损失费5700元、财产保全费1050元。各项损失共计为411718.75元。

河北威县法院审理后认为，公民生命健康权受法律保护，本次交通事故的发生造成贾某死亡及双方车辆不同程度损坏，原告葛某等作为死者贾某亲属主张赔偿权利，符合法律规定。双方当事人对交警大队作出的双方各负此事故的同等责任均无异议，故予以确认。被告对原告主张的被抚养人生活费不应再另行赔偿提出异议。本院根据最高人民法院关于适用《中华人民共和国侵权责任法》若干问题的通知（法发〔2010〕23号）第一条、第四条规定，死者贾某应负担的被扶养人生活费故应将其数额直接计入死亡赔偿金中，统称为死亡赔偿金。故对原告按死者贾某应担的被扶养人生活费数额为30150元符合法律规定，故予以确认在死亡赔偿金损失中；被告对原告主张交通费、住宿费、复印费和餐饮费票据的真实性有异议，根据原告方居住地及离本次事故发生地路途远近情况，交通费、住宿费系原告在处理事故中丧葬等相关事宜必然发生损失费，故酌定交通费2800元，住宿费确定700元适当；对复印费、餐饮费损失不符合赔偿项目，故不予确认；鉴定评估费、拖车费、尸检费损失属本次事故造成原告实际支付费用，故对该损失予以确认，但不属于保险责任赔偿范围，应由侵权人按责任赔付；被告对施救费损失虽有异议，但未提出异议成立之依据，且系合法票据，故予以确认；被告对邢台市物价局价格认证中心鉴定机构就贾所驾挂半挂车所鉴证的损失数额过高提出异议，但被告在举证期限内未提供任何证据支持异议成立之依据，故对该鉴定机构所出具的鉴证车损即133480元的结论意见予以确认；本次事故造成贾死亡确系给其亲属带来精神痛苦，原告主张精神损害抚慰金与法有据，根据侵权人过错程度、侵权行为造成的后果、受诉法院地平均生活水平等因素，本院酌情确定为25000元。综上，原告具体损失数额，本院依照相关规定的计算标准确定各项损失：死亡赔偿金324510元（294360元+30150元）、丧葬费14191.5元、精神损害抚慰金25000元、交通费2800元，住宿费700元、施救费8900元、车损133480元、评估费3800元、拖车费5700元、尸检费500元，以上损失共计519581.5元。被告潘在本次事故中系刘某某雇佣司机，潘在从事雇佣活动中发生的事故，故应由雇主承担赔偿责任，潘不再承担民事赔偿责任。对上述确定的六原告的合理损失，因潘所驾挂半挂车在被告某财险公司投保机动车交通事故责任强制保险及第三者责任险，故根据《中华人民共和国道路交通安全法》、《中华人民共和国保险法》及《机动车交通事故责任强制保险条款》的相关规定，首先应由被告某财险公司在所投挂半挂车投保机动车交通事故责任强制保险责任限额内承担赔偿责任，超过该交强险责任限额的损失部分由其在该车投保的商业第三者责任保险限额内按事故责任的50%予以赔偿；按商业第三者条款约定，不属第三者责任保险赔偿部分，由实际车主被告刘某某按事故责任的50%承担赔偿责任。上述损失即由被告某财险公司在挂半挂车投保机动车交通事故责任强制保险责任限额内赔偿原告死亡赔偿金、等共计224000元，超过交强险限额的损失，由其在挂半挂车投保的第三者责任险限额内按事故责任的50%赔偿六原告损失140290.75元，其余损失由被告刘某某按事故责任的50%赔偿六原告各项损失5000元，另由被告刘某某赔偿原告葛某等精神损害抚慰金5000元。根据《中华人民共和国侵权责任法》第十六条、第十八条、第十九条、第二十条，《中华人民共和国道路交通安全法》第七十六条、《中华人民共和国保险法》第六十五条、《最高人民法院关于审理人身损害赔偿案件适用法律若干问题的解释》第二十八条、《最高人民法院关于确定民事侵权精神损害赔偿责任若干问题的解释》第八条、第十条，《中华人民共和国民事诉讼法》第一百三十条的规定。

评析：《侵权责任法》第十六条规定："侵害他人造成人身损害的，应当赔偿医疗费、护理费、交通费等为治疗和康复支出的合理费用，以及因误工减少的收入。造成残疾的，还应当赔偿残疾生活辅助具费和残疾赔偿金。造成死亡的，还应当赔偿丧葬费和死亡赔偿金。”此条规定的是人身损害赔偿的赔偿范围，与《最高人民法院关于审理人身损害赔偿案件适用法律若干问题的解释》第十七条第三款相比，《侵权责任法》看似取消了被抚养人生活费这一赔偿项目，似可认为自《侵权责任法》实施后，受害人死亡的，赔偿义务人无须再赔偿被抚养人生活费。但在《侵权责任法》正式实施的前一天，即6月30日，最高人民法院发布了《最高人民法院关于若干问题的通知》，第四条规定了受害人死亡后，如有被抚养人的，应当依据《人身损害赔偿解释》第二十八条的规定将被抚养人生活费计入死亡赔偿金。

本案的意义在于如何适用第四条关于“将被抚养人生活费计入残疾赔偿金或死亡赔偿金”，合议庭认为：被抚养人生活费应作为独立的赔偿金计入残疾赔偿金或者死亡赔偿金之名下。该项赔偿额是被抚养人生活费加上残疾赔偿金或者死亡赔偿金。被抚养人生活费应明确存在。上述《通知》的精神就是取消了被抚养人生活费这一赔偿项目，但没有取消这笔赔偿费用。而是应在死亡赔偿金中直接计入这一费用。“计入”就是“计算进去”，是将被抚养人生活费与残疾赔偿金或者死亡赔偿金相加。从法理上看，被抚养人生活费是一赔偿项目更是一项权利，甚至是关乎生存的权利，应当存在。这样理解才能更符合立法目的。确立了其应当存在，余下的就是其能否被残疾赔偿金或者死亡赔偿金所涵盖以及是否重叠计算问题。按照《通知》第四条的规定：要计算死亡赔偿金时，先将狭义上的死亡赔偿金和被扶养人生活费分开计算，之后再相加统括在广义上的死亡赔偿金之中，这样才能更好的保护赔偿权利人。若不累加计算被抚养人生活费赔偿数额，无疑使有被抚养人的受害人得到的赔偿数额与无被抚养人的受害人得到的赔偿数额不一致，且有被抚养人的比没有被抚养人的赔偿的反而要少。基于此，相加计算更符合法理，同时又不违反上位法。故法院在判决中，未再列被抚养人生活费这一项，而是依照《人身损害赔偿解释》计算出来后，与死亡赔偿金相加后统称为“死亡赔偿金”体现在判决的判项上。《侵权责任法》实施后，被抚养人生活费计入“死亡赔偿金”的计算方式，在法院尚属首例。

虽然最高法院下发的只是法院系统内部通知，严格意义上来说并不具有法律效力，但作为法院内部的指导性文件，在审理该类案件中已具有其法律意义，至少在《侵权责任法》尚未出台相关司法解释以前，给法院审理案件指明了方向。

49. 婚内抢劫夫妻共同财产是否构成抢劫罪

案情：某日中午，王某（女）用夫妻俩共同积攒的存折从银行提取了现金30万元。当她行至停车处时，遭数人持刀抢劫，30万元现金被歹徒全部抢走，王某还被歹徒打伤。后王某向公安机关报案。经侦查，公安机关查明组织策划此起“抢劫案”的主谋正是“被害人”

王某的丈夫张某指使其好友李某、赵某等人所为，遂将犯罪嫌疑人张某抓获归案。检察机关指控张某犯抢劫罪。

评析：本案30万元系婚姻存续期间夫妻共同财产，张某纠集他人采用暴力手段抢为己有，构成抢劫罪。理由如下：

第一，张某主观上具有“独占”的动机，符合非法占有的特征。首先，从所有权归属看，按婚姻法的有关规定，作为本案侵害对象的30万元钱是张某、王某夫妇的夫妻共同财产，而不是张某个人财产。其次，从被侵害财物占有的归属看，案发时该30万元钱处于张某、王某的“共同占有”之下。再次，从行为的动因看，张某的行为在于破坏自己与妻子的“共同占有”关系，为自己建立一种新的占有——“个人占有”关系，从而达到“独占”这30万元夫妻共同财产的目的，完全符合非法占有目的的特征。

第二，张某为了达到非法占有的目的，客观上指使他人采用了暴力手段。李某、赵某等人实施了暴力抢劫行为是非常清楚的，张某作为指使者，对李某、赵某等人实施的暴力行为应承担刑事责任，这是共同犯罪原理的应有之义。即，张某不但主观上具有明确的非法占有目的，客观上也伙同李某、赵某等人实施了抢劫行为，其行为符合我国刑法第二百六十三条抢劫罪的构成要件，理应构成抢劫罪。

第三，本案与一般抢劫案件存在量的区别，但没有质的区别。说其存在“量的区别”，是指本案的犯罪数额不应像一般案件简单地予以全部认定，而是应将张某自有部分（一般为夫妻平均分担）予以扣除；说其“没有质的区别”，是指虽本案主体较为特殊，张某的行为与一般抢劫行为一样均符合抢劫罪的犯罪构成。

综上所述，婚内抢劫也应认定为抢劫罪。

50. 未成年子女多次要求父母增加抚养费能否获得支持

案情：张某与周某（系教师）于2005年6月经法院判决离婚，婚生子张健由张某抚养，周某每月支付抚养费120元。2007年9月，张健的法定代理人张某以其母亲被告周某工资收入增长为由，向法院提起诉讼，要求被告周某由每月支付抚养费120元增至每月300元。后法院判决被告周某自2007年12月1日起每月支付抚养费300元。2010年6月张某再次以张健生活、教育费用支出较大，被告周某工资收入增加为由诉至法院，要求被告给付的抚养费每月增加到600元。

评析：离异后的子女要求父或母增加抚养费的，如果法院审理查明符合法律规定可以增加子女抚养费的情形的，只要父或母有给付能力就应予支持。理由如下：

一、原告的诉请并未违反“一事不再理”原则

所谓“一事不再理”原则，是指法院的判决书、调解书生效后即具有法律上的效力，当

事人不得就同一事实、同一诉讼标的再另行起诉。其基本内涵是，对于同一个事件或者说双方当事人之间所讼争的同一个法律关系，当事人不得就此再次提起诉讼。对于法院来说，对于双方当事人所讼争的法律关系已经作出生效判决的，不得重复作出判决。所谓同一事件，是指同一当事人，基于同一法律（同一事实）而提出的同一诉讼请求；同一法律关系，是指产生当事人争议的诉讼标的的法律关系（法律事实）；同一请求，是指当事人要求法院作出的判决内容相同。上述三个条件必须同时具备才能称之为同一事件，否则，就不是同一事件。我国《民事诉讼法》第一百一十一条第（五）项规定“对判决、裁定已经发生法律效力的案件，当事人又起诉的，告知原告按照申诉处理，但人民法院准许撤诉的裁定除外”。这一规定就体现了“一事不再理”原则，该原则是诉讼中所遵循的一项重要的诉讼制度。法律之所以做出如此规定，一是要维护生效法律文书的既判力；二是以避免法院作出相互矛盾的裁判；三是以避免当事人之间纠缠不清，造成讼累。

本案中，原告要求被告周某增加支付抚养费，是因出现了新的情况，原定的抚养费数额不足以维持被抚养人在当地的实际生活水平。因此，原告诉请求并未违反“一事不再理”原则。

二、原告的诉请符合法律规定的可以增加子女抚养费的情形

在夫妻双方达成的离婚协议或者法院作出的离婚判决中，均会根据当时的情况，对抚养费的具体数额作出规定。但是子女生活所必要的费用势必将会随着社会生活水平的提高而产生相应的变化，这很可能使得在离婚时所确定的抚养费数额难以满足子女现在的生活需要。因此，为了保障子女正常生活、学习所必要的费用，我国《婚姻法》第三十七条第二款规定，关于子女生活费和教育费的协议或判决，不妨碍子女在必要时向父母任何一方提出超过协议或判决原定数额的合理要求。换言之，法律允许在特定情况下对子女的抚养费作出重新的调整。最高人民法院《关于人民法院审理离婚案件处理子女抚养问题的若干具体意见》第十八条规定，子女要求增加抚育费有下列情形之一，父或母有给付能力的，应予支持。（1）原定抚育费数额不足以维持当地实际生活水平的；（2）因子女患病、上学，实际需要已超过原定数额的；（3）有其他正当理由应当增加的。

根据上述规定，子女要求父或母增加抚养费，首先需要参考当地同龄人的平均生活水平，对其请求是否合理作出判断。原定抚育费数额不足以维持当地实际生活水平的，此处所指“当地实际生活水平”应是指维持子女正常生活所需之合理费用，既不应以满足子女的奢侈性消费需求为标准，也不应仅以能够维持子女生存为标准。因子女患病、上学，实际需要已超过原定数额的，以前所确定的抚养费数额确实无法满足该需求时，子女有权要求父母增加其所需要支付的抚养费，从而使其能够得到医疗救治或者接受正规的学业教育。其次需要法官判断父或者母有无经济支付能力。无论是法定还是酌定增加抚养费的情形，只有当父或母一方有给付能力，法院才能准予增加抚养费数额。如果父或母经济实力有限，没有能力承

担过多的抚养义务，则不应予以支持。

本案中，被告周某支付给原告的抚养费是基于当时的生活水平，原告现已是某重点高级中学的学生，其生活、教育的费用必然会增加，原定的抚养费数额不能满足原告的实际需求。现被告周某的月工资收入已增至2560元，其有能力支付抚养费。结合原告生活、教育实际需要，应酌情提高被告给付抚养费的数额。故此，法院判决被告给付原告的抚养费，由原定的每月300元增加至每月500元。

51. 少年飞车夺命，生父母、养父谁来担责

案情：2010年4月15日凌晨5时30分，被告姜军（1992年12月10日出生，案发时未满18周岁）酒后无证驾驶盗来的车牌号为苏j××××的二轮摩托车沿大丰市人民北路由北往南行至某服装门市前路段时，与王美国驾驶的车牌号为苏j××××二轮摩托车相撞，造成王美国、姜军受伤，车辆损坏的交通事故，事故发生后，被告姜军逃离现场。王美国受伤经抢救无效死亡。经交警部门认定，姜军驾驶机动车发生事故后，没有立即抢救伤员，也未报警，而是逃离事故现场，因此认定姜军承担此交通事故的全部责任，王美国不承担此交通事故的责任。双方就赔偿事项协商未果，原告马力花（王美国之妻）、王英（王美国之女）遂向人民法院提起诉讼。姜军出生3年多后被姜汝祥收养，以姜汝祥养子的身份落户于大丰市新丰镇某村81号，姜汝祥一直未婚娶。

2006年，姜军虽回大丰市大中镇跟随生父母吴意华、奚兰生活，但并未与姜汝祥解除收养关系。

评析：被告姜军在1996年经生父母同意后，被姜汝祥收养，收养关系成立后，其与生父母吴意华、奚兰的权利义务关系即因收养关系成立而消除。2007年虽跟回生父母生活，但并未与养父姜汝祥解除收养关系，因此其法定监护人仍为养父姜汝祥。因此被告姜军应承担的民事赔偿责任应由其监护人姜汝祥承担。

该案争议焦点：该案的民事赔偿责任该由谁来担？最高人民法院《关于贯彻执行〈中华人民共和国民法通则〉若干问题的意见》（试行）第一百六十一条的规定：侵权行为发生时行为人不满18周岁，在诉讼时已满18周岁，并有经济能力的，应承担民事责任；行为人没有经济能力的，应当由原监护人承担民事责任。《中华人民共和国收养法》第二十三条规定，养子女与生父母及其他近亲属的权利义务关系，因收养关系的成立而消除。同时，第二十八条规定，当事人协议解除收养关系的，应当到民政部门办理解除收养关系的登记。据此本案姜军虽回生父母处生活，但由于其未与姜汝祥解除收养关系，因此，姜军法定监护人应仍为养父姜汝祥。

52. 冒名登记假结婚收取彩礼，无效婚姻依法被判撤销

案情：求妻心切，与女方只见了一次面就登记结婚，第二天“妻子”骗取彩礼金后就失踪，因而向法院提起诉讼状告民政局，要求撤销结婚证。

隆林各族自治县新州镇的王某通过莫某得知田阳县那坡镇尚兴村的覃某在寻找对象，于是与田林县八桂瑶族乡的罗某合谋由王某化名充当介绍人，介绍化名为“蒙桂英”的罗某给覃某认识并假装结婚，从中骗取介绍费和彩礼。2006年7月中旬的某一天，王某带罗某到覃某家与覃认识，次日，两人就离开覃某家。一周后，王某给覃某打电话，称罗某同意和他结婚。2006年7月24日，王某和罗某来到田阳县，罗某要求覃某在办理结婚证后马上支付礼金5000元，覃某表示同意。当日，罗某冒用“蒙桂英”的户口簿及身份证与覃某到田阳县民政局婚姻登记处办理结婚登记手续，之后覃某的父亲覃某某就给莫某介绍费2000元，莫某交给王某1000元，王某得钱后即逃离田阳县。次日，罗某以给家人寄彩礼钱为由，骗取覃某现金5000元，得钱后罗某即逃跑并通知王某躲藏。2007年1月11日，王某被公安机关抓获，同年5月15日被法院以诈骗罪判处有期徒刑10个月，并处罚金3000元。今年2月10日，覃某向法院起诉，要求撤销其与蒙桂英的结婚证。

评析：罗某冒名与覃某假登记结婚，骗取覃某彩礼，纯属诈骗行为，婚姻关系无效，法院依法作出判决，认定该婚姻无效，撤销了结婚证，于法有据。法律依据《中华人民共和国婚姻法》。

53. 妻子在原籍起诉离婚，丈夫提管辖权异议被驳

案情：河南省滑县人民法院在审理原告宋某诉被告王某离婚纠纷一案中，被告王某以自己已经在山西省侯马市搞建筑十余年，其经常居住地为山西省侯马市为由，对河南省滑县人民法院的管辖权提出异议。经河南省滑县法院和安阳中院两级法院审理，3月17日被告王某的管辖异议被裁定驳回并生效。

原告宋某与被告王某均为河南省滑县牛屯镇某村村民，2000年经人介绍相识开始恋爱，2001年3月登记结婚，婚后生育一女儿。由于被告王某常年在山西打工，二人只能两地生活，随着时间的推移，双方的感情开始出现隔膜。本来就聚少离多，偶尔的相聚也变成吵架生气，以至于到最后被告干脆常年都不回家，无奈之下，原告于2010年10月向河南省滑县人民法院起诉离婚。被告接到起诉状和开庭传票后，认为自己已经在山西省侯马市搞建筑务工十余年，该案应当由其经常居住地山西省侯马市人民法院管辖为由，对河南省滑县人民法院的管辖权提出异议。

评析：《最高人民法院关于适用〈中华人民共和国民事诉讼法〉若干问题的意见》第十

二条规定:“夫妻一方离开住所地超过一年,另一方起诉离婚的案件,由原告住所地人民法院管辖。夫妻双方离开住所地超过一年,一方起诉离婚的案件,由被告经常居住地人民法院管辖;没有经常居住地的,由原告起诉时居住地的人民法院管辖。”本案中,虽然被告的经常居住地为山西省侯马市,但原、被告双方的住所地均为河南省滑县,且原告宋某一直在滑县生活,并未离开住所地,故该案仍应当由河南省滑县人民法院审理,并据此裁定驳回了被告王某的管辖权异议。被告不服提起了上诉,经河南省安阳市中级人民法院审理,裁定驳回了被告的上诉。

54. 闪婚妻子患有艾滋病,丈夫诉求离婚获支持

案情:农村小伙范某经人介绍认识了云南姑娘农某,结婚登记后体检时,农某被检测确定为艾滋病患者,范某无奈之下诉诸法院要求与农某离婚。28岁的范某还没成家,在农村中已属晚婚了。2010年5月,在好心人的介绍下,范某认识了从云南来到上海姐姐家串门的农某,俩人一见钟情,情投意合,不久,开始同居生活。到了这年7月22日,双方至当地民政局办理结婚登记手续,在进行体检时,农某被告知是艾滋病毒携带者,需进一步确诊。嗣后,农某去浦东新区疾病预防控制中心检测,经检测确定为艾滋病患者,双方就此产生矛盾。2010年10月,范某起诉法院要求判令与农某离婚。

在法庭上,范某诉称,双方在进行体检后,农某才告知原委,称其在老家时已经是艾滋病毒携带者。范某认为,农某故意隐瞒病史,其疾病是属于法定禁止结婚的疾病。由于婚前未能了解相互的身体状况,双方纯属闪婚,故起诉要求与农某离婚。

在双方为农某检出患有此疾病等产生矛盾后,农某已回到了自己的老家。经法院传票传唤,无正当理由未到庭参加诉讼,也未具答辩。

评析:范某与农某经人介绍后认识,相识时间较短,婚前缺乏了解,属草率结婚。婚后,双方又为农某检出患有疾病等产生矛盾,双方相处时间较短,并未培养出真正的夫妻感情,故对范某的离婚诉求,法院应以准许。对双方的财产及债务情况,因农某未到庭,法院无法核实,故在本案中不作处理,双方可在今后另行主张。据此,法院作出范某要求与农某离婚的诉讼请求予以准许的一审判决。

55. 智残兄被新娘“处理”家产,弟弟发觉诉婚姻无效被驳

案情:智残哥哥秦先生结婚,比新郎小16岁的新娘张女士将秦先生的两套房产悉数转移至自己名下。弟弟秦某发觉哥哥合法权益被侵害的“异常”情况,以监护人的身份,将张女士告上法庭,要求宣布秦先生和张女士两人的婚姻无效。日前,上海市闵行区人民法院一审判决驳回秦某的诉讼请求。

秦先生儿时患脑膜炎影响智力发育，是弱智残疾人，持有残疾证。2009年3月18日，他背着家人，宣布结婚。而新娘是一个比秦先生小16岁的年轻女子张女士。而又在秦先生结婚的当天，张女士突然以配偶的身份，“处理”秦先生的家产。秦先生的弟弟秦某发觉哥哥财产被转移的“异常”情况，通过所在的村委会成为秦先生的监护人。接着，他以秦先生监护人的名义，将张女士诉至法院，要求申请宣告秦先生与张女士的婚姻为无效婚姻。

秦某诉称，在未征得其同意的情况下，张女士蓄意欺骗与秦先生登记结婚。结婚登记的当天，张女士又在隐瞒秦先生弱智的情况下，将原本登记在秦先生个人名下的一套404室房产过户到张女士名下，同时又将另一套704室房产登记到秦先生和张女士两人名下。随后，张女士以404室房产向银行申请了65万元抵押贷款，且将上述房屋出租后的租金7万元及秦先生名下的6万元存款均收入了张女士的囊中。

为了维护哥哥秦先生的合法权益，秦某通过村委会，被指定为秦先生的监护人。秦某认为，哥哥秦先生系智障型精神病人，属于医学上认为不应当结婚的疾病，且婚后尚未治愈。故将张女士诉至法院。

张女士在法庭上提出了两点辩称，一是对村委会指定秦某为秦先生的监护人其有异议。称秦某在2010年才被指定为监护人，但自己与秦先生早在2009年3月已登记结婚，故秦某的监护人资格不应追溯至双方结婚之时。二是秦某提供的现有证据不能证明秦先生所患疾病属于婚姻法中规定的应宣告婚姻无效的疾病。自己与秦先生的婚姻经过国家相关机构的认可，该婚姻是合法有效的。而且，秦先生在与自己结婚之前，已有过两次婚史的事实。因此，要求驳回秦某要求宣告婚姻无效的诉讼请求。

评析：经查明，秦先生为智力残疾人。2009年3月18日，与张女士登记结婚。2010年8月3日，当地村委会指定其弟弟秦某为秦先生的监护人。

婚姻法规定，重婚的、有禁止结婚的亲属关系的、婚前患有医学上认为不应当结婚的疾病、婚后尚未治愈的和未到法定婚龄的，只要有上列情形之一的，婚姻无效。本案中，相关村委会指定秦某为监护人的时间在张女士与秦先生登记结婚之后，且秦某提供的现有证据也无法证明秦先生患有的智力残疾属于婚姻法中列明的“医学上认为不应当结婚的疾病，婚后尚未治愈”的疾病，更何况秦某在庭审中亦认可秦先生与张女士登记结婚前已有过婚史。据此，法院认为要求宣告秦先生与张女士之间婚姻无效的诉讼请求，不符合婚姻法规定的要求，依法不应支持。

56. 离婚后女儿生病索要医疗费，法院判决父担责

案情：夫妻双方协议离婚时约定女儿随女方生活，并约定了女儿的生活费。由于女儿生病母亲无力负担女儿的巨额医疗费，无奈女儿向法院提起诉讼，要求父亲给付医疗费。

2000年，原告刘某某之母刘某与被告张某经法院调解离婚，调解协议约定刘某某随刘某生活直至刘某某独立生活止，当时被告张某支付4000元抚养费，对于刘某某的教育费及医疗费没有约定。2010年7月原告刘某某被检查患有骨巨细胞瘤，花去医疗费数万元，原告多次向父亲主张无果的情况下，原告刘某某诉至法院。

评析：离婚后，父母对于子女仍有抚养和教育的权利和义务。一方抚养的子女，另一方应负担必要的生活费的一部或全部。关于子女生活费的协议，不妨碍子女在必要时向父母任何一方提出超过协议原定数额的合理要求。本案中，原、被告的父母于2000年离婚，原告一直跟随母亲生活，当时父亲支付了4000元生活费，现在原告生病花去医疗费数万元，作为父亲有义务支付女儿的医疗费，被告却以无钱为由拒不支付，与法无据，因此原告有权请求被告给付抚育费，法院依法,判决父亲支付女儿医疗费20000元。

57. 蜜月期间闹“离婚”，“新娘”被判还彩礼

案情：还没过完蜜月，18岁的“新娘”张小姐便提出“离婚”。

奇台县半截沟镇村民王先生30岁了，仍孤单一人，父母看在眼里急在心里。去年5月，王先生经人介绍认识了18岁的张小姐，交往三个月后，王家便催着女方结婚，因张小姐没有到法定婚龄，民政部门拒绝办理结婚登记手续。

同年8月，王先生与张小姐按照农村习俗举行了婚礼。由于双方缺乏了解，蜜月还未过完，张小姐便提出“离婚”。王先生只好同意，但前提是张小姐退还彩礼、金银首饰及办婚礼的各项费用共计2万元。

双方协商未果，王先生将张小姐告上法庭。

张小姐认为，彩礼款及金银首饰是王先生自愿赠送，自己已与他举行婚礼，共同生活一个月，彩礼款不应返还。

评析：王先生付给张小姐的彩礼虽然出于自愿，却是基于民风民俗以婚姻的成立为条件的，并非单纯的赠与关系，而且数额较大，一旦婚姻无法维系，就会给王先生一方造成损失，应当予以返还。鉴于当时张小姐还未到结婚年龄，其婚姻关系不能成立，张小姐必须返还彩礼。但举办婚礼的费用及共同生活的费用应由王先生和张小姐共同承担。法院判处张小姐返还王先生彩礼1万元和金银首饰。

58. 未离婚又与他人结婚，女子重婚犯罪获刑

案情：女儿5岁，丈夫健在，河南省唐河县祁仪乡妇女田小花却又与他人公开以夫妻名义同居生活。

1978年，30岁的陕西妇女田小花被人拐骗至唐河县祁仪乡，不久，田小花便与农民伍

某结为夫妻，并按农村习俗举办了婚宴。1980年9月，田小花生了一个女孩。因婚前缺乏了解，田小花婚后对丈夫不满，后田小花与邻村的陈生认识，两人相见恨晚，1985年，田小花在没有与前夫办理离婚手续、陈生也明知田小花没有离婚的情况下一同外出，二人先后在湖北省沙市及唐河县黑龙镇公开以夫妻名义同居生活，并先后生育两个孩子。1991年4月，两人在唐河县祁仪乡办理了结婚手续并共同生活至今。案件在审理中，田小花、陈生与伍某自行达成协议，二人补偿给伍某人民币14000元，伍某表示不再追究二人的责任。

评析：被告人田小花有配偶而重婚，被告人陈生明知田小花有配偶而与之结婚，二被告人均构成重婚罪。鉴于二被告人已取得伍某的谅解，可酌定从轻处罚。法院遂依法以重婚罪判决田小花、陈生各有期徒刑一年缓刑一年。

59. 离婚时约定房子归女儿，拆迁后父亲拒绝过户

案情：夫妻离婚时签订调解书，约定把房产给女儿。后来房屋遇到拆迁，分了三套房子，父亲住在其中，不肯把新房过户给女儿，甚至还以女儿和自己长得不像为由申请亲子鉴定。

2001年，李东进和妻子朱晓梅因感情不和离婚，两人约定把居住的一套自建住宅留给12岁的女儿李颖，李东进有居住权，而朱晓梅搬出去自找住房。出于补偿，李东进还给了朱晓梅房屋归并款15000元。约定的自建住宅是一座二层的小楼，面积大约共有200多平方米，登记在李东进的名下。二人离婚后，李颖跟父亲一起生活，父女二人住在这栋小楼里。2007年，这栋房子遇到拆迁，当时李颖正在上高中，没有时间也没有能力应付拆迁事务，就在母亲的帮助下出具了一份委托书给父亲，上面写道“委托父亲李东进处理一切拆迁事务，根据房屋面积，我要两套房子，户主必须在我名下，其余事宜由我父亲出面和拆迁办协商，最后正式签字由我在父母双方监护下签字方可生效。”当时，李东进还在委托书上签字，写明“拆迁后的房子改在女儿李颖名下”。于是，李颖安心上学，拆迁的一系列杂事都是李东进在跑前跑后。拆迁结束后，根据房屋面积，李东进分到了20万元的拆迁补偿款，还可以调换三套产权房，一套140平方米，一套86平方米，一套53平方米，但需要补齐原面积与实际安置面积之间的差价6万6千多元。于是，李东进和女儿李颖又签订了一个协议，约定140平方米和53平方米的房子归李颖名下，86平方米的则由父女两人共有。父亲李东进拥有三套房子的永久居住权，母亲不得居住，同时三套房屋不得买卖、转让、赠与任何人。事实上，李东进并没有履行与女儿的协议，他交清了140平方米那套房屋的差价，搬进去居住，不再提把房子归到女儿名下的事情，也不再管另外两套房子。

李颖多次与父亲交涉无果，只好把李东进诉至法院，要求把其中的两套房屋归到自己名下。而李东进这时候又有了自己的说法，他说，当初签订离婚协议时，把房子留给女儿的决定是他被逼迫才同意的，不是自己的意思。后来拆迁时约定把两套房给女儿的协议也是被迫的，

而且，他觉得女儿长得和自己不像，怀疑李颖不是自己的亲生女儿，要求做亲子鉴定。

评析：李东进提出的被逼迫签下协议的观点，不能举证证明，故不予采信。李颖是李东进的婚生女儿，所以对李东进因为女儿与其长得不像而要作亲子鉴定的要求不予支持。但考虑到李东进在离婚后又在自家房子里搭建了一些临时建筑，为了照顾他的利益，判决最大的一套140平方米的房屋由李东进和李颖共有，其余两套房屋归李颖名下，差价由李颖负责补齐。

60. 丈夫借腹生子日久生情，妻子人财两空

案情：因妻子无生育能力，为了传宗接代，妻子决定让丈夫借腹生子。不料，丈夫竟与借腹者产生感情，并诉请法院要求与结发妻子离婚。

2004年12月，李某与杨某自由恋爱后登记结婚。婚后，双方感情较好，但一直未孕。经检查，妻子被证实无生育能力，两人十分伤心。丈夫李某见妻子杨某整天不开心，就劝其不要太放在心上，实在不行可去领养小孩。杨某对丈夫李某十分感激，并深深地感到愧疚。

2008年，妻子杨某见李某抱着小侄子玩得不亦乐乎，遂产生了借腹生子的想法。2008年5月，二人决定实施借腹生子计划，但妻子要求丈夫不能与他人产生感情否则应赔偿15万元，并且签订了一份“协议”。2008年6月，双方找到了借腹者吴某，以五万元现金请吴某和丈夫李某同居，帮助他们生个小孩。之后，随着丈夫李某与吴某接触机会的不断增多及吴某的怀孕，李某与吴某的感情也日渐增深。2009年12月，吴某生育一子，李某更是喜不自禁并希望给儿子一个完整的家，李某遂诉至法院要求与结发妻子杨某离婚。

评析：原、被告双方借腹生子且原告最终与他人生育一子的行为，严重伤害了夫妻感情。同时，原告与他人产生感情并要求离婚，表明原、被告双方夫妻感情已彻底破裂。为此，法院支持原告的离婚诉求。至于被告庭审中提出的15万元的赔偿要求，双方的协议不符合我国法律的规定，法院不予认可。但鉴于原、被告的特殊情况，原告应给予被告一定的经济补偿为宜，遂作出准许原告李某（男）与被告杨某（女）离婚；原告给付被告一万元人民币作为补偿款的判决。

61. 表妹离家出走，表哥诉请离婚

案情：吴某、周某二人系表兄妹，自幼两小无猜，在“结婚”十余年后，表哥吴某将表妹周某告上法庭，要求宣告二人的婚姻无效。

吴某、周某二人的母亲系亲姊妹，吴某、周某属表兄妹关系。1998年，吴某、周某二人按农村习俗举行婚礼，2000年到婚姻登记机关补办了结婚登记手续。2005年8月，周某因家庭琐事与吴某发生争吵，便离家外出打工，期间未与家人进行联系。在周某音信全无的

情况下，吴某迫于无奈，一纸诉状将表妹周某诉诸法院，才揭开了吴某、周某二人之间的表兄妹关系。

评析：根据《婚姻法》第七条的规定，直系血亲和三代以内的旁系血亲禁止结婚。吴某、周某二人是表兄妹关系，属三代以内的旁系血亲，系法律禁止结婚的情形之一，吴某、周某二人的婚姻关系自始无效，其双方不具有夫妻的权利和义务。为此，依照法律的有关规定，应判决依法宣告吴某、周某二人的婚姻无效。

62. 结婚免债务，离婚怎么办？前婆婆状告前儿媳

案情：准儿媳与准婆婆约定，如儿媳与儿子结婚，儿媳所借婆婆的24000元可以免除。然而，双方结婚6年又离婚后，婆婆却拿出了借条。

2000年6月，被告张某（女）在与原告李女士的儿子谈恋爱期间，向李女士借款24000元，并出具借条一张，内容为："张某借李女士24000元整"。庭审中张某对该借条的真实性无异议，但称当时与李女士约定该借款在其与李女士的儿子结婚后，借条由李女士撕毁或退还给被告。李女士的代理人对该说法予以否认。

张某于2003年与李女士的儿子登记结婚，2009年双方又协议离婚，对此笔债务在离婚协议书上未涉及。2010年4月，李女士向法院提起诉讼，要求张某偿还借款24000元。

评析：被告张某借原告李女士款24000元，有被告本人出具的借条为证，庭审中被告对该借条的真实性无异议，借款事实清楚，证据充分，法院应予以确认。借条上未约定还款时间，原告可随时主张权利，故原告要求被告偿还借款24000元的请求，法院应予以支持；被告辩称该借款系附条件即其与原告之子结婚后，该附条件成就债务免除。但其提供的两份录音真实性无法予以确认，并且没有其他证据予以佐证，故被告的辩称理由证据不足，法院应不予支持。法院应根据借条依法判令前儿媳还款。

63. 彩礼给付应涉及双方家庭而不局限于男女双方

案情：2010年初，原告李某与被告曲某某经媒人介绍订立婚约。原告按农村习俗给付被告曲某某彩礼40000元。后原告李某将被告曲某某带至上海做生意。被告曲某系被告曲某某父亲。后因故解除婚约。请求被告曲某及曲某某返还彩礼40000元，被告曲某某则以是原告李某给曲某某造成了名誉损失和精神损失为由拒绝退还;被告曲某则以其不是彩礼的返还对象为由拒绝退还。

评析：被告曲某某的父亲曲某应当承担彩礼的返还责任。理由如下：

根据我国现有法律法规及以往的司法解释，均没有对因给付彩礼的财物纠纷诉讼主体做出相关规定，而在审判实践中，大量的财物纠纷案件提出索要彩礼的比例亦较高。在案件的

审理中，对当事人的诉讼主体资格确认是较难解决的问题，解决不好矛盾激烈，影响社会稳定，在尚没有做对此类案件被告主体资格的认定，直接影响到原告权利能否实现的问题，在实践中，被告往往也因不想返还而相互推托，原告也因此无所适从，不知找谁索要，也往往诉错主体而受损失。通过对此类案件的分析，认为应针对彩礼的特殊性，结合不同情况来确定被告，确定谁应承担责任。

彩礼是缔结婚约双方以将来结婚为目的，基于农村习俗而给予对方一定数额的金钱或实物，其给付对象从民间习惯上来看，不仅限于女方个人，还可以包括女方家庭。彩礼的给付，并不单纯的是男女双方之间的事情，更多时候涉及两个家庭之间的往来。在中国的传统习俗中，儿女的婚姻被认为是终身大事，一般由双方父母操办：所谓“父母之命、媒妁之言”的传统习俗在广大农村影响仍然较大。彩礼给付在子女结婚之前，无论是给付还是接受礼时，子女有的虽已成年，但由于子女在结婚之前和父母共同生活是我国长期以来的传统。所以，一般而言，未婚的男女总是和父母共同生活在一起，作为家庭的成员，和父母等家庭其他成员一起共同劳动，共同消费。根据物权法理论，家庭成员在家庭共同生活关系存续期间共同创造、共同劳动所得的财产是家庭共有财产。因此，男方给付女方的财产，实际并非全部属于男方个人所有，即既包括男方的个人财产，也包括其父母的财产，故彩礼的给付主体应当是男女一方及其父母等家庭成员。

与此对应的是彩礼的接受主体也并非仅限于女方而应包括女方的亲属。现实生活中，彩礼往往给付女方的娘家，而且也往往由女方父母接收彩礼，女方没有占有也无权处理此部分财产；即使由女方本人接收，女方也会将其交给父母。因此，彩礼的接受主体也应当认定为男女一方及其父母等家庭成员，唯有无父母等家庭成员的除外。考虑到这些具体的情况，如果将给付人的主体和收受人的主体都作限制性解释的话，不利于这类纠纷的妥善解决。结合本案被告曲某作为女方的父亲在返还彩礼时当然成为责任主体承担连带责任。

64. 婚内受伤害可以提起刑事附带民事诉讼

案情：2006年底，汤阴县宜沟镇的李明与刘菊举行结婚典礼。2007年11月21日，两人生一男孩。2010年3月20日，因李明将小孩拉的屎倒在屋内垃圾桶内，与刘菊发生争吵，继而李明恼羞成怒，拿起菜刀朝刘菊就砍，一直从屋内砍到屋外，直至刘菊倒在血泊中。刘菊住院治疗，花费56000余元，现仍在治疗中。经鉴定，刘菊面部等处损伤属重伤，构成六级伤残。

评析：被害人刘菊在婚姻关系存续期间可以提起刑事附带民事诉讼。理由如下：(1)婚内伤害的被害人具有诉讼主体资格。根据《刑事诉讼法》第七十七条规定可知，《刑事诉讼法》对于提起附带民事诉讼的主体，没有特别的要求与限制，不论其是否与被告人存在婚姻关系。另外，在现代社会，无论在法律上，还是在社会意义上，每个公民均有独立的主体性，并不受婚姻关系的影响。因此，婚内伤害案中只要侵权关系事实成立，侵权人就应承担相应的责任，被害人就可以提起附带民事诉讼，而与其在婚姻关系中的角色无关。（2）婚内伤害案应当以夫妻个人财产进行赔偿。修订后的《婚姻法》不但确认了夫妻关系存续期间的夫妻共同财产制，同时也确认了夫妻关系存续期间夫妻个人财产制。这就为婚内人身损害确立了赔偿基础。如果双方约定了夫妻关系存续期间的夫妻个人财产，赔偿自然应以夫妻个人财产进行。但在我国现阶段，多数情况下，夫妻对家庭财产共同共有，发生婚内伤害后，又往往没有离婚或者没有立即离婚。这就存在被告没有个人财产或者个人财产不够支付的情况。法院审理时，可先要求被告人以个人特有财产赔偿，个人特有财产不足时，再以共同财产中的份额赔偿。当然，此份额不是现实给予，而是一种期待。如果婚姻关系继续恶化，终至解除时，这一期待的份额即可成为现实利益。

65. 老妻不安于室，庭上迷途知返

案情：殷氏夫妇结婚已近25载，妻子却在这时移情别恋而险酿婚变，法庭上通过法官的耐心疏导劝解才幡然悔悟。

吴某（女）与殷某（男）经人介绍相识，于1986年按农村习俗举办婚礼，未办理结婚登记。婚后夫妻感情颇好，育有两个女儿，大女儿现为某中学教师，小女儿在某大学读书。为使女儿顺利完成学业，也为了更好的建设家庭，殷某便外出务工，妻子吴某则在家操持家务，殷某在空闲之余也常回家看望妻子及女儿们，这种男主外女主内的模式使得家庭生活很融洽。但日子久了，妻子吴某不甘心长居家中，也要求出门打工，却遭到丈夫反对。不料去年农历九月妻子却与其他男子一同外出，春节都没有回家，并发短信给丈夫殷某称其有不得已的苦衷，让丈夫跟女儿们好好过年，不要找她。此后妻子吴某便向法院起诉要求与殷某离婚。

评析：原、被告系20多年的夫妻，且双方并无根本矛盾，双方的女儿都已长大成人并成才，若这样的家庭就此破裂实在可惜。应先与其女儿们沟通，让她们对其母亲进行规劝，再召集双方当事人及亲属进行调解，引导双方本着互谅互让的原则进行沟通，劝告双方看在多年夫妻及子女的分上，正确对待家庭生活矛盾，二人应各自反省自己，原告吴某承认自己一时糊涂，表示愿意跟随丈夫、女儿回家好好生活，并当场撤回起诉，被告殷某也表示摒弃前嫌，原谅原告，夫妻二人和好如初。法院成功调解了这起离婚案件，使破镜终于重圆。

66. 妻子豪赌惹恼丈夫，忍无可忍诉请离婚

案情：原告曾某与被告吴某于上世纪70年代初经亲戚介绍相识谈婚，1973年10月3日

血气方刚的曾某与年芳17岁的吴某登记结婚,婚后感情一直很稳定,并先后生育了七个子女,除最小的儿子尚在南昌读书外,其余六个子女均已成年。本该尽享天伦之乐的夫妻二人自2007年起感情开始恶化，原来2007年吴某常去赌博，并逐渐痴迷于赌博，输了钱欠下不少赌债,由此夫妻间发生矛盾,原告曾某多次规劝妻子吴某戒赌未果,债权人上门追讨被告所欠赌债,导致原告与债权人发生吵打,原被告关系变得异常紧张。被告一错再错严重伤害了夫妻感情，2009年6月原告准备起诉被告离婚，但后来在亲友的劝说调解下于2009年6月9日双方签订了一份协议，被告保证今后不再去赌，如再赌博就离婚，但被告不守信用，视协议为废纸仍然大肆赌博,赌势有增无减,造成夫妻感情恶化,原告遂再次将吴某诉至法院要求离婚。

评析：原告曾某与被告吴某自愿结婚生活已满36年，双方感情基础良好，只因妻子迷恋赌博,导致夫妻感情出现裂痕,但鉴于原告希望被告戒赌维护夫妻感情,且被告现在外打工赚钱,不再迷恋赌博,不同意离婚。其子女均表示不同意父母离婚,因此夫妻感情仍有和好的可能,夫妻感情尚未破裂,原告的离婚诉请依法应不予支持,法院亦判决不准予原告曾某与被告吴某离婚。

67. 离婚后发现丈夫隐藏财产十万，原配分得一半

案情：2009年12月21日，王芳与李成在乌鲁木齐市某区民政局协议离婚，约定王芳抚养婚生子李好，李成每月承担李好抚养费600元，李好的教育费、生病费用、保险费和其他不可预计费用由李成承担至其大学毕业。双方在财产方面仅对位于乌鲁木齐市某区某二巷某小区的一套楼房进行了分割,并约定双方无共同债权债务,离婚后双方的债权债务由各自享有和承担。

2009年4月23日，在王芳不知晓的情况下，李成在和静县出资100000元开办了一家商店，经营箱包等小百货，组成形式为个人经营。后来，李成的这一举动被王芳发现并起诉至法院。主张李成经营的商店所出资10万元注册资金应视为夫妻共同财产，请求法院依法分割。

评析：离婚时一方隐藏、转移夫妻共同财产，离婚后另一方发现有上述行为的，可以向人民法院提起诉讼。2009年12月21日，原告王芳与被告李成协议离婚时，对婚生子李好的抚养及抚养费的承担作了约定,在财产分割方面仅对双方位于乌鲁木齐市某区某巷某小区的住房进行了分割。在原告不知晓的情况下，2009年4月被告在和静县投资100000元注册成立了某小百货商店,有被告在工商局申请设立登记的亲笔签名予以确认,该笔款项系被告在双方婚姻关系存续期间的投资,应属于双方的共同财产。对原告请求法院依法分割该笔投资款的请求，事实清楚、证据充分，法院应予以支持。双方婚姻关系存续期间的财产应平均分

割，被告应支付原告50000元。法院亦于2010年9月8日依法判决被告李成给付原告王芳50000元。

68. 兄弟争遗产，家庭团结书PK公证遗嘱

案情：老大老三以当年签下的《安定团结决定书》为据，诉至法庭要与老二平分父亲遗下的房产一套，却因为父亲在世时，已留下公证遗嘱，写明这套房屋由老二1人继承。

家住闵行的陈老伯和张老太有陈松、陈涛和陈石3个儿子。早年，老夫妻在闵行共同租赁使用公有住房304室一套。由于兄弟3人对父母的房子均存有继承之心，父母担心日后生变，故在2006年7月，父母趁健在之时，召集3子共同签订了《安定团结决定书》。决定书约定，房屋如出卖，一半房款归二子陈涛，另一半归长子陈松和3子陈石两人所有。2008年4月，母亲张老太去世。2009年8月，陈老伯也因病去世。正当陈松和陈石欲持《安定团结决定书》与陈涛商量遗产、即304室的继承问题，孰料陈涛却拿出了父亲陈老伯写下的一份遗嘱，并要求按遗嘱所约全部占有304室。陈松陈石当然不服，诉至法院，要求确认陈涛所持遗嘱无效，并由陈松和陈石享有304室房屋的一半权利。

陈涛辩称，304室原系公房，由父母共同租赁使用。母亲张老太去世后，因当时仍为公有住房，故不存在继承问题。2009年3月，父亲陈老伯买下房屋产权，并于2009年4月取得房产证。且父亲陈老伯立有公证遗嘱一份，表示304室房屋由陈涛一人继承。因此，不同意陈松和陈石的诉讼请求。

原来，陈老伯于2009年3月出资买下这套304室房屋产权，并登记在自己名下。2009年5月，陈老伯前往闵行区公证处立下遗嘱一份，遗嘱载明：我拥有坐落于闵行的304室房屋一套的产权【上海市房地产权证：沪房地闵字（2009）第016*** 号】。现决定,我故世后，上述房屋产权由次子陈涛继承。

评析：公证遗嘱的法律效力优于其他遗嘱。虽然2006年签订的《安定团结决定书》带有一定的遗嘱性质，但因2009年5月陈老伯所作公证遗嘱在后而失效。因304室在张老太生前系公有住房，张老太去世后，该房屋租赁权由其他租赁人陈老伯个人享有。后陈老伯买下产权后的权利应归陈老伯个人所有，因此，陈老伯以此权利订立公证遗嘱并无不当，应确认其法律效力。同时，公证机关制作公证遗嘱之程序合法，故陈松和陈石的诉讼请求，不应予以支持。由于公证遗嘱的法律效力优于其他遗嘱，法院作出驳回老大陈松、老三陈石要求确认老二陈涛所持公证遗嘱无效，并要求确认享有父亲遗下的304室一半产权诉讼请求的一审判决。

69. 法律能否对姥爷的探望权说“不”

案情：儿子还未满两周岁，焦某和李某就因感情不和而闹到了法庭要求离婚。庭审中焦

某坚决不同意抚养儿子，李某同意抚养且不让焦某承担抚育费。最终法院判决准予双方离婚，孩子由父亲李某抚养，母亲焦某有权在每月的一日探望儿子。判决生效后，焦某南下打工，三年未回家，致使焦某之父老焦也无法看到外孙。因老焦十分思念唯一的外孙，在探望屡次遭到李某拒绝后便以自己的名义向法院提起诉讼，要求探望外孙。

评析：法无明文规定即可为之，既然法律对隔辈探望无具体规定，基于中华民族的传统美德和公序良俗，姥爷要求探望外孙的请求可以得到支持。

首先，从法理角度上讲，老焦无权要求探望孙子。探望权，是指离婚后不直接抚养子女的父亲或母亲一方享有的于未成年子女探望、联系、会面、交往、短期共同生活的权利。《婚姻法》第三十八条规定："离婚后，不直接抚养子女的父或母，有探望子女的权利，另一方有协助的义务"。可以看出，本案中的探望权只能由孩子的母亲焦某行使，老焦在遭到直接抚养孩子的李某拒绝的情况下是无权行使的。

其次，从情理角度上讲，老焦探望孙子无可厚非。计划生育政策限制一对夫妇只准生一个孩子（特定情况下可以生二胎），这就意味着一对夫妇、两对父母仅仅共有一个孩子。那么，当离婚情况发生后，未直接抚养孩子一方的父或母到对方家里去看望孙子女或外孙子女纯属人之常情，是生活之所需，精神之所要。倘若这种血浓于水的亲情遭到拒绝，势必会加深两个家庭的矛盾，影响祖孙两代人的感情，更不利于未成年人的健康成长。

70. 母亲遗嘱签名存争议，对簿公堂

案情：母亲去世以后，按照遗嘱，遗物应由长子张刚来处理，但老人的其他子女张飞、张翔和张梅却对遗嘱的真实性存在异议，拒不交出财物。张刚无奈将弟妹告上法庭，要求法院确认遗嘱的有效性、合法性，并要求被告交出母亲生前财物和陵园寄存证，母亲住院后的费用清单及余款。

原告诉称，母亲于2008年12月16日去世，生前曾由他人代笔留有遗嘱一份，本人与被告多次协商未果，被告拒不交出母亲的遗留物。为了完成母亲的遗愿及维护本人的合法权益，故诉至法院要求依法判决。

被告辩称，母亲生前从没说过有遗嘱的事，我们认为遗嘱不是我母亲的本意，字迹不是母亲的，遗嘱是假的。不同意原告诉讼请求。

评析：原被告母亲生前于1999年3月28日由贾女士代笔并作证人、王女士作证人留有遗嘱一份，内容为：对于其住房由长孙居住，对于其财物由大儿子张刚做主，别人无权干涉。本人签字，证人王秀兰、贾文霞签字。遗嘱一式三份，由立字人、证人各保存一份。现原告持遗嘱复印件诉至本院要求确认遗嘱的真实性。庭审期间，原告提供证人王女士、贾女士到庭证明书写遗嘱的过程。王女士提供了遗嘱的原件。

代书遗嘱应由二个以上见证人在场见证，由其中一人代书，注明年、月、日，并由代书人、其他见证人和遗嘱人签名。本案涉及的遗嘱系代书遗嘱，其形式符合法律要件。被告虽对遗嘱中遗嘱人的签名提出异议，但未提供有效的证据予以反驳，故被告的抗辩意见应不予采纳。对原告要求被告返还其母亲生前的财物及相关的物品的诉请与本案不是同一个案由，可另行起诉解决。法院据此做出遗嘱有效，驳回原告的其他诉讼请求的判决。

71. 同时有两个事实婚姻，法律允许吗

案情：常某、牛某均符合法定结婚条件，于1990年未办理结婚登记即以夫妻名义同居生活，群众也认为他们是夫妻。在共同生活过程中常某、牛某由于性格不合经常吵架。常某认为自己的婚姻不受法律保护，把牛某赶回娘家后，又与另一个姑娘马某未办理结婚登记即以夫妻名义同居生活，群众也认为他们是夫妻。马某也符合法定结婚条件。

评析：最高人民法院《关于人民法院审理未办结婚登记而以夫妻名义同居生活案件的若干意见》第2条规定："1986年3月15日《婚姻登记办法》施行之后，没有配偶的男女，未办理登记即以夫妻名义同居生活，群众也认为是婚姻关系的，一方向人民法院起诉'离婚'，如同居时双方均符合结婚的法定条件，可以定为事实婚姻；如同居时一方或双方不符合结婚的法定条件，应认定为非法同居。"《中华人民共和国婚姻法》第3条第2款规定："禁止重婚。禁止家庭成员之间的虐待和遗弃。"不仅一个人与两个人登记结婚构成重婚，而且一个人与两个人同时形成事实婚姻也构成重婚。只要是重婚，无论表面上是什么形态，都是我国婚姻法一夫一妻制原则的严重破坏，不仅要受到婚姻法的禁止，而且还将受到刑事制裁。那种认为两个事实婚姻不构成重婚罪的看法是错误的。因此，两个同时成立的事实婚姻，仍然构成重婚，是法律所禁止的。

72. 曹某再结婚算重婚吗

案例：曹某，女，1986年不到20岁时，由于父母包办嫁到他乡。成婚时，因年幼无知，没领取结婚证。婚后，经常遭到男方的打骂、欺侮。由于男方与一女子鬼混，致使该女怀孕，该女即提出要男方与曹某离婚后和她结婚。1995年10月，双方同意离婚，当要求村负责干部开证明时，村干部以当初没领结婚证等理由，置之不管。曹某与男方私下写了"离婚书"，双方按了指印，结束了夫妻生活。分手后，曹某与一男青年结识，对方提出要和她结婚，曹某便于1996年结了婚。不知这是否属于重婚？

评析：我国《婚姻法》第3条规定："禁止包办、买卖婚姻和其他干涉婚姻自由的行为。""禁止重婚"。第5条规定："结婚年龄，男不得早于二十二周岁，女不得早于二十周岁。晚婚晚育应予鼓励。"第7条规定："要求结婚的男女双方必须亲自到婚姻登记机关进行结婚登

记。符合本法规定的，予以登记，发给结婚证。取得结婚证，即确立夫妻关系。”

这些规定表明，结婚必须达到法定的婚龄，才能结婚。结婚必须到当地人民政府婚姻登记机关进行结婚登记，领取结婚证，才是合法的婚姻才受到国家法律的保护。不进行结婚登记，男女双方私下同居，是违法的。曹某未达法定年龄，由父母包办嫁到他乡，没有依法进行婚姻登记即和男方以夫妻关系共同生活。这样的婚姻，显然是非法的，无效的。后来，双方同意离异，就应当主动请当地政府或者法院确认婚姻关系无效。而他们却自己写“离婚书”私下解决，是不妥当的。一旦解除了原婚姻关系，现再与他人结婚，就不是重婚行为，但必须依照我国《婚姻法》的规定，符合结婚所必须具备条件，即：男女双方完全自愿，均达到法定的结婚年龄，没有被禁止结婚的血亲关系和疾病，符合一夫一妻制的原则。这样，到婚姻登记机关进行登记，领取结婚证，就是合法的婚姻了。

73. 父母干涉儿女婚姻造成自杀案

案例：宋某，男，23岁，内蒙古伊金霍旗人。郭某，女，21岁，内蒙古伊金霍旗人。

宋、郭二人是同村近邻，两小无猜，青梅竹马，一起长大，既是同乡，又是中小学同学。随着年龄的增长，两个人相爱，但郭某的父母嫌宋家贫穷，不答应此门婚事，并威迫说：“宋某，你要娶我女儿也可以，立即送一万元彩礼，人归你。否则，我把她嫁给她姨表哥赵某。”宋某家穷，别说一万，就是一千元，也拿不出来。宋某与郭某两个人痛苦万分，想不出什么办法。1984年春的一天，两个人一狠心，抱头痛哭到深夜，投井而亡，以死抗争。

评析：中华人民共和国婚姻法第二条规定：“实行婚姻自由。”婚姻自由，就是婚姻的当事人双方按照法律的规定，自主决定自己的婚姻，任何人不得强制和干涉。为了保障这一原则的实施，婚姻法第三条明确规定：“禁止包办、买卖婚姻和其他干涉婚姻自由的行为。禁止借婚姻索取财物。”郭某的父母包办女儿的婚事，索取彩礼，逼迫女儿与恋人割断关系，终于造成一对恋人自杀的惨剧。郭某父母的行为构成了干涉婚姻自由的违法行为。另外，郭某和赵某是姨表兄，为三代以内的旁系血亲。根据婚姻法第六条关于直系血亲和三代以内的旁系血亲禁止结婚的规定，郭某父母将其许配给赵某，也是违反我国婚姻法的，是错误的。

74. 如何认定婚姻诈骗

案情：被告人胡某，男，1982年4月20日出生于云南省邵通市，汉族，小学文化，农民。2008年12月7日，被告人胡某等人伙同女青年李某（另案处理）从浙江省浦江市窜至武陟县宁郭镇南田塘村，让该村的郎某给李某找婆家，通过郎某等人从中介绍，将李某介绍与武陟县小董乡磨庄村男青年党某某结婚，党某某付给胡某现金18000元，女青年李某当日便住在党某家中。两日后，党某某带领女青年李某到焦作市购置结婚衣服时，李某乘党某某去厕所方便之机，迅速逃回浙江省。2009年8月5日，胡某被抓获。

评析:改革开放以来，我国广大地区人民群众生活质量有了很大的改善和提高，但是由于东西部经济发展不平衡，某些心怀不轨的不法分子看准部分农村存在不少大龄男青年，没有对象，以及成家心切的心理有机可乘，有利可图，操起了“放鸽子”的婚姻诈骗营生，祸害百姓的罪恶勾当。其实，利用婚姻诈骗旧社会就很盛行，比较流行的如“放鸽子”、“仙人跳”等等名目繁多，防不胜防的婚姻陷阱，就曾让那时候不知道有多少善良的人家，上当受骗，甚至倾家荡产。

如何准确把握处理以婚姻骗财的案件，区别不道德婚姻还是诈骗犯罪，可以从以下几个方面来认识和判断。

第一，从犯罪故意产生的时间上看，以婚骗财的诈骗犯罪的犯罪故意往往产生在婚姻关系成立之前，具有非法占有他人钱财的犯罪故意是认定婚姻诈骗犯罪的重要构成要件。

第二，在客观行为上，采取了虚构事实，隐瞒真相的方法，骗取了被害人的信任。通过欺骗手段获取财物之后，行为人将财物用于个人挥霍。为了掩盖诈骗事实，更加取得被害人的信任，行为人有时也会将骗取的钱财少量花在被害人身上，但钱财在实质上仍被行为人个人控制和支配。

第三，从骗取的财产的所有权上看，所骗取的财产是一方婚前财产或是与被害人有关系的其他人的财产，并非属于婚姻关系成立后，“夫妻”双方的共同财产。

第四，案发后，参考被害人的态度，司法机关可以考虑是否有追诉犯罪的必要，以达到法制效果和社会效果的统一。

通过以上案例，我们可以看出，当前，婚姻诈骗的确是个可怕的陷阱，尤其是处在急于想结婚而又苦于找不到对象阶段的青年男女要引起注意，并加强防范：

第一，不要轻信各种报上刊登的征婚交友广告，如果认识了想与成婚的异性，要对其真实身份和家庭背景有一定的了解，尤其要辨别对方身份证的真假，必要时可请公安机关帮忙。对于初次认识的异性，一定要审查其身份证。

第二，在结婚登记前，最好不要有经济往来，特别是大笔的经济往来，如大额的借款等等。

第三，提高警惕，加强防范。对刚接触、不太了解的人，要多留个心眼，保持警惕，注意鉴别对方的许诺和自我介绍。骗子在行骗过程中还是有很多漏洞和破绽的，只要稍作留心，并通过调查，就能从中发现问题。

第四，如若被骗，要保存好相关证据材料，并把材料以书面形式交至地方公安局，协助公安机关调查取证。

婚姻诈骗，俗称“婚骗”，是以婚姻为诱饵诈骗他人钱财的行为。婚姻诈骗，往往是以择偶难的中青年或离异者为对象，以结婚为幌子，诈骗受害者钱财，然后以感情不和为由分手或寻机逃离，这种婚姻诈骗又称“放鸽子”，是最常见的婚姻诈骗形式。对于社会上种类繁多的“骗婚”现象，审判实践中，要准确把握婚姻诈骗罪与一般的不道德婚姻区别开来，并提醒广大中青年男女提高警惕加以防范。

从2011年4月8日始，我国诈骗罪的立案标准从2000元提高到3000元。

75.收养关系纠纷

案情：原告李德喜，男，生于1949年5月10日，汉族，陕西省石泉县人，农民，住石泉县中池乡老湾村七组。被告李世胜，男，生于1979年10月9日，汉族，陕西省石泉县人，农民，住石泉县中池乡老湾村七组。

2004年农历冬月23日，原告李德喜的儿子李世东在山西煤矿不幸身故后，原告于2005年农历正月20日在亲友及村干部的参与下收养了一侄儿李世胜为继子。收养后，被告即提出将原由原告委托他人保管的原告儿子死亡补偿费66000元由被告保管。原告从代管人那里取回后就全部交给了被告。2005年3月22日在村干部，原告女儿、原告儿媳及儿媳的娘家人的参与下将补偿费进行了分配，孙女分得34500元，儿媳分得10000元，原告分得20000元，孙女、儿媳所得款被告全部支付，但原告的20000元，被告仅付了5000元，还欠15000元，被告给原告出具了一张欠条，后原告向被告索要，被告以有过房字为由，不予归还，为此，原告请求人民法院依法确认其与被告的收养关系无效，并责令即时归还其现金15000元。

评析：原告李德喜膝下有一子一女，儿子李世东，女儿李鸿。2004年农历冬月23日，李世东在山西煤矿不幸身故，煤矿为其死者家属给予了死亡补偿金10万余元，清偿了一些债务和一些开销外，尚余68000元，原告委托其侄儿李世保代为保管。2005年农历正月20日，在亲友以及村干部的参与下，将原告同胞兄弟李德兴的次子李世胜过房给原告李德喜为继子，并立有“过房字据”。“字据”的主要内容是：“自立字据之日起，李世胜应与继父一起生活，安排生产、生活，对原告生养死葬，李世胜享有继父家产继承权等”。收养后被告李世胜仍在亲生父母家居住，只是与继父一起吃饭，时而安排一下生产。同年农历2月19日，应被告李世胜的要求，补偿金代管人李世保将68000元的现金存折交给了原告，原告李德喜于当日将现金全部取出，又分别存入县信用联社60000元，存入中池信用社6000元，另外2000元由儿媳余时花交了烧毁树林的罚款。同年农历2月26日在被告及亲友的劝告催促下，原告将上述两处存款66000元全部取出，全部交由被告李世胜持有。后又开支了1500元，还剩64500元，儿媳余时花提出要将补偿费进行分配。同年农历3月22日，在原告及原告之女李鸿、儿媳余时花及娘家人并邀有村支书参加，将补偿费进行了分配，儿媳余时花分得10000元；孙女李宁分得34500元；原告李德喜分得20000元。被告李世胜将余时花、李宁所得的共44500元全部支付。仅给原告支付现金5000元，尚有15000元，被告李世胜为其出具了一张欠条。内容为“欠条，欠到幺叔现金壹万伍仟元整（15000元），李世胜，2005年3月18日”。并捺有手印。此后，原告李德喜几次要求被告李世胜将余款15000元归还，但被告李世胜以立有过房字据为由不予归还。被告李世胜于农历3月底外出，至今未归，不知下落。

原告李德喜老年丧子欲招一子为其养老送终虽在情理之中，但收养被告李世胜为继子其行为违背了我国收养法的有关规定，即使是立有“过房字据”也是无效的。被告李世胜在未经原告同意的情况下占有原告现金不予归还，其行为侵犯了原告的财产权利。在原告要求归还时理当即时归还，以其有过房字据为由不予归还，其理由显然是不能成立的。原告的诉讼请求符合法律规定，依法应当支持，被告不予归还的抗辩理由与法相悖，依法不予支持。法律依照《中华人民共和国收养法》第六条一款（一）项、第十五条，《中华人民共和国民法通则》第七十五条、第一百一十七条一款的规定。

76. 本案中收养关系能否解除

案情：原告杜振来，男，生于1940年2月20日，汉族，农民，住赵集镇桥湾村五组。

原告李明芳，女，生于1945年，汉族，农民，住址同上，系原告杜振来之妻。

委托代理人何新有，男，现年35岁，汉族，住邓州市新华街008号。

被告杜秋草（又名王玲），女，生于1981年7月30日（农历），住址同上。

被告王清顺，男，生于1953年6月3日，汉族，农民，住张村镇张北村。

原告杜振来、李明芳与被告杜秋草关系恶化，要求解除收养关系，并要求二被告支付收养期间的费用共15000元。被告则认为与原告关系尚好，不同意解除收养关系。

评析：1981年农历七月二十五日，被告王清顺夫妇生育一女孩，于1981年农历七月二十七日通过他人将该女送给二原告抚养，原告为其取名杜秋草（原告在收养前已有两个儿子）。其后，杜秋草一直由原告夫妇抚养。1989年秋起被告杜秋草在冀寨小学上学，三年后辍学，未满16岁，于1996年春即开始外出打工独立生活，在二原告收养被告杜秋草期间，被告王清顺夫妇对此一直没有过问，被告杜秋草则听他人传言，原告夫妇要让她成年后嫁给其次子杜某，双方因此产生隔阂。被告杜秋草于1998年农历九月十四日找其父商议并离开原告处，与其生父母共同生活。不久，被告便与张村路寨村民路海涛同居生活。原告得知此情况后诉至本院，庭审中，二原告变更诉讼请求，要求被告支付其收养期间费用7200元，被告杜秋草仍坚持不同意解除双方形成的收养关系，被告王清顺对原告与其女是否解除收养关系表示不予干涉。法律根据《中华人民共和国收养法》第二十六条之规定，法院遂作出判决原告杜振来、李明其与被告杜秋草的收养关系不得解除。

77. 该夫妻共同财产的处分应适用善意取得制度

案情：1997年2至3月间，王某与刘某相识后，逐渐发展成为不正当的男女关系。后双方商议各自离婚再结婚。1997年8月刘某与前夫离婚，同月王某出资10万元为刘某购买往宅一套，房产所有权人登记为刘某，并由刘一直居住。1998年3至4月，王某又向刘某提供现金5万元和价值3万元的空调，同年4月21日，刘某向王某出具欠条一张，上书："假如我嫁给别人，我将把购房款10万元、现金5万元、空调款3万元计人民币18万元归还给王某。"事后，双方产生矛盾，王某遂诉至某区法院请求归还上述款项。

王某在诉状中称：他与刘某就这18万元之间的关系是借贷关系，该借贷附了终止条件，是一种附条件的民事法律行为。现在刘某要嫁给他人，应当视为所附的终止条件到来，刘某理应归还所欠的款项。在诉讼过程中，王某之妻杨某以此18万元是夫妻共同财产，而王某未经其同意擅自处理侵犯了其财产共有权为由要求参加诉讼，但法院未予准许。

某区法院一审与某市中级法院二审判决认为：刘某出具给王某的欠条违反了民事活动应当尊重社会公德的规定，违背了公序良俗，根据民法通则若干意见第七十五条"附条件的民事法律行为，如果所附的条件是违背法律规定或者是不可能发生的，就当认定该民事法律行为无效"之规定，该欠条不能证明王某与刘某之间存在真实的借贷关系；其次，王某提供给刘某的18万元实质上是赠与行为，因此判决驳回王某的诉讼请求。

王某与杨某对该判决均不服，在判决生效后向某省检察院申请抗诉。某省检察院审查后认为：王某给刘某的18万元未经其妻杨某的同意，侵犯了杨某的夫妻财产共有权，杨某对本案争议的18万元有独立的请求权，法院不准许杨某参加诉讼，违反了民事诉讼法第一百一十九条"必须共同进行诉讼的当事人没有参加诉讼的，人民法院应当通知其参加诉讼"的规定，漏列当事人，程序违法。因此，某省检察院以终审判决违反法定程序可能影响案件正确判决为由向该省高级法院提出抗诉。

经某省高院的指令，某市中级法院再审认为：王某给付刘某的18万元时正处于双方同居期间，当时王某并未要求刘某出具任何手续，而是事隔一段时间后为了继续保持双方的同居关系，防止刘某另嫁他人，才要求刘出具欠条。事实上双方同居期间，王某并未要求返还，而是双方同居关系一旦结束，王某想要继续同居目的不能达到，又不甘心金钱损失，才诉至法院。由此可见王某给刘某的18万元是特定目的赠与行为，刘已实际接受，该赠与行为已经完成。其次，王某将18万元给刘某是通过购买实物及现金，而购买的实物又转入刘某所有，实际给付的是货币。王某对这18万元系占有人即所有人，其对18万元的处分是有权处分的行为，而杨某并非这18万元的占有人也非所有权人，即使是夫妻共同收入，在王某处保管，由于货币的特殊性质，王某对这18万元有权处分，刘某接受了这18万元就成了这18万元新的所有人，刘某与杨某间不存在任何法律关系。另外，王某以借款纠纷向法院起诉，双方当事人是王某与刘某，杨某不是本案的当事人，因而在实体和程序上都无权请求返还这18万元。据此，再审判决维持了原终审判决。

评析：本案历经一审、二审、检察机关抗诉、再审，最终仍以王某败诉、拒绝杨某参加诉讼而告终。但是笔者认为，无论是一审、二审法院还是检察院、再审法院都没有理清本案的法律关系，抓住善意取得制度这一核心法律问题，从而导致判决不具法理说服力，不能令人满意。

笔者认为，要正确判明本案，首先要厘定本案中涉及的三个法律关系：

（1）王某与刘某之间就这18万元发生的法律关系是赠与关系还是借贷关系？我们认为很明显是赠与关系，这在几次判决中也阐述得很清楚。王某在与刘某同居期间，陆续将这18万元转至刘某名下，其目的是想要刘某保持与其同居，依照有关规定，赠与合同是无偿、实践、不要式合同，赠与标的一经交付，合同便依法有效。但在合同生效后，刘某应王某的要求出具了一张欠条，可视为双方对原合同进行了变更，即对该赠与合同附加了解除条件，即如果刘某嫁给别人，其获得的赠与财产返还给王某。但是我们可以明显看出，该解除条件显然违反法律规定、违背了公序良俗，应认定所附条件无效。但合同的部分无效不影响其他部分的效力，且造成无效的责任显然在王某，王不具有合同的解除权，因此，该赠与合同依法有效。

（2）王某与杨某之间关于这18万元的法律关系。首先应该明确，王与杨是夫妻关系，这18万元也是夫妻共同财产，此笔巨款在民法上性质是共同共有。对于夫妻共同共有财产的处分，在该财产未分割前应由夫妻双方共同同意。在本案中，王某将18万元赠与刘某，显然未征得杨某的同意，因此王某侵犯了杨某享有的共同共有财产所有权，是一种侵权的民事法律关系。杨某基于王某的侵权行为可以向王某追偿，这一点在检察院的抗诉理由中也得以阐述。

（3）杨某与刘某关于这18万元之间的法律关系。前面我们已经阐述，王某与刘某之间是赠与关系，王某与杨某之间是侵权法律关系，那么杨某与刘某之间是否存在法律关系？这关系到杨某能否基于王某的侵权行为主张王与刘的赠与行为无效而向刘某追偿这18万元，这也是本案的关键。我们认为应当运用民法中的善意取得制度来加以分析，所谓善意取得是指无权处分他人动产的占有人在不法将动产转让给第三人以后，如果第三人在取得该动产时出于善意（即不知或不应知道）就可依法取得该动产的所有权。第三人在取得动产的所有权以后，原所有人不得要求第三人返还财产，而只能请求转让人（占有人）赔偿损失。

78. 夫妻婚内借条是否具有法律效力

案情：张某与王某本是夫妻。2006年3月，张某向妻子王某借现金30000元。2006年

5月，在王某的催促下，张某向妻子出具借条一张，其内容是："2006年3月本人张某借王某现金叁万元整（30000元），定于2008年3月归还，到期后未如数归还，愿承担法律责任。特立此字据为证。"2007年5月，二人协议离婚。双方在离婚协议中没有对该笔借款进行处分。2008年3月以后，王某向张某追要该借款未果。2009年3月，王某向法院起诉，请求判令张某偿还该借款的本金及逾期利息。

评析：夫妻在婚姻关系存续期间相互打的借条到底有没有法律效力，法院到底该不该支持王某的诉讼请求，笔者认为存在约定财产制应具体分析其法律效力，有的有法律效力有的则无。

2001年修正后的我国《婚姻法》将婚前个人财产和婚后所得财产的权属做了更明细的规定，对婚后所得中属于双方共有的财产和属于一方特有的财产做了更清晰的区分，根据修正后的《婚姻法》规定，目前我国的夫妻财产权属有三种形式，即夫妻共同法定财产制、夫妻特有财产制和夫妻约定财产制，这三种财产制共同构成了我国夫妻财产权属制的结构体系。（1）夫妻共同法定财产制。我国《婚姻法》规定："夫妻在婚姻关系存续期间所得的财产，归夫妻共同所有"，"夫妻对共同所有的财产，有平等的处理权"。所谓夫妻共同法定财产制是指法律直接就夫妻财产关系有关内容做出具体规定的法律制度。夫妻所得财产归夫妻双方所有，由夫妻双方对该财产进行共同管理。夫妻共同法定财产制是实现婚姻家庭生活的基本物质要求，因此是夫妻财产权属制的主导制度。（2）夫妻特有财产制。所谓夫妻特有财产制是法律规定夫妻一方对婚前财产或者婚后所得某些财产，由夫或妻一方占有、管理使用、收益、处分的权利和承担义务等形成的法律制度。夫妻特有财产制的核心是婚前个人财产持续存在制，即不论夫妻双方结婚时间有多长，在没有特别约定的前提下，婚前个人财产都属个人所有，即夫妻一方婚前向另一方享有的债权就得以持续存在，债权人仍然可以对作为配偶的债务人主张权利，债务人也不得以其是债权人的配偶而对抗债权人的请求。（3）夫妻约定财产制。所谓夫妻约定财产制就是指法律允许夫妻用契约、协议的方式对他们在婚前和婚后财产的归属、占有、管理、使用、收益和处分以及对第三人债务的清偿、婚姻解除时财产的分割等事项做出约定，从而排除或部分排除夫妻法定财产制适用的制度。法定财产制是依照法律直接规定而适用的财产制，而约定财产制是夫妻以协议、契约的方式依法选择适用的财产制，其效力要高于法定财产制，只有在当事人未就夫妻财产做出约定，或所做的约定不明确，或所做的无效时，才适用夫妻法定财产制。夫妻约定财产制在我国出现并在立法中予以确立，适应了我国家庭财产状况日趋复杂化、多样化的趋势，使婚姻当事人在处理各方财产时有更大的灵活性。

虽然我国绝大部分家庭的夫妻财产大都处于共有状态，很少出现上述案例夫妻为同一借贷关系的双方当事人的情形，但是这并不排除夫妻双方可以成为借贷关系的双方当事人的可能性。那么，夫妻彼此间的相互借贷是否具有一般公民借贷的共同特点，这种民事法律行为是否仍然体现的是债权债务关系，这需要从多方面进行分析和探讨。

（1）夫妻共同财产中夫妻借贷关系的认定

在借条确定的款项作为对价购置的财产由夫妻共同经营或使用并且收益由夫妻共同的情况下，应当认定购置的财产为夫妻共同财产，因为这时如果继续认定借条的效力，让出具借条的一方独自承担借款责任，显然已经违背了婚姻法第十三条“夫妻在家庭中地位平等”的规定，同时也显失公平。笔者认为如果夫妻之间借贷所涉款项是明确来源于家庭共同财产，该债权就属于夫妻共同债权，债权人就是这个家庭；如果夫妻之间借贷所涉款项用途是明确用于家庭共同生活开支，该债务就属于家庭共同债务，债务人就是这个家庭；如果夫妻之间借贷所涉款项来源于这个家庭共同财产，又用于家庭共同生活开支，所谓的“夫妻之间的借贷关系”就是不复存在的。

（2）夫妻个人财产中夫妻借贷关系的认定

为适应当前夫妻财产关系多元化和复杂化的特点，有利于划清夫妻共同财产与夫妻个人财产的界限，2001年《婚姻法》第十八条以列举的方式规定了夫妻个人财产的范围，从而把属于个人所有的财产从夫妻共同财产中独立出来，并从财产取得的时间及财产的性质将夫妻个人财产分成五个方面：①一方的婚前财产。②一方因身体受到伤害获得的医药费、残疾人生活补助费等费用。③遗嘱或赠与合同中确定只归夫或妻一方的财产。④一方专用的生活用品。⑤其他应当归一方的财产。其他应当归一方的财产应包括以下几方面的内容：一方从事职业所必需的财产，但价值较大的除外；夫或妻所获得的奖品；具有人身性质的保健费、保险赔偿金等；复员、转业军人所得的复员费、转业费，复员军人从部队带回的医药补助费和回乡生产补助费等；国家资助优秀科学工作者的科研津贴；一方创作的文稿、手稿、艺术品的设计图、草图等；解除劳动关系的补偿金、用人单位发放的再就业补贴、提前退休补贴费、吸收劳动力安置费等。笔者认为，如果夫妻之间借贷所涉款项来源于以上列举的夫妻一方的个人财产，并且用于另一方的个人事务，则夫妻之间的借贷关系成立。

（3）夫妻约定财产中夫妻借贷关系的认定

夫妻对财产关系的约定需要符合下列要件：①夫妻财产约定具有身份属性。它以婚姻关系为基础，从属于夫妻关系，因而缔约的主体严格限制在夫妻之间，该合同不能独立婚姻关系而存在。②缔约双方必须具有完全民事行为能力。③约定必须双方自愿。夫妻对财产的约定必须出于真实的意思表示，以欺诈、胁迫手段或乘人之危使对方在违背真实意思的情况下作出的约定，对方有权请求变更或者撤销。④约定的内容必须合法，不得利用约定规避法律以损害国家、集体或他人的利益，不得违背社会公共利益。约定的内容不得超出夫妻财产的范围，如不得将其他家庭成员的财产列入约定财产的范围，不得利用约定逃避对第三人的债务以及其他法定义务。在夫妻之间如果已经对财产明确约定婚姻关系存续期间所得的财产以及婚前财产归各自所有的情况下，笔者认为可以直接认定一方借了对方的财产，婚内债权债务关系成立，婚姻关系存续期间，离婚时或离婚后，一方可以要求另一方清偿。

79. 婚后父母赠与的财产是否属夫妻共同财产

案情：2005 年 7 月王某将自己的二层楼房过户给已婚儿子王小，登记产权所有人为王小，2008 年 9 月王小与妻子丁某闹离婚，对该房所有权产生争议。诉至法院要求裁决。

评析：子女结婚以后父母赠与的财产是否属夫妻共同财产？该房属王小夫妻共同财产。首先，王某将房屋过户时的时间界限在王小婚姻关系存续期间，夫妻关系存续期间房屋登记在一方名下的为共同财产；其次，王某在赠与时也未明确表示将该房产赠与给王小个人。

婚姻法第十八条第（三）项规定“赠与合同中确定只归夫或妻一方的财产为个人财产，否则是夫妻共同财产”；最高法院关于适用《婚姻法若干问题解释二》第二十二条规定“结婚后，父母为双方购置房屋出资，该出资应认定为对夫妻双方赠与。该案王某在将房屋过户给王小时既没有签订书面合同，也没有口头明确赠与给王小个人，且那时王小夫妇和睦，通常作为父母赠与财物的真实目的是让儿女生活得更幸福，更和谐，不会想到离婚时分割财产。至于房屋登记簿上的所有权人的名称不影响共有财产的性质，所以婚后父母赠与财物未明确给一方的情况下认定为共同财产更符合立法和司法解释的精神。

80. 与精神病妻子离婚，抚养义务该谁来承担

案情：陈某患有精神病，不过，并不是特别严重，没发作的时候，与正常人没有什么区别。1 年前，经人介绍，隐瞒了病情的陈某与刘某结了婚。婚后不久，陈某精神病复发，折腾了几个月，刘某诉至法院要求离婚。陈某的父母作为女儿的法定代理人出庭应诉，对于女儿离婚没有意见，但提出，离婚后，刘某仍对女儿有扶养义务，应按月给付扶养费用。

评析：笔者认定，陈某结婚前即患有精神病，属于不能独立生活的成年子女，父母对不能独立生活的成年子女的抚养义务，不因该子女结婚而终止，在该子女离婚后，父母应当继续承担抚养义务。

（1）夫妻间的扶养义务以婚姻关系存续为前提，离婚时如果一方生活困难，另一方应承担的不是扶养义务，而是帮助义务。根据婚姻法的规定，夫妻有互相扶养的义务。一方不履行扶养义务时，需要扶养的一方，有要求对方付给扶养费的权利。除了扶养义务之外，夫妻离婚时还有帮助义务，一方生活困难，另一方应从其住房等个人财产中给予适当帮助。不难看出，扶养义务和帮助义务的分界线为离婚之时，换言之，扶养义务以夫妻关系存续为前提，一旦离婚，扶养义务就此终止，同时转化为帮助义务。本案中，陈某丧失劳动能力，没

有收入来源，刘某应当给予的是经济帮助。经济帮助是暂时性的，扶养义务却是持续的，甚至是终生的。刘某与陈某的婚姻仅持续1年时间，陈某的病情与刘某没有任何关系，如果要让刘某为这1年的婚姻背上一辈子的扶养负担，显然也不合情理。

（2）父母对已经成年但不能独立生活的子女，仍然负有抚养义务，这种抚养义务，不因子女结婚而终止。父母对已经成年但不能独立生活的子女的抚养义务，基于父母与子女的关系而产生，只要这种父母子女的关系存在，抚养义务就必然延续。当然，在该子女与他人缔结婚姻，配偶的扶养义务与父母的抚养义务竞合时，父母对该子女的抚养可能处于休眠状态，但是，这并不意味着父母抚养义务的终止，并不妨碍该子女向父母提出付给抚养费的要求。就本案而言，虽然陈某的父母对女儿负有抚养义务，但裁判文书中不应对此作裁判，因这属于另一种法律关系，只能另行协商或诉讼解决。在本案中，法院只需判决刘某给予陈某一次性经济帮助即可。此后，如果陈某生活困难，或者其父母无力抚养，那属于社会问题，应当启动社会救助机制，通过社会的共同关爱来解决。

相关法律问答

1. 村民委员会的性质是什么?

答：根据《村民委员会组织法》第二条的规定，村民委员会是村民自我管理、自我教育、自我服务的基层群众性自治组织，实行民主选举、民主决策、民主管理、民主监督。可见，村民委员会不是一级政府，只是基层群众性自治组织。

2. 村民委员会的任务有哪些?

答：根据《村民委员会组织法》的相关规定，村民委员会的主要职责是：（1）办理本村的公共事务和公益事业；（2）调解民间纠纷；（3）协助维护社会治安；（4）向人民政府反映村民的意见、要求和提出建议；（5）支持和组织村民发展经济；（6）管理本村的土地和其他集体财产；（7）宣传宪法、法律、法规和国家政策；（8）维护村民的合法权利和利益；（9）开展精神文明建设活动；（10）协助乡镇人民政府开展工作。村民委员会依照法律规定，管理本村属于村民集体所有的土地和其他财产，教育村民合理利用自然资源，保护和改善生态环境。

3. 村民委员会在农村经济建设中具有哪些职能?

答：《村民委员会组织法》第五条规定，村民委员会应当支持和组织村民依法发展各种形式的合作经济和其他经济，承担本村的生产服务和协调工作，促进农业生产建设和社会主义市场经济的发展。

村民委员会应当尊重集体经济组织依法独立进行经济活动的自主权，维护以家庭承包经营为基础、统分结合的双层经营体制，保障集体经济组织和村民、承包经营户、联户或者合伙的合法的财产权和其他合法的权利和利益。

4. 村民委员会与农村基层党组织是什么关系?

答：根据《村民委员会组织法》第四条规定，中国共产党在农村的基层组织，按照中国共产党章程进行工作，发挥领导核心作用，领导和支持村民委员会行使职权；依照宪法和法律，支持和保障村民开展自治活动、直接行使民主权利。

5. 乡镇人民政府与村民委员会是什么关系?

答：根据《村民委员会组织法》第五条的规定，乡、民族乡、镇的人民政府对村民委员会的工作给予指导、支持和帮助，但是不得干预依法属于村民自治范围内的事项。村民委员会协助乡、民族乡、镇的人民政府开展工作。乡镇人民政府与村民委员会的关系是指导与协助的关系。

6. 村民委员会成员是如何产生的?

答：根据《村民委员会组织法》第十一条的规定，村民委员会主任、副主任和委员，由村民直接选举产生。任何组织或者个人不得指定、委派或者撤换村民委员会成员。

7. 村民委员会由哪些人员组成?

答:《村民委员会组织法》第九条规定，村民委员会由主任、副主任和委员共3至7人组成。

村民委员会成员中,妇女应当有适当的名额,多民族村民居住的村应当有人数较少的民族的成员。

8. 如何推选村民小组长?

答:《村民委员会组织法》第十条规定，村民委员会可以按照村民居住状况分设若干村民小组，小组长由小组会议推选。

村民小组长的职责是:

（1）收集并向村委会反映本组村民的建议、意见;

（2）向本组村民传达村委会做出的有关决定;

（3）协助村委会办理本村的公共事务和公益事业。

9. 村民委员会任期有多长?

答:《村民委员会组织法》第十一条规定，村民委员会每届任期3年，届满应当及时举行换届选举。村民委员会成员可以连选连任。

10. 村民具备何种条件享有选举权和被选举权?

答:《村民委员会组织法》第十二条规定，年满18周岁的村民，不分民族、种族、性别、职业、家庭出身、宗教信仰、教育程度、财产状况、居住期限，都有选举权和被选举权;但是,依照法律被剥夺政治权利的人除外。有选举权和被选举权的村民的名单，应当在选举日的20日以前公布。

11. 村民选举委员会如何产生?其职责是什么?

答:《村民委员会组织法》第十三条规定，村民委员会的选举由村民选举委员会主持。村民选举委员会成员由村民会议或者各村民小组推选产生。

12. 什么是婚姻法?

答：婚姻法，是调整婚姻家庭关系的法律。我国目前施行的《中华人民共和国婚姻法》，是1980年9月10日，由第五届全国人民代表大会第三次会议通过，并于1981年1月1日起施行的。

这部婚姻法分5章，共37条，对我国公民的婚姻原则、结婚年龄、夫妻之间的权利与义务、父母与子女之间的关系，以及离婚原则、离婚后子女的抚养等问题，都作了明确规定。婚姻法的立法原则是：（1）婚姻自由原则；（2）一夫一妻原则；（3）禁止近亲结婚原则；（4）结婚登记原则；（5）男女平等原则；（6）计划生育原则；（7）亲属抚养义务原则；（8）非婚生子女与婚生子女平等原则；（9）离婚自愿原则；（10）夫妻“共同财产制”原则。婚姻法是关系到每人、每家切身利益的独立的法律部门，也是人们在生活中接触最多的一个法律部门。它是人们在婚姻、家庭关系各个方面必须遵循的准则。

13. 我国婚姻法规定了哪些基本原则?

答：2001年4月28日，我国通过了修订后的《中华人民共和国婚姻法》。该法第二条规定的基本原则有：（1）婚姻自由。（2）一夫一妻。（3）男女平等。（4）保护妇女、儿童和老人的合法权益。（5）实行计划生育。

14. 如何理解夫妻对共同财产的权利?

答：我国《婚姻法》第十七条第二款关于夫妻对共同财产的权利作出了一条原则性的规定：“夫妻对共同所有的财产，有平等的处理权。”夫妻财产权利是夫妻财产制的核心内容。它不仅会影响到夫妻的相互关系，而且也会影响到交易的安全，因而历来是世界各国立法关注的焦点。为了避免人们理解上的差异导致执法上的不统一，最高人民法院《关于适用〈中华人民共和国婚姻法〉若干问题的解释（一）》指出：《婚姻法》第十七条关于“夫妻对夫妻共同所有财产，有平等的处理权”的规定，应当理解为：（1）夫或妻在处理夫妻共同财产上的权利是平等的。因日常生活需要而处理夫妻共同财产的，任何一方均有权决定。（2）夫或妻非因日常生活需要对夫妻共同财产做重要处理决定，夫妻双方应当平等协商，取得一致意见。他人有理由相信其为夫妻双方共同意思表示的，另一方不得以不同意或不知道为由对抗善意第三人。

15. 如何理解夫妻共同财产中的生产、经营收益?

答：所谓生产、经营，既包括从事个体生产劳动，也包括在工业、农业、服务业、信息业、金融证券业等等领域中从事组织管理、承包、租赁、投资等经营活动。生产、经营的收益，是指从事上述一切活动所得的收益。随着社会主义市场经济的不断发展，在私营企业、个体工商户、合伙经营、承包经营，以及在股份制企业中投资所引起的夫妻财产关系日益复杂，既可能是双方共同投资、经营，也可能是以一方的名义投资、经营；在可能有一定数目，甚至是巨额收益的同时，也承担着相应的风险。依照现行法定财产制，如果当事人没有就有关财产的归属作出约定，在婚姻关系存续期间，不论是一方还是双方进行的生产活动，其收益均应属于夫妻共同共有；进行经营活动的，无论是单独的还是共同的投资和经营，其所得收益均应视为夫妻共同财产，其所负债务也应视为夫妻共同债务。

16. 作为夫妻共同所有财产须具备的要件是什么？

答：根据现行《婚姻法》规定的精神，凡是认定为夫妻共同所有财产的，须具备三个要件，第一，必须是在婚姻关系存续期间双方合法取得的财产；换言之，婚姻关系被法律承认以前和依法终止以后双方所得，以及各种非法所得均不列入共同财产的范围。第二，必须是未被双方约定为个人所有的财产，或者约定无效的婚后所得。也就是说，凡是已经有效约定为个人所有的财产不再视为夫妻共有财产。第三，必须是法定个人特有财产以外的双方婚后所得财产。

根据我国现行的《婚姻法》第十七条规定，共同法定财产制中的共同财产包括：（1）工资、奖金；（2）生产、经营的收入；（3）知识产权的收益；（4）继承或赠与所得的财产，但本法第十八条第三项规定的除外；（5）其他应当归共同所有的财产。

17. 夫妻共同财产的范围是什么？

答：第一，夫妻一方或双方劳动所得的报酬。劳动报酬，指劳动者为他方付出劳动而应当从他方处得到的货币或实物。劳动报酬的形式是多种多样的，如工资、奖金或津贴等。此外，用劳动报酬购置的财产，也属于共同财产范围。

第二，夫妻从事生产、经营活动所得的收益。这里所指的“生产、经营的收益”，既包括农民夫妇以农村承包经营户的名义从事的农副业生产、劳动的收入，也包括夫妻一方或双方在工商业、信息业等行业从事生产、经营活动的收入，以及他们依据《独资企业法》、《公司法》等法规从事生产经营活动所获得的货币或实物。

第三，夫妻一方或双方依知识产权所得的收益。知识产权是指人们可以依法就其智力创造的成果享有的专有权利。知识产权既包含财产权，也包含人身权，其中的人身权具有很强的人身性，它是创作者基于其智力成果依法享有的以人身利益为内容的权利。即使在婚后一方取得的知识产权也是归一方专有。例如，作者的配偶无须在其著作中署名，也不能决定是否发表。而知识产权的收益是指知识产权中的财产权带来的实际利益，它属于夫妻共同财产。

第四，夫妻一方或双方因继承或受赠所得的财产。但遗嘱或赠与合同中明确指定仅归夫或妻一方所有的财产除外。

第五,其他应当归夫妻共同所有的财产。这是指法律无法详尽列举的夫妻在婚姻关系存续期间所得财产的具体情形,都概括在其中。例如:受雇单位分发的福利债券、日常生活用品等;彩票中奖所得的奖金和奖品。

18. 婚姻财产有哪些特征?

答:与民法中的一般财产关系相比,婚姻财产呈现出以下特征:

(1)婚姻财产只能产生于具有特定身份的主体之间,具有主体特定性的特征。与民法中的一般财产关系不同,婚姻财产只能以具有夫妻身份的当事人为主体,如果当事人之间不存在合法的夫妻身份,即使双方存在同居共财的事实,其财产关系也只是一般的财产关系,而不是夫妻之间的财产关系。而民法中的一般财产关系以一切具有平等属性的自然人、法人为主体,法律对其彼此间的身份既不过问,也无要求。

(2)婚姻财产是一种具有依附性的财产。与民法中的一般财产关系相比婚姻财产不能独立存在,它是一种具有依、附性的财产、,必须依附于夫妻的人身关系,以其人身关系的建立为存在的先决条件。如果当事人之间不具有夫妻身份,也就不存在婚姻财产。而且夫妻身份关系一旦解除,财产关系也随之消灭。

19. 约定财产制的法律效力有哪些?

答:夫妻约定财产的效力体现在三方面:

第一,约定财产制对法定财产制的效力。按照《婚姻法》的规定,约定财产制的效力高于法定财产制,所以夫妻对财产有约定的从其约定,没有约定或约定不明确的,才适用法定财产制的规定。

第二,约定财产制的对内效力。约定财产制的对内效力是指该约定对夫妻双方产生的拘束力。根据《婚姻法》的规定,夫妻关于婚前财产或婚姻关系存续期间的财产的约定一经作为,即对双方产生约束力,各方应按约定的内容享有权利,履行义务。婚姻终止分割财产时,有约定的按约定处理;没有约定的部分或约定无效的部分,适用法定夫妻财产制。因此,只要夫妻在财产约定中符合约定的一般条件,不违反法律的强制性规定,即使其约定没有发生对外效力,对内效力亦应承认。夫妻一方无法证明善意第三人知道其财产约定而连带清偿债务后,向另一方主张追偿的,应当予以支持。

第三,约定财产制的对外效力。约定财产制的对外效力是指夫妻双方对财产所作的约定能否对抗第三人,能对抗第三人的,对外发生法律效力;不能对抗第三人的,对外不发生法律效力。

20. 设立夫妻个人特有财产制度有什么意义？

答：第一，从社会生活的实践来看，我国的夫妻财产关系正呈多元化、复杂化的发展趋势，与夫妻个人的人身、身份、生活等不可分割的财产日渐增多，婚姻当事人要求某些财产不与配偶发生法律联系较为迫切。设立个人特有财产制度，有利于倡导婚姻当事人正确协调夫妻财产关系，为婚姻当事人提供灵活处理财产关系的空间，尽可能地保持个人生活的连续性与完整性。

第二，有利于更好地实现审判司法公正。明确夫妻共同财产和个人特有财产的界限，既可以使婚姻当事人知晓其财产权益的范围，又可以使审判员裁决夫妻财产权益的争议有了具体尺度，并提高了司法审判的透明度和效率。

第三，这一制度弥补了共同财产制对个人权利和意愿关注不够的缺陷，防止了共同财产范围的无限延伸，有利于保护个人财产权利。

21. 什么是法定个人特有财产？

答：所谓法定个人特有财产，是指夫妻一方婚前个人享有所有权的财产以及在婚姻关系存续期间取得的并依法应当归夫妻一方所有并排斥夫妻共有的财产。夫妻双方对各自的特有财产，享有独立的管理、使用、收益和处分权利，他人不得干涉。

《婚姻法》第十八条规定："有下列情形之一的，为夫妻一方的财产：（1）一方的婚前财产；（2）一方因身体受到伤害获得的医疗费、残疾人生活补助费等费用；（3）遗嘱或赠与合同中确定只归夫妻一方的财产；（4）一方专用的生活用品；（5）其他应当归一方的财产。"

对个人财产，夫妻在离婚时，归一方个人所有，他方无权分割；当财产所有人死亡后，夫妻个人财产应划入遗产的范围，按《继承法》的有关规定处理。

22. 什么是夫妻财产的个人特有财产制？

答：个人特有财产制，在某些国家也被称为"夫妻保留财产制"，是指夫妻在实行共同财产制的同时，依照法律规定或者双方约定，各自保留一定范围的财产为个人所有，独立享有对该项财产的占有、管理、使用、收益和处分权。我国现行的个人特有财产制是共同法定财产制下的一种财产制度，其设定是对夫妻婚后所得共同制的限制和补充。其中的特有财产可分为法定特有财产和约定特有财产：

前者是指依照法律的规定夫妻婚后各自保留的个人财产，其范围由法律直接规定；后者则是指夫妻婚后约定分别保留的个人财产，其范围由当事人自己约定。修改后的《婚姻法》在共同法定财产制以外设立特有财产制，明确肯定了夫妻婚后所得制下的一方特有财产，不但在夫妻财产所有权理论上是一项突破，而且对于保护公民正当的财产权益，促进社会主义家庭关系的健康发展具有重要的实际意义。

23. 结婚的要件有哪些?

答：根据我国婚姻法规定，结婚的条件包括必备条件和禁止条件，必备条件：

（1）根据《婚姻法》第四条规定，即结婚必须是男女双方完全自愿；

（2）必须达到法定婚龄，即男不能早于22周岁，女不能早于20周岁；

（3）必须符合一夫一妻制。

禁止条件:《婚姻法》第三条规定，禁止直系血亲和三代以内的旁系血亲结婚，禁止患麻风病未经治愈或患其他在医学上认为不应当结婚的疾病。

24. 结婚合意必须具备什么条件才能产生法律上的效力?

答：结婚合意必须具备三个方面的条件才能产生法律上的效力：

(1)男女双方都要有结婚的行为能力。男女双方都要有结婚的行为能力,就是要求结婚当事人有对结婚行为的性质和后果的理解力,能够做出正确的意思表示。依照我国民事法律规定:精神正常的年满18周岁以上的公民是完全民事行为能力人。精神正常的年满16周岁以上,以自己的劳动养活自己的公民视为完全民事行为人。我国婚姻法规定允可结婚的都是成年人,因此只有精神病人没有结婚行为能力。精神病人在精神病发作期间和在无意识的状态下作出的同意结婚的意思表示是无效的。

（2)男女双方所做出的同意结婚的意思表示是真实的。结婚当事人中任何一方如果是在父母或其他人的胁迫下或在被欺诈的情况下作出的同意结婚的意思表示，依法可得撤销。

（3)同意结婚的意思表示必须符合法律规定的形式。依我国法律规定,结婚双方当事人必须亲自到婚姻登记机关提出结婚申请,办理结婚登记。办理结婚登记的行为是必须由当事人亲自实施的行为，不适用民法上关于代理的规定，不能委托他人代理。

25. 什么是重婚?

答: 是指有配偶的男女未办离婚手续又与他人登记结婚,或者没有登记结婚而与他人同居而构成事实上的婚姻关系的,以及未婚男女明知他人有配偶而与之结婚的,都是重婚行为。对于重婚者除依法解除其非法婚姻外，还应依据刑法第一百八十条的规定追究其刑事责任。

26. 什么是协议离婚?

答：协议离婚亦称两愿离婚或登记离婚，在我国新《婚姻法》中称作双方自愿离婚，指婚姻关系因双方当事人的合意而解除的离婚方式。《婚姻法》第三十一条规定，男女双方自愿离婚的，准予离婚。双方必须到婚姻登记机关申请离婚。婚姻登记机关查明双方确实是自愿并对子女和财产问题已有适当处理时，发给离婚证。协议离婚的主管机关是县级人民政府民政部门，在农村是乡、民族乡、镇人民政府，同时省、自治区、直辖市人民政府可以按照便民原则确定农村居民办理婚姻登记的具体机关。当事人协议离婚的，须到一方常住所在地的婚姻登记管理机关申请离婚登记。离婚协议应该包括：（1）双方自愿离婚的意思表示；（2）子女抚养；（3）财产处理；（4）债务处理。

27. 办理离婚登记应当准备的材料有哪些？

答：根据《婚姻法》第三十一条和《婚姻登记办法》的规定，男女双方自愿离婚的程序是依法办理离婚登记。离婚登记是夫妻双方自愿离婚的必经程序。它是由婚姻登记机关依照行政程序办理的。当事人协议离婚的，必须双方亲自到一方户口所在地的婚姻登记管理机关申请离婚登记。婚姻登记管理机关，在城市是街道办事处或者市辖区、不设区的市人民政府的民政部门；在农村是乡、民族乡、镇的人民政府。申请协议离婚时，应当准备以下的材料：（1）户口证明的复印件男女双方各一份（原件也要带）；（2）居民身份证复印件男女双方各一份（原件也要带）；（3）离婚协议书一式三份，双方都要签名；（4）结婚证原件；（5）孩子的出生证明复印件一份（原件也要带）；（6）二寸近期免冠半身照片两张（男女双方都要准备）。

28. 办理离婚登记的程序是怎样的？

答：离婚登记的程序，可分为申请、审查和程序三个环节：

（1）申请。要离婚的男女双方，应持以上的材料，共同到婚姻登记机关办理手续。双方任何一方，都不能委托他人代办离婚手续。双方要按照婚姻登记机关的要求，填写离婚申请书。

（2）审查。婚姻登记机关的工作人员在接受当事人离婚申请时，应当把《婚姻法》中关于离婚的规定，向当事人讲清楚。双方当事人应当如实告诉有关情况；工作人员在审查中必须查明以下五个问题：①离婚申请人双方是否都有行为能力。如果发现双方或一方无行为能力，不予登记，告诉通过诉讼程序解决离婚问题；②离婚是否确实处于双方自愿；③对子女问题是否已适当处理；④对财产问题是否已有适当处理。包括对双方夫妻共同财产是否分割；⑤如果一方生活确有实际困难，双方是否就经济帮助问题达成协议，其给付办法是否妥当。

（3）登记。登记是离婚登记工作的最后环节。婚姻登记机关只有在查明双方确实在自愿并对子女和财产问题已有适当处理时，才能发给《离婚证》，收回《结婚证》。

29. 办理离婚协议必须符合的条件是什么？

答：协议离婚是指已婚男女自愿解除婚姻关系，就离婚相关问题达成一致意见，向民政局婚姻登记机关申请离婚登记，由民政局颁发离婚证解除婚姻关系。

办理协议离婚，必须符合以下条件：

（1）双方当事人是在我国民政局合法登记的夫妻。

没有登记结婚的男女，不能登记离婚。无论是事实婚姻还是非法同居，都由法院立案处理。在国外注册登记结婚的，也不能在我国民政局协议离婚，只能通过诉讼途径办理离婚。涉外婚姻如果是在我国注册登记结婚的，可以在我国办理协议离婚。

（2）双方对是否离婚、财产分割、子女抚养、债权债务等问题都已经达成一致意见，并签订《离婚协议》。

双方应当在协议中确认同意离婚，确认夫妻共同财产有哪些，如何分割；有无子女或子女由谁抚养，另一方抚养费数额以及不抚养子女一方的探视时间和探视方式；以及有无债权债务及分配方式。以上任何一个问题没有达成一致意见，都不能办理协议离婚，仍属有争议的离婚，需起诉至人民法院处理争议问题。

30. 婚姻登记管理机关应如何对协议离婚进行审查？

答：审查是办理协议离婚程序中必须具备的步骤。婚姻登记管理机关的工作人员在接受当事人离婚申请时，应把婚姻法及《婚姻登记管理条例》的规定向当事人讲清，而双方当事人应如实回答婚姻登记管理人员的提问。工作人员应查明：①离婚申请人是否是合法夫妻；②离婚双方申请人是否具有完全民事行为能力；③离婚是否确实出于双方自愿；④对子女问题的处理是否妥当；⑤对财产问题的处理是否妥当，等等。如登记机关发现离婚的当事人有违反婚姻法的行为，应给予批评教育或不准予登记。违反刑法的，要交由司法机关依法追究刑事责任。为防止轻率离婚和假离婚，工作人员应对感情尚未完全破裂的当事人进行思想教育和调解和好工作。

婚姻登记管理机关对当事人的离婚申请应当进行认真审查，自受理申请之日起一个月内，对符合离婚条件的，应当予以登记，发给离婚证，注销结婚证。虽然这是法律为防止登记工作久拖不决而提出的时间要求，但客观上也给申请离婚的当事人冷静的进行考虑，在审查期内，如果双方当事人对重归于好取得共识，应准许当事人撤回离婚申请。

31. 什么是虚假离婚？

答：虚假离婚，或称假离婚，是指夫妻一方或者双方本无离婚的真实意思而受对方欺诈或双方通谋作出离婚的意思表示。一般而言，虚假离婚包括两种情形：一是通谋离婚；二是欺诈离婚。

通谋离婚，是指婚姻当事人双方为了共同的或各自的目的，串通暂时离婚，等目的达到后再复婚的离婚行为。基本特征：①双方当事人并无离婚的真实意思，不符合协议离婚的实质条件。②双方当事人以离婚为手段，以达到共同的或者各自的目的。如为了规避计划生育、多生子女；为了逃避债务；为了两边享受分房或购房的国家优惠政策；为了给子女办理农转非户口等等。③双方均有恶意串通离婚的故意，共同采取欺骗或者隐匿事实真相的方法，欺骗婚姻登记机关以获取离婚登记。④通谋离婚一般具有暂时性，待预期目的达到后，双方通常会按约定复婚。但也有一部分人弄假成真，离婚后置原先的约定于不顾，不愿复婚或者与他人再婚，从而引起纠纷。

欺诈离婚，是指一方当事人为了达到离婚的真正目的，采取欺诈手段向对方许诺先离婚再复婚，以骗取对方同意暂时离婚的行为。特征：①这种离婚是欺诈方的真实意思，而受欺诈一方并无离婚的真实意思。另一方同意离婚是基于对方采取伪造事实或者隐瞒事实真相所致。如果知道真相，不会做出同意离婚的意思表示。②欺诈方的目的在于骗取对方同意离婚，以达到真正离婚的目的，因而并无复婚的意思，而受欺诈方却期待目的达到后即行复婚。③受欺诈方既是受害人，又与欺诈方共同欺骗婚姻登记机关。

32. 什么是诉讼离婚，适用的条件是什么?

答：诉讼离婚，又称裁判离婚，是指夫妻一方基于法定离婚原因，向人民法院提起离婚诉讼，人民法院依法通过调解或判决解除当事人间的婚姻关系的一种离婚方式。

诉讼离婚适用于：（1）夫妻一方要求离婚，另一方不同意离婚的；（2）夫妻双方都愿意离婚，但在子女抚养、财产分割等问题上不能达成协议的；（3）未依法办理结婚登记而以夫妻名义共同生活且为法律承认的事实婚姻。对于符合登记离婚条件的合意离婚，如果当事人基于某种原因不愿意进行离婚登记的，也可以适用诉讼离婚。

33. 我国法律关于诉讼离婚的管辖是如何规定的?

答：依照我国《民事诉讼法》和最高人民法院《关于适用〈民事诉讼法〉若干问题的意见》，公民提起的离婚诉讼，原则上应由被告住所地人民法院管辖；但被告离开住所地超过1年的，由原告住所地人民法院管辖，双方离开住所地超过1年的，由被告经常居住地人民法院管辖；没有经常居住地的由原告起诉时居住地的人民法院管辖；被告不在中华人民共和国领域内居住、下落不明或者宣告失踪、被劳动教养或者被监禁的，由原告住所地或者经常居住地人民法院管辖；非军人对非文职军人提起离婚诉讼由原告住所地人民法院管辖；双方当事人都是军人的，由被告住所地或者被告所在的团级以上单位驻地的人民法院管辖；中国公民双方在国外但未定居，一方向人民法院起诉离婚的，由原告或者被告原住所地的人民法院管辖。

34. 离婚后，孩子的抚育费应如何给付？

答：按照《最高人民法院关于人民法院审理离婚案件处理子女抚养问题的若干具体意见》第七条规定：“子女抚育费的数额，可根据子女的实际需要，父母双方的负担能力和当地的实际生活水平确定，有固定收入的，抚育费一般可按其总收入的百分之二十至三十的比例给付。负担两个以上子女抚育费的，比例可适当提高，但一般不得超过月总收入的百分之五十，无固定收入的，抚育费的数额可依据当年总收入或同行业平均收入，参照上述比例确定。”

35. 判决不准离婚的案件，原告是否还可以起诉？

答：根据《民事诉讼法》第一百一十一条第七十二项规定，判决不准离婚的案件，原告在没有新情况、新理由的情况下不能在6个月内提起诉讼。超过6个月，无论是否有无新情况、新理由，都可以再行起诉。

36.《婚姻法司法解释一》主要有哪些方面的内容？

答：主要包括如下方面的内容：有配偶者与他人同居如何理解和适用；家庭暴力的含义及与虐待的关系；补办结婚登记的效力及认定问题；婚姻法新增加的无效婚姻和可撤销婚姻的请求权主体及有关具体操作问题；探望权行使的主体范围、探望权的中止行使、恢复行使等问题；对婚姻法规定夫妻双方对夫妻共同财产有平等处理权的理解；婚姻法第四十二条规定离婚后一方生活困难，另一方可以从其住房等个人财产中予以帮助，对于“生活困难”的解释及以住房进行帮助的具体形式问题；对婚姻法第四十六条的理解与适用问题等。

37. 未补办结婚登记而要求离婚的，应当如何处理？

答：婚姻法第七条规定未办理结婚登记而以夫妻名义共同生活的男女，应当补办结婚登记。但不补办结婚登记而到人民法院起诉离婚的怎么处理，如果补办了结婚登记的，其效力又如何确定等问题，立法没有明文规定。从立法本意而言，对于补办了结婚登记的，应当承认其具有溯及力，效力自双方均符合婚姻法规定的结婚的实质要件时起计算。

对于没有补办结婚登记而以夫妻名义共同生活的男女，起诉到法院要求离婚的，人民法院应根据不同情况，区别对待。对此类问题，我们原来有过司法解释。婚姻法解释一规定了补办结婚登记的制度，是从我国的现实情况出发，在坚持结婚必须进行登记的大前提下，现阶段有条件地允许补办登记。为了更好地与以往的司法解释相衔接，也考虑到对婚姻登记制度的正确引导以及司法解释实施的社会效果，《解释一》中规定了不同情况：属于按原来司法解释已经认定为事实婚姻的，现在仍然认可其婚姻效力；对于不符合事实婚姻所应具备条件的案件，一方到人民法院起诉要求离婚，人民法院告知其应于案件受理前补办结婚登记，否则按解除同居关系对待。

38. 离婚后，不与子女共同生活的父或母如何行使探望子女的权利?

答：探望权是婚姻法司法解释一新增加的内容，对于此后发生的离婚诉讼中涉及探望权的，依法予以保护，自无疑问。关键是对于在此之前已经判决离婚的，由于当时法律并无探望权的规定，现在那些已经离婚的当事人向法院起诉要求保护其探望权的，怎么处理？《解释一》规定，人民法院作出的生效的离婚判决中未涉及探望权，当事人就探望权问题单独提起诉讼的，人民法院应予受理。另外，当行使探望权出现不利于子女身心健康情况时，人民法院可以根据当事人的申请，依法中止探望权的行使；待中止情形消失后，再根据当事人的申请通知双方当事人恢复探望权的行使。探望权的中止，只是权利行使暂时性地受到限制，不是对探望权的实体权利进行处分，因此，关于探望权的中止、恢复等请求，不发生独立的新的诉讼，而是作为在履行人民法院作出的生效判决的裁判文书过程中发生的，依法应予处理的情况对待。对于哪些人有权提出中止探望权的行使，《解释一》进行了规定。由于探望权的立法本意是为了使子女身心能得到更好的发展，有鉴于此，我们就有权提出中止行使探望权的主体问题进行了解释，规定未成年子女、直接抚养子女的父或母及其他对未成年子女负担抚养、教育义务的法定监护人，有权向人民法院提出中止探望权的请求，以求更好地保护未成年子女的合法权益。

39. 什么是遗产?

答：根据《中华人民共和国继承法》第三条的规定，遗产是公民死亡时遗留的个人合法财产。也就是指被继承人死亡时遗留的个人所有财产和法律规定可以继承的其他财产权益。包括积极遗产和消极遗产。积极遗产指死者生前个人享有的财物和可以继承的其他合法权益，如债权和著作权中的财产权益等；消极遗产指死者生前所欠的个人债务。

40. 限制行为能力人的继承权由谁行使?

答：按《继承法》第六条规定，限制行为能力人的继承权由他的法定代理人代为行使，或者征得法定代理人同意后行使。法定代理人的代理权与当事人的意志无关。它主要是为无民事行为能力人和限制民事行为能力人设立的。《中华人民共和国民法通则》第十四条规定："无民事行为能力人、限制民事行为能力人的监护人是他的法定代理人。"故法定代理关系是由法律基于代理人与被代理人之间存在的血缘关系、婚姻关系、组织关系、信任关系等而规定的。

41. 继承人在何种情况下丧失继承权?

答: 确认丧失继承权是一个较严肃的问题，应由人民法院在调查清楚后才能予以确认。根据《继承法》的规定，继承人有下列行为的，丧失继承权:（1）故意杀害被继承人的。继承人无论出于何种动机而故意杀害被继承人，也不论既遂还是未遂，都应确认其丧失继承权。（2）为争夺遗产而杀害其他继承人的。需要指出的是，只有出于争夺遗产的动机而杀害其他继承人的，才能确认其丧失继承权。如因其他原因而杀害其他继承人的则不能确认其丧失继承权。（3）遗弃被继承人的，或者虐待被继承人情节严重的。凡有上述行为，不论其是否构成犯罪及是否被追究刑事责任，都应确认其丧失继承权。（4）伪造、篡改或者销毁遗嘱，情节严重的。根据《最高人民法院关于贯彻执行〈中华人民共和国继承法〉若干问题的意见》第十二条，继承人伪造、篡改或者销毁遗嘱，侵害了缺乏劳动能力又无生活来源的继承人的利益，并造成其生活困难的，应认定其行为属于情节严重，确认其丧失继承权。

42. 继承权纠纷提起诉讼的期限是多长时间?

答: 按《继承法》第八条规定，继承权纠纷提起诉讼的期限为二年，自继承人知道或应当知道其权利被侵犯之日起计算。

43. 遗嘱无效，遗产应如何处理?

答: 遗嘱无效，可以分为部分无效和全部无效两种情况。遗嘱无效的部分，并不影响或停止遗嘱其他部分的生效及执行。

在部分无效的情况下，根据这一无效部分不同的具体内容，对遗产要作出不同的处理。比如，倘若遗嘱所处分的是立遗嘱人和其他人的共有财产，那么，其他财产共有人有权要求他所得的份额，而只付给遗嘱继承人相应的份额。又如，遗嘱中若对缺乏劳动能力而又没有生活来源的继承人没有留下必要的财产份额，那么在财产分配中，必须先行扣下这部分人必要的份额，剩余的遗产才能按照指定的内容执行。

如果遗嘱全部无效，死者的遗产应按法定继承处理。

44. 中国公民如何申请继承中国境外的外国人（包括外籍华人）的遗产?

答：中国公民继承在中国境外的外国人（包括外籍华人）的遗产，大致分以下步骤:

（1）办理身份证书。中国公民申请继承在中国境外的外国人的遗产，首先要持本人身份证、户口本、被继承人的死亡通知书等有关材料，到本人住所地市级以上的公证处办理亲属关系证书、继承权证明书等身份证书。

（2）办理本人的出国手续或委托授权书、代理人的出国手续。当事人持经过公证的身份证书和被继承人的死亡通知书等材料，到出入境管理机关办理去被继承人的国籍国遗产所在地等有关国家的护照。当事人可以委托其他亲属、朋友、律师代为出国办理，但须出具授权委托书。当事人也可以委托被继承人国籍国的律师、亲友代办继承事项，该委托书必须经过公证。

（3）了解遗产状况及有关事项，区分动产与不动产，分别办理遗产继承的申请。当事人、代理人在申请继承以前，先要查明遗产状况，有哪些遗产、位于何处，哪些属于动产，哪些属于不动产等情况。调查时，可以请求我国驻当地的使、领馆予以帮助。

遗产状况明确后，当事人、代理人应将遗产中的不动产和动产区分开，分别处理。对不动产的继承申请，应向不动产所在地法院提出；对动产，则应向被继承人住所地的法院提出。被继承人所在国籍国不区分动产、不动产的，只需向被继承人住所地国法院申请继承。

45. 华侨遗留在我国境内的遗产如何继承？华侨在我国境内及境外都有遗产的，如何处理？

答：华侨在我国境内的遗产，其继承人申请继承，应当向该遗产所在地的我国的中级人民法院提出申请。其在我国境外的继承人，可以亲自到我国办理继承事项，也可以委托他人代理办理继承事项。但必须提供经过公证和认证的身份证书。这些身份证书包括亲属关系证明书、继承权证明书等，必须经过当地公证机关公证和我国受理此项继承案件的人民法院的认证。

如果华侨死亡后，在我国境内、境外均留有遗产，其在我国境内、境外的继承人都申请继承，那么，其在我国境外的财产，不动产由不动产所在地法院受理，动产由被继承人住所地法院受理；在我国境内的遗产，则由主要遗产所在地的人民法院受理。继承人应根据遗产的所在地的不同，分别向不同的法院提出继承申请。

46. 中国公民继承在我国境外的遗产或者继承在中国境内的外国人的遗产时，如何适用法律？

答：《继承法》第三十六条规定："中国公民继承在中华人民共和国境外的遗产或者继承在中华人民共和国境内的外国人的遗产，动产适用被继承人住所地法律，不动产适用不动产所在地法律。"

所谓动产，指依其性质能够自由移动而不损失经济价值的物，包括不动产以外的各类物，如金钱、粮食、衣服、图书、家具、乐器、家电等。在民事权利义务主体转移所有权时，或以动产设立某项权利时，通常由双方达成协议和交付即可，不需履行登记手续，但车辆、船舶等除外。

所谓不动产，指不能移动，或移动后会引起性质、形状改变，损失经济价值的物。如土地、建筑物以及附着于土地上的树木、农作物等。

因为动产的可自由移动性，一般动产与所有权人多在同一地点，因此在涉外继承中，动产适用被继承人住所地法律；不动产因其不可移动性，且统治阶级出于国家利益的考虑，通常规定不动产适用不动产所在地法律。

47. 对不宜分割的遗产，处理原则是什么？

答：《继承法》第二十九条第二款规定："不宜分割的遗产，可以采取折价、适当补偿或共有等方法处理。"

不宜分割的遗产，不是绝对不能分割，而是指如对遗产标的物本身进行实物分割，可能会改变其性质或损害其实际效用的遗产。对于此种遗产，应当本着"有利于生产和生活需要，不损害遗产的效用"的原则，按照遗产标的物的种类、性能、经济用途以及继承人的需求等，采取折价、适当补偿或共有等方法处理。

所谓"折价"，是指将不宜分割的遗产实物变卖等折为现款，由各继承人接应继份额的比例，分配现款。所谓"适当补偿"是指将不宜分割的遗产由最需要该遗产的一名继承人继承，对其他继承人的损失，由此人按各自应继份额的比例，给予适当补偿。所谓"共有"，是指遗产中有不宜分割物，各继承人均坚持继承，则不分割遗产，由各继承人共同继承，按各自应继份额的比例对该物享有同比例的所有权。

48. 遗产分割时应本着什么原则进行？

答：《继承法》第二十九条规定："遗产分割应当有利于生产和生活需要，不损害遗产的效用。"这是发挥遗产实际效用的原则，即对遗产进行分割时，应当充分考虑遗产的实际效用，以有利于生产经营和各继承人的生活需要，有利于最大限度地发挥遗产的最佳实际效用为准进行分割。

《继承法执行意见》第五十八条进一步规定："人民法院在分割遗产中的房屋、生产资料和特定职业所需要的财产时，应依据有利于发挥其使用效益和继承人的实际需要，兼顾各继承人的利益分给遗产。"当有一些遗产按此原则分配将引起各继承人的利益相差较大时，可由获益较大的一方对其他方进行适当的补偿。

49. 遗产分割时，如果有胎儿的，是否应为其保留继承份额？

答：《继承法》第二十八条规定："遗产分割时，应当保留胎儿的继承份额。"胎儿虽然还未出生，但因其与被继承人有密切的血缘关系（父子或父女关系），为保护其出生后的成长和利益，应当为胎儿保留一定的份额。这种胎儿在继承开始时已形成、并未出生，即通常所说的"遗腹子"。如果只是计划生育指标，不能依此条要求保留份额；如果已出生，则是作为继承人参加继承，而不是保留份额的问题。

如果被继承人的妻子在遗产分割后，才确知已怀有被继承人的孩子的，根据《继承法执行意见》第四十五条第一款，“应当为胎儿保留的遗产份额没有保留的应从继承人所继承的遗产中扣回”。

50. 夫妻共同财产，在一方死亡时，如何分割出个人遗产？

答:《继承法》第二十六条第一款规定:“夫妻在婚姻关系存续期间所得的共同所有的财产，除有约定的以外，如果分割遗产，应当先将共同所有的财产的一半分出为配偶所有，其余的为被继承人的遗产。”

也就是说，夫妻一方死亡的，并不能以所有的夫妻财产为其遗产，而应当先从家庭财产中认定夫妻共同财产，从中划出一半为生存一方配偶所有，另一半夫妻共同财产，加上死亡一方的个人财产，即为死亡一方的遗产。

51. 继承开始后，继承人放弃继承的，应当在何时提出？

答: 所谓放弃继承是指继承人作出的不接受被继承人遗产的意思表示。继承人有权依照自己的意愿作出接受或放弃继承权的决定。

《继承法》第二十五条第一款规定:“继承开始后，继承人放弃继承的，应当在遗产处理前，作出放弃继承的表示。没有表示的，视为接受继承。”可见，继承人要放弃继承应注意如下问题:

（1）放弃继承，必须在继承开始后、遗产分割前作出表示。如果遗产已分割，放弃的就不再是继承权，而是所有权。

（2）放弃继承必须明示。即继承人必须明确表示放弃，如果采用默认的方式，则被视为接受继承。

（3）放弃继承应由继承人自己作出决定，而不能由代理人代为作出。无行为能力人的法定代理人，一般也不能代为作出放弃继承的决定。

（4）放弃继承是无条件的。即对应继承的遗产表示无条件地放弃。

（5）放弃继承权的效力，追溯到继承开始的时间。

52. 遗嘱继承或遗赠附有义务，遗嘱继承人或受遗赠人无正当理由不履行义务的，如何处理？

答:《继承法执行意见》第四十三条规定:“附义务的遗嘱继承或遗赠，如义务能够履行，而继承人、受遗赠人无正当理由不履行，经受益人或其他继承人请求，人民法院可以取消他接受附义务那部分遗产的权利,由提出请求的继承人或受益人负责按遗嘱人的意愿履行义务，接受遗产。”

也就是说,对于不履行遗嘱义务的遗嘱继承人或受遗赠人,有关单位和个人可以请求人民法院取消其接受遗产的权利，并且愿意履行义务的，可接受遗产。其中的“有关单位”是指被继承人的工作单位，遗嘱继承人或受遗赠人的单位和国家有关机关、社会团体等；“个人”包括被继承人的亲属、遗产执行人、遗产管理人、法定继承人、遗嘱继承人、受遗赠人、履行义务的受益人以及其他利害关系人。应注意，按法律规定，除由人民法院经过法定的程序以外，任何组织、单位及个人无权随意取消遗嘱继承人或受遗赠人接受遗产的权利。

53.《继承法》允许公民依法自由处分个人所有的财产，立遗嘱人立有数份遗嘱，内容相抵触的，以哪一份为准?

答:《继承法》保护遗嘱人订立遗嘱处分自己个人财产的权利，也保护遗嘱人撤销、变更自己所立遗嘱的权利。《继承法》第二十条第二款规定：“立有数份遗嘱，内容相抵触的，以最后的遗嘱为准。”法律之所以这样规定，无非因其最可能体现遗嘱人最新的意思表示之故。

54. 立遗嘱人生前的行为与遗嘱的意思表示有抵触时，遗嘱的效力如何?

答:《继承法》允许公民依法自由处分个人所有的财产，立遗嘱的也可以撤销、变更。《继承法执行意见》第三十九条规定:“遗嘱人生前的行为与遗嘱的意思表示相反，而使遗嘱处分的财产在继承开始前灭失，部分灭失或所有权转移、部分转移的，遗嘱视为被撤销或部分被撤销。”

因为遗嘱是在被继承人死亡时才生效的法律文件,遗嘱人生前的行为是在遗嘱尚未发生法律效力的时候做出的,其效力自然高于遗嘱的处分;所以生前行为与意思表示相抵触并发生实际改变时，以生前行为为准，所涉及的遗嘱部分视为被撤销，即不再存在、不发生效力。

55. 自杀的公民在遗书中对个人财产的处理内容，是否可认定为自书遗嘱?

答:《继承法》中所说的遗嘱,实际上专指被继承人对自己个人财产做出处分的意思表示。公民在自杀时一般留有遗书，讲明自杀的理由等，有时会涉及对个人财产处分的内容。《继承法执行意见》第四十条规定：“公民在遗书中涉及死后个人财产处分的内容，确为死者真实意思的表示，有本人签名并注明了年、月、日，又无相反证据的，可按自书遗嘱对待。”也就是说，只要自杀的公民的遗书中涉及遗产处分的内容，是真实意思表示，又具备自书遗嘱的形式要件，则应以自书遗嘱对待，其遗产即按其中的处分方法进行处分，任何人不得干涉。

应注意的是，公民是否自杀必须以有关部门的鉴定结论为依据。

56. 什么情况下订立的口头遗嘱有效?

答：口头遗嘱是遗嘱人口述的，因情况紧急而无其他记录方式的遗嘱。《继承法》第十七条第五款规定："遗嘱人在危急情况下，可以立口头遗嘱。口头遗嘱应当有两个以上见证人在场见证。"

具体地，订立口头遗嘱时的程序是：

（1）遗嘱人当着两个以上可以当见证人的人，口述遗嘱内容。

（2）由见证人中的一个人作记录。但不必向代书遗嘱一样向遗嘱人宣读、讲解；如无法作记录，则以见证人的记忆为准。

（3）见证人必须记录口头遗嘱的年、月、日、时及地点；如不能记录的，必须牢记。

（4）如情况允许，则记录人、见证人应签名或按手印。

应注意的是，口头遗嘱由于其内容的真实性、准确性较难判断，则只有在危急情况下才能使用，如遗嘱人病危、临终前等。

57. 公民可否订立遗嘱自由确定各法定继承人继承遗产的份额?

答：《继承法》第十六条第一款规定："公民可以依照本法规定立遗嘱处分个人财产。"

也就是说，只要不违反《继承法》的规定，公民可以任意处分自己的财产。这个任意处分，不仅包括可以指定法定继承人中的一人或数人继承遗产，而不依法定继承顺序的规定；也包括可以自由确定各继承人继承遗产的份额，而不必按法定继承份额的规定。

应注意的是《继承法》对遗嘱继承也做了必要的限制规定，如第十九条规定："遗嘱应当对缺乏劳动能力又没有生活来源的继承人保留必要的遗产份额。"这是为了保护继承人中那些缺乏劳动能力又无生活来源的人，以免他们的生活陷于困境，以致既不符合人道主义精神，也无形中加重了社会的负担。

58. 有扶养能力和有扶养条件的继承人，不尽扶养义务的，是否可以不分或少分遗产?

答：按一般原则，同一顺序继承人的遗产份额应当均等。但《继承法》第十三条第四款又规定："有扶养能力和有扶养条件的继承人，不尽扶养义务的，分配遗产时，应当不分或者少分。"这是为了贯彻权利与义务相一致的原则。而对被继承人尽了主要扶养义务且又与其共同生活的继承人，可以多分遗产。

59. 分配遗产时，对生活有特殊困难的缺乏劳动能力的继承人给予照顾时，如何掌握照顾的标准?

答:《继承法》第十三条只是概括地说明要“予以照顾”，但未言明照顾的标准，在司法实践中，对这一问题一般是根据遗产的数量、其他继承人的生活状况等因素，区别情况，具体对待。

第一种情况，如果被继承人的遗产数额较大，继承人又不多，大家均分后的份额，足以满足需照顾的继承人的一般需求，则就可以按均分处理。比如，被继承人的遗产为20万元，只有兄弟2个继承人，其中一个为缺乏劳动能力又无生活来源的人，则每人10万元即可，完全可满足其一般生活需要。

第二种情况，若遗产数额不太大也不太小，每个继承人均分后数额都不大者，应当给予缺乏劳动能力又无生活来源的人以一定照顾。比如遗产有6万元，共有4个继承人，均分则每人1.5万元；其中1人为需照顾的对象，则由其继承3万元，其余3个继承人每人1万元。

第三种情况，若遗产数额较小，每个继承人均分后数额更少，而其他继承人因有独立工作、有经济收入而生活较宽裕的，则全部遗产可由该缺乏劳动能力又无生活来源的继承人独自继承。不仅如此，其他继承人也应当从生活上给予其一定的帮助及照顾。

60. 父母对子女的遗产有无继承权?

答: 赡养父母对子女而言是应尽的义务，父母年迈而接受成年子女的扶助赡养也是老人的权利。我国《继承法》第十条规定，父母是子女遗产的第一顺序继承人。也即父母有权与被继承人的子女、配偶(如果有的话)共同继承被继承人的遗产。而且，父母在继承子女遗产时大多已年迈多病，应保护父母继承遗产的合法权利，同时对于非法侵犯老人继承权的人要进行严肃的批评教育。

61. 未办理法定手续，私人“过继”后，与“过继”父母共同生活的，是否享有继承权?

答：实际上，“过继子”与“过继父母”之间是否享有继承权的关键在于是否形成了扶养关系，如果形成就是收养关系，双方互有继承权，如果未形成，则没有继承权。在现实生活中，一般还有如下几种情况，应区别对待：

(1)未办理法定手续，虽立下字据举行仪式，也得到群众的公认，但“过继”后仍与生父母在一起生活，未受到“过继父母”的抚养教育，也未对其尽赡养扶助义务的，事实上未形成扶养关系，相互之间没有继承权。

(2)“过继子女”与“过继父母”生前未共同生活、未形成扶养关系，而在“过继父母”去世时又以“过继子女”身份料理丧事，意在争夺遗产的，不享有继承权。对于在丧事中花费财物的，可酌情给予补偿。

（3）“过继子女”与“过继父母”生前未共同生活，但在经济上、生活中时常给予帮助和照顾的，因未形成扶养关系而不能以养子女身份继承遗产，但可以生前给予被继承人较多扶助的人的身份，要求分得适当遗产。

（4）在某些地区，为剥夺被继承人女儿的合法继承权，在被继承人死亡后，为其“立嗣”以儿子身份料理丧事的，应给予严肃地批评教育，不得享有继承权，并应保护被继承人女儿的合法继承权。

62. 以配偶身份继承遗产的条件是什么？

答：夫妻，是合法婚姻产生的男女间的身份关系，是共同生活的伴侣，夫妻双方互为配偶。

夫妻身份关系的存在，取决于婚姻的效力。合法的婚姻，才有合法的效力。《中华人民共和国婚姻法》（以下简称《婚姻法》）规定，合法的婚姻必须是：（1）符合结婚条件；（2）经婚姻登记机关核准、登记并领取结婚证。只有符合这两个条件的婚姻中的双方，才有相互继承遗产的权利。

我国继承法中的“配偶”，是指被继承人死亡时，仍处于婚姻关系存续中的配偶，即配偶一方死亡时，另一方仍与死者保持着婚姻关系的人。因此，配偶一方要继承另一方的遗产，必须具备以下两个条件：

（1）夫妻关系要合法；

（2）这种合法的夫妻关系，应是一方死亡时依然存在。

只有同时符合以上两个条件，配偶一方死亡，生存的另一方，才有配偶继承权，以之对死者遗产实施继承。

63. 男女的继承权有无不同？

答：长期以来，受封建社会重男轻女、男尊女卑思想的流毒，对于妇女的继承权也存在着保护不力的状况。《继承法》为彻底肃清流毒，对妇女的继承权作出明文规定，从法律上给予有力的保护。

《继承法》第九条明确规定：“继承权男女平等。”同时，又在第十条、第十一条、第十二条、第二十六条、第二十八条、第三十条等条文中，对妇女作为代位继承人、丧偶儿媳、夫妻财产、寡妇带产改嫁等方面的权利作了具体规定，深入贯彻了男女平等的精神。

64. 商标权是否可以继承？

答：商标，又称为牌号、商牌，是指企业、事业单位、个体工商业者、个人合伙为使自己生产、制造、加工、拣选或销售的商品，与其他商品有区别，而在商品或其包装上，以文字、图形、记号等制作的标志。

商标权，就是注册商标专用权。指商标注册人在指定商标上独占的排他的使用权。要取得注册商标专用权，商标专用人须依照《中华人民共和国商标法》(以下简称《商标法》)及《中华人民共和国商标法实施细则》的有关规定，向商标局申请注册。经过商标局的审查、核准后，商标申请人即获得所申请注册商标的专用权。我国《商标法》规定，注册商标的有效期为10年，自核准注册之日起计算；有效期满可以续展，每次续展注册的有效期为10年；注册商标专用权可以转让；商标注册人可以通过签订商标使用许可合同，许可他人使用其商标；商标专用权受到侵犯时，商标注册人可以请求工商行政管理机关给予处理，也可直接向人民法院提起诉讼，请求停止侵害，消除影响，赔偿损失。

个体工商业者申请注册的商标权，是一项财产权利。在商标有效期内，商标注册人死亡的，其继承人应及时申报商标局，更改商标注册登记，变更注册人名称，成为新的注册人，即继承了商标权。同样享有转让商标专用权，通过商标许可合同许可他人使用并收取使用费的权利。在注册商标专用权受到侵犯时，同样可以请求侵权人停止侵害，赔偿损失。继承人在商标的有效期内继承商标专用权，若注册期满，继承人可以申请续展从而继续享有专用权。若继承人未申请续展的，则丧失注册商标专用权。

企业、事业单位享有的注册商标专用权，因为不能作为某一个人的个人财产，故不能作为个人遗产被继承，而只能转让。

65. 自留山、自留地、宅基地是否可以继承?

答:《中华人民共和国土地管理法》第六条规定:“城市市区的土地属于全民所有即国家所有。农村和城市郊区的土地，除法律规定属于国家所有的以外，属于集体所有；宅基地和自留地、自留山，属于集体所有。”

根据法律规定，公民使用的宅基地，所有权属于国家或者集体；公民的自留山、自留地，所有权属于集体。而国家及集体所有的土地是可以依法确定由个人使用的。即公民对自留山、自留地、宅基地等，有依法使用的权利。因为遗产必须是公民个人合法拥有的财产，所以，公民是不能将自留山、自留地、宅基地作为遗产继承的，而只享有使用权。

农民经营的自留地、自留山的收益，如种的庄稼、果木、药材等，则为农民个人所有。农民去世后，这些收益可以作为遗产由继承人继承。

另外，因为我国农民使用的自留地、自留山，农村集体经济组织都是按家庭人口、劳动能力以农户为单位分配的，一般不作过多调整，以保持其稳定性。家庭个别成员死亡，并不妨碍农户其他成员对自留山、自留地的经营权和使用权。但并不是继承，只是家庭共同生活人继续经营和使用。

宅基地为居民、村民各户使用，包括屋基地和院落地，长期不变。宅基地的所有权和公民私房的使用权是分离的，宅基地的所有权属于国家或集体，私房的所有权属于私房产权人。宅基地的使用权不属遗产，不能被继承，但公民继承了房屋，宅基地的使用权也就随着房屋而转移给新的所有人。这也只是具体执行国家的行政法规，而不是继承的结果。

66. 存款人死亡后的存款如何处理?

答：根据中国人民银行、最高人民法院、最高人民检察院、公安部、司法部于1980年11月22日发布的《关于查询、停止支付或没收个人在银行的存款以及存款人死亡后的存款过户或支付手续的联合通知》的有关规定：

（1）存款人死亡后，合法继承人为证明自己的身份和有权提取该项存款，应向当地公证处（尚未设立公证处的地方向县、市人民法院，下同）申请办理继承权证明书，银行凭此办理过户或支付手续。如该项存款的继承权发生争执时，应由人民法院判处。银行凭人民法院的判决书、裁定书或调解书办理过户或支付手续。

（2）在国外的华侨、中国血统外籍人和港澳同胞在国内银行的存款或委托银行代为保管的存款，原存款人确实死亡，如其合法继承人在国内者，凭原存款人的死亡证（或其他可证明存款人确实死亡的证明），向当地公证处申请办理继承权证明书，银行凭此办理存款的过户或支付手续。

（3）在我国定居的外侨（包括无国籍者）在我国银行的存款，其存款过户或提取手续，与我国公民存款处理手续相同，应按照上述规定办理。与我国订有双边领事协定的外国侨民应按协定的具体规定办理。

（4）继承人在国外者，可凭原存款人的死亡证明和经我国驻该国使、领馆认证的亲属证明，向我公证机关申请办理继承权证明书，银行凭此办理存款的过户或支付手续。

继承人所在国如系禁汇国家，按上述规定办理有困难时，可由友好社团、当地侨团和爱国侨领、友好人士提供证明，并由我驻所在国使领馆认证后，向我公证机关申请办理继承权证明书，银行再凭此办理存款的过户或支付手续。

继承人所在国如未建交，应根据特殊情况特殊处理。

居住国外的继承人继承在我国内银行的存款，能否汇出国外，应按我国外汇管理条例的有关规定办理。

（5）存款人死亡后，无法定继承人又无遗嘱的，经公证部门的证明，暂按财政部规定：全民所有制企业、事业、国家机关、群众团体的职工存款，上缴财政部门入库收归国有。集体所有制企事业单位的职工存款，可转归集体所有。此项上缴国库或转归集体所有的存款都不计利息。

67. 著作权、专利权中的财产权利如何继承?

答:公民的著作权系专属性质的权利,其中的人身权利,如署名权与修改权等,只能归著作权人所有,不能列入遗产,不能继承。但是个人著作权中的财产权利,如作品的稿酬,出版、改编、上演作品所得报酬等,则可列入遗产发生继承。

法人或非法人单位为著作权人时,其财产权利不属于公民个人,也不能作为遗产被继承。

继承著作权,是继承人在著作权保护期间内,即作者生前及死亡后50年之内,可以继承被继承人的作品使用权、发表、复制、发行作品的权利和获得稿酬权。

所谓专利权,是专利权人对其所取得专利的某项发明或设计所享有的专有使用和处分的权利。专利权包括发明专利权、实用新型专利权及外观设计专利权。

继承专利权是继承人在专利权的保护期间内,发明专利权的期限为20年,实用新型专利权和外观设计专利权的期限为10年,均自申请日起计算,继承其中的财产权利部分,如许可他人使用专利权、收取专利使用费的权利等。而人身权利部分如专利署名权,则不在继承范围内。

68. 寡妇再婚能带走继承的遗产吗?

答:夫妻一方死亡后,生存的一方依照法律的规定或合法有效的遗嘱所继承的遗产,就成为自己的财产,对其享有所有权,可在法律许可的范围内占有、使用、处分。如果生存的一方再婚时,有权对这部分财产进行处分。但在现实生活中,由于封建流毒的影响,丧偶者(特别是寡妇)再婚往往受到亲族势力的阻挠和干涉,严重侵犯了丧偶者的权益,特别是侵犯了妇女的财产权利。我国《继承法》第三十条规定:“夫妻一方死亡后另一方再婚的,有权处分所继承的财产,任何人不得干涉。”为这部分维护自己的合法权益提供了法律武器。

69. 遗嘱人前后订立几个遗嘱,哪个遗嘱有效?

答:《继承法》第二十条规定:“遗嘱人可以撤销、变更自己所立的遗嘱。”“立有数份遗嘱,内容相抵触的,以最后的遗嘱为准。”“自书、代书、录音、口头遗嘱,不得撤销、变更公证遗嘱。”所谓撤销,是指取消原来所立遗嘱的全部内容;所谓变更,是指对遗嘱所作的补充或者部分修改。具体撤销或者变更的方法是:撤销或者变更遗嘱,应与设立遗嘱时的程序相适应。如,撤销代书遗嘱,仍应邀请原代书人、见证人到场,立遗嘱人作出撤销声明;如果撤销后重新立遗嘱,应在所立新遗嘱中注明原遗嘱撤销;如果撤销自书遗嘱,应在后立的遗嘱上注明撤销先前的遗嘱,没有注明的,应以最后的遗嘱为准。如果是撤销公证遗嘱,必须经过再公证。公证遗嘱的效力高于其他形式的遗嘱的效力，不能以其他遗嘱形式撤销公证遗嘱。

70. 遗嘱有哪些形式?

答：遗嘱表达有以下几种形式：

（1）公证遗嘱。经过国家公证机关办理了公证的遗嘱为公证遗嘱。由于其真实性最强，因此国家鼓励公民采用此方式订立遗嘱。

（2）自书遗嘱。是遗嘱人亲笔制作遗嘱的一种形式。

（3）代书遗嘱。在遗嘱人不会用文字表达或因故不能亲笔书写遗嘱的情况下，请他人代为书写遗嘱的形式。

（4）录音遗嘱。运用录音的手段记录下立遗嘱人的意志的遗嘱。此种遗嘱必须要有两个以上无利害关系的见证人证明。

（5）口头遗嘱。由立遗嘱人口头表达的遗嘱。根据《继承法》第十七条第五款的规定，“遗嘱人在危急情况下，可以立口头遗嘱。”

71. 什么人可以作为遗嘱继承人?

答：说到遗嘱，有人会作这样理解：遗嘱继承与法定继承不同，立遗嘱人具有极大的自由性，指定谁为遗嘱继承人，在几个继承人中如何分配遗产，立遗嘱人可完全按自己的意志办理。其实不然。我国《继承法》第十六条第二款明确规定：“公民可以立遗嘱将个人财产指定由法定继承人的一人或者数人继承。”另根据《继承法》第十条、第十一条、第十二条的规定，配偶、子女、父母、兄弟姐妹、祖父母、外祖父母都是法定继承人，此外父母先亡的孙子女、外孙子女可作为代位继承人；丧偶儿媳、丧偶女婿对公婆、岳父母尽了主要赡养义务的，可作为法定继承人。因此，遗嘱继承人的范围就划定在上述法定继承人范围之内。

我国继承法之所以规定遗嘱继承人必须是法定继承人中的一人或数人，其根本目的在于实现家庭经济职能，养老养幼，巩固互助互爱、和睦团结的新型社会主义家庭关系。

72. 什么是遗赠?它与遗嘱继承有什么区别?

答：遗赠是指被继承人以遗嘱方式将其财产的全部或部分赠与特定的、法定继承人以外的公民或法人的一种处分自己财产的方式。

遗赠与遗嘱的区别是：

（1）接受遗产的对象不同。遗嘱的接受对象必须是法定继承人中的一人或者数人；而遗赠的对象是法定继承人以外的其他公民或者国家机关、企事业单位和社会团体。

（2）遗嘱继承人是基于与被继承人的继承法律关系直接继承遗产；遗赠受领人是基于被

继承人遗嘱的指定从遗产执行人处取得遗赠财产，而不直接参与继承。

（3）遗嘱继承人在继承遗产时，既继承财产，也要承担债务；而受遗赠人只接受遗赠人的财产。

73. 什么是遗嘱继承?它与法定继承的关系是怎样的?

答：遗嘱继承是法定继承的对称，是指由被继承人生前所立的遗嘱来指定继承人及其继承的遗产种类、数额的继承方式。立遗嘱的被继承人叫遗嘱人，接受遗嘱指定继承的人叫遗嘱继承人。

遗嘱继承和法定继承的区别是：（1）遗嘱继承能改变法定继承关系。继承开始后，有遗嘱的，按照遗嘱继承或遗赠办理；没有遗嘱的，按法定继承方式继承。（2）遗嘱继承是立遗嘱人按照自己的意志用遗嘱方式指定其遗产的一部或全部由谁来继承，继承人依遗嘱的指定享有继承权，而且不受继承顺序的限制；而法定继承，继承人的范围、继承顺序由法律规定，继承人依照法律规定直接享有继承权，并按照法律规定的顺序继承遗产。（3）遗嘱继承人的应继份额由被继承人遗嘱指定；而法定继承人的应继份额必须按照法律规定的遗产分配原则进行分割。（4）遗嘱继承人必定是享有法定继承权的人，但享有法定继承权的人不一定是遗嘱继承人。

74. 出嫁女儿能继承父母的遗产吗?

答：根据继承法的有关规定，子女对父母的遗产享有平等的继承权。就是说，不论是儿子还是女儿，女儿也不论已婚、未婚，在继承父母遗产时，都享有平等的权利。但在实际生活中，由于受重男轻女、男尊女卑封建思想的影响，出现了各种各样剥夺女儿继承权的情况。如有的父母认为嫁出去的女儿是“泼出去的水”，不承认出嫁女儿的继承权；有的同胞兄弟不让出嫁姐妹继承父母的遗产。这些都是违背法律的。人民法院在处理这类问题时，在保护出嫁女儿享有平等继承权的同时，对于继承方法和遗产分配份额，则根据实际情况区别对待。例如，有的出嫁女儿有能力、有条件赡养父母，而很少甚至不尽赡养义务；有的明知父母死亡，在别的继承人分割遗产时也不要求继承，事隔多年后，又要求继承。对于这类问题，一般是在承认其有继承权的基础上，根据权利义务相一致的精神，不分或少分遗产。

75. 丧偶儿媳和丧偶女婿有继承权吗?

答：儿媳和女婿不是公婆或岳父母的法定继承人，一般不享有继承权，但是，根据《继承法》第十二条和《最高人民法院关于贯彻执行＜中华人民共和国继承法＞若干问题的意见》的有关规定，丧偶儿媳对公婆、丧偶女婿对岳父母生活提供了主要经济来源，或在劳务等方面给予了主要扶助的，应当认定其尽了主要赡养义务或主要扶养义务而作为第一顺序继承人具有继承权。并且，不管他们是否再婚，其子女可以代位继承。

76. 正在服刑的人有继承权吗？

答：依法被判处刑罚，正在进行劳动改造的罪犯有没有继承权，主要看其犯罪行为是否属于《继承法》第七条列举的四项内容，即（1）故意杀害被继承人的；（2）为争夺遗产而杀害其他继承人的；（3）遗弃被继承人的，或者虐待被继承人情节严重的；（4）伪造、篡改或者销毁遗嘱，情节严重的。如果是因上述行为被判处刑罚，则没有继承权。否则，继承人因犯有其他罪行而被判处有期徒刑、无期徒刑以至死刑并附加剥夺政治权利和被单处剥夺政治权利时，都不丧失继承权。因此，人民法院在处理继承权纠纷的案件时，不能因某继承人暂在服刑而取消其继承权。

77. 遗产包括哪些内容？

答：根据《继承法》的有关规定，遗产必须符合三个特征：第一，必须是公民死亡时遗留的财产；第二，必须是公民个人所有的财产；第三，必须是合法财产。这三个条件必须同时具备，才能成为遗产。遗产包括以下几项：

（1）公民的合法收入。如，工资、奖金、存款利息、从事合法经营的收入、继承或接受赠予所得的财产。

（2）公民的房屋、储蓄、生活用品。

（3）公民的树木、牲畜和家禽。树木，主要指公民在宅基地上自种的树木和自留山上种的树木。

（4）公民的文物、图书资料。公民的文物一般指公民自己收藏的书画、古玩、艺术品等。如果上述文物之中有特别珍贵的文物，应按《中华人民共和国文物保护法》的有关规定处理。

（5）法律允许公民个人所有的生产资料。如农村承包专业户的汽车、拖拉机、加工机具等。城市个体经营者、华侨和港澳台同胞在内地投资所拥有的各类生产资料。

（6）公民的著作权、专利权中的财产权利，即基于公民的著作被出版而获得的稿费、奖金，或者因发明被利用而取得的专利转让费和专利使用费等。

（7）公民的其他合法财产，如公民的国库券、债券、股票等有价证券，复员、转业军人的复员费、转业费，公民的离退休金、养老金等。

78. 继承从什么时候开始？

答：根据法律的规定和我们的理解，继承应从被继承人死亡时开始。这在一般情况下是容易理解的：被继承人病死或因意外事故死亡。但如一个公民长期离开住所，下落不明，或因军事行动、天灾人祸等意外事件而失踪，什么时间是他的死亡时间呢？法律一般是这样规定的，由利害关系人申请，人民法院根据法律发布寻找失踪人公告（公告期为一年），公告期满，失踪人仍无下落的，即由人民法院作出判决，宣告失踪人死亡。宣告失踪人死亡的日期，应当是人民法院判决中确定的失踪人的死亡日期。

由此我们可以说，继承开始的时间是被继承人生理死亡或被宣告死亡的时间。

79. 怎样处理涉外继承？

答：由于涉外继承具有不同于国内继承的特殊性，因此，在适用法律上也不同于国内继承，根据继承法的规定，在某些情况下，涉外继承适用我国法律；在另外的情况下，则适用外国法律。所以，对于具体的涉外继承，必须根据具体的案件来确定应当适用的法律。根据情况，一般分为以下几种：

（1）中国公民继承在境外的遗产，如该遗产是动产，就适用被继承人住所地法律。被继承人住所地在哪个国家（地区），就适用哪个国家（地区）的法律。如果该遗产是不动产，则适用不动产所在国家（地区）的法律。

（2）中国公民继承在境内的外国人的财产，如该遗产是动产，就适用被继承人住所地法律。即被继承人住所地在我国的，适用我国法律，被继承人在外国的，就适用外国法律。如果该遗产是不动产，则适用我国的法律。

（3）外国人继承在中国境内的遗产，如果该遗产是不动产，适用被继承人住所地法律，被继承人住所地在我国的，就适用我国的法律；被继承人住所地在外国的，就适用外国法律；如果该遗产是不动产，就适用我国法律。

（4）外国人继承在中国境外的中国公民的遗产，如果该遗产是动产，就适用被继承人住所地法律；如果该遗产是不动产，不动产在哪个国家（地区），就适用哪个国家（地区）的法律。

（5）我国与外国订有有关继承问题条约、协定时，处理继承问题则按协定、条约的规定办理。

80. 被继承人死亡，其生前所欠税款、债务如何清偿？

答：通常公民所欠税款或债务，并不因公民的死亡而消失，一般由死亡者的财产继承人在遗产实际价值范围内承担。

财产继承应该是全面的继承，既继承财产，也继承财产方面的义务，这种继承又称“概括继承”或“总括继承”。所以，在公民死亡后，死者的遗产继承人应负责代替死者交税或偿还债务。至于交纳或偿还债务的数量，继承法规定，以遗产的实际数量额为限，即采用限定的原则。超出部分，继承人不负责偿还，这和旧时盛行的“父债子还”是不一样的。继承人如果是两人或多人，则根据各人继承财产的多少按比例分担被继承人所欠税款和债务，也可先清偿税款、债务，再分配遗产。

在处理死者生前所欠税款和债务时，应当注意不要把家庭应纳税款和所欠债务与死者遗留财产义务混为一谈。

81. 遗产保管人侵吞或损坏遗产怎么办?

答：存有遗产的人应当妥善保管遗产。所谓存有遗产的人，是指被继承人死亡时，实际控制遗产的人。存有遗产而且负责保管的人称为遗产保管人。遗产保管人既可以是继承人，也可以是遗嘱执行人，还可以是其他人。

遗产保管人应对遗产妥善保管，非经全体继承人同意，不得使用、处分遗产。保管人不称职的，可经继承人或其他利害关系人的申请而更换。保管遗产所花的费用，最后从遗产的价值中扣除。保管人侵吞或故意损坏遗产的，继承人、被继承人生前债权人可向法院起诉，要求返回或赔偿损失。

82. 遗嘱由什么人负责执行?

答：遗嘱的执行，是指遗嘱生效后，采取必要的行为和必要的程序，去实现遗嘱所规定的各项内容。

遗嘱自遗嘱人死亡之日起开始执行。其过程大致是：出示遗嘱向有关人员公布遗嘱内容；编制遗产清册，并应宣布；当事人没有异议时，把遗产按遗嘱要求进行处理。

执行遗嘱，负责分配遗产的人叫遗产执行人。遗嘱人可以指定遗嘱执行人。执行人负责保管遗产，并有权提起关于排除妨害继承的诉讼以及参与有关的诉讼活动。如果遗嘱人生前没有执行人，或者所指定的执行人拒绝接受，或者执行人不称职，则可以由全体继承人参加执行，或者经利害关系人申请，由法院指定或撤销执行人。

一般而言，执行人由继承人以外的人担任较为公平、公正。

83. 哪些人不能作为遗嘱见证人?

答：根据继承法的规定，下列人员不能作为遗嘱见证人：

（1）无行为能力的人，限制行为能力人。也就是不满18周岁的未成年人或者精神病患者。

（2）继承人、受遗赠人。这些人和遗嘱人有着直接的利害关系。

（3）与继承人、受遗赠人有利害关系的人。即这些人是和遗产的处理结果有直接关系的人。他们或者是与继承人、受遗赠人有较近的血缘关系、婚姻关系，如继承人的兄弟姐妹、妻子儿女，或者是继承人、受遗赠人的债权人。

84. 个别继承人未经协商，私自处理了遗产应如何解决？

答：首先，要弄清楚被继承人有没有留下遗嘱。如果被继承人生前立有遗嘱，而且遗嘱内容又是指定由这一继承人继承全部遗产，并且遗嘱符合法定条件，那么，该继承人继承遗产就是无可非议的，其他继承人不应持有异议，也不得与之争夺遗产，但是，该继承人私自处理遗产的行为违反了继承法的规定，因为，遗嘱在立遗嘱人死亡后，应当向所有当事人公开，必须使全体继承人知道其内容并交由他们审查。

其次，如果遗嘱中并未指定由某人继承全部遗产，而该继承人却私自处理了遗产，那么，该人就构成了民事侵权，其他有权的继承人可以起诉，请求保护合法权益。

最后，如果被继承人生前并未留下遗嘱，或者虽立有遗嘱，但遗嘱无效，则应按法定继承对遗产进行处理。在这种情况下，遗产理所当然属于全体法定继承人，为共有财产。对遗产的处理，除法律另有规定或当事人另有约定的以外，必须取得全体共有人的同意。个别人私自处理遗产的行为，是对其他继承人的侵犯。其他继承人可以起诉，请求法院责令侵权人停止侵害，退还遗产，恢复原状或赔偿损失。然后，共有人再根据法律的有关规定，分割遗产。

85. 同一顺序继承人在继承开始后怎样分配遗产？

答：继承开始后，同一顺序的继承人可以同时继承。在分配原则方法上，应当坚持平均分配为主，但按继承法规定，应当注意几种特殊情况下的不等额分配。这些特殊情况包括：（1）对生活有特殊困难的缺乏劳动能力的继承人，分配遗产时，应当予以照顾；（2）对被继承人尽了主要扶养义务或者与被继承人共同生活的继承人应当多分；不尽扶养义务的人，应当不分或少分遗产。

86. 到女方落户的男子，还能继承其生父母的遗产吗？

答：可以。男到女方家落户后，他和其生父母的关系并没有解除，他对自己的生父母仍然有赡养扶助的义务，同时也有继承生父母遗产的权利。但在现实中，人们往往认为到女方家落户的女婿，特别是已经继承了岳父母遗产的女婿，不应该再继承生父母的遗产，否则他就继承多份遗产了。这种看法是不对的，到女方家落户的女婿确实有可能继承两份甚至三份遗产，这都是符合法律的。到女方家落户的女婿，在其妻死后，并没有赡养岳父母的法定义务，但如果他承担了赡养的义务，根据权利义务一致的原则，他当然有继承岳父母遗产的权利。

同时，由于他又是其生父母的儿子，并不因他结婚或者到女方家落户，而改变其与父母的关系。根据继承法规定，他又有权继承生父母的遗产。当然，如果男到女方家落户后，对自己的生父母有遗弃、虐待行为，那么，法院可依法剥夺他继承生父母遗产的权利。

87. 怎样理解继承法规定的诉讼时效?

答：继承法规定的当事人对继承纠纷提起诉讼的期限，叫做诉讼时效。在诉讼时效内不起诉，就意味着当事人放弃了请求法院对其继承权予以保护的诉讼权。超过法定诉讼时效而起诉的法院不予受理。

关于诉讼时效，继承法规定，继承权纠纷提起诉讼的期限为二年，自继承人知道或者应当知道其权利受到侵犯之日起计算。但是，自继承开始之日起超过二十年的，不得再提起诉讼。这就是说，继承权诉讼时效包括两种情形：一是二年的一般规定，二是二十年的特殊规定。

对于二年的一般诉讼时效，其期限从继承人知道或应当知道他的权利被侵犯的那一天算起。例如，张三的哥哥在其父亲死亡后，未通知张三就独吞了全部遗产，张三在1996年5月5日才得知此事，那么，张三向法院起诉的有效时间就从1996年5月5日起计算，至1998年5月4日止。超过了这段时间，法院就不再受理张三的起诉。不过，如果当事人未在二年的法定期限内起诉，不是由于主观原因，而是存在客观的障碍，比如出国等，在这些情况消除之后，可向法院申请延长诉讼时效。法院根据具体情况决定是否准许。

如果继承人长期不知道自己的继承权遭到了侵犯，是不是从该人知道自己的继承权被侵犯之日起的二年内，都有权起诉呢？为了避免类似过于纠缠历史上的旧事，继承法又规定了二十年的特殊时效，也就是自继承开始之日起超过二十年的，法院不再受理当事人的起诉。比如，李四的父亲于1968年9月1日逝世，李四直到1988年12月1日才知道其自己的继承权被侵犯，那么，自继承开始之日起已经超过二十年，李四如起诉，法院不会予以受理。当然：如果在该例中，李四在1988年9月1日以前起诉的，因为没有超过二十年，法院还是会受理他的起诉的。

88. 出了继承纠纷怎么办?

答：遗产继承纠纷，是指继承人在被继承人死亡之后对继承权和遗产分割引起的争执。

对于争执继承顺序的纠纷，应按继承法关于法定继承顺序的规定加以处理。夫妻、子女、父母为第一顺序，兄弟姐妹、祖父母、外祖父母为第二顺序。有前一顺序继承人，后一顺序的继承人就不得行使继承权。只有在没有第一顺序继承人或者第一顺序继承人丧失继承权的条件下，第二顺序的继承人才可以享有继承权。

对于争执遗产继承份额的纠纷，应当优先照顾未成年人和无劳动能力人，贯彻男女平等原则，考虑继承人对被继承人生前所尽的义务和本人生活的实际情况。对于有关遗嘱继承的纠纷，首先要看遗嘱是否真实、合法。如果遗嘱中取消了未成年人或其他无劳动能力人的法定继承人的应得份额，则这部分遗嘱内容无效，不予承认。

无论如何，出现了纠纷，当事人之间要互谅互让，协商一致，当然，如果分歧太大，无法调解，任何当事人都可起诉，由法院来主持公道。

89. 抚恤金和生活补助费可以作为遗产继承吗?

答：抚恤金、生活补助费是在死者死亡后，由国家发给死者亲属的费用。国家发放这种费用，是用以优抚救济死者家属，特别是用来优抚那些依靠死者生活的未成年人和丧失劳动能力的亲属。就其性质看，它不属于死者的遗产。它与遗产主要有三点不同：

（1）抚恤金、补助费是国家发给死者亲属的费用，而遗产则是死者个人所有的于死之后留下的财产。遗产可以是金钱，也可以是实物，而抚恤金、补助费只能是金钱。

（2）发放抚恤金、补助费的目的，在于抚慰死者家属；而遗产继承，则是为了保护公民个人合法的财产权益，使死者生前的合法财产不至于因死亡而消灭。

（3）享受抚恤金待遇，必须是死者的直系亲属；而可以得到遗产的人，则除了直系亲属外，还可对其他人或者集体、国家。

因此，一般而言，抚恤金、补助费是不能作为遗产继承的。但也有例外的情况，如果抚恤金、补助费是发给伤残者本人，则属于伤残者本人所有的财产；如伤残者因病死亡，则此项抚恤金、补助费的剩余部分，属于遗产范围。

需注意的是，根据有关法律规定，享受抚恤金和补助费的人，必须符合两个条件：一是死者的直系亲属；二是这些亲属主要依靠死者生前抚养。这两个条件必须同时具备，缺一不可。

90. 人寿保险中的保险金可以作为遗产继承吗?

答：人寿保险，是保险标的为人的生命、健康等的保险。投保人与保险公司订立保险合同，并按约定交纳保险费后，保险合同关系成立，保险人应在保险事故发生时，向受益人支付保险金。

人寿保险合同中，受益人就是根据合同有权领取保险金的人，受益人由被保险人指定，可以是投保人，也可以是第三人。被保险人未指明受益人时，他的法定继承人应推定为受益人。

被保险人死亡后，受益人应得的保险金不能列入遗产范围，不能作为遗产继承，也不能用来清偿死者生前所欠的税款和所负的债务。这是因为，在保险合同订明受益人时，保险金的所有权已经明确为受益人所有。被保险人如未指明受益人，法律推定其受益人为其法定继承人。在此情况下，保险金仍不属于遗产，而是被保险人的法定继承人的共有财产。法定继承人分配保险金，属于对共同财产的分割，而不是当遗产来继承。

91. 继承开始的时间就是分割遗产的时间吗?

答: 不少人往往认为，继承开始的时间就是继承的时间和分割遗产的时间，经常出现死者尸骨未寒，继承人就为分割遗产而闹得不可开交的现象。

事实上，继承开始的时间，也就是被继承人死亡的时间，而接受继承的时间，则是已取得继承权的继承人，向他人表示接受继承的时间，它在继承开始之后，而分割遗产的时间就更晚。从继承开始到继承人是否接受继承的表态，再到遗产的实际分割，中间一般都有一个过程，其中包括处理丧葬，通知各继承人，如召集继承人会议等活动，这些活动不可能同时进行。

92. 公民的财产继承权受到侵害的如何投诉请求保护?

答：公民的财产继承权受到侵害的，可以依据《民事诉讼法》第三十四条第（三）项、第一百零八条、第一百零九条、第一百一十条的规定向被继承人死亡时住所地或者主要遗产所在地人民法院起诉。《继承法》第八条规定:“继承权纠纷提起诉讼的期限为二年，自继承人知道或者应当知道其权利被侵犯之日起计算。但是，自继承开始之日起超过二十年的，不得再提起诉讼。”最高人民法院《关于贯彻执行 < 中华人民共和国继承法 > 若干问题的意见》第十八条指出:“自继承开始之日起的第十八年至第二十年期间内，继承人才知道自己的权利被侵犯的，其提起诉讼的权利，应当在继承开始之日起的二十年之内行使，超过二十年的，不得再行提起诉讼。”

93. 在有第一顺序继承人继承的情况下第二顺序的继承人或者其他人可以分得遗产吗?

答：最高人民法院于1984年8月30日发布的《关于贯彻执行民事政策法律若干问题的意见》第四十条规定:“在有第一顺序继承人继承的情况下，如第二顺序继承人对被继承人尽过较多义务或不能独立生活、依靠被继承人抚养的，在分割遗产时应给予适当照顾。”

《继承法》第十四条规定:“对继承人以外的依靠被继承人抚养的缺乏劳动能力又没有生活来源的人，或者继承人以外的对被继承人抚养较多的人，可以分给他们适当的遗产。”

最高人民法院《关于贯彻执行 < 中华人民共和国继承法 > 若干问题的意见》指出:

“31.依继承法第十四条规定可以分给适当遗产的人，分给他们遗产时，按具体情况可多于或少于继承人。

32.依继承法第十四条规定可以分给适当遗产的人，在其依法取得被继承人遗产的权利受到侵犯时，本人有权以独立的诉讼主体的资格向人民法院提起诉讼。但在遗产分割时，明知而未提出请求的，一般不予受理，不知而未提出请求，在二年以内起诉的，应予受理。”

94. 什么是共同继承与单独继承?

答: 共同继承是指继承人为数人，即为两人以上共同继承遗产。继承人的数量以依法享有继承权的人数为准，而不以实际继承的人数计算。例如，继承发生时享有继承权的可能是多数，但因有的继承人放弃继承或者被剥夺继承权，最后可能仅有一人参与继承。但只要继承发生时继承人为两个人以上，就属于共同继承。共同继承需要解决的问题较多，以致它比继承人为一人的继承复杂得多，也容易引起纠纷。

单独继承是指继承人为一人的继承。即使第二顺序的法定继承人有数人，但只要第一顺序继承人仅有一人，也应认为是单独继承。这种继承绝少发生继承纠纷，也不存在保管和分割遗产的问题，但继承人也要负责清偿被继承人的债务，并承受按照遗嘱给付遗赠物的义务等。

95. 应该如何处理被放弃的继承份额?

答: 放弃继承权的，被放弃的继承份额在参加继承的继承人中分配。如果表示放弃继承的是遗嘱继承人，则放弃的份额应当转归法定继承人继承。如果放弃继承的是法定继承人，其应继承份额由其他法定继承人按法律规定的继承顺序继承；如果放弃继承的是被继承人的唯一法定继承人时，被继承人的遗产归国家或集体享有。根据权利和义务相一致的原则，放弃继承权的人不继承遗产，通常条件下，对被继承人依法应当缴纳的税款和债务也就可以不负清偿的责任。受遗赠人在知道受遗赠后两个月内，既不表示接受又未表示放弃时，便推定为放弃接受遗赠。被放弃的遗赠财产，按法定继承办理。遗嘱人没有法定继承人时，即收归国家或集体组织所有。主动放弃或法定期限届满没有表示接受而实际放弃遗赠的受遗赠人，不再承担遗赠人所附加的有关义务。

96. 什么叫作继承恢复请求权?

答: 所谓继承恢复请求权，是指继承人的继承权受到侵害，受侵害人请求人民法院通过诉讼恢复其合法继承权的法律活动。

继承恢复请求权，是以恢复自己合法继承被继承人的物权为目的的诉讼活动。因此，只有当侵害实际发生时或发生后，受害人或受害人的代理人才可以提出，受害人可以直接向侵害人提出，通过协商合理解决，也可以向村（居）民委员会提出，通过调解解决，还可以直接向人民法院提出，通过诉讼程序调解或判决解决。

为了保护继承人的合法继承权，《继承法》第八条规定继承纠纷提起的诉讼期限为二年。自继承人知道或者应当知道其权利被侵害之日起计算。如果自继承开始之日起第十八年至第二十年期间内，继承人才知道自己的权利被侵害，其提起诉讼的权利应当在继承开始之日起二十年之内行使，超过二十年的，不得再提起诉讼。

有权提出继承恢复请求权的，是继承权的被侵害人及其法定代理人。因此，继承恢复请求权是专属被害人的请求权，如果被害人或其法定代理人没有提出继承恢复请求权，其他人是不能提出的，被害人死亡后，其继承恢复请求权终止、消失，不存在继承问题。

97. 继承中权利义务一致的原则主要体现在哪些方面?

答：我国《继承法》充分地体现了权利义务相一致的原则，其主要表现在以下几个方面:

（1）在确定继承人的范围、继承顺序上，两个继承顺序的划分依据，不仅是血缘关系、亲属关系，而且还有权利义务关系。

（2）在同一顺序继承人中，对被继承人尽了主要扶养义务或者与被继承人共同生活的继承人，分配遗产时，可以多分；有扶养能力和有扶养条件的继承人，不尽扶养义务的，分配遗产时，应当不分或者少分。

（3）丧偶儿媳对公婆、丧偶女婿对岳父母本无继承权，《继承法》根据权利与义务相一致的原则规定，丧偶儿媳对公婆、丧偶女婿对岳父母尽了主要赡养义务的，应当享有继承权，并列为第一顺序继承人；继父母与继子女间也是依据双方是否形成扶养关系而确定有无继承权。

（4）有些人虽不是法定继承人，但对死者尽了较多扶养义务的，继承法规定可以分给他们适当的遗产。

（5）遗嘱继承或者遗赠附有义务的，继承人或者遗赠人应当履行义务，没有正当理由不履行义务的经有关单位或者个人请求，人民法院可以取消他们接受遗产的权利。

（6）按照遗赠扶养协议，扶养人或者集体所有制组织承担该公民生养死葬的义务，享有受遗赠的权利。

（7）继承人在继承遗产时，必须同时承担清偿被继承人所欠的税款和债务，不能只享受继承权利不承担继承的义务，但清偿税款和债务应以遗产的实际价值为限。

98. 离婚双方均可承租公房的条件有哪些?

答：夫妻共同居住的公房，具有下列情形之一的，离婚后，双方均可承租：

（1）婚前由一方承租的公房，且婚姻关系存续5年以上的；

（2）婚前由一方承租的本单位的房屋，离婚时，双方均为本单位职工的；

（3）一方婚前借款投资建房取得的公房承租权，婚后夫妻共同偿还借款的；

（4）婚后一方或双方申请取得公房承租权的；

（5）婚前一方承租的公房，婚后因该承租房屋拆迁而取得房屋承租权的；

（6）夫妻双方单位投资联建或联合购置的共有房屋的；

（7）一方将其承租人本单位的房屋，交回本单位或交给另一方单位后，另一方单位另给调换房屋的；

（8）婚前双方均租有公房，婚后合并调换房屋的；

（9）其他应当认定为夫妻双方均可承租的情形。

99. 什么样的收养行为是无效的?

答：根据《收养法》第二十条的规定，“违反《中华人民共和国民法通则》第五十五条和本法规定的收养行为无法律效力。收养行为被人民法院确认无效的从行为开始时起就没有法律效力。”

《民法通则》第五十五条规定：“民事法律行为应当具备下列条件：（1）行为人具有相应的民事行为能力；（2）意思表示真实；（3）不违反法律或者社会公共利益”。

“行为人具有相应的民事行为能力”是指收养行为的双方当事人——收养人和送养人具有能判断自己行为后果的能力和理智地、审慎地处理自己事务的能力。

“意思表示真实”是指收养行为双方当事人关于收养和送养的意思表示是真实的，是反映内心愿望和真实意愿的。

“不违反法律或者社会公共利益”是指收养关系双方当事人的行为不得有违反我国法律、法规或者有损社会公共利益的情况。

《收养法》对收养关系规定的条件是：（1）收养人应具备的条件；（2）送养人应具备的条件；（3）被送养人应具备的条件；（4）履行法定手续（以上四条参照前述）。

一个收养关系的成立，必须同时具备《民法通则》和《收养法》的有关规定，才是合法、有效的，才能得到法律的保护。

100. 被收养人的条件是什么?

答：依据现行收养法的规定，被收养人应当符合下列条件：

（1）被收养人是未满14周岁的未成年人。以不满14周岁的未成年人作为收养的对象，是为了有利于在收养人和被收养人之间建立和培养亲自感情，从而促使收养关系的稳定和发展。

（2）被收养人是丧失父母的孤儿，或者是查找不到生父母的弃婴和儿童，或是生父母有特殊困难无力抚养的子女。这里的“孤儿”是指父母双亡的不满14周岁的未成年人：“弃婴和儿童”是指被父母或者其他监护人丢弃而脱离家庭或者监护人的不满14周岁的未成年人。

（3）收养年满10周岁以上的未成年人的，应当征得被收养人的同意。因为他们已经初步具备了判断、辨明一些事务后果的能力。因此，收养他们时应当征求、尊重其本人的意愿，取得其同意，这样才能更好的建立和睦的养父母子女关系。

101. 哪些公民、组织可以作送养人？

答：我国《收养法》所认可的送养人，包括下列公民和社会组织；

（1）孤儿的监护人。当被收养人的父母死亡后，由孤儿的监护人作为送养人。根据《民法通则》第十六条的规定，可以作为孤儿监护人的包括下列人员：祖父母、外祖父母、兄、姐等近亲属；关系密切的其他亲属、朋友愿意担任监护人的，须经未成年人的父、母的所在单位或者未成年人住所地的居民委员会、村民委员会的同意；在没有前面人员的情况下，由未成年人父、母的所在单位或者未成年人住所地的居民委员会、村民委员会或者民政部门担任未成年人的监护人。

（2）社会福利机构。社会福利机构是指各级人民政府的民政部门所兴办的慈善机构。那些因父母死亡，其他亲属又无力抚养的孤儿或者查找不到生父母的弃婴儿童，依照《未成年人保护法》的规定，由社会福利机构收容抚养。当收养人在符合条件的情况下，自愿收养由社会福利机构抚养的孩子时，社会福利机构即可成为送养人。

（3）有特殊困难无力抚养子女的生父母。父母对子女有抚养教育的义务，这种义务在通常情况下是不能免除的，但如果父母确实有特殊困难（如重疾、高残、丧失劳动能力又无经济来源等情况）无力承担抚养义务，法律允许生父母将自己的子女送养他人。依《收养法》的规定，生父母送养子女时，无论双方是否离婚，都必须共同送养；除因生父母一方下落不明或者查找不到时，才允许单方送养；生父母一方死亡的，生存方可单方送养。

102. 收养人应当具备哪些基本条件？

答：（1）收养人必须年满30周岁。收养的目的是为了在收养人与被收养人之间确立父母子女关系，因此，收养人与被收养人之间应有合理的年龄差距。

（2）收养人无子女。基于《宪法》和《婚姻法》关于计划生育的要求，《收养法》要求收养人无子女。这里的收养人无子女是指夫妻双方或者一方因不愿生育或不能生育而无子女，或者是因所生子女死亡而失去了子女，或者是指收养人因无配偶而没有子女的情况。

（3）有抚养教育被抚养人的能力。为了保证被抚养人的健康成长，对收养人抚养、教育能力的要求包括三个方面：第一，收养人应具有良好的思想道德品质；第二，收养人有保证被抚养人健康成长的物质条件；第三，收养人未患有在医学上认为不应当收养子女的疾病。

（4）有配偶者收养子女，必须夫妻双方共同抚养。法律这样规定的目的是为了保证被抚养人能在一个和睦、温暖的家庭环境中健康成长，以免因夫妻单方收养而造成另一方不接纳孩子，进而影响到夫妻感情的和睦，影响到养子女的身心健康。

（5）收养人只能收养一名子女。对收养人的这一要求，是为了贯彻、推行我国的计划生育政策。

103. 办理收养登记所需哪些手续？

答：（1）收养人的书面申请，内容包括收养目的，不虐待、不遗弃被收养人和抚育被收养人健康成长的保证（有效期3个月）；

（2）收养人所在镇或所属部门计生办出具的有无子女证明（有效期3个月）；

（3）单位或村（居）委会出具收养人具有收养能力的证明，内容包括收养人的年龄、婚姻、家庭成员、住房、经济收入和无不良行为等情况（有效期3个月）；

（4）本市第一人民医院出具的收养人“可以收养”的证明（有效期3个月）；

（5）收养人的户口簿、身份证、结婚证原件和一套复印件；

（6）收养人和被收养人3人合影照片2张（2寸横拍）；被收养人1寸照片1张；

（7）由本市儿童福利院提供的被收养人的其他证明材料；

（8）收养登记调查工本费。

104. 什么是共有人的优先承租权？

答：共有人的优先承租权，是指共有的房屋出租时，在同等条件下，该房屋的其他共有人有优先承租权。

首先，共有人的优先承租权是基于共有人的身份而产生。房屋共有人除了按份或者共同享有对所有房屋的占有权、使用权、收益权、处分权外，还享有一些可以按个人意愿单独行使的权利。优先承租权即是房屋共有人享有的可单独行使的权利之一。一旦半数以上共有人同意出租房屋，应当将出租的意思和条件通知全部共有人。在法律规定的期限内，如其他共有人没有承租的意思，或所给条件不及他人，则该共有房屋方可出租给其他人。

其次，共有人的优先承租权是在同等条件下的优先购买权。所谓“同等条件”，既指房屋的出租价格，又包括租金交付的期限、方式等，是综合各个因素的同等条件，而不是针对每一项而言，所谓“优先”是指在条件等同时，享有优先权的共有人可以优于他人取得房屋的租赁权。

105. 生命权的含义是什么？

答：生命权是以自然人的性命维持和安全利益为内容的人格权。我国《民法通则》第八十九条规定：“公民享有生命健康权”，这里的生命健康权，实际上是生命权、健康权与身体权的总称，可见我国的立法是将生命权规定为一项独立的人格权而加以保护的，这也是世界上多数国家的立法体例。

生命是生物体所具有的活动能力，而法律意义上的生命仅指自然人的生命，是人体维持生存的基本的物质活动能力。生命是不可以替代和不可逆转的，是人得以存在的体现，是公民享有权利和承担义务的前提和基础，是自然人的最高人格利益。

生命对于人的根本利益，使得维护人之生命安全成为法律的根本任务之一，反映到民法上，便是确认和维护自然人的生命权，保障生命不受非法剥夺，保障生命在受到各种威胁时能得到积极之维护，从而维护人的生命活动的延续，保障公民最高人格利益。

生命权是自然人的一项根本的人格权，它在维护自然人的生命安全的同时，也成为自然人享有其他人格权的前提和基础。公民的各项人格权均以公民的生存为前提，一旦公民的生命权遭到侵害而丧失生命，则其他人格权也不复存在。

106. 生命权包括哪些具体内容?

答:“生命权的内容”无疑应指其权能或权项，一般认为包括“生命安全维护权”和“生命利益支配权”。

（1）生命权首先表现为“生命安全维护权”。生命是人的最高人格利益，故生命权的基本内容，说到底就是维护生命的延续，也就是保护人的生命不受非法侵害。特别是在日常生活中，当自己的生命权遭受不法侵害时，生命安全维护权的意义尤显突出。权利主体不但可向司法机关提出给以保护的请求，而且可以采取正当防卫或紧急避险等措施。生命权的内容实际上就是维护生命安全，禁止别人非法剥夺人的生命，而且还表现为对生命利益的维护问题。

（2）“生命利益支配权”问题。生命权中是否包含“生命利益支配权”，实际上意味着生命权的主体是否可以处分自己的生命的问题。传统的民法理论对此是持否定态度的，很多国家都曾规定，自杀是为法律所不许的行为。但是，实践中有不少问题又难以解释。应当认为，从人道主义出发，从尊重个人的真实选择考虑，应当承认有限制的生命利益支配权。所谓限制，是将这种支配权仅限制在特殊情形下的“献身行为”和“安乐死”等情况下才能允许。

107. 健康权包括哪些具体权能?

答：一般说来，健康权的内容应包括“健康维护权”，“劳动能力保有、利用和发展权”，在特殊场合，也承认“健康利益支配权”。

（1）健康维护权。健康不仅是免于疾病和衰弱，而且是保持体格方面、精神方面和社会方面的完美状态。所以当今社会将健康视为基本人权，在世界范围内均认为其是文明社会的共同利益所在，故对健康的维护也成了一项权利。

①“健康利益保持权”首先体现为自然人保持自己健康的权利。人人都有通过各种体育

活动、心理调试，使自己的身心健康状况保持完好的状态的权利。当生理、心理机能、功能出现不正常时，及时请求医治，使健康状况达到完好或恢复到原有状态的权利，不受任何的干涉或限制。

②“维护健康司法请求权”。“健康利益维护权”还表现为当自然人的健康权受到不法侵害时，受害人享有的“司法保护请求权”。健康权主体以外的任何人，都负有不得侵害他人健康权的法定义务。凡是非法损害他人的身体的外在组织的完整或内部生理机能的健全，而影响他人生理机能的正常运作和功能正常发挥，影响到生命活动的正常维持时，不论其是作为，还是不作为，都是侵害健康权的行为，受害人均有权请求司法救济。

（2）“劳动能力保有、利用和发展权”。一般认为，劳动能力是指自然人从事创造物质财富和精神财富活动的脑力和体力的总和，其作为自然人健康权的一项基本人格利益，当然所有的自然人都有保有、利用及发展的权利，当其受到不法侵害时，受害人当然可以请求司法保护。

（3）健康利益支配权。既然在生命权中包含了“生命利益支配权”，同理，在健康权的内容中，就应该包含“健康利益支配权”。所谓“健康利益支配权”，就是指自然人有权支配与自己的健康有关的那些利益的那些民事权利。在人们的传统道德以及传统的民法理论中，都不承认放弃健康或故意恶化自己的健康状况是一种权利。所以，法律对故意恶化自己健康状况的行为，如吸毒等可以施行强制性治疗。但是，就“自甘冒险”、“见义勇为”等行为而言，显然难以否定在这些特殊场合中的确有“健康利益支配权”的问题。故尽管一般来说，体育运动均有利于健康，但对某些可能危及健康的竞技活动，当从事这些项目的人员事前作出了承诺，或者以其实际参加的行为作出了默示承诺时，只要依法实施了必要的防范或保护措施，参加活动的运动员即使健康受损，也不追究他人的责任。这实际上就是承认参加人可以行使对自己的“健康利益支配权”。

108. 侵犯名誉权的构成要件是什么？

答：名誉权是指公民、法人对其在社会生活中所获得的社会评价，即自己的名誉依法享有的不可侵犯的权利。

认定行为是否构成名誉侵权须在主客观方面具备以下要件：

（1）行为人客观上存在损害他人名誉的事实，并为第三人知悉。只有在行为人所实施的侮辱（体现为以不当的言词评价、贬低和毁损相对人的人格，不涉及“事实”的真实性问题）、诽谤（体现为披露、散布虚假事实）、披露其隐私权（体现为披露、散布法律所保护的他人私生活信息）等行为影响到社会公众对受害人的评价时，才能构成对名誉权的侵害。作为认定毁损名誉的依据，侵权人仅仅只针对被侵权人，而未传播给第三人，并不构成法律上的公开，行为只有公开进行，向第三人散布，才能表明侵权人的行为已经产生了社会影响，被侵权人的名誉受到损害。

（2）行为人主观上有过错。从法理上讲，对于公众人物提起的名誉侵权之诉，在主观过错方面的考察，应当以行为人是否具有实际恶意为标准，没有实际恶意的行为，即使确实损害了公众人物的名誉，也不应认定为侵权。

109. 隐私权具体包括哪些权能？

答：隐私权具体包括以下几种权能：

（1）个人生活安宁权。即指权利主体能够完全依自己的意志来支配自己的个人私生活，不受他人的非法干涉与破坏的权利。包括普通人的私生活不受非法窥视和骚扰、公民的住宅神圣不侵犯等。保障自然人个人生活的安宁显然为了是维护民事主体的起码人格，特别是其人格尊严，所以其是隐私权制度的重要内容。

（2）个人信息的控制与保守权。即指民事主体对自己的个人信息的收集、储存、传播等行为所享有的排他性的控制与保守的权利。凡是仅与特定的自然人相联系的信息和资料，包括诸如个人的身高、体重、病史、生活经历、信仰、爱好、婚姻、财产状况以及社会关系等情况，权利主体有权禁止他人非法调查、收集、公布。比如，目前药品销售人员无孔不入，通过各种渠道找到患者的电话号码或家庭住址，推销药品。

（3）"隐私的利用权"。权利主体有权依照自己的意志来利用自己的隐私从事自己愿意从事的有关的活动，以实现自己的利益而不受他人的非法干涉。不论是自然人将自己独特的生活经历作为文学创作素材；还是利用自己平时不愿为人所知的生活信息拍摄广告、制作摄影作品；或是利用自己的住所、日记、资料等私人领域为自己谋取某种利益，均应当认为是一种权利。民事主体对自己个人信息的积极利用，既可以满足自己精神、物质等方面的需要，同时也能为社会作出一定的贡献。只要其对隐私的利用没有违反法律的规定，没有违背社会公共利益和善良风俗，即不属于违法行为。反过来理解，公民有权依照自己的意愿对自己的隐私进行支配，有权公开和允许他人知晓自己的隐私并且允许他人利用自己的隐私。

110. 隐私权和名誉权有什么区别？

答：隐私权是指个人私事、个人信息等个人生活领域内的情事不为他人知悉、禁止他人干涉的权利。名誉权是公民或法人对自己在社会生活中所获得的社会评价即自己的名誉，依法所享有的不可侵犯的权利。我国法律没有对隐私权加以规定，在实践中，侵犯隐私权的行为是作为侵犯名誉权来处理的。

虽然隐私权与名誉权存在一定的内在联系，二者都是与精神利益有关但不体现直接财产内容的人身权利,侵害他人的隐私权有时会导致名誉权受损害的结果,但并非所有侵犯隐私权的行为都构成对他人名誉权的侵犯,而侵害他人名誉权的行为可能包含了侵犯隐私权。二者是相互独立的民事权利，主要区别在于：

（1）主体不同。名誉权的主体除了公民之外，也包括法人。法人名誉权的好坏直接影响它的对外交往及经济利益。而由于隐私权的宗旨是保护个人的内心安宁不受搅扰,法人则不具有自然人的生理功能，不存在精神上的愉悦和痛苦问题，法人虽然也有不宜公开的秘密，但这属于商业秘密的范畴，而不是隐私权的内容，所以法人不能享有隐私权。

（2）性质不同。名誉权是权利主体就自己的社会评价所享受利益的权利。而隐私权则主要是指权利主体的个人信息不被非法获取和公开,私人生活不受非法干扰,个人私事的决定不受非法干涉的权利。

（3）侵权方式不同。侵害名誉权的行为一般是采取无中生有，侮辱、诽谤等方式贬损他人的人格，从而使其名誉受到损害；而侵犯隐私权的行为则多为非法获取、扩散有关他人私生活的事实，干涉他人私生活等等，从而他人的内心安宁受到搅扰。前者散布的是虚假的情节，后者披露的则是真实的情况。

（4）侵权结果不同。对他人名誉的侵害，肯定会造成人格的贬损、名誉的降低；而对他人隐私的侵害，则未必造成名誉的降低，有时甚至会提高他的声誉。例如，某夫妇自幼收养了一个父母双亡的孤儿，为了孩子的心灵不受创伤，他们一直对其隐瞒这一事实。一位知情者违背他们的意愿把这件事向社会披露,这显然是侵犯了这对夫妇的隐私,但他们的名誉并不会因此受损，而可能会得到社会广泛赞扬。

（5）处置权不同。隐私权包括个人信息不被非法获悉或公开，个人生活不受外界非法侵扰，个人私事的决定不受非法干涉三项内容，其中有关个人信息的保密并非绝对的，当事人可以自行将其公布于众，也可以授权他人公开发表，也就是当事人可以放弃这部分隐私权；而名誉权的中心内容是社会对当事人的评价,这一权利是不可放弃的,他不能自行或授意他人贬损自己的名誉。

（6）责任方式不同。侵害名誉权的责任方式有停止侵害、消除影响、恢复名誉、赔礼道歉、赔偿损害等方式,而侵害隐私权的责任方式主要是停止侵害、赔礼道歉、赔偿损失等方式。

111. 生命权和健康权的区别是什么?

答：生命权是以自然人的性命维持和安全利益为内容的人格权。健康权，是指自然人以其身体外部组织的完整和身体内部生理机能的健全,使肌体生理机能正常运作和功能完善发挥，以维持人体生命动力为内容的人格权。

生命权与健康权的区别如下：

（1）生命权是以维护人的生命活动延续为基本内容，防止人为侵害将生命权人的生命终止。而健康权则是以维护人体的正常生命活动，维护人体机能的完善状态为根本内容，而不以人的生命和生命价值为客体。

（2）侵害生命权的必然后果是受害人的生命终止，人的生命活动不再延续，生命安全利益遭到根本损害。而违法侵犯健康权则完全不同。健康权遭到侵害，人体生理机能的完善性遭到破坏，但经过治疗，可以完全恢复健康或部分恢复健康，即使不能恢复健康，但生命终究没有丧失的危险。这是生命权与健康权最明显的区别，即权利遭受侵害后的法律后果不同。

（3）权利遭受侵害后的损害赔偿亦有所不同。这方面的区别，主要体现在是否对劳动能力进行补偿上。生命权遭受侵害后，权利人丧失生命，自然也就不存在劳动能力的补偿问题。而健康权作为受害人生存所必需的物质手段不复存在，那受害人今后的生活必然存在极大困难，加害人必须对受害人的劳动能力受损或丧失所带来的经济损失负责，应当承担受害人今后必需的生活费用。对于造成受害人残疾的，还应当赔偿受害人残疾用具费用。

112. 如何保护死者的名誉权？

答：自然人死亡后已不具有民事主体资格，自然不具有民事权利。但名誉是社会对人的评价，不会因人的死亡而立即消失。保护死者的名誉既保护死者近亲属的权益，也符合社会公共利益的需要。当死者名誉受损害时，其配偶、父母、子女、兄弟姐妹、祖父母、外祖父母、孙子女，外孙子女有权向法院起诉。无上述近亲属，由人民检察院作为诉讼主题提起诉讼。

我国现行法律在对死者名誉权的保护方面还比较滞后，但也作出了相关规定。目前，这方面的法律依据主要是最高人民法院颁布的两份公函和一份司法解释。第一份公函是1989年4月12日关于陈秀琴为其已故女儿吉文贞名誉受侵害而起诉案件的函，即《关于死亡人的名誉权应受到法律保护的函》。它指出："吉文贞（艺名荷花女）死亡后，其名誉权应依法保护，其母陈秀琴亦有权向人民法院提起诉讼。"第二份公函是1990年10月27日颁布的《关于范应莲诉敬永祥等侵害海灯法师名誉权一案有关诉讼程序问题的复函》，函说："海灯死亡后，其名誉权应依法保护，作为海灯的养子，范应莲有权向人民法院提起诉讼。"1993年《最高人民法院关于审理名誉权案件若干问题的解答》第五条中有这样的问答："问：死者名誉受到损害，哪些人可以作为原告提起民事诉讼？答：死者名誉受到损害的，其近亲属有权向人民法院起诉。近亲属包括：配偶、父母、子女、兄弟姐妹、祖父母、外祖父母、孙子女、外孙子女。"

113. 名誉权有哪些具体的权能？

答：名誉权包括以下具体权能：

（1）“名誉保有权”。它是指民事主体可以通过自己的活动来使自己的名誉处于最佳状态。包括民事主体为了保持自己的名誉不降低或不受损，凭借自己的各种行动来改进自己的名誉状态，而且他人对此不得非法干预。

（2）“名誉维护权”。所谓“名誉维护权”是指名誉权人对于任何侵害自己名誉权的行为，都可以要求司法机关对侵权人予以民事制裁，并要求司法机关责令侵权人赔偿自己因此而遭受的损失的民事权利。这无疑是名誉权中最重要的内容。

（3）“名誉利益支配权”，即名誉权人对于名誉权所体现出来的利益所享有的支配权。即民事主体可以利用自己良好的名誉，在与他人进行政治、经济、文化等方面的交往中，为自己谋取合法的利益。当然任何权利的行使均有限制，依一般人身权理论，名誉权人不得将名誉利益任意抛弃，也不得转让，更不能继承。简单地讲，名誉是一个人的特定的社会形象，名誉权是法律赋予公民和法人的，为了维护社会对自身属性的综合评价的一种民事权利。

114. 名称权包括哪些具体的内容？

答：“名称权”的内容主要有以下几项：

（1）“名称决定权”。这是名称权最基本的内容。民事主体有权决定自己的名称，但在我国对法人尤其是企业法人，法律要求其必须设定名称，而且此名称必须进行登记。而对于其他组织，如个体工商户、个人合伙等，则依其意愿，可以设定名称，也可以不设定名称。

（2）“名称使用权”。名称一经登记后，即受到法律的保护，并具有独占使用的效力。现行法律规定，在登记的地区内，其他组织就不得再以相同的名称进行登记。在同一地区内，数个组织曾使用相同的名称的，只要其中一方将名称登记后，其他各方不得再使用原来的名称，否则就是侵权。当然，名称使用的范围，仅以登记核准的范围为限。同时其独占使用权，也限于在同一行业，不排除不同行业的使用。但显然此种做法已不适合全国一个大市场的要求，目前已受到《反不正当竞争法》等知识产权方面法律的限制。

（3）“名称变更权”。名称在使用的过程中，其所有人当然可以依法予以变更，但变更未经公示，不得对抗第三人。变更的范围，依名称权人的意愿，既可以是部分变更，也可以是全部变更。但对经过登记的名称，变更后的名称即须办理变更登记手续，否则，未经登记不生法律效力。

（4）“名称转让权”。这是名称权中最具特色的内容。我国《民法通则》规定，企业法人、个体工商户、个人合伙都有权依法转让自己的名称。名称的转让既可以是全部转让，也可以是部分转让。而且，既然名称权可以转让，自然名称权就可以继承。尤其对于非公有制的企业法人，以及其他自然人作为民事主体的特殊组织形式，当参与经营的自然人死亡后，其财产应当由其继承人继承，自然会发生名称权的继承问题了。

115. 侵权责任法是一部什么样的法律，在国家法制化过程中有何重要性?

答: 侵权责任法是规定什么是侵权行为以及承担什么样的民事责任的法律。侵权，主要是侵犯财产权和人身权。一般来说，这些侵权行为责任都是在当事人之间没有合同关系的情况下发生的责任。如果有合同，大多就按合同来处理；没有合同，就都按侵权来处理。所以也有人把这些责任称为“合同外的责任”。侵权责任法的适用范围非常宽广，跟人们的日常生活密切相关，比如经常发生的医疗损害责任、机动车交通事故责任等，都是这部法律要规范的问题。另外，新形式的侵害行为、大规模的侵权现象不时发生，影响面也大大扩张，例如网络侵权、非法披露他人隐私、环境污染等，也都为侵权责任法所规制。

侵权责任法作为民法的主要内容之一，其重要性如下：

首先，侵权责任法集中地表现了法治的价值。法治的实质是规范公权、保障私权。侵权责任法的核心就在于保障私权，所以它是法治社会中一部重要法律，也是构建法治社会的基础。

其次，侵权责任法的丰富和完善，是适应社会新发展的必然要求。可以认为，在相当程度上，侵权责任法的发展走向体现了一个国家立法政策的价值取向和法律文明的发展程度，决定着民法乃至整个法律文明的未来。许多学者认为，21世纪是一个走向权利的世纪，同时也是人们的权利更容易受到侵害的世纪。有权利必然有救济，救济走在权利之前，因此，以救济私权为出发点和归宿点的《侵权责任法》，在现代社会中的地位与作用也必将日益明显和重要。

116. 过错推定原则如何适用?

答: 过错推定原则，是指根据法律规定，致害人不能证明自己没有过错时便推定其有过错，并因此应承担民事责任的归责原则。

过错推定，也叫过失推定，在侵权的诉讼中，受害人能证明违法行为与损害事实之间的因果关系的情况下，如果加害人不能证明损害的发生自己无过错，那么就从损害事实的本身推定被告在致人损害的行为中有过错，并为此承担赔偿责任。被害人不必举证对方的主观过错，而是直接从损害事实的客观要件及它与违法行为的因果关系中，推定行为人主观有过错；如果行为人认为自己在主观上无过错，则须自己举证。证明成立则推翻过错推定，否认侵权责任。反之则应承担侵权民事责任。

过错推定原则的价值在于更有效地保护特定受害人的权益，使其免受举证不能所带来的不利后果。

过错推定原则适用于一部分特殊侵权行为。我国《民法通则》有若干规定过错推定原则的条文，该法第一百二十六条规定：“建筑物或者其他设施以及建筑物上的搁置物、悬挂物发生倒塌、脱落、坠落造成他人损害的，它的所有人或者管理人应当承担民事责任，但能够证明自己没有过错的除外。”这是一个典型的过错推定原则条文。此外，我国《医疗事故处理条例》也有过错推定原则的规定，医疗单位对医疗事故的发生不能证明自己没有过错的，推定其有过错。

117. 何谓民事官司及常见的民事官司?

答：民事官司就是民事诉讼，是指当事人之间因民事权益矛盾或者经济利益冲突，向人民法院提起诉讼，人民法院立案受理，在双方当事人和其他诉讼参与人的参加下，经人民法院审理和解决民事案件、经济纠纷案件和法律规定由人民法院审理的特殊案件的活动，以及这些诉讼活动中所产生的法律关系的总和。通俗地讲就是你的人身和经济的合法权益受到侵害时，当事人通过打民事官司，达到制裁民事违法行为，保护自己的合法权益的目的。

常见的民事官司主要有：

（1）公民之间、公民与法人之间因财产权而发生的纠纷，多数指对财产的占有、使用、收益和处分所发生的纠纷。

（2）公民之间因买卖、租赁、借贷、赠与、典当等合同行为而发生的纠纷以及继承遗产所引起的纠纷。

（3）因不当得利，无因管理等所产生的债务纠纷以及损坏财产引起的赔偿纠纷。

（4）因人身权利引起的纠纷，这主要是指侵害公民健康权、姓名权、名誉权、荣誉权和肖像权。

（5）因侵害公民的发明权（专利权）、著作权（版权）而引起的纠纷。

（6）婚姻家庭引起的纠纷，主要有离婚以及因离婚引起的财产分割、子女抚养方面的纠纷，家庭成员间的赡养、抚育、扶养等纠纷。

（7）因经济合同、企业劳动用工、企业承包、土地承包、相邻权等引起的纠纷。

（8）法律规定的或最高人民法院司法解释文件规定的应由人民法院受理的其他民事诉讼案件。

118. 公民的民事行为能力有哪几种?

答：（1）完全民事行为能力人。

包括：①十八周岁以上的成年人；②已满十六周岁，不满十八周岁的人，以自己的劳动收入为主要生活来源的，视为完全民事行为能力人。

完全民事行为能力人，可以独立进行民事活动，不受他人的意志约束。

（2）限制民事行为能力人。

包括：①十周岁以上不满十八周岁的未成年人；②不能完全辨认自己行为的精神病人。

限制民事行为能力人可以进行与他的年龄、智力以及精神健康状况相适应的民事活动；其他民事活动由他的法定代理人代理，或者征得他的法定代理的人同意，否则其进行的民事活动无效。

（3）无民事行为能力人。

包括：①不满十周岁的未成年人；②不能辨认自己行为的精神病人。

无民事行为能力人不能独立进行民事活动，必须由他的法定代理人代理民事活动，否则其进行的民事活动无效。但无民事行为能力人和限制民事行为能力人接受奖励、赠与、报酬的行为有效。

119. 我国公民可以拥有的个人财产的范围？

答：（1）公民、法人对于挖掘、发现的埋藏物、隐藏物，如果能够证明属其所有的，而且是根据现行的法律、政策又可以其所有的，则归其所有，如果是该埋藏物、隐藏物的所有人不明，也不能归挖掘人或发现人所有，而应归国家所有；

（2）拾得遗失物、漂流物或者失散的饲养动物，必须无偿归还失主，而不能据为己有，但拾得人因此而支出的合理费用（如保管费、喂养费等）失主应予偿还。

120. 对公民人身造成损害赔偿的标准是什么？

答：根据不同的实际情况，酌情给予处理：

（1）赔偿医药治疗费，一般应以当地治疗医院的诊断证明和医药费的单据为凭；没有转院证明或应经医务等部门批准而未获批准擅自另找医院治疗，及擅自购买药品或治疗与损害无关的疾病的，其费用可不予赔偿。

（2）需送医院抢救或必须转院治疗的受害人，其必要的交通费和住宿费，可根据实际情况酌情责令侵害人承担。

（3）受害人的误工日期，应按治疗医院出具的假条或法医鉴定，并参照实际损害程度，恢复状况等认定。赔偿费用的标准，可按受害人工资或实际收入数额计算。

（4）受害人是承包经营户或个体工商户的，其误工费的计算标准，原则上应以当地个体同行业、同等劳动力的平均收入为准。如果受害人承包经营的种植、养殖业季节性很强，不及时经营会造成更大损失的，除受害人应采取措施防止扩大损失外，也应责令侵害人采取措施防止扩大损失。

（5）经医院批准专事护理的人，其误工补助费可按收入的实际损失计算。固定奖金一般可计算在赔偿的数额内，本人没有工资收入的，其补偿标准应以一个临时工的工资为限。

（6）侵害他人身体致残的，责令其赔偿的生活补助费用，一般不应低于当地居民基本生活费的标准。

（7）受害人因伤害致残而完全丧失劳动能力的，除赔偿受害人损失外，还应责令侵害人酌情支付靠受害人扶养的人必要的生活费。

（8）侵害他人身体致人死亡的，死者的未成年子女，以及死者生前实际负有扶养义务而又没有其他生活来源的近亲属要求支付部分生活费的，应责令侵害人承担赔偿责任。

（9）对因伤致残而影响或者丧失劳动能力的生活补助费，因致死亡的丧葬费、抚恤金，以及对死亡人生前扶养的人的生活补助费等，均应按有关规定和当地实际生活水平，以及侵害人的实际经济能力，酌情决定。

121. 精神病人给他人造成损害由谁承担赔偿责任?

答：精神病人可能是无民事行为能力人，也可能是限制民事行为能力人。确定精神病人无民事行为能力或限制民事行为能力应经过人民法院依法作出宣告。人民法院的宣告应经精神病人的利害关系人进行申请。被法院宣告为无民事行为能力人或限制民事行为能力人的精神病人造成他人损害的，由他的监护人承担赔偿责任。如果该精神病人自己拥有财产，则以他本人的财产支付赔偿费用，不足部分由监护人适当赔偿。但单位作监护人的除外。精神病人未经依法宣告为无民事行为能力人或限制民事行为能力人，或侵害人自称有精神病，则应由其本人承担赔偿责任。

122. 怎样判断自己的行为是否应承担民事责任?

答：一般侵权责任则须具备四个要件：

一是行为人的行为违反法律，包括直接违反法律的禁止性规定，违反社会公德、国家政策、损害公共利益的行为；

二是行为给受害人造成损害，包括财产损害和人身损害；

三是行为人的违法行为与损害之间有因果关系；

四是行为人主观上有过错，即对其行为及损害主观上有故意或过失。

当有人因你的某种行为向你主张权利，你自己可以针对上述条件分析自己是否应当承担民事责任。

123. 什么是优先购买权?

答：优先购买权为民事优先权之一，具有效力上的优先性。我国合同法第二百三十条明确规定了房屋承租人对于租赁房屋的优先购买权，即“出租人出卖租赁房屋的，应当在出卖之前的合理期限内通知承租人，承租人享有以同等条件优先购买的权利”。同时，最高人民法院《关于贯彻执行〈中华人民共和国民法通则〉若干问题的意见（试行）》第一百一十八条规定：“出租人出卖出租房屋，应提前3个月通知承租人。承租人在同等条件下享有优先购买权；出租人未按此规定出卖房屋的，承租人可以请求人民法院宣告该房屋买卖无效”。为此，房屋承租人的优先购买权是合同法明确规定的民事权利，无须当事人约定，自租赁关系成立时产生，在符合法定条件时可以行使。

另外，它还是一种期待权。只有共有人或出租人在出卖房屋时，其他共有人或者承租人在同等条件下才产生这种权利。

124. 什么是身份权？

答：身份，是主体在团体或者社会体系所形成的稳定关系中所处的地位。身份权是指主体基于其身份而享有的权利。

身份权具有如下特征：

（1）身份权以人格的独立和平等为前提。古代社会，身份权曾盛极一时，家长权与夫权是其典型代表。家长对子女的绝对支配，丈夫对妻子的人身支配，这都使得古代的身份权具有严重的人身依附性，体现了人格的不独立和不平等。而现代社会，基于人格独立、平等和尊严基础上的人格权制度日渐昌盛，个人逐渐摆脱了封建的身份关系的束缚和家族权的支配而具有独立、平等的人格。在此基础上，形成了现代社会新型的身份权。

（2）内容上权利与义务交融，身份权虽称之为权利，其实处于一个过渡阶段，是边缘形态的权利。如亲权中的抚育子女权，其实这即是父母的权利，也是父母的义务。

（3）身份权一般基于一定的亲属关系而产生，由自然人专属享有。如亲权基于父母子女关系产生，配偶权基于夫妻关系产生等等。

（4）身份权主要包括亲权、配偶权、亲属权和荣誉权等。

125. 法律对人格权的限制有哪些？

答：人格权是专属权，又是绝对权，其义务主体是权利主体之外的任何人，任何人都负有不得干涉和侵害他人人格权的义务。然而绝对不受限制的权利是不存在的，而且权利不得滥有也是民法的基本原则；因此，考虑各方利益，也要在法律上对人格权加以一定的限制。

（1）为了维护社会公共利益，而对公民或法人的人格权作一定的限制。根据《民法通则》第一百条及《最高人民法院关于上海科技报社和陈贯一与朱虹侵害肖像权上诉案的函》，对社会有益的，而未经肖像权人同意使用其肖像的，如果该行为并未造成严重不良后果，则不构成侵害肖像权。当然，并不是说，任何情况下为了社会公益都可以牺牲个人利益，限制人格权必须有法律的明文规定（包括司法解释）。

（2）为维护他利益，而对公民或法人的人格权作一定的限制。在各项人格权之间以及人格权与其他权利之间经常会发生冲突，法律为协调各当事人之间的权利和利益，需对各方权利加以限制，以保证他人能够正常的享有和行使人格权。如私生子有私人信息知情权，他有权知道自己的亲生父母是谁；而其父母又有私人信息保密的隐私权。这时就要对双方的权利加以协调，即满足私生子的私人信息知情权，又要求其维护其父母的隐私权，不为其加以外宣。双方的权利都受到一定的限制。

126. 什么是人格权？

答：人格权是主题所固有的、以人格利益为客体的、为维护主体的独立人格所必备的权利。

首先，人格权是主题所固有的权利。人格权自公民出生之日起、自法人成立之日起即由公民、法人所享有。不论公民的年龄、智力、民族、社会地位，都平等地享有人格权。而且，人格权专属公民和法人所有，不得由主题转让、抛弃和继承，也不受他人的非法干涉和限制。

其次，人格权以人格利益为客体，人格利益是指主体的人身和行为安全、自由以及精神自由、尊严等方面利益。具体包括主题的人身自由、人格尊严、生命、健康、姓名或名称、名誉、肖像、隐私等。人格利益不具有直接的财产内容，多体现了一定的精神利益。尤其是名誉、肖像、隐私、自由、贞操等利益，是以人的精神活动为核心而构成的，是典型的精神利益。而即使如生命、健康等人格利益，虽然侵害它们对人身这一物质性客体造成了损害，但伤害人给公民造成的精神痛苦无疑也侵害了公民的精神利益。

人格利益虽然多表现为一定的精神利益，并不具有直接的财产内容，但人格权仍与财产具有相关联性。首先，人格权是主体从事社会交往和活动的必备条件，人格权的享有会影响其财产权利的享有及使用。其次，对人格权的损害往往间接给受害人财产带来损失，如侵害生命健康权造成受害人的丧葬费、医疗费等损失。最后，侵害人格权的责任方式也包括赔偿损失，受害人还可以提出精神损害赔偿。

最后，人格权是维护主体的独立人格所必备的权利。如果主体不具有独立的法律人格，不具有民事权利能力，公民就不能享有人格权；但公民享有人格权后，就能更好地维护和实现主体的人格独立和自由。甚至说，主体如果不享有人格权，就不可能作为主体而存在。假设公民的生命权益可以被人随意侵害，公民不享有生命权，那主体存在还有什么意义呢？

另一方面，主体人格权的享有和实现有利于培养其独立的人格意识，塑造个人健全的人格。通过保障公民的人格权，使公民时刻意识到自身的地位和价值，并能够充分尊重他人的独立地位和价值。

127. 什么是人格？

答：要理解人格权，首先要理解人格这个概念。人格作为一个法律概念，具有双重含义。

人格的第一种含义是指作为民事主体的必备条件的民事权利能力。民事权力能力是指充当民事法律关系主体的法律资格。凡具有民事权利的人，就可以成为民事法律关系的主体，享有民事权利，承当民事义务，因此民事权利能力又称为民事权利义务能力。只有具有民事权利能力，才能成为民法上的人。这里的人格，可称为法律上的资格。

在此含义上使用人格这个概念是公民或法人享有人格权的基础；只有具有法律上的资格，才可能享有人格权。

人格的第二种含义是指人格是一种应受法律的利益。在此含义上人格实际上是作为人格权的客体。它具体包括公民的生理活动能力的安全、公民的人身自由、主体获得的良好的评价、公民的尊严、公民的个人生活秘密等等，这些都是公民享有的应受人格权法保护的人格权益。人格权益是主体的最高利益，保护人格权益旨在维护主体作为人的存在，并为主体从事财产活动提供前提条件。它与主体的财产利益一起共同成为民法所保护的客体。

区别人格的不同含义，有助于理解和把握人格权。人格权所谓之人格，采取的是第二种含义。作为人的主体资格的人格与作为人格权客体是截然不同的，如果以主体资格作为人格权的客体，必将滋生歧视。

128. 公民拾得遗失物、漂流物或者失散的饲养动物，能否归自己所有？

答：《民法通则》第七十九条第二款规定："拾得遗失物、漂流物或者失散的饲养动物，应当归还失主，因此而支出的费用由失主偿还。"最高人民法院《关于贯彻执行〈中华人民共和国民法通则〉若干问题的意见（试行）》第九十四条规定："拾得物灭失、毁损，拾得人没有故意的，不承担民事责任。拾得人将拾得物据为己有，拒不返还而引起诉讼的，按照侵权之诉处理。"

129. 公民下落不明如何宣告失踪？

答：（1）根据民法通则的规定，公民下落不明满二年的，利害关系人可以向人民法院申请宣告他为失踪人。

战争期间下落不明的，下落不明的时间从战争结束之日起计算。

（2）申请宣告失踪的利害关系人，包括被申请宣告失踪人的配偶、父母、子女、兄弟姐妹、祖父母、外祖父母、孙子女、外孙子女以及其他与被申请人有民事权利义务关系的人。

（3）失踪人的财产由他的配偶、父母、成年子女或者关系密切的其他亲属、朋友代管。代管有争议的，没有以上规定的人或者以上规定的人无能力代管的，由人民法院指定的人代管。

失踪人所欠税款、债务和应付的其他费用，由代管人从失踪人的财产中支付。

（4）被宣告失踪的人重新出现或者确知他的下落，经本人或者利害关系人申请，人民法院应当撤销对他的失踪宣告。

130. 公民下落不明如何宣告死亡？

答：（1）根据《民法通则》的规定，公民有下列情形之一的，利害关系人可以向人民法院申请宣告他死亡：

①下落不明满四年的；

下落不明是指公民离开最后居住地后没有音讯的状况。对于在台湾或者在国外无法正常通讯联系的，不得以下落不明宣告死亡。下落不明的起算时间，从公民音讯消失之次日起算。

②因意外事故下落不明，从事故发生之日起满二年的。

战争期间下落不明的，下落不明的时间从战争结束之日起计算。

（2）申请宣告死亡的利害关系人的顺序是：

①配偶；

②父母、子女；

③兄弟姐妹、祖父母、外祖父母、孙子女、外孙子女；

④其他有民事权利义务关系的人。

申请撤销死亡宣告不受上列顺序限制。

（3）被宣告死亡的人重新出现或者确知他没有死亡，经本人或者利害关系人申请，人民法院应当撤销对他的死亡宣告。

有民事行为能力人在被宣告死亡期间实施的民事法律行为有效。

（4）被撤销死亡宣告的人有权请求返还财产。依照继承法取得他的财产的公民或者组织，应当返还原物；原物不存在的，给予适当补偿。

131. 在什么情况下出租人可以中途解约？

答：在房屋租赁期间，承租人有下列行为之一的，出租人可以中途解除房屋租赁合同：

（1）未征得出租人的同意擅自改变房屋用途的；

（2）逾期不支付租金累计超过六个月的；

（3）故意损坏房屋的；

（4）房屋租赁合同中没有约定承租人可以转租或者未征得出租人的书面同意而擅自转租的；

（5）租用房屋进行违法活动的。

132. 民法上的代理有什么特点?

答: 民法上的代理，是指代理人在代理权限范围内，以被代理人的名义与第三人为民事法律行为，从而对被代理人直接发生权利义务关系的行为。有法定代理、委托代理、指定代理之分。其特点是：

（1）代理人必须以被代理人（又称“本人”）的名义进行代理活动；

（2）代理人所代理的行为必须是民事行为；

（3）代理人只要在代理的权限范围内可以独立进行代理活动；

（4）代理人代理活动的一切法律后果都直接由被代理人承担。

133. 民事行为被确认无效后应如何处理?

答: 民事行为被确认无效或被撤销后，当事人因该行为取得的财产应当返还给双方；有过错的一方应当赔偿对方因此而遭受的损失，双方都有过错的，应各自承担相应的责任；双方恶意串通，实施民事行为损害国家的、集体的或者第三人利益的，应当追缴双方取得的财产（包括约定取得的），收归国家、集体所有，或者返还给第三人。

134. 饲养的动物致人损害的由谁承担民事责任?

答: 饲养的动物造成他人损害的，动物的饲养人或者管理人应承担民事责任；由于受害人的过错造成损害的，动物的饲养人或者管理人不承担民事责任；由于第三人过错造成损害的，第三人应当承担民事责任。

135. 承担民事责任有哪些方式?

答：承担民事责任的主要方式有：

（1）停止侵害；

（2）排除妨碍；

（3）消除危险；

（4）返还财产；

（5）恢复原状；

（6）修理、重作、更换；

（7）赔偿损失；

（8）支付违约金；

（9）消除影响、恢复名誉；

（10）赔礼道歉。

以上承担民事责任的方式，可以单独适用，也可以合并适用。

136. 债权人和债务人有何权利义务?

答: 债权人有权要求债务人按照合同的约定或者依照法律的规定履行义务。债权人为二人以上的，按照确定的份额分享权利。债务人为二人以上的，按照确定的份额分担义务。

债务应当清偿。暂时无力偿还的，经债权人同意或者人民法院裁决，可以由债务人分期偿还。有能力偿还拒不偿还的，由人民法院判决强制偿还。

137. 国家法律对于公民人身自由权的保护有何规定?

答: 我国宪法第三十七条规定:“中华人民共和国公民的人身自由不受侵犯。任何公民，非经人民检察院批准或者决定或者人民法院决定，并由公安机关执行，不受逮捕。禁止非法拘禁和以其他方法非法剥夺或者限制公民的人身自由，禁止非法搜查公民的身体。”

第三十九条规定:“中华人民共和国公民的住宅不受侵犯。禁止非法搜查或非法侵入公民的住宅。”

138. 精神损害抚慰金应该如何确定?

答：关于精神损害抚慰金我国法律没有具体详细的数额规定，但规定了确定数额的因素:（1）侵权人的过错程度;（2）侵害的手段、场合、行为方式等具体情节;（3）侵权行为造成的后果;（4）侵权人的获利情况;（5）侵权人承担责任的经济能力;（6）受诉法院所在地平均生活水平。根据这些因素你可确定一个合理、合情的具体数额。

139. 哪些项目不授予专利权?

答：对下列各项，不授予专利权：

（1）科学发现；

（2）智力活动的规则和方法；

（3）疾病的诊断和治疗方法；

（4）动物和植物品种；

（5）用原子核变换方法获得的物质。

对前款第（4）项所列产品的生产方法，可以授予专利权。

140. 哪些情况不视为侵犯专利权?

答：有下列情形之一的，不视为侵犯专利权：

（1）专利权人制造、进口或者经专利权人许可而制造、进口的专利产品或者依照专利方法直接获得的产品售出后，使用、许诺销售或者销售该产品的；

（2）在专利申请日前已经制造相同产品、使用相同方法或者已经作好制造、使用的必要准备，并且仅在原有范围内继续制造、使用的；

（3）临时通过中国领陆、领水、领空的外国运输工具，依照其所属国同中国签订的协议或者共同参加的国际条约，或者依照互惠原则，为运输工具自身需要而在其装置和设备中使用有关专利的；

（4）专为科学研究和实验而使用有关专利的。

为生产经营目的使用或者销售不知道是未经专利权人许可而制造并售出的专利产品或者依照专利方法直接获得的产品，能证明其产品合法来源的，不承担赔偿责任。

141. 哪些人可以申请法律援助?

答：法律援助对象应同时具备下列条件：（1）申请事项属于规定的法律援助范围（需经诉讼或仲裁程序解决的案件应当已经立案）；（2）有充分理由证明为保障自己合法权益确需获得法律帮助；（3）因经济困难，无能力或无完全能力支付法律服务费用；（4）住所地在本市或持有本市暂住证。

142. 公民、法人的著作权（版权）、专利权、商标专用权、发现权、发明权和其他科技成果权受到剽窃、篡改、假冒等侵害的，公民、法人有什么权利?

答：公民、法人的著作权（版权）、专利权、商标专用权、发现权、发明权和其他科技成果权受到剽窃、篡改、假冒等侵害的，有权要求停止侵害，消除影响，赔偿损失。

143. 埋藏物、隐藏物、遗失物、漂流物的所有权归谁?

答：所有人不明的埋藏物、隐藏物，归国家所有。接收单位应当对上缴的单位或者个人，给予表扬或者物质奖励。

拾得的遗失物、漂流物或者失散的饲养动物，应当归还失主，因此而支出的费用由失主偿还。

144. 生活中不真正的无因管理有哪些类型?

答：不真正无因管理也叫准无因管理，是指管理人所管理事务是为管理人自己，而非为他人而管理事务。不真正无因管理不具有真正无因管理的主观要件，即管理人是为自己而管理事务，而不是为他人管理事务，因而不构成真正无因管理。管理人与本人之间不能产生法定的债权债务关系。不真正无因管理包括三种类型：（1）误信管理。（2）不法管理。（3）幻想管理。

（1）误信管理。误信管理是指管理人误信他人之事务为自己之事务管理。产生误信的原因有几种，不同的原因会产生不同的法律关系，管理人所承担的责任亦不同。因本人的过失，或因管理人与本人双方均有过失或均无过失，使管理人产生误信而加以管理的，本人与管理人之间产生不当得利的法律关系，本人可以请求管理人在现存利益限度内返还不当得利。因管理人的过失产生误信而加以管理的，本人可以请求管理人返还其利益，并不以请求返还时现存利益为限，管理人与本人亦可产生侵权之债的法律关系，管理人承担侵权损害赔偿责任。

（2）不法管理。不法管理是指管理人明知为他人之事务，仍作为自己之事务而管理。在不法管理中，管理人是以自行取得管理效果为目的，主观上是为自己而管理，客观上将管理利益归属于自己，对本人造成损害，构成侵权行为，管理人应承担侵权损害赔偿责任。管理人所赔偿损失额的计算，当管理人所得利益低于本人实际损失时，以本人的实际损失计算；当管理人所得利益高于本人实际损失的，以管理人的所得计算。

（3）幻想管理。幻想管理是指管理人误信自己之事务为他人之事务，而管理。在幻想管理中，因管理人的误信，将自己的事务当作他人的事务进行管理，所管理的事务为管理人自己所控制，尚不会与他人产生法律关系。但管理人将所管理的事务进行处分时，亦可能产生不当得利或侵权之债的法律关系。幻想管理不能成立无因管理，只能依不当得利，或侵权行为，或错误等规定解决有关事项。

145. 无因管理中管理人的义务有哪些？

答：无因管理本来是管理人没有法定的义务或约定的义务，而管理他人事务，但是管理人不管理则作罢，既然管理人已经手管理，管理人就有适当的义务。管理人的义务主要有以下几点：

第一，管理人应依本人明示或可得推知的意思以有利于本人的方法为事务管理。如果管理违反本人明示或可推知的意思而进行管理本人事务，对本人造成损害的，应承担损害赔偿责任。同时，管理人应以有利于本人的方法进行管理。管理应履行善良管理人的注意义务，否则就应承担民事责任。但因情形紧急，管理人为免除本人的生命、身体或财产上的急迫危险进行管理，对本人造成损害，除有恶意或重大过失外，不负损害赔偿责任或减轻责任。

第二，管理人应履行适当的通知义务。事务管理开始时，如能通知本人，应通知本人，如无急迫情事，应待本人指示。管理人有通知义务。但管理人的通知义务是以管理人能够通知为限的，如果不能通知，如不知道本人是谁，或不知道本人的联系方式等客观事由，不能通知的，则可免通知义务。管理人负有通知义务，如果没有履行通知义务，则应承担相应的民事责任。管理人将管理事项通知了本人，管理人应等待本人的处理意见。第三、计算义务。管理人的计算义务包括三项：第一，报告义务，管理人应将管理事务进行状况，报告本人，管理关系终止时，应详细报告其管理情况。第二，管理人因管理事务所收取的金钱、物品及利息应交付本人，管理人以自己名义为本人取得的权利，应移转于本人。第三，管理人为自己利益，使用应交付于本人的金钱或使用应为本人利益而使用的金钱，应自使用之日起，支付利息，如有损害，应负损害赔偿义务。管理人的计算义务是管理人的核心义务，只有管理人完全履行了其计算义务，才能达到无因管理的实际法律效果，才能体现管理人为他人管理的目的，让本人现实得到利益的保护。

146. 物权法对质押如何规定？

答：该财产称之为质物，提供财产的人称之为出质人，享有质权的人称之为质权人。质押担保应当签订书面合同，质押合同自质物或质权移交于质权人占有时生效，质押合同的内容与抵押合同的内容基本相同。

质权分为动产质权和权利质权两种。动产质权是指可移动并因此不损害其效用的物的质权；权利质权是指以可转让的权利为标的物的质权。

动产质押的质权人因保管质物不善使之灭失或毁损的，应承担民事责任，在可能造成灭失或毁损质物时，出质人可以要求质权人将质物提存或提前清偿债务而返还质物，而质权人则可以要求出质人提供相应的担保，出质不提供的，质权人可以对质物拍卖或变卖后用于优先受偿或者与出质人约定的第三人提存。

147. 农业保险的概念是什么？

答：农业保险是指专为农业生产者在从事种植业和养殖业生产过程中，对遭受自然灾害和意外事故所造成的经济损失提供保障的一种保险。

农业保险按农业种类不同分为种植业保险、养殖业保险和林木保险；按危险性质分为自然灾害损失险、疾病死亡保险、意外事故损失保险；按保险责任范围不同，可分为基本责任险、综合责任险和一切险。

我国开办的农业保险主要险种有：农产品保险、生猪保险，牲畜保险，奶牛保险，耕牛保险，山羊保险，养鱼保险，养鹿、养鸭、养鸡等保险，对虾、蚌珍珠等保险，家禽综合保险，水稻、蔬菜保险，稻麦场、森林火灾保险；烤烟种植、西瓜雹灾、香梨收获、小麦冻害、棉花种植、棉田地膜覆盖雹灾等保险，苹果、鸭梨、烤烟保险等等。

148. 信访条例所称信访指的是什么？

答：本条例所称信访，是指公民、法人或者其他组织采用书信、电子邮件、传真、电话、走访等形式，向各级人民政府、县级以上人民政府工作部门反映情况，提出建议、意见或者投诉请求，依法由有关行政机关处理的活动。

149. 信访人是指谁?

答：是指采用书信、电子邮件、传真、电话、走访等形式，反映情况，提出建议、意见或者投诉请求的公民、法人或者其他组织，称信访人。

信访人在信访活动中，享有以下权利：

（1）了解信访工作制度及信访事项的处理程序；

（2）向办理机关查询其信访事项的办理进展及结果并要求答复；

（3）要求信访工作人员提供与信访事项有关的咨询服务；

（4）对与信访事项有直接利害关系的信访工作人员提出回避请求；

（5）在公布的接待日和接待地点向有关机关负责人当面反映信访事项；

（6）申请复查、复核；

（7）对重大、复杂、疑难的信访事项，可以依法申请听证；

（8）法律、法规规定的其他权利。

150. 各级人民政府、县级以上人民政府工作部门应当做好哪些信访工作?

答：（1）畅通信访渠道，倾听群众的建议、意见和要求，依法决策、科学决策、民主决策，从源头上预防导致信访事项发生的矛盾和纠纷。

（2）认真处理群众来信、接待来访。国家机关负责人应当阅批重要来信、接待重要来访、听取信访工作汇报，研究解决信访工作中的突出问题。

（3）建立主要负责人负总责，统一领导、部门协调，统筹兼顾、标本兼治，各负其责、齐抓共管的信访工作格局。

（4）建立联席会议制度、联合接访制度、信访工作首问负责制、信访工作督查督办制度、过错责任追究制度等。

任何组织和个人不得打击报复信访人。

151. 信访工作的基本原则是什么?

答：信访工作应当在各级人民政府领导下，坚持属地管理、分级负责，谁主管、谁负责，依法、及时、就地解决问题与疏导教育相结合的原则。

152. 县级以上人民政府应当建立怎样的工作格局来及时化解矛盾和纠纷?

答：各级人民政府、县级以上人民政府工作部门应当科学、民主决策，依法履行职责，从源头上预防导致信访事项的矛盾和纠纷。

县级以上人民政府应当建立统一领导、部门协调，统筹兼顾、标本兼治，各负其责、齐抓共管的信访工作格局，通过联席会议、建立排查调处机制、建立信访督查工作制度等方式，及时化解矛盾和纠纷。

153. 什么是新型农村合作医疗？

答：新型农村合作医疗制度是在政府组织、引导、支持下，农民自愿参加，个人、集体和政府多方筹资，以大病统筹为主的互助共济合作医疗制度。建立新型农村合作医疗制度，对于提高农民健康水平，减轻农民因疾病带来的经济负担，解决因病致贫、因病返贫问题具有十分重要的意义。

154. 新农合资金的筹集与使用程序如何？

答：新型农村合作医疗统筹基金由中央每人每年补助40元，省每人每年补助40元，农民个人每人每年缴纳20元筹资共同组成。一年为一周期，上年交费，下年使用。未参合人员不得在中途参合，参合人员不得以任何理由在中途退出合作医疗。新型农村合作医疗统筹基金资金只能用于保障参加合作医疗农民的基本医疗及孕产妇住院的分娩补助，由县财政局社保股在银行设立专户统一进行储存管理，专款专用，管用分开，收支分离，任何单位、个人不得挤占挪用。

155. 各级新农合定点医疗机构是哪些？

答：（1）村级：各村（居）民委员会卫生室，定点社区卫生服务站及定点个体诊所；

（2）乡级：各乡（镇）卫生院；

（3）县级：县人民医院、县妇幼保健院；

（4）市级：市人民医院、市妇幼保健院、市中心医院；

（5）省级：省人民医院、省第二人民医院、省医学院第一附属医院、省医学院第二附属医院、省肿瘤医院、省中医医院、武警省总队医院、省妇幼保健院、省传染病专科医院、市儿童医院。

156. 什么人可以参加新型农村合作医疗？

答：凡本县辖区内居住的所有农业户口的农村居民（含外出务工、经商、上学的农业人口），均可参加新农合，但必须以户为单位，做到户不漏人。

157. 如何参加新型农村合作医疗?

答: 符合参合条件的人员均可持户口簿和医疗证于每年12月20日前在户口所在地的乡(镇)缴纳下一年度参合费,缴费以户为单位,做到户不漏人,每人每年个人缴费20元,缴纳参合费后由工作人员做好参合缴费登记表的登记,开具省社会保险费缴款收据,并交验填写《医疗证》后返还给参合人,即办理完毕参合手续。

158. 人民调解委员会的性质和地位是什么?

答: 我国宪法第一百一十一条规定,居民委员会、村民委员会设人民调解委员会,调解民间纠纷,从根本上确立了人民调解的法律地位。民事诉讼法第十六条规定,人民调解委员会是在基层人民政府和基层人民法院指导下,调解民间纠纷的群众性组织。

159. 人民调解委员会有哪些任务?

答: 人民调解委员会主要有三大任务: 一是调解民间纠纷,防止民间纠纷激化; 二是通过调解工作宣传法律、法规、规章和政策,教育公民遵纪守法,尊重社会公德,预防民间纠纷发生; 三是向村民委员会、居民委员会、所在单位和基层人民政府反映民间纠纷和调解工作的情况。

160. 人民调解工作的主要原则有哪些?

答: 人民调解委员会调解民间纠纷,应当遵守下列原则: 一是依据法律、法规、规章和政策进行调解,法律、法规、规章和政策没有明确规定的,依据社会主义道德进行调解; 二是在双方当事人自愿平等的基础上进行调解; 三是尊重当事人的诉讼权利,不得因未经调解或者调解不成而阻止当事人向人民法院起诉。

161. 人民调解协议具有什么样的法律效力?

答: 根据《最高人民法院关于审理涉及人民调解协议的民事案件的若干规定》,经人民调解委员会调解达成的、有民事权利义务内容,并由双方当事人签字或者盖章的调解协议,具有民事合同性质。当事人应当按照约定履行自己的义务,不得擅自变更或者解除调解协议。

162. 在人民调解活动中,纠纷当事人享有哪些权利?

答:(1)自主决定接受、不接受或者终止调解;

(2)要求有关调解人员回避;

(3)不受压制强迫,表达真实意愿,提出合理要求;

(4)自愿达成调解协议。

163.《中华人民共和国老年人权益保障法》于何时由全国人大常委会通过？于何时开始实施？

答:《中华人民共和国老年人权益保障法》由中华人民共和国第八届全国人民代表大会常务委员会第二十一次会议于1996年8月29日通过，自1996年10月1日起施行。

164.《老年人权益保障法》对老年人的范围如何规定？

答:《老年人权益保障法》第二条规定：本法所称老年人是指六十周岁以上的公民。

165. 老年人的合法权益包括哪些内容？

答: 老年人的合法权益是指老年人依据宪法和法律应当享有的各种权益。权益是指权利和利益。所有公民都享有的权利和利益,老年人同样享有。老年人的合法权益主要包括以下内容:（1）人身自由权。这是行使其他权利的前提和基础。（2）接受家庭赡养和扶助权。该法规定老年人养老主要依靠家庭。家庭成员应当关心和照料老人。对老年人的赡养和扶助包括经济上供养、生活上照、精神上慰藉。（3）房屋居住权。法律规定：“赡养人应当妥善安排老年人的住房，不得强迫老年人迁居条件低劣的房屋。老年人自有的或者承租的住房，子女或者其他亲属不得侵占，不得擅自改变产权关系或者租赁关系。”（4）婚姻自由权。该法规定“子女或者其他亲属不得干涉老年人离婚、再婚以及婚后的生活。”“赡养人的赡养义务不因老年人的婚姻关系变化而消除。”（5）社会保障权。内容涵盖：养老保险、医疗保障、社会福利、社区服务、社会求助以及对老年人的法律援助等。

166. 法律如何规定赡养人的义务？

答: 赡养人是指老年人的子女以及其他依法负有赡养义务的人。赡养人的配偶应当协助赡养人履行赡养义务。赡养人应当履行对老年人经济上供养、生活上照料和精神上慰藉的义务，照顾老年人的特殊需要。赡养人对患病的老年人应当提供医疗费用和护理。赡养人应当妥善安排老年人的住房，不得强迫老年人迁居条件低劣的房屋。老年人自有的或者承租的住房，子女或者其他亲属不得侵占，不得擅自改变产权关系或者租赁关系。老年人自有的住房，赡养人有维修的义务。赡养人有义务耕种老年人承包的田地，照管老年人的林木和牲畜等，收益归老年人所有。赡养人不得要求老年人承担力不能及的劳动。

167. 赡养人声明不继承老年人的遗产就可以不履行赡养义务吗？

答：赡养是一种法定义务，是无条件的，必须履行的。《老年人权益保障法》第十四条规定：赡养人不得以放弃继承权或者其他理由，拒绝履行赡养义务。赡养人不履行赡养义务，老年人有要求赡养人付给赡养费的权利。

继承权是法定的权利，权利人对自己享有的权利有处分权，可以享有，也可以放弃。

168. 未成年人保护工作应当遵循哪些原则?

答:《未成年人保护法》第五条规定:“保护未成年人的工作，应当遵循下列原则:（1）尊重未成年人的人格尊严;（2）适应未成年人身心发展的规律和特点;（3）教育与保护相结合。”

169. 哪些人能担任未成年人的监护人?

答:《民法通则》第十六条规定：未成年人的父母是未成年人的监护人。未成年人的父母已经死亡或者没有监护能力的，按下列顺序确认监护人:（1）祖父母、外祖父母;（2）兄、姐;（3）关系密切的其他亲属、朋友愿意承担监护责任，经未成年人的父、母的所在单位或者未成年人住所地的居民委员会、村民委员会同意的。对担任监护人有争议的，由未成年人的父、母所在单位或者未成年人住所地的居民委员会、村民委员会在近亲属中指定。对指定不服提起诉讼的，由人民法院裁决。没有以上人员时，由未成年人的父、母所在单位或者未成年人住所地的居民委员会、村民委员会或者民政部门担任监护人。

170. 未成年人有财产权吗?

答: 未成年人对其从监护人处合理获取或从其他途径合法取得的财产拥有财产权，他人应予尊重。一般情况下，未成年人的财产是家庭共有财产，在家庭财产受到来自外部的侵犯时，未成年人同其他公民的财产受侵犯一样，应得到赔偿。随着社会经济的发展，未成年人财产权受侵犯的现象大多数源于家庭发生变故，如父母离异时，非婚生子女在财产分割或继承时财产权无形地被剥夺。必要时，未成年人的父母或其他监护人可以为未成年人保管财产以及制止未成年人不适当地处分财产。

171. 未成年人享有哪些基本权利?

答:《未成年人保护法》第三条规定:“未成年人享有生存权、发展权、受保护权、参与权等权利，国家根据未成年人身心发展特点给予特殊、优先保护，保障未成年人的合法权益不受侵犯。”“未成年人享有受教育权，国家、社会、学校和家庭尊重和保障未成年人的受教育权。”“未成年人不分性别、民族、种族、家庭财产状况、宗教信仰等，依法平等地享有权利。”

172. 怎样维护未成年人的健康权?

答：未满十八周岁的公民称为未成年人。《未成年人保护法》规定，卫生部门和学校应为未成年人提供必要的卫生保健条件，做好预防疾病的工作。任何组织和个人不得招收未满16周岁的未成年人，国家另有规定的除外。招收已满16周岁、未满18周岁未成年人的，应当在工种、劳动时间、劳动强度和保护措施等方面执行国家有关规定，不得安排其从事过重、有毒、有害的劳动或者危险作业。

173. 为什么要尊重和保护未成年人的通信权？

答：未成年人通信是走向独立的一种标志，是同学之间、朋友之间相互学习交流情感的途径和手段。《未成年人保护法》规定，保护未成年人的通信自由和通信秘密。

174. 为什么要尊重和保护未成年人的隐私权？

答：未成年人正处于生长发育时期，感情脆弱，自我控制能力较差，对其隐私权的保护有着特殊的意义。《未成年人保护法》规定，任何组织和个人不得披露未成年人的个人隐私。这表明，未成年人与成年人享有同等的隐私权。

175. 国家、社会、学校和家庭对未成年人进行教育的内容有哪些？

答：《未成年人保护法》第四条规定："国家、社会、学校和家庭对未成年人进行理想教育、道德教育、文化教育、纪律和法制教育，进行爱国主义、集体主义和社会主义的教育，提倡爱祖国、爱人民、爱劳动、爱科学、爱社会主义的公德，反对资本主义的、封建主义的和其他的腐朽思想的侵蚀。"

176. 怎样保障未成年人的受教育权？

答：未成年人，特别是未满16周岁的未成年人，正是接受义务教育的年龄。《未成年人保护法》规定，父母或者其他监护人应当尊重未成年人受教育的权利，必须使适龄未成年人按照规定接受义务教育，不得使在校接受义务教育的未成年人辍学。学校和教职员应当尊重未成年人的人格尊严和受教育权，不得体罚、随意开除未成年学生；不得使未成年学生在危及人身安全、健康的校舍或其他教育设施中活动。国家依法保护未成年人的智力成果和荣誉权不受侵犯。未成年人已经接受了规定年限的义务教育，不能升学的，政府有关部门和社会团体、企业事业组织应当根据实际情况，对他们进行技术培训，为他们创造就业条件。

177. 未成年人自我防范包括哪些方面？

答：未成年人对犯罪的自我防范包括两个方面的内容：一个方面是未成年人通过履行义务来对犯罪的自我防范。未成年人应当遵守法律、法规及社会公共道德规范，树立自尊、自律、自强意识，增强辨别是非和自我保护的能力，自觉抵制各种不良行为及违法犯罪行为的引诱和侵害。另一个方面是未成年通过行使权利来对犯罪的自我防范。包括：（1）被遗弃、虐待时有权请求有关单位保护；（2）发现对自己或者对其他人的违法犯罪行为有权报告有关部门；（3）有权要求有关单位和社会保障自己同犯罪作斗争的行为不受报复。

178. 哪些侵害未成年人合法权益的行为应负法律责任？

答：凡属《未成年人保护法》规定侵害未成年人合法权益的行为应当承担法律责任。被侵害人的家长或其监护人有权要求主管部门处理或依法向人民法院提起诉讼。具体地说，造成未成年人财产损失或其他损失、损害的应承担民事责任，侵犯未成年人人身权利或其他合法权利构成犯罪的，依法追究刑事责任。对于体罚或变相体罚、非法招用未满16周岁的未成年的做工，向未成年人传播淫秽物品等侵害其身心健康的行为都要依法处理。家庭成员或监管部门虐待未成年人，成年人教唆未成年人违法犯罪等应追究刑事责任。

179. 哪些行为属于未成年人严重不良行为？如何矫治？

答：《预防未成年人犯罪法》规定，下列严重危害社会、尚不够刑事处罚的违法行为称为严重不良行为：（1）纠集他人结伙滋事，扰乱治安；（2）携带管制刀具，屡教不改；（3）多次拦截殴打他人或者强行索要他人财物；（4）传播淫秽读物或者音像制品等；（5）进行淫乱或者色情、卖淫活动；（6）多次偷窃；（7）参与赌博，屡教不改；（8）吸食、注射毒品；（9）其他严重危害社会的行为。未成年人有严重不良的行为，应当及时予以制止。其父母或者其他监护人和学校应当相互配合，采取措施严加管教，也可以送工读学校进行矫治和接受教育。对未成年人送工读学校进行矫治和接受教育，应当由其父母或者其他监护人，或者原所在学校提出申请，经教育行政部门批准。工读学校对就读的未成年人应当严格管理和教育，针对未成年人严重不良行为产生的原因以及有严重不良行为的未成年人的心理特点，开展矫治工作。未成年人的严重不良行为，构成违反治安管理的，由公安机关依法予以治安处罚。在必要的时候，可以由政府依法收容劳动教养。

180. 什么是男女平等原则？为什么实行男女平等是国家的基本国策？

答：男女权利平等的基本含义是：男女两性在政治、经济、文化、社会及婚姻家庭等各方面权利平等，不允许以性别为基础而有所歧视，尤其是不允许以性别为基础对妇女进行歧视。

男女平等是我国《宪法》的一项基本原则。国家的政策进入法律，可以运用法律的强制性来保证政策的贯彻实施。因此，《妇女权益保障法》规定："实行男女平等是国家的基本国策。国家采取必要措施，逐步完善保障妇女权益的各项制度，消灭对妇女一切形式的歧视。"

这是本次修改妇女权益保障法的重大突破和亮点，体现了宪法原则和坚持以人为本、贯彻科学发展观、构建和谐社会的精神，反映了广大妇女的共同愿望，履行了我国政府对国际社会的庄严承诺，对于做好妇女权益保障工作，具有重大意义。消除对妇女的一切歧视与实行男女平等是国际人权法与妇女人权法对国家的义务性要求。《消除对妇女一切形式歧视公约》第三条要求缔约国“应承担在所有领域，特别是在政治、社会、经济、文化领域，采取一切适当措施，包括制定法律，保证妇女得到充分发展和进步，其目的是为确保她们在与男子平等的基础上，行使和享有人权和基本自由。”将实行男女平等作为国家的基本国策，其实也是政府在履行国际条约义务。

181. 什么是对妇女的权益实行特殊保护的原则?

答:《妇女权益保障法》第二条第三款规定:“国家保护妇女依法享有的特殊权益。”对妇女权益实特殊保护原则有两层内容:（1）国家依法保护妇女基于其性别特征的特殊权益。如妇女在经期、孕期、产期、哺乳期中的权益，国家应当给予充分保护。（2）对妇女的权益实行特殊保护。为了消除男女之间事实上的不平等，国家有必要在法律上采取具有针对性的特殊保护措施，逐步完善对妇女的权益保障制度，以保障妇女权益得到全面实现。这也是国家的义务。

182. 妇联、工会在维护妇女权益方面承担什么职责?

答: 妇女联合会是代表妇女利益的群众性组织，是党和政府联系全国妇女群众的纽带和桥梁。保护妇女合法权益不受侵害，是各级妇联的根本宗旨。

中国工会是中国共产党领导的职工自愿结合的工人阶级群众组织，是党联系职工群众的桥梁和纽带，是国家政权的重要社会支柱，是会员和职工利益的代表。《工会法》第二十二条规定，企业、事业单位违反劳动法律、法规规定，侵犯女职工特殊权益的，工会应当代表女职工与企业、事业单位交涉，要求企业、事业单位采取措施予以改正；企业、事业单位应当予以研究处理，并向工会作出答复；企业、事业单位拒不改正的，工会可以请求当地人民政府依法作出处理。因此，工会有责任在自己的工作范围内，做好维护妇女权益的工作。

183. 妇女行使政治权利的途径和形式有哪些?

答: 妇女行使政治权利的途径和形式主要包括:（1）选举、监督、罢免人民代表大会代表，通过国家权力机关管理国家事务；（2）以干部身份直接管理国家事务；（3）通过言论、出版、集会、结社、游行、示威的途径和形式，表达自己的意见和建议；（4）对国家机关和国家工作人员提出批评、建议；（5）对于任何国家机关和国家工作人员的违法失职行为，向有关国家机关提出申诉、控告或者检举；（6）参加妇女组织、工会、共青团等，参与民主管理活动。

184. 什么是文化教育权利？为什么国家保障妇女享有与男子平等的文化教育权利？

答：文化教育权利是重要的人权。所谓文化教育权利，是指公民享有受教育的权利和从事科学、技术、文学、艺术等文化活动的自由。由于妇女是否享有文化教育权利以及享有的程度如何直接关系到国民经济和社会发展，关系到民族的文明程度，关系到妇女自身的解放，因此，国家保障妇女享有与男子平等的文化教育权利是非常重要的。

185. 为什么不得以性别为由拒绝录用妇女或者提高对妇女的录用标准？

答：《妇女权益保障法》第二十三条第一款规定："各单位在录用职工时，除不适合妇女的工种或者岗位外，不得以性别为由拒绝录用妇女或者提高对妇女的录用标准。"《劳动法》第十三条明确规定了禁止就业机会性别歧视："妇女享有与男子平等的就业权利。在录用职工时，除国家规定的不适合妇女的工种或者岗位外，不得以性别为由拒绝录用妇女或者提高对妇女的录用标准。"

在我国，妇女由于性别原因在劳动力市场受到歧视的现象十分突出。现实中出现了形形色色的歧视，诸如年龄、身份、户籍、外貌、病残、经验，甚至姓氏、血型等歧视。女性面临多种歧视，一些用人单位招工中用男不用女、用小（年龄）不用大，招工时用青春期，签订劳动合同时避开孕期、产期、哺乳期等。

党的十六届四中全会提出了构建"和谐社会"的发展目标，而和谐社会的显著特征就是具有利益冲突的各方相融，尤其是劳资关系协调，只要存在歧视，社会就不公正。不公正的社会不会和谐。任何人以性别为由拒绝录用妇女或者提高对妇女的录用标准的行为，均属于对女性的性别歧视。他不仅违反了《消除对妇女一切形式歧视公约》，也违反了我国法律的有关规定。

186. 什么是财产权利？为什么国家保障妇女享有与男子平等的财产权利？

答：财产权利是具有物质财富的内容直接与经济利益相联系的民事权利，包括所有权、债权、继承权、专利权、商标权和著作权等。《妇女权益保障法》第三十条规定："国家保障妇女享有与男子平等的财产权利。"这是实现我国宪法男女平等权的重要保障，有助于实现财产权利男女平等，切实维护妇女在财产方面的合法权益。

187. 什么是人身权利？为什么国家保障妇女享有与男子平等的人身权利？

答：人身权，是指人所享有的与其人身不可分离亦不可转让的、没有直接财产内容的权利。人身权包括人格权和身份权两大类。人身权主要包括人身自由权、生命健康权、人格尊严权、隐私权、姓名权、肖像权、名誉权、荣誉权、监护权、代理权、住宅不受侵犯权、通信自由和通讯秘密权、知识产权、环境权、亲权、亲属权、配偶权等。人身权具有非财产性、不可转让性、法定性等特征。《妇女权益保障法》第三十六条规定："国家保障妇女享有与男子平等的人身权利。"其内容主要是：（1）法律确定妇女人格独立，具有与男子平等的主体资格；（2）法律确认妇女享有与男子相同的人身权利；（3）法律对妇女的人身权利与男子的人身权利给予平等的保护。国家保障妇女享有与男子平等的人身权利，是对传统的男尊女卑思想和制度的彻底否定，是男女平等在人身权利方面的体现。

188. 什么是人格权？为什么要保护妇女的名誉权、荣誉权、隐私权、肖像权等人格权？

答：《妇女权益保障法》第四十二条第一款规定："妇女的名誉权、荣誉权、隐私权、肖像权等人格权受法律保护。"人格权是人身权的一种，是指人所固有的为维护自身独立人格所必备的、以人格为客体的权利。

妇女的名誉权是指妇女保持并维护自己名誉的权利。妇女的荣誉权是指妇女获得、保持、利用荣誉并享有其所生利益的权利。妇女的隐私权是指妇女享有的对其个人的、与公共利益无关的个人信息、私人活动和私有领域进行支配的一种人格权。妇女的肖像权是指妇女对通过造型艺术或其他形式在客观上再现自己形象所享有的专有权。

189. 什么是对妇女的性骚扰？妇女受到性骚扰时，如何维护自己的权利？

答：国际上一般把性骚扰定义为："以语言或行动形式，带有黄色或性要求性质，具有性取向的不受欢迎的身体接触和冒犯，或带有性色彩的话语。"我国法律没有对性骚扰进行明确界定，不少学者认为广义的性骚扰包括强奸、猥亵等性侵害犯罪，非直接的、语言文字或形体上的性暗示、性挑逗、性胁迫等；狭义的性骚扰，例如老百姓俗称的耍流氓、动手动脚、占便宜以及新出现的发送黄色短信等。在受到性骚扰时：（1）向对方所在的单位投诉；（2）到公安机关报案，构成违反治安管理行为的，给予行政处罚；（3）直接向法院起诉；（4）可以到妇联投诉，请求帮助。值得特别提出的是，受害妇女一定要提高证据意识，收集一切能够证明对方实施性骚扰行为的证据，包括证言、书面材料、录音等。

190. 在预防和制止家庭暴力方面，有关部门负有什么责任？

答：妇女法第四十六条第三款规定；"公安、民政、司法行政等部门以及城乡基层群众性自治组织、社会团体，应当在各自的职责范围内预防和制止家庭暴力，依法为受害妇女提供救助。”

对妇女实施家庭暴力的，受害妇女有权提出请求，村（居）委及所在单位应当予以劝阻、调解。对正在实施的家庭暴力，受害妇女有权提出请求，村（居）委应当予以劝阻，公安机关应当予以制止，并应当依照治安管理处罚的法律规定，对施暴者予以行政处罚。作为司法机关的法院、检察院，对防治家庭暴力负有重要的职责。受害妇女可以向法院自诉；公安机关应当依法侦查，检察院应当依法提起公诉。

191. 家庭暴力实施者应负哪些法律责任？

答：（1）民事责任。根据新婚姻法的规定，家庭暴力是法定离婚理由之一，而且受害者可以要求家庭暴力实施者承担损害赔偿的民事责任。（2）行政责任。根据治安管理处罚条例的规定，对实施家庭暴力尚未构成犯罪的可处以15日以下拘留、200元以下罚款或者警告。（3）刑事责任。当家庭暴力达到一定的严重程度，即当这种暴力行为具有严重的社会危害性和依法应受刑法处罚的属性时，就触犯了《刑法》，构成了犯罪。严重的家庭暴力会构成《刑法》中暴力干涉婚姻自由罪、虐待罪、故意伤害罪、故意杀人罪、侮辱罪等罪。

192. 在学校录取学生方面，新修订的妇女法有什么新规定？

答：为了制止学校录取学生时的性别歧视行为，妇女法规定：“学校在录取学生时，除特殊专业外，不得以性别为由拒绝录取女性或者提高对女性的录取标准。”

193. 在哪些情形下，单位不得单方解除与女职工的劳动关系？

答：（1）女职工结婚、怀孕、休产假、哺乳婴儿；（2）女职工患职业病或者因公负伤并被确认丧失或者部分丧失劳动能力；（3）女职工患病或者负伤，在规定的医疗期内；（4）法律、法规规定的其他情形。

194. 妇女的劳动就业权益受到怎样的法律保护？

答：用人单位在录用职工的时候，除了那些不适合妇女从事的工种或者工作岗位以外，均不得以性别为由拒绝录用妇女或者提高对妇女的录用标准。用人单位在录用职工时，应当依照法律规定与女职工签订劳动（聘用）合同或者服务协议，并不得在合同或协议中有规定限制女职工结婚、生育的内容。用人单位不得因结婚、怀孕、产假和哺乳等情形降低女职工的工资、辞退女职工、单方解除劳动（聘用）合同或者服务协议。用人单位应当执行国家退休制度，不得以性别为由歧视妇女。

195. 在农村妇女相关财产权益方面有哪些新规定？

答：针对妇女因婚姻状况带来的权益受侵害问题，妇女法强调规定：“任何组织和个人不得以妇女未婚、结婚、离婚、丧偶等为由，侵害妇女在农村集体经济组织中的各项权益”。针对因结婚男方到女方住所落户的，男方和子女权益受到侵害的突出问题，规定“男方和子女享有与所在地农村集体经济组织成员平等的权益。”

196. 如何保护丧偶儿媳的继承权？

答：丧偶妇女对公、婆提供了主要生活来源或在劳务方面给予了主要扶助，即对公、婆尽了主要赡养义务，就是公、婆第一顺序法定继承人，其继承权不受子女代位继承的影响。丧偶妇女通过继承获得的财产，是其合法所有的财产，有权处分，任何人不得干涉。

197. 在哪些情况下延长女职工的工作时间不受限制？

答：根据国家劳动法律、法规的规定，用人单位在正常情况下应当遵守有关劳动时间的规定，不得安排女职工加班加点，但有下列情形之一的，用人单位延长劳动时间不受限制：

在法定节日和公休假日内工作不能间断，必须连续生产、运输或营业的；必须利用法定节日或公休假日的停产期间进行设备检修、保养的；

由于生产设备、交通运输线路、公共设施等临时发生故障，影响生产和公众利益，必须进行抢修的；

由于发生严重自然灾害或其他灾害，使人民的安全健康和国家财产遭到严重威胁，需进行抢修的；

发生事故或其他原因，威胁劳动者生命健康和财产安全，需要紧急处理的；

为了完成国防紧急生产任务，或者完成上级在国家计划外安排的其他紧急生产任务，以及商业、供销企业在旺季完成收购、运输、加工农副产品紧急任务的。

国家机关、事业单位女职工由于完成紧急任务需要加班加点的，应安排同等时间的补休。不能安排补休的，应当按照法定的标准支付加班加点期间的工资。这是国家通过法律途径限制加班加点、保护女职工合法休息权益的措施。

198. 妇女权益保护法规定，在哪些侵害妇女合法权益情况下，追究法律责任时，由其所在单位或者上级机关责令改正，并可根据具体情况，对直接责任人员给予行政处分？

答：（1）对有关侵害妇女权益的申诉、控告、检举，推诿、拖延、压制不予查处的。

（2）依照法律、法规规定，应当录用而拒绝录用妇女或者对妇女提高录用条件的。

（3）在分配住房和晋职、晋级、评定专业技术职务等方面，违反男女平等原则，侵害妇女合法权益的。

（4）以结婚、怀孕、产假、哺乳等为由辞退女职工的。

（5）划分责任田、口粮田等，以及批准宅基地，违反男女平等原则，侵害妇女合法权益的。

（6）在入学、升学、毕业分配、授予学位、派出留学等方面，违反男女平等原则，侵害妇女合法权益的。对侵害妇女权益的行为提出申诉、控告、检举的人进行打击报复的，由其所在单位或者上级机关责令改正或者给予行政处分；国家工作人员进行打击报复构成犯罪的，依照刑法第一百四十六条的规定追究刑事责任。

199. 为什么要重视培养和选拔女干部?

答："培养和选拔妇女干部"是宪法明确规定的国家义务，是实现"妇女在政治的、经济的、文化的、社会的和家庭的生活等各方面享有同男子平等的权利"的组织保障。虽然在改革开放过程中涌现出了相当多的杰出人才，但是，基于"男尊女卑"和"男主外，女主内"的传统观念，在选拔干部方面仍然存在对女性的歧视，使女干部在干部中占的比例偏低。

因此，国家应当有计划有步骤地积极培养和选拔女干部。不仅在国际立法、行政和司法机关的领导机构中，国家要重视培养和选拔女干部，使得女性领导干部占有一定比例，而且在社会团体、企事业单位中，也应当坚持男女平等的原则，重视选拔女干部。在女性较集中的部门、行业管理层中的女性比例应当与女职工的比例相适应。同时，还应提升女干部的职务层次，应有适当数量的妇女担任领导成员。

附：相关法律法规

全国人大和地方各级人大选举法

第一章　总则

第一条　根据中华人民共和国宪法，制定全国人民代表大会和地方各级人民代表大会选举法。

第二条　全国人民代表大会的代表，省、自治区、直辖市、设区的市、自治州的人民代表大会的代表，由下一级人民代表大会选举。

不设区的市、市辖区、县、自治县、乡、民族乡、镇的人民代表大会的代表，由选民直接选举。

第三条　中华人民共和国年满十八周岁的公民，不分民族、种族、性别、职业、家庭出身、宗教信仰、教育程度、财产状况和居住期限，都有选举权和被选举权。

依照法律被剥夺政治权利的人没有选举权和被选举权。

第四条　每一选民在一次选举中只有一个投票权。

第五条　人民解放军单独进行选举，选举办法另订。

第六条　全国人民代表大会和地方各级人民代表大会的代表应当具有广泛的代表性，应当有适当数量的基层代表，特别是工人、农民和知识分子代表；应当有适当数量的妇女代表，并逐步提高妇女代表的比例。

全国人民代表大会和归侨人数较多地区的地方人民代表大会，应当有适当名额的归侨代表。

旅居国外的中华人民共和国公民在县级以下人民代表大会代表选举期间在国内的，可以参加原籍地或者出国前居住地的选举。

第七条　全国人民代表大会和地方各级人民代表大会的选举经费，列入财政预算，由国库开支。

第二章　选举机构

第八条　全国人民代表大会常务委员会主持全国人民代表大会代表的选举。省、自治区、直辖市、设区的市、自治州的人民代表大会常务委员会主持本级人民代表大会代表的选举。

不设区的市、市辖区、县、自治县、乡、民族乡、镇设立选举委员会，主持本级人民代表大会代表的选举。不设区的市、市辖区、县、自治县的选举委员会受本级人民代表大会常务委员会的领导。乡、民族乡、镇的选举委员会受不设区的市、市辖区、县、自治县的人民代表大会常务委员会的领导。

省、自治区、直辖市、设区的市、自治州的人民代表大会常务委员会指导本行政区域内县级以下人民代表大会代表的选举工作。

第九条　不设区的市、市辖区、县、自治县的选举委员会的组成人员由本级人民代表大会常务委员会任命。乡、民族乡、镇的选举委员会的组成人员由不设区的市、市辖区、县、自治县的人民代表大会常务委员会任命。

选举委员会的组成人员为代表候选人的，应当辞去选举委员会的职务。

第十条　选举委员会履行下列职责：

（一）划分选举本级人民代表大会代表的选区，分配各选区应选代表的名额；

（二）进行选民登记，审查选民资格，公布选民名单；受理对于选民名单不同意见的申诉，并作出决定；

（三）确定选举日期；

（四）了解核实并组织介绍代表候选人的情况；根据较多数选民的意见，确定和公布正式代表候选人名单；

（五）主持投票选举；

（六）确定选举结果是否有效，公布当选代表名单；

（七）法律规定的其他职责。

选举委员会应当及时公布选举信息。

第三章　地方各级人民代表大会代表名额

第十一条　地方各级人民代表大会的代表名额，按照下列规定确定：

（一）省、自治区、直辖市的代表名额基数为三百五十名，省、自治区每十五万人可以增加一名代表，直辖市每二万五千人可以增加一名代表；但是，代表总名额不得超过一千名；

（二）设区的市、自治州的代表名额基数为二百四十名，每二万五千人可以增加一名代表；人口超过一千万的，代表总名额不得超过六百五十名；

（三）不设区的市、市辖区、县、自治县的代表名额基数为一百二十名，每五千人可以增加一名代表；人口超过一百六十五万的，代表总名额不得超过四百五十名；人口不足五万的，代表总名额可以少于一百二十名；

（四）乡、民族乡、镇的代表名额基数为四十名，每一千五百人可以增加一名代表；但是，代表总名额不得超过一百六十名；人口不足二千的，代表总名额可以少于四十名。

按照前款规定的地方各级人民代表大会的代表名额基数与按人口数增加的代表数相加，即为地方各级人民代表大会的代表总名额。

自治区、聚居的少数民族多的省，经全国人民代表大会常务委员会决定，代表名额可以另加百分之五。聚居的少数民族多或者人口居住分散的县、自治县、乡、民族乡，经省、自治区、直辖市的人民代表大会常务委员会决定，代表名额可以另加百分之五。

第十二条　省、自治区、直辖市的人民代表大会代表的具体名额，由全国人民代表大会常务委员会依照本法确定。设区的市、自治州和县级的人民代表大会代表的具体名额，由省、自治区、直辖市的人民代表大会常务委员会依照本法确定，报全国人民代表大会常务委员会备案。乡级的人民代表大会代表的具体名额，由县级的人民代表大会常务委员会依照本法确定，报上一级人民代表大会常务委员会备案。

第十三条　地方各级人民代表大会的代表总名额经确定后，不再变动。如果由于行政区划变动或者由于重大工程建设等原因造成人口较大变动的，该级人民代表大会的代表总名额依照本法的规定重新确定。

第十四条　地方各级人民代表大会代表名额，由本级人民代表大会常务委员会或者本级选举委员会根据本行政区域所辖的下一级各行政区域或者各选区的人口数，按照每一代表所代表的城乡人口数相同的原则，以及保证各地区、各民族、各方面都有适当数量代表的要求进行分配。在县、自治县的人民代表大会中，人口特少的乡、民族乡、镇，至少应有代表一人。

地方各级人民代表大会代表名额的分配办法，由省、自治区、直辖市人民代表大会常务委员会参照全国人民代表大会代表名额分配的办法，结合本地区的具体情况规定。

第四章　全国人民代表大会代表名额

第十五条　全国人民代表大会的代表，由省、自治区、直辖市的人民代表大会和人民解放军选举产生。

全国人民代表大会代表的名额不超过三千人。

香港特别行政区、澳门特别行政区应选全国人民代表大会代表的名额和代表产生办法，由全国人民代表大会另行规定。

第十六条　全国人民代表大会代表名额，由全国人民代表大会常务委员会根据各省、自治区、直辖市的人口数，按照每一代表所代表的城乡人口数相同的原则，以及保证各地区、各民族、各方面都有适当数量代表的要求进行分配。

省、自治区、直辖市应选全国人民代表大会代表名额，由根据人口数计算确定的名额数、相同的地区基本名额数和其他应选名额数构成。

全国人民代表大会代表名额的具体分配，由全国人民代表大会常务委员会决定。

第十七条　全国少数民族应选全国人民代表大会代表，由全国人民代表大会常务委员会参照各少数民族的人口数和分布等情况，分配给各省、自治区、直辖市的人民代表大会选出。人口特少的民族，至少应有代表一人。

第五章　各少数民族的选举

第十八条　有少数民族聚居的地方，每一聚居的少数民族都应有代表参加当地的人民代表大会。

聚居境内同一少数民族的总人口数占境内总人口数百分之三十以上的，每一代表所代表的人口数应相当于当地人民代表大会每一代表所代表的人口数。

聚居境内同一少数民族的总人口数不足境内总人口数百分之十五的，每一代表所代表的人口数可以适当少于当地人民代表大会每一代表所代表的人口数，但不得少于二分之一；实行区域自治的民族人口特少的自治县，经省、自治区的人民代表大会常务委员会决定，可以少于二分之一。人口特少的其他聚居民族，至少应有代表一人。

聚居境内同一少数民族的总人口数占境内总人口数百分之十五以上、不足百分之三十的，每一代表所代表的人口数，可以适当少于当地人民代表大会每一代表所代表的人口数，但分配给该少数民族的应选代表名额不得超过代表总名额的百分之三十。

第十九条　自治区、自治州、自治县和有少数民族聚居的乡、民族乡、镇的人民代表大会，对于聚居在境内的其他少数民族和汉族代表的选举，适用本法第十八条的规定。

第二十条　散居的少数民族应选当地人民代表大会的代表，每一代表所代表的人口数可以少于当地人民代表大会每一代表所代表的人口数。

自治区、自治州、自治县和有少数民族聚居的乡、民族乡、镇的人民代表大会，对于散居的其他少数民族和汉族代表的选举，适用前款的规定。

第二十一条　有少数民族聚居的不设区的市、市辖区、县、乡、民族乡、镇的人民代表大会代表的产生，按照当地的民族关系和居住状况，各少数民族选民可以单独选举或者联合选举。

自治县和有少数民族聚居的乡、民族乡、镇的人民代表大会，对于居住在境内的其他少数民族和汉族代表的选举办法，适用前款的规定。

第二十二条　自治区、自治州、自治县制定或者公布的选举文件、选民名单、选民证、代表候选人名单、代表当选证书和选举委员会的印章等，都应当同时使用当地通用的民族文字。

第二十三条　少数民族选举的其他事项，参照本法有关各条的规定办理。

第六章　选区划分

第二十四条　不设区的市、市辖区、县、自治县、乡、民族乡、镇的人民代表大会的代表名额分配到选区，按选区进行选举。选区可以按居住状况划分，也可以按生产单位、事业单位、工作单位划分。

选区的大小，按照每一选区选一名至三名代表划分。

第二十五条　本行政区域内各选区每一代表所代表的人口数应当大体相等。

第七章　选民登记

第二十六条　选民登记按选区进行，经登记确认的选民资格长期有效。每次选举前对上次选民登记以后新满十八周岁的、被剥夺政治权利期满后恢复政治权利的选民，予以登记。对选民经登记后迁出原选区的，列入新迁入的选区的选民名单；对死亡的和依照法律被剥夺政治权利的人，从选民名单上除名。

精神病患者不能行使选举权利的，经选举委员会确认，不列入选民名单。

第二十七条　选民名单应在选举日的二十日以前公布，实行凭选民证参加投票选举的，并应当发给选民证。

第二十八条　对于公布的选民名单有不同意见的，可以在选民名单公布之日起五日内向选举委员会提出申诉。选举委员会对申诉意见，应在三日内作出处理决定。申诉人如果对处理决定不服，可以在选举日的五日以前向人民法院起诉，人民法院应在选举日以前作出判决。人民法院的判决为最后决定。

第八章　代表候选人的提出

第二十九条　全国和地方各级人民代表大会的代表候选人，按选区或者选举单位提名产生。

各政党、各人民团体，可以联合或者单独推荐代表候选人。选民或者代表，十人以上联名，也可以推荐代表候选人。推荐者应向选举委员会或者大会主席团介绍代表候选人的情况。接受推荐的代表候选人应当向选举委员会或者大会主席团如实提供个人身份、简历等基本情况。提供的基本情况不实的，选举委员会或者大会主席团应当向选民或者代表通报。

各政党、各人民团体联合或者单独推荐的代表候选人的人数，每一选民或者代表参加联名推荐的代表候选人的人数，均不得超过本选区或者选举单位应选代表的名额。

第三十条　全国和地方各级人民代表大会代表实行差额选举，代表候选人的人数应多于应选代表的名额。

由选民直接选举人民代表大会代表的，代表候选人的人数应多于应选代表名额三分之一至一倍；由县级以上的地方各级人民代表大会选举上一级人民代表大会代表的，代表候选人的人数应多于应选代表名额五分之一至二分之一。

第三十一条　由选民直接选举人民代表大会代表的，代表候选人由各选区选民和各政党、各人民团体提名推荐。选举委员会汇总后，将代表候选人名单及代表候选人的基本情况在选举日的十五日以前公布，并交各该选区的选民小组讨论、协商，确定正式代表候选人名单。如果所提代表候选人的人数超过本法第三十条规定的最高差额比例，由选举委员会交各该选区的选民小组讨论、协商，根据较多数选民的意见，确定正式代表候选人名单；对正式代表候选人不能形成较为一致意见的，进行预选，根据预选时得票多少的顺序，确定正式代表候选人名单。正式代表候选人名单及代表候选人的基本情况应当在选举日的七日以前公布。

县级以上的地方各级人民代表大会在选举上一级人民代表大会代表时，提名、酝酿代表候选人的时间不得少于两天。各该级人民代表大会主席团将依法提出的代表候选人名单及代表候选人的基本情况印发全体代表，由全体代表酝酿、讨论。如果所提代表候选人的人数符合本法第三十条规定的差额比例，直接进行投票选举。如果所提代表候选人的人数超过本法第三十条规定的最高差额比例，进行预选，根据预选时得票多少的顺序，按照本级人民代表大会的选举办法根据本法确定的具体差额比例，确定正式代表候选人名单，进行投票选举。

第三十二条　县级以上的地方各级人民代表大会在选举上一级人民代表大会代表时，代表候选人不限于各该级人民代表大会的代表。

第三十三条　选举委员会或者人民代表大会主席团应当向选民或者代表介绍代表候选人的情况。推荐代表候选人的政党、人民团体和选民、代表可以在选民小组或者代表小组会议上介绍所推荐的代表候选人的情况。选举委员会根据选民的要求，应当组织代表候选人与选民见面，由代表候选人介绍本人的情况，回答选民的问题。但是，在选举日必须停止代表候选人的介绍。

第九章　选举程序

第三十四条　全国人民代表大会和地方各级人民代表大会代表的选举，应当严格依照法定程序进行，并接受监督。任何组织或者个人都不得以任何方式干预选民或者代表自由行使选举权。

第三十五条　在选民直接选举人民代表大会代表时，选民根据选举委员会的规定，凭身份证或者选民证领取选票。

第三十六条　选举委员会应当根据各选区选民分布状况，按照方便选民投票的原则设立投票站，进行选举。选民居住比较集中的，可以召开选举大会，进行选举；因患有疾病等原因行动不便或者居住分散并且交通不便的选民，可以在流动票箱投票。

第三十七条　县级以上的地方各级人民代表大会在选举上一级人民代表大会代表时，由各该级人民代表大会主席团主持。

第三十八条　全国和地方各级人民代表大会代表的选举，一律采用无记名投票的方法。选举时应当设有秘密写票处。

选民如果是文盲或者因残疾不能写选票的，可以委托他信任的人代写。

第三十九条　选举人对于代表候选人可以投赞成票，可以投反对票，可以另选其他任何选民，也可以弃权。

第四十条　选民如果在选举期间外出，经选举委员会同意，可以书面委托其他选民代为投票。每一选民接受的委托不得超过三人，并应当按照委托人的意愿代为投票。

第四十一条　投票结束后，由选民或者代表推选的监票、计票人员和选举委员会或者人民代表大会主席团的人员将投票人数和票数加以核对，作出记录，并由监票人签字。

代表候选人的近亲属不得担任监票人、计票人。

第四十二条　每次选举所投的票数，多于投票人数的无效，等于或者少于投票人数的有效。

每一选票所选的人数，多于规定应选代表人数的作废，等于或者少于规定应选代表人数的有效。

第四十三条　在选民直接选举人民代表大会代表时，选区全体选民的过半数参加投票，选举有效。代表候选人获得参加投票的选民过半数的选票时，始得当选。

县级以上的地方各级人民代表大会在选举上一级人民代表大会代表时，代表候选人获得全体代表过半数的选票时，始得当选。

获得过半数选票的代表候选人的人数超过应选代表名额时，以得票多的当选。如遇票数相等不能确定当选人时，应当就票数相等的候选人再次投票，以得票多的当选。

获得过半数选票的当选代表的人数少于应选代表的名额时，不足的名额另行选举。另行选举时，根据在第一次投票时得票多少的顺序，按照本法第三十条规定的差额比例，确定候选人名单。如果只选一人，候选人应为二人。

依照前款规定另行选举县级和乡级的人民代表大会代表时，代表候选人以得票多的当选，但是得票数不得少于选票的三分之一；县级以上的地方各级人民代表大会在另行选举上一级人民代表大会代表时，代表候选人获得全体代表过半数的选票，始得当选。

第四十四条　选举结果由选举委员会或者人民代表大会主席团根据本法确定是否有效，并予以宣布。

第四十五条　公民不得同时担任两个以上无隶属关系的行政区域的人民代表大会代表。

第十章　对代表的监督和罢免、辞职、补选

第四十六条　全国和地方各级人民代表大会的代表，受选民和原选举单位的监督。选民或者选举单位都有权罢免自己选出的代表。

第四十七条　对于县级的人民代表大会代表，原选区选民五十人以上联名，对于乡级的人民代表大会代表，原选区选民三十人以上联名，可以向县级的人民代表大会常务委员会书面提出罢免要求。

罢免要求应当写明罢免理由。被提出罢免的代表有权在选民会议上提出申辩意见，也可以书面提出申辩意见。

县级的人民代表大会常务委员会应当将罢免要求和被提出罢免的代表的书面申辩意见印发原选区选民。

表决罢免要求，由县级的人民代表大会常务委员会派有关负责人员主持。

第四十八条　县级以上的地方各级人民代表大会举行会议的时候，主席团或者十分之一以上代表联名，可以提出对由该级人民代表大会选出的上一级人民代表大会代表的罢免案。在人民代表大会闭会期间，县级以上的地方各级人民代表大会常务委员会主任会议或者常务委员会五分之一以上组成人员联名，可以向常务委员会提出对由该级人民代表大会选出的上一级人民代表大会代表的罢免案。罢免案应当写明罢免理由。

县级以上的地方各级人民代表大会举行会议的时候，被提出罢免的代表有权在主席团会议和大会全体会议上提出申辩意见，或者书面提出申辩意见，由主席团印发会议。罢免案经会议审议后，由主席团提请全体会议表决。

县级以上的地方各级人民代表大会常务委员会举行会议的时候，被提出罢免的代表有权在主任会议和常务委员会全体会议上提出申辩意见，或者书面提出申辩意见，由主任会议印发会议。罢免案经会议审议后，由主任会议提请全体会议表决。

第四十九条　罢免代表采用无记名的表决方式。

第五十条　罢免县级和乡级的人民代表大会代表，须经原选区过半数的选民通过。

罢免由县级以上的地方各级人民代表大会选出的代表，须经各该级人民代表大会过半数的代表通过；在代表大会闭会期间，须经常务委员会组成人员的过半数通过。罢免的决议，须报送上一级人民代表大会常务委员会备案、公告。

第五十一条　县级以上的各级人民代表大会常务委员会组成人员，全国人民代表大会和省、自治区、直辖市、设区的市、自治州的人民代表大会专门委员会成员的代表职务被罢免的，其常务委员会组成人员或者专门委员会成员的职务相应撤销，由主席团或者常务委员会予以公告。

乡、民族乡、镇的人民代表大会主席、副主席的代表职务被罢免的，其主席、副主席的职务相应撤销，由主席团予以公告。

第五十二条　全国人民代表大会代表，省、自治区、直辖市、设区的市、自治州的人民代表大会代表，可以向选举他的人民代表大会的常务委员会书面提出辞职。常务委员会接受辞职，须经常务委员会组成人员的过半数通过。接受辞职的决议，须报送上一级人民代表大会常务委员会备案、公告。

县级的人民代表大会代表可以向本级人民代表大会常务委员会书面提出辞职，乡级的人民代表大会代表可以向本级人民代表大会书面提出辞职。县级的人民代表大会常务委员会接受辞职，须经常务委员会组成人员的过半数通过。乡级的人民代表大会接受辞职，须经人民代表大会过半数的代表通过。接受辞职的，应当予以公告。

第五十三条　县级以上的各级人民代表大会常务委员会组成人员，全国人民代表大会和省、自治区、直辖市、设区的市、自治州的人民代表大会的专门委员会成员，辞去代表职务的请求被接受的，其常务委员会组成人员、专门委员会成员的职务相应终止，由常务委员会予以公告。

乡、民族乡、镇的人民代表大会主席、副主席，辞去代表职务的请求被接受的，其主席、副主席的职务相应终止，由主席团予以公告。

第五十四　条代表在任期内，因故出缺，由原选区或者原选举单位补选。

地方各级人民代表大会代表在任期内调离或者迁出本行政区域的，其代表资格自行终止，缺额另行补选。

县级以上的地方各级人民代表大会闭会期间，可以由本级人民代表大会常务委员会补选上一级人民代表大会代表。

补选出缺的代表时，代表候选人的名额可以多于应选代表的名额，也可以同应选代表的名额相等。补选的具体办法，由省、自治区、直辖市的人民代表大会常务委员会规定。

第十一章　对破坏选举的制裁

第五十五条　为保障选民和代表自由行使选举权和被选举权，对有下列行为之一，破坏选举，违反治安管理规定的，依法给予治安管理处罚；构成犯罪的，依法追究刑事责任：

（一）以金钱或者其他财物贿赂选民或者代表，妨害选民和代表自由行使选举权和被选举权的；

（二）以暴力、威胁、欺骗或者其他非法手段妨害选民和代表自由行使选举权和被选举权的；

（三）伪造选举文件、虚报选举票数或者有其他违法行为的；

（四）对于控告、检举选举中违法行为的人，或者对于提出要求罢免代表的人进行压制、报复的。

国家工作人员有前款所列行为的，还应当依法给予行政处分。

以本条第一款所列违法行为当选的，其当选无效。

第五十六条　主持选举的机构发现有破坏选举的行为或者收到对破坏选举行为的举报，应当及时依法调查处理；需要追究法律责任的，及时移送有关机关予以处理。

第十二章　附则

第五十七条　省、自治区、直辖市的人民代表大会及其常务委员会根据本法可以制定选举实施细则，报全国人民代表大会常务委员会备案。

中华人民共和国婚姻法

第一章　总则

第一条　本法是婚姻家庭关系的基本准则。

第二条　实行婚姻自由、一夫一妻、男女平等的婚姻制度。

保护妇女、儿童和老人的合法权益。

实行计划生育。

第三条　禁止包办、买卖婚姻和其他干涉婚姻自由的行为。禁止借婚姻索取财物。

禁止重婚。禁止有配偶者与他人同居。禁止家庭暴力。禁止家庭成员间的虐待和遗弃。

第四条　夫妻应当互相忠实，互相尊重；家庭成员间应当敬老爱幼，互相帮助，维护平等、和睦、文明的婚姻家庭关系。

第二章　结婚

第五条　结婚必须男女双方完全自愿，不许任何一方对他方加以强迫或任何第三者加以干涉。

第六条　结婚年龄，男不得早于二十二周岁，女不得早于二十周岁。晚婚晚育应予鼓励。

第七条　有下列情形之一的，禁止结婚：

（一）直系血亲和三代以内的旁系血亲；

（二）患有医学上认为不应当结婚的疾病。

第八条　要求结婚的男女双方必须亲自到婚姻登记机关进行结婚登记。符合本法规定的，予以登记，发给结婚证。取得结婚证，即确立夫妻关系。未办理结婚登记的，应当补办登记。

第九条　登记结婚后，根据男女双方约定，女方可以成为男方家庭的成员，男方可以成为女方家庭的成员。

第十条　有下列情形之一的，婚姻无效：

（一）重婚的；

（二）有禁止结婚的亲属关系的；

（三）婚前患有医学上认为不应当结婚的疾病，婚后尚未治愈的；

（四）未到法定婚龄的。

第十一条　因胁迫结婚的，受胁迫的一方可以向婚姻登记机关或人民法院请求撤销该婚姻。受胁迫的一方撤销婚姻的请求，应当自结婚登记之日起一年内提出。被非法限制人身自由的当事人请求撤销婚姻的，应当自恢复人身自由之日起一年内提出。第十二条无效或被撤销的婚姻，自始无效。当事人不具有夫妻的权利和义务。同居期间所得的财产，由当事人协议处理；协议不成时，由人民法院根据照顾无过错方的原则判决。对重婚导致的婚姻无效的财产处理，不得侵害合法婚姻当事人的财产权益。当事人所生的子女，适用本法有关父母子女的规定。

第三章　家庭关系

第十三条　夫妻在家庭中地位平等。

第十四条　夫妻双方都有各用自己姓名的权利。

第十五条　夫妻双方都有参加生产、工作、学习和社会活动的自由，一方不得对他方加以限制或干涉。

第十六条　夫妻双方都有实行计划生育的义务。

第十七条　夫妻在婚姻关系存续期间所得的下列财产，归夫妻共同所有：

（一）工资、奖金；

（二）生产、经营的收益；

（三）知识产权的收益；

（四）继承或赠与所得的财产，但本法第十八条第三项规定的除外；

（五）其他应当归共同所有的财产。

夫妻对共同所有的财产，有平等的处理权。

第十八条　有下列情形之一的，为夫妻一方的财产：

（一）一方的婚前财产；

（二）一方因身体受到伤害获得的医疗费、残疾人生活补助费等费用；

（三）遗嘱或赠与合同中确定只归夫或妻一方的财产；

（四）一方专用的生活用品；

（五）其他应当归一方的财产。

第十九条　夫妻可以约定婚姻关系存续期间所得的财产以及婚前财产归各自所有、共同所有或部分各自所有、部分共同所有。约定应当采用书面形式。没有约定或约定不明确的，适用本法第十七条、第十八条的规定。

夫妻对婚姻关系存续期间所得的财产以及婚前财产的约定，对双方具有约束力。

夫妻对婚姻关系存续期间所得的财产约定归各自所有的，夫或妻一方对外所负的债务，第三人知道该约定的，以夫或妻一方所有的财产清偿。

第二十条　夫妻有互相扶养的义务。

一方不履行扶养义务时，需要扶养的一方，有要求对方付给扶养费的权利。

第二十一条　父母对子女有抚养教育的义务；子女对父母有赡养扶助的义务。

父母不履行抚养义务时，未成年的或不能独立生活的子女，有要求父母付给抚养费的权利。

子女不履行赡养义务时，无劳动能力的或生活困难的父母，有要求子女付给赡养费的权利。

禁止溺婴、弃婴和其他残害婴儿的行为。

第二十二条　子女可以随父姓，可以随母姓。

第二十三条　父母有保护和教育未成年子女的权利和义务。在未成年子女对国家、集体或他人造成损害时，父母有承担民事责任的义务。

第二十四条　夫妻有相互继承遗产的权利。

父母和子女有相互继承遗产的权利。

第二十五条　非婚生子女享有与婚生子女同等的权利，任何人不得加以危害和歧视。

不直接抚养非婚生子女的生父或生母，应当负担子女的生活费和教育费，直至子女能独立生活为止。

第二十六条　国家保护合法的收养关系。养父母和养子女间的权利和义务，适用本法对父母子女关系的有关规定。

养子女和生父母间的权利和义务，因收养关系的成立而消除。

第二十七条　继父母与继子女间，不得虐待或歧视。

继父或继母和受其抚养教育的继子女间的权利和义务，适用本法对父母子女关系的有关规定。

第二十八条　有负担能力的祖父母、外祖父母，对于父母已经死亡或父母无力抚养的未成年的孙子女、外孙子女，有抚养的义务。有负担能力的孙子女、外孙子女，对于子女已经死亡或子女无力赡养的祖父母、外祖父母，有赡养的义务。

第二十九条　有负担能力的兄、姐，对于父母已经死亡或父母无力抚养的未成年的弟、妹，有扶养的义务。由兄、姐扶养长大的有负担能力的弟、妹，对于缺乏劳动能力又缺乏生活来源的兄、姐，有扶养的义务。

第三十条　子女应当尊重父母的婚姻权利，不得干涉父母再婚以及婚后的生活。子女对父母的赡养义务，不因父母的婚姻关系变化而终止。

第四章　离婚

第三十一条　男女双方自愿离婚的，准予离婚。双方必须到婚姻登记机关申请离婚。婚姻登记机关查明双方确实是自愿并对子女和财产问题已有适当处理时，发给离婚证。

第三十二条　男女一方要求离婚的，可由有关部门进行调解或直接向人民法院提出离婚诉讼。

人民法院审理离婚案件，应当进行调解；如感情确已破裂，调解无效，应准予离婚。

有下列情形之一，调解无效的，应准予离婚：

（一）重婚或有配偶者与他人同居的；

（二）实施家庭暴力或虐待、遗弃家庭成员的；

（三）有赌博、吸毒等恶习屡教不改的；

（四）因感情不和分居满二年的；

（五）其他导致夫妻感情破裂的情形。

一方被宣告失踪，另一方提出离婚诉讼的，应准予离婚。

第三十三条　现役军人的配偶要求离婚，须得军人同意，但军人一方有重大过错的除外。

第三十四条　女方在怀孕期间、分娩后一年内或中止妊娠后六个月内，男方不得提出离婚。女方提出离婚的，或人民法院认为确有必要受理男方离婚请求的，不在此限。

第三十五条　离婚后，男女双方自愿恢复夫妻关系的，必须到婚姻登记机关进行复婚登记。

第三十六条　父母与子女间的关系，不因父母离婚而消除。离婚后，子女无论由父或母直接抚养，仍是父母双方的子女。

离婚后，父母对于子女仍有抚养和教育的权利和义务。

离婚后，哺乳期内的子女，以随哺乳的母亲抚养为原则。哺乳期后的子女，如双方因抚养问题发生争执不能达成协议时，由人民法院根据子女的权益和双方的具体情况判决。

第三十七条　离婚后，一方抚养的子女，另一方应负担必要的生活费和教育费的一部或全部，负担费用的多少和期限的长短，由双方协议；协议不成时，由人民法院判决。

关于子女生活费和教育费的协议或判决，不妨碍子女在必要时向父母任何一方提出超过协议或判决原定数额的合理要求。

第三十八条　离婚后，不直接抚养子女的父或母，有探望子女的权利，另一方有协助的义务。

行使探望权利的方式、时间由当事人协议；协议不成时，由人民法院判决。

父或母探望子女，不利于子女身心健康的，由人民法院依法中止探望的权利；中止的事由消失后，应当恢复探望的权利。

第三十九条　离婚时，夫妻的共同财产由双方协议处理；协议不成时，由人民法院根据财产的具体情况，照顾子女和女方权益的原则判决。

夫或妻在家庭土地承包经营中享有的权益等，应当依法予以保护。

第四十条　夫妻书面约定婚姻关系存续期间所得的财产归各自所有，一方因抚育子女、照料老人、协助另一方工作等付出较多义务的，离婚时有权向另一方请求补偿，另一方应当予以补偿。

第四十一条　离婚时，原为夫妻共同生活所负的债务，应当共同偿还。共同财产不足清偿的，或财产归各自所有的，由双方协议清偿；协议不成时，由人民法院判决。

第四十二条　离婚时，如一方生活困难，另一方应从其住房等个人财产中给予适当帮助。具体办法由双方协议；协议不成时，由人民法院判决。

第五章　救助措施与法律责任

第四十三条　实施家庭暴力或虐待家庭成员，受害人有权提出请求，居民委员会、村民委员会以及所在单位应当予以劝阻、调解。

对正在实施的家庭暴力，受害人有权提出请求，居民委员会、村民委员会应当予以劝阻；公安机关应当予以制止。

实施家庭暴力或虐待家庭成员，受害人提出请求的，公安机关应当依照治安管理处罚的法律规定予以行政处罚。

第四十四条　对遗弃家庭成员，受害人有权提出请求，居民委员会、村民委员会以及所在单位应当予以劝阻、调解。

对遗弃家庭成员，受害人提出请求的，人民法院应当依法作出支付扶养费、抚养费、赡养费的判决。

第四十五条　对重婚的，对实施家庭暴力或虐待、遗弃家庭成员构成犯罪的，依法追究刑事责任。受害人可以依照刑事诉讼法的有关规定，向人民法院自诉；公安机关应当依法侦查，人民检察院应当依法提起公诉。

第四十六条　有下列情形之一，导致离婚的，无过错方有权请求损害赔偿：

（一）重婚的；

（二）有配偶者与他人同居的；

（三）实施家庭暴力的；

（四）虐待、遗弃家庭成员的。

第四十七条　离婚时，一方隐藏、转移、变卖、毁损夫妻共同财产，或伪造债务企图侵占另一方财产的，分割夫妻共同财产时，对隐藏、转移、变卖、毁损夫妻共同财产或伪造债务的一方，可以少分或不分。离婚后，另一方发现有上述行为的，可以向人民法院提起诉讼，请求再次分割夫妻共同财产。

人民法院对前款规定的妨害民事诉讼的行为，依照民事诉讼法的规定予以制裁。

第四十八条　对拒不执行有关扶养费、抚养费、赡养费、财产分割、遗产继承、探望子女等判决或裁定的，由人民法院依法强制执行。有关个人和单位应负协助执行的责任。

第四十九条　其他法律对有关婚姻家庭的违法行为和法律责任另有规定的,依照其规定。

第六章　附则

第五十条　民族自治地方的人民代表大会有权结合当地民族婚姻家庭的具体情况,制定变通规定。自治州、自治县制定的变通规定，报省、自治区、直辖市人民代表大会常务委员会批准后生效。自治区制定的变通规定，报全国人民代表大会常务委员会批准后生效。

第五十一条　本法自 1981 年 1 月 1 日起施行。

1950 年 5 月 1 日颁行的《中华人民共和国婚姻法》，自本法施行之日起废止。

中华人民共和国继承法

第一章　总则

第一条　根据《中华人民共和国宪法》规定，为保护公民的私有财产的继承权，制定本法。

第二条　继承从被继承人死亡时开始。

第三条　遗产是公民死亡时遗留的个人合法财产，包括：

（一）公民的收入；

（二）公民的房屋、储蓄和生活用品；

（三）公民的林木、牲畜和家禽；

（四）公民的文物、图书资料；

（五）法律允许公民所有的生产资料；

（六）公民的著作权、专利权中的财产权利；

（七）公民的其他合法财产。

第四条　个人承包应得的个人收益，依照本法规定继承。个人承包，依照法律允许由继承人继续承包的，按照承包合同办理。

第五条　继承开始后，按照法定继承办理；有遗嘱的，按照遗嘱继承或者遗赠办理；有遗赠扶养协议的，按照协议办理。

第六条　无行为能力人的继承权、受遗赠权，由他的法定代理人代为行使。

限制行为能力人的继承权、受遗赠权，由他的法定代理人代为行使，或者征得法定代理人同意后行使。

第七条　继承人有下列行为之一的，丧失继承权：

（一）故意杀害被继承人的；

（二）为争夺遗产而杀害其他继承人的；

（三）遗弃被继承人的，或者虐待被继承人情节严重的；

（四）伪造、篡改或者销毁遗嘱，情节严重的。

第八条　继承权纠纷提起诉讼的期限为二年，自继承人知道或者应当知道其权利被侵犯之日起计算。但是，自继承开始之日起超过二十年的，不得再提起诉讼。

第二章　法定继承

第九条　继承权男女平等。

第十条　遗产按照下列顺序继承：

第一顺序：配偶、子女、父母。

第二顺序：兄弟姐妹、祖父母、外祖父母。

继承开始后，由第一顺序继承人继承，第二顺序继承人不继承。没有第一顺序继承人继承的，由第二顺序继承人继承。

本法所说的子女，包括婚生子女、非婚生子女、养子女和有扶养关系的继子女。

本法所说的父母，包括生父母、养父母和有扶养关系的继父母。

本法所说的兄弟姐妹，包括同父母的兄弟姐妹、同父异母或者同母异父的兄弟姐妹、养兄弟姐妹、有扶养关系的继兄弟姐妹。

第十一条　被继承人的子女先于被继承人死亡的，由被继承人的子女的晚辈直系血亲代位继承。代位继承人一般只能继承他的父亲或者母亲有权继承的遗产份额。

第十二条　丧偶儿媳对公、婆，丧偶女婿对岳父、岳母，尽了主要赡养义务的，作为第一顺序继承人。

第十三条　同一顺序继承人继承遗产的份额，一般应当均等。

对生活有特殊困难的缺乏劳动能力的继承人，分配遗产时，应当予以照顾。

对被继承人尽了主要扶养义务或者与被继承人共同生活的继承人，分配遗产时，可以多分。

有扶养能力和有扶养条件的继承人，不尽扶养义务的，分配遗产时，应当不分或者少分。

继承人协商同意的，也可以不均等。

第十四条　对继承人以外的依靠被继承人扶养的缺乏劳动能力又没有生活来源的人，或者继承人以外的对被继承人扶养较多的人，可以分给他们适当的遗产。

第十五条　继承人应当本着互谅互让、和睦团结的精神，协商处理继承问题。遗产分割的时间、办法和份额，由继承人协商确定。协商不成的，可以由人民调解委员会调解或者向人民法院提起诉讼。

第三章　遗嘱继承和遗赠

第十六条　公民可以依照本法规定立遗嘱处分个人财产，并可以指定遗嘱执行人。

公民可以立遗嘱将个人财产指定由法定继承人的一人或者数人继承。

公民可以立遗嘱将个人财产赠给国家、集体或者法定继承人以外的人。

第十七条　公证遗嘱由遗嘱人经公证机关办理。

自书遗嘱由遗嘱人亲笔书写，签名，注明年、月、日。

代书遗嘱应当有两个以上见证人在场见证，由其中一人代书，注明年、月、日，并由代书人、其他见证人和遗嘱人签名。

以录音形式立的遗嘱，应当有两个以上见证人在场见证。

遗嘱人在危急情况下，可以立口头遗嘱。口头遗嘱应当有两个以上见证人在场见证。危急情况解除后，遗嘱人能够用书面或者录音形式立遗嘱的，所立的口头遗嘱无效。

第十八条　下列人员不能作为遗嘱见证人：

（一）无行为能力人、限制行为能力人；

（二）继承人、受遗赠人；

（三）与继承人、受遗赠人有利害关系的人。

第十九条　遗嘱应当对缺乏劳动能力又没有生活来源的继承人保留必要的遗产份额。

第二十条　遗嘱人可以撤销、变更自己所立的遗嘱。

立有数份遗嘱，内容相抵触的，以最后的遗嘱为准。自书、代书、录音、口头遗嘱，不得撤销、变更公证遗嘱。

第二十一条　遗嘱继承或者遗赠附有义务的，继承人或者受遗赠人应当履行义务。没有正当理由不履行义务的，经有关单位或者个人请求，人民法院可以取消他接受遗产的权利。

第二十二条　无行为能力人或者限制行为能力人所立的遗嘱无效。遗嘱必须表示遗嘱人的真实意思，受胁迫、欺骗所立的遗嘱无效。伪造的遗嘱无效。遗嘱被篡改的，篡改的内容无效。

第四章　遗产的处理

第二十三条　继承开始后，知道被继承人死亡的继承人应当及时通知其他继承人和遗嘱执行人。继承人中无人知道被继承人死亡或者知道被继承人死亡而不能通知的，由被继承人生前所在单位或者住所地的居民委员会、村民委员会负责通知。

第二十四条　存有遗产的人，应当妥善保管遗产，任何人不得侵吞或者争抢。

第二十五条　继承开始后，继承人放弃继承的，应当在遗产处理前，作出放弃继承的表示。没有表示的，视为接受继承。

受遗赠人应当在知道受遗赠后两个月内，作出接受或者放弃受遗赠的表示。到期没有表示的，视为放弃受遗赠。

第二十六条　夫妻在婚姻关系存续期间所得的共同所有的财产，除有约定的以外，如果分割遗产，应当先将共同所有的财产的一半分出为配偶所有，其余的为被继承人的遗产。

遗产在家庭共有财产之中的，遗产分割时，应当先分出他人的财产。

第二十七条　有下列情形之一的，遗产中的有关部分按照法定继承办理：

（一）遗嘱继承人放弃继承或者受遗赠人放弃受遗赠的；

（二）遗嘱继承人丧失继承权的；

（三）遗嘱继承人、受遗赠人先于遗嘱人死亡的；

（四）遗嘱无效部分所涉及的遗产；

（五）遗嘱未处分的遗产。

第二十八条　遗产分割时，应当保留胎儿的继承份额。胎儿出生时是死体的，保留的份额按照法定继承办理。

第二十九条　遗产分割应当有利于生产和生活需要，不损害遗产的效用。

不宜分割的遗产，可以采取折价、适当补偿或者共有等方法处理。

第三十条　夫妻一方死亡后另一方再婚的，有权处分所继承的财产，任何人不得干涉。

第三十一条　公民可以与扶养人签订遗赠扶养协议。按照协议，扶养人承担该公民生养死葬的义务，享有受遗赠的权利。

公民可以与集体所有制组织签订遗赠扶养协议。按照协议，集体所有制组织承担该公民生养死葬的义务，享有受遗赠的权利。

第三十二条　无人继承又无人受遗赠的遗产，归国家所有；死者生前是集体所有制组织成员的，归所在集体所有制组织所有。

第三十三条　继承遗产应当清偿被继承人依法应当缴纳的税款和债务，缴纳税款和清偿债务以他的遗产实际价值为限。超过遗产实际价值部分，继承人自愿偿还的不在此限。

继承人放弃继承的，对被继承人依法应当缴纳的税款和债务可以不负偿还责任。

第三十四条　执行遗赠不得妨碍清偿遗赠人依法应当缴纳的税款和债务。

第五章　附则

第三十五条　民族自治地方的人民代表大会可以根据本法的原则，结合当地民族财产继承的具体情况，制定变通的或者补充的规定。自治区的规定，报全国人民代表大会常务委员会备案。自治州、自治县的规定，报省或者自治区的人民代表大会常务委员会批准后生效，并报全国人民代表大会常务委员会备案。

第三十六条　中国公民继承在中华人民共和国境外的遗产或者继承在中华人民共和国境内的外国人的遗产，动产适用被继承人住所地法律，不动产适用不动产所在地法律。

外国人继承在中华人民共和国境内的遗产或者继承在中华人民共和国境外的中国公民的遗产，动产适用被继承人住所地法律，不动产适用不动产所在地法律。

中华人民共和国与外国订有条约、协定的，按照条约、协定办理。

第三十七条　本法自１９８５年１０月１日起施行。

中华人民共和国收养法

第一章　总则

第一条　为保护合法的收养关系，维护收养关系当事人的权利，制定本法。

第二条　收养应当有利于被收养的未成年人的抚养、成长，保障被收养人和收养人的合法权益，遵循平等自愿的原则，并不得违背社会公德。

第三条　收养不得违背计划生育的法律、法规。

第二章　收养关系的成立

第四条　下列不满十四周岁的未成年人可以被收养：

（一）丧失父母的孤儿；

（二）查找不到生父母的弃婴和儿童；

（三）生父母有特殊困难无力抚养的子女。

第五条　下列公民、组织可以作送养人：

（一）孤儿的监护人；

（二）社会福利机构；

（三）有特殊困难无力抚养子女的生父母。

第六条　收养人应当同时具备下列条件：

（一）无子女；

（二）有抚养教育被收养人的能力；

（三）未患有在医学上认为不应当收养子女的疾病；

（四）年满三十周岁。

第七条　收养三代以内同辈旁系血亲的子女，可以不受本法第四条第三项、第五条第三项、第九条和被收养人不满十四周岁的限制。

华侨收养三代以内同辈旁系血亲的子女，还可以不受收养人无子女的限制。

第八条　收养人只能收养一名子女。

收养孤儿、残疾儿童或者社会福利机构抚养的查找不到生父母的弃婴和儿童，可以不受收养人无子女和收养一名的限制。

第九条　无配偶的男性收养女性的，收养人与被收养人的年龄应当相差四十周岁以上。

第十条　生父母送养子女，须双方共同送养。生父母一方不明或者查找不到的可以单方送养。

有配偶者收养子女，须夫妻共同收养。

第十一条　收养人收养与送养人送养，须双方自愿。收养年满十周岁以上未成年人的，应当征得被收养人的同意。

第十二条　未成年人的父母均不具备完全民事行为能力的，该未成年人的监护人不得将其送养，但父母对该未成年人有严重危害可能的除外。

第十三条　监护人送养未成年孤儿的，须征得有抚养义务的人同意。有抚养义务的人不同意送养、监护人不愿意继续履行监护职责的，应当依照《中华人民共和国民法通则》的规定变更监护人。

第十四条　继父或者继母经继子女的生父母同意，可以收养继子女，并可以不受本法第四条第三项、第五条第三项、第六条和被收养人不满十四周岁以及收养一名的限制。

第十五条　收养应当向县级以上人民政府民政部门登记。收养关系自登记之日起成立。

收养查找不到生父母的弃婴和儿童的，办理登记的民政部门应当在登记前予以公告。

收养关系当事人愿意订立收养协议的，可以订立收养协议。

收养关系当事人各方或者一方要求办理收养公证的，应当办理收养公证。

第十六条　收养关系成立后，公安部门应当依照国家有关规定为被收养人办理户口登记。

第十七条　孤儿或者生父母无力抚养的子女，可以由生父母的亲属、朋友抚养。

抚养人与被抚养人的关系不适用收养关系。

第十八条　配偶一方死亡，另一方送养未成年子女的，死亡一方的父母有优先抚养的权利。

第十九条　送养人不得以送养子女为理由违反计划生育的规定再生育子女。

第二十条　严禁买卖儿童或者借收养名义买卖儿童。

第二十一条　外国人依照本法可以在中华人民共和国收养子女。

外国人在中华人民共和国收养子女，应当经其所在国主管机关依照该国法律审查同意。收养人应当提供由其所在国有权机构出具的有关收养人的年龄、婚姻、职业、财产、健康、有无受过刑事处罚等状况的证明材料，该证明材料应当经其所在国外交机关或者外交机关授权的机构认证，并经中华人民共和国驻该国使领馆认证。该收养人应当与送养人订立书面协议，亲自向省级人民政府民政部门登记。

收养关系当事人各方或者一方要求办理收养公证的，应当到国务院司法行政部门认定的具有办理涉外公证资格的公证机构办理收养公证。

第二十二条　收养人、送养人要求保守收养秘密的，其他人应当尊重其意愿，不得泄露。

第三章　收养的效力

第二十三条　自收养关系成立之日起，养父母与养子女间的权利义务关系，适用法律关于父母子女关系的规定;养子女与养父母的近亲属间的权利义务关系，适用法律关于子女与父母的近亲属关系的规定。

养子女与生父母及其他近亲属间的权利义务关系，因收养关系的成立而消除。

第二十四条　养子女可以随养父或者养母的姓，经当事人协商一致，也可以保留原姓。

第二十五条　违反《中华人民共和国民法通则》第五十五条和本法规定的收养行为无法律效力。

收养行为被人民法院确认无效的，从行为开始时起就没有法律效力。

第四章　收养关系的解除

第二十六条　收养人在被收养人成年以前，不得解除收养关系，但收养人、送养人双方协议解除的除外，养子女年满十周岁以上的，应当征得本人同意。

收养人不履行抚养义务，有虐待、遗弃等侵害未成年养子女合法权益行为的，送养人有权要求解除养父母与养子女间的收养关系。送养人、收养人不能达成解除收养关系协议的，可以向人民法院起诉。

第二十七条　养父母与成年养子女关系恶化、无法共同生活的，可以协议解除收养关系。不能达成协议的，可以向人民法院起诉。

第二十八条　当事人协议解除收养关系的，应当到民政部门办理解除收养关系的登记。

第二十九条　收养关系解除后，养子女与养父母及其他近亲属间的权利义务关系即行消除，与生父母及其他近亲属间的权利义务关系自行恢复，但成年养子女与生父母及其他近亲属间的权利义务关系是否恢复，可以协商确定。

第三十条　收养关系解除后，经养父母抚养的成年养子女，对缺乏劳动能力又缺乏生活来源的养父母，应当给付生活费。因养子女成年后虐待、遗弃养父母而解除收养关系的，养父母可以要求养子女补偿收养期间支出的生活费和教育费。

生父母要求解除收养关系的，养父母可以要求生父母适当补偿收养期间支出的生活费和教育费，但因养父母虐待、遗弃养子女而解除收养关系的除外。

第五章　法律责任

第三十一条　借收养名义拐卖儿童的，依法追究刑事责任。

遗弃婴儿的，由公安部门处以罚款；构成犯罪的，依法追究刑事责任。

出卖亲生子女的，由公安部门没收非法所得，并处以罚款；构成犯罪的，依法追究刑事责任。

第六章　附则

第三十二条　民族自治地方的人民代表大会及其常务委员会可以根据本法的原则，结合当地情况，制定变通的或者补充的规定。自治区的规定，报全国人民代表大会常务委员会备案。自治州、自治县的规定，报省或者自治区的人民代表大会常务委员会批准后生效，并报全国人民代表大会常务委员会备案。

第三十三条　国务院可以根据本法制定实施办法。

第三十四条　本法自 1992 年 4 月 1 日起施行。

中华人民共和国村民委员会组织法

第一章　总则

第一条　为了保障农村村民实行自治，由村民依法办理自己的事情，发展农村基层民主，维护村民的合法权益，促进社会主义新农村建设，根据宪法，制定本法。

第二条　村民委员会是村民自我管理、自我教育、自我服务的基层群众性自治组织，实行民主选举、民主决策、民主管理、民主监督。

村民委员会办理本村的公共事务和公益事业，调解民间纠纷，协助维护社会治安，向人民政府反映村民的意见、要求和提出建议。

村民委员会向村民会议、村民代表会议负责并报告工作。

第三条　村民委员会根据村民居住状况、人口多少，按照便于群众自治，有利于经济发展和社会管理的原则设立。

村民委员会的设立、撤销、范围调整，由乡、民族乡、镇的人民政府提出，经村民会议讨论同意，报县级人民政府批准。

村民委员会可以根据村民居住状况、集体土地所有权关系等分设若干村民小组。

第四条　中国共产党在农村的基层组织，按照中国共产党章程进行工作，发挥领导核心作用，领导和支持村民委员会行使职权；依照宪法和法律，支持和保障村民开展自治活动、直接行使民主权利。

第五条　乡、民族乡、镇的人民政府对村民委员会的工作给予指导、支持和帮助，但是不得干预依法属于村民自治范围内的事项。

村民委员会协助乡、民族乡、镇的人民政府开展工作。

第二章　村民委员会的组成和职责

第六条　村民委员会由主任、副主任和委员共三至七人组成。

村民委员会成员中，应当有妇女成员，多民族村民居住的村应当有人数较少的民族的成员。

对村民委员会成员，根据工作情况，给予适当补贴。

第七条　村民委员会根据需要设人民调解、治安保卫、公共卫生与计划生育等委员会。村民委员会成员可以兼任下属委员会的成员。人口少的村的村民委员会可以不设下属委员会，由村民委员会成员分工负责人民调解、治安保卫、公共卫生与计划生育等工作。

第八条　村民委员会应当支持和组织村民依法发展各种形式的合作经济和其他经济，承担本村生产的服务和协调工作，促进农村生产建设和经济发展。

村民委员会依照法律规定，管理本村属于村农民集体所有的土地和其他财产，引导村民合理利用自然资源，保护和改善生态环境。

村民委员会应当尊重并支持集体经济组织依法独立进行经济活动的自主权，维护以家庭承包经营为基础、统分结合的双层经营体制，保障集体经济组织和村民、承包经营户、联户或者合伙的合法财产权和其他合法权益。

第九条　村民委员会应当宣传宪法、法律、法规和国家的政策，教育和推动村民履行法律规定的义务、爱护公共财产，维护村民的合法权益，发展文化教育，普及科技知识，促进男女平等，做好计划生育工作，促进村与村之间的团结、互助，开展多种形式的社会主义精神文明建设活动。

村民委员会应当支持服务性、公益性、互助性社会组织依法开展活动，推动农村社区建设。

多民族村民居住的村，村民委员会应当教育和引导各民族村民增进团结、互相尊重、互相帮助。

第十条　村民委员会及其成员应当遵守宪法、法律、法规和国家的政策，遵守并组织实施村民自治章程、村规民约，执行村民会议、村民代表会议的决定、决议，办事公道，廉洁奉公，热心为村民服务，接受村民监督。

第三章　村民委员会的选举

第十一条　村民委员会主任、副主任和委员，由村民直接选举产生。任何组织或者个人不得指定、委派或者撤换村民委员会成员。

村民委员会每届任期三年，届满应当及时举行换届选举。村民委员会成员可以连选连任。

第十二条　村民委员会的选举，由村民选举委员会主持。

村民选举委员会由主任和委员组成，由村民会议、村民代表会议或者各村民小组会议推选产生。

村民选举委员会成员被提名为村民委员会成员候选人，应当退出村民选举委员会。

村民选举委员会成员退出村民选举委员会或者因其他原因出缺的，按照原推选结果依次递补，也可以另行推选。

第十三条　年满十八周岁的村民，不分民族、种族、性别、职业、家庭出身、宗教信仰、教育程度、财产状况、居住期限，都有选举权和被选举权；但是，依照法律被剥夺政治权利的人除外。

村民委员会选举前，应当对下列人员进行登记，列入参加选举的村民名单：

（一）户籍在本村并且在本村居住的村民；

（二）户籍在本村，不在本村居住，本人表示参加选举的村民；

（三）户籍不在本村，在本村居住一年以上，本人申请参加选举，并且经村民会议或者村民代表会议同意参加选举的公民。

已在户籍所在村或者居住村登记参加选举的村民，不得再参加其他地方村民委员会的选举。

第十四条　登记参加选举的村民名单应当在选举日的二十日前由村民选举委员会公布。

对登记参加选举的村民名单有异议的，应当自名单公布之日起五日内向村民选举委员会申诉，村民选举委员会应当自收到申诉之日起三日内作出处理决定，并公布处理结果。

第十五条　选举村民委员会，由登记参加选举的村民直接提名候选人。村民提名候选人，应当从全体村民利益出发，推荐奉公守法、品行良好、公道正派、热心公益、具有一定文化水平和工作能力的村民为候选人。候选人的名额应当多于应选名额。村民选举委员会应当组织候选人与村民见面，由候选人介绍履行职责的设想，回答村民提出的问题。

选举村民委员会，有登记参加选举的村民过半数投票，选举有效；候选人获得参加投票的村民过半数的选票，始得当选。当选人数不足应选名额的，不足的名额另行选举。另行选举的，第一次投票未当选的人员得票多的为候选人，候选人以得票多的当选，但是所得票数不得少于已投选票总数的三分之一。

选举实行无记名投票、公开计票的方法，选举结果应当当场公布。选举时，应当设立秘密写票处。

登记参加选举的村民，选举期间外出不能参加投票的，可以书面委托本村有选举权的近亲属代为投票。村民选举委员会应当公布委托人和受委托人的名单。

具体选举办法由省、自治区、直辖市的人民代表大会常务委员会规定。

第十六条　本村五分之一以上有选举权的村民或者三分之一以上的村民代表联名，可以提出罢免村民委员会成员的要求，并说明要求罢免的理由。被提出罢免的村民委员会成员有权提出申辩意见。

罢免村民委员会成员，须有登记参加选举的村民过半数投票，并须经投票的村民过半数通过。

第十七条　以暴力、威胁、欺骗、贿赂、伪造选票、虚报选举票数等不正当手段当选村民委员会成员的，当选无效。

对以暴力、威胁、欺骗、贿赂、伪造选票、虚报选举票数等不正当手段，妨害村民行使选举权、被选举权，破坏村民委员会选举的行为，村民有权向乡、民族乡、镇的人民代表大会和人民政府或者县级人民代表大会常务委员会和人民政府及其有关主管部门举报，由乡级或者县级人民政府负责调查并依法处理。

第十八条　村民委员会成员丧失行为能力或者被判处刑罚的，其职务自行终止。

第十九条　村民委员会成员出缺，可以由村民会议或者村民代表会议进行补选。补选程序参照本法第十五条的规定办理。补选的村民委员会成员的任期到本届村民委员会任期届满时止。

第二十条　村民委员会应当自新一届村民委员会产生之日起十日内完成工作移交。工作移交由村民选举委员会主持，由乡、民族乡、镇的人民政府监督。

第四章　村民会议和村民代表会议

第二十一条　村民会议由本村十八周岁以上的村民组成。

村民会议由村民委员会召集。有十分之一以上的村民或者三分之一以上的村民代表提议，应当召集村民会议。召集村民会议，应当提前十天通知村民。

第二十二条　召开村民会议，应当有本村十八周岁以上村民的过半数，或者本村三分之二以上的户的代表参加，村民会议所作决定应当经到会人员的过半数通过。法律对召开村民会议及作出决定另有规定的，依照其规定。

召开村民会议，根据需要可以邀请驻本村的企业、事业单位和群众组织派代表列席。

第二十三条　村民会议审议村民委员会的年度工作报告，评议村民委员会成员的工作；有权撤销或者变更村民委员会不适当的决定；有权撤销或者变更村民代表会议不适当的决定。

村民会议可以授权村民代表会议审议村民委员会的年度工作报告，评议村民委员会成员的工作，撤销或者变更村民委员会不适当的决定。

第二十四条　涉及村民利益的下列事项，经村民会议讨论决定方可办理：

（一）本村享受误工补贴的人员及补贴标准；

（二）从村集体经济所得收益的使用；

（三）本村公益事业的兴办和筹资筹劳方案及建设承包方案；

（四）土地承包经营方案；

（五）村集体经济项目的立项、承包方案；

（六）宅基地的使用方案；

（七）征地补偿费的使用、分配方案；

（八）以借贷、租赁或者其他方式处分村集体财产；

（九）村民会议认为应当由村民会议讨论决定的涉及村民利益的其他事项。

村民会议可以授权村民代表会议讨论决定前款规定的事项。

法律对讨论决定村集体经济组织财产和成员权益的事项另有规定的，依照其规定。

第二十五条　人数较多或者居住分散的村，可以设立村民代表会议，讨论决定村民会议授权的事项。村民代表会议由村民委员会成员和村民代表组成，村民代表应当占村民代表会议组成人员的五分之四以上，妇女村民代表应当占村民代表会议组成人员的三分之一以上。

村民代表由村民按每五户至十五户推选一人，或者由各村民小组推选若干人。村民代表的任期与村民委员会的任期相同。村民代表可以连选连任。

村民代表应当向其推选户或者村民小组负责，接受村民监督。

第二十六条　村民代表会议由村民委员会召集。村民代表会议每季度召开一次。有五分之一以上的村民代表提议，应当召集村民代表会议。

村民代表会议有三分之二以上的组成人员参加方可召开，所作决定应当经到会人员的过半数同意。

第二十七条　村民会议可以制定和修改村民自治章程、村规民约，并报乡、民族乡、镇的人民政府备案。

村民自治章程、村规民约以及村民会议或者村民代表会议的决定不得与宪法、法律、法规和国家的政策相抵触，不得有侵犯村民的人身权利、民主权利和合法财产权利的内容。

村民自治章程、村规民约以及村民会议或者村民代表会议的决定违反前款规定的，由乡、民族乡、镇的人民政府责令改正。

第二十八条　召开村民小组会议，应当有本村民小组十八周岁以上的村民三分之二以上，或者本村民小组三分之二以上的户的代表参加，所作决定应当经到会人员的过半数同意。

村民小组组长由村民小组会议推选。村民小组组长任期与村民委员会的任期相同，可以连选连任。

属于村民小组的集体所有的土地、企业和其他财产的经营管理以及公益事项的办理，由村民小组会议依照有关法律的规定讨论决定，所作决定及实施情况应当及时向本村民小组的村民公布。

第五章　民主管理和民主监督

第二十九条　村民委员会应当实行少数服从多数的民主决策机制和公开透明的工作原则，建立健全各种工作制度。

第三十条　村民委员会实行村务公开制度。

村民委员会应当及时公布下列事项，接受村民的监督：

（一）本法第二十三条、第二十四条规定的由村民会议、村民代表会议讨论决定的事项及其实施情况；

（二）国家计划生育政策的落实方案；

（三）政府拨付和接受社会捐赠的救灾救助、补贴补助等资金、物资的管理使用情况；

（四）村民委员会协助人民政府开展工作的情况；

（五）涉及本村村民利益，村民普遍关心的其他事项。

前款规定事项中，一般事项至少每季度公布一次；集体财务往来较多的，财务收支情况应当每月公布一次；涉及村民利益的重大事项应当随时公布。

村民委员会应当保证所公布事项的真实性，并接受村民的查询。

第三十一条　村民委员会不及时公布应当公布的事项或者公布的事项不真实的，村民有权向乡、民族乡、镇的人民政府或者县级人民政府及其有关主管部门反映，有关人民政府或者主管部门应当负责调查核实，责令依法公布；经查证确有违法行为的，有关人员应当依法承担责任。

第三十二条　村应当建立村务监督委员会或者其他形式的村务监督机构，负责村民民主理财，监督村务公开等制度的落实，其成员由村民会议或者村民代表会议在村民中推选产生，其中应有具备财会、管理知识的人员。村民委员会成员及其近亲属不得担任村务监督机构成员。村务监督机构成员向村民会议和村民代表会议负责，可以列席村民委员会会议。

第三十三条　村民委员会成员以及由村民或者村集体承担误工补贴的聘用人员，应当接受村民会议或者村民代表会议对其履行职责情况的民主评议。民主评议每年至少进行一次，由村务监督机构主持。

村民委员会成员连续两次被评议不称职的，其职务终止。

第三十四条　村民委员会和村务监督机构应当建立村务档案。村务档案包括：选举文件和选票，会议记录，土地发包方案和承包合同，经济合同，集体财务账目，集体资产登记文件，公益设施基本资料，基本建设资料，宅基地使用方案，征地补偿费使用及分配方案等。村务档案应当真实、准确、完整、规范。

第三十五条　村民委员会成员实行任期和离任经济责任审计，审计包括下列事项：

（一）本村财务收支情况；

（二）本村债权债务情况；

（三）政府拨付和接受社会捐赠的资金、物资管理使用情况；

（四）本村生产经营和建设项目的发包管理以及公益事业建设项目招标投标情况；

（五）本村资金管理使用以及本村集体资产、资源的承包、租赁、担保、出让情况，征地补偿费的使用、分配情况；

（六）本村五分之一以上的村民要求审计的其他事项。

村民委员会成员的任期和离任经济责任审计，由县级人民政府农业部门、财政部门或者乡、民族乡、镇的人民政府负责组织，审计结果应当公布，其中离任经济责任审计结果应当在下一届村民委员会选举之前公布。

第三十六条　村民委员会或者村民委员会成员作出的决定侵害村民合法权益的，受侵害的村民可以申请人民法院予以撤销，责任人依法承担法律责任。

村民委员会不依照法律、法规的规定履行法定义务的，由乡、民族乡、镇的人民政府责令改正。

乡、民族乡、镇的人民政府干预依法属于村民自治范围事项的，由上一级人民政府责令改正。

第六章　附则

第三十七条　人民政府对村民委员会协助政府开展工作应当提供必要的条件；人民政府有关部门委托村民委员会开展工作需要经费的，由委托部门承担。

村民委员会办理本村公益事业所需的经费，由村民会议通过筹资筹劳解决；经费确有困难的，由地方人民政府给予适当支持。

第三十八条　驻在农村的机关、团体、部队、国有及国有控股企业、事业单位及其人员不参加村民委员会组织，但应当通过多种形式参与农村社区建设，并遵守有关村规民约。

村民委员会、村民会议或者村民代表会议讨论决定与前款规定的单位有关的事项，应当与其协商。

第三十九条　地方各级人民代表大会和县级以上地方各级人民代表大会常务委员会在本行政区域内保证本法的实施，保障村民依法行使自治权利。

第四十条　省、自治区、直辖市的人民代表大会常务委员会根据本法，结合本行政区域的实际情况，制定实施办法。

第四十一条　本法自公布之日起施行。

最高人民法院关于贯彻执行《中华人民共和国民法通则》若干问题的意见（试行）

《中华人民共和国民法通则》（以下简称民法通则）已于1987年1月1日起施行。现将民法通则的贯彻执行中遇到的问题提出以下意见。

一）公民

一、关于民事权利能力和民事行为能力问题

1. 公民的民事权利能力自出生时开始。出生的时间以户籍为准；没有户籍证明的，以医院出具的出生证明为准，没有医院证明的，参照其他有关证明认定。

2. 十六周岁以上不满十八周岁的公民，能够以自己的劳动取得收入，并能维持当地群众一般生活水平的，可以认定为以自己的劳动收入为主要生活来源的完全民事行为能力人。

3. 十周岁以上的未成年人进行的民事活动是否与其年龄、智力状况相适应，可以从行为与本人生活相关联的程度、本人的智力能否理解其行为，并预见相应的行为后果，以及行为标的数额等方面认定。

4. 不能完全辨认自己行为的精神病人进行的民事活动，是否与其精神健康状态相适应，可以从行为与本人生活相关联的程度、本人的精神状态能否理解其行为，并预见相应的行为后果，以及行为标的数额等方面认定。

5. 精神病人（包括痴呆症人）如果没有判断能力和自我保护能力，不知其行为后果的，可以认定为不能辨认自己行为的人；对于比较复杂的事物或者比较重大的行为缺乏判断能力和自我保护能力，并且不能预见其行为后果的，可以认定为不能完全辨认自己行为的人。

6. 无民事行为能力人、限制民事行为能力人接受奖励、赠与、报酬，他人不得以行为人无民事行为能力、限制民事行为能力为由，主张以上行为无效。

7. 当事人是否患有精神病，人民法院应当根据司法精神病学鉴定或者参照医院的诊断、鉴定确认。在不具备诊断、鉴定条件的情况下，也可以参照群众公认的当事人的精神状态认定，但应以利害关系人没有异议为限。

8. 在诉讼中，当事人及利害关系人提出一方当事人患有精神病（包括痴呆症），人民法院认为确有必要认定的，应当按照民事诉讼法（试行）规定的特别程序，先作出当事人有无

民事行为能力的判决。

确认精神病人（包括痴呆症人）为限制民事行为能力人的，应当比照民事诉讼法（试行）规定的特别程序进行审理。

9. 公民离开住所地最后连续居住一年以上的地方，为经常居住地。但住医院治疗的除外。

公民由其户籍所在地迁出后至迁入另一地之前，无经常居住地的，仍以其原户籍所在地为住所。

二、关于监护问题

10. 监护人的监护职责包括：保护被监护人的身体健康，照顾被监护人的生活，管理和保护被监护人的财产，代理被监护人进行民事活动，对被监护人进行管理和教育，在被监护人合法权益受到侵害或者与人发生争议时，代理其进行诉讼。

11. 认定监护人的监护能力，应当根据监护人的身体健康状况、经济条件，以及与被监护人在生活上的联系状况等因素确定。

12. 民法通则中规定的近亲属包括配偶、父母、子女、兄弟姐妹、祖父母、外祖父母、孙子女，外孙子女。

13. 为患有精神病的未成年人设定监护人，适用民法通则第十六条的规定。

14. 人民法院指定监护人时，可以将民法通则第十六条第二款中的（一）、（二）、（三）项或第十七条第一款中的（一）、（二）、（三）、（四）、（五）项规定视为指定监护人的顺序。前一顺序有监护资格的人无监护能力或者对被监护人明显不利的，人民法院可以根据对被监护人有利的原则从后一顺序有监护资格的人中择优确定。被监护人有识别能力的，应视情况征求被监护人的意见。

监护人可以是一人，也可以是同一顺序中的数人。

15. 有监护资格的人之间协议确定监护人的，应当由协议确定的监护人对被监护人承担监护责任。

16. 对于担任监护人有争议的，应当按照民法通则第十六条第三款或者第十七条第二款的规定，由有关组织予以指定。未经指定而向人民法院起诉的，人民法院不予受理。

17. 有关组织依照民法通则规定指定监护人，以书面或者口头通知了被指定人的，应当认定指定成立。被指定人不服的，应当在接到通知的次日起三十日内向人民法院起诉。逾期起诉的，按变更监护关系处理。

18. 监护人被指定后，不得自行变更。擅自变更的，由原被指定的监护人和变更后的监护人承担监护责任。

19. 被指定人对指定不服提起诉讼的，人民法院应当根据本意见第十四条的规定，作出维持或者撤销指定监护人的判决。如果判决是撤销原指定的，可以同时另行指定监护人。此类案件，比照民事诉讼法（试行）规定的特别程序进行审理。

在人民法院作出判决前的监护责任，一般应当按照指定监护人的顺序由有监护资格的人承担。

20. 监护人不履行监护职责，或者侵害了被监护人的合法权益，民法通则第十六条、第十七条规定的其他有监护资格的人或者单位向人民法院起诉要求监护人承担民事责任的，按照普通程序审理，要求变更监护关系的，按照特别程序审理；既要求承担民事责任，又要求变更监护关系的，分别审理。

21. 夫妻离婚后，与子女共同生活的一方无权取消对方对该子女的监护权。但是未与该子女共同生活的一方，对该子女有犯罪行为、虐待行为或者对该子女明显不利的，人民法院认为可以取消的除外。

22. 监护人可以将监护职责部分或者全部委托给他人。因被监护人的侵权行为需要承担民事责任的，应当由监护人承担，但另有约定的除外；被委托人确有过错的，负连带责任。

23. 夫妻一方死亡后，另一方将子女送给他人收养，如收养对子女的健康成长并无不利，又办了合法收养手续的，认定收养关系成立。其他有监护资格的人不得以收养未经其同意而主张收养关系无效。

三、关于宣告失踪、宣告死亡问题

24. 申请宣告失踪的利害关系人，包括被申请宣告失踪人的配偶、父母、子女、兄弟姐妹、祖父母、外祖父母、孙子女、外孙子女以及其他与被申请人有民事权利义务关系的人。

25. 申请宣告死亡的利害关系人的顺序是：

（一）配偶；

（二）父母、子女；

（三）兄弟姐妹、祖父母、外祖父母、孙子女、外孙子女；

（四）其他有民事权利义务关系的人。

申请撤销死亡宣告不受上列顺序限制。

26. 下落不明是指公民离开最后居住地后没有音讯的状况。对于在台湾或者在国外，无法正常通讯联系的，不得以下落不明宣告死亡。

27. 战争期间下落不明的，申请宣告死亡的期间适用民法通则第二十三条第一款第一项的规定。

28. 民法通则第二十条第一款、第二十三条第一款第一项中的下落不明的起算时间，从公民音讯消失之次日起算。

宣告失踪的案件，由被宣告失踪人住所地的基层人民法院管辖。住所地与居住地不一致的，由最后居住地基层人民法院管辖。

29. 宣告失踪不是宣告死亡的必须程序。公民下落不明，符合申请宣告死亡的条件，利害关系人可以不经申请宣告失踪而直接申请宣告死亡。但利害关系人只申请宣告失踪的，应当宣告失踪；同一顺序的利害关系人，有的申请宣告死亡，有的不同意宣告死亡，则应当宣告死亡。

30. 人民法院指定失踪人的财产代管人，应当根据有利于保护失踪人财产的原则指定。没有民法通则第二十一条规定的代管人，或者他们无能力作代管人，或者不宜作代管人的，人民法院可以指定公民或者有关组织为失踪人的财产代管人。

无民事行为能力人、限制民事行为能力人失踪的，其监护人即为财产代管人。

31. 民法通则第二十一条第二款中的“其他费用”，包括赡养费、扶养费、抚育费和因代管财产所需的管理费等必要的费用。

32. 失踪人的财产代管人拒绝支付失踪人所欠的税款、债务和其他费用，债权人提起诉讼的，人民法院应当将代管人列为被告。

失踪人的财产代管人向失踪人的债务人要求偿还债务的，可以作为原告提起诉讼。

33. 债务人下落不明，但未被宣告失踪，债权人起诉要求清偿债务的，人民法院可以在公告传唤后缺席判决或者按中止诉讼处理。

34. 人民法院审理宣告失踪的案件，比照民事诉讼法（试行）规定的特别程序进行。

人民法院审理宣告失踪的案件，应当查清被申请宣告失踪人的财产，指定临时管理人或者采取诉讼保全措施，发出寻找失踪人的公告，公告期间为半年。公告期间届满，人民法院根据被宣告失踪人失踪的事实是否得到确认，作出宣告失踪的判决或者终结审理的裁定。如果判决宣告为失踪人，应当同时指定失踪人的财产代管人。

35. 失踪人的财产代管人以无力履行代管职责，申请变更代管人的，人民法院比照特别程序进行审理。

失踪人的财产代管人不履行代管职责或者侵犯失踪人财产权益的，失踪人的利害关系人可以向人民法院请求财产代管人承担民事责任。如果同时申请人民法院变更财产代管人的，变更之诉比照特别程序单独审理。

36. 被宣告死亡的人，判决宣告之日为其死亡的日期。判决书除发给申请人外，还应当在被宣告死亡的人住所地和人民法院所在地公告。

被宣告死亡和自然死亡的时间不一致的，被宣告死亡所引起的法律后果仍然有效，但自然死亡前实施的民事法律行为与被宣告死亡引起的法律后果相抵触的，则以其实施的民事法律行为为准。

37. 被宣告死亡的人与配偶的婚姻关系，自死亡宣告之日起消灭。死亡宣告被人民法院撤销，如果其配偶尚未再婚的，夫妻关系从撤销死亡宣告之日起自行恢复；如果其配偶再婚后又离婚或者再婚后配偶又死亡的，则不得认定夫妻关系自行恢复。

38. 被宣告死亡的人在被宣告死亡期间，其子女被他人依法收养，被宣告死亡的人在死亡宣告被撤销后，仅以未经本人同意而主张收养关系无效的，一般不应准许，但收养人和被收养人同意的除外。

39. 利害关系人隐瞒真实情况使他人被宣告死亡而取得其财产的，除应返还原物及孳息外，还应对造成的损失予以赔偿。

40. 被撤销死亡宣告的人请求返还财产，其原物已被第三人合法取得的，第三人可不予返还。但依继承法取得原物的公民或者组织，应当返还原物或者给予适当补偿。

四、关于个体工商户、农村承包经营户、个人合伙问题

41. 起字号的个体工商户，在民事诉讼中，应以营业执照登记的户主（业主）为诉讼当事人，在诉讼文书中注明系某字号的户主。

42. 以公民个人名义申请登记的个体工商户和个人承包的农村承包经营户，用家庭共有财产投资，或者收益的主要部分供家庭成员享用的，其债务应以家庭共有财产清偿。

43. 在夫妻关系存续期间，一方从事个体经营或者承包经营的，其收入为夫妻共有财产，债务亦应以夫妻共有财产清偿。

44. 个体工商户、农村承包经营户的债务，如以其家庭共有财产承担责任时，应当保留家庭成员的生活必需品和必要的生产工具。

45. 起字号的个人合伙，在民事诉讼中，应当以依法核准登记的字号为诉讼当事人，并由合伙负责人为诉讼代表人。合伙负责人的诉讼行为，对全体合伙人发生法律效力。

未起字号的个人合伙，合伙人在民事诉讼中为共同诉讼人。合伙人人数众多的，可以推举诉讼代表人参加诉讼，诉讼代表人的诉讼行为，对全体合伙人发生法律效力。推举诉讼代表人，应当办理书面委托手续。

46. 公民按照协议提供资金或者实物，并约定参与合伙盈余分配，但不参与合伙经营、劳动的，或者提供技术性劳务而不提供资金、实物，但约定参与盈余分配的，视为合伙人。

47. 全体合伙人对合伙经营的亏损额，对外应当负连带责任；对内则应按照协议约定的债务承担比例或者出资比例分担；协议未规定债务承担比例或者出资比例的，可以按照约定的或者实际的盈余分配比例承担。但是对造成合伙经营亏损有过错的合伙人，应当根据其过错程度相应的多承担责任。

48. 只提供技术性劳务不提供资金、实物的合伙人，对于合伙经营的亏损额，对外也应

当承担连带责任；对内则应按照协议约定的债务承担比例或者技术性劳务折抵的出资比例承担；协议未规定债务承担比例或者出资比例的，可以按照约定的或者合伙人实际的盈余分配比例承担；没有盈余分配比例的，按照其余合伙人平均投资比例承担。

49. 个人合伙、或者个体工商户，虽经工商行政管理部门错误地登记为集体所有制的企业，但实际为个人合伙或者个体工商户的，应当按个人合伙或者个体工商户对待。

50. 当事人之间没有书面合伙协议，又未经工商行政管理部门核准登记，但具备合伙的其他条件，又有两个以上无利害关系人证明有口头合伙协议的，人民法院可以认定为合伙关系。

51. 在合伙经营过程中增加合伙人，书面协议有约定的，按照协议处理；书面协议未约定的，须经全体合伙人同意，未经全体合伙人同意的，应当认定入伙无效。

52. 合伙人退伙，书面协议有约定的，按书面协议处理；书面协议未约定的，原则上应予准许。但因其退伙给其他合伙人造成损失的，应当考虑退伙的原因、理由以及双方当事人的过错等情况，确定其应当承担的赔偿责任。

53. 合伙经营期间发生亏损，合伙人退出合伙时未按约定分担或者未合理分担合伙债务的，退伙人对原合伙的债务，应当承担清偿责任；退伙人已分担合伙债务的，对其参加合伙期间的全部债务仍负连带责任。

54. 合伙人退伙时分割的合伙财产，应当包括合伙时投入的财产和合伙期间积累的财产，以及合伙期间的债权和债务。入伙的原物退伙时原则上应予退还，一次清退有困难的，可以分批分期清退；退还原物确有困难的，可以折价处理。

55. 合伙终止时，对合伙财产的处理，有书面协议的，按协议处理；没有书面协议，又协商不成的，如果合伙人出资额相等，应当考虑多数人意见酌情处理；合伙人出资额不等的，可以按出资额占全部合伙额多的合伙人意见处理，但要保护其他合伙人的利益。

56. 合伙人互相串通逃避合伙债务的，除应令其承担清偿责任外，还可以按照民法通则第一百三十四条第三款的规定处理。

57. 民法通则第三十五条第一款中关于“以各自的财产承担清偿责任”，是指合伙人以个人财产出资的，以合伙人的个人财产承担；合伙人以其家庭共有财产出资的，以其家庭共有财产承担；合伙人以个人财产出资，合伙的盈余分配所得用于其家庭成员生活的，应先以合伙人的个人财产承担，不足部分以合伙人的家庭共有财产承担。

二）法人

58. 企业法人的法定代表人和其他工作人员，以法人名义从事的经营活动，给他人造成经济损失的，企业法人应当承担民事责任。

59. 企业法人解散或者被撤销的，应当由其主管机关组织清算小组进行清算。企业法人被宣告破产的，应当由人民法院组织有关机关和有关人员成立清算组织进行清算。

60. 清算组织是以清算企业法人债权、债务为目的而依法成立的组织。它负责对终止的企业法人的财产进行保管、清理、估价、处理和清偿。

对于涉及终止的企业法人债权、债务的民事诉讼，清算组织可以用自己的名义参加诉讼。

以逃避债务责任为目的而成立的清算组织，其实施的民事行为无效。

61. 人民法院审理案件时，如果查明企业法人有民法通则第四十九条所列的六种情形之一的，除企业法人承担责任外，还可以根据民法通则第四十九条和第一百三十四条第三款的规定，对企业法定代表人直接给予罚款的处罚；对需要给予行政处分的，可以向有关部门提出司法建议，由有关部门决定处理；对构成犯罪需要依法追究刑事责任的，应当依法移送公安、检察机关。

62. 人民法院在审理案件中，依法对企业法定代表人或者其他人采用罚款、拘留制裁措施，必须经院长批准，另行制作民事制裁决定书。被制裁人对决定不服的，在收到决定书的次日起十日内可以向上一级法院申请复议一次。复议期间，决定暂不执行。

63. 对法定代表人直接处以罚款的数额一般在二千元以下。法律另有规定的除外。

64. 以提供土地使用权作为联营条件的一方，对联营企业的债务，应当按照书面协议的约定承担；书面协议未约定的，可以按照出资比例或者盈余分配比例承担。

三）民事法律行为和代理

65. 当事人以录音、录像等视听资料形式实施的民事行为，如有两个以上无利害关系人作为证人或者有其他证据证明该民事行为符合民法通则第五十五条的规定，可以认定有效。

66. 一方当事人向对方当事人提出民事权利的要求，对方未用语言或者文字明确表示意见，但其行为表明已接受的，可以认定为默示。不作为的默示只有在法律有规定或者当事人双方有约定的情况下，才可以视为意思表示。

67. 间歇性精神病人的民事行为，确能证明是在发病期间实施的，应当认定无效。

行为人在神志不清的状态下所实施的民事行为，应当认定无效。

68. 一方当事人故意告知对方虚假情况，或者故意隐瞒真实情况，诱使对方当事人作出错误意思表示的，可以认定为欺诈行为。

69. 以给公民及其亲友的生命健康、荣誉、名誉、财产等造成损害或者以给法人的荣誉、名誉、财产等造成损害为要挟，迫使对方作出违背真实的意思表示的，可以认定为胁迫行为。

70. 一方当事人乘对方处于危难之机，为牟取不正当利益，迫使对方作出不真实的意思表示，严重损害对方利益的，可以认定为乘人之危。

71. 行为人因为对行为的性质、对方当事人、标的物的品种、质量、规格和数量等的错误认识，使行为的后果与自己的意思相悖，并造成较大损失的，可以认定为重大误解。

72. 一方当事人利用优势或者利用对方没有经验，致使双方的权利与义务明显违反公平、等价有偿原则的，可以认定为显失公平。

73. 对于重大误解或者显失公平的民事行为，当事人请求变更的，人民法院应当予以变更；当事人请求撤销的，人民法院可以酌情予以变更或者撤销。

可变更或者可撤销的民事行为，自行为成立时起超过一年当事人才请求变更或者撤销的，人民法院不予保护。

74. 民法通则第六十一条第二款中的"双方取得的财产"，应当包括双方当事人已经取得和约定取得的财产。

75. 附条件的民事行为，如果所附的条件是违背法律规定或者不可能发生的，应当认定该民事行为无效。

76. 附期限的民事法律行为，在所附期限到来时生效或者解除。

77. 意思表示由第三人义务转达，而第三人由于过失转达错误或者没有转达，使他人造成损失的，一般可由意思表示人负赔偿责任。但法律另有规定或者双方另有约定的除外。

78. 凡是依法或者依双方的约定必须由本人亲自实施的民事行为，本人未亲自实施的，应当认定行为无效。

79. 数个委托代理人共同行使代理权的，如果其中一人或者数人未与其他委托代理人协商，所实施的行为侵害被代理人权益的，由实施行为的委托代理人承担民事责任。

被代理人为数人时，其中一人或者数人未经其他被代理人同意而提出解除代理关系，因此造成损害的，由提出解除代理关系的被代理人承担。

80. 由于急病、通讯联络中断等特殊原因，委托代理人自己不能办理代理事项，又不能与被代理人及时取得联系，如不及时转托他人代理，会给被代理人的利益造成损失或者扩大损失的，属于民法通则第六十八条中的"紧急情况"。

81. 委托代理人转托他人代理的，应当比照民法通则第六十五条规定的条件办理转托手续。因委托代理人转托不明，给第三人造成损失的，第三人可以直接要求被代理人赔偿损失；被代理人承担民事责任后，可以要求委托代理人赔偿损失，转托代理人有过错的，应当负连带责任。

82. 被代理人死亡后有下列情况之一的，委托代理人实施的代理行为有效：（1）代理人不知道被代理人死亡的；（2）被代理人的继承人均予承认的；（3）被代理人与代理人约定到代理事项完成时代理权终止的；（4）在被代理人死亡前已经进行、而在被代理人死亡后为了被代理人的继承人的利益继续完成的。

83. 代理人和被代理人对已实施的民事行为负连带责任的，在民事诉讼中，可以列为共同诉讼人。

四）民事权利

一、关于财产所有权和与财产所有权有关的财产权问题

84. 财产已经交付，但当事人约定财产所有权转移附条件的，在所附条件成就时，财产所有权方为转移。

85. 财产所有权合法转移后，一方翻悔的，不予支持。财产所有权尚未按原协议转移，一方翻悔并无正当理由，协议又能够履行的，应当继续履行；如果协议不能履行，给对方造成损失的，应当负赔偿责任。

86. 非产权人在使用他人的财产上增添附属物，财产所有人同意增添，并就财产返还时附属物如何处理有约定的，按约定办理；没有约定又协商不成，能够拆除的，可以责令拆除，不能拆除的，也可以折价归财产所有人；造成财产所有人损失的，应当负赔偿责任。

87. 有附属物的财产，附属物随财产所有权的转移而转移。但当事人另有约定又不违法的，按约定处理。

88. 对于共有财产，部分共有人主张按份共有，部分共有人主张共同共有，如果不能证明财产是按份共有的，应当认定为共同共有。

89. 共同共有人对共有财产享有共同的权利，承担共同的义务。在共同共有关系存续期间，部分共有人擅自处分共有财产的，一般认定无效。但第三人善意、有偿取得该财产的，应当维护第三人的合法权益，对其他共有人的损失，由擅自处分共有财产的人赔偿。

90. 在共同共有关系终止时，对共有财产的分割，有协议的，按协议处理；没有协议的，应当根据等分原则处理，并且考虑共有人对共有财产的贡献大小，适当照顾共有人生产、生活的实际需要等情况。但分割夫妻共有财产，应当根据婚姻法的有关规定处理。

91. 共有财产是特定物，而且不能分割或者分割有损其价值的，可以折价处理。

92. 共同共有财产分割后，一个或者数个原共有人出卖自己分得的财产时，如果出卖的财产与其他原共有人分得的财产属于一个整体或者配套使用，其他原共有人主张优先购买权的，应当予以支持。

93. 公民、法人对于挖掘、发现的埋藏物、隐藏物，如果能够证明属其所有，而且根据现行的法律、政策又可以归其所有的，应当予以保护。

94. 拾得物灭失、毁损，拾得人没有故意的，不承担民事责任。拾得人将拾得物据为己有，拒不返还而引起诉讼的，按照侵权之诉处理。

95. 公民和集体依法对集体所有的或者国家所有由集体使用的森林、土地、山岭、草原、

荒地、滩涂、水面等承包经营的权利和义务，按承包合同的规定处理。承包人未经发包人同意擅自转包或者转让的无效。

96. 因土地、山岭、森林、草原、荒地、滩涂、水面等自然资源的所有权或使用权发生权属争议的，应当由有关行政部门处理。对行政处理不服的，当事人可以依据有关法律和行政法规的规定，向人民法院提起诉讼；因侵权纠纷起诉的，人民法院可以直接受理。

97. 相邻一方因修建施工临时占用他方使用的土地，占用的一方如未按照双方约定的范围、用途和期限使用的，应当责令其及时清理现场，排除妨碍，恢复原状，赔偿损失。

98. 一方擅自堵截或独占自然流水影响他方正常生产、生活的，他方有权请求排除妨碍；造成他方损失的，应负赔偿责任。

99. 相邻一方必须使用另一方的土地排水的，应当予以准许；但应在必要限度内使用并采取适当的保护措施排水，如仍造成损失的，由受益人合理补偿。

相邻一方可以采取其他合理的措施排水而未采取，向他方土地排水毁损或者可能毁损他方财产，他方要求致害人停止侵害、消除危险、恢复原状、赔偿损失的，应当予以支持。

100. 一方必须在相邻一方使用的土地上通行的，应当予以准许；因此造成损失的，应当给予适当补偿。

101. 对于一方所有的或者使用的建筑物范围内历史形成的必经通道，所有权人或者使用权人不得堵塞。因堵塞影响他人生产、生活，他人要求排除妨碍或者恢复原状的，应当予以支持。但有条件另开通道的，也可以另开通道。

102. 处理相邻房屋滴水纠纷时，对有过错的一方造成他方损害的，应当责令其排除妨碍、赔偿损失。

103. 相邻一方在自己使用的土地上挖水沟、水池、地窖等或者种植的竹木根枝伸延危及另一方建筑物的安全和正常使用的，应当分别情况，责令其消除危险，恢复原状，赔偿损失。

二、关于债权问题

104. 债权人无正当理由拒绝债务人履行义务，债务人将履行的标的物向有关部门提存的，应当认定债务已经履行。因提存所支出的费用，应当由债权人承担。提存期间，财产收益归债权人所有，风险责任由债权人承担。

105. 依据民法通则第八十八条第二款第（一）项规定，合同对产品质量要求不明确，当事人未能达成协议，又没有国家质量标准的，按部颁标准或者专业标准处理；没有部颁标准或者专业标准的，按经过批准的企业标准处理；没有经过批准的企业标准的，按标的物产地同行业其他企业经过批准的同类产品质量标准处理。

106. 保证人应当是具有代偿能力的公民、企业法人以及其他经济组织。保证人即使不具备完全代偿能力，仍应以自己的财产承担保证责任。

国家机关不能担任保证人。

107. 企业法人的分支机构不具有法人资格。分支机构以自己的名义对外签订的保证合同，一般应当认定无效。但因此产生的财产责任，分支机构如有偿付能力的，应当自行承担；如无偿付能力的，应由企业法人承担。

108. 保证人向债权人保证债务人履行债务的，应当与债权人订立书面保证合同，确定保证人对主债务的保证范围和保证期限。虽未单独订立书面保证合同，但在主合同中写明保证人的保证范围和保证期限，并由保证人签名盖章的，视为书面保证合同成立。公民间的口头保证，有两个以上无利害关系人证明的，也视为保证合同成立，法律另有规定的除外。

保证范围不明确的，推定保证人对全部主债务承担保证责任。

109. 在保证期限内，保证人的保证范围，可因主债务的减少而减少。新增加的债务，未经保证人同意担保的，保证人不承担保证责任。

110. 保证人为二人以上的，相互之间负连带保证责任。但是保证人与债权人约定按份承担保证责任的除外。

111. 被担保的经济合同确认无效后，如果被保证人应当返还财产或者赔偿损失的，除有特殊约定外，保证人仍应承担连带责任。

112. 债务人或者第三人向债权人提供抵押物时，应当订立书面合同或者在原债权文书中写明。没有书面合同，但有其他证据证明抵押物或者其权利证书已交给抵押权人的，可以认定抵押关系成立。

113. 以自己不享有所有权或者经营管理权的财产作抵押物的，应当认定抵押无效。

以法律限制流通的财产作为抵押物的，在清偿债务时，应当由有关部门收购，抵押权人可以从价款中优先受偿。

114. 抵押物在抵押权人保管期间灭失、毁损的，抵押权人如有过错，应当承担民事责任。

抵押物在抵押人处灭失、毁损的，应当认定抵押关系存在，并责令抵押人以其他财产代替抵押物。

115. 抵押物如由抵押人自己占有并负责保管，在抵押期间，非经债权人同意，抵押人将同一抵押物转让他人，或者就抵押物价值已设置抵押部分再作抵押的，其行为无效。

债务人以抵押物清偿债务时，如果一项抵押物有数个抵押权人的，应当按照设定抵押权的先后顺序受偿。

116. 有要求清偿银行贷款和其他债权等数个债权人的，有抵押权的债权人应享有优先受偿的权利。法律、法规另有规定的除外。

117. 债权人因合同关系占有债务人财物的，如果债务人到期不履行义务，债权人可以将相应的财物留置。经催告，债务人在合理期限内仍不履行义务，债权人依法将留置的财物以合理的价格变卖，并以变卖财物的价款优先受偿的，应予保护。

118. 出租人出卖出租房屋，应提前三个月通知承租人，承租人在同等条件下，享有优先购买权；出租人未按此规定出卖房屋的，承租人可以请求人民法院宣告该房屋买卖无效。

119. 承租户以一人名义承租私有房屋，在租赁期内，承租人死亡，该户共同居住人要求按原租约履行的，应当准许。

私有房屋在租赁期内，因买卖、赠与或者继承发生房屋产权转移的，原租赁合同对承租人和新房主继续有效。

未定租期，房主要求收回房屋自住的，一般应当准许。承租人有条件搬迁的，应责令其搬迁；如果承租人搬迁确有困难的，可给一定期限让其找房或者腾让部分房屋。

120. 在房屋出典期间或者典期届满时，当事人之间约定延长典期或者增减典价的，应当准许。承典人要求出典人高于原典价回赎的，一般不予支持。以合法流通物作典价的，应当按照回赎时市场零售价格折算。

121. 公民之间的借贷，双方对返还期限有约定的，一般应按约定处理；没有约定的，出借人随时可以请求返还，借方应当根据出借人的请求及时返还；暂时无力返还的，可以根据实际情况责令其分期返还。

122. 公民之间的生产经营性借贷的利率，可以适当高于生活性借贷利率。如因利率发生纠纷，应本着保护合法借贷关系，考虑当地实际情况，有利于生产和稳定经济秩序的原则处理。

123. 公民之间的无息借款，有约定偿还期限而借款人不按期偿还，或者未约定偿还期限但经出借人催告后，借款人仍不偿还的，出借人要求借款人偿付逾期利息，应当予以准许。

124. 借款双方因利率发生争议，如果约定不明，又不能证明的，可以比照银行同类贷款利率计息。

125. 公民之间的借贷，出借人将利息计入本金计算复利的，不予保护；在借款时将利息扣除的，应当按实际出借款数计息。

126. 借用实物的，出借人要求归还原物或者同等数量、质量的实物，应当予以支持；如果确实无法归还实物的，可以按照或者适当高于归还时市场零售价格折价给付。

127. 借用人因管理、使用不善造成借用物毁损的，借用人应当负赔偿责任；借用物自身有缺陷的，可以减轻借用人的赔偿责任。

128. 公民之间赠与关系的成立，以赠与物的交付为准。赠与房屋，如根据书面赠与合同办理了过户手续的，应当认定赠与关系成立；未办理过户手续，但赠与人根据书面赠与合同已将产权证书交与受赠人，受赠人根据赠与合同已占有、使用该房屋的，可以认定赠与有效，但应令其补办过户手续。

129. 赠与人明确表示将赠与物赠给未成年人个人的，应当认定该赠与物为未成年人的个人财产。

130. 赠与人为了逃避应履行的法定义务，将自己的财产赠与他人，如果利害关系人主张权利的，应当认定赠与无效。

131. 返还的不当利益，应当包括原物和原物所生的孳息。利用不当得利所取得的其他利益，扣除劳务管理费用后，应当予以收缴。

132. 民法通则第九十三条规定的管理人或者服务人可以要求受益人偿付的必要费用，包括在管理或者服务活动中直接支出的费用，以及在该活动中受到的实际损失。

三、关于知识产权、人身权问题

133. 作品不论是否发表，作者均享有著作权（版权）。

134. 二人以上按照约定共同创作作品的，不论各人的创作成果在作品中被采用多少，应当认定该项作品为共同创作。

135. 合著的作品，著作权（版权）应当认定为全体合著人共同享有。其中各组成部分可以分别独立存在的，各组成部分的著作权（版权）由各组成部分的作者分别享有。

136. 作者死亡后，著作权（版权）中由继承人继承的财产权利在法律规定的保护期限内受到侵犯，继承人依法要求保护的，人民法院应当予以支持。

137. 公民、法人通过申请专利取得的专利权，或者通过继承、受赠、受让等方式取得的专利权，应当予以保护。

转让专利权应当由国家专利局登记并公告，专利权自国家专利局公告之日起转移。

138. 法人、个体工商户、个人合伙通过申请商标注册或者受让等方式取得的商标专用权，除依法定程序撤销者外，应当予以保护。

转让商标专用权应当由国家工商行政管理局商标局核准，商标专用权自核准之日起转移。

139. 以营利为目的，未经公民同意利用其肖像做广告、商标、装饰橱窗等，应当认定为侵犯公民肖像权的行为。

140. 以书面、口头等形式宣扬他人的隐私，或者捏造事实公然丑化他人人格，以及用侮辱、诽谤等方式损害他人名誉，造成一定影响的，应当认定为侵害公民名誉权的行为。

以书面、口头等形式诋毁、诽谤法人名誉，给法人造成损害的，应当认定为侵害法人名誉权的行为。

141. 盗用、假冒他人姓名、名称造成损害的，应当认定为侵犯姓名权、名称权的行为。

五）民事责任

142. 为维护国家、集体或他人合法权益而使自己受到损害，在侵害人无力赔偿或者没有侵害人的情况下，如果受害人提出请求的，人民法院可以根据受益人受益的多少及其经济状况，责令受益人给予适当补偿。

143. 受害人的误工日期，应当按其实际损害程度、恢复状况并参照治疗医院出具的证明或者法医鉴定等认定。赔偿费用的标准，可以按照受害人的工资标准或者实际收入的数额计算。

受害人是承包经营户或者个体工商户的，其误工费的计算标准，可以参照受害人一定期限内的平均收入酌定。如果受害人承包经营的种植、养殖业季节性很强，不及时经营会造成更大损失的，除受害人应当采取措施防止损失扩大外，还可以裁定侵害人采取措施防止扩大损失。

144. 医药治疗费的赔偿，一般应以所在地治疗医院的诊断证明和医药费、住院费的单据为凭。应经医务部门批准而未获批准擅自另找医院治疗的费用，一般不予赔偿；擅自购买与损害无关的药品或者治疗其他疾病的，其费用则不予赔偿。

145. 经医院批准专事护理人，其误工补助费可以按收入的实际损失计算。应得奖金一般可以计算在应赔偿的数额内。本人没有工资收入的，其补偿标准应以当地的一般临时工的工资标准为限。

146. 侵害他人身体致使其丧失全部或部分劳动能力的，赔偿的生活补助费，一般应补足到不低于当地居民基本生活费的标准。

147. 侵害他人身体致人死亡或者丧失劳动能力的，依靠受害人实际扶养而又没有其他生活来源的人要求侵害人支付必要生活费的，应当予以支持，其数额根据实际情况确定。

148. 教唆、帮助他人实施侵权行为的人，为共同侵权人，应当承担连带民事责任。

教唆、帮助无民事行为能力人实施侵权行为的人，为侵权人，应当承担民事责任。

教唆、帮助限制民事行为能力人实施侵权行为的人，为共同侵权人，应当承担主要民事责任。

149. 盗用、假冒他人名义，以函、电等方式进行欺骗或者愚弄他人，并使其财产、名誉受到损害的，侵权人应当承担民事责任。

150. 公民的姓名权、肖像权、名誉权、荣誉权和法人的名称权、名誉权、荣誉权受到侵害，公民或者法人要求赔偿损失的，人民法院可以根据侵权人的过错程度、侵权行为的具体情节、后果和影响确定其赔偿责任。

151. 侵害他人的姓名权、名称权、肖像权、名誉权、荣誉权而获利的，侵权人除应适当赔偿受害人的损失外，其非法所得应当予以收缴。

152. 国家机关工作人员在执行职务中，给公民、法人的合法权益造成损害的，国家机关应当承担民事责任。

153. 消费者、用户因为使用质量不合格的产品造成本人或者第三人人身伤害、财产损失的，受害人可以向产品制造者或者销售者要求赔偿。因此提起的诉讼，由被告所在地或侵权行为地人民法院管辖。

运输者和仓储者对产品质量负有责任，制造者或者销售者请求赔偿损失的，可以另案处理，也可以将运输者和仓储者列为第三人，一并处理。

154. 从事高度危险作业，没有按有关规定采取必要的安全防护措施，严重威胁他人人身、财产安全的，人民法院应当根据他人的要求，责令作业人消除危险。

155. 因堆放物品倒塌造成他人损害的，如果当事人均无过错，应当根据公平原则酌情处理。

156. 因紧急避险造成他人损失的，如果险情是由自然原因引起，行为人采取的措施又无不当，则行为人不承担民事责任。受害人要求补偿的，可以责令受益人适当补偿。

157. 当事人对造成损害均无过错，但一方是在为对方的利益或者共同的利益进行活动的过程中受到损害的，可以责令对方或者受益人给予一定的经济补偿。

158. 夫妻离婚后，未成年子女侵害他人权益的，同该子女共同生活的一方应当承担民事责任；如果独立承担民事责任确有困难的，可以责令未与该子女共同生活的一方共同承担民事责任。

159. 被监护人造成他人损害的，有明确的监护人时，由监护人承担民事责任；监护人不明确的，由顺序在前的有监护能力的人承担民事责任。

160. 在幼儿园、学校生活、学习的无民事行为能力人或者在精神病院治疗的精神病人，受到伤害或者给他人造成损害，单位有过错的，可以责令这些单位适当给予赔偿。

161. 侵权行为发生时行为人不满十八周岁，在诉讼时已满十八周岁，并有经济能力的，应当承担民事责任；行为人没有经济能力的，应当由原监护人承担民事责任。

行为人致人损害时年满十八周岁的，应当由本人承担民事责任；没有经济收入的，由抚养人垫付，垫付有困难的，也可以判决或者调解延期给付。

162. 在诉讼中遇有需要停止侵害、排除妨碍、消除危险的情况时，人民法院可以根据当事人的申请或者依职权先行作出裁定。

当事人在诉讼中用赔礼道歉方式承担了民事责任的，应当在判决中叙明。

163. 在诉讼中发现与本案有关的违法行为需要给予制裁的，可适用民法通则第一百三十四条第三款规定，予以训诫、责令具结悔过、收缴进行非法活动的财物和非法所得，或者依照法律规定处以罚款、拘留。

采用收缴、罚款、拘留制裁措施，必须经院长批准，另行制作民事制裁决定书。被制裁人对决定不服的，在收到决定书的次日起十日内可以向上一级人民法院申请复议一次。复议期间，决定暂不执行。

164. 适用民法通则第一百三十四条第三款对公民处以罚款的数额为五百元以下，拘留为十五日以下。

依法对法定代表人处以拘留制裁措施，为十五日以下。

以上两款，法律另有规定的除外。

六）诉讼时效

165. 在民法通则实施前，权利人知道或者应当知道其民事权利被侵害，民法通则实施后，向人民法院请求保护的诉讼时效期间，应当适用民法通则第一百三十五条和第一百三十六条的规定，从1987年1月1日起算。

166. 民法通则实施前，民事权利被侵害超过二十年的，民法通则实施后，权利人向人民法院请求保护的诉讼时效期间，分别为民法通则第一百三十五条规定的二年或者第一百三十六条规定的一年，从1987年1月1日起算。

167. 民法通则实施后，属于民法通则第一百三十五条规定的二年诉讼时效期间，权利人自权利被侵害时起的第十八年后至第二十年期间才知道自己的权利被侵害的，或者属于民法通则第一百三十六条规定的一年诉讼时效期间，权利人自权利被侵害时起的第十九年后至第二十年期间才知道自己的权利被侵害的，提起诉讼请求的权利，应当在权利被侵害之日起的二十年内行使，超过二十年的，不予保护。

168. 人身损害赔偿的诉讼时效期间，伤害明显的，从受伤害之日起算；伤害当时未曾发现，后经检查确诊并能证明是由侵害引起的，从伤势确诊之日起算。

169. 权利人由于客观的障碍在法定诉讼时效期间不能行使请求权的，属于民法通则第一百三十七条规定的“特殊情况”。

170. 未授权给公民、法人经营、管理的国家财产受到侵害的，不受诉讼时效期间的限制。

171. 过了诉讼时效期间，义务人履行义务后，又以超过诉讼时效为由翻悔的，不予支持。

172. 在诉讼时效期间的最后六个月内，权利被侵害的无民事行为能力人、限制民事行为能力人没有法定代理人，或者法定代理人死亡、丧失代理权，或者法定代理人本人丧失行为能力的，可以认定为因其他障碍不能行使请求权，适用诉讼时效中止。

173. 诉讼时效因权利人主张权利或者义务人同意履行义务而中断后，权利人在新的诉讼时效期间内，再次主张权利或者义务人再次同意履行义务的，可以认定为诉讼时效再次中断。

权利人向债务保证人、债务人的代理人或者财产代管人主张权利的，可以认定诉讼时效中断。

174. 权利人向人民调解委员会或者有关单位提出保护民事权利的请求，从提出请求时起，诉讼时效中断。经调处达不成协议的，诉讼时效期间即重新起算；如调处达成协议，义务人未按协议所定期限履行义务的，诉讼时效期间应从期限届满时重新起算。

175. 民法通则第一百三十五条、第一百三十六条规定的诉讼时效期间，可以适用民法通则有关中止、中断和延长的规定。

民法通则第一百三十七条规定的“二十年”诉讼时效期间，可以适用民法通则有关延长的规定，不适用中止、中断的规定。

176. 法律、法规对索赔时间和对产品质量等提出异议的时间有特殊规定的，按特殊规定办理。

177. 继承的诉讼时效按继承法的规定执行。但继承开始后，继承人未明确表示放弃继承的，视为接受继承，遗产未分割的，即为共同共有。诉讼时效的中止、中断、延长，均适用民法通则的有关规定。

七）涉外民事关系的法律适用

178. 凡民事关系的一方或者双方当事人是外国人、无国籍人、外国法人的；民事关系的标的物在外国领域内的；产生、变更或者消灭民事权利义务关系的法律事实发生在外国的，均为涉外民事关系。

人民法院在审理涉外民事关系的案件时，应当按照民法通则第八章的规定来确定应适用的实体法。

179. 定居国外的我国公民的民事行为能力，如其行为是在我国境内所为，适用我国法律；在定居国所为，可以适用其定居国法律。

180. 外国人在我国领域内进行民事活动，如依其本国法律为无民事行为能力，而依我国法律为有民事行为能力，应当认定为有民事行为能力。

181. 无国籍人的民事行为能力，一般适用其定居国法律；如未定居的，适用其住所地国法律。

182. 有双重或多重国籍的外国人，以其有住所或者与其有最密切联系的国家的法律为其本国法。

183. 当事人的住所不明或者不能确定的，以其经常居住地为住所。当事人有几个住所的，以与产生纠纷的民事关系有最密切联系的住所为住所。

184. 外国法人以其注册登记地国家的法律为其本国法，法人的民事行为能力依其本国法确定。

外国法人在我国领域内进行的民事活动，必须符合我国的法律规定。

185. 当事人有二个以上营业所的，应以与产生纠纷的民事关系有最密切联系的营业所为准；当事人没有营业所的，以其住所或者经常居住地为准。

186. 土地、附着于土地的建筑物及其他定着物、建筑物的固定附属设备为不动产。不动产的所有权、买卖、租赁、抵押、使用等民事关系，均应适用不动产所在地法律。

187. 侵权行为地的法律包括侵权行为实施地法律和侵权结果发生地法律。如果两者不一致时，人民法院可以选择适用。

188. 我国法院受理的涉外离婚案件，离婚以及因离婚而引起的财产分割，适用我国法律。认定其婚姻是否有效，适用婚姻缔结地法律。

189. 父母子女相互之间的抚养、夫妻相互之间的抚养以及其他有抚养关系的人之间的抚养，应当适用与被抚养人有最密切联系国家的法律。抚养人和被抚养人的国籍、住所以及供养被抚养人的财产所在地，均可视为与被抚养人有最密切的联系。

190. 监护的设立、变更和终止，适用被监护人的本国法律。但是，被监护人在我国境内有住所的，适用我国的法律。

191. 在我国境内死亡的外国人，遗留在我国境内的财产如果无人继承又无人受遗赠的，依照我国法律处理，两国缔结或者参加的国际条约另有规定的除外。

192. 依法应当适用的外国法律，如果该外国不同地区实施不同的法律的，依据该国法律关于调整国内法律冲突的规定，确定应适用的法律。该国法律未作规定的，直接适用与该民事关系有最密切联系的地区的法律。

193. 对于应当适用的外国法律，可通过下列途径查明：①由当事人提供；②由与我国订立司法协助协定的缔约对方的中央机关提供；③由我国驻该国使领馆提供；④由该国驻我国使馆提供；⑤由中外法律专家提供。通过以上途径仍不能查明的，适用中华人民共和国法律。

194. 当事人规避我国强制性或者禁止性法律规范的行为，不发生适用外国法律的效力。

195. 涉外民事法律关系的诉讼时效，依冲突规范确定的民事法律关系的准据法确定。

八）其他

196. 1987年1月1日以后受理的案件，如果民事行为发生在1987年以前，适用民事行为发生时的法律、政策，当时的法律、政策没有具体规定的，可以比照民法通则处理。

197. 处理申诉案件和按审判监督程序再审的案件，适用原审审结时应当适用的法律或政策。

198. 当事人约定的期间不是以月、年第一天起算的，一个月为三十日，一年为三百六十五日。

期间的最后一天是星期日或者其他法定休假日，而星期日或者其他法定休假日有变通的，以实际休假日的次日为期间的最后一天。

199. 按照日、月、年计算期间，当事人对起算时间有约定的，按约定办。

200. 最高人民法院以前的有关规定，与民法通则和本意见抵触的，各级人民法院今后在审理一、二审民事、经济纠纷案件中不再适用。

信访条例

第一章　总则

第一条　为了保持各级人民政府同人民群众的密切联系，保护信访人的合法权益，维护信访秩序，制定本条例。

第二条　本条例所称信访，是指公民、法人或者其他组织采用书信、电子邮件、传真、电话、走访等形式，向各级人民政府、县级以上人民政府工作部门反映情况，提出建议、意见或者投诉请求，依法由有关行政机关处理的活动。

采用前款规定的形式，反映情况，提出建议、意见或者投诉请求的公民、法人或者其他组织，称信访人。

第三条　各级人民政府、县级以上人民政府工作部门应当做好信访工作，认真处理来信、接待来访，倾听人民群众的意见、建议和要求，接受人民群众的监督，努力为人民群众服务。

各级人民政府、县级以上人民政府工作部门应当畅通信访渠道，为信访人采用本条例规定的形式反映情况，提出建议、意见或者投诉请求提供便利条件。

任何组织和个人不得打击报复信访人。

第四条　信访工作应当在各级人民政府领导下，坚持属地管理、分级负责，谁主管、谁负责，依法、及时、就地解决问题与疏导教育相结合的原则。

第五条　各级人民政府、县级以上人民政府工作部门应当科学、民主决策，依法履行职责，从源头上预防导致信访事项的矛盾和纠纷。

县级以上人民政府应当建立统一领导、部门协调，统筹兼顾、标本兼治，各负其责、齐抓共管的信访工作格局，通过联席会议、建立排查调处机制、建立信访督查工作制度等方式，及时化解矛盾和纠纷。

各级人民政府、县级以上人民政府各工作部门的负责人应当阅批重要来信、接待重要来访、听取信访工作汇报，研究解决信访工作中的突出问题。

第六条　县级以上人民政府应当设立信访工作机构；县级以上人民政府工作部门及乡、镇人民政府应当按照有利工作、方便信访人的原则，确定负责信访工作的机构（以下简称信访工作机构）或者人员，具体负责信访工作。

县级以上人民政府信访工作机构是本级人民政府负责信访工作的行政机构，履行下列职责：

（一）受理、交办、转送信访人提出的信访事项；

（二）承办上级和本级人民政府交由处理的信访事项；

（三）协调处理重要信访事项；

（四）督促检查信访事项的处理；

（五）研究、分析信访情况，开展调查研究，及时向本级人民政府提出完善政策和改进工作的建议；

（六）对本级人民政府其他工作部门和下级人民政府信访工作机构的信访工作进行指导。

第七条　各级人民政府应当建立健全信访工作责任制，对信访工作中的失职、渎职行为，严格依照有关法律、行政法规和本条例的规定，追究有关责任人员的责任，并在一定范围内予以通报。

各级人民政府应当将信访工作绩效纳入公务员考核体系。

第八条　信访人反映的情况，提出的建议、意见，对国民经济和社会发展或者对改进国家机关工作以及保护社会公共利益有贡献的，由有关行政机关或者单位给予奖励。

对在信访工作中做出优异成绩的单位或者个人，由有关行政机关给予奖励。

第二章　信访渠道

第九条　各级人民政府、县级以上人民政府工作部门应当向社会公布信访工作机构的通信地址、电子信箱、投诉电话、信访接待的时间和地点、查询信访事项处理进展及结果的方式等相关事项。

各级人民政府、县级以上人民政府工作部门应当在其信访接待场所或者网站公布与信访工作有关的法律、法规、规章，信访事项的处理程序，以及其他为信访人提供便利的相关事项。

第十条　设区的市级、县级人民政府及其工作部门，乡、镇人民政府应当建立行政机关负责人信访接待日制度，由行政机关负责人协调处理信访事项。信访人可以在公布的接待日和接待地点向有关行政机关负责人当面反映信访事项。

县级以上人民政府及其工作部门负责人或者其指定的人员，可以就信访人反映突出的问题到信访人居住地与信访人面谈沟通。

第十一条　国家信访工作机构充分利用现有政务信息网络资源，建立全国信访信息系统，为信访人在当地提出信访事项、查询信访事项办理情况提供便利。

县级以上地方人民政府应当充分利用现有政务信息网络资源，建立或者确定本行政区域的信访信息系统，并与上级人民政府、政府有关部门、下级人民政府的信访信息系统实现互联互通。

第十二条　县级以上各级人民政府的信访工作机构或者有关工作部门应当及时将信访人的投诉请求输入信访信息系统，信访人可以持行政机关出具的投诉请求受理凭证到当地人民政府的信访工作机构或者有关工作部门的接待场所查询其所提出的投诉请求的办理情况。具体实施办法和步骤由省、自治区、直辖市人民政府规定。

第十三条　设区的市、县两级人民政府可以根据信访工作的实际需要，建立政府主导、社会参与、有利于迅速解决纠纷的工作机制。

信访工作机构应当组织相关社会团体、法律援助机构、相关专业人员、社会志愿者等共同参与，运用咨询、教育、协商、调解、听证等方法，依法、及时、合理处理信访人的投诉请求。

第三章　信访事项的提出

第十四条　信访人对下列组织、人员的职务行为反映情况，提出建议、意见，或者不服下列组织、人员的职务行为，可以向有关行政机关提出信访事项：

（一）行政机关及其工作人员；

（二）法律、法规授权的具有管理公共事务职能的组织及其工作人员；

（三）提供公共服务的企业、事业单位及其工作人员；

（四）社会团体或者其他企业、事业单位中由国家行政机关任命、派出的人员；

（五）村民委员会、居民委员会及其成员。

对依法应当通过诉讼、仲裁、行政复议等法定途径解决的投诉请求，信访人应当依照有关法律、行政法规规定的程序向有关机关提出。

第十五条　信访人对各级人民代表大会以及县级以上各级人民代表大会常务委员会、人民法院、人民检察院职权范围内的信访事项，应当分别向有关的人民代表大会及其常务委员会、人民法院、人民检察院提出，并遵守本条例第十六条、第十七条、第十八条、第十九条、第二十条的规定。

第十六条　信访人采用走访形式提出信访事项，应当向依法有权处理的本级或者上一级机关提出；信访事项已经受理或者正在办理的，信访人在规定期限内向受理、办理机关的上级机关再提出同一信访事项的，该上级机关不予受理。

第十七条　信访人提出信访事项，一般应当采用书信、电子邮件、传真等书面形式；信访人提出投诉请求的，还应当载明信访人的姓名（名称）、住址和请求、事实、理由。

有关机关对采用口头形式提出的投诉请求，应当记录信访人的姓名（名称）、住址和请求、事实、理由。

第十八条　信访人采用走访形式提出信访事项的，应当到有关机关设立或者指定的接待场所提出。

多人采用走访形式提出共同的信访事项的，应当推选代表，代表人数不得超过 5 人。

第十九条　信访人提出信访事项，应当客观真实，对其所提供材料内容的真实性负责，不得捏造、歪曲事实，不得诬告、陷害他人。

第二十条　信访人在信访过程中应当遵守法律、法规，不得损害国家、社会、集体的利益和其他公民的合法权利，自觉维护社会公共秩序和信访秩序，不得有下列行为：

（一）在国家机关办公场所周围、公共场所非法聚集，围堵、冲击国家机关，拦截公务车辆，或者堵塞、阻断交通的；

（二）携带危险物品、管制器具的；

（三）侮辱、殴打、威胁国家机关工作人员，或者非法限制他人人身自由的；

（四）在信访接待场所滞留、滋事，或者将生活不能自理的人弃留在信访接待场所的；

（五）煽动、串联、胁迫、以财物诱使、幕后操纵他人信访或者以信访为名借机敛财的；

（六）扰乱公共秩序、妨害国家和公共安全的其他行为。

第四章　信访事项的受理

第二十一条　县级以上人民政府信访工作机构收到信访事项，应当予以登记，并区分情况，在 15 日内分别按下列方式处理：

（一）对本条例第十五条规定的信访事项，应当告知信访人分别向有关的人民代表大会及其常务委员会、人民法院、人民检察院提出。对已经或者依法应当通过诉讼、仲裁、行政复议等法定途径解决的，不予受理，但应当告知信访人依照有关法律、行政法规规定程序向有关机关提出。

（二）对依照法定职责属于本级人民政府或者其工作部门处理决定的信访事项，应当转送有权处理的行政机关；情况重大、紧急的，应当及时提出建议，报请本级人民政府决定。

（三）信访事项涉及下级行政机关或者其工作人员的，按照“属地管理、分级负责，谁主管、谁负责”的原则，直接转送有权处理的行政机关，并抄送下一级人民政府信访工作机构。

县级以上人民政府信访工作机构要定期向下一级人民政府信访工作机构通报转送情况，下级人民政府信访工作机构要定期向上一级人民政府信访工作机构报告转送信访事项的办理情况。

（四）对转送信访事项中的重要情况需要反馈办理结果的，可以直接交由有权处理的行政机关办理，要求其在指定办理期限内反馈结果，提交办结报告。

按照前款第（二）项至第（四）项规定，有关行政机关应当自收到转送、交办的信访事项之日起15日内决定是否受理并书面告知信访人，并按要求通报信访工作机构。

第二十二条　信访人按照本条例规定直接向各级人民政府信访工作机构以外的行政机关提出的信访事项，有关行政机关应当予以登记；对符合本条例第十四条第一款规定并属于本机关法定职权范围的信访事项，应当受理，不得推诿、敷衍、拖延；对不属于本机关职权范围的信访事项，应当告知信访人向有权的机关提出。

有关行政机关收到信访事项后，能够当场答复是否受理的，应当当场书面答复；不能当场答复的，应当自收到信访事项之日起15日内书面告知信访人。但是，信访人的姓名（名称）、住址不清的除外。

有关行政机关应当相互通报信访事项的受理情况。

第二十三条　行政机关及其工作人员不得将信访人的检举、揭发材料及有关情况透露或者转给被检举、揭发的人员或者单位。

第二十四条　涉及两个或者两个以上行政机关的信访事项，由所涉及的行政机关协商受理；受理有争议的，由其共同的上一级行政机关决定受理机关。

第二十五条　应当对信访事项作出处理的行政机关分立、合并、撤销的，由继续行使其职权的行政机关受理；职责不清的，由本级人民政府或者其指定的机关受理。

第二十六条　公民、法人或者其他组织发现可能造成社会影响的重大、紧急信访事项和信访信息时，可以就近向有关行政机关报告。地方各级人民政府接到报告后，应当立即报告上一级人民政府；必要时，通报有关主管部门。县级以上地方人民政府有关部门接到报告后，应当立即报告本级人民政府和上一级主管部门；必要时，通报有关主管部门。国务院有关部门接到报告后，应当立即报告国务院；必要时，通报有关主管部门。

行政机关对重大、紧急信访事项和信访信息不得隐瞒、谎报、缓报，或者授意他人隐瞒、谎报、缓报。

第二十七条　对于可能造成社会影响的重大、紧急信访事项和信访信息，有关行政机关应当在职责范围内依法及时采取措施，防止不良影响的产生、扩大。

第五章　信访事项的办理和督办

第二十八条　行政机关及其工作人员办理信访事项，应当恪尽职守、秉公办事，查明事实、分清责任，宣传法制、教育疏导，及时妥善处理，不得推诿、敷衍、拖延。

第二十九条　信访人反映的情况，提出的建议、意见，有利于行政机关改进工作、促进国民经济和社会发展的，有关行政机关应当认真研究论证并积极采纳。

第三十条 行政机关工作人员与信访事项或者信访人有直接利害关系的，应当回避。

第三十一条 对信访事项有权处理的行政机关办理信访事项，应当听取信访人陈述事实和理由；必要时可以要求信访人、有关组织和人员说明情况；需要进一步核实有关情况的，可以向其他组织和人员调查。

对重大、复杂、疑难的信访事项，可以举行听证。听证应当公开举行，通过质询、辩论、评议、合议等方式，查明事实，分清责任。听证范围、主持人、参加人、程序等由省、自治区、直辖市人民政府规定。

第三十二条 对信访事项有权处理的行政机关经调查核实，应当依照有关法律、法规、规章及其他有关规定，分别作出以下处理，并书面答复信访人：

（一）请求事实清楚，符合法律、法规、规章或者其他有关规定的，予以支持；

（二）请求事由合理但缺乏法律依据的，应当对信访人做好解释工作；

（三）请求缺乏事实根据或者不符合法律、法规、规章或者其他有关规定的，不予支持。

有权处理的行政机关依照前款第（一）项规定作出支持信访请求意见的，应当督促有关机关或者单位执行。

第三十三条 信访事项应当自受理之日起60日内办结；情况复杂的，经本行政机关负责人批准，可以适当延长办理期限，但延长期限不得超过30日，并告知信访人延期理由。法律、行政法规另有规定的，从其规定。

第三十四条 信访人对行政机关作出的信访事项处理意见不服的，可以自收到书面答复之日起30日内请求原办理行政机关的上一级行政机关复查。收到复查请求的行政机关应当自收到复查请求之日起30日内提出复查意见，并予以书面答复。

第三十五条 信访人对复查意见不服的，可以自收到书面答复之日起30日内向复查机关的上一级行政机关请求复核。收到复核请求的行政机关应当自收到复核请求之日起30日内提出复核意见。

复核机关可以按照本条例第三十一条第二款的规定举行听证，经过听证的复核意见可以依法向社会公示。听证所需时间不计算在前款规定的期限内。

信访人对复核意见不服，仍然以同一事实和理由提出投诉请求的，各级人民政府信访工作机构和其他行政机关不再受理。

第三十六条 县级以上人民政府信访工作机构发现有关行政机关有下列情形之一的，应当及时督办，并提出改进建议：

（一）无正当理由未按规定的办理期限办结信访事项的；

（二）未按规定反馈信访事项办理结果的；

（三）未按规定程序办理信访事项的；

（四）办理信访事项推诿、敷衍、拖延的；

（五）不执行信访处理意见的；

（六）其他需要督办的情形。

收到改进建议的行政机关应当在30日内书面反馈情况；未采纳改进建议的，应当说明理由。

第三十七条　县级以上人民政府信访工作机构对于信访人反映的有关政策性问题，应当及时向本级人民政府报告，并提出完善政策、解决问题的建议。

第三十八条　县级以上人民政府信访工作机构对在信访工作中推诿、敷衍、拖延、弄虚作假造成严重后果的行政机关工作人员，可以向有关行政机关提出给予行政处分的建议。

第三十九条　县级以上人民政府信访工作机构应当就以下事项向本级人民政府定期提交信访情况分析报告：

（一）受理信访事项的数据统计、信访事项涉及领域以及被投诉较多的机关；

（二）转送、督办情况以及各部门采纳改进建议的情况；

（三）提出的政策性建议及其被采纳情况。

第六章　法律责任

第四十条　因下列情形之一导致信访事项发生，造成严重后果的，对直接负责的主管人员和其他直接责任人员，依照有关法律、行政法规的规定给予行政处分；构成犯罪的，依法追究刑事责任：

（一）超越或者滥用职权，侵害信访人合法权益的；

（二）行政机关应当作为而不作为，侵害信访人合法权益的；

（三）适用法律、法规错误或者违反法定程序，侵害信访人合法权益的；

（四）拒不执行有权处理的行政机关作出的支持信访请求意见的。

第四十一条　县级以上人民政府信访工作机构对收到的信访事项应当登记、转送、交办而未按规定登记、转送、交办，或者应当履行督办职责而未履行的，由其上级行政机关责令改正；造成严重后果的，对直接负责的主管人员和其他直接责任人员依法给予行政处分。

第四十二条　负有受理信访事项职责的行政机关在受理信访事项过程中违反本条例的规定，有下列情形之一的，由其上级行政机关责令改正；造成严重后果的，对直接负责的主管人员和其他直接责任人员依法给予行政处分：

（一）对收到的信访事项不按规定登记的；

（二）对属于其法定职权范围的信访事项不予受理的；

（三）行政机关未在规定期限内书面告知信访人是否受理信访事项的。

第四十三条　对信访事项有权处理的行政机关在办理信访事项过程中，有下列行为之一的，由其上级行政机关责令改正；造成严重后果的，对直接负责的主管人员和其他直接责任人员依法给予行政处分：

（一）推诿、敷衍、拖延信访事项办理或者未在法定期限内办结信访事项的；

（二）对事实清楚，符合法律、法规、规章或者其他有关规定的投诉请求未予支持的。

第四十四条　行政机关工作人员违反本条例规定，将信访人的检举、揭发材料或者有关情况透露、转给被检举、揭发的人员或者单位的，依法给予行政处分。

行政机关工作人员在处理信访事项过程中，作风粗暴，激化矛盾并造成严重后果的，依法给予行政处分。

第四十五条　行政机关及其工作人员违反本条例第二十六条规定，对可能造成社会影响的重大、紧急信访事项和信访信息，隐瞒、谎报、缓报，或者授意他人隐瞒、谎报、缓报，造成严重后果的，对直接负责的主管人员和其他直接责任人员依法给予行政处分；构成犯罪的，依法追究刑事责任。

第四十六条　打击报复信访人，构成犯罪的，依法追究刑事责任；尚不构成犯罪的，依法给予行政处分或者纪律处分。

第四十七条　违反本条例第十八条、第二十条规定的，有关国家机关工作人员应当对信访人进行劝阻、批评或者教育。

经劝阻、批评和教育无效的，由公安机关予以警告、训诫或者制止；违反集会游行示威的法律、行政法规，或者构成违反治安管理行为的，由公安机关依法采取必要的现场处置措施、给予治安管理处罚；构成犯罪的，依法追究刑事责任。

第四十八条　信访人捏造歪曲事实、诬告陷害他人，构成犯罪的，依法追究刑事责任；尚不构成犯罪的，由公安机关依法给予治安管理处罚。

第七章　附则

第四十九条　社会团体、企业事业单位的信访工作参照本条例执行。

第五十条　对外国人、无国籍人、外国组织信访事项的处理，参照本条例执行。

第五十一条　本条例自2005年5月1日起施行。1995年10月28日国务院发布的《信访条例》同时废止。

国务院办公厅转发卫生部等部门《关于进一步做好新型农村合作医疗试点工作的指导意见》

卫生部、民政部、财政部、农业部、发展改革委、教育部、人事部、人口计生委、食品药品监管局、中医药局、扶贫办联合发布的《关于进一步做好新型农村合作医疗试点工作的指导意见》全文如下：

全国农村卫生工作会议以来，各地区、各有关部门认真贯彻落实《中共中央国务院关于进一步加强农村卫生工作的决定》和会议精神，按照国务院办公厅转发卫生部等部门《关于建立新型农村合作医疗制度的意见》，积极组织开展新型农村合作医疗试点工作，取得了初步进展，受到了农民的欢迎。一些试点地区在实践中摸索出一些有效的做法，同时也发现了一些问题。为保证新型农村合作医疗试点工作顺利进行，现提出以下指导意见。

一、充分认识开展新型农村合作医疗试点工作的重要性和艰巨性

建立新型农村合作医疗制度，是新形势下党中央、国务院为切实解决农业、农村、农民问题，统筹城乡、区域、经济社会协调发展的重大举措，对于提高农民健康保障水平，减轻医疗负担，解决因病致贫、因病返贫问题，具有重要作用。建立新型农村合作医疗制度是一项十分复杂、艰巨的工作。各地区、各有关部门一定要从维护广大农民根本利益出发，因地制宜，分类指导，精心组织，精心运作，务求扎实推进试点工作，为新型农村合作医疗健康发展奠定良好基础。

二、明确试点工作的目标任务

建立新型农村合作医疗制度是一项复杂的社会系统工程，必须先行试点，逐步完善和推广。试点工作的主要目标任务是，研究和探索适应经济发展水平、农民经济承受能力、医疗服务供需状况的新型农村合作医疗政策措施、运行机制和监管方式，为全面建立新型农村合作医疗制度提供经验。各地区在试点期间不要定指标，不要赶进度，不要盲目追求试点数量，要注重试点质量，力争试点一个成功一个，切实让农民得到实惠。各地区试点工作多是在2003年下半年开始启动的，为有充分时间扎实做好试点工作，2004年原则上不再扩大试点数量。

三、必须坚持农民自愿参加的原则

开展新型农村合作医疗试点，一定要坚持农民自愿参加的原则，严禁硬性规定农民参加合作医疗的指标、向乡村干部搞任务包干摊派、强迫乡（镇）卫生院和乡村医生代缴以及强迫农民贷款缴纳经费等简单粗暴、强迫命令的错误做法。各地区要加强督查，发现这些问题，必须及时严肃查处，坚决予以纠正。

四、深入细致地做好对农民的宣传和引导工作

新型农村合作医疗制度真正受到农民的拥护，是这项制度不断发展的基础。地方各级人民政府必须高度重视，切实做好对农民的宣传教育和引导工作。要深入了解和分析农民对新型农村合作医疗存在的疑虑和意见，有针对性地通过典型事例进行具体、形象、生动的宣传，把新型农村合作医疗的参加办法、参加人的权利与义务以及报销和管理办法等宣传到千家万户，使广大农民真正认识建立新型农村合作医疗制度的意义和好处，树立互助共济意识，自觉自愿地参加新型农村合作医疗。

五、切实加强组织管理

各省、自治区、直辖市及试点地（市）人民政府要尽快成立由卫生、财政、农业、民政、发展改革、审计、食品药品监管、中医药、扶贫等部门组成的新型农村合作医疗协调领导小组，协调相关政策，加强工作指导和督查。合作医疗协调领导小组在同级卫生行政部门设办公室，负责有关具体工作。卫生部成立专家技术指导组，重点做好吉林、浙江、湖北、云南四省试点工作的跟踪指导、评估和全国省级业务骨干人员培训工作。各省、自治区、直辖市也要成立省级专家技术指导组，指导试点县（市）的工作。

试点县（市）要成立县级新型农村合作医疗管理委员会，建立经办机构，负责新型农村合作医疗的业务管理；在乡（镇）可设立派出机构（人员）或委托有关机构管理。县、乡经办机构的设立要坚持精简、高效的原则，合理配备人员，保证工作需要，编制由县级人民政府从现有行政或事业编制中调剂解决。经办机构的人员和工作经费列入同级年度财政预算，予以保证，不得从新型农村合作医疗基金中提取。地方各级人民政府要为试点县（市）开展新型农村合作医疗工作适当提供启动经费。

六、慎重选择试点县（市）

新型农村合作医疗试点县（市）原则上由省级人民政府确定，根据以下四个方面综合考虑：一是县（市）人民政府特别是主要负责人高度重视，积极主动地提出申请；二是县（市）财政状况较好，农民有基本的支付能力；三是县（市）卫生行政部门管理能力和医疗卫生机

构服务能力较强；四是农村基层组织比较健全，领导有力，农民参加新型农村合作医疗积极性较高。暂不具备条件的县(市)先不要急于开展试点，可在总结试点经验的基础上逐步推进。

七、认真开展基线调查

各省、自治区、直辖市要组织有关专家，制订统一的基线调查方案，重点对试点县(市)的经济发展水平、医疗卫生机构服务现状、农民疾病发生状况、就医用药及费用情况、农民对参加新型农村合作医疗的意愿等进行摸底调查。已正式启动新型农村合作医疗试点工作，但尚未开展或未按要求开展基线调查的试点县(市)，要抓紧时间，尽快完成这项工作，减少试点工作的盲目性。

八、合理确定筹资标准

要根据农民收入情况，合理确定个人缴费数额。原则上农民个人每年每人缴费不低于10元，经济发达地区可在农民自愿的基础上，根据农民收入水平及实际需要相应提高缴费标准。要积极鼓励有条件的乡村集体经济组织对本地新型农村合作医疗给予适当扶持，但集体出资部分不得向农民摊派。中央财政对中西部除市区以外参加新型农村合作医疗农民平均每年每人补助10元，中西部地区各级财政对参加新型农村合作医疗农民的资助总额不低于每年每人10元，东部地区各级财政对参加新型农村合作医疗农民的资助总额应争取达到20元。地方各级财政的负担比例可根据本地经济状况确定。地方各级人民政府要根据《民政部、卫生部、财政部关于实施农村医疗救助的意见》制订实施细则，尽快建立农村医疗救助制度，资助贫困农民参加新型农村合作医疗，并对患大病的贫困农民提供一定医药费用补助，对患特种传染病的农民按有关规定给予补助；要注意把建立新型农村合作医疗制度同扶贫和医疗救助等工作结合起来，共同推进和发展。

九、进一步完善资金收缴方式

要改进农民个人缴费收缴方式，可在农民自愿参加并签约承诺的前提下，由乡(镇)农税或财税部门一次性代收，开具由省级财税部门统一印制的专用收据；也可采取其他符合农民意愿的缴费方式。各地区应将新型农村合作医疗资金运作周期与财政年度一致起来。地方各级财政要在农民个人缴费到位后，及时下拨补助资金，不得弄虚作假，套取上级财政补助资金，一旦发现要严肃查处。

十、合理设置统筹基金与家庭账户

各试点县(市)要在坚持大病统筹为主的原则下，根据实际情况，确定新型农村合作医疗的补助方式，鼓励基层积极创新。要积极探索以大额医疗费用统筹补助为主、兼顾小额费用补助的方式，在建立大病统筹基金的同时，可建立家庭账户。可用个人缴费的一部分建立家庭账户，由个人用于支付门诊医疗费用；个人缴费的其余部分和各级财政补助资金建立大病统筹基金，用于参加新型农村合作医疗农民的大额或住院医疗费用的报销。个人缴费划入家庭账户的比例，由各地区合理确定。

十一、合理确定补助标准各试点县（市）要坚持以收定支、量入为出、逐步调整、保障适度的原则

在充分听取农民意见的基础上，根据基线调查、筹资总额和参加新型农村合作医疗后农民就医可能增加等情况，科学合理地确定大额或住院医药费用补助的起付线、封顶线和补助比例，并根据实际及时调整，既要防止补助比例过高而透支，又不能因支付比例太低使基金沉淀过多，影响农民受益。在基本条件相似、筹资水平等同的条件下，同一省（自治区、直辖市）内试点县（市）的起付线、封顶线和补助比例差距不宜过大。各地区根据实际确定门诊费用的报销比例，引导农民合理使用家庭账户。家庭账户节余资金，可以结转到下一年度使用。

十二、探索手续简便的报账方式

农民在县（市）、乡（镇）、村定点医疗机构就诊，可先由定点医疗机构初审并垫付规定费用，然后由定点医疗机构定期到县（市）或乡（镇）新型农村合作医疗经办机构核销。新型农村合作医疗经办机构应及时审核支付定点医疗机构的垫付资金，保证定点医疗机构的正常运转。新型农村合作医疗经办机构在审核诊疗项目和费用账目时，如发现定点医疗机构有违反新型农村合作医疗制度相关规定的情况，不予核销，已发生费用由定点医疗机构承担。农民经批准到县（市）级以上医疗机构就医，可先自行垫付有关费用，再由本县（市）新型农村合作医疗经办机构按相关规定及时审核报销。

十三、严格资金管理，确保基金安全

各省、自治区、直辖市财政等部门要组织制订新型农村合作医疗基金管理办法和基金会计制度，按照公开、公平、公正的原则管好、用好基金，不得挤占挪用。一旦发现有挪用或贪污浪费基金等行为的，要依法严处。省级新型农村合作医疗协调领导小组办公室应采取统一招标方式，选择网点覆盖面广、信誉好、服务质量高、提供优惠支持条件多的国有商业银行作为试点县（市）基金代理银行。可由财政部门在代理银行设立基金专用账户。所有新型农村合作医疗资金全部进入代理银行基金专户储存、管理。县（市）新型农村合作医疗经办

机构负责审核汇总支付费用，交由财政部门审核开具申请支付凭证，提交代理银行办理资金结算业务，直接将资金转入医疗机构的银行账户。做到银行管钱不管账，经办机构管账不管钱，实现基金收支分离，管用分开，封闭运行。

十四、加强基金监管

新型农村合作医疗经办机构要定期向社会公布新型农村合作医疗基金的具体收支、使用情况，保证农民知情、参与和监督的权利，并接受有关部门的监督。试点县（市）要把基金收支和管理情况纳入当地审计部门的年度审计计划，定期予以专项审计并公开审计结果；县（市）、乡（镇）人民政府可根据本地实际，成立由相关部门和参加新型农村合作医疗的农民代表共同组成的新型农村合作医疗监督委员会，定期检查、监督基金使用和管理情况；各行政村要把新型农村合作医疗支付情况作为村务公开的重要内容之一，至少每季度张榜公布一次，接受村民的监督。

十五、努力改善农村卫生服务条件

提高服务质量各地区要将试点工作同农村卫生改革与发展有机结合起来，大力推进县（市）、乡（镇）、村三级农村医疗卫生服务网的建设，改善基础设施条件，提高医疗服务水平，坚持预防为主，做好农村预防保健等公共卫生服务。要积极推进县、乡医疗卫生机构内部改革，推动乡（镇）卫生院上划县级卫生行政部门管理的工作，实行全员聘用制。鼓励县、乡、村卫生机构间的纵向合作，使县级医疗机构的技术服务向乡（镇）延伸，乡（镇）医疗卫生机构的技术服务向村延伸，同时鼓励发展民办医疗机构，让农民不出村、乡就能享受到较好的卫生服务。要制定引导医学院校大学毕业生到农村工作锻炼的政策，加大城市卫生支农工作力度，加强基层卫生人员培训，多方面提高农村卫生人员素质。县级卫生行政部门要合理确定新型农村合作医疗定点医疗服务机构，制订和完善诊疗规范，实行双向转诊制度，切实加强监管，严格控制医疗收费标准，不断提高医疗服务质量，向农民提供合理、有效、质优、价廉的医疗卫生服务。乡（镇）、村医疗卫生机构要转变观念，转变作风，立足于为民、便民、利民，端正医德医风，严格执行诊疗规范和新型农村合作医疗用药规定，深入到农民家庭开展预防保健和基本医疗服务，千方百计为农民节约合作医疗经费，使有限的资金发挥最大的效益。充分发挥中医药作用和优势，积极运用中医药为农民提供服务。

十六、加强农村药品质量和购销的监管

食品药品监管部门要加强农村药品质量的监管，严格药品批发企业、零售企业标准，规范农村药品采购渠道，切实加强对农村药品质量的监管力度，保证农民用药有效、安全。价

格主管部门要加强对农村医疗卫生机构、药店销售药品的价格监督，严厉查处价格违法违规行为。卫生行政部门要规范医疗卫生机构用药行为，各省、自治区、直辖市

卫生行政部门要制订新型农村合作医疗基本药物目录。推行农村卫生机构药品集中采购，也可由县级医疗卫生机构或乡（镇）卫生院为村卫生室代购药品，严格控制农村医药费用的不合理增长，减轻农民医药费用负担。关于加强药品质量和购销监管的具体办法，由食品药品监管局商有关部门另行制订。

地方各级人民政府要加强对新型农村合作医疗试点工作的领导，按照本指导意见提出的要求，加强调查研究和检查指导，结合本地区试点工作实际，不断调整和完善试点方案，扎扎实实地做好试点工作。

中华人民共和国老年人权益保障法

第一章　总则

第一条　为保障老年人合法权益，发展老年事业，弘扬中华民族敬老、养老的美德，根据宪法，制定本法。

第二条　本法所称老年人是指六十周岁以上的公民。

第三条　国家和社会应当采取措施，健全对老年人的社会保障制度，逐步改善保障老年人生活、健康以及参与社会发展的条件，实现老有所养、老有所医、老有所为、老有所学、老有所乐。

第四条　国家保护老年人依法享有的权益。

老年人有从国家和社会获得物质帮助的权利，有享受社会发展成果的权利。

禁止歧视、侮辱、虐待或者遗弃老年人。

第五条　各级人民政府应当将老年事业纳入国民经济和社会发展计划，逐步增加对老年事业的投入，并鼓励社会各方面投入，使老年事业与经济、社会协调发展。国务院和省、自治区、直辖市人民政府采取组织措施，协调有关部门做好老年人权益保障工作，具体机构由国务院和省、自治区、直辖市人民政府规定。

第六条　保障老年人合法权益是全社会的共同责任。

国家机关、社会团体、企业事业组织应当按照各自职责，做好老年人权益保障工作。

居民委员会、村民委员会和依法设立的老年人组织应当反映老年人的要求，维护老年人合法权益，为老年人服务。

第七条　全社会应当广泛开展敬老、养老宣传教育活动，树立尊重、关心、帮助老年人的社会风尚。

青少年组织、学校和幼儿园应当对青少年和儿童进行敬老、养老的道德教育和维护老年人合法权益的法制教育。

提倡义务为老年人服务。

第八条　各级人民政府对维护老年人合法权益和敬老、养老成绩显著的组织、家庭或者个人给予表扬或者奖励。

第九条　老年人应当遵纪守法，履行法律规定的义务。

第二章 家庭赡养与扶养

第十条 老年人养老主要依靠家庭，家庭成员应当关心和照料老年人。

第十一条 赡养人应当履行对老年人经济上供养、生活上照料和精神上慰藉的义务，照顾老年人的特殊需要。

赡养人是指老年人的子女以及其他依法负有赡养义务的人。

赡养人的配偶应当协助赡养人履行赡养义务。

第十二条 赡养人对患病的老年人应当提供医疗费用和护理。

第十三条 赡养人应当妥善安排老年人的住房，不得强迫老年人迁居条件低劣的房屋。

老年人自有的或者承租的住房，子女或者其他亲属不得侵占，不得擅自改变产权关系或者租赁关系。

老年人自有的住房，赡养人有维修的义务。

第十四条 赡养人有义务耕种老年人承包的田地，照管老年人的林木和牲畜等，收益归老年人所有。

第十五条 赡养人不得以放弃继承权或者其他理由，拒绝履行赡养义务。

赡养人不履行赡养义务，老年人有要求赡养人付给赡养费的权利。

赡养人不得要求老年人承担力不能及的劳动。

第十六条 老年人与配偶有相互扶养的义务。

由兄、姊扶养的弟、妹成年后，有负担能力的，对年老无赡养人的兄、姊有扶养的义务。

第十七条 赡养人之间可以就履行赡养义务签订协议，并征得老年人同意。居民委员会、村民委员会或者赡养人所在组织监督协议的履行。

第十八条 老年人的婚姻自由受法律保护。子女或者其他亲属不得干涉老年人离婚、再婚及婚后的生活。

赡养人的赡养义务不因老年人的婚姻关系变化而消除。

第十九条 老年人有权依法处分个人的财产，子女或者其他亲属不得干涉，不得强行索取老年人的财物。

老年人有依法继承父母、配偶、子女或者其他亲属遗产的权利，有接受赠予的权利。

第三章 社会保障

第二十条 国家建立养老保险制度，保障老年人的基本生活。

第二十一条 老年人依法享有的养老金和其他待遇应当得到保障。有关组织必须按时足额支付养老金，不得无故拖欠，不得挪用。

国家根据经济发展、人民生活水平提高和职工工资增长的情况增加养老金。

第二十二条　农村除根据情况建立养老保险制度外，有条件的还可以将未承包的集体所有的部分土地、山林、水面、滩涂等作为养老基地，收益供老年人养老。

第二十三条　城市的老年人，无劳动能力、无生活来源、无赡养人和扶养人的，或者其赡养人和扶养人确无赡养能力或者扶养能力的，由当地人民政府给予救济。

农村的老年人，无劳动能力、无生活来源、无赡养人和扶养人的，或者其赡养人和扶养人确无赡养能力或者扶养能力的，由农村集体经济组织负担保吃、保穿、保住、保医、保葬的五保供养，乡、民族乡、镇人民政府负责组织实施。

第二十四条　鼓励公民或者组织与老年人签订扶养协议或者其他扶助协议。

第二十五条　国家建立多种形式的医疗保险制度，保障老年人的基本医疗需要。

有关部门制定医疗保险办法，应当对老年人给予照顾。

老年人依法享有的医疗待遇必须得到保障。

第二十六条　老年人患病，本人和赡养人确实无力支付医疗费用的，当地人民政府根据情况可以给予适当帮助，并可以提倡社会救助。

第二十七条　医疗机构应当为老年人就医提供方便，对七十周岁以上的老年人就医，予以优先。有条件的地方，可以为老年病人设立家庭病床，开展巡回医疗等服务。

提倡为老年人义诊。

第二十八条　国家采取措施，加强老年医学的研究和人才的培养，提高老年病的预防、治疗、科研水平。

开展各种形式的健康教育，普及老年保健知识，增强老年人自我保健意识。

第二十九条　老年人所在组织分配、调整或者出售住房，应当根据实际情况和有关标准照顾老年人的需要。

第三十条　新建或者改造城镇公共设施、居民区和住宅，应当考虑老年人的特殊需要，建设适合老年人生活和活动的配套设施。

第三十一条　老年人有继续受教育的权利。

国家发展老年教育，鼓励社会办好各类老年学校。

各级人民政府对老年教育应当加强领导，统一规划。

第三十二条　国家和社会采取措施，开展适合老年人的群众性文化、体育、娱乐活动，丰富老年人的精神文化生活。

第三十三条　国家鼓励、扶持社会组织或者个人兴办老年福利院、敬老院、老年公寓、老年医疗康复中心和老年文化体育活动场所等设施。

地方各级人民政府应当根据当地经济发展水平，逐步增加对老年福利事业的投入，兴办老年福利设施。

第三十四条　各级人民政府应当引导企业开发、生产、经营老年生活用品，适应老年人的需要。

第三十五条　发展社区服务，逐步建立适应老年人需要的生活服务、文化体育活动、疾病护理与康复等服务设施和网点。

发扬邻里互助的传统，提倡邻里间关心、帮助有困难的老年人。

鼓励和支持社会志愿者为老年人服务。

第三十六条　地方各级人民政府根据当地条件，可以在参观、游览、乘坐公共交通工具等方面，对老年人给予优待和照顾。

第三十七条　农村老年人不承担义务工和劳动积累工。

第三十八条　广播、电影、电视、报刊等应当反映老年人的生活，开展维护老年人合法权益的宣传，为老年人服务。

第三十九条　老年人因其合法权益受侵害提起诉讼交纳诉讼费确有困难的，可以缓交、减交或者免交；需要获得律师帮助，但无力支付律师费用的，可以获得法律援助。

第四章　参与社会发展

第四十条　国家和社会应当重视、珍惜老年人的知识、技能和革命、建设经验，尊重他们的优良品德，发挥老年人的专长和作用。

第四十一条　国家应当为老年人参与社会主义物质文明和精神文明建设创造条件。根据社会需要和可能，鼓励老年人在自愿和量力的情况下，从事下列活动：

（一）对青少年和儿童进行社会主义、爱国主义、集体主义教育和艰苦奋斗等优良传统教育；

（二）传授文化和科技知识；

（三）提供咨询服务；

（四）依法参与科技开发和应用；

（五）依法从事经营和生产活动；

（六）兴办社会公益事业；

（七）参与维护社会治安、协助调解民间纠纷；

（八）参加其他社会活动。

第四十二条　老年人参加劳动的合法收入受法律保护。

第五章　法律责任

第四十三条　老年人合法权益受到侵害的,被侵害人或者其代理人有权要求有关部门处理，或者依法向人民法院提起诉讼。

人民法院和有关部门，对侵犯老年人合法权益的申诉、控告和检举，应当依法及时受理，不得推诿、拖延。

第四十四条　不履行保护老年人合法权益职责的部门或者组织,其上级主管部门应当给予批评教育，责令改正。

国家工作人员违法失职,致使老年人合法权益受到损害的,由其所在组织或者上级机关责令改正，或者给予行政处分；构成犯罪的，依法追究刑事责任。

第四十五条　老年人与家庭成员因赡养、扶养或者住房、财产发生纠纷，可以要求家庭成员所在组织或者居民委员会、村民委员会调解，也可以直接向人民法院提起诉讼。

调解前款纠纷时，对有过错的家庭成员，应当给予批评教育，责令改正。

人民法院对老年人追索赡养费或者扶养费的申请，可以依法裁定先予执行。

第四十六条　以暴力或者其他方法公然侮辱老年人、捏造事实诽谤老年人或者虐待老年人，情节较轻的，依照治安管理处罚条例的有关规定处罚；构成犯罪的，依法追究刑事责任。

第四十七条　暴力干涉老年人婚姻自由或者对老年人负有赡养义务、扶养义务而拒绝赡养、扶养，情节严重构成犯罪的，依法追究刑事责任。

第四十八条　家庭成员有盗窃、诈骗、抢夺、勒索、故意毁坏老年人财物，情节较轻的，依照治安管理处罚条例的有关规定处罚；构成犯罪的，依法追究刑事责任。

第六章　附则

第四十九条　民族自治地方的人民代表大会,可以根据本法的原则,结合当地民族风俗习惯的具体情况，依照法定程序制定变通的或者补充的规定。

第五十条　本法自 1996 年 10 月 1 日起施行。

中华人民共和国未成年人保护法

第一章　总则

第一条　为了保护未成年人的身心健康，保障未成年人的合法权益，促进未成年人在品德、智力、体质等方面全面发展，培养有理想、有道德、有文化、有纪律的社会主义建设者和接班人，根据宪法，制定本法。

第二条　本法所称未成年人是指未满十八周岁的公民。

第三条　未成年人享有生存权、发展权、受保护权、参与权等权利，国家根据未成年人身心发展特点给予特殊、优先保护，保障未成年人的合法权益不受侵犯。

未成年人享有受教育权，国家、社会、学校和家庭尊重和保障未成年人的受教育权。

未成年人不分性别、民族、种族、家庭财产状况、宗教信仰等，依法平等地享有权利。

第四条　国家、社会、学校和家庭对未成年人进行理想教育、道德教育、文化教育、纪律和法制教育，进行爱国主义、集体主义和社会主义的教育，提倡爱祖国、爱人民、爱劳动、爱科学、爱社会主义的公德，反对资本主义的、封建主义的和其他的腐朽思想的侵蚀。

第五条　保护未成年人的工作，应当遵循下列原则：

（一）尊重未成年人的人格尊严；

（二）适应未成年人身心发展的规律和特点；

（三）教育与保护相结合。

第六条　保护未成年人，是国家机关、武装力量、政党、社会团体、企业事业组织、城乡基层群众性自治组织、未成年人的监护人和其他成年公民的共同责任。

对侵犯未成年人合法权益的行为，任何组织和个人都有权予以劝阻、制止或者向有关部门提出检举或者控告。

国家、社会、学校和家庭应当教育和帮助未成年人维护自己的合法权益，增强自我保护的意识和能力，增强社会责任感。

第七条　中央和地方各级国家机关应当在各自的职责范围内做好未成年人保护工作。

国务院和地方各级人民政府领导有关部门做好未成年人保护工作；将未成年人保护工作纳入国民经济和社会发展规划以及年度计划，相关经费纳入本级政府预算。

国务院和省、自治区、直辖市人民政府采取组织措施，协调有关部门做好未成年人保护工作。具体机构由国务院和省、自治区、直辖市人民政府规定。

第八条　共产主义青年团、妇女联合会、工会、青年联合会、学生联合会、少年先锋队以及其他有关社会团体，协助各级人民政府做好未成年人保护工作，维护未成年人的合法权益。

第九条　各级人民政府和有关部门对保护未成年人有显著成绩的组织和个人，给予表彰和奖励。

第二章　家庭保护

第十条　父母或者其他监护人应当创造良好、和睦的家庭环境，依法履行对未成年人的监护职责和抚养义务。

禁止对未成年人实施家庭暴力，禁止虐待、遗弃未成年人，禁止溺婴和其他残害婴儿的行为，不得歧视女性未成年人或者有残疾的未成年人。

第十一条　父母或者其他监护人应当关注未成年人的生理、心理状况和行为习惯，以健康的思想、良好的品行和适当的方法教育和影响未成年人，引导未成年人进行有益身心健康的活动，预防和制止未成年人吸烟、酗酒、流浪、沉迷网络以及赌博、吸毒、卖淫等行为。

第十二条　父母或者其他监护人应当学习家庭教育知识，正确履行监护职责，抚养教育未成年人。

有关国家机关和社会组织应当为未成年人的父母或者其他监护人提供家庭教育指导。

第十三条　父母或者其他监护人应当尊重未成年人受教育的权利，必须使适龄未成年人依法入学接受并完成义务教育，不得使接受义务教育的未成年人辍学。

第十四条　父母或者其他监护人应当根据未成年人的年龄和智力发展状况，在作出与未成年人权益有关的决定时告知其本人，并听取他们的意见。

第十五条　父母或者其他监护人不得允许或者迫使未成年人结婚，不得为未成年人订立婚约。

第十六条　父母因外出务工或者其他原因不能履行对未成年人监护职责的，应当委托有监护能力的其他成年人代为监护。

第三章　学校保护

第十七条　学校应当全面贯彻国家的教育方针，实施素质教育，提高教育质量，注重培养未成年学生独立思考能力、创新能力和实践能力，促进未成年学生全面发展。

第十八条　学校应当尊重未成年学生受教育的权利，关心、爱护学生，对品行有缺点、学习有困难的学生，应当耐心教育、帮助，不得歧视，不得违反法律和国家规定开除未成年学生。

第十九条　学校应当根据未成年学生身心发展的特点，对他们进行社会生活指导、心理健康辅导和青春期教育。

第二十条　学校应当与未成年学生的父母或者其他监护人互相配合，保证未成年学生的睡眠、娱乐和体育锻炼时间，不得加重其学习负担。

第二十一条　学校、幼儿园、托儿所的教职员工应当尊重未成年人的人格尊严，不得对未成年人实施体罚、变相体罚或者其他侮辱人格尊严的行为。

第二十二条　学校、幼儿园、托儿所应当建立安全制度，加强对未成年人的安全教育，采取措施保障未成年人的人身安全。

学校、幼儿园、托儿所不得在危及未成年人人身安全、健康的校舍和其他设施、场所中进行教育教学活动。

学校、幼儿园安排未成年人参加集会、文化娱乐、社会实践等集体活动，应当有利于未成年人的健康成长，防止发生人身安全事故。

第二十三条　教育行政等部门和学校、幼儿园、托儿所应当根据需要，制定应对各种灾害、传染性疾病、食物中毒、意外伤害等突发事件的预案，配备相应设施并进行必要的演练，增强未成年人的自我保护意识和能力。

第二十四条　学校对未成年学生在校内或者本校组织的校外活动中发生人身伤害事故的，应当及时救护，妥善处理，并及时向有关主管部门报告。

第二十五条　对于在学校接受教育的有严重不良行为的未成年学生，学校和父母或者其他监护人应当互相配合加以管教；无力管教或者管教无效的，可以按照有关规定将其送专门学校继续接受教育。

依法设置专门学校的地方人民政府应当保障专门学校的办学条件，教育行政部门应当加强对专门学校的管理和指导，有关部门应当给予协助和配合。专门学校应当对在校就读的未成年学生进行思想教育、文化教育、纪律和法制教育、劳动技术教育和职业教育。

专门学校的教职员工应当关心、爱护、尊重学生，不得歧视、厌弃。

第二十六条　幼儿园应当做好保育、教育工作，促进幼儿在体质、智力、品德等方面和谐发展。

第二十七条　全社会应当树立尊重、保护、教育未成年人的良好风尚，关心、爱护未成年人。

国家鼓励社会团体、企业事业组织以及其他组织和个人，开展多种形式的有利于未成年人健康成长的社会活动。

第二十八条　各级人民政府应当保障未成年人受教育的权利，并采取措施保障家庭经济困难的、残疾的和流动人口中的未成年人等接受义务教育。

第二十九条　各级人民政府应当建立和改善适合未成年人文化生活需要的活动场所和设施，鼓励社会力量兴办适合未成年人的活动场所，并加强管理。

第三十条　爱国主义教育基地、图书馆、青少年宫、儿童活动中心应当对未成年人免费开放；博物馆、纪念馆、科技馆、展览馆、美术馆、文化馆以及影剧院、体育场馆、动物园、公园等场所，应当按照有关规定对未成年人免费或者优惠开放。

第三十一条　县级以上人民政府及其教育行政部门应当采取措施，鼓励和支持中小学校在节假日期间将文化体育设施对未成年人免费或者优惠开放。

社区中的公益性互联网上网服务设施，应当对未成年人免费或者优惠开放，为未成年人提供安全、健康的上网服务。

第三十二条　国家鼓励新闻、出版、信息产业、广播、电影、电视、文艺等单位和作家、艺术家、科学家以及其他公民，创作或者提供有利于未成年人健康成长的作品。出版、制作和传播专门以未成年人为对象的内容健康的图书、报刊、音像制品、电子出版物以及网络信息等，国家给予扶持。

国家鼓励科研机构和科技团体对未成年人开展科学知识普及活动。

第三十三条　国家采取措施，预防未成年人沉迷网络。

国家鼓励研究开发有利于未成年人健康成长的网络产品，推广用于阻止未成年人沉迷网络的新技术。

第三十四条　禁止任何组织、个人制作或者向未成年人出售、出租或者以其他方式传播淫秽、暴力、凶杀、恐怖、赌博等毒害未成年人的图书、报刊、音像制品、电子出版物以及网络信息等。

第三十五条　生产、销售用于未成年人的食品、药品、玩具、用具和游乐设施等，应当符合国家标准或者行业标准，不得有害于未成年人的安全和健康；需要标明注意事项的，应当在显著位置标明。

第三十六条　中小学校园周边不得设置营业性歌舞娱乐场所、互联网上网服务营业场所等不适宜未成年人活动的场所。

营业性歌舞娱乐场所、互联网上网服务营业场所等不适宜未成年人活动的场所，不得允许未成年人进入，经营者应当在显著位置设置未成年人禁入标志；对难以判明是否已成年的，应当要求其出示身份证件。

第三十七条　禁止向未成年人出售烟酒，经营者应当在显著位置设置不向未成年人出售烟酒的标志；对难以判明是否已成年的，应当要求其出示身份证件。

任何人不得在中小学校、幼儿园、托儿所的教室、寝室、活动室和其他未成年人集中活动的场所吸烟、饮酒。

第三十八条　任何组织或者个人不得招用未满十六周岁的未成年人，国家另有规定的除外。

任何组织或者个人按照国家有关规定招用已满十六周岁未满十八周岁的未成年人的，应当执行国家在工种、劳动时间、劳动强度和保护措施等方面的规定，不得安排其从事过重、有毒、有害等危害未成年人身心健康的劳动或者危险作业。

第三十九条　任何组织或者个人不得披露未成年人的个人隐私。

对未成年人的信件、日记、电子邮件，任何组织或者个人不得隐匿、毁弃；除因追查犯罪的需要，由公安机关或者人民检察院依法进行检查，或者对无行为能力的未成年人的信件、日记、电子邮件由其父母或者其他监护人代为开拆、查阅外，任何组织或者个人不得开拆、查阅。

第四十条　学校、幼儿园、托儿所和公共场所发生突发事件时，应当优先救护未成年人。

第四十一条　禁止拐卖、绑架、虐待未成年人，禁止对未成年人实施性侵害。

禁止胁迫、诱骗、利用未成年人乞讨或者组织未成年人进行有害其身心健康的表演等活动。

第四十二条　公安机关应当采取有力措施，依法维护校园周边的治安和交通秩序，预防和制止侵害未成年人合法权益的违法犯罪行为。

任何组织或者个人不得扰乱教学秩序，不得侵占、破坏学校、幼儿园、托儿所的场地、房屋和设施。

第四十三条　县级以上人民政府及其民政部门应当根据需要设立救助场所，对流浪乞讨等生活无着未成年人实施救助，承担临时监护责任；公安部门或者其他有关部门应当护送流浪乞讨或者离家出走的未成年人到救助场所，由救助场所予以救助和妥善照顾，并及时通知其父母或者其他监护人领回。

对孤儿、无法查明其父母或者其他监护人的以及其他生活无着的未成年人，由民政部门设立的儿童福利机构收留抚养。

未成年人救助机构、儿童福利机构及其工作人员应当依法履行职责，不得虐待、歧视未成年人；不得在办理收留抚养工作中牟取利益。

第四十四条　卫生部门和学校应当对未成年人进行卫生保健和营养指导，提供必要的卫生保健条件，做好疾病预防工作。

卫生部门应当做好对儿童的预防接种工作，国家免疫规划项目的预防接种实行免费；积极防治儿童常见病、多发病，加强对传染病防治工作的监督管理，加强对幼儿园、托儿所卫生保健的业务指导和监督检查。

第四十五条　地方各级人民政府应当积极发展托幼事业，办好托儿所、幼儿园，支持社会组织和个人依法兴办哺乳室、托儿所、幼儿园。

各级人民政府和有关部门应当采取多种形式，培养和训练幼儿园、托儿所的保教人员，提高其职业道德素质和业务能力。

第四十六条　国家依法保护未成年人的智力成果和荣誉权不受侵犯。

第四十七条　未成年人已经完成规定年限的义务教育不再升学的，政府有关部门和社会团体、企业事业组织应当根据实际情况，对他们进行职业教育，为他们创造劳动就业条件。

第四十八条　居民委员会、村民委员会应当协助有关部门教育和挽救违法犯罪的未成年人，预防和制止侵害未成年人合法权益的违法犯罪行为。

第四十九条　未成年人的合法权益受到侵害的，被侵害人及其监护人或者其他组织和个人有权向有关部门投诉，有关部门应当依法及时处理。

第五十条　公安机关、人民检察院、人民法院以及司法行政部门，应当依法履行职责，在司法活动中保护未成年人的合法权益。

第五十一条　未成年人的合法权益受到侵害，依法向人民法院提起诉讼的，人民法院应当依法及时审理，并适应未成年人生理、心理特点和健康成长的需要，保障未成年人的合法权益。

在司法活动中对需要法律援助或者司法救助的未成年人，法律援助机构或者人民法院应当给予帮助，依法为其提供法律援助或者司法救助。

第五十二条　人民法院审理继承案件，应当依法保护未成年人的继承权和受遗赠权。

人民法院审理离婚案件，涉及未成年子女抚养问题的，应当听取有表达意愿能力的未成年子女的意见，根据保障子女权益的原则和双方具体情况依法处理。

第五十三条　父母或者其他监护人不履行监护职责或者侵害被监护的未成年人的合法权益，经教育不改的，人民法院可以根据有关人员或者有关单位的申请，撤销其监护人的资格，依法另行指定监护人。被撤销监护资格的父母应当依法继续负担抚养费用。

第五十四条　对违法犯罪的未成年人，实行教育、感化、挽救的方针，坚持教育为主、惩罚为辅的原则。

对违法犯罪的未成年人，应当依法从轻、减轻或者免除处罚。

第五十五条　公安机关、人民检察院、人民法院办理未成年人犯罪案件和涉及未成年人权益保护案件，应当照顾未成年人身心发展特点，尊重他们的人格尊严，保障他们的合法权益，并根据需要设立专门机构或者指定专人办理。

第五十六条　公安机关、人民检察院讯问未成年犯罪嫌疑人，询问未成年证人、被害人，应当通知监护人到场。

公安机关、人民检察院、人民法院办理未成年人遭受性侵害的刑事案件，应当保护被害人的名誉。

第五十七条　对羁押、服刑的未成年人，应当与成年人分别关押。

羁押、服刑的未成年人没有完成义务教育的，应当对其进行义务教育。

解除羁押、服刑期满的未成年人的复学、升学、就业不受歧视。

第五十八条　对未成年人犯罪案件，新闻报道、影视节目、公开出版物、网络等不得披露该未成年人的姓名、住所、照片、图像以及可能推断出该未成年人的资料。

第五十九条　对未成年人严重不良行为的矫治与犯罪行为的预防，依照预防未成年人犯罪法的规定执行。

第四章　法律责任

第六十条　违反本法规定，侵害未成年人的合法权益，其他法律、法规已规定行政处罚的，从其规定；造成人身财产损失或者其他损害的，依法承担民事责任；构成犯罪的，依法追究刑事责任。

第六十一条　国家机关及其工作人员不依法履行保护未成年人合法权益的责任，或者侵害未成年人合法权益，或者对提出申诉、控告、检举的人进行打击报复的，由其所在单位或者上级机关责令改正，对直接负责的主管人员和其他直接责任人员依法给予行政处分。

第六十二条　父母或者其他监护人不依法履行监护职责，或者侵害未成年人合法权益的，由其所在单位或者居民委员会、村民委员会予以劝诫、制止；构成违反治安管理行为的，由公安机关依法给予行政处罚。

第六十三条　学校、幼儿园、托儿所侵害未成年人合法权益的，由教育行政部门或者其他有关部门责令改正；情节严重的，对直接负责的主管人员和其他直接责任人员依法给予处分。

学校、幼儿园、托儿所教职员工对未成年人实施体罚、变相体罚或者其他侮辱人格行为的，由其所在单位或者上级机关责令改正；情节严重的，依法给予处分。

第六十四条　制作或者向未成年人出售、出租或者以其他方式传播淫秽、暴力、凶杀、恐怖、赌博等图书、报刊、音像制品、电子出版物以及网络信息等的，由主管部门责令改正，依法给予行政处罚。

第六十五条　生产、销售用于未成年人的食品、药品、玩具、用具和游乐设施不符合国家标准或者行业标准，或者没有在显著位置标明注意事项的，由主管部门责令改正，依法给予行政处罚。

第六十六条　在中小学校园周边设置营业性歌舞娱乐场所、互联网上网服务营业场所等不适宜未成年人活动的场所的，由主管部门予以关闭，依法给予行政处罚。

营业性歌舞娱乐场所、互联网上网服务营业场所等不适宜未成年人活动的场所允许未成年人进入，或者没有在显著位置设置未成年人禁入标志的，由主管部门责令改正，依法给予行政处罚。

第六十七条　向未成年人出售烟酒，或者没有在显著位置设置不向未成年人出售烟酒标志的，由主管部门责令改正，依法给予行政处罚。

第六十八条　非法招用未满十六周岁的未成年人，或者招用已满十六周岁的未成年人从事过重、有毒、有害等危害未成年人身心健康的劳动或者危险作业的，由劳动保障部门责令改正，处以罚款；情节严重的，由工商行政管理部门吊销营业执照。

第六十九条　侵犯未成年人隐私，构成违反治安管理行为的，由公安机关依法给予行政处罚。

第七十条　未成年人救助机构、儿童福利机构及其工作人员不依法履行对未成年人的救助保护职责，或者虐待、歧视未成年人，或者在办理收留抚养工作中牟取利益的，由主管部门责令改正，依法给予行政处分。

第七十一条　胁迫、诱骗、利用未成年人乞讨或者组织未成年人进行有害其身心健康的表演等活动的，由公安机关依法给予行政处罚。

第五章　附则

第七十二条　本法自 2007 年 6 月 1 日起施行。

中华人民共和国妇女权益保障法

第一章　总则

第一条　为了保障妇女的合法权益，促进男女平等，充分发挥妇女在社会主义现代化建设中的作用，根据宪法和我国的实际情况，制定本法。

第二条　妇女在政治的、经济的、文化的、社会的和家庭的生活等各方面享有同男子平等的权利。

实行男女平等是国家的基本国策。国家采取必要措施，逐步完善保障妇女权益的各项制度，消除对妇女一切形式的歧视。

国家保护妇女依法享有的特殊权益。

禁止歧视、虐待、遗弃、残害妇女。

第三条　国务院制定中国妇女发展纲要，并将其纳入国民经济和社会发展规划。

县级以上地方各级人民政府根据中国妇女发展纲要，制定本行政区域的妇女发展规划，并将其纳入国民经济和社会发展计划。

第四条　保障妇女的合法权益是全社会的共同责任。国家机关、社会团体、企业事业单位、城乡基层群众性自治组织，应当依照本法和有关法律的规定，保障妇女的权益。

国家采取有效措施，为妇女依法行使权利提供必要的条件。

第五条　国家鼓励妇女自尊、自信、自立、自强，运用法律维护自身合法权益。

妇女应当遵守国家法律，尊重社会公德，履行法律所规定的义务。

第六条　各级人民政府应当重视和加强妇女权益的保障工作。

县级以上人民政府负责妇女儿童工作的机构，负责组织、协调、指导、督促有关部门做好妇女权益的保障工作。

县级以上人民政府有关部门在各自的职责范围内做好妇女权益的保障工作。

第七条　中华全国妇女联合会和地方各级妇女联合会依照法律和中华全国妇女联合会章程，代表和维护各族各界妇女的利益，做好维护妇女权益的工作。

工会、共产主义青年团，应当在各自的工作范围内，做好维护妇女权益的工作。

第八条　对保障妇女合法权益成绩显著的组织和个人，各级人民政府和有关部门给予表彰和奖励。

第二章　政治权利

第九条　国家保障妇女享有与男子平等的政治权利。

第十条　妇女有权通过各种途径和形式，管理国家事务，管理经济和文化事业，管理社会事务。

制定法律、法规、规章和公共政策，对涉及妇女权益的重大问题，应当听取妇女联合会的意见。

妇女和妇女组织有权向各级国家机关提出妇女权益保障方面的意见和建议。

第十一条　妇女享有与男子平等的选举权和被选举权。

全国人民代表大会和地方各级人民代表大会的代表中，应当有适当数量的妇女代表。国家采取措施，逐步提高全国人民代表大会和地方各级人民代表大会的妇女代表的比例。

居民委员会、村民委员会成员中，妇女应当有适当的名额。

第十二条　国家积极培养和选拔女干部。

国家机关、社会团体、企业事业单位培养、选拔和任用干部，必须坚持男女平等的原则，并有适当数量的妇女担任领导成员。

国家重视培养和选拔少数民族女干部。

第十三条　中华全国妇女联合会和地方各级妇女联合会代表妇女积极参与国家和社会事务的民主决策、民主管理和民主监督。

各级妇女联合会及其团体会员，可以向国家机关、社会团体、企业事业单位推荐女干部。

第十四条　对于有关保障妇女权益的批评或者合理建议，有关部门应当听取和采纳；对于有关侵害妇女权益的申诉、控告和检举，有关部门必须查清事实，负责处理，任何组织或者个人不得压制或者打击报复。

第三章　文化教育权益

第十五条　国家保障妇女享有与男子平等的文化教育权利。

第十六条　学校和有关部门应当执行国家有关规定，保障妇女在入学、升学、毕业分配、授予学位、派出留学等方面享有与男子平等的权利。

学校在录取学生时，除特殊专业外，不得以性别为由拒绝录取女性或者提高对女性的录取标准。

第十七条　学校应当根据女性青少年的特点，在教育、管理、设施等方面采取措施，保障女性青少年身心健康发展。

第十八条　父母或者其他监护人必须履行保障适龄女性儿童少年接受义务教育的义务。

除因疾病或者其他特殊情况经当地人民政府批准的以外，对不送适龄女性儿童少年入学的父母或者其他监护人，由当地人民政府予以批评教育，并采取有效措施，责令送适龄女性儿童少年入学。

政府、社会、学校应当采取有效措施，解决适龄女性儿童少年就学存在的实际困难，并创造条件，保证贫困、残疾和流动人口中的适龄女性儿童少年完成义务教育。

第十九条　各级人民政府应当依照规定把扫除妇女中的文盲、半文盲工作，纳入扫盲和扫盲后继续教育规划，采取符合妇女特点的组织形式和工作方法，组织、监督有关部门具体实施。

第二十条　各级人民政府和有关部门应当采取措施，根据城镇和农村妇女的需要，组织妇女接受职业教育和实用技术培训。

第二十一条　国家机关、社会团体和企业事业单位应当执行国家有关规定，保障妇女从事科学、技术、文学、艺术和其他文化活动，享有与男子平等的权利。

第四章　劳动和社会保障权益

第二十二条　国家保障妇女享有与男子平等的劳动权利和社会保障权利。

第二十三条　各单位在录用职工时，除不适合妇女的工种或者岗位外，不得以性别为由拒绝录用妇女或者提高对妇女的录用标准。

各单位在录用女职工时，应当依法与其签订劳动（聘用）合同或者服务协议，劳动（聘用）合同或者服务协议中不得规定限制女职工结婚、生育的内容。

禁止录用未满十六周岁的女性未成年人，国家另有规定的除外。

第二十四条　实行男女同工同酬。妇女在享受福利待遇方面享有与男子平等的权利。

第二十五条　在晋职、晋级、评定专业技术职务等方面，应当坚持男女平等的原则，不得歧视妇女。

第二十六条　任何单位均应根据妇女的特点，依法保护妇女在工作和劳动时的安全和健康，不得安排不适合妇女从事的工作和劳动。

妇女在经期、孕期、产期、哺乳期受特殊保护。

第二十七条　任何单位不得因结婚、怀孕、产假、哺乳等情形，降低女职工的工资，辞退女职工，单方解除劳动（聘用）合同或者服务协议。但是，女职工要求终止劳动（聘用）合同或者服务协议的除外。

各单位在执行国家退休制度时，不得以性别为由歧视妇女。

第二十八条　国家发展社会保险、社会救助、社会福利和医疗卫生事业，保障妇女享有社会保险、社会救助、社会福利和卫生保健等权益。

国家提倡和鼓励为帮助妇女开展的社会公益活动。

第二十九条　国家推行生育保险制度，建立健全与生育相关的其他保障制度。

地方各级人民政府和有关部门应当按照有关规定为贫困妇女提供必要的生育救助。

第五章　财产权益

第三十条　国家保障妇女享有与男子平等的财产权利。

第三十一条　在婚姻、家庭共有财产关系中，不得侵害妇女依法享有的权益。

第三十二条　妇女在农村土地承包经营、集体经济组织收益分配、土地征收或者征用补偿费使用以及宅基地使用等方面，享有与男子平等的权利。

第三十三条　任何组织和个人不得以妇女未婚、结婚、离婚、丧偶等为由，侵害妇女在农村集体经济组织中的各项权益。

因结婚男方到女方住所落户的，男方和子女享有与所在地农村集体经济组织成员平等的权益。

第三十四条　妇女享有的与男子平等的财产继承权受法律保护。在同一顺序法定继承人中，不得歧视妇女。

丧偶妇女有权处分继承的财产，任何人不得干涉。

第三十五条　丧偶妇女对公、婆尽了主要赡养义务的，作为公、婆的第一顺序法定继承人，其继承权不受子女代位继承的影响。

第六章　人身权利

第三十六条　国家保障妇女享有与男子平等的人身权利。

第三十七条　妇女的人身自由不受侵犯。禁止非法拘禁和以其他非法手段剥夺或者限制妇女的人身自由；禁止非法搜查妇女的身体。

第三十八条　妇女的生命健康权不受侵犯。禁止溺、弃、残害女婴；禁止歧视、虐待生育女婴的妇女和不育的妇女；禁止用迷信、暴力等手段残害妇女；禁止虐待、遗弃病、残妇女和老年妇女。

第三十九条　禁止拐卖、绑架妇女；禁止收买被拐卖、绑架的妇女；禁止阻碍解救被拐卖、绑架的妇女。

各级人民政府和公安、民政、劳动和社会保障、卫生等部门按照其职责及时采取措施解救被拐卖、绑架的妇女，做好善后工作，妇女联合会协助和配合做好有关工作。任何人不得歧视被拐卖、绑架的妇女。

第四十条　禁止对妇女实施性骚扰。受害妇女有权向单位和有关机关投诉。

第四十一条　禁止卖淫、嫖娼。

禁止组织、强迫、引诱、容留、介绍妇女卖淫或者对妇女进行猥亵活动。

禁止组织、强迫、引诱妇女进行淫秽表演活动。

第四十二条　妇女的名誉权、荣誉权、隐私权、肖像权等人格权受法律保护。

禁止用侮辱、诽谤等方式损害妇女的人格尊严。禁止通过大众传播媒介或者其他方式贬低损害妇女人格。未经本人同意，不得以营利为目的，通过广告、商标、展览橱窗、报纸、期刊、图书、音像制品、电子出版物、网络等形式使用妇女肖像。

第七章　婚姻家庭权益

第四十三条　国家保障妇女享有与男子平等的婚姻家庭权利。

第四十四条　国家保护妇女的婚姻自主权。禁止干涉妇女的结婚、离婚自由。

第四十五条　女方在怀孕期间、分娩后一年内或者终止妊娠后六个月内，男方不得提出离婚。女方提出离婚的，或者人民法院认为确有必要受理男方离婚请求的，不在此限。

第四十六条　禁止对妇女实施家庭暴力。

国家采取措施，预防和制止家庭暴力。

公安、民政、司法行政等部门以及城乡基层群众性自治组织、社会团体，应当在各自的职责范围内预防和制止家庭暴力，依法为受害妇女提供救助。

第四十七条　妇女对依照法律规定的夫妻共同财产享有与其配偶平等的占有、使用、收益和处分的权利，不受双方收入状况的影响。

夫妻书面约定婚姻关系存续期间所得的财产归各自所有，女方因抚育子女、照料老人、协助男方工作等承担较多义务的，有权在离婚时要求男方予以补偿。

第四十八条　夫妻共有的房屋，离婚时，分割住房由双方协议解决；协议不成的，由人民法院根据双方的具体情况，按照照顾子女和女方权益的原则判决。夫妻双方另有约定的除外。

夫妻共同租用的房屋，离婚时，女方的住房应当按照照顾子女和女方权益的原则解决。

第四十九条　父母双方对未成年子女享有平等的监护权。

父亲死亡、丧失行为能力或者有其他情形不能担任未成年子女的监护人的，母亲的监护权任何人不得干涉。

第五十条　离婚时，女方因实施绝育手术或者其他原因丧失生育能力的，处理子女抚养问题，应在有利子女权益的条件下，照顾女方的合理要求。

第五十一条　妇女有按照国家有关规定生育子女的权利，也有不生育的自由。

育龄夫妻双方按照国家有关规定计划生育，有关部门应当提供安全、有效的避孕药具和技术，保障实施节育手术的妇女的健康和安全。

国家实行婚前保健、孕产期保健制度，发展母婴保健事业。各级人民政府应当采取措施，保障妇女享有计划生育技术服务，提高妇女的生殖健康水平。

第八章　法律责任

第五十二条　妇女的合法权益受到侵害的，有权要求有关部门依法处理，或者依法向仲裁机构申请仲裁，或者向人民法院起诉。

对有经济困难需要法律援助或者司法救助的妇女，当地法律援助机构或者人民法院应当给予帮助，依法为其提供法律援助或者司法救助。

第五十三条　妇女的合法权益受到侵害的，可以向妇女组织投诉，妇女组织应当维护被侵害妇女的合法权益，有权要求并协助有关部门或者单位查处。有关部门或者单位应当依法查处，并予以答复。

第五十四条　妇女组织对于受害妇女进行诉讼需要帮助的，应当给予支持。

妇女联合会或者相关妇女组织对侵害特定妇女群体利益的行为，可以通过大众传播媒介揭露、批评，并有权要求有关部门依法查处。

第五十五条　违反本法规定，以妇女未婚、结婚、离婚、丧偶等为由，侵害妇女在农村集体经济组织中的各项权益的，或者因结婚男方到女方住所落户，侵害男方和子女享有与所在地农村集体经济组织成员平等权益的，由乡镇人民政府依法调解；受害人也可以依法向农村土地承包仲裁机构申请仲裁，或者向人民法院起诉，人民法院应当依法受理。

第五十六条　违反本法规定，侵害妇女的合法权益，其他法律、法规规定行政处罚的，从其规定；造成财产损失或者其他损害的，依法承担民事责任；构成犯罪的，依法追究刑事责任。

第五十七条　违反本法规定，对侵害妇女权益的申诉、控告、检举，推诿、拖延、压制不予查处，或者对提出申诉、控告、检举的人进行打击报复的，由其所在单位、主管部门或者上级机关责令改正，并依法对直接负责的主管人员和其他直接责任人员给予行政处分。

国家机关及其工作人员未依法履行职责，对侵害妇女权益的行为未及时制止或者未给予受害妇女必要帮助，造成严重后果的，由其所在单位或者上级机关依法对直接负责的主管人员和其他直接责任人员给予行政处分。

违反本法规定，侵害妇女文化教育权益、劳动和社会保障权益、人身和财产权益以及婚姻家庭权益的，由其所在单位、主管部门或者上级机关责令改正，直接负责的主管人员和其他直接责任人员属于国家工作人员的，由其所在单位或者上级机关依法给予行政处分。

第五十八条　违反本法规定，对妇女实施性骚扰或者家庭暴力，构成违反治安管理行为的，受害人可以提请公安机关对违法行为人依法给予行政处罚，也可以依法向人民法院提起民事诉讼。

第五十九条　违反本法规定，通过大众传播媒介或者其他方式贬低损害妇女人格的，由文化、广播电影电视、新闻出版或者其他有关部门依据各自的职权责令改正，并依法给予行政处罚。

第九章　附则

第六十条　省、自治区、直辖市人民代表大会常务委员会可以根据本法制定实施办法。

民族自治地方的人民代表大会，可以依据本法规定的原则，结合当地民族妇女的具体情况，制定变通的或者补充的规定。自治区的规定，报全国人民代表大会常务委员会批准后生效；自治州、自治县的规定，报省、自治区、直辖市人民代表大会常务委员会批准后生效，并报全国人民代表大会常务委员会备案。

第六十一条　本法自1992年10月1日起施行。

05

NONGCUN

TUDI PIAN

农村土地篇

经典案例选编

1. 村民迁入小城镇仍享有土地承包权

案情：高其是山东省某镇二村的村民，2000年5月从村委会承包了30亩耕地，约定承包期为30年，同年取得了农村土地经营权证。2001年10月，因孩子上学，全家搬到了离二村不远的某镇居住并落户，其户口仍属于农业户口。尽管，高其全家搬到了某镇居住，但是，高其全家仍靠承包的30亩耕地为生活来源。2005年4月，二村的村委会发包土地，既没有召开村民会议讨论通过也没有公开承包方案，便自行将高其承包的30亩耕地收回，并将其中的20亩耕地承包给李红。与此同时，李红在2005年年底也取得了农村土地经营权证。

高其认为，虽然全家在2001年10月都迁到某镇居住落户，但这期间，高其承包的土地一直耕种，并按照规定缴纳农业税。村委会将他承包的耕地又承包给李红并发给土地承包经营权证是不合法的，要求法院撤销李红的土地承包经营权证。

而李红则认为，高其全家人的户口2001年10月迁入某镇，他全家已不再是本村村民，所以自己的土地承包经营权证是合法的。二村村委会也表明，李红与村委会签订了承包合同，也有区政府颁发的农村土地承包经营权证，并且也经过村民小组组长会议讨论，理应是合法的。

最后，法院判决：二村村委会无权收回高其承包的耕地；村委会发包土地，未依法召开本集体经济组织成员的村民会议讨论通过并公开承包方案就与李红签订了土地承包合同，违反了法律规定，因此区政府发给李红农村土地承包经营权证的程序不合法，应当予以撤销。

评析：根据《中华人民共和国农村土地承包法》第二十六条规定："承包期内，承包方全家迁入小城镇落户的，应当按照承包方的意愿，保留其土地承包经营权或者允许其依法进行土地承包经营权流转。"这是因为，如果承包方在小城镇生活困难，还是要回到农村生活，如果将其承包的土地收回，或再承包出去，那这部分人再回到农村生活就会没有生活来源。但是如果在承包期内，承包方全家迁入设区的市，转为非农业户口的，应当将承包的耕地和草地交回发包方。因此，高其全家搬到某镇居住并落户，但是他家的主要经济来源依然依靠耕种二村的土地，所以说，村委会无权将高其承包的土地收回。

《中华人民共和国农村土地承包法》第十九条规定："土地承包应当按照以下程序进行：（1）本集体经济组织成员的村民会议选举产生承包工作小组；（2）承包工作小组依照法律、法规的规定拟订并公布承包方案；（3）依法召开本集体经济组织成员的村民会议，讨论通过承包方案；（4）公开组织实施承包方案；（5）签订承包合同。" 二村村委会没有依法召开村民会议，未经村民会议2/3以上成员或者2/3以上村民代表讨论通过并公开承包方案，就将高其承包的耕地承包给李红，从程序上违反了法律规定。因此，村委会与李红签订的土地承包合同，区政府发给李红农村土地承包经营权证的程序违法，依法应当予以撤销。

2. 村委会收回农户撂荒的土地另行发包给他人

案情：李宁是河北省保定市B县A村的村民，于2000年9月承包了村委会发包的6亩耕地，县政府为其颁发了土地承包经营权证书，承包期为30年。从2001年起，李宁开始外出打工挣钱，承包的6亩耕地就一直荒废在那。2002年5月，村委会以李宁自愿交回土地为由将这6亩耕地收回交由本村村民董京耕种，并在董京的土地承包合同及经营权证书流转登记表中予以登记。2004年，国家开始实施对农民进行粮食补贴，因为此耕地从2002年5月就一直由董京耕种，所以粮食补贴款也就一直由董京领取。2006年李宁打工回来，发现自己承包的土地被董京耕种，索要耕地未果，便将村委会和董京告到法院，请求返还耕地和粮食补贴款。

法院经审理查明，合法取得的农村土地承包经营权受法律的保护，董京应返还李宁承包的6亩耕地，但2004年以后的粮食补贴款归董京所有。

评析：根据《土地承包法》第29条规定，承包方自愿交回土地的，应当提前半年以书面形式通知发包方。《最高人民法院关于审理涉及农村土地承包纠纷案件适用法律问题的解释》第10条规定，承包方交回土地不符合土地承包法第29条的，不得认定其自愿交回。因此，法律对承包方在承包期间交回承包土地，规定了严格的程序，在形式上要求采取书面形式，在时间上要求提前半年。本案中，李宁并没有提前半年以书面形式将土地交回，因此，不能认定李宁自愿将承包土地交回。

根据《最高人民法院关于审理涉及农村土地承包纠纷案件适用法律问题的解释》第6条规定，因发包方违法收回、调整承包地或者因发包方收回承包方弃耕、撂荒的承包地产生纠纷，如果发包方已将承包地另行发包给第三人，承包方以发包方和第三人为共同被告，请求确认其所签订的承包合同无效，返还承包地并赔偿损失的，应予支持。所以，在不能认定李宁是自愿交回6亩承包地或者村委会依法定条件将此耕地收回的情况下，村委会将土地交由董京耕种的行为应认定无效，董京应返还李宁这6亩耕地。

国家粮食补贴款是对种地者的补偿及补贴，从2003年5月开始，此耕地一直由董京耕种，因此由董京领取补偿款是符合国家政策和法律规定的。

3. 口头转让耕地受保护

案情：2002年春天，刘丹因身体不适，没有能力种地，便与同村村民段宏协商将自家承包的5亩土地转让给段宏耕种。2003年国家实行退耕还林政策，对耕地进行补贴，因为此块土地一直由段宏耕种，所以补贴也就一直由段宏领取。刘丹看到现在种地不仅有收成，国家还有补贴，自己承包的土地让段宏种着，白得补贴款，跟自己没有什么关系，心里很是不平衡。于是一怒之下于2005年3月，将段宏诉至法院，请求收回土地和要求段宏退还2003年至今的国家补贴款。

经过法院的审理查明与当地村民的证人证言，刘丹与段宏是在平等自愿的条件下达成的口头协议，是合法有效的。因此，法院裁定驳回了刘丹的诉讼请求

评析：根据《合同法》第十条“当事人订立合同，有书面形式、口头形式和其他形式”、第八条“依法成立的合同，对当事人具有法律约束力。当事人应当按照约定履行自己的义务，不得擅自变更或者解除合同”的规定。刘丹与段宏口头达成的土地经营权转让协议是合法有效的，并且已经履行了多年。因此，双方应该依照约定继续履行自己的义务，不得随便更改或者解除合同。刘丹看到目前耕种土地国家有补贴，有利可图，就想反悔。单方违约的行为与法律相违背，因此，法院不支持刘丹的诉讼请求。

4. 土地流转纠纷仲裁案例

案情：刘小岩是河北张家口人，因身体有病不能下田干农活，经村委会出面，于2001年开春将10亩承包地租给本村张叶耕种，口头约定了租期为4年，每年的租金为人民币5000元。4年后，因为刘小岩的承包地土质比较好，种的庄稼长得也比别人家的好，自然收成就好。在租赁期届满后，张叶就不想将承包地返还给刘小岩，并且拒绝村委会的调解。刘小岩在万般无奈之下，提起仲裁，请求收回自己10亩承包地的经营权。

土地承包仲裁委员会依据《农村土地承包法》第九条、《物权法》第三十四条、第一百一十七条、第一百二十七条之规定，作出张叶在2005年秋收后，将10亩耕地返还给刘小岩的仲裁决定。

评析：根据《农村土地承包法》第九条规定：“国家保护集体土地所有者合法权益，保护承包方的土地承包经营权，任何组织和个人不得侵犯。”又根据《农村土地承包法》第三十二条规定：“通过家庭承包方式取得的土地承包经营权可以依法采取转包、出租、互换、转让或者其他方式流转”。《物权法》第三十四条规定：“无权占有不动产或动产的，权利人可以请求返还原物。”第一百一十七条规定:“用益物权人对他人所有的不动产或动产依法享有使用和收益的权利。”

因此，刘小岩依法承包了10亩土地，取得了土地承包经营权。但是，由于无耕种能力，经过村委会将土地合法地流转给张叶，并口头约定了流转期限。所以，刘小岩与张叶之间的土地流转行为是合法有效的，是应该受到法律所保护的，流转期满后，刘小岩向张叶要回承包土地，也符合《农村土地承包法》和《物权法》的规定。因此，对于刘小岩向张叶要回承包地的请求，依法应予以支持。

5. 承包的土地份额不发生继承的问题

案情：1999年，陕西省某村村委会与李东签订了承包期为20年的土地承包合同，李东领取了土地承包经营权使用权证书，承包人为李东和李东的两个女儿。2004年，李东因病去世，2005年1月李东的两个女儿因出嫁相继把户口转为非农业户口，李东的大女儿户口迁入县级市管辖的小城镇，小女儿将户口迁入设区的市。2008年年底，村委会决定解除与李东的承包合同，收回土地承包经营权。李东的儿子及两个女儿诉至法院，李东的儿子主张继承李东的承包经营权，李东的两个女儿主张仍有承包权。经过法院开庭审理，最后判决：李东的大女儿仍享有承包经营权；不支持李东儿子的诉讼请求。

评析：根据《农村土地承包法》第十五条规定："家庭承包的承包方是本集体经济组织的农户。"农村集体经济组织内部实行的承包是以"户"或者以"家庭"为生产经营单位的，虽然有家庭成员死亡，但作为承包方的"户"仍然存在，死者的土地份额由其家庭内其他承包人承包，不发生继承问题。只有在承包户成员全部死亡的情况下，土地承包经营权才消灭，由发包方收回承包地。从理论上说，农村集体经济组织内部的家庭承包，是农村集体经济组织成员的一项权利，土地承包经营权来自集体成员和集体组织的合同规定，是一种约定权利而非法定权利，不属于可继承的权利。因此，在本案中，李东的儿子不属于李东土地承包户的家庭成员，所以对李东的土地承包经营权不享有继承权。

《农村土地承包法》第二十六条规定："承包期内，发包方不得收回承包地。承包期内，承包方全家迁入小城镇落户的，应当按照承包方的意愿，保留其土地承包经营权或者允许其依法进行土地承包经营权流转……"本案中，李东的大女儿户口迁入地为县级市管辖的小城镇，属于法律规定的全家迁入小城镇的情况。依法，应当保留李东大女儿的土地承包经营权，或者允许其依法进行土地承包经营权流转。根据《农村土地承包法》的相关规定，承包期内，承包方全家迁入设区的市，转为非农业户口的，应当将承包的耕地交回发包方。承包方不交回的，发包方可以收回承包的耕地和草地。本案中，李东的小女儿户口已经迁入设区的市，因此，不再享有承包土地的资格。

6. 土地承包经营权纠纷应如何处理

案情：张甲、李乙、胡丙均是吉林省吉林市某村的农民，2003年三家达成口头协议：张甲将自己承包的一块耕地换给胡丙，胡丙将自己承包的耕地换给李乙耕种，李乙将自己承包的耕地换给张甲耕种。事后三人按口头协议的内容订立了书面协议，因李乙父母病重，急着回老家，就没有在书面协议上签字。在村支书和李乙妻子在场的情况下，三家对土地进行了丈量交换。李乙从老家回来后，对该换地行为并没有产生异议。三家按照协议上的约定，按所换的土地耕种了5年。2008年开春的时候，李乙为了多种一块地，就抢在张甲的前边将换给张甲的土地给耕种了。于是，张甲起诉到法院，请求李乙停止对换给自己的耕地的侵害。

法院经过开庭审理认为张甲、李乙、胡丙三家之间的土地承包经营权互换行为合法有效，李乙耕种张甲的土地侵犯了张甲对所换土地的经营权，应对张甲提出的请求予以支持。

评析:《中华人民共和国土地承包法》第3条规定:“农村土地承包采取农村集体经济组织内部的家庭承包方式”，而该法第15条规定:“家庭承包的承包方是本集体经济组织的农户。”发包方将土地发包给农户经营时，是按照每户所有成员的人数来确定承包土地的份额，即人人有份。李乙及其妻子和子女组成的农户在承包土地时，每个人的份额是均等的，所以李乙及其妻子对承包的土地享有平等的处分权，李乙的妻子在李乙没有到场的情况下，有权参与土地的丈量交换。

该耕地互换协议已实际履行，李乙虽然没有在换地协议上签字，但是三家已达成口头换地协议，该口头协议同样对双方当事人具有约束力。《中华人民共和国土地承包法》第37条规定:“土地承包经营权互换时当事人双方应当签订书面合同。”此规定是为了更好地保护当事人的合法权利，并不是强制性规定。那么，在有证据能够证明口头协议是出于当事人自愿的情况下，也应对口头协议予以支持。事实上，李乙从老家回来后并没有对该换地行为产生异议，并且按所换耕地实际耕种了5年之久，以自己的行动对换地协议进行了追认。故在双方没有协商或起诉对换地协议进行解除之前，李乙对已换给张甲的耕地进行耕种构成了侵权。

根据《中华人民共和国土地承包法》第40条的规定:“承包经营权互换须具备以下条件:（1）双方所承包的土地属于同一集体经济组织所有;（2）双方互换的目的是为了方便耕种，没有改变土地用途及承包义务;（3）符合一般合同成立有效的其他要件，如当事人具有行为能力、意思表示真实，不违反法律或社会公共利益。”在本案中，张甲、李乙、胡丙均属同一集体经济组织的成员，三方达成土地互换协议，该协议是当事人真实的意思表示，符合承包经营权互换合同成立的有效要件。所以，张甲、李乙之间的土地承包经营权互换行为合法有效，对张甲的主张法院应予支持。

7. 未经承包户书面授权，村委会擅自转包耕地无效

案情：李延是河北省怀来县某村的村民，1998年11月与村委会签订了一份《土地承包合同》承包期限为30年，承包耕地的面积为2亩。到了2002年，该村大部分村民因耕地离家太远，去地里耕种很不方便，便自愿委托村委会将承包的土地发包出去。于是，村委会将村民承包的耕地发包给杨洋耕种。愿意将耕地发包出去的村民都在委托书及转包协议中签字表示同意，当时，因为李延家除了耕地就没有别的生活来源，没有去签字。但是，村委会却以为李延也愿意将耕地转包出去，于是将李延承包的2亩耕地也一同转包出去。

事后，李延要求该村委会返还耕地未果，便将村委会、杨洋为被告提起土地承包经营权流转纠纷诉讼。李延认为，本人没有在转包协议中签字，村委会就将自己承包的2亩耕地转包出去，其转包行为无效，现要求恢复土地原状，继续履行承包合同。村委会及杨洋认为，村民因耕地离家较远，不愿意耕种，而自愿委托村委会对外转包，村委会将土地转包出去时，村民在委托书及协议上签字。虽然李延没有签字，但这个事情李延也是知晓的，李延并没有提出反对的意见，可以认为他默认了，因此转包行为有效。

最后法院判决，李延没有在转包协议上签字，村委会转包行为无效，杨洋应将2亩承包地返还给李延，并负责恢复原状。

评析：根据《土地管理法》的规定，流转土地承包经营权是农民享有的法定权利，任何组织和个人不得侵犯和剥夺。按照自愿、有偿和平等协商的原则，承包方可以依法采取转包、出租、互换、转让或其他方式进行土地承包经营权流转。土地承包经营权流转合同由承包方与受让方签订，未经承包方书面委托，发包方和其他任何组织、个人代表承包方与受让方签订的土地承包经营权流转合同无效，双方应签订书面流转合同，并报发包方备案。土地流转中没有订立流转合同，原承包方要求收回承包地的，受让方应予返还，双方还可以在协商一致的基础上补签书面流转合同。

本案中，李延与村委会签订的土地承包合同合法有效，法律应该保护李延的承包经营权。村委会在未经李延书面授权的情况下，将李延承包的2亩耕地转包给杨洋，违反了法律的规定，因此，该流转关系无效，由此产生的法律后果也应由该村委会与杨洋共同承担。现李延要求村委会继续履行承包合同符合法律规定，村委会及杨洋应将李延承包的耕地返还李延。

8. 原土地承包方享有优先承包权

案情：1996年2月，北京市密云县的高盛为了发展养殖业与村委会签订了承包4亩荒山的土地承包合同，承包期为10年，每年的承包费是600元。合同期满后，如果村委会继续发包，高盛在同等条件下享有优先承包权。

2006年1月，此承包经营合同即将到期，村委会经过研究，决定对这片土地的承包经营权进行公开招标，以每亩1500元起价，高价者中标。在竞标过程中，高盛只以每亩1501元的价格参与竞标，结果同村村民王经以每亩3400元的价格中标。2006年12月25日，村委会对王经中标的结果予以确认。高盛随后向村委会提出愿意以每亩3400元的同等价格承包上述土地，因中标者王经不同意，故协商未果。高盛便以村委会侵犯其优先承包权为由诉至法院。

法院经过开庭审理，认定村委会在合同到期后继续发包的过程中存在履行瑕疵，高盛在同等价格上享有优先承包的权利。

评析：根据承包合同的约定，高盛在合同期满后享有同等价格下对该承包土地的优先承包权。但是村委会未能提交任何证据证明其在招标前曾向投标者明确公示高盛对土地享有同等条件下的优先承包权，也没有在招投标过程中通过同等价格优先确认的方式对高盛的优先权予以保护，所以村委会在合同到期后继续发包的过程中存在履行瑕疵。并且高盛承包该土地从事养殖业多年，对土地有大量的资金投入，如果将土地另行发包，又不对地上物及投入与高盛协商处理，会给高盛造成较大的经济损失。因此，法院作出了上述判决。

9. 外嫁女分配土地补偿费纠纷案

案情：原告张力是七台河市一村的村民，2000 年嫁到七台河市二村，但是她的户口仍落在七台河市一村，没有迁出。2007 年 8 月，七台河市一村的土地被政府征收，因而获得了大量的补偿费。一村的村委会为了使每个村民多分点补偿费，通过召开村民大会等民主自治的方式进行表决，以原告张力为“外嫁女”为由，排除了张力和其他“外嫁女”分配补偿费的权利，拒绝分配给张力等人土地补偿费。张力不服一村村委会的决议，向法院提起诉讼要求分配征收土地补偿费。法院经过开庭审理，支持了张力的诉讼请求，判决一村村委会返还张力应得的补偿费。

评析：该案的关键问题在于原告张力结婚后户口没有迁出，仍是七台河市一村的村民，仍是该村集体经济组织成员，即还是属于该村的村民。

根据《中华人民共和国妇女儿童权益保护法》第三十三条规定“任何组织和个人不得以妇女未婚、结婚、离婚、丧偶等为由，侵害妇女在农村集体经济组织中的各项权益。因结婚男方到女方住所地落户的，男方和子女享有与所在地农村集体经济组织成员平等的权益”，以及《中华人民共和国村民委员会组织法》第二十条第二款规定“村民自治章程、村规民约及村民会议或者村民代表讨论决定的事项不得与宪法、法律、法规和国家的政策相抵触，不得有侵犯村民的人身权利、民主权利和合法财产权利的内容”，因此，一村村委会以村民大会的民主自治方式进行的表决与我国法律相抵触，是不能得到支持的。所以说，张力与一村的村民有着同等的村民待遇，其要求分配征收土地补偿费的财产权利，不应被剥夺，应受法律保护。

10. 在读农村大学生可否享受征地补偿

案情：刘小燕是河南省某村的村民，2000 年考到哈尔滨大学法律系，毕业后，又考取了硕士研究生，现仍在读，他的户籍于入学时就迁至学校所在地。2004 年，河南省某村的土地被征用，村委会开会研究，因在校学生、参军服役人员户口簿在本村，因此不参加补偿款分配。刘小燕不服，起诉至法院，要求分配自己应得的那份补偿款。法院审理查明后，支持了刘小燕的诉讼请求。

评析: 本案虽然只是刘小燕要求分配土地补偿款的个案,但是对于大多数来自农村的大学生来说,却是个典型的案例。根据法律规定,土地补偿费只能在本集体经济组织成员内部进行分配,即不具有集体经济组织成员资格的人,不能参与土地补偿费的分配。所以,农村集体经济组织成员资格的确定,是解决土地补偿费分配纠纷的基本前提。

外出学习、服兵役等人员,虽丧失了原集体经济组织所在地常住户口,但由于这些人员往往还是以原集体经济组织农村土地为基本生活保障,因而其原集体经济组织的成员资格并不丧失或被剥夺。如果仅以单位户口作为认定农村集体经济组织成员资格的标准,无疑将使农业人员继续升学和服兵役的积极性受挫,甚至还会因此完全失去了生活的来源和保障。同时,我们坚持这种具体情况具体分析的原则,也充分体现了我国宪法规定公民有获得物质帮助和救助的权利的精神,以及落实进一步加强人权保障的国际承诺。毕竟确保生存权利的实现是每个公民的第一需要。因而,农村集体经济成员资格的丧失的确定,亦应当遵循以人为本的原则,在农村集体经济组织成员未取得其他社会保障之前,一般不宜认定集体经济组织成员资格的丧失。

村委会作为基层组织,在法律允许的范围内依法享有合法的自治权,但是不能与法律规定相违背,因此,村委会通过的决议是不符合法律规定的。目前,大学生将户口迁出原籍所在地,迁入学校,只是为了方便学校学籍的管理,并没有丧失村集体经济组织资格。所以说,在校大学生是应当分配土地补偿款的。

11.8 村民“农转非”后反悔诉求安置补偿费被驳

案情: 2005年4月,黑龙江省某市因修建大型水库,需要征用尚志村部门土地,根据相关的政策法规,尚志村平均每人的安置补偿费标准为15000元,并且可以将8个人的户口转为非农业户口。关于农业户口转为非农业户口有8个名额的问题,尚志村于2007年7月召开集体经济组织成员大会,并经过2/3以上的村民同意,只要是愿意将户口转为非农业户口者,均只能享受7000元的安置费,剩余的8000元由没有转为非农业户口的村民平分。同时,该村采取了抽签的方法确定了安某等8名村民农转非的名单,随后,安某等人领取了安置费并办理了农转非手续。

事后,8名农转非人员认为:8个农转非名额是政府给的一种奖励政策,征地补偿费应该专款专用,而不应该因为自己将户口转为非农业户口而减少自己的安置费。为此,起诉到法院,法院经过审理后,最后裁定驳回安某等8人的诉讼请求。

评析:法院认为,尚志村集体经济组织召开的全体村民大会,该村集体2/3以上村民通过了农转非名额的取得方式及安置补偿费的分配方案,应视为全体村民自愿达成的协商意见,该方案并不违背法律规定，只要是参与抽签的村民就应当遵守。安某等8人自愿参与抽签，并在中签后，根据分配方案，取得了农转非资格，同时也就放弃了8000元安置补偿费。

12. 这1.2亩水毁田征用补偿款应归谁

案情：魏宏等6人是辽宁省某村的农民，在村里每人都享有责任田。1990年开春，魏宏等6人1.2亩责任田被雨水给冲毁了。于是，1992年村委会又在该村另调整了1.2亩耕地给魏宏等6人耕种经营，但遭水毁的1.2亩耕地，一直没有明确提出由村委会收回。因此，那1.2亩被水毁的耕地就一直由魏宏等6人继续耕种并缴纳农业税。2004年该村部门土地被国家征用，其中就包括了上述这1.2亩的水毁地。村委会经村民会议讨论决定，由村委会提留10%补偿款后，其余90%土地征用补偿款全部发放给被征地户。村委会认为已经另行调整耕地给魏宏等人，所以就没有将1.2亩水毁地的补偿款42000元发放给魏宏等人。魏宏等6人不服，诉至法院。

评析：法院审理后认为，魏宏等6人承包的责任田遭水毁后，村委会已经对其承包的耕地进行了调整，但对水毁田并没有明确表示收回，且仍由魏宏等人继续经营管理并缴纳相关的农业税费。因此，根据公平原则，对于该处水毁田被征用而发生的土地征用补偿款，在村委会提留10%后，剩余部分补偿款应由魏宏等人和该村其他被征地的村民平均享有，故魏宏等6人应分得被征土地补偿款的50%。

13. 外来女婿少分土地补偿金法院判决享有同等分配权

2000年，来自河南的青年男子秦书与四川省女子韩静结婚后，“倒插门”到女方家生活，并成为当地的一名外来女婿。婚后，因为秦书的户口一直没有迁入四川，所以他也就一直没有分得承包地，但一直与妻子韩静同为一个承包户。直到2004年11月，秦书的户口才由河南迁到四川。

2006年4月，因治理当地地质沉陷的需要，国家在韩静村征地120亩。在这些征地中，除了村民承包地外，还有该村集体所有的20亩鱼池、荒山、荒坡。关于这部分征地的补偿款，该村经村民大会讨论后，最后形成了分配方案，并决定对村中的7种情况不参加分配。其中一种情况就是“有儿户迁入的女婿不能参加分配”，而秦书就属于这种情况。

在与村领导多次协商未果后，秦书于2007年2月向法院提起诉讼，要求与同村村民享有同等权利。法院开庭审理后，认为秦书享有分配权，确认秦书的村集体经济组织成员资格，并判决该村作出的集体土地被征用后的土地补偿费分配方案无效，限该村在判决生效后30日内重新制订分配方案。

评析：秦书于2004年，将户口迁入四川某村，也就是说，他已经具备了某村集体经济组织成员的资格，所以也应享有该村集体资产的分配权。《最高人民法院关于审理涉及农村土地承包纠纷案件适用法律问题的解释》规定："农村集体经济组织或者村民委员会、村民小组，可以依照法律规定的民主议定程序，决定在本集体经济组织内部分配已经收到的土地补偿费。征地补偿费安置方案确定时已经具有本集体经济组织成员资格的人，请求支付相应份额的，应予支持。"所以，秦书要求按其他村民标准给付其土地补偿费的请求合法，予以支持。因为无法确认该村具体的分配人数，所以不能确定具体的分配份额，只能确认其享有同等的分配权。

14. 因开垦开发增值的土地补偿费应如何归属

案情：赵菲菲是黑龙江省建三江七星农场某村的村民，2004年赵菲菲将自留地中的4亩荒地开垦为旱田。2006年，七星农场的土地被建三江市政府征用，补偿标准为旱地15000元每亩，荒地为7000元每亩。赵菲菲开垦出来的4亩旱地应按15000元每亩被征用。2006年5月份，赵菲菲在七星农场某村召开的村民大会上，提出其被征用的4亩旱地是由自己将荒山开垦出来的，比荒地每亩7000元的补偿增值了8000元每亩，要求某村在发放补偿费的时候就增值部分予以补偿。村委会认为依照《中华人民共和国土地管理法》和《中华人民共和国土地管理法实施条例》之规定，土地补偿费归农村集体经济组织所有，所以这增值的部分也归村集体所有。协商未果，赵菲菲向法院提起诉讼，要求七星农场某村应支付其增值土地应得的土地补偿款。

评析：首先，赵菲菲是通过合法劳动，将其自留地中的4亩荒山开垦为旱地的，在开发开垦中投入了大量的人力与物力。在该块被开垦的旱地被征用后，使其补偿标准较开垦前的荒山征用补偿标准有较明显的提高。开垦荒山增值的土地补偿费与原本旱地被征用而获得的土地补偿费用不同，七星农场某村委会不加区分地按同一比例纳入集体提留分配，显失公平。赵菲菲开发治理土地所取得的合法权益应当受到法律的保护。

其次，赵菲菲与村委会双方因赵菲菲开垦开荒的行为所产生的经济利益应当均衡。赵菲菲依法对村集体所有的自留地享有经营权，但是该土地的所有权属于村集体所有，依据相关规定，征用土地的补偿费应归集体经济组织所有。赵菲菲经营土地将自留地开垦开发为旱地，土地补偿费因土地的用途改变已经有了明显的升值。在这种情况下，仍将升值的土地补偿费归于村集体所有，就违反了国家鼓励个人或集体对荒山、荒地进行开发、治理的规定，使赵菲菲在升值的土地补偿费归属问题上产生经济利益的失衡。

需要说明的是，随着我国市场经济体制改革的不断推进和社会城市化进程的不断加快，在农村土地承包、土地征用领域中，司法机关根据公平的观念处理民事纠纷、民事主体本着公平的观念实施民事行为，是妥善处理本案中经济利益失衡问题的重要价值判断标准。

15. 没有宅基地使用权证，宅基地被收回纠纷案

案情：王海是河南省开封市B县人，因结婚没有房屋，便与B县C村的村委会协商：王海一次性支付给村委会3500元作为土地的补偿费，由村委会批给王海一块宅基地。村委会将村东头一块闲置多年的土地给王海，让其在此地上建婚房，但是一直没有办理宅基地使用证。2005年因村中缺少耕地资源，村委会打算收回王海宅基地所占土地作为耕地，王海坚决不同意，并拒绝搬出。村长无奈，只好带领本村年轻力壮的小伙子村将王海居住的房屋推倒拆除。在拆除过程中，王海的电视、洗衣机等屋内许多贵重物品被损坏，以致无法使用，给王海经济上造成了巨大损失。王海认为自己的权益受到了侵害，于是向法院提起诉讼，请求法院维护自己对宅基地的使用权，要求村委会赔偿全部损失。

经法院审理查明，王海所诉宅基地使用权，因为没有政府部门颁发的宅基地使用权证，其确认宅基地使用权的请求，依法不予支持。但王海建造的房屋及屋内物品属于个人合法财产，任何组织和个人非经法定途径，不得损坏。最后双方达成调解协议。

评析：在本案中，涉及两个法律问题：一个是关于宅基地使用权的问题，一个是关于个人合法财产不受侵害的问题。

根据《土地管理法》第九条的规定，“国有土地和农民集体所有的土地，可以依法确认给单位或者个人使用”。即使王海与C村村委达成协议，根据合同法的规定是合法的，但是根据《土地管理法》第十一条规定，“农民集体所有的土地依法用于非农业建设的，由县级人民政府登记造册，核发证书，确认建设用地使用权”。这也就是说，取得土地使用权必须经过土地管理部门的确认，才会受法律保护。由于王海没有取得宅基地使用权证，因此，他确认宅基地使用权的请求，法院是不会支持的。

本案中涉及的另一个法律问题是王海所建的房屋及屋内的物品属于个人财产，村委会带领年轻力壮的小伙子将王海居住的房屋推倒拆除，损坏了王海许多贵重物品的行为，违反了《民法通则》第七十五条的规定，“公民的个人财产，包括公民的合法收入、房屋、储蓄、生活用品、文物、图书资料、林木、牲畜和法律允许公民所有的生产资料以及其他合法财产。公民的合法财产受法律保护，禁止任何组织或者个人侵占、哄抢、破坏或者非法查封、扣押、冻结、没收”。因此，村委会应当对自己的行为负法律责任，赔偿王海因此而受到的经济损失。

16. 错误理解物权法毁坏他人院墙借道

案情：张三与李四都是西沟子村村民，两家为南北邻居，张三家住南边，李四家住北边。李四需要利用张三家东侧的胡同通行，认为该胡同过于狭窄，使其通行不便，便与张三

协商占用其东侧篱笆墙一定范围内土地通行。李四在遭到张三的拒绝后，便将张三家东侧篱笆墙全部毁坏拆除。张三认为李四毁坏的院墙，是他建造在土地管理部门颁发的《集体土地建设用地使用证》范围内的建筑，李四是无权毁坏他东侧篱笆院墙的。因此，在调解未果的情况下，张三诉至法院，要求恢复东侧篱笆院墙原状。

在庭审中李四辩解道：根据2007年10月1日起施行的《中华人民共和国物权法》第八十七条规定："不动产权利人对相邻权利人因通行等必须利用其土地的，应当提供必要的便利。"由于该胡同过于狭窄，使其通行不便，认为根据物权法的规定应当允许他使用张三家东侧一定范围内土地通行。

经法院查明：李四家门前东西向胡同宽度为1.8米，而张三家东侧胡同，从东侧篱笆院墙量至该胡同东侧他人宅院西院墙的宽度为2.2米，根本不存在通行不便的说法。后经法官调解，李四认识到自己的行为侵害了张三的合法权益，并当庭表示自愿将毁坏的院墙恢复原状。

评析：《中华人民共和国物权法》第八十七条"不动产权利人对相邻权利人因通行等必须利用其土地的，应当提供必要的便利"所强调的是相邻权利人在没有其他选择、确实无法通行的情况下，可以依据相邻关系要求不动产权利人提供必要的通行便利。而本案中，李四家门前东西向胡同宽度为1.8米，张三家东侧胡同，从东侧篱笆院墙量至该胡同东侧他人宅院西院墙的宽度为2.2米，宽于被告门前东西向胡同宽度，根本不存在影响通行的说法。

另外，根据最高人民法院关于贯彻执行《民法通则》若干问题的意见（修改稿）第101条的规定，农村土地纠纷，应以近期土地登记为准。本案中，张三持有土地管理部门颁发的《集体土地建设用地使用证》，该使用证足以说明李四毁坏的东侧篱笆院墙建造在张三宅基地范围内，其行为侵害了张三的合法权益，根据法律规定应当予以恢复原状。

17. 自家宅院建房虽未"越位"仍需保障邻居正常出行

案情：辽宁省的刘东与王乔是东西邻居，刘东家住在东面，王乔家住在西面。两家的南院墙以前都在同一直线上，多年来王乔家每天都要由刘东家南侧的道路出行。2006年，刘东家翻建自家房屋，将其南房向南移出了0.34米，占用了该道路，使原来的通道仅剩下2.0米。因此，给王乔家的出行带来了很大的不便，王乔在与刘东协商未果的情况下，将刘东的房屋砸坏。为此，刘东诉至法院，要求王乔不得阻止其盖房，并赔偿被砸坏房屋的损失15000元。法院经过审理查明，刘东土地使用证记载，其宅基地南北长20.10米，虽未超出自己宅基界线，但是还是违反了相邻关系，其请求的损失15000元没有事实根据。因此，裁定驳回了刘东的诉讼请求。

评析：根据《物权法》的相关规定，相互毗邻的不动产所有人或者使用人在行使自己的合法权利时，要尊重他方所有人或使用人的权利，相互间要给予一定的方便或接受一定的限制。刘东家院墙前的通道本来就已经很狭窄了，其建南房时又向前移了一点，导致该通道更加狭窄，事实上的确影响了王乔家的正常通行。刘东所建南房虽然没有超出自己宅基界线，但是根据两家所处的地理环境，刘东建房的权利相应的应该受到一定的限制，以方便王乔家的正常通行。

为此，法院认定，刘东在此基点建房的行为具有不正当性，王乔的干涉行为是在法律允许范围内的一定限度的自力救济行为。所以，刘东要求法院责令王乔不许干涉其建房的诉讼请求，法院不予支持。但王乔在一定限度内采取自力救济行为阻止刘东不正当建房行为不应该损害刘东的建筑材料，因此，法院酌定王乔赔偿刘东建筑材料损失500元，而刘东要求赔偿15000元的诉讼请求没有事实依据，属于漫天要价。因此，法院不予支持。

18. 城镇居民购买农村房屋，被判房屋买卖协议无效

案情：江燕是河北省某市的居民，具有城镇户口。为了使退休后能远离城市污染，于2004年以3万元的价格在河北省某村购买了宋红的一套宅院，然后花费将近10万元把院子进行整修和布置。江燕与宋红签订房屋买卖协议后，还拿到了土地使用证，但是宅基地土地使用证无法“过户”，只好在变更栏注明：“房屋出售给江燕使用”。

2006年，该村进行规划建设，当地的房屋都有了升值的空间。宋红见房屋升值，就想按原价收回房屋。在遭到江燕的拒绝后，宋红将江燕起诉到法院，要求撤销房屋买卖合同、收回房子。法院开庭审理判令江燕与宋红签订的房屋买卖协议无效，宋红向江燕支付9万作为房屋装修的补偿，江燕必须在90天内把房屋退还给宋红。

评析：本案发生的关键原因是在于农村房屋的增值，或者是农村房屋拆迁补偿费远远高于原房屋转让的价格，在这个时候，农村村民很容易反悔，于是就请求人民法院确认农村房屋买卖无效。

《国务院关于深化改革严格土地管理的决定》（国发［2004］28号）规定，禁止农村集体经济组织非法出让、出租集体土地用于非农业建设。禁止城镇居民在农村购置宅基地。《国土资源部关于进一步加快宅基地使用权登记发证工作的通知》明确规定，严格执行城镇居民不能在农村购买和违法建造住宅的规定。对城镇居民在农村购买和违法建造住宅申请宅基地使用权登记的，不予受理。法律政策严格禁止城镇居民购买农村宅基地，根据“地随房走”的原则，农村房屋也坚决不允许城镇居民购买。

江燕与宋红签订的《房屋买卖协议》的买卖标的物不仅是房屋，还包含相应的宅基地使用权。因此法院判决房屋买卖无效符合我国法律的规定。但是对于确认房屋买卖合同无效之后购房款和房屋的返还还是争议较大的问题。对于该房屋买卖协议的签订，双方都有过错，应当各自承担一部分责任。所以，江燕整修房屋的费用应当由宋红给予一定的补偿。

19. 农村宅基地互换协议得到法院的认可

案情：刘达与刘二是亲兄弟，在刘二没有结婚前，兄弟二人住在一起。刘二结婚后就搬了出去，居住在新房子里。2000年刘达想把房子重新修建翻盖，经过有关部门批准在原住址上翻盖，但是却需要占用刘二旧屋宅基地。经过兄弟二人协商达成了协议，刘达用自己大于刘二旧宅基地的土地与刘二进行了调换。双方当事人对土地的使用权调换均没有异议。刘达将调换来的土地一部分用来建房，余下的部分用作场院。

近几年来，兄弟二人因一些生活琐事经常产生矛盾，于是刘二便对当年双方调换土地之事反悔，于2004年5月将刘达告到法院，请求返还双方的土地。法院审理查明，当前双方达成的约定合法有效，裁定驳回了刘二的诉讼请求。

评析：本案中，双方争议的土地所有权属于集体所有。集体所有的土地，依法可以由农民个人使用。根据《合同法》的有关规定，双方达成的协议只要不违背法律的强制性规定，合同就是合法有效的。刘达与刘二是兄弟关系，是同一集体经济组织的村民，双方自愿调换土地使用权并不违反《土地管理法》和《国务院关于深化改革严格土地管理的决定》等法律法规的强制性规定。

需要说明的是，现在有的农村已经普及宅基地使用权登记发证制度。如果双方持有土地宅基地使用权证，那么还需要到土地登记机关变更登记，否则，虽然宅基地互换协议有效，但是也会因为没有变更登记，互换行为而无效。

20. 宅基地过期不用，使用权自然丧失

案情：1998年12月，黑龙江省农管局某村的高某领取了由农管局核发的96052号宅基地使用权证，然后便准备筹建房屋。本村村民李某知道后，极力阻挠，理由是这块宅基地的使用权是归李家所有，因为早在1988年的时候，农管局就已经向其核发了宅基地使用证。因为李家当时有房屋住，就没在这块宅基地上建房子。于是，李某向法院提起诉讼，状告农管局违法发放宅基地使用权证，请求撤销农管局核发给高某的宅基地使用权证。法院合议庭认为李某诉讼存在的基础是合法的土地使用权受到了侵害，无权监督以行政机关依法行政为目的提起的行政诉讼，因而驳回了李某的诉讼请求。

评析：根据《行政诉讼法》第五十二条规定，人民法院审理行政案件，以法律和行政法规、地方法规为依据，地方性法规适用于本行政区域内发生的行政案件，只要地方法规与法律、行政法规没有冲突，就完全可以作为人民法院审理案件的依据。虽然《土地管理法》没有明确规定未实际使用宅基地多少时间后土地证自然作废，《实施办法》从充分利用土地资源的角度出发规定了批准后一年未使用的宅基地，应交还原集体经济组织继续耕种。从而明

确了一年的期限，一年内未使用宅基地使用权证自然作废，与法律并没有冲突。《行政诉讼法》第五条，人民法院审理行政案件，对具体的行政行为是否合法进行审查。因此，只审查行政许可证的合法性,而对相对人以外的利害关系人诉请保护的权利是否合法以及是否收到侵犯不做任何的审查。

在本案中，根据法律的规定，李某1988年核发的宅基地使用权证，因为李某一直没有使用，几经失效，已不再享有该土地的使用权。既是如此，核发的96052号宅基地使用权证无论是否合法,均与李某的实体权利毫不相干,所以法院无需进一步审查农管局的具体行政行为的合法性，直接驳回李某的诉讼请求是符合法律规定的。

21. 村民的宅基地不能抵押

案情：张小二是河南省某村的村民，于2003年8月向信用社借款10万元用于自己搞家庭养殖基地，说服了本村的李大爷和另外3家人分别以自己的宅基地为其提供担保，并到有关部门办理了抵押登记。2005年8月，借款到期了，因张小二经营不善导致养殖场一直亏损，到期不能偿还信用社的债务，于是信用社要求李大爷和另外3家人来承担连带责任，并将他们诉至法院。法院审理认定，村民的宅基地是不能用于抵押的，张大爷等人与信用社之间签订的担保协议无效，不应该承担连带责任。

评析：我国《担保法》第三十七条对集体土地的使用权抵押问题有规定：耕地、宅基地、自留地、自留山等集体所有的土地使用权不得抵押；抵押人依法承包并经发包方同意，荒山、荒沟、荒丘、荒滩等荒地的使用权可以抵押；乡（镇）、村企业的土地使用权不得单独抵押，以乡（镇）、村企业的产房建筑物抵押的，其占地范围的土地使用权同时抵押。因此，本案中，张大爷及另外三人与信用社签订的宅基地担保协议无效，不应承担连带责任。

22. 修路占坟地被判赔偿精神损失

案情：刘丹是河南省开封市某镇一村的村民，2006年10月刘丹的父亲去世后，刘丹将父亲的骨灰与母亲合葬。2007年平安建设公司要在一村修路，刘丹父母的墓穴占地正好挡在规划修路的中间位置,平安建设公司在没有与刘丹协商的情况下,就将刘丹父母的墓穴推倒修建了公路,致使刘丹在思念父母的时候竟没有地方去悼念,给她的精神上带来很大的伤害。于是，刘丹起诉到法院，要求平安建设公司赔偿其精神损失费10000万。因平安建设公司的修路行为导致刘丹父母的墓穴发生了改变,给刘丹造成精神痛苦,理应承担相应的民事责任。最终，法院酌情判令平安建设公司支付刘丹精神损害抚慰金4000元。

评析：根据《最高人民法院关于确定民事侵权精神损害赔偿责任若干问题的解释》第八条规定：因侵权致人精神损害，造成严重后果的，人民法院除判令侵权人停止侵害、恢复名誉、消除影响、赔礼道歉等民事责任外，可以根据受害人一方的请求判令其赔偿相应的精神损害抚慰金。

第十条规定：精神损害的赔偿数额根据以下因素确定：（1）侵权人的过错程度，法律另有规定的除外；（2）侵害的手段、场合、行为方式等具体情节；（3）侵权行为所造成的后果；（4）侵权人的获利情况；（5）侵权人承担责任的经济能力；（6）受诉法院所在地平均生活水平。

我国对已故亲人进行祭奠是中华民族传统的风俗习惯，即使是进行合法的民事活动也应当尊重社会公德。所以，在本案中平安建设公司在刘丹父母墓穴上修建公路，就应该与刘丹协商达成共识。在没有与刘丹协商的情况下将刘丹父母的墓穴推倒建造公路，在精神上给刘丹带来伤害。根据法律的规定建设公司应当对刘丹的精神伤害进行补偿，支付其精神损害抚慰金。

23. 政府直接注销承包经营权证引发的纠纷

案情：河南省某村的村名赵某在2000年与村委会签订了30年的土地承包合同，合同上只注明其承包5亩土地，没有注明承包地块的四至。同年8月，当地政府为其颁发了土地承包经营权证，记载承包土地面积为5亩，承包土地明细表中记载了各类土地的面积、四至，使用期限是30年。但是，赵某实际承包的土地面积多出土地承包合同记载面积0.5亩。2003年，村委会要求赵某交回超出合同面积的土地，赵某不同意。2004年3月和2005年6月，县政府根据村委会和乡政府的申请，以工作人员填表错误，所填的亩数与实际耕种的亩数不符，申请人不予配合拒不交出土地承包经营权证更改为理由，两次作出了注销赵某土地承包经营权证的决定。赵某向市政府提出行政复议申请。

经复议，市政府认为，依据土地承包法的有关规定，县级人民政府对于存有争议的土地承包经营权证书，只能在争议通过法定途径解决后，方可依法院生效判决、仲裁机构生效判决或当事人达成的协议作出更正、注销或收回承包经营权证的决定。县政府以工作人员失误为由直接注销赵某土地承包经营权证的决定属于行政违法行为。

评析：根据《农村土地承包法》第五十一条和五十二条的规定，对土地承包经营权存在争议的，由当事人协商解决，协商不成的，可向乡镇人民政府申请调解解决，或向农村土地承包仲裁机构申请仲裁，也可以直接向人民法院起诉，由人民法院裁决。在争议没有得到解决以前，县级人民政府无权用行政手段强制进行处理，不能以工作人员工作失误等理由注销土地承包经营权证书。本案中，县政府以工作人员填表错误为理由直接注销了赵某的土地承包经营权证书的行为属于行政违法行为。行政机关如果要注销或者更改有关证书，必须等争议依法定途径解决之后才能做出决定，否则就有可能构成违法行使职权。

24. 一地两证的权属争议应该如何解决

案情：1983年，辽宁省的李某承包了10亩土地，李某外出打工期间把承包的土地交付给姐夫段某耕种。2003年，等到土地承包期限届满重新发放新证时，段某没有告知李某便将10亩土地列在了自己的名下，并办理了《农村土地承包经营权证书》，取得了这些土地的经营权。2006年，政府实行《农村土地承包经营权证》以旧证换领新证，李某再次取得了政府颁发的《农村土地承包经营权证书》，取得了上述争议土地的承包使用权。段某表示不满，拒绝交出土地的使用权，于是李某将段某诉至法院。

李某主张争议的承包地由自己承包经营，并提供了由县政府颁发的《农村土地承包经营权证书》，法院对此予以确认，判决段某在判决生效之日起3个月内，自行迁移占用李某的承包地种植的经济作物，返还李某土地承包经营权。段某不服，上诉到中级人民法院，中院认为，本案存在一地两证的问题，不属于人民法院受理民事诉讼的范围，双方当事人应该向乡级政府或者县级政府有关行政主管部门申请处理土地使用权属争议。待土地权属争议行政处理确认决定生效后，双方当事人才可以对原承包经营权侵权等提出民事诉讼解决。因此，中院认定原审判决认定事实清楚，但使用法律判处不当，裁定撤销一审民事判决，驳回李某的诉讼请求。

评析：在本案中，李某于2006年取得了政府颁发的《农村土地承包经营权证书》，而段某在2003年也取得了政府颁发的《农村土地承包经营权证书》，由此可见，该案是因土地使用权属一地两证发生的争议。依照《土地管理法》第十六条的规定，“土地所有权和使用权争议，由当事人协商解决；协商不成的，由人民政府处理；单位之间的争议，由县级以上人民政府处理；个人之间、个人与单位之间的争议，由乡级人民政府或者县级以上人民政府处理”。因此，本案的土地权属纠纷，应由乡级政府或者县级政府处理。依据《民事诉讼法》第一百一十一条的规定，应当由其他机关处理的争议，告知李某向有关机关申请解决。因此，本案存在一地两证的问题，不属于人民法院受理民事诉讼的范围。

25. 乡政府处理确定互换承包经营地纠纷属于超越职权

案情：安某与董某是同一个村子的村民，2004年，二人协商并经村委会同意将彼此承包的耕地互换，一直耕种到现在。其间，安某精心并管理了换来的土地，耕种了一些树木等，而董某对换来的土地一点也不上心，田间长满了野草，眼看安某种植的树木越长越好。于是，2008年董某反悔，不承认与安某互换承包地的事实，并向安某要回土地，因此二人发生纠纷，安某申请乡政府解决此事。乡政府于2009年1月以二人互换土地没有相关的合同等依据为由，认定安某与董某互换土地经营权无效，并确定该土地由董某继续经营使用。

事后，安某以乡政府进行权属确认超越职权为由，向法院提起行政诉讼，请求法院撤销该乡政府的处理决定。

评析：在本案中，承包经营权属明确，属于土地承包过程中的互换承包经营权纠纷，不属于承包经营权权属纠纷，是基于互换的口头合同而产生的纠纷。对此，乡政府受理了当事人的申请后，应通过调解方式解决，如果当事人不愿协商或者调解不成的，应当告知当事人通过农村土地仲裁委员会申请仲裁，或者直接向法院提起诉讼。因此，乡政府不应当进行权属确认，该乡政府进行权属确认的做法是超越职权的，当事人可以以该乡政府超越职权为由提起行政诉讼，请求法院撤销该乡政府的处理决定。

26. 土地的征收与补偿

案情：原告徐某是灌南县汤沟镇沟东村7组农民，于1985年2月与灌云东辛农场职工王某结婚。婚后生两子，长子王大宝（1985年12月生），次子王二宝（1989年6月生）。徐某婚后户口一直未迁出。1990年灌南县统一调整土地时，被告沟东村委会分给两原告责任田1.52亩，王二宝因属计划外生育未分地。1992年8月17日，江苏汤沟酒厂扩建，征用被告418.16亩土地，两原告的责任田也在征用范围内。被告在将土地补偿费分发给各农户时，以原告徐某的丈夫属农村户口，原告应在其丈夫处分地为理由，仅发给两原告青苗补偿费388.80元，不发给两原告土地补偿费、安置补助费合计10181.60元，且没有安排徐某就业，造成原告母子生活确实困难。后徐某多次找沟东村委会要求给付土地补偿费，未果。为此，原告徐某、王大宝于1992年10月29日向江苏省灌南县人民法院提起诉讼称：江苏汤沟酒厂扩建，征用我母子两口土地1.52亩，土地补偿费等被被告非法截留，要求被告给付。被告辩称：原告丈夫是农村户口，按县委有关文件规定，原告应在其丈夫户籍所在地分责任田，因而土地补偿费不应发给原告。

灌南县人民法院审理认为：两原告户口一直在被告处，并在被告处分得责任田，现被告以原告徐某丈夫也是农村户口为理由，确定两原告不应在本村分责任田，无法律依据。被告将土地补偿费均分到农户，唯截留了两原告的土地补偿费，显然违反了《民法通则》关于公平原则的规定。两原告土地被征用后，没有被安排就业，生活确实困难，应得到作为其生活补助的土地补偿费，被告应如数发给。依据《中华人民共和国妇女权益保障法》第三十条，《中华人民共和国民法通则》第四条、第一百零五条的规定，灌南县人民法院于1993年10月26日作出判决：被告灌南县汤沟镇沟东村委会于判决生效之日起10日内给付原告徐某、王大宝土地补偿费、安置补助费10181.60元。

评析：本案是一起农村村民委员会侵犯妇女财产权益而发生的土地补偿费纠纷案件。灌南县人民法院为保护公民的合法权益不受侵犯，制裁民事违法行为，依法判决被告败诉，从定性到处理都是正确的。

首先是原告应否在沟东村分得责任田。《妇女权益保障法》第三十条规定："农村划分责任田、口粮田等，以及批准宅基地，妇女与男子享有平等权利，不得侵害妇女的合法权益。妇女结婚、离婚后，其责任田、口粮田和宅基地等，应当受到保障。"《民法通则》第一百零五条规定："妇女享有同男子平等的民事权利。"在本案中，原告徐华平婚后户口一直未迁出，其母子应在沟东村分得责任田。1990年灌南县统一调整土地时，被告也实际分给两原告责任田1.52亩。被告认为根据县委有关文件规定，原告徐华平丈夫属农村户口而应在其丈夫处分责任田，显然违背了"妇女享有同男子平等的民事权利"的法律规定，实际上是一种歧视妇女的行为，人民法院理应不予支持。

其次是原告是否应分得被征用的土地补偿费。根据《土地法》第三十条的规定，国家建设征用土地的各项补偿费，除属于个人的附着物和青苗的补偿费付给本人外，由被征地单位用于发展生产和安排因土地被征用而造成的多余劳动力的就业和不能就业人员的生活补助，不得移作他用，任何单位和个人不得占用。这一规定并未明确禁止将土地补偿费分到户，只是明确了土地补偿费的使用范围，至于在上述范围内具体如何使用，由被征地单位自己决定。被征地单位沟东村委会根据本村实际情况将土地补偿费分发到各户，既能用于安排因土地被征用而造成的多余劳动力的就业（如作为村民经商的资金），又能作为不能就业人员的生活补助，符合《土地法》的有关规定。沟东村委会向被征用土地的农民按征地面积平均分发了土地补偿费，唯独扣发两原告的土地补偿费，显失公平。何况，原告母子的责任田被征用后，没有安排就业即土地工，生活确实困难，需要必要的就业资金和生活补助费。因此，沟东村委会应当如数发给原告母子土地补偿费。

27. 进城带孙子的老汉其土地是否应被收回

案情：古稀老人张某几年前到城里照顾孙子，遂将自己名下的口粮田托邻居代管，不料村经济合作社在此期间以该土地荒废为由将土地收回。为此，古稀老人张某将村经济合作社诉至法院，要求村经济合作社依法履行土地承包合同并赔偿自己的损失。近日，北京市密云县人民法院成功调解了这起土地承包经营权纠纷案，使矛盾双方握手言和。

原告张老汉起诉称，1997年初村内发包土地，原告分得5亩口粮田，并与村经济合作社签订了为期30年的土地承包合同。分得土地后，原告曾耕种了2年。2003年，因原告到城里照顾无人看管的小孙子，便将土地交邻居代管。哪知村经济合作社以原告将所承包的土地撂荒为由强行将土地收回，使原告丧失了生活来源。故现将村经济合作社诉至密云法院，要求确认原告对上述承包地享有承包经营权，并判令被告返还上述承包地或赔偿原告2002年至2027年土地收益款17430元。

某村经济合作社辩称，张某承包土地后确实耕种了两年。但自1999年，张某嫌地力差，加之不愿支付当时个人应负担的土地五项统筹，使土地撂荒。村集体为保护耕地，充分利用土地资源，故将张某弃耕的土地收回并重新发包。村经济合作社行为符合规定，不同意张某诉讼请求。

评析：本案在审理过程中，承办法官多次深入田间地头与村民了解情况，并对双方当事人进行耐心调解，尽量化解双方的心结，希望双方本着互谅互让、实事求是、构建和谐社会的原则，各让一步。最后，双方当事人自愿达成以下调解协议：村经济合作社于2008年12月30日前为张某调整发包口粮田2.49亩。

28. “出嫁女”是否应得到土地补偿金

案情：原告李某系宁津县城开发区某村村民，自结婚入嫁被告村庄有40年左右。其丈夫去世后，李某于2005年改嫁到城镇生活，但其户口无法迁入城镇，仍在该村。2003年宁津县开发区征用该村部分土地，并给该村部分土地补偿金。该村村民每人每年可分得660元补偿。原告原有的土地由三个儿子耕种，村里以原告李某改嫁不再是本村村民为由，拒绝将两年的土地补偿金1320元支付给原告，原告李某认为自己虽然已经改嫁，但是户口仍然在该村，没有迁出，应该享受一般村民的待遇。

评析：根据《中华人民共和国土地承包法》的规定：国家为稳定和完善以家庭承包经营为基础、统分结合的双层经营体制赋予农民长期而有保障的土地使用权。原告李某作为被告集体经济组织的成员，依法享有平等的分得责任田、口粮田的权利。原告将分得的土地交给三个儿子耕种不侵犯他人利益，不违反法律规定。法律规定承包地被依法征用、占用的，有权依法获得相应的补偿。农村土地承包，妇女与男子享有平等的权利，妇女结婚，在新居住地未取得承包地的，发包方不得收回其原承包地，故此，原告虽然又结婚，但户口还没有迁走，在新居住地没有获得承包地。被告不给原告土地补偿费，明显侵犯了原告的权利，遂判决被告村庄支付原告李某土地补偿费1320元。

29. 划拨土地使用权的拍卖是否有效

案情：甲公司是一家国有企业。2005年在乙银行贷款300万元，甲公司以其院内的划拨土地及地上厂房、机械设备和办公楼等资产设定抵押，并办理了抵押物的登记手续。2007年10月，乙银行因甲公司未按时还款而诉至法院，并主张对抵押物行使优先受偿权。法院判决后，甲公司未能在判决确定的期限内偿还贷款，乙银行向法院申请执行。法院委托评估机构对抵押物评估后实施拍卖，后被某房地产开发公司买得，法院遂裁定甲公司协助办理土地权属证书。因涉及划拨土地，土地部门以不知情为由不予办理土地使用权转让手续。

评析：首先，法院在没有与有关部门协商的情况下裁定转移划拨土地使用权不妥。原国家土地管理局《对最高人民法院法经（1997）18号函的复函》第四条规定："对通过划拨方式取得的土地使用权，由于不属于当事人的自有财产，不能作为当事人财产进行裁定。但在裁定转移地上建筑物、附着物涉及有关土地使用权时在与当地土地管理部门取得一致意见后，可裁定随地上物同时转移。""凡属于裁定中改变土地用途及使用条件的，需征得土地管理部门同意；补交出让金的，应在裁定中明确，经补办出让手续，方可取得土地使用权。"另外，《最高人民法院关于审理涉及国有土地使用权合同纠纷适用法律问题的解释》第十一条规定："土地使用权人未经有批准权的人民政府批准，与受让方订立合同转让划拨土地使用权的，应当认定合同无效。但起诉前经有批准权的人民政府批准办理土地使用权出让手续的，应当认定合同有效。"第十二条规定："土地使用权人与受让方订立合同转让划拨土地使用权，起诉前经有批准权的人民政府同意转让，并由受让方办理土地使用权出让手续的，土地使用权人与受让方订立的合同可以按照补偿性质的合同处理。"因此，法院在处理此类问题时，应积极主动与当地政府、国土资源部门进行沟通协调，取得一致意见后方可裁定。

其次，拍卖公司无权在缺少审批手续的情况下拍卖划拨土地使用权。拍卖法第七条明确规定："法律、行政法规禁止买卖的物品或者财产权利，不得作为拍卖标的。"第八条规定："依据法律或者国务院规定需经审批才能转让的物品或者财产权利，在拍卖前，应当依法办理审批手续。"违反法律、行政法规的强制性规定的合同是无效的。"所以，本案涉及的划拨土地使用权未报有批准权的人民政府审批，违反了法律、行政法规的强制性规定，虽然是经过法院委托的，但是，拍卖行为无效。

《最高人民法院关于审理涉及国有土地使用权合同纠纷适用法律问题的解释》第十一条规定："土地使用权人未经有批准权的人民政府批准，与受让方订立合同转让划拨土地使用权的，应当认定合同无效。但起诉前经有批准权的人民政府批准办理土地使用权出让手续的，应当认定合同有效。"

30. 将房屋卖给他人，是否还可以得到拆迁补偿

案情：原告系农民，2000年4月将闲置多年的砖瓦木结构瓦房4间以每间6000元的价格出卖给退休的城市居民亲戚即被告，当年4月25日，双方订立协议，一手交钱一手交房。2001年6月，被告将四间房屋改建成三下两上楼房。2002年5月，国家因为国道扩宽改造，被告居住的房屋被拆迁，被告一次性获得补偿款17万元。2004年5月，原告从外地回来得知后要求与被告平分17万元未果，故起诉要求判令双方签订的房屋买卖合同无效。

评析：《合同法》第52条规定的无效五种法定情形，试想如果适用诉讼时效，那么一方以欺诈、胁迫的手段订立损害国家利益或者恶意串通，损害国家、集体或者第三人利益或者

以合法形式掩盖非法目的或者损害社会公共利益的合同,因一方当事人的疏忽而超过诉讼时效,使得合同变为有效,也使得不法行为变为合法行为,则似乎助长了人们损人利己、损公肥私,整个社会将会变成尔虞我诈、骗子盛行,社会秩序将变得混乱一片。贩毒者可以订立供货合同、谋生者可以订立借腹生子合同,显然反思结果远远偏离甚至与立法宗旨相悖,所以诉讼时效不适用于合同无效确认之诉。

既然本案原告与被告订立的合同无效,双方应当相互返还,但此时的返还对原告有利,对被告极为不利。笔者认为:用地部门拆迁补偿是根据房屋现状给予的补偿,而不是针对房屋原始是何种结构、多少面积等。有些房屋时过境迁,当事人花费很多进行了装修或者翻建,此时要求全部返还显然对其不公平,即使要返还,须对被告当初购房时购房款以及装修或者改建的费用分离出来并计算利息损失归被告所有。其次,我国宅基地,一家只有一户,出卖人出售房屋后,时隔多年后主张合同无效,可以说出卖人有相应的住房保障,其起诉的目的返还房屋是假,索取高额补偿费是真,这样做违背市场诚信原则,这种行为被常理所谴责,所以法院应当予以公正评价,以维护买受人的居住利益,少分或者不分。

国家《土地管理法》第62条规定:"农村居民一户只能拥有一处宅基地,其宅基地的面积不得超过省、自治区、直辖市规定的标准。""农村居民住宅用地,经乡(镇)人民政府审核,由县级人民政府批准。""农村村民出卖、出租住房后,再申请宅基地的,不予批准。"

31. 女儿出嫁土地被收回,是否违反土地承包法

案情:原告黄裕昌诉称,2005年6月7日,作为农村集体土地发包方的被告启东市惠萍镇长兴村村民委员会,对原告承包土地进行调整,以原告女儿已出嫁,其户口不在本村为由,将原告承包土地中属于原告女儿的部分由被告调整给其他农户经营。被告的行为违反了《中华人民共和国土地承包法》的有关规定,为此起诉要求被告返还其1.03亩承包土地。

被告启东市惠萍镇长兴村村民委员会辩称,其与原告之间的纠纷属于土地使用权纠纷,而不是农业承包合同纠纷,故应当由政府予以处理,请求驳回原告的起诉。

江苏省启东市人民法院认为,原、被告之间的纠纷是土地使用权纠纷,应当由政府予以处理,而不是农业承包合同纠纷。因此,原告的起诉不属于人民法院受理民事诉讼的范围。据此,依照《中华人民共和国民事诉讼法》第一百零八条第四项规定,裁定:驳回原告黄裕昌的起诉。

宣判后,原告黄裕昌不服,向江苏省南通市中级人民法院提起上诉称,本案是因农村集体土地承包合同的当事人因土地承包经营而发生的纠纷,并非土地使用权纠纷,根据《中华人民共和国农村土地承包法》的有关规定,人民法院应当依法受理。

江苏省南通市中级人民法院认为,依据《中华人民共和国农村土地承包法》第五十一条

第二款的规定，农村土地承、发包方的当事人因土地承包经营合同和侵犯承包经营权竞合而发生的纠纷，不属于政府处理范围。因此，对土地承包经营权侵权发生的纠纷，人民法院应当受理。据此，依照《中华人民共和国民事诉讼法》第一百五十四条、第一百五十三条第一款第二项、第一百零八条之规定，于2005年8月25日裁定：（1）撤销启东市人民法院（2005）启民二初字第0448号民事裁定；（2）指令启东市人民法院对本案进行审理。

评析：事实上，本案是因农村集体土地承包合同的当事人因土地承包经营权而发生的纠纷，但在法院审理过程中，又涉及两个主要的争议焦点：（1）本案是土地承包合同纠纷还是土地使用权纠纷；（2）本案是否属于人民法院受理民事诉讼的范围。

（1）本案是土地承包合同经营权还是土地使用权纠纷

从民法角度讲，土地承包经营权具有物权性质，并有一定的社会保障性，是农户的生存依靠。根据本案案情，原告对1.03亩土地拥有合法承包经营权。对此由其向法院提供的《农村集体土地承包经营权证书》予以证明。而根据《中华人民共和国农村土地承包法》的相关规定，在一般情况下，该承包经营权应当保持30年不变。因此，在承包人依法承包土地的期限内，如因特殊情况确需流转土地承包经营权的，那么必须征得承包人的同意并由承包人在流转手续上签字认可。当然，法律也允许承包方自主流转承包经营权。但是，由于以转让方式流转必将改变发包方与承包方之间原有的土地承包关系，承包方因此将丧失在承包期内的相应的土地承包经营权，因此，以转让方式流转土地承包经营权的，必须履行相关的审批手续。而且，以转让方式流转土地承包经营权的，应当由双方当事人协商一致，报村、乡审批并办理有关承包合同和土地承包经营权证的变更等手续。而本案被告显然没有履行相关的手续，且原告持有的土地承包经营权证书上也没有任何变更的记载。因此，原告至今仍是讼争1.03亩土地的合法承包经营权人。

综上所述，本案被告村委会未经过原告同意，擅自以其女儿出嫁、户口已不在本村为由，将属于原告承包经营的1.03亩土地变更至其他农户名下，这一行为侵犯了原告合法的土地承包经营权。

此外，原告起诉要求被告返还已调整的承包土地，从形式上看，是因承、发包的合同当事人之间因该合同而发生的纠纷。而从权利属性上讲，这一纠纷又属于因土地承包经营合同和侵犯承包经营权竞合而发生的纠纷，并非土地使用权纠纷。

理由在于：《中华人民共和国土地管理法》第十六条规定的争议是指因土地所有权和使用权的权属不明发生的争议。即在无法确定所有权和使用权归谁所有或者谁享有使用权的情况下，对于这种争议，则应当首先由当地人民政府作出处理决定。争议双方的当事人如果对人民政府的处理决定不服，才可以向人民法院起诉。这种诉讼在性质上属于行政诉讼，而且是一种将行政复议作为前置的诉讼程序，而非民事诉讼。本案中的土地承包经营权权属明确，因而不属于土地使用权纠纷。

（2）本案是否属于人民法院受理民事诉讼的范围

如上所述，如果本案当事人之间有关的土地纠纷属于土地使用权争议，那么，根据《中华人民共和国土地管理法》及其实施条例的相关规定，首先应当由当地人民政府先行处理。亦即人民法院不能直接受理本案。假如人民法院已经受理，则应裁定驳回原告的起诉。

综观本案，原告对讼争土地享有承包经营权是一个不争的事实，故对原告的土地承包经营权依法应予保护。而且，本案中并不存在原告对土地承包经营权进行转让的事实。因此，原告起诉要求返还原属其承包经营的土地，属于维护其自身合法权益的行为。

更需要指出的是，原告以村委会将其承包土地中属于其女儿的部分调整给其他农户经营、违反法律规定和承包合同的约定、被告的行为侵犯了承包经营权为由，向人民法院提起诉讼，已经向人民法院提供了主要证据《农村集体土地承包经营权证书》。因此，这种纠纷实质上是农村土地承、发包方的当事人，因土地承包经营合同和侵犯承包经营权竞合而发生的纠纷。本案原告持有土地承包经营权证书，对承包土地享有合法使用权，权属非常明确。原告现因其承包的土地被村委会发包给其他村民承包而起诉村委会，要求其返还承包经营的土地，系因土地承包经营权发生的纠纷，原告黄裕昌和被告村委会是该土地承包合同的平等民事主体。因此，原告起诉认为其土地承包经营权被侵犯，应属民事诉讼受案范围的理由是成立的。当事人在此情况下直接向人民法院起诉，人民法院应当受理。对此，最高人民法院《关于审理涉及农村土地承包纠纷案件适用法律问题的解释》（法释［2005］6号）第一条第一款第（1）项就已作出了明确规定。

综上分析，本案是农业承包合同纠纷，而非土地使用权纠纷，因此，应当属于人民法院受理民事诉讼的范围。二审法院的处理符合法律规定。至于本案在受理后如何在实体上进行处理，则是另外一个概念，故笔者在此不予讨论。

《中华人民共和国农村土地承包法》的相关规定，在一般情况下，该承包经营权应当保持30年不变。因此，在承包人依法承包土地的期限内，如因特殊情况确需流转土地承包经营权的，那么必须征得承包人的同意并由承包人在流转手续上签字认可。

32. 乔恩来诉禹城市伦镇沈屯村民委员会承包经营权纠纷案

案情：乔恩来全家于1991年把自己当时的承包土地私自转包给本村的乔德文、乔德路耕种后外出打工。后来乔德文、乔德路以种地负担过重为由把转包的土地交回了集体。乔恩来全家的户口未迁出沈屯村。2004年，沈屯村委会曾召开村民代表会议，通过了关于在外打工的本村村民现全家回村申请要地的规定，规定成年人必须先向村内交款1500元，来补偿以前的村内各项基础建设费用（包括修柏油路、打机井、两次电改、配电室、变压器劳力投资）和村委会临时垫交的以资代劳费用，该规定已得到本村集体成员的实际执行。2005年，乔恩来返乡要求承包土地而不同意承担费用，因此形成纠纷，诉至禹城市人民法院。

评析：

（1）明确权利

《农村土地承包法》指出：“农村集体经济组织成员有权依法承包由本集体经济组织发包的农村土地。任何组织和个人不得剥夺和非法限制农村集体经济组织成员承包土地的权利。”表明了凡是农村集体经济组织的发包土地，只要是本集体经济组织的内部成员都有平等的承包的权利。就本案而言，乔恩来户口并未迁出本村，其集体经济组织成员的身份没有改变，这点并没有异议。根据最高人民法院《关于审理涉及农村土地承包纠纷案件适用法律问题的解释》第一条第二款规定：“集体经济组织成员因未实际取得土地承包经营权提起民事诉讼的，人民法院应当告知其向有关行政主管部门申请解决”，就确定是否应有人民法院受理此类纠纷，需要从集体经济组织成员权的性质以及土地承包经营权的基础两个方面来考虑，对于其是否具有土地承包经营权的基础即是否签订土地承包合同。在本案中，乔恩来原已与村集体签订了土地承包合同，根据《土地承包法》第二十条规定：“耕地的承包期为三十年”，其土地承包合同并未到期，在承包期内外出打工，此种情况符合弃耕的规定，属于法院的受理范围。另外，承包土地是农民的基本权利，是法律明确规定的，不能附加任何条件，即不能以未向乡村集体缴纳相关费用为由阻碍农民行使承包土地的权利，对于农民拖欠村集体的相关费用，村集体可以另案起诉处理。

（2）处理原则

前几年，承包土地时上缴各种费用，在负担过于沉重的情况下，农民弃耕、撂荒外出打工现象普遍存在。发包方乘机将土地收回，并发包给他人，使得这些农民回到农村时，无地可种。土地是农民赖以生存的基础，农民通过家庭承包方式依法享有土地承包权，在性质上属于物权，发包方收回承包方弃耕、撂荒的承包地是对法定物权的侵害，土地承包经营权人有权基于物权人的身份寻求法律保护。根据不同情况，妥善解决好弃耕农民的土地问题是确保农村社会稳定的重点所在。最高人民法院《关于审理涉及农村土地承包纠纷案件适用法律问题的解释》第六条规定：“因发包方违法收回、调整承包地，或者因发包方收回承包方弃耕、撂荒的承包地产生的纠纷，按照下列情形，分别处理：①发包方未将承包地另行发包，承包方请求返还承包地的，应予支持；②发包方已将承包地另行发包给第三人，承包方以发包方和第三人为共同被告，请求确认其所签订的承包合同无效、返还承包地并赔偿损失的，应予支持。但属于承包方弃耕、撂荒情形的，对其赔偿损失的诉讼请求，不予支持。”本条就是针对因发包方违法收回、调整承包地，或者收回承包方弃耕、撂荒的承包地产生的纠纷如何处理的规定。根据《土地承包法》及相关司法解释，我们可以总结出，对于弃耕土地外出打工现返乡索要土地的，可以通过以下途径加以解决：一是村集体收回的弃耕地，尚未重新发包的可以继续发包给原承包方继续承包；二是村集体有机动地的可以用机动地解决；三是原弃耕地村集体交由他人代包的可以让其代包人退还给原承包人；四是村集体确实无地的可通过承包经营权流转形式让原弃耕农民代包他人的承包土地；五是村集体将原弃耕农民的土地收回后已全部发包出去了，村集体没有其他的土地，如果本集体经济组织弃耕农民要求承包地较多，且占有人口比重较大的，只要本集体经济组织2/3以上的成员同意，可以按照有关法定程序适当调整土地。

《农村土地承包纠纷案件司法解释》）第一条第二款规定："集体经济组织成员因未实际取得土地承包经营权提起民事诉讼的，人民法院应当告知其向有关行政主管部门申请解决"。

33. 互换土地协议是否合法

案情：2000年甲、乙、丙三人达成口头换地协议，甲将自己的一块耕地换给丙耕种，丙将自己的一块耕地换给乙耕种，乙将自己的一块耕地换给甲耕种，后按口头协议内容订立了书面协议，因乙外出打工，该书面协议上乙未签字，经村委干部在场的情况下，三家对土地进行了交换、丈量，乙之妻参与了土地的丈量、交换。乙当年打工回来后亦没有对该换地行为反悔。2006年，乙将换给甲的土地强行耕种。甲遂向法院提出诉讼，要求乙停止对所换给甲的耕地的侵害。

评析：

（1）我国《农村土地承包法》第3条规定，农村土地承包采取农村集体经济组织内部的家庭承包方式。而该法第15条规定："家庭承包的承包方是本集体经济组织的农户。"发包方将土地发包给农户经营时，系按照每户所有成员的人数来确定承包土地的份额，即"人人有份"。被告乙及其妻和子女组成的农户在承包土地时，每个人的份额是均等的，故而被告乙及其妻对承包的土地均有平等的处分权，乙之妻在被告乙未到场的情况下，参与了土地的丈量、交换是法律允许的。

（2）《农村土地承包法》第37条规定，土地承包经营权互换时当事人双方应当签订书面合同，此规定是为了更好地保护当事人的权利，并为处理以后可能发生的纠纷提供证据，而非强制性规定，即不签订书面合同即无效，那么在有证据证明口头协议已达成的情况下，亦应对口头协议予以支持。具体到本案，被告乙虽未在换地协议上签名，但原、被告及第三人已达成口头换地协议，该口头协议同样对双方当事人具有约束力。而实际上被告从外地打工回来没有对该换地行为予以反悔，并且对所换耕地实际耕种了六年之久，被告以自己的行为对换地协议进行了追认。故该耕地互换协议已实际得到履行，在双方没有协商或起诉对换地协议进行解除之前，被告乙对已换给原告甲的土地进行耕种构成了侵权。

（3）根据《农村土地承包法》第40条的规定，承包经营权互换须具备以下条件：（1）双方所承包的土地属于同一集体经济组织所有。（2）双方互换的目的是为了方便耕种，便利各自需要，没有改变土地用途及承包义务。（3）符合一般合同成立有效的其他要件，如当事人具有行为能力、意思表示真实，不违反法律或社会公共利益。本案中，原告甲与被告乙属同一集体经济组织成员，双方达成土地互换协议，该协议是当事人双方真实意思表示。因此，原被告之间的土地承包协议互换是合法有效的，对原告甲的主张法院应予以支持。

《农村土地承包法》第37条规定，土地承包经营权互换时当事人双方应当签订书面合同，此规定是为了更好地保护当事人的权利，并为处理以后可能发生的纠纷提供证据，而非强制性规定，即不签订书面合同即无效，那么在有证据证明口头协议已达成的情况下，亦应对口头协议予以支持。

34. 土地承包合同的变更

案情：俞某系某村村民，1996年3月26日，其与某村村民委员会签订一份集体土地承包经营合同，合同约定：俞某承包该村土地9亩，承包期限为15年，自1996年3月26日起至2011年3月26日止。合同还对双方其他权利义务进行了约定。合同签订后，双方均按合同约定履行了各自的义务。后在1999年该村为响应国家政策对村集体所有的土地进行更新改造，此改造涉及该村35户村民所承包的土地，其中，涉及对俞某承包的9亩土地进行挖沟设渠。该村召开村民集体会议并作出调整决议，将该村所有的其他机动土地按照原合同确定的亩数发包给因改造土地而被占用原承包土地的该村35户村民，并上报镇人民政府和县人民政府农业行政主管部门，获得批准。同时村民集体会议还决定对该35户村民减收一定的承包款以弥补因地力下降对其造成的经济损失。

评析：本案中，双方争议的焦点即为土地地块位置的改变是否是对原有的土地承包合同关系的一种变更。

（1）某村村民委员会对相关地块位置进行调整是否必须

俞某与某村村民委员会签订的农村土地承包合同，内容符合相关法律规定，依法应认定为有效合同。该合同约定承包期限为15年，是指土地承包经营的期限，并不是指在该承包经营期限内，作为该土地所有人的村组织不得因特殊情况对该土地进行调整。对此，《中华人民共和国土地管理法》第十四条规定："农民集体所有的土地由本集体经济组织的成员承包经营，从事种植业、林业、畜牧业、渔业生产。土地承包经营期限为三十年。发包方和承包方应当订立承包合同，约定双方的权利和义务。承包经营土地的农民有保护和按照承包合同约定的用途合理利用土地的义务。农民的土地承包经营权受法律保护。在土地承包经营期限内，对个别承包经营者之间承包的土地进行适当调整的，必须经村民会议2/3以上成员或者2/3以上村民代表的同意，并报乡（镇）人民政府和县级人民政府农业行政主管部门批准。”《农村土地承包合同法》第二十七条第二款规定：“承包期内，因自然灾害严重毁损承包地等特殊情形对个别农户之间承包的耕地和草地需要适当调整的，必须经本集体经济组织成员的村民会议2/3以上成员或者2/3以上村民代表的同意，并报乡（镇）人民政府和县级人民政府农业等行政主管部门批准。承包合同中约定不得调整的，按照其约定。”

合同依法成立后，对当事人双方均有法律约束力，双方必须按照合同约定履行各自的义务，但是由于情势变更会使合同有所调整。对此，《中华人民共和国合同法》第七十七条规定：“当事人协商一致，可以变更合同。法律、行政法规规定变更合同应当办理批准、登记等手续的，依照其规定。”本案中，某村村民委员会根据国家政策而占用俞某承包经营的土地进行挖沟设渠，使该土地无法继续耕种，这是一种客观事实，而该村村民委员会经村集体会议作出决议，将该村所有的其他机动土地按照原合同确定的亩数发包给因改造土地而被占用的该村35户村民，并获得了相关主管部门批准。据此，可以认为在该村相关土地位置改变这一问题上，双方已达成一致意见。俞某认为某村在没有征求其同意的情况之下，擅自调整土地位置是没有法律依据的。

（2）该案土地承包合同关系是否变更

合同的变更，从狭义方面理解，是指在合同有效成立后，合同当事人不变，仅改变合同的内容。而土地承包合同的变更是指当事人双方对已经发生法律效力的土地承包合同的内容进行某些必要的修改或补充。它具有以下法律特征：1. 原已存在土地承包合同。土地承包合同变更的前提条件即是存在土地承包合同且合同已发生法律效力。本案某村1999年对该村相关土地位置调整即是在俞某与某村的土地承包合同履行过程中。2. 土地承包合同的变更须依法律规定或者当事人约定。当事人协商一致，在不损害国家、集体或者第三人利益的情况下，可以变更土地承包合同。本案即属于此种情况。3. 土地承包合同内容的变更，是对合同的内容进行某些必要的修改或补充，并不是对原有合同内容的全部变更。本案中对土地位置的调整，只是对原有合同内容的局部作出必要的修改，双方当事人原有的权利义务并未因此改变，即本案土地承包合同关系并未改变。

《农村土地承包合同法》第二十七条第二款规定：“承包期内，因自然灾害严重毁损承包地等特殊情形对个别农户之间承包的耕地和草地需要适当调整的，必须经本集体经济组织成员的村民会议2/3以上成员或者2/3以上村民代表的同意，并报乡（镇）人民政府和县级人民政府农业等行政主管部门批准。承包合同中约定不得调整的，按照其约定。”

35. 换地20年起纠纷，法院判决仍有效

案情：四川省古蔺县人民法院一审审结一起曾自愿调换承包地已经20余年，如今才反

悔的土地承包经营权案件，判决该土地调换行为有效，并按原告真实意思表示判决由被告赔偿耕种收益损失 400 元。

原告王强与被告王联系同组村民，在第一轮农村土地承包责任制落实其各自承包的责任地后，为方便耕种，王强与王联协商，用自己承包的责任田给王联承包的位于自家门口的责任田调换耕种，并给付王联120元补偿款。后双方均按调换的责任田长期耕种没有意见。1999年第二轮土地延包时，发包方（政府）已将双方调换的责任田分别填入两家的承包合同书中。2006年4月，王联反悔，以不愿再调换土地为由，采用放毒等方式阻止王强耕种，造成当年耕种的大小两季颗粒无收。王强因此诉至法院，要求确认与被告王联调换土地的协议有效、并赔偿原告耕种损失 1300 元。

评析：根据《中华人民共和国农村土地承包法》第 40 条“承包方之间为方便耕种或者各自需要，可以对属于同一集体经济组织的土地的土地承包经营权进行互换”的规定，原、被告之间调换土地承包经营权的行为有效，并且已得到土地发包方（政府）的认可。被告王联阻止原告王强耕种调换的土地，侵犯了原告的承包经营权。

36. 祖先民国购坟地，后人今朝起风波

案情：上世纪 80 年代初期，赖余阳的父亲未经赖发庆家人的同意，将赖余阳祖父母的遗骨葬于此山。2005 年 9 月 24 日，赖发庆的家人与赖余阳的家人签订了一份祖坟地转让协议，约定赖余阳一方将其祖先名下的祖坟地管理使用权转让给赖发庆一家。转让协议签订后，赖发庆一家将祖先的坟墓重修。

赖余阳一家将赖发庆家重修的祖坟墓外坟堂土墙扒毁一部分。赖发庆等人向法院起诉，要求赖余阳等人将祖坟迁出。一审法院判决支持了赖发庆等人的诉讼请求，判令赖余阳等人将祖坟迁出。

评析：根据我国法律规定，个人不能拥有土地的所有权。赖余阳与赖发庆双方的祖先共同购买坟地的行为并不符合现行法律规定。该购买行为发生在民国时期，即使当时约定了所购坟地的面积范围，但在我国现行法律制度下，当事人仅可以依法使用本村集体土地建坟，而对坟墓占地范围之外的土地并不因“购买”、继承而取得使用权，坟墓占地范围之外的土地仍属村民集体所有，他人亦可在法律和政策允许的条件下建坟。本案双方祖坟相邻，彼此应按历史形成的使用状况和团结互让的原则处理相邻关系。赖发庆等人无权要求赖余阳等人将祖坟迁走。

37. 考上大学仍享有土地收益

案情：一起因考上大学户口随之迁往学校而引发的土地承包收益分配纠纷案，已在四川

省成都市武侯区人民法院审结。法院一审认定大学生户口迁移但土地收益分配权应当保留，因此判令被告簇桥乡一村民小组支付原告周某的土地承包收益分配款共计1.02万元。

原告周某系被告簇桥乡一村民小组村民。2001年8月，周某被清华大学录取，其户口在2001年从农村迁往清华大学。之后村民小组以周某户口已迁出为由，从2002年起，即停止向原告分配土地承包收益。

周某认为，虽然他的户口已经从村里迁走，但其并没有参加工作，且在上学期间还要支付各种费用，村民小组在其还没有毕业参加工作前扣发其土地承包收益分配款，于理于法均无据。

评析：依据我国农村土地承包法及四川省的相关文件等规定，在校大学生仍保留承包地的，应享有承包土地收益的分配权，原告周某将户口转入清华大学，是为了便于学校和当地有关部门的户籍管理，这并未取消周某作为村民小组土地承包经营权利人的资格，周某作为村民小组村民的分配权资格应当保留，享有与该组村民同等的得到土地承包收益分配款的权利。

因此，被告村民小组以组委会名义通过决议，将其排除在土地承包收益款分配之外，缺乏法律依据，构成对周某合法权益的侵害。

38. 政府征地赔偿

案情：2003年，某村民委员会将其所有的土地发包给一外地客商种植仙人掌。其间，当地中学向政府申请征收土地。政府批准将该村民委员会所有的土地征收后划拨给中学使用。该中学向原发包人村民委员会支付了用地补偿款并取得了包括该客商承包范围内的土地使用权后，要求客商移植仙人掌。客商提出了赔偿要求，各方协议未果。中学将仙人掌全部砍除后开始建房。该客商遂以中学和村民委员会为被告提起诉讼，请求赔偿。村民委员会提出，原村民委员会所属的土地系政府征收，其执行政府命令向中学交付土地并无过错，导致土地承包合同不能履行的责任不在村民委员会，仙人掌又不是村民委员会砍除，故不应由其承担赔偿责任。中学则认为，其土地使用权从政府处取得，与该客商无涉。在取得土地使用权之后，有权清除客商的仙人掌，不应为此承担民事责任。

评析：本案中应解决的主要问题是客商提出的赔偿请求的对象应当是谁?客商的请求是否应当得到支持?处理这一纠纷，应当从以下几个方面加以考虑。

（1）处理征地补偿纠纷的主要法律依据是《中华人民共和国土地管理法》、《中华人民共和国农村土地承包法》和《中华人民共和国土地管理法实施条例》

目前，处理征地补偿纠纷的主要法律依据是《中华人民共和国土地管理法》（以下简称《土地管理法》）、《中华人民共和国农村土地承包法》（以下简称《农村土地承包法》）和《中华人民共和国土地管理法实施条例》（以下简称《土管法实施条例》）。《土地管理法》第47

条规定："征收土地的，按照被征收土地的原用途给予补偿。征收耕地的补偿费用包括土地补偿费、安置补助费以及地上附着物和青苗的补偿费。征收耕地的土地补偿费，为该耕地被征收前3年平均年产值的6～10倍。征收耕地的安置补助费，按照需要安置的农业人口数计算。需要安置的农业人口数，按照被征收的耕地数量除以征地前被征收单位平均每人占有耕地的数量计算。每一个需要安置的农业人口的安置补助费标准，为该耕地被征收前3年平均年产值的4～6倍。但是，每公顷被征收耕地的安置补助费，最高不得超过被征收前3年平均年产值的15倍。征收其他土地的土地补偿费和安置补助费标准，由省、自治区、直辖市参照征收耕地的土地补偿费和安置补助费的标准规定。被征收土地上的附着物和青苗的补偿标准，由省、自治区、直辖市规定……"《土管法实施条例》第26条规定："土地补偿费归农村集体经济组织所有；地上附着物及青苗补偿费归地上附着物及青苗的所有者所有。征收土地的安置补助费必须专款专用，不得挪作他用。需要安置的人员由农村集体经济组织安置的，安置补助费支付给农村集体经济组织，由农村集体经济组织管理和使用；由其他单位安置的，安置补助费支付给安置单位；不需要统一安置的，安置补助费发放给被安置人员个人或者征得被安置人员同意后用于支付被安置人员的保险费用……"

根据上述法律和行政法规的规定，国家征收农民集体所有的土地时，依法应当对原土地所有权人给予补偿。本案中作为承包人的客商，虽然不是对被征收土地享有所有权人的集体经济组织的成员，但由于其通过与土地所有权人签订土地承包经营合同而取得了承包权，因此，在承包地被依法征收后，承包方有权要求获得地上附着物和青苗的补偿费。

关于客商以地上权被侵害为由提起民事诉讼能否得到人民法院支持的问题，作者认为：从民法理论上说，地上权是指在他人土地上修建建筑物或者其他工作物，或以种植竹木为目的而使用他人土地的权利。地上权是用益物权的一种，登记是其生效或者可以处分的前提条件。当事人以地上权被侵害为由提起民事诉讼是应当被人民法院受理的。如果经审查被告的行为构成侵权并给原告造成了财产损失，人民法院对原告的诉讼请求应当予以支持。但由于我国目前尚未公布物权法，在现有的法律、法规中还找不到直接保护地上权的依据，相应地也没有地上权登记机构。且我国《土地管理法》和《土管法实施条例》中又对农村集体所有的土地被国家征收时，承包人应当获得的补偿作了具体规定，因此，当事人以地上权被侵害为由而提起民事诉讼，无论是在地上权的认定上还是在适用法律上，均存在一定障碍。人民法院在现阶段处理此类纠纷时，也不宜舍弃现有法律的直接规定，而选择依据民法理论对案件进行处理。

（2）当事人诉讼请求的性质决定赔偿义务的指向

关于客商向中学和村民委员会请求赔偿时所持的理由，我们不妨设想可能存在的几种情况：

第一种情况，客商因为土地被征收，所种仙人掌被清除，以不能继续履行土地承包合同为由诉村民委员会，请求赔偿损失。这样的请求是以土地承包合同为基础的，造成损失的原因是土地承包合同不能继续履行，因此，赔偿义务只能指向合同的相对人村民委员会。

第二种情况，如果客商请求赔偿的理由是因仙人掌被清除所蒙受的损失，是中学的侵权行为造成的，就只能以中学为被告提起民事诉讼。因为仙人掌与其他一年生或一年两季生或者三季生的农作物有着明显的区别，麦苗或者稻秧是难以移植他处的，但仙人掌从植物属性上具备移植条件。如果种植面积不大，客商又有其他地方可供移植，是可以考虑采取移植的办法减少损失的。在这种情况下，取得土地使用权的中学即使已经支付了青苗补助费，也应当与作为青苗所有者的客商就仙人掌的移植时间等问题进行协商，以减少土地承包人的损失。因此，客商在仙人掌遭到砍伐的情况下，以中学为被告提起民事诉讼的诉权是应当得到支持的。

第三种情况，客商认为因政府征收土地后，其所种仙人掌被清除没有得到补偿，则请求的应当是补偿而不是赔偿。义务指向问题则需要具体分析。如果政府在征收该地块时，根本没有考虑对地上附着物和青苗给予补偿，则征地程序明显违反《土地管理法》第47条和《土管法实施条例》第26条之规定，客商作为土地承包人，有权提起行政诉讼，请求政府给予补偿。

第四种情况，中学已经按照政府的要求将土地补偿款（包括青苗和地上物补助费）支付给原土地使用权人，但村民委员会擅自扣留了补偿款，在这种情况下，客商可以以村民委员会的行为构成侵权为由，提起民事诉讼，请求赔偿。

当事人诉讼请求的性质，决定着赔偿义务的指向和诉权是否成立。正确选择被告不仅直接关系到当事人的起诉是否能够为人民法院受理，而且关系到其实体权利是否能够得到司法保护。

（3）当事人实体权利获得保护的条件

关于当事人实体权利受保护的条件，在政府征收土地时，客商作为土地承包人有权获得地上附着物和青苗的补偿。如果政府在征地过程中根本没有考虑给予这一部分补偿，客商是有权利单独提起行政诉讼，获得补偿的。人民法院对客商的请求，应当给予支持。

如果中学按照政府的要求，已经向原土地所有人村民委员会支付了地上附着物和青苗补偿款，而村民委员会没有将补偿款支付给客商，则在客商以村民委员会为被告提起的侵权损害赔偿诉讼中，人民法院应当支持客商的诉讼请求。

如果在征地过程中，政府于确定青苗补偿款的数额时已经考虑到仙人掌是可移植作物的实际情况，即对承包人青苗的实际损失是在考虑了仙人掌的移植情况后认定的，则中学就有义务在实际利用划拨土地前，与客商就仙人掌移植的时间等问题进行协商。未经协商一致，擅自采取措施砍伐仙人掌的行为构成对客商合法民事权益的损害，应当承担赔偿责任。

至于村民委员会在政府征地过程中，未将被征收土地上存在青苗的情况告知政府和中学的情况在实践中发生的可能性甚微。一是根据我国《土地管理法》的规定，征收农地是有严格的审批程序的，征地事项依照法定程序获得批准后，由县级以上人民政府予以公告并组织实施。征地补偿方案确定后，有关地方人民政府也应当公告，并听取被征地的农村集体经济组织和农民的意见。政府有关部门在整个征地过程中，对于被征收的农地上存有青苗的情形一无所知的可能是很小的。二是村民委员会从自身利益出发，多报青苗亩数、收到青苗补助费少给甚至不给非本集体经济组织的承包人的可能性是有的，但向政府瞒报实际存在的青苗、放弃青苗补助费的可能性则很小。因此，以村民委员会未将青苗情况告知政府为由，要求其承担赔偿责任的理由不能成立。

另外，以土地承包合同不能继续履行为由，请求村民委员会给予民事赔偿的请求，不能予以支持。因为，征收土地是依据法律作出的政府行为，村民委员会作为被征收土地的原所有权人只能服从。由于没有违约行为作为基础，故请求村民委员会对土地承包合同不能继续履行给客商造成的损失给予赔偿的请求，是无法得到人民法院的支持的。

审判实践中，对于土地承包者，无论其是否为被征收土地的集体经济组织成员，只要承包的土地上有其合法建设的地上附着物或者青苗，在该地块被征收时，都应当获得补助费这一观点，在民事审判人员中已经获得了高度认同。请求补助费的对象究竟是谁，则要根据案件具体情况的不同而有所区别。原则上是：政府没有考虑补偿问题或者没有确定补偿标准的，应当通过行政诉讼，追究政府的责任；政府已经确定了补助标准和具体补助办法，征地后获得土地使用权的单位或者个人已经与被征地单位签订合同确定补助费支付情况，却没有按照政府要求支付补助费的，被征收土地的所有权人或者承包人均有权提起民事诉讼，请求其支付；被征收土地的集体经济组织已经领取了地上附着物和青苗补助费而不向地上附着物和青苗的所有权人支付的，地上附着物和青苗的所有权人有权提起民事诉讼，请求其返还补助费。

这类案件在审判实践中较为普遍地存在的问题是:除了地上附着物和青苗补助费外，作为非被征收土地所在地的集体经济组织成员的承包人，是否有权获得我国《土地管理法》中规定的安置补助费。由于目前我国现有法律和行政法规对此尚无明确、具体的规定，理论上也存在争议，因此，各地法院在处理这类案件时存在不同的做法。对于这一问题，确有必要从理论上、立法上加以探讨、解决。由于本案中的土地承包人为“客商”，不属于农业人口，故对这一问题可以暂不涉及。

39. 承包农田拒交承包款　解除合同判赔复耕费

案情：承包人和农户签订承包农田协议却不履责拒交承包费，农户只好将承包人告上法庭。2010年6月1日，江西省遂川县人民法院宣判了这起土地承包经营权纠纷一案，一审判决解除承包人与农户签订的《土地租赁合同书》，赔偿农户水田复耕费、清理屋基费、误工费等损失共计5.5万元。

2002年1月5日，万育花承包于田第七、九村民小组农户的责任田进行花卉种植。双方签订《土地租赁合同书》，合同约定，租赁时间从2003年4月3日始至2011年4月3日止；承包费按农田面积以每年每亩550斤干谷折金给付农户（折金办法：每亩按早、晚稻谷各275斤，以当年当地粮管所销售平均价格结算）给付时间在每年的1月25日前预付农户租金1万元，年底前按折算方法付清（多退少补）；租用期满，万育花将负责整理农田，退林还耕，将水田归还农户。

合同签订后，万育花租用农户水田共计66亩，从事花卉种植。2008年开始，万育花未按合同约定支付租金。经农户催收，万育花以无钱为由推诿并外出不与农户见面。为不误今年的夏粮耕种，农户诉至法院要求解除双方签订的《土地租赁合同书》，赔偿农户水田复耕费等损失，退林还耕。

评析：被告万育花为从事花卉种植，经七、九组全体村民同意，双方签订了《土地租用合同书》，该合同书系双方当事人的真实意思表示，内容不违反法律规定，该合同合法有效。被告万育花在履行合同的过程中，拒不缴纳承包费以自己的实际行为表明其不履行合同的主要债务，实属违约。原告方要求解除该合同，依法应予保护。原告方要求被告万育花按照合同的约定支付水田复耕费等经济损失，符合法律规定。

40. 离异夫妻因承包山林起纠纷，法院判前妻分享承包权

案情：夫妻离婚后，原丈夫代表原全家成员承包的集体山林，原妻子和由其抚养的女儿是否有权取得经营管理权呢？陕西省宁陕县人民法院日前审结了该起发生在已离异夫妻之间的承包经营权纠纷，一审判决原妻子取得了部分山林承包的经营管理权。

2008年9月，宁陕县的鱼丽（化名）与原丈夫宋军（化名）协议离婚，女儿随鱼丽生活。之后，鱼丽和女儿的户口一直未迁出。当年10月，在全县进行的林权改制时，宋军代表包括鱼丽和女儿在内的原全家6口成员，按每人38亩的面积，与村组签订林地承包合同，承包集体山林228亩。鱼丽得知后，多次找宋军协商，要求将自己和女儿名下的76亩山林划出由自己经营管理，终无结果。无奈之下，鱼丽向宁陕法院提起诉讼。庭审中，经法庭调解，双方就分割的山林四界达成一致，但宋军要求鱼丽书面保证不再起诉分割夫妻财产，遭到鱼丽拒绝，宋军亦拒绝在调解笔录上签字。

评析：宋军代表原全家成员取得的山林承包经营权，应属于全体成员的共同财产，夫妻虽然离婚，一方仍有权按其抚养的人数予以分割。双方在庭审中就林地分割的四界达成一

致，法院予以支持。据此，一审判决鱼丽按照庭审协商的四界，取得山林承包经营管理权。

41. 承包水库后无权使用，诉至法院才知合同无效

案情：签约承包水库后，3个月后承包费被退回，并被告知水库已易主。2010年5月10日，江西省永新县人民法院对一起农业承包合同纠纷做出了一审判决，确认原被告于2008年11月17日签订的承包合同无效。

2010年3月23日，村民王某将象形乡某村委会告上法院，诉称2009年11月17日与该村村委签订了水库承包合同，约定承包期限20年，承包费每年1200元，且已向村委交付了第一期承包费。但2010年2月中旬，村委趁原告不在家又将1200元承包费退还原告家人。2月底原告准备在水库放鱼苗，但遭村委阻止，并说水库已另行承包他人。王某提供了与村委签订的合同和交村委的水库承包费收据作为证据，要求法院依法裁决该合同有效并责令被告依合同履行义务将水库交由王某管理。

评析：原告承包水库经被告村党支部书记与会计协商后认为可行，并签订了合同，但原告非集体经济组织内成员，被告将该水库发包时未经本集体经济组织成员的村民会议2/3以上村民代表同意，也未报乡政府批准，违反了《中华人民共和国农村土地承包法》第48条的强制性规定，根据合同法相关规定，合同违反法律、行政法规的强制性规定归于无效。

42. 耕整农田半路撂挑子，赔偿损失押金不返还

案情：农户和承包人协议稻田的耕整事宜，承包人却在半路撂挑子，农户只好另请他人完成作业。法律并非儿戏，结果承包人押金得不到返还，还要赔偿农户损失。2010年5月6日，江西省宜丰县人民法院一审判决农户吴小峰支付承包人熊俊如整田工资400元，承包人熊俊如赔偿农户吴小峰各项损失1900元，熊俊如所交的1500元押金不予返还。

法院经审理查明，2009年熊俊如与吴小峰就整田、插秧事宜达成口头协议，约定吴小峰的一季稻田130多亩和二季稻田70多亩承包给熊俊如耕整、插秧，每亩工价为100元，完工后进行结算。在顺利完成一季稻的耕整、插秧后，双方就二季稻的耕整、插秧事宜进行协商，口头约定将熊俊如耕整一季稻的工钱1500元作为耕整二季稻的押金，以确保合同的顺利履行。

2009年7月25日，熊俊如开来机器为吴小峰的二季稻田进行耕整，在耕整几亩田地后，由于吴小峰不愿意送熊俊如到住的地方，双方发生了争执。当天晚上，熊俊如便把机器开走。随后，吴小峰找到熊俊如要求其继续履行合同，熊俊如表示要等别的业务做完了才能来。由于水稻的季节性和周期性特点，吴小峰不同意，于是高价另请他人进行耕整。

评析：原、被告双方应按稻田、插秧口头协议履行合同。熊俊如停止为吴小峰耕田、插

秧，其行为构成违约，应承担民事责任并赔偿损失，熊俊如无权要求返还1500元押金，吴小峰被迫临时雇请他人为其作业多支付费用1900元，该损失熊俊如应予赔偿。

43. 私自转让土地，合同无效返还钱

案情：违反规定私自将承包的责任田转让给他人建房，遭村民小组的反对。4月20日，江西省遂川县人民法院宣判了一起买卖合同纠纷一案，一审判决高秋荣与项凡云签订的《土地转让协议书》无效，并由项凡云返还高秋荣人民币2万元。

2009年7月27日，高秋荣与项凡云通过协商，项凡云将自己承包集体所有的责任田转让给高秋荣建房，双方并签订土地转让协议书，高秋荣当场给付转让费2万元，项凡云出具收据。后遭村民小组的反对，致使双方的转让未成，高秋荣要求项凡云返还所收的2万元转让费时，遭项凡云的反对，并称转让未成不是因他的原因所造成，拒绝返还。高秋荣则向法院起诉，要求判令项凡云返还所收的2万元转让费。

评析：原告高秋荣与被告项凡云明知双方转让的土地属集体土地，违反了《中华人民共和国土地管理法》第六十三条“农民集体所有的土地的使用权不得出让、转让或者出租用于非农业建设”的规定，仍签订土地转让协议，违反了法律规定，属无效协议，不具有法律效力。被告项凡云因无效协议从原告高秋荣处收取的2万元转让费应当予以返还。原告高秋荣起诉要求被告项凡云返还所收的2万元转让费，符合法律规定。

44. 自行建盖房屋被毁，起诉因违法占地被驳

案情：原告张勇（化名）自1993年起在本村老街子公路旁边自行建盖两间小房子经营洗车、加水等业务，并于2000年办理了2000年1月至2000年12月31日为期一年的临时土地使用权证。2008年12月中旬，被告张歆（化名）用翻斗车拉废土将张勇自行建盖的两间小房子堵住，双方发生争执。2010年3月底，无奈的张勇诉至麒麟区人民法院越州中心法庭，要求判令被告张歆停止侵权，排除妨害。

评析：农民集体所有的土地依法用于非农建设的，应由县级以上人民政府登记造册，而原告所提交的只是村委会农经收据及村小组的收据各一份，从收据上并不能反映出其已合法取得村委会老街子公路旁边的土地使用权。且原告所办理的临时土地使用权证于2000年12月31日期满后未办理继续使用该块土地的使用权证，故原告对该块土地已不具有合法使用权，不应受到法律保护。

45. 上门婿卖地走人　三代人对簿公堂

案情：河南省永城市曹庙村的80岁高龄黄某夫妇因儿子早年去世，撇下儿媳侯某及四

个女孩艰难度日。在老两口的撮合下，侯某与李某再婚，与黄某夫妇共同生活。日前，老两口发现他们的“上门女婿”竟然把自己的土地给卖了。

永城撤县设市后，市里规划出一幅土地作为村民居住用地，黄家分得五间建房用地。2003年底，李某先后将其中四间分别转与翟某、丁某。2004年初，侯某去世；不久，李某带自己的亲生女儿离开黄家返回自家居住生活。

2007年10月，黄某夫妇在此土地上建房。翟、丁二人得知后，把李某告上法庭，要求确认李某与其所签土地转让合同有效，合同继续履行，由李某协助办理土地使用权过户手续。法院受理后，经审理作出一审判决，支持了翟、丁二人的诉讼请求。

黄某夫妇得知后，以李某擅自把村里分给其家庭的居住用地中属于其祖孙六人及儿媳侯某的四间土地转让他人，侵犯了其合法权益，应当确认其合同无效、法院原审判决错误等为由，要求河南省永城市人民法院再审。

评析：原审适用法律确有错误，本案符合《民事诉讼法》规定的再审条件。遂依法作出裁定，对本案进行再审，并依黄某祖孙六人的申请，通知黄某祖孙六人作为本案第三人参加诉讼。

本案诉涉土地属国有土地。李某转让土地，自始至再审庭审结束时都未取得土地使用权证书，且未经有权机关批准，故李某与翟某、丁某所签土地转让合同当属无效。再审法院依据有关法律规定，分别作出李某与翟某、丁某所签土地转让合同无效的判决，依法支持了黄某祖孙六人的诉讼请求。

46. 私自转让土地建房，法院确认协议无效

案情：近日，安徽省宣城市宣州区人民法院对一起农民集体所有的土地使用权转让协议纠纷案作出判决，依法确认原告于某与被告宣城市宣州区洪林镇某村民组签订的土地转让协议无效，被告返还原告土地转让款14万元，原告对已进行开发的农用地恢复原状。

2008年11月11日，被告宣城市宣州区洪林镇某村民组经全体村民签字同意，与原告于某签订了一份土地转让协议，约定将该村面积为962.5平方米的农用地，以14万元的价格交由原告进行房屋建设。后原告在进行房地产开发过程中，因被告方少数村民反对无法正常施工，遂诉至法院。

评析：农民集体所有的土地的使用权不得出让、转让或者出租用于非农建设。原、被告私下达成的农用地转让协议，违反了国家法律的强制性规定，双方签订的土地转让协议无效。合同被确认为无效后，当事人因该无效行为取得的财产应予以返还，双方私自转让的土地仍归被告所有。原告在协议签订后，即组织人员对该地块进行了开发，造成该土地一定程度的破坏，应当进行恢复、平整。

相关法律问答

1. 什么叫家庭承包?

答：家庭承包，是指集体经济组织按照公平分配、人人有份的原则，统一将耕地、林地、草地承包给本集体经济组织农户的一种承包方式。其特点:（1）承包双方当事人不是平等的民事主体之间的关系，发包方是集体经济组织，承包方是本集体经济组织内部的农户;（2）承包对象主要是耕地、林地和草地，具有福利和社会保障功能;（3）根据公平分配和人人有份的原则承包，集体经济组织统一发包;（4）承包期较长，耕地30年、草地30~50年、林地30~70年，林地经批准还可以更长;（5）承包双方当事人的权利义务是法定的，承包方享有经营自主权、产品处置权、土地流转权、土地被征用占用的补偿权等;（6）土地承包经营权自承包合同生效时取得，并由县级以上人民政府颁发土地承包经营权证或林权证;（7）土地承包经营权流转可采取转包、出租、互换、转让等方式;（8）取得的土地承包经营权按照物权方式予以保护，有权提出停止侵害、返还原物、恢复原状、排除妨害、消除危险、赔偿损失等要求;（9）承包收益可以继承，耕地、草地的承包经营权不能继承，林地的承包经营权可以继承。

2. 农村土地应由谁来发包?

答:《农村土地承包法》第十二条规定，农民集体所有的土地依法属于村农民集体所有的，由村集体经济组织或者村民委员会发包;已经分别属于村内两个以上农村集体经济组织的农民集体所有的，由村内各该农村集体经济组织或者村民小组发包。村集体经济组织或者村民委员会发包的，不得改变村内各集体经济组织农民集体所有的土地的所有权。国家所有依法由农民集体使用的农村土地，由使用该土地的农村集体经济组织、村民委员会或者村民小组发包。

3. 关于颁布《农村土地承包法》有何意义?

答:《农村土地承包法》体现了“三个代表”的重要思想，符合我国农村实际和农民心愿，对于稳定完善以家庭承包经营为基础、统分结合的双层经营体制，长期稳定农村土地承包关系，维护广大农民的根本利益，促进农业和农村经济发展，保持农村社会稳定，具有重要意义。

土地既是农业最基本的生产资料，也是农民最可靠的社会保障。长期稳定农村土地承包关系，既是发展农业生产力的客观要求，也是稳定农村社会的一项带根本性的措施。我们时刻不能忘记，我国有九亿多农民，人多地少是我国最基本的国情。我国对农村的社会保障体系尚未建立，国家正处在由农业经济向工业经济发展的过渡阶段。一户农民就那么几亩地，劳动力有富余，他们可以亦工亦农，亦商亦农，白天务工，晚上务农，能进能退，是一项最大的社会保险。在乡镇企业蓬勃发展的同时，每年也有许多家乡镇企业关停并转，但乡镇企业的职工们能上能下，能进能退，就是因为家里有那么几亩地，保障了他们的基本生活。改革开放二十多年来，我国经济虽然取得巨大的成就，但还处在解决温饱的阶段，一下还解决不了农村那么多的剩余劳动力，在相当长的一个时期，农民主要还是以土地为生。改革和发展要有一个稳定的局面，而农村的稳定是至关重要的，邓小平同志曾多次指出："中国有百分之八十的人口住在农村，中国稳定不稳定首先要看这百分之八十稳定不稳定。城市搞得再漂亮，没有农村这一稳定的基础是不行的。"因此，实行农村土地承包经营不仅对促进农业和农村经济的更大发展有着十分重要的作用，同时，对农村社会保障和社会稳定也起着十分重要的作用。

农村土地承包经营方式既适应传统农业，也适应农业现代化发展的要求，在统分结合的经济体制下，农村土地承包经营可以容纳不同的生产发展水平，在现阶段乃至今后，仍具有旺盛的生命力。家庭承包经营赋予了农民生产经营自主权，确立了农户自主经营、自负盈亏的市场主体地位，他们自觉地顺应市场需求，调整产品结构，渴求农业科技，实行科学种田，努力提高劳动生产率，以获得最大的经济效益。农村土地承包经营中以家庭承包经营为主。家庭承包经营虽然是一种传统的农业经营方式，但是它没有过时，即使在发达国家，占主导地位的农业经营方式也是家庭农场。家庭经营并不排斥现代化。我国的家庭承包经营虽然规模小，但在统分结合的双层经营体制下，农村集体经济组织可以发挥它的优势，在管好集体资产的同时，协调好利益关系，组织好生产服务和集体资源开发，能够解决一家一户难以办到的事情，推动我国农业向专业化、商品化、现代化发展。

农民有了生产经营自主权，不仅极大地调动了他们种粮种棉的积极性，而且使他们从当地的实际和市场的需求出发，一方面调整生产结构，种植适销对路的其他经济作物，饲养优质的家禽家畜，开发新的产品，有效地促进了农村多种经营的发展。过去我们长期提出的"农林牧副渔"全面发展的农业目标，在实行农村土地承包经营后才得到更好的实现。另一方面，农民有了积累，也有了择业的自由，一些农民跳出了土地和农业的局限，办起了乡镇企业，在国家的大力支持和引导下，乡镇企业通过改制、引进资金和先进技术，得到快速的发展，已成为国民经济的一支重要力量。企业的发展推动了小城镇的建设，进而促进了农村第三产业的发展，大批农村富余劳动力从土地上转移出来。农村改革取得的重大成功，开拓了农业产业化和农民就业的广阔空间。

长期稳定农村土地承包经营，是我国国民经济发展的重要保障。我国的改革是从农村开始的。农村改革取得的重大成功，为城市改革和其他方面改革的顺利进行积累了重要经验，奠定了良好的基础，有力地促进了整个国民经济的发展。没有农村改革的成功和农村经济的繁荣，整个经济体制改革就不可能顺利进行。邓小平同志曾经指出："中国经济能不能发展，首先要看农村能不能发展，农民的生活是不是好起来。"还指出："农民没有积极性，国家就发展不起来。"为什么说要长期坚持农村土地承包经营不动摇，如果不稳定，一动摇，农民的积极性就没有了，生机和活力也没有了，其他什么措施都是空的。为此，国家在1993年就提出，原定的耕地承包到期后，再延长30年不变。目的就是要保持农村土地承包关系的长期稳定。

4. 对侵害承包经营权民事责任有哪些规定?

答：农村土地的承包经营权是一种用益物权，物权最重要的特征就是直接支配性和保护之绝对性。物权的直接支配性，指物权人得依自己的意思，无须他人意思或行为之介入，对标的物为管领处分的权利。物权的绝对性，指物权人于其标的物之支配领域内，非经其同意，任何人均不得侵入或干涉，否则即构成违法。物权属于得要求世间一切人对其标的物的支配状态予以尊重的权利，一切人均负有不得侵害的义务，物权人可以对任何人主张权利，所以物权又称为绝对权或者对世权。用益物权又称他物权，即在他人之物上设立的物权。对于农村集体所有的土地，农民作为农村集体经济的成员取得其承包经营权，属于用益物权。这种用益物权一经设立，就具有物权的属性，即具有排除包括所有权人（发包人）在内的一切人的干涉和侵害。

承担民事责任的方式主要有：停止侵害、返还原物、恢复原状、排除妨害、消除危险和赔偿损失。

5. 国家机关及其工作人员利用职权干涉和侵害农村土地承包经营权的行为如何处理?

答：《农村土地承包法》第六十一条中规定，国家机关及其工作人员有利用职权干涉农村土地承包，变更、解除承包合同，干涉承包方依法享有的生产经营自主权，或者强迫、阻碍承包方进行土地承包经营权流转等侵害土地承包经营权的行为，给承包方造成损失的，应当承担损害赔偿等责任；情节严重的，由上级机关或者所在单位给予直接责任人员行政处分；构成犯罪的，依法追究刑事责任。

这些行为有的是直接剥夺了承包人所取得的用益物权，有的是侵害了承包人对所承包土地的支配权。依照我国行政诉讼法第11条第（8）项之规定，如果承包人认为行政机关的具体行政行为侵犯他的财产权益，或者按照第11条第（3）项之规定，认为行政机关的具体行政行为侵犯了他的经营自主权，应当可以向人民法院提起行政诉讼。依照我国国家赔偿法第4条第（4）项之规定，受害人有权向造成损害的行政机关请求赔偿。

6. 农村土地承包法有哪些立法目的及立法根据?

答：1993年，国家将“农村集体经济组织实行以家庭承包经营为基础、统分结合的双层经营体制”写进宪法，将其作为我国农村的一项基本经济制度固定下来。党的十五届三中全会通过的《中共中央关于加强农业和农村工作若干重大问题的决定》明确提出：“要坚定不移地贯彻土地承包再延长三十年的政策，同时抓紧制定确保农村土地承包关系长期稳定的法律，赋予农民长期而又有保障的土地使用权。”制定农村土地承包法的目的就是具体落实宪法，保障我国农村以家庭承包为基础、统分结合的双层经营体制的长久稳定，赋予农民长期而有保障的土地使用权，依法维护农村土地承包当事人双方的合法权益，以促进农业、农村经济发展和农村社会稳定。

家庭承包经营是我国农民的一个伟大创举。农村实行家庭承包经营，改变了人民公社的生产经营方式和计划经济模式，初步构筑了适应我国市场经济要求的农村新经济体制框架。以家庭承包经营为基础、统分结合的双层经营体制成为我国农村的基本经济制度。家庭承包经营是在坚持土地等生产资料集体所有的前提下，把土地使用权承包给农户，确立了家庭经营的主体地位，赋予了农民充分的生产经营自主权。家庭承包经营和集体统一经营是相互依存的统一整体，家庭承包经营是我国农村集体经济组织内部的一个经营层次，是农村集体经济的一种有效经营方式。农民通过承包本集体的农村土地，得到的是对农村土地的使用权，也就是我们现在所称的土地承包经营权。农民的土地承包经营权集中体现在农民对所承包的土地有了经营自主权、收益权和土地承包经营权流转的权利。农民可以根据市场的供求关系，自主地组织生产，打破了过去那种高度集中的计划经营方式；农民在依法纳税和交纳承包费之后，其他收益都归自己所有，由自己自由支配，打破了过去那种“大锅饭”式的分配方式。多劳多产能够多得，农民得到了实惠，激发了农民生产的积极性，解放和发展了农村生产力，带来农村经济和社会发展的巨大变化。实行家庭承包经营制度以来，粮食和其他农产品大幅增长，由长期短缺到总量大体平衡，丰年有余，基本解决了全国人民吃饭问题；农民生活水平显著提高，全国农村总体上进入了由温饱向小康迈进的阶段；农民的思想观念发生深刻变化，农村精神文明和民主法制建设明显进步。我国农村实行家庭承包经营近30年来取得的巨大成就证明，家庭承包经营是解放农村生产力、发展农村经济的有效方式。

稳定家庭承包经营，核心是稳定家庭承包关系，赋予农民长期而有保障的土地使用权。只有农民的积极性调动起来了，整个农村的生产力才能活跃起来；只有农民富裕了，集体经济才能得到发展。所以，家庭承包经营是农村经营体制改革的源泉和动力，是农村经营体制的基础。同时，集体统一经营对促进家庭承包经营和农业生产是必不可少的，一些农田水利和其他公共设施的建设，一些产前、产中、产后等生产、流通环节的服务，这是一家一户难以办到的，需要依靠集体统一经营才能做得更好。集体统一经营主要是增强生产服务、协调管理、资产积累等功能，其中最重要的是增强对农户的服务功能。农村集体经济组织可以配合国家实施的科教兴农战略，抓好农业先进实用技术的推广和普及，为农户提供生产、技术、信息等服务；组织本集体经济组织的农业基础设施的建设和集体资源的开发；发展各种形式的专业性服务组织，将生产、加工、流通等环节紧密地联系起来，从某些生产环节的服务发展到生产全过程的服务。使农村集体组织的综合服务与国家和社会的专业性服务密切结合，构成农业服务化体系。通过服务体系联结千家万户，使农户分散的小规模经营与市场紧密地联系起来，促进我国农业向商品化、专业化、现代化发展。这种以家庭承包经营为基础、统分结合的双层经营体制符合我国农村和农业生产自身的特点，符合生产关系要适应生产力发展要求的客观规律，具有广泛的适应性和旺盛的生命力。

稳定和完善以家庭承包经营为基础、统分结合的双层经营体制，关系到农村经济的持续稳定发展。只有农村经济繁荣发展了，才能形成对城市的有效供应，只有农民富裕了，工业产品才有更加旺盛的销售市场，因此，它还关系着国民经济发展的全局。江泽民同志指出，没有农村改革的成功和农村经济的繁荣，我们国家就不可能出现今天这样生机勃勃的局面。如果农业没有更大的发展，农村经济不能登上新的台阶，我国现代化建设的发展目标就不可能顺利实现。可见稳定和完善以家庭承包经营为基础、统分结合的双层经营体制是何等的重要。

强调农村长期实行以家庭承包经营为基础、统分结合的双层经营体制，并不是说它已经尽善尽美了，应当看到，在实践中还存在一些问题有待进一步完善。例如，在第二轮农村土地承包中，有些地方没有把承包期再延长30年；有的发包方以各种名义随意调整承包地；还有个别地方收回或部分收回承包地等等，这些问题需要加以纠正。另外，对承包经营权的保护以及流转方式等需要进一步完善。在统分结合的双层经营体制中的集体经济组织在如何发挥其统一经营的功能上，特别是在增强其服务功能上，还需要进一步摸索和总结经验。只有不断地完善以家庭承包经营为基础、统分结合的双层经营体制，才能为农村这一基本经济制度注入新的活力，才能保持其长期稳定。

7. 农村土地承包法规定了哪些土地范围?

答：农村土地承包法所规定的土地与我们平时所说农民集体所有的土地不是一个概念，也可以说不是一个范围。一般所说的农民集体所有的土地是指所有权归集体的全部土地，其中主要有农业用地、农村建设用地等。农村土地承包法规定的农村土地，既包括农民集体所有的农业用地，也包括国家所有依法归农民集体使用的农业用地。用于农业的土地，主要有耕地、林地和草地，还有一些其他用于农业的土地，如养殖水面等。养殖水面主要是指用于养殖水产品的水面，养殖水面属于农村土地不可分割的一部分，也是用于农业生产的，所以也包括在本条所称的农村土地的范围之中。此外，还有荒山、荒丘、荒沟、荒滩等“四荒地”，“四荒地”依法是要用于农业的，也属于本条所称的农村土地。上述这些用于农业的土地中数量最多、涉及面最广和每一个农民利益最密切的是耕地、林地和草地，这些农村土地，多采用人人有份的家庭承包方式，集体经济组织成员都有承包的权利，因此，本法把它突出出来表述。其他农村土地如“四荒地”、养殖水面等包含在本条规定的“其他用于农业的土地”之中。总的来说，凡是由农民集体所有或者使用，用于农业生产，又适合承包的土地和水面，都属于本法所称的农村土地，都要适用本法的规定。

8. 国家实行农村土地承包经营制度和承包有哪些方式?

答：农村土地承包经营制度，赋予了农民自主经营权，极大地调动了他们的生产积极性，解放了农村劳动生产力，促进了农业、农村经济和国民经济的发展，是一项建设有中国特色社会主义农业的经营制度，必须长期坚持。

一是农村土地承包经营给了农民充分的生产经营自主权。实行家庭承包经营，突破了计划经济的束缚，种什么、怎么种、种多少，都由农民自己决定，农户可以因地制宜安排生产，根据市场的需求组织安排生产；

二是打破了收益分配上的“大锅饭”，使农民的利益和劳动成果直接挂钩，使农民得到了可以看得见的物质利益；

三是家庭承包经营适合我国农业生产的特点。我国农业最显著的特点是人多地少，我国农民人均可耕地才一亩左右，这就要求生产者精心照料农业生产的全过程。农民承包土地后，生产责任感大大增强，他们精耕细作、科学种田，努力提高劳动生产率。

归根结底，家庭承包经营这种生产关系，使农户获得充分的经营自主权，得到了实惠；能够极大地调动农民的积极性，解放和发展农村生产力；农村土地承包经营方式这种生产关系适应我国农村生产力发展的要求。

9. 国家如何依法保护农村土地承包关系长期稳定?

答：（1）国家依法保护农村土地承包关系长期不变

稳定农村土地承包经营，核心是稳定土地承包关系，这首先涉及是否有一个较长的、合理的承包期限。农村土地承包关系的当事人包括作为发包方的集体经济组织或村民委员会与作为承包方的本集体经济组织成员的农民。土地承包关系能否长期稳定，还涉及能否切实地保护土地承包当事人双方的合法权益，特别是对处于弱者地位的承包方合法权益的保护。本法主要从以下五个方面做出了规定。

①赋予了农户长期而稳定的承包经营权

首先，农村土地承包法对土地的承包规定了一个比较长的期限，即："耕地的承包期为三十年。草地的承包期为三十年至五十年。林地的承包期限为三十年至七十年；特殊林木的林地承包期，经国务院林业行政主管部门批准可以延长。"

其次，赋予了农户对承包土地的使用权。农村土地属于集体所有，从土地所有权上分离出来的土地使用权具有物权的性质，是一种法定化的权利。它最大的特点是除依法收回、调整外，任何人不能侵犯。这点与合同关系不同，合同是由双方当事人约定的，根据双方当事人的约定可以随时变更或者解除合同。这就可能给一方当事人留下变更合同或者解除合同的借口，而使农户的承包经营权受到侵犯。本法规定，承包合同一经生效，即取得土地承包经营权，并由县级以上人民政府颁发土地承包经营权证或者林权证等证书，确认土地承包经营权。从而赋予了农户稳定的土地使用权。

第三，明确规定承包合同生效后，发包方不得因承办人或者负责人的变动而变更或者解除，也不得因集体经济组织的分立或者合并而变更或者解除。还规定，国家机关及其工作人员不得利用职权干涉农村土地承包或者变更、解除承包合同。

②确定了发包方和承包方的权利和义务

a. 发包方的权利和义务

发包方的权利有：（a）发包本集体所有的土地和国家所有依法由本集体使用的农村土地；（b）监督承包方依照承包合同约定的用途合理利用和保护土地；（c）制止承包方损害承包地和农业资源的行为；（d）法律、行政法规规定的其他权利。

发包方的义务有：（a）维护承包方的土地承包经营权不得非法变更、解除承包合同；（b）尊重承包方的生产经营自主权，不得干涉承包方依法进行正常的生产经营活动；（c）依照承包合同约定为承包方提供生产、技术、信息等服务；（d）执行县、乡（镇）土地利用总体规划，组织本集体经济组织内的农业基础设施建设；（e）法律、行政法规规定的其他义务。

b. 承包方的权利义务

承包方的权利有：（a）依法享有承包地使用、收益和土地承包经营权流转的权利，有权自主组织生产经营和处置产品；（b）承包地被依法征用、占用的，有权依法获得相应的补偿；（c）法律、行政法规规定的其他权利。

承包方的义务有：（a）维持土地的农业用途，不得用于非农建设；（b）依法保护和合理利用土地，不得给土地造成永久性损害；（c）法律、行政法规规定的其他义务。

③加强了对土地承包经营权的保护

一是规定了在承包期内，发包方不得收回承包地。依照本法规定，只有在承包方全家迁入设区的市转为非农业户口，在不主动交回承包地的情况下，发包方才可以收回承包的耕地和草地。

二是规定了在承包期内，发包方不得调整承包地。只有在因自然灾害严重毁损承包地等特殊情形下，才能对个别农户之间承包的耕地和草地作适当调整。但也不是由村干部说了算，而必须经本集体经济组织成员的村民会议2/3以上成员或者2/3以上村民代表的同意，并报乡（镇）人民政府和县级人民政府农业等行政主管部门批准才能调整承包的耕地和草地。这些都体现了大稳定的精神。

三是特别强调了对妇女承包经营权的保护。在承包期内，妇女结婚，在新居住地未取得承包地的，发包方不得收回其原承包地；妇女离婚或者丧偶，仍在原居住地生活或者不在原居住地生活但在新居住地未取得承包地的，发包方不得收回其原承包地。

四是对承包经营权的继承做出了规范。首先明确规定，对所有应得的承包收益继承人都可以继承。其次，规定林地承包以及通过拍卖、招标等方式取得承包经营权的承包人死亡，其继承人可以在承包期内继续承包。需要说明的是，土地承包是以农户家庭为单位，承包人是指承包土地的农户家庭，而不是指家庭中的某个成员。承包人死亡是指承包户家庭的人均已死亡的情况。承包耕地、草地的家庭中某一个人死亡，其他成员还在，不发生继承问题，仍由其他成员承包；家庭成员均已死亡的，其承包经营权终止，承包经营权不再由该承包户以外的其他亲属继承。由于林地的承包具有收益慢、周期长、风险大等特点，因此，林地承包的承包人死亡，承包户以外的继承人可以在承包期内继续承包。

④规定承包方有权依法流转土地承包经营权

农村土地承包法赋予了承包方享有土地承包经营权流转的权利，并对流转的方式、流转的原则和程序做出规定。承包方有权依照法律规定，自主决定土地承包经营权是否流转以及如何流转。任何组织和个人不得强迫或者阻碍承包方进行土地承包经营权流转。在承包期内，发包方不得以单方面解除合同或者假借少数服从多数强迫承包方放弃或者变更土地承包经营权而进行土地承包经营权流转，不得以划分“口粮田”和“责任田”等为理由收回承包地搞招标承包，不得将承包地收回抵顶欠款。

⑤规定了侵犯土地承包经营权的法律责任

农村土地承包法规定，任何组织和个人侵害承包方的土地承包经营权的，都应当承担法律责任。

发包方侵害承包方生产经营自主权；违反本法规定收回、调整承包地；强迫或者阻碍承包方进行土地承包经营权流转；假借少数服从多数强迫承包方放弃或者变更土地承包经营权而进行土地承包经营权流转；以划分“口粮田”和“责任田”等为由收回承包地搞招标承包；将承包地收回抵顶欠款；剥夺、侵害妇女依法享有的土地承包经营权以及其他侵害土地承包经营权的行为应当承担停止侵害、返还原物、恢复原状、排除妨害、消除危险、赔偿损失等民事责任。

任何组织和个人强迫承包方进行土地承包经营流转的，该流转无效；截留、扣缴土地承包经营权流转收益的，应当退还。

国家机关及其工作人员有利用职权干涉农村土地承包，变更解除承包合同，干涉承包方依法享有的生产经营自主权，或者强迫、阻碍承包方进行土地承包经营权流转等侵害土地承包经营权的行为，给承包方造成损失的，应当承担损害赔偿等责任；情节严重的，由上级机关或者所在单位给予直接责任人员行政处分；构成犯罪的，依法追究刑事责任。

此外，还规定了一些其他侵害承包经营权的法律责任和土地承包经营权发生争议的解决办法。

（2）农村土地承包后，土地的所有权性质不变

我国农村实行的是以家庭承包为基础、统分结合的双层经营体制，土地等生产资料仍归农民集体所有，农户通过承包取得的是对集体土地的使用权。这种从集体土地所有权中分离出来的土地使用权，使承包户对所承包的土地有了经营自主权，农民真正成为自主经营、自负盈亏的市场主体，自己决定如何生产，决定种什么以及如何种植等；有了依照法律规定进行土地经营权合理流转的权利，包括转包、出租、互换、转让或者以其他方式流转；有了对承包土地的收益权，除了依法缴纳的税费外，剩余的都由自己支配。承包经营权与土地所有权是不同的，它不具有所有权所具备的占有、使用、收益和处分4种权能中的处分权。比如，承包户转让其土地承包经营权，是在不得改变土地所有权的性质前提下进行的。土地承包经营权转让，一是需经发包方同意；二是只能转让给从事农业生产经营的农户；三是原承包方与发包方的土地承包关系终止，受让方需得与发包方签订新的承包合同，重新进行登记和领取承包经营权证书。而集体土地转为国有土地的，需要按土地管理法的规定进行，首先通过国家对土地的征用，将其变更为国家所有的土地，再由国家对土地的使用权进行出让。所以说，第一，农民对土地承包不是私有化，农民对所承包的土地不具有独立的土地所有权，所有权仍属于农民集体，土地所有权的性质没有改变。第二，农民对其所承包的土地不得买卖，只能依照本法的规定对其土地承包经营权进行流转。

10. 关于保护农村妇女承包土地权利有哪些规定?

答：农村土地承包中妇女与男子享有平等的权利，是男女平等原则的重要体现。在我国漫长的封建社会中，男女的地位不平等，男尊女卑，妇女在社会上没有地位，也不享有太多的财产权。新中国成立后，实行男女平等的社会制度。宪法中明确规定，中华人民共和国妇女在政治的、经济的、文化的、社会的和家庭的生活等各个方面享有同男子平等的权利。妇女权益保障法也规定，妇女在政治的、经济的、文化的、社会的和家庭的生活等方面享有与

男子平等的权利。国家保障妇女享有与男子同等的财产权利。妇女权益保障法还规定，农村划分责任田、口粮田以及批准宅基地，妇女与男子享有平等的权利，不得侵害妇女的合法权益。但是，也应当看到，由于封建残余思想的影响，在一些农村中仍然存在歧视妇女的现象，妇女在农村土地承包中的权利受到侵害。如在妇女出嫁后在新居住地没有取得承包地的情况下收回其原承包地；有的农村妇女离婚或者丧偶后，仍在原居住地生活或者不在原居住地生活但在新居住在也未取得承包地，原集体经济组织即收回该妇女已经取得的原承包地，等等。在这些情况下，农村妇女的承包权益受到了侵害。因此，本法再次强调保护妇女在土地承包中的平等权利，不仅是贯彻男女平等、保护妇女权益的重要体现，在广大农村地区，也仍具有重要的现实意义。

农村妇女在农村土地承包中的权利，主要体现在以下几个方面：

（1）作为农村集体经济组织的成员，妇女同男子一样有权承包本集体经济组织发包的土地

农村妇女，从一出生时起，就是农村集体经济组织的成员。本集体经济组织在发包土地时，应当按照家庭人口数额不论男女来确定承包土地的份额。不能因为是妇女而不许其承包土地，也不能因为是妇女而不分配给其应有承包地份额。

（2）妇女结婚的，其承包土地的权利受法律保护

在现实中，农村妇女结婚往往在男方家落户。有的情况下，男方家是属于另外一个农村集体经济组织的，该妇女在新居住地如果未获得承包土地，其从原集体经济组织获得的承包土地，发包方不得收回。

（3）在妇女离婚或者丧偶的情况下，仍在原居住地生活，或者不在原居住地生活但在新居住地未取得承包地的，原集体经济组织不得收回该妇女已经取得的原承包地

对非法剥夺、侵害农村妇女依法享有的土地承包经营权的，受侵害的妇女可以向发包方，如村集体经济组织、村委会或者村民小组主张自己的权利。还可以向农村土地承包仲裁机构申请仲裁，也可以直接向人民法院起诉，要求侵权方承担停止侵害、恢复原状、排除妨害、赔偿损失等民事责任，以维护自己承包土地的合法权益。

11. 农村土地承包应当如何坚持公开、公平、公正原则的规定?

答：在进行农村土地家庭承包中，“公开”是指以下几个方面：

（1）进行承包活动的信息要公开。在按照规定进行土地承包时，发包方应当及时公布土地承包的有关信息，让本集体经济组织成员或者其他承包方知晓土地承包的基本情况。公开的方式，根据具体情况可以采取不同的形式，如可以采取张贴公告、有线广播或者召开村民会议。公开有关承包活动的有关信息包括：向村民宣传、介绍有关土地承包的法律、法规和

国家政策，让村民了解进行土地承包的基本精神等；公布拟发包土地的名称、坐落、面积、质量等级等。公开有关信息要做到透明、及时、准确。

（2）进行承包的程序要公开。在进行农村土地家庭承包中，承包程序的公开主要有以下几个方面：由本集体经济组织成员的村民会议选举产生承包工作小组；由承包工作小组依照法律、法规的规定拟订承包方案并向本集体经济组织全体成员公布；依法召开村民会议，讨论通过承包方案。

（3）承包方案和承包结果公开。承包方案经过村民会议讨论通过后，应当及时公布，同时公开组织实施承包方案，确定每户及每个集体经济组织成员承包的土地的具体名称、坐落、面积、质量等级等。发包方和承包方应当签订书面承包合同，确定各自的权利和义务。承包方自承包合同生效时取得土地承包经营权。县级以上人民政府应当向承包方颁发土地承包经营证或者林权证，并登记造册，确认土地承包经营权。

所谓“公平”主要是指本集体经济组织成员依法平等地享有、行使承包本集体经济组织土地的权利。在确定承包方案时，应当民主协商，公平合理地确定发包方、承包方权利义务。尤其是发包方不得滥用权力，承包合同中不得对承包方的权利进行不合理的限制、干涉承包方的生产经营自主权，或者通过承包合同给承包方增加不合理的负担。

所谓“公正”，主要是指在承包过程中，要严格按照法定的条件和程序办事，同等地对待每一个承包方，不得暗箱操作，也不得厚此薄彼、亲亲疏疏。如在确定承包方案时，首先由本集体经济组织成员选举产生承包工作小组，承包工作小组依照法律、法规拟订并公布承包方案，然后召开村民会议，讨论通过承包方案。对承包方来说，应当以正当的手段参加承包活动，不得通过行贿或者亲属关系，来获得有利的承包条件。

对不宜采取家庭承包方式的荒山、荒沟、荒丘、荒滩等农村土地采取其他方式承包的，“公开”主要是指：发包方应当通过公告、召开村民会议宣布或者通过报纸、广播、电视等公共媒体公开有关荒山、荒沟、荒丘、荒滩的位置、面积，以及对承包方的基本要求等信息。采取招标、拍卖和协商的方式来确定承包方。招标、拍卖和协商的过程要公开透明。将农村土地发包给本集体经济组织以外的单位或者个人承包的，还要事先经本集体经济组织成员的村民会议2/3以上成员或者2/3以上的村民代表同意，并报乡（镇）人民政府批准。确定承包方的，发包方应当及时通知承包方。公平主要指发包方和承包方法律地位平等，双方应当通过定标、竞价或者协商一致的方式，公平合理地确定承包期、承包费以及其他权利义务，一方不得将其意志强加于另一方。“公正”是指，对发包方来说，就是要严格按照公开的条件和程序办事。如采取招标发包的，发包方应当同等地对待每一个投标竞争者，不得厚此薄彼、亲疏有别。应当以投标人在承包费、技术能力、资金条件等方面最优者为定标标准，确定最终承包人。对投标方来说，应当以正当的手段参加投标竞争，不得串通投标，不得有向发包方及其工作人员行贿、提供回扣或给予其他好处等来获得承包土地或者其他有利的承包条件。又如采取拍卖方式发包的，在没有保留价的情况下，发包方应当将土地发包给最高出价的竞买人。竞买人之间、竞买人拍卖人之间不得恶意串通损害发包方的利益。

在土地承包过程中，还要注意处理好国家、集体、个人三者的利益关系。如根据实际情况，确定既有利于国家、集体，又符合承包方利益的承包费等。又如在农村土地经营中，要合理开发利用土地资源，既要提高生产力，又要防止掠夺性开发，以保持土地的可持续利用。

12. 在农村土地承包中应当注意保护土地资源有哪些规定？

答：大家都知道，土地是人类可利用的一切自然资源中最基本、最宝贵的资源。它是人类赖以生存的基地，只有它的存在人类才有立足之地，人类凭借着土地栖息繁衍。在人类生活中，土地是人类最基本的生产资料，也是为人类提供食物和其他生活资料的重要源泉。在我国，人口多，土地少，特别是耕地少是我国的基本国情。我国国土总面积约960万平方公里，约占世界陆地面积的1/15，居世界第三位。但由于人口多，人均占有国土面积不到世界人均占有量的1/3。而在我国国土总面积中，不能或者难以利用的沙漠、冰川、戈壁、石山和高寒荒漠又占去相当大一部分。我国的耕地资源还存在着以下几个突出的问题：一是人均占有耕地的数量少。目前，我国耕地的统计数约为14亿多亩，按统计数计算，我国人均耕地1亩多一点，不及世界人均耕地3亩多的1/3。二是耕地总体质量差，生产水平低。耕地中有灌溉设施的不到40%，抗自然灾害的能力差。三是耕地退化严重。由于我国许多耕地处于干旱和半干旱地区，受荒漠化影响，这些地区40%的耕地存在不同程度的退化。全国有30%左右的耕地不同程度受水土流失的危害。四是耕地后备资源匮乏。我国耕地后备资源大约还有近2亿亩，但大多为质量差、开发难度大的土地。每年因各项建设占用以及自然灾害毁损等还在造成耕地不断减少。与此同时，我国的人口却还在不断增长。在现阶段粮食生产技术水平没有重大突破的情况下，人增地减的趋势已经成为我国经济社会发展中的一个重大问题和严峻挑战。因此，十分珍惜、合理利用土地和切实保护耕地，是关系国计民生、关系国家发展全局和中华民族生存安危的大事，是我国的基本国策。还要看到，合理开发土地、保护土地资源也是促进社会经济可持续发展的要求。当前，走可持续发展的道路已经成为世界各国的共同选择。土地作为一种自然资源，它的存在是非人力所能创造的，土地本身的不可移动性、地域性、整体性、有限性是固有的，人类对它的依赖和永续利用程度的增加也是不可逆转的。因此，强化土地管理，保证对土地的永续利用，以促进社会经济的可持续发展也是土地承包中应当特别重视的一个问题。因此，本条明确要求：农村土地承包应当遵守法律、法规，保护土地资源的合理开发和可持续利用。

保护土地资源的合理开发和可持续利用，各级人民政府应当依法采取措施，全面规划，严格管理、保护、开发土地资源，制止非法占用土地的行为。根据土地管理法等法律，各级人民政府应当：（1）依据国民经济和社会发展规划、国土整治和资源环境保护的要求、土地供给能力以及各项建设对土地的需求，组织编制土地利用总体规划。通过编制土地利用总体规划，将土地分为农用地、建设用地和未利用地。严格限制农用地转为建设用地，控制建设用地总量，对耕地实行特殊保护。确保本行政区域内耕地总量不减少。（2）实行基本农田保护制度。各省、自治区、直辖市划定的基本农田应当占本行政区域内耕地的80%以上。征用基本农田必须经国务院批准，地方各级人民政府无权批准征用基本农田。（3）按照土地利用总体规划，应当采取措施，改造中、低产田，整治闲散地和废弃地。（4）应当采取有效措施鼓励农民和农村集体经济组织增加对土地的投入，培肥地力，提高农业生产能力。

作为集体土地的所有人和土地承包的当事人，发包方应当：（1）监督承包方依照承包合同约定的用途合理利用和保护土地，制止承包方损害承包地和农业资源的行为，如占用基本农田发展林果业和挖塘养鱼等。如果承包方给承包地造成永久损害的，发包方有权制止，并有权要求承包方赔偿由此造成的损失。（2）执行县、乡（镇）土地利用规划，组织本集体经济组织内的农业基础设施建设，对田、水、路、林、村综合整治，提高耕地质量，增加有效耕地面积，改善农业生产条件和生态环境。维护排灌工程设施，改良土壤，提高地力，防止土地荒漠化、盐渍化、水土流失和污染土地。（3）切实履行承包合同，保证承包方对土地的投入，培肥地力，提高农业生产能力的积极性。如耕地的承包期为30年，在承包期内，发包方不得违法收回、调整承包地；在承包期内，承包方交回承包地时，发包方对其在承包地上投入而提高土地生产能力的，发包方应当给予补偿。

承包方应当：（1）按照承包合同中确定的土地用途使用土地。承包土地的目的就是从事种植等农业生产，禁止改变农用土地的用途，不得将其用于非农业建设。如不得在耕地上建窑、建坟或者擅自在耕地上建房、挖砂、采石、采矿、取土等。从保护耕地的角度，承包方不得占有基本农田发展林果业和挖塘养鱼。承包方违法将承包地用于非农建设的，由县级以上人民政府有关部门予以处罚。（2）增加土地的投入，禁止掠夺性开发。承包方应当合理地增肥地力，这样一方面提高土地生产力，发挥土地最大效益，从而提高农作物的产量，增加自己的收入；另一方面，提高了土地质量，保证农业生产的可持续发展，造福子孙后代。（3）合理利用土地，不得给土地造成永久性损害。如为了片面追求短期内的生产效益，有的承包方在承包地上大量施用化肥和农药，结果导致土壤污染，生产能力下降。也有的擅自改变农用地的用途，如在耕地上建房、建窑等建筑物，对耕地造成难以恢复的损害。承包方给土地造成永久性损害的，应当承担赔偿损失等法律责任。

13. 保护农村土地承包双方当事人的合法权益有哪些规定?

答: 保护农村土地承包双方当事人的合法权益主要表现在两方面: 一方面国家保护集体土地所有者的合法权益; 另一方面保护承包方的土地承包经营权。农村土地承包的双方当事人的合法权益，任何组织和个人都不得侵犯。

国家对集体土地所有者合法权益的保护主要表现在以下几个方面：

（1）对集体所有的土地，依法确认所有权。根据土地管理法等法律规定，农村和城市郊区的土地，除由法律规定属于国家所有的以外，属于农民集体所有；宅基地和自留地、自留山，属于农民集体所有。农民集体所有有三种主要形式：一是村农民集体所有；二是村内两个以上农村集体经济组织所有；三是乡（镇）农民集体所有。对农民集体所有的土地，由县级人民政府登记造册，确定农民集体所有的土地的权属性质、面积、坐落，并将这些内容记载到土地登记簿，同时核发集体土地所有权证书，确认所有权。农民集体所有的林地、草原的所有权登记，应当按照森林法、草原法的有关规定办理所有权登记，有关部门应当向农民集体所有者核发林地、草原所有权证书，确认所有权。依法登记的农民集体所有的土地所有权受法律保护，任何单位和个人都不得侵犯。

（2）保护农村集体经济组织依法对土地的经营管理权。根据土地管理法和本法的规定，农村集体所有的土地依法属于村农民集体所有的，由村集体经济组织或者村民委员会经营、管理，在农村土地家庭承包中，由村集体经济组织或者村民委员会作为发包方，与本集体的农户签订承包合同，将土地交由承包方经营。农村集体土地由村内两个以上农村集体经济组织所有的，由村内各该农村集体经济组织或者村民小组经营、管理，并作为家庭承包的发包方，与本集体经济组织成员签订承包合同，将土地交由承包方经营。集体土地所有者依法对土地的经营管理权，受法律保护。在农村土地承包中，任何组织和个人都不得非法干涉发包方的权利，尤其是国家机关及其工作人员不得利用职权干涉农村土地承包。

（3）对侵犯集体土地的行为，给予法律制裁。如依法登记的集体土地受到非法侵害时，集体土地的所有人可以要求人民政府有关部门给予保护，如在土地承包中，承包方非法在耕地上建房、采石等，土地行政管理部门根据发包方的报告责令承包方改正、治理，并依法处罚。对非法侵占农民集体所有土地的，发包方可以要求人民政府有关部门确认所有权或者向人民法院提起确权之诉等。

如果农村集体经济组织的承包方违反承包合同约定，给农村集体经济组织的土地所有权等权益造成损害的，发包方有权要求承包方承担赔偿损失等民事责任。

国家保护承包方的土地承包经营权主要表现在以下几个方面：

（1）本法明确规定，农村集体经济组织成员有权依法承包由本集体经济组织发包的土地。任何组织和个人不得剥夺和非法限制农村集体经济组织成员承包土地的权利。

（2）承包期内，发包方不得收回承包地。承包期内，承包方全家迁入小城镇落户的，应当按照承包方的意愿，保留其土地承包经营权或者允许其依法进行土地承包经营权流转。在承包方全家迁入设区的市，转为非农业户口的情况下，应当将承包的耕地和草地交回发包方。承包方不交回的，发包方可以收回承包的耕地和草地。承包期内，承包方交回承包地或者发包方依法收回承包地时，承包方对其在承包地上投入而提高土地生产能力的，发包方应当给予补偿。

（3）承包期内，发包方不得调整承包地。承包期内，因自然灾害严重毁损承包地等特殊情形对个别农户承包的耕地和草地需要适当调整的，必须经本集体经济组织成员的村民会议2/3以上成员或者2/3以上村民代表的同意，并报乡（镇）人民政府和县级人民政府农业等行政主管部门批准。承包合同中约定不得调整的，按照其约定。

承包合同中违背承包方意愿或者违反法律、行政法规有关不得收回、调整承包地等强制性规定的约定无效。

（4）承包期内，承包方可以自愿将承包地交回发包方。

（5）承包方应得的承包收益，依照继承法的规定继承。林地承包的承包方死亡，其继承人可以在承包期内继续承包。土地承包经营权通过招标、拍卖、公开协商等方式取得的，该承包人死亡，其应得的承包收益，依照继承法的规定继承；在承包期内，其继承人可以继续承包。

（6）家庭承包中的承包方可以依法将其取得的土地承包经营权采取转包、出租、互换、转让等方式流转。承包方之间为发展农业经济，可以自愿联合将土地承包经营权入股，从事农业合作生产。通过招标、拍卖、公开协商等方式承包农村土地，经依法登记取得土地承包权证或者林权证等证书的，其土地承包经营权可以依法转让、出租、入股、抵押或者其他方式流转。承包方有权依法自主决定土地承包经营权是否流转和流转的形式。任何组织和个人强迫承包方进行土地承包经营权流转的，该流转无效。流转的收益归承包方所有，任何组织和个人不得擅自截留、扣缴。任何组织和个人擅自截留、扣缴土地承包经营权流转收益的，应当退还。

（7）发包方违反承包合同，给承包方造成损失的，承包方有权要求发包方承担赔偿损失等违约责任。

（8）发包方或者其他组织和个人，非法干涉承包方生产经营权等侵害承包方合法权益的，承包方有权要求侵权人承担停止侵害、返还原物、恢复原状、赔偿损失等民事责任。

14. 对土地承包经营权流转有哪些规定?

答：农村普遍实行以家庭承包经营为基础、统分结合的双层经营体制以来，农民有了相对稳定的土地使用权。在获得承包地使用权的前提下，农民依法可以通过转包、出租、互换、转让等方式进行土地承包经营权流转。土地承包经营权流转解决了人地矛盾，充分利用了土地，对于稳定土地承包关系、发展农业经济起到了积极的作用。因此，国家政策和法律都肯定了土地承包经营权的流转。按照国家政策和法律规定的精神，土地承包经营权流转必须在土地承包关系稳定的前提下进行，必须在农民自愿的基础上进行，并且不得违法改变土地用途。但是，一些地方在执行国家政策和法律的过程中却出现了一些偏差：一是违背农民意愿，强制推行土地承包经营权流转，搞规模经营，侵害了农民的经营自主权，影响了农村土地承包关系的稳定。二是在农村土地承包经营权流转中，如搞“反租倒包”等没有兼顾农民利益，甚至损害农民利益，引起农民的强烈不满。三是借农村土地承包经营权流转之名，随意变更土地用途等。这些行为都违背了国家政策和法律规定的精神，必须予以纠正。因此，本条要求土地承包经营权流转应当依法、自愿、有偿地进行，对符合法律规定的土地承包经营权流转，国家给予保护。

从总体上看，我国绝大多数农村目前尚不具备大规模土地承包经营权流转的条件。土地承包经营权流转是农村经济发展、劳动力转移的结果。只有二、三产业比较发达、大多数农民转移到非农产业并有稳定的工作岗位和收入来源的时候，才有可能出现较大范围的土地承包经营权流转，发展适度规模经营。这将是一个相当长的过程。因此，不能不顾客观条件通过土地承包经营权流转搞规模经营。

农村土地承包经营权流转要在长期稳定家庭承包经营的前提下进行。家庭承包经营不仅适合以传统手工劳动为主的传统农业，也适合现代化农业，具有很强的适应性。不能将家庭承包经营与发展现代农业对立起来。搞土地承包经营权流转不能动摇家庭承包经营的基础。承包关系稳定，农民才敢流转土地承包经营权。土地承包经营权流转起来，解决了人地矛盾等问题，家庭经营也才能稳定。因此，土地承包经营权流转必须在稳定承包关系的前提下进行，土地承包经营权流转的目的也是为了承包关系稳定。

农村土地承包经营权流转必须在农民自愿的前提下进行。农户是土地承包经营权流转的主体，这是农民拥有长期而有保障的土地使用权的具体体现。乡村组织可以对农民的土地承包经营权流转进行协调和服务，但不能搞强迫命令、行政干预，阻碍或者强制农民流转土地承包经营权。发包方如果强迫或者阻碍承包方进行土地承包经营权流转，假借少数服从多数强迫承包方放弃或者变更土地承包经营权而进行土地承包经营权流转，或者以划分“口粮田”和“责任田”等为由收回承包地搞招标承包等等，应当依法承担停止侵害、恢复原状、排除妨害、赔偿损失等民事责任。

农村土地承包经营权流转主要应当在农户之间进行。因此，一般不允许从事农业生产以外的单位和个人参与农村土地承包经营权流转。一些发达国家也普遍限制非农企业等经营农地，如美国、日本以及我国台湾都有此类规定。主要原因有两点：一是在农民还没有大量转移以前，避免大规模土地兼并，防止大资本排挤小农户，出现严重的社会就业问题。二是避免土地不合理使用和掠夺式经营，造成土地质量下降和生态环境恶化。当前，一些工商企业投资开发农业的积极性较高，但是长期租赁和经营农民的承包地会带来很多隐患，不宜提倡。工商企业投资农业主要应当从事产前、产后服务和“四荒”资源开发，采取多种形式，带动农户发展农业产业化经营。要带动农户，不能替代农户。

土地承包经营权流转必须依法进行，不得违法改变土地的农业用途。土地承包经营权流转后的开发利用也必须依法进行，不得损害土地、从事掠夺式经营等，以实现农村土地利用的可持续发展。

土地承包经营权流转还必须坚持有偿原则。农村土地的家庭承包户有权从土地承包经营权流转中获得合法收益，所获得的收益受法律保护，任何组织和个人不得擅自截留、扣缴。

15. 对农村土地承包行政管理部门的职责有哪些规定？

答：（1）国务院农业、林业行政主管部门及其职责

根据农业法的规定，农业指种植业、林业、畜牧业和渔业。农业法规定的农业是大农业的概念。按照国务院行政主管部门的分工，农业部是种植业、畜牧业、渔业的行政主管部门，林业的主管部门是国家林业局。因此，本条明确规定国务院农业、林业行政主管部门负责农村土地承包及承包合同管理的指导工作。

根据有关规定，农业部的主要职责有12项。与农村土地承包关系密切的有如下各项：

①研究拟定农业和农村经济发展战略、中长期发展规划，经批准后组织实施；拟定农业开发规划并监督实施。②研究拟定农业的产业政策，引导农业产业结构的合理调整、农业资源的合理配置和产品品质的改善；提出有关农产品及农业生产资料价格、关税调整、大宗农产品流通、农村信贷、税收及农业财政补贴的政策建议；组织起草种植业、畜牧业、渔业、乡镇企业等农业各产业的法律、法规草案。③研究提出深化农村经济体制改革的意见；指导农业社会化服务体系建设和乡村集体经济组织、合作经济组织建设；按照中央要求，稳定和完善农村基本经营制度、政策，调节农村经济利益关系，指导、监督减轻农民负担和耕地使用权流转工作。④研究制定农业产业化经营的方针政策和大宗农产品市场体系建设与发展规划，促进农业产前、产中、产后一体化；组织协调菜篮子工程和农业生产资料市场体系建设；研究提出主要农产品、重点农业生产资料的进出口建议；预测并发布农业各产业产品及

农业生产资料供求情况等农村经济信息。⑤组织农业资源区划、生态农业和农业可持续发展工作；指导农用地、渔业水域、草原、宜农滩涂、宜农湿地、农村可再生能源的开发利用以及农业生物物种资源的保护和管理；负责保护渔业水域生态环境和水生野生动植物工作；维护国家渔业权益，代表国家行使渔船检验和渔政、渔港监督管理权。⑥制定农业科研、教育、技术推广及其队伍建设的发展规划和有关政策，实施科教兴农战略；组织重大科研和技术推广项目的遴选及实施；指导农业教育和农业职业技能开发工作。⑦拟定农业各产业技术标准并组织实施；组织实施农业各产业产品及绿色食品的质量监督、认证和农业植物新品种的保护工作；组织协调种子、农药、兽药等农业投入品质量的监测、鉴定和执法监督管理；组织国内生产及进口种子、农药、兽药、有关肥料等产品的登记和农机安全监理工作。

根据有关规定，林业局的主要职责有10项。与农村土地承包关系密切的有如下各项：

①研究拟定森林生态环境建设、森林资源保护和国土绿化的方针、政策，组织起草有关的法律法规并监督实施。②拟定国家林业发展战略、中长期发展规划并组织实施；管理中央级林业资金；监督全国林业资金的管理和使用。③组织开展植树造林和封山育林工作；组织、指导以植树种草等生物措施防治水土流失和防沙、治沙工作；组织、协调防治荒漠化方面的国际公约的履约工作；指导国有林场（苗圃）、森林公园及基层林业工作机构的建设和管理。④组织、指导森林资源（含经济林、薪炭林、热带林作物、红树林及其他特种用途林）的管理；管理国务院确定的重点林区的国有森林资源并向其派驻森林资源监督机构；组织全国森林资源调查、动态监测和统计；审核并监督森林资源的使用；组织编制森林采伐限额，经国务院批准后，监督执行；监督林木、竹林的凭证采伐与运输；组织、指导林地、林权管理并对依法应由国务院批准的林地征用、占用进行初审。⑤研究提出林业发展的经济调节意见；监督国有林业资产；审批重点林业建设项目。⑥指导各类商品林（包括用材林、经济林、薪炭林、药用林、竹林、特种用途林）和风景林的培育。⑦组织指导林业科技、教育和外事工作；指导全国林业队伍的建设。

农业部与国家林业局的上述职责，都涉及农村土地承包及承包合同。作为主管农业、林业的中央部门，其工作主要是制定方针、政策及相关措施，监督、指导农村土地承包及承包合同的管理。

同时，涉及农村土地承包的不仅限于农业部与国家林业局，也涉及中央其他部门。如作为土地的主要管理部门国土资源部，对农村土地亦有管理职责。国土资源部下设耕地保护司，其职责是：拟定耕地特殊保护和鼓励耕地开发政策、农地保护和土地整治政策、农地转用管理办法，拟定未利用土地开发、土地整理、土地复垦和开发耕地规定；指导农地用途管制，组织基本农田保护。国土资源部下设的土地利用管理司，也有拟定国有土地划拨使用目录指南和乡（镇）村用地管理办法等职责。国家水利部门统一管理水资源，一项重要职责就是指导农村水利工作；组织协调农田水利基本建设、农村水电电气化和乡镇供水工作。特别是在“四荒”地的治理开发方面，作为生态建设工作的一个重要内容，是由水利部归口管理的。因此，除农业部与国家林业局以外，各有关部门虽然不是农村土地承包及承包合同的主要管理部门，但也应当做好与农村土地承包有关的工作。

（2）县级以上地方人民政府农业、林业等行政主管部门及其职责

县级以上地方人民政府农业、林业等主管部门的设置与国务院有所不同。如有的地方农业行政主管部门与牧业行政主管部门是分开设置的，主管农村土地承包的部门有农业局、林业局、畜牧局、水产局等。所以本条表述为“县级以上地方人民政府农业、林业等行政主管部门”。这样表述更符合实际情况。

县级以上地方人民政府有关部门负责本行政区域内农村土地承包及承包合同的管理工作。同级各部门以及上下各级部门工作各有分工。一般来说，下级部门的工作较上级部门更为具体。县级以上地方人民政府有关部门的工作有如下一些方面：

①起草、制定有关地方法规、规章。地方法规由地方人大通过。全国大部分省、自治区、直辖市都颁布了土地承包的地方性法规，将国家政策、法律、行政法规具体落实到地方性法规中，以规范地方的土地承包工作。②制定统一的合同文本，对土地承包登记造册，确权发证。办理审批、备案等。③指导签订土地承包合同、合同的履行以及土地承包经营权的流转等。④进行农村集体经济组织建设。⑤进行农业基本建设、兴修水利、平整土地，制定耕地保养长期规划等。⑥建立农业科技、化肥、机械等服务体系，支援农业，为农户服务。⑦建立农村土地承包及承包合同档案。⑧培训土地承包合同管理人员。⑨调解农村土地承包经营纠纷。

（3）乡（镇）人民政府的职责

乡（镇）人民政府负责本行政区域内农村土地承包及承包合同管理。乡（镇）人民政府一般不分设职能部门，但有工作分工，一般设土地承包合同管理的专门人员，从事具体指导土地承包合同的签订、履行以及其他合同管理工作，其工作由乡（镇）人民政府负责。同时，前面所讲的中央和县级以上地方人民政府职能部门有关土地承包及承包合同的管理工作大部分都要由乡（镇）人民政府具体落实。

16. 土地承包有哪些原则规定？

答：土地承包的原则是指在农村土地家庭承包过程中发包方和承包方所应遵循的基本准则，对农村土地家庭承包起规范、指导作用。根据本条的规定，土地承包应当遵循以下四个原则：

（1）按照规定统一组织承包时，本集体经济组织成员依法平等地行使承包土地的权利，

也可以自愿放弃承包土地的权利

《宪法》第10条、《土地管理法》第8条都明确规定，农村和城市郊区的土地，除由法律规定属于国家所有的以外，属于农民集体所有。因此，只要是农村集体经济组织中的成员，其对集体土地都享有一定的权益，都有权依法承包由农村集体经济组织发包的土地。任何组织和个人不得剥夺或者非法限制农村集体经济组织成员承包土地的权利。这是土地承包中应当遵循的重要原则。因此本条规定，按照规定统一组织承包时，本集体经济组织成员依法平等地行使承包土地的权利。这里的"平等"主要体现在两个方面：一是本集体经济组织的成员都平等地享有承包本集体经济组织土地的权利，无论男女老少、体弱病残。出于对妇女权益的特殊保护，本法第6条还特别规定，农村土地承包，妇女与男子享有平等的权利。承包中应当保护妇女的合法权益，任何组织和个人不得剥夺、侵害妇女应当享有的土地承包经营权；二是本集体经济组织成员在承包过程中都平等地行使承包本集体经济组织土地的权利，发包方应当平等地对待每一个本集体经济组织成员的承包权。这主要体现在承包过程中，发包方不能厚此薄彼、亲亲疏疏，不能对本集体经济组织成员实行差别对待，例如，不得亲疏有别地将肥力好的土地分给一部分集体经济组织成员，而将土质差、肥力低的土地分给另一部分集体经济组织成员。

本集体经济组织成员对土地承包的权利：一方面体现在依法平等地享有和行使承包土地的权利；另一方面体现在自愿放弃承包土地的权利。本集体经济组织的成员作为土地承包的权利人，他有权依法自由处置自己的权利。但需强调的是，本集体经济组织成员放弃承包土地的权利必须是基于"自愿"，任何单位和个人不得强迫农村集体经济组织的成员放弃承包土地的权利。强调这一点，是因为在现实中，有的发包方或某些行政部门强迫集体经济组织成员放弃承包土地的权利或者承包后强行收回集体经济组织成员承包权，这严重侵害了农民的合法权益。

（2）民主协商，公平合理

土地是广大农民安身立命的根本，对涉及农民土地权益的承包方案的拟订等重大事宜应当极其慎重和尊重农户权益。因此，本法强调应当本着民主协商、公平合理的态度进行土地承包。"民主协商"要求在集思广益的基础上完成承包，发包方在发包过程中应当与作为承包方的本集体经济组织成员民主协商，应当充分听取和征求本集体经济组织成员的意见，不得搞"暗箱操作"，不得搞"一言堂"强迫本集体经济组织成员接受承包方案。这里的"公平合理"要求本集体经济组织成员之间所承包的土地在土质的好坏、离居住地距离的远近、离水源的远近等方面不能有太大的差别。即使有差别，也应当在"合理"的范围内。

（3）承包方案应当按照本法第12条的规定，依法经本集体经济组织成员的村民会议2/3以上成员或者2/3以上村民代表的同意村民自治是基层农村最直接的民主形式，其基本内容是，凡是关系到村民利益的事项，由群众自己当家，自己做主。村民的土地承包经营方案是涉及村民切身利益的重大事项，应当由村民会议决定。村民委员会组织法第19条规定，村民的承包经营方案必须经村民会议讨论决定。因此，本条确立了“承包方案应当按照本法第十二条的规定，依法经本集体经济组织成员的村民会议的2/3以上成员或者2/3以上村民代表的同意”的承包原则。

“村民会议”是村民集体讨论决定涉及全村村民利益问题的一种组织形式，是村民行使自治权的根本途径。根据村民委员会组织法的规定，村民会议由本村18周岁以上的村民组成。农村土地承包方案是涉及村民利益的重大事项，原则上应由本集体经济组织18周岁以上的村民参加的村民会议讨论通过，但在外出人员较多或者村民居住分散、全体村民不易召集的情况下，也可以采取选派代表参加会议的形式。为了在土地承包过程中体现村民自治的基本原则，体现大多数本集体经济组织成员的意志，承包方案必须经本集体经济组织村民会议的2/3以上成员或2/3以上村民代表同意，否则该承包方案不能生效。这里需要注意的是本项中的“本集体经济组织”的范围应当与本法第12条的规定相一致，本法第12条规定，农民集体所有的土地依法属于村农民集体所有的，由村集体经济组织或者村民委员会发包；已经分别属于村内两个以上农村集体经济组织的农民集体所有的，由村内各该农村集体经济组织或者村民小组发包。村集体经济组织或者村民委员会发包的，不得改变村内各集体经济组织农民集体所有的土地的所有权。国家所有依法由农民集体使用的农村土地，由使用该土地的农村集体经济组织、村民委员会或者村民小组发包。

（4）承包程序合法

承包中，承包程序应当符合法律的规定，违反法律规定的承包程序进行的承包是无效的。根据本法第19条的规定，土地承包应当按照以下程序进行：①本集体经济组织成员的村民会议选举产生承包工作小组；②承包工作小组依照法律、行政法规的规定拟订并公布承包方案；③依法召开本集体经济组织成员的村民会议，讨论通过承包方案；④公开组织实施承包方案；⑤签订承包合同。

需要强调的是，在土地承包中除了应当遵循本条规定的几项原则外，还应当遵循本法规定的土地承包的总的原则。本法第7条规定，农村土地承包应当坚持公开、公平、公正的原则，正确处理国家、集体、个人三者的利益关系。

17. 土地承包有哪些程序规定?

答：为防止农村土地承包过程中的随意性，从程序上确保土地承包的公平、公开、公正，保障农民的土地权益不受侵害，本条规定土地承包应当依照以下程序进行：

（1）本集体经济组织成员的村民会议选举产生承包工作小组

这是进行土地承包的第一步。之所以强调承包小组应当由本集体经济组织成员的村民会议选举产生，主要是基于两点考虑：一是选举产生承包工作小组反映了本集体经济组织成员的意志，可以保证承包过程的公平合理；二是承包工作是一项比较复杂繁重的工作，它涉及土地的丈量、统计、承包方案的拟订等一系列的事项，这些需要由工作小组来进行。

（2）承包工作小组依照法律、法规的规定拟订并公布承包方案

这一阶段在承包工作中至关重要，因为承包方案的好坏直接关系到承包工作能否顺利进行，直接关系到农民的土地权益能否得到完全体现。承包工作小组应当在对本集体经济组织的土地状况进行认真调查研究，对本集体经济组织的成员构成情况进行充分了解等基础上拟订承包方案。拟订方案过程中应当遵循民主协商、集体讨论的原则，承包方案的内容应当公平合理并照顾到本集体经济组织的实际情况。需要强调的是，承包工作小组应当依照"法律、法规的规定"拟订承包方案。例如，根据本法第5条的规定，在拟订承包方案时不得剥夺或非法限制本集体经济组织成员的土地承包经营权；根据本法第6条的规定，在拟订承包方案时不得歧视妇女。再如，根据土地管理法的规定，拟订的承包方案不得违反土地管理法有关耕地保护和土地利用总体规划的规定。承包工作小组在完成承包方案后，应当向本集体经济组织的成员公布此方案，征求本集体经济组织成员的意见。

（3）依法召开本集体经济组织成员的村民会议，讨论通过承包方案

承包工作小组确定承包方案后，集体经济组织应当依法召开本集体经济组织的村民会议，由村民会议讨论通过承包方案。这一程序实质上体现了村民自治的精神。根据本法第18条第3项的规定，承包方案应当按照本法第12条的规定，依法经本集体经济组织的村民会议2/3以上成员或者2/3以上村民代表同意。

（4）公开组织实施承包方案

这一阶段直接关系到承包方案的内容能否落实到实处。承包方案依法经本集体经济组织的村民会议2/3以上成员或者2/3以上村民代表同意后，农村集体经济组织应当公开组织实施承包方案，将承包方案中的内容落实。

（5）签订承包合同

这是土地承包的最后阶段。在这一阶段，发包方和承包方应当依照公开组织实施的承包方案和相关法律、行政法规的规定签订承包合同。在签订承包合同过程中，承包方与发包方的地位是平等的，发包方不得拒绝与承包方签订合同，也不得利用自己的优势地位强迫承包方接受一些不公平的条款，例如不得通过合同限制承包方的权利或增加承包方的费用负担。在实践中，土地的家庭承包合同一般由地方人民政府有关农村土地承包合同的管理部门拟订。需要注意的是在拟订合同条款时应当充分听取承包各方当事人的意见，以充分反映农民和集体经济组织的意志。根据本法第21条的规定，承包合同一般包括以下条款：①发包方、

承包方的名称，发包方负责人和承包方代表的姓名、住所；②承包土地的名称、坐落、面积、质量等级；③承包期限和起止日期；④承包土地的用途；⑤发包方和承包方的权利义务；⑥违约责任。承包合同自成立之日起生效，承包方自承包合同生效时取得土地承包经营权。

18. 承包合同有哪些形式及规定了哪些主要条款?

答:（1）土地承包合同的特征

土地承包合同是发包方与承包方之间达成的,关于农村土地承包权利义务关系的协议。根据本法的规定，土地承包合同具有以下特征：①合同的主体是法定的。发包方是与农民集体所有土地范围相一致的农村集体经济组织、村委会或者村民小组。即：土地依法属于村农民集体所有的，由村集体经济组织或者村民委员会发包；已经分别属于村内两个以上农村集体经济组织的农民集体所有的,由村内各该农村集体经济组织或者村民小组发包。国家所有依法由农民集体使用的农村土地,由使用该土地的农村集体经济组织、村民委员会或者村民小组发包。承包方是本集体经济组织的农户。②合同内容受到法律规定的约束，有些内容不允许当事人自由约定。如：对于耕地的承包期，本法明确规定为30年。再如，对于承包地的收回等,法律都有明确规定。这些内容都不允许由当事人自由约定。③土地承包合同是双务合同。发包方应当尊重承包方的生产经营自主权，为承包方提供生产、技术、信息等服务，有权对承包方进行监督等；承包方对承包地享有占有、使用、收益和流转的权利，应当维持土地的农业用途,保护和合理利用土地等。④合同属于要式合同。双方当事人签订承包合同应当采用书面形式。

（2）土地承包合同的形式

我国法律和国家政策对于签订土地承包合同有明确规定。《土地管理法》规定，发包方和承包方应当订立承包合同，约定双方的权利和义务。《农业法》规定，发包方和承包方应当订立承包合同，约定双方的权利和义务。《水土保持法》等法律对此也做了相同的规定。国家有关政策多次强调农村土地承包要订立承包合同，完善合同管理。1983年指出，要建立和健全承包合同制，这是完善农业生产责任制的重要环节。1991年指出，稳定和完善家庭承包经营，要认真完善土地和其他各业的承包合同管理，明确双方的权利、责任和义务。2000年指出，目前全国延长土地承包期工作基本结束，加强土地承包管理，重点是建立健全承包合同的各项管理制度，建立合同档案，及时调处纠纷，组织合同兑现。

合同的形式，是指当事人订立合同所采取的形式，包括书面形式、口头形式和其他形式。《民法通则》规定，民事行为可以采取书面形式、口头形式或者其他形式。法律规定用特定形式的，应当依照法律规定。《合同法》规定，当事人订立合同，有书面形式、口头形式和其他形式。法律、行政法规规定采用书面形式的，应当采用书面形式。当事人约定采用书面形式的，应当采用书面形式。我国有的法律中明确规定合同采用书面形式。

土地承包经营权是我国农民的最重要的权利之一，涉及亿万农民的切身利益，关系到农业、农村经济发展和农村社会稳定。而且目前侵犯土地承包经营权的情况比较多。采用书面形式，明确肯定，有据可查，有利于明确双方的权利义务，有利于防止争议和解决纠纷，也有利于对农村土地承包的规范和承包合同的管理。在现实中，农村土地承包合同普遍采用书面形式订立。因此，本法要求土地承包合同应当采用书面形式。书面形式一般指以文字等可以有形地再现内容的方式达成的协议，如合同书等可以有形地表现所载内容的形式。

（3）土地承包合同的主要条款

合同的条款就是合同的内容。双方的权利和义务，除法律规定的以外，主要由合同条款加以确定。合同条款是否齐备、准确，决定了合同能否成立、生效以及能否顺利履行，是非常重要的。因此，本法对合同的主要条款做出了规定，以便对土地承包合同的订立起指导和规范的作用。主要条款的规定也只具有提示性与示范性，提倡当事人尽量对合同的这些条款做出明确的约定，以免日后产生纠纷。但并不是说当事人签订的合同中缺少了其中任何一项都会导致合同的不成立或者无效。因此，在行文上用的是"一般包括"的提法。当事人可以根据合同的性质和其他情况，自愿确定合同的内容，可以不限于这些条款。合同法规定的合同的主要条款包括：当事人的名称或者姓名和住所，标的、数量、质量、价款或者报酬，履行期限、地点和方式，违约责任，解决争议的方法。这些只是一般合同应当具备的条款，但不同的合同，由其类型与性质决定，其主要条款或者必备条款可以是不同的。本法根据农村土地承包合同的性质和特点对承包合同的主要条款做出了规定。现将承包合同主要条款的内容分述如下：

①发包方、承包方的名称，发包方负责人和承包方代表的姓名、住所。这是承包合同必须具备的条款。当事人是合同的主体，如果不写明当事人，就无法确定权利的享有者和义务的承担者，发生纠纷也难以解决。因此，要将发包方和承包方的名称或者姓名和住所都规定清楚。对于发包方和承包方，本法第12条和第15条已分别做出了规定。

②承包土地的名称、坐落、面积、质量等级。这是土地承包合同权利义务指向的对象，也是合同的必备条款，否则合同不能成立，承包关系无法建立。其中，土地的坐落是指土地的所在地，土地的质量等级是指土地管理部门依法评定的土地等级，是反映土地生产能力的重要指标之一。对于这些内容，合同中要规定细致、清楚，以防止差错，避免纠纷。

③承包期限和起止日期。承包期限是承包方依法享有权利、承担义务的期间。期限直接关系到合同权利义务的延续时间，涉及当事人的利益，也是确定合同是否按时履行或者迟延履行的客观依据。由于土地承包期限是法定的，当事人只能在本法第20条规定的范围内确

定承包期限。另外，为了确定合同权利义务的具体期间，合同中还要规定合同的起止日期。

④承包土地的用途。按照本法的规定，承包土地只能用于农业。对“农业”的范围，农业法规定，本法所称农业，是指种植业、林业、畜牧业和渔业。土地管理法规定，农民集体所有的土地由本集体经济组织的成员承包经营，从事种植业、林业、畜牧业、渔业生产。因此，承包土地只能用于从事种植业、林业、畜牧业和渔业生产。

⑤发包方和承包方的权利和义务。本法对发包方和承包方的权利义务分别做出了具体规定。除了这些权利义务之外，还包括其他法律如土地管理法、农业法、渔业法、森林法、草原法、渔业法等法律中规定的权利义务。当然，当事人还可以在不违反国家法律、行政法规规定的情况下，约定其他的权利义务。

⑥违约责任，是指承包合同当事人一方或者双方不履行合同或者不适当履行合同，依照法律的规定或者按照当事人的约定，应当承担的法律责任，比如支付违约金、赔偿损失等。违约责任是促使当事人履行合同义务，使对方免受或者减少损失的重要法律措施，也是保证合同履行的主要条款。因此一般有关合同的法律对于违约责任都做出了较为详尽的规定，如合同法第七章规定的“违约责任”。本法规定，当事人一方不履行合同义务或者履行义务不符合约定的，应当依照合同法的规定承担违约责任。

19. 承包合同如何生效以及承包经营权如何取得？

答：（1）合同的成立是指订约当事人就合同的主要内容形成合意。对于合同的成立时间，合同法规定，承诺生效时合同成立。这是合同成立的一般规定。同时，合同法又对书面形式合同的成立做出了特别规定：当事人采用合同书形式订立合同的，自双方当事人签字或者盖章时合同成立。本法已明确规定土地承包合同应当采用书面形式。因此，承包合同成立的时间应当是当事人签字或者盖章之时。但是，实践中对当事人虽没有签字或者盖章，然而却履行了合同主要义务的，合同也可成立。对于这种情形，合同法规定，采用合同书形式订立合同，在签字或者盖章之前，当事人一方已经履行主要义务，对方接受的，该合同成立。

（2）合同生效是指合同产生法律约束力。合同的效力主要体现在以下几个方面：

①在当事人之间产生法律效力。合同生效后，当事人依法受到合同的约束，必须遵循合同的规定，依照诚实信用的原则，正确行使权利，履行义务，而不得滥用权利，违反义务。这是合同的对内效力。在客观情况发生变化时，当事人必须依照法律的规定或者取得对方的同意，才能变更或者解除合同。

②合同生效后产生的法律效力还表现在对当事人以外的第三人产生一定的法律约束力。这属于合同的对外效力。合同生效后，任何单位或者个人都不得侵犯当事人的合同权利，不得非法阻挠当事人履行义务。

③合同生效后的法律效果还表现在，当事人违反合同的，将依法承担民事责任，必要时人民法院可以采取强制措施使当事人依照合同的规定承担责任，对对方当事人进行补救。本法规定，当事人一方不履行合同义务或者履行义务不符合约定的，应当依照《中华人民共和国合同法》的规定承担违约责任。同时，该法第59条、第60条等也对承包合同当事人的法律责任做出了规定。

对于合同的生效时间，民法通则规定，民事法律行为从成立时起具有法律约束力。合同法规定，依法成立的合同，自成立时生效。合同的生效，除了附条件、附期限的合同以外，在通常情况下，与合同的成立是一致的。本法对承包合同的生效做出了同民法通则和合同法一致的规定，即承包合同自成立之日起生效。

（3）合同法在规定合同自成立时生效的同时，还规定，法律、行政法规规定应当办理批准、登记等手续生效的，依照其规定，这是合同生效的特别要件。有些合同的成立和生效是不一致的，合同成立并不一定生效，只有在依法经过批准、登记等手续后，合同才生效。

土地承包经营权作为一种土地使用权，属于用益物权的一种，它的设立，以土地承包合同生效为前提。依照本法的规定，承包合同的生效无须经过特别的批准、登记程序。本法虽然要求县级以上地方人民政府向承包方颁发有关权利证书，并登记造册，但不能据此认为承包合同的生效和土地承包经营权的设立以登记为先决条件。土地承包经营权自承包合同生效时取得，登记只是作为对承包经营权确认的程序。这同土地管理法的规定也是一致的。

20. 关于承包地能否调整的规定?

答：赋予农民长期而有保障的土地使用权，保持农村土地承包关系的长期稳定，是制定农村土地承包法的一个重要指导思想。中央有关文件曾指出，我国农村人多地少，大部分地区经济还比较落后，在相当长的时期内，土地不仅是农民的基本生产资料，而且是农民最主要的生活来源。以家庭联产承包为主的责任制和统分结合的双层经营体制，是我国农村经济的一项基本制度。稳定土地承包关系，是党和农村政策的核心内容。但是，目前一些地方对承包土地的调整较为频繁，不少地方几年进行一次小调整，有的村甚至把已承包到户的土地全部打乱重新发包，不利于土地承包关系的稳定。此外，随意调整土地，也不利于农民对土地的长期投入，容易造成短期效应，是对土地生产力的破坏。还有的地方发包方利用调整土地提高承包费，增加农民负担。为了进一步贯彻落实中央关于承包土地“大稳定、小调整”的前提是稳定的要求，本条第1款对承包土地的调整问题做了明确的规定：“承包期内，发包方不得调整承包地。”在法律中明确规定发包方在承包期内不得随意调整承包地，维护了土地承包关系的长期稳定，给农民吃了一颗定心丸。

同时也应当看到，耕地的承包期为30年，草地的承包期为30年至50年，在这样长的承包期内，农村的情况会发生很大的变化，完全不允许调整承包地也难以做到。如果出现个别农户因自然灾害严重毁损承包地、承包地被依法征用占用、人口增减导致人地矛盾突出等特殊情形，仍然不允许对承包地进行小调整，将使一部分农民失去土地，在目前农村的社会保障制度尚不健全、实现非农就业尚有困难的情况下，将使这部分农民失去最基本的生活来源，既有悖社会公平，也不利于社会稳定。因此，在特殊情形下，应当允许按照法律规定的程序对个别农户之间的承包地进行必要的小调整。

对此，中央有关文件曾指出，今后解决人地关系的矛盾，可按“大稳定、小调整”的原则在农户之间进行个别调整。“小调整”应当坚持以下原则：一是“小调整”只限于人地矛盾突出的个别农户，不能对所有农户进行普遍调整；二是不得利用“小调整”提高承包费，增加农民负担；三是“小调整”的方案要经村民大会或村民代表大会2/3以上成员同意，并报乡（镇）人民政府和县（市、区）人民政府主管部门审批；四是绝不能用行政命令的办法硬性规定在全村范围内几年重新调整一次承包地。1998年修订的土地管理法第14条第2款规定，在土地承包经营期限内，对个别承包经营者之间承包的土地进行适当调整的，必须经村民会议2/3以上成员或者2/3以上村民代表的同意，并报乡（镇）人民政府和县级人民政府农业行政主管部门批准。

21. 土地承包经营权能否继承?

答：关于土地承包经营权能否继承的问题，首先应当明确的是，本法第2章规定的集体经济组织内部人人有份的家庭承包是以户为生产经营单位进行承包的，对此本法第15条做了明确的规定：“家庭承包的承包方是本集体经济组织的农户。”家庭中部分成员死亡的，由于作为承包方的户还存在，因此不发生继承的问题，由家庭中的其他成员继续承包。例如，在一个3口之家中，妻子因病去世，妻子生前分到的承包地应当由丈夫和孩子继续承包，妻子的父母不能要求继承，因为土地是以户为单位承包的，只是在分配土地时按照人口计算土地的数量。只有在因承包人死亡、承包经营的家庭消亡的情况下，才存在是否允许继承的问题。

关于因承包人死亡、承包经营的家庭消亡的，其土地承包经营权能否继承的问题，有一种意见认为，土地承包经营权作为承包方的一种财产权利，应当允许继承，这样做，既符合法理，也有利于稳定承包关系。这种意见有一定的道理，但对继承的问题应当考虑我国土地承包的性质和实际情况。农村集体经济组织内部人人有份的家庭承包是农村集体经济组织成员的一项权利，具有成员权的性质和保障农民基本生活的功能，如果承包时承包方的继承人不是该集体经济组织的成员，在其他农村集体经济组织或者城镇落户，例如承包方的子女大学毕业后在城市就业，也就没有对土地承包经营权的继承权。如果承包方的继承人是本集体经济组织的成员，例如承包方的子女结婚后在本村单独立户，如果其已经依法承包了一份土地，再允许继承，将因继承而获得两份承包地，在我国目前农村人多地少、人地矛盾比较突出的情况下，有失公平。因此，从我国的实际情况出发，为缓解人地矛盾，体现社会公平，对因承包人死亡、承包经营的家庭消亡的，其承包地不允许继承，应当由集体经济组织收回，并严格用于解决人地矛盾。

承包地虽然不允许继承，但承包人应得的承包收益，如已收获的粮食、未收割的农作物等，作为承包人的个人财产，则应当依照继承法的规定继承。继承开始后，按照法定继承办理；有遗嘱的，按照遗嘱继承或者遗赠办理；有遗赠扶养协议的，按照协议办理。法定继承的，继承开始后，由第一顺序继承人继承，包括配偶、子女、父母，第二顺序继承人不继承。没有第一顺序继承人继承的，由第二顺序继承人继承，包括兄弟姐妹、祖父母、外祖父母。继承人可以是本集体经济组织的成员，也可以不是本集体经济组织的成员。承包人应得的承包收益，自承包人死亡时开始继承，而不必等到承包经营的家庭消亡时才开始继承。

22. 互换土地承包经营权有哪些规定?

答：属于同一集体经济组织所有的土地有好有次，有远有近，有朝阳有背阴，有种粮有种菜。面对以户为单位、人人有份的承包，发包方应当本着公开、公平、公正的原则，以好坏搭配、兼顾远近、考虑用途的精神，合理分配承包地。这样一来，各承包户得到的承包地通常是东一块、西一块，成片的土地往往分别由不同的农户承包。分块承包农村土地，带来了一些耕作上的不便，比如相邻两块地，一农户种植低矮的庄稼，但相邻的他人的承包地却种植高秆作物，为此，双方可能会因为农作物的采光、通风问题发生纠纷。又比如农业现代化的发展，要求越来越多的农业机具用于耕种、收割，但土地分属不同的承包经营权人，太小的地块常常使农机具不能施展拳脚。再比如，有的农户擅长种小麦，有的农户精于种棉花，但农户承包的几块土地，可能分别适于种植不同的作物，由一个农户承包，其技术专长就得不到尽情发挥。为此，在一些地方，农民为了耕作方便或者出于其他考虑，通过互换土地承包经营权的方式，达到资源的最佳配置。据调查，土地承包经营权互换的情况各省不平衡，一般为农户的7%左右，高的达10%～30%，低的一般不到5%。

土地承包经营权互换，是土地承包经营权人将自己的土地承包经营权交换给他人行使，自己行使从他人处换来的土地承包经营权。互换从表面上看是地块的交换，但从性质上看，是由交换承包的土地引起的权利本身的交换。权利交换后，原有的发包方与承包方的关系，变为发包方与互换后的承包方的关系，双方的权利义务同时做出相应的调整。互换土地承包经营权，是农户在自愿的基础上，在同一集体经济组织内部，对人人有份的承包经营权进行的交换。该种交换改变了原有的权利分配，涉及承包义务的履行，因此，应当报发包方备案。由于土地承包经营权互换通常都是对等的，也未剥夺互换双方的土地承包经营权，因此，只要不违反法律，侵害他人的合法权益，发包方就不应干涉。

需要注意的是：第一，土地承包经营权互换只是土地承包经营权人改变，不是土地用途及承包义务的改变，互换后的土地承包经营权人仍然要按照发包时确定的该土地的用途使用土地，履行该地块原来负担的义务，比如，发包时确定某地块用于种植粮食作物，承包经营权互换后不能用于开挖鱼塘；承包某地块需要缴纳多少税费，承包经营权互换后，仍要按原标准缴纳。第二，家庭承包的土地，不仅涉及不同集体经济组织的土地权属，也关系农户的生存保障。因此，承包方不能与其他集体经营组织的农户互换土地承包经营权。

23. 对“四荒”等土地承包经营方式有哪些规定？

答：对荒山、荒沟、荒丘、荒滩等土地的承包方式灵活多样，可以直接通过向社会公开招标、拍卖、公开协商等方式进行，也可以在本集体经济组织内部，将土地承包经营权折股分给本集体经济组织成员后，再实行承包经营或者股份合作经营。

由于耕地对我国农民有福利和社会保障的作用，而以“四荒”为代表的土地资源在这方面的功能要小得多，因此国家对耕地的经营体制比非耕地慎重得多，在“四荒”的开发治理上更倾向于社会效益，政策比较灵活。1998年中央有关文件明确，允许打破行政界限，允许不同经济成分主体购买“四荒”使用权；允许购买使用权的经济主体按照股份制、股份合作制等新的形式经营“四荒”土地。在政策的指导下，以公开招标、拍卖为主要形式的“四荒”承包在全国快速广泛地推开。比较家庭承包制，“四荒”地的公开招标拍卖将所有权与使用权划分得更为清楚，“四荒”承包者对土地享有更为完善的经营自主权、受益权和让渡权。具体体现为：（1）购买“四荒”的期限由当事人双方议定，一般为50年，期限较长；（2）购荒者一次性买断一定时期的对“四荒”的使用权，可以在有效期限内对“四荒”实行转让、出租、入股、抵押和继承；（3）“四荒”作为非耕地资源，在很多方面享受优惠政策。

除去以直接招标、拍卖、公开协商等形式实行“四荒”地的承包经营外，在本集体经济组织内部，也可以将“四荒”地承包经营权折股分给本集体经济组织成员后，再实行承包经营或者股份合作经营。目前，我国农村“四荒”资源的承包形式以及发展趋势，在经济发展水平不同的地区，在“四荒”资源丰歉程度不同的地区，呈现出较大的差异性。但从总体而言，是多种形式并存。承包形式有家庭承包、联户承包、租赁、股份合作、招标、拍卖等多种。1996年国家有关政策明确规定，治理者对“四荒”享有治理开发自主权。国家依法保护治理开发“四荒”的成果和治理者的合法权益。在符合国家有关法律、法规、政策、水土保持总体规划和治理开发协议的前提下，允许并鼓励治理者在保持水土和培育资源的基础上，宜农则农，宜林则林，宜果则果，宜牧则牧，宜渔则渔，根据实际情况开发利用“四荒”。但无论采用哪种方式治理开发“四荒”，都必须遵守有关法律、法规和政策。不准在25度以上的陡坡上开荒种植农作物，不准破坏植被、道路和农田水利、水土保持工程设施。不得进行掠夺式开发，不得将“四荒”改为非农用途，以免造成新的水土流失，违者要按有关规定予以处罚。对违约逾期不治理开发的，农村集体经济组织应无偿收回。同时，还提出“四荒”地拍卖、承包、租赁和股份合作的主要目的是为了治理水土流失、改善生态环境、促进可持续发展。“四荒”资源治理开发的重点应放在生态建设上，根据治理水土流失的需要可以用作农业，也可以用于造林、种草和相关的工程措施，要尽可能避免对“四荒”进行大范围的开垦种田。

在“四荒”资源的流转过程中始终贯穿着一个矛盾：开发与治理的矛盾。在对“四荒”开发与治理两个目标取向上，各级政府与集体经济组织、农户之间是有差异的。政府强调治理环境，保持水土。而后者的重点则在于“四荒”的开发利用上。但从长期看，治理生态环境是产业开发的条件，而产业开发又可以为建设生态环境提供物质保证和技术支持。只有把治理和开发结合起来，才能步入持续发展的道路。

24. 关于在以其他方式承包农村土地的情况下，同外部竞争者具有同等条件的本集体经济组织内部成员，在享有优先承包权上有哪些规定?

答：1996年中央有关文件指出，农村集体经济组织内的农民都有参与治理开发“四荒”的权利，本村村民享有优先权。也鼓励和支持有治理开发能力的企事业单位、社会团体及其他组织或个人采取不同方式治理“四荒”。在优先承包权问题上，1999年中央有关文件又重申，农村集体经济组织内农民都有参与治理“四荒”的权利，同时积极支持和鼓励社会单位和个人参与。在同等条件下，本集体经济组织内的农民享有优先权。

所谓同等条件，即本集体经济组织内部成员和外部竞包者同时参与承包权的竞争，在两者农业技术力量、资金状况、信誉状况、承包费用等条件相当的情况下，本集体经济组织内部成员取得该土地的承包权。在两者资信、技术等条件有所差异的情况下，当然应采取择优选用的标准，而绝不是当然地将土地包给条件处于劣势的本集体经济组织内部成员。否则就违背了招标、拍卖、公开协商所强调的公开性、公正性和程序性的原则。因此，不能简单地认为在以其他方式承包土地的情况下，本集体经济组织内部成员一定享有优先权，这里的优先是以“同等条件”为前提的。在与本集体经济组织外的单位或个人竞争承包权时，本集体经济组织内部成员与外部竞争者具有同等的竞争条件时，发包方才可将土地优先承包给本集体经济组织内部成员。

25. 解决土地承包争议有哪些途径?

答：为了维护近30年来在农村建立的以家庭承包和统分结合的双层经营体制，坚持调动和保护农民的生产积极性，稳定土地承包关系，新制定的农村土地承包法有必要为这些纠纷提供一些行之有效的解决途径。这些途径有以下几种：

（1）协商。发包方与承包方发生纠纷后，能够协商，达成协议，是最好的解决办法。既节省时间，又节省人力物力。但不是事事都能够通过协商解决的，况且还有当事人不愿意通过协商解决问题的情况。因此，当事人不愿协商，或者协商不成的，可以通过调解、仲裁、诉讼的途径解决。

（2）调解。当事人可以将纠纷通过调解解决，但调解不是仲裁或诉讼的必经程序。调解人可以是公民个人，也可以是人民政府及其有关部门，还可以是其他社会团体、组织。本条规定了几种主要的调解单位，对于村民小组或村内的集体经济组织发包的，发生纠纷后，可以请求村民委员会调解；对于村集体经济组织或村民委员会发包的，发生纠纷后，可以请求乡（镇）人民政府调解。其他的调解部门可以是政府的农业、林业等行政主管部门，也可以是政府设立的负责农业承包管理工作的农村集体经济管理部门。例如某市的农业联产承包合同条例规定，在市、区、县、乡（镇）人民政府设立农村合作经济经营管理部门，主管本行政区域内农村土地承包合同的管理工作。当事人不愿协商或者协商不成的，可以将纠纷提交所在乡（镇）的农村合作经济经营管理部门调解。

（3）仲裁。当事人不愿协商、调解，或者协商、调解不成的，可以向农村土地承包仲裁机构申请仲裁。我国于1994年通过并施行了仲裁法，在第77条规定“农业集体经济组织内部的农业承包合同纠纷的仲裁，另行规定”，不属于仲裁法的调整范围。理由是农业承包合同纠纷有不少特殊性，对提请仲裁的条件、案件的管辖、仲裁与诉讼的关系上与一般的商事仲裁也应有所区别。根据各地方关于农业承包合同仲裁的规定，做一简单介绍：

①仲裁机构。有的地方规定由有关部门专业人员组成，办公室设在县、乡两级农村承包合同经营管理部门。有的地方规定是向农村承包合同管理部门申请仲裁。

②仲裁协议。有的地方规定，农业承包合同发生纠纷时，在没有仲裁协议的情况下，任何一方当事人均可向所在地仲裁委员会申请仲裁。有的地方规定，双方当事人必须在承包合同中有仲裁条款或者发生纠纷后达成书面仲裁协议，才能申请仲裁。

③管辖。农村土地承包合同的仲裁实行地域管辖，一般为发包方所在地的仲裁委员会。如某市农村集体经济承包合同管理条例第33条第1款规定：“承包合同纠纷可以根据合同中的仲裁条款或者事后达成的书面仲裁协议，向发包方的上一级承包合同管理部门申请仲裁。”

④仲裁程序中的调解。从各地方制定的承包合同条例来看，各地都比较注重仲裁程序中

的调解，并规定仲裁庭出具的调解书与裁决书具有同等法律效力。因为仲裁庭所要解决的主要是农村集体经济组织与其成员之间的纠纷，如果能用调解的方法解决纠纷，对防止矛盾激化，稳定农村的生产、生活秩序都是极其有利的。

⑤先予执行。为了保证农业生产的正常进行，各地都规定了在纠纷发生后，对农村种植业、养殖业等季节性的承包合同纠纷应及时处理，农村土地承包合同仲裁委员会认为必要时，可裁定先恢复生产，然后解决纠纷。这是农村土地承包合同仲裁的一大特色，有利于农村经济秩序的稳定。

（4）诉讼。按本法规定的仲裁与诉讼的程序关系是：仲裁不是诉讼的必经程序，即农村土地承包合同发生纠纷后，可以不经协商，不经调解，也不经仲裁，当事人可以直接向人民法院起诉。

本条有两个问题需要明确：

第一，侵权纠纷能否申请仲裁？应当说仲裁的范围主要是农村土地承包合同纠纷，但侵犯土地承包经营权的纠纷也可以申请仲裁。比如本法第54条规定的发包方的下列行为：①干涉承包方依法享有的生产经营自主权；②强迫或者阻碍承包方进行土地承包经营权流转；③剥夺、侵害妇女依法享有的土地承包经营权。对于以上行为所引起的纠纷，都可以申请仲裁机构予以仲裁。

第二，以其他方式承包的合同发生纠纷能否向商事仲裁机构申请仲裁？我国仲裁法第77条规定，农业集体经济组织内部的农业承包合同纠纷的仲裁，另行规定。这里明确规定的是“内部”，即家庭承包方式中发生的纠纷不属于商事仲裁机构的仲裁范围。那么，“四荒”地等通过招标、拍卖、公开协商的方式承包，特别是由本集体经济组织以外的人承包的，签订的承包合同纠纷能否适用仲裁法呢？这个问题法律尚未作明确规定。当事人协议选择适用仲裁法的，也可以根据当事人的意愿，通过总结实践经验，进一步完善有关“四荒”地纠纷的仲裁制度。

26. 对仲裁裁决效力及裁审关系有哪些内涵？

答：农村土地承包仲裁与商事仲裁的重要区别之一就是当事人对仲裁裁决不服的可以向法院起诉。而商事仲裁实行或裁或审和一裁终局的制度，即当事人通过仲裁协议选择了仲裁，就不能再向法院起诉。除非仲裁协议无效的，法院才可以受理当事人的起诉。一裁终局则表明，裁决书一经做出即发生法律效力。当事人不得再就同一纠纷重新申请仲裁或向法院起诉。按我国民事诉讼法第111条规定，人民法院对有仲裁协议的合同纠纷，不予受理，告知原告向仲裁机构申请仲裁。依照我国仲裁法第5条规定，当事人达成仲裁协议，一方向人民法院起诉的，人民法院不予受理，但仲裁协议无效的除外。第9条规定，仲裁实行一裁终局的制度。裁决做出后，当事人就同一纠纷再申请仲裁或者向人民法院起诉的，仲裁委员会或者人民法院不予受理。裁决被人民法院依法裁定撤销或者不予执行的，当事人就该纠纷可以根据双方重新达成的仲裁协议申请仲裁，也可以向人民法院起诉。对商事仲裁实行或裁或审和一裁终局的制度是合乎商事纠纷及其仲裁制度特征的。而农村土地承包仲裁则有别于一般的商事仲裁，因为农村土地承包经营纠纷有别于一般的商事合同纠纷。本条有以下几点需要明确：

第一，当事人对仲裁裁决不服，向法院起诉，这个诉讼不是行政诉讼，仍是一个民事诉讼，即以原来仲裁时的对方当事人为被告，向法院提起民事诉讼。

第二，法院受理案件后，在审理过程中不受仲裁裁决的影响，而且不是撤销仲裁裁决，要求原仲裁机构重新进行仲裁。法院应当根据查明的事实，依法做出判决。也就是说，当事人对仲裁裁决不服向法院起诉后，仲裁裁决自动失去了效力，纠纷如何解决全由法院判决。这有别于我国仲裁法第 5 章规定的申请撤销仲裁裁决之诉。

第三，当事人逾期不起诉的，裁决书即发生法律效力。当事人应当履行裁决，一方当事人不履行的，另一方当事人可以依照我国民事诉讼法的有关规定，向人民法院申请强制执行。

第四，仲裁不是诉讼的前置程序，当事人可以直接将纠纷提请法院解决。

27. 对非法征用、占用土地或者贪污、挪用土地征用补偿费用的应承担哪些法律责任?

答：（1）关于非法征用、占用土地的法律责任

《宪法》第 10 条第 3 款规定：“国家为了公共利益的需要，可以依照法律规定对土地实行征用。”《土地管理法》第 2 条第 4 项规定：“国家为公共利益的需要，可以依法对集体所有的土地实行征用。”从这两项法律的规定可以看出，征用土地是国家为了社会公共利益的需要，将集体所有的土地转变为国有土地的一项制度。征用土地必须具备以下几个条件：第一，征用土地是一种政府行为，只有国家为了公共利益的需要，才可以对农民集体所有的土地实行征用，其他任何单位和个人都没有征地权；第二，必须依法取得批准；第三，必须依法对被征地单位进行补偿；第四，征用土地的补偿费用收支状况必须公开，接受社会的监督。

非法占用土地，主要是指违反土地管理法律、法规的规定，未经合法批准占用土地的行为。近些年来，在对非农建设用地需求趋旺的情况下，有的农村集体经济组织采取非法手段将农户承包的土地转为建设用地，谋取利益。这些行为严重损害了农民的切身利益。

对于农用地转为建设用地，法律规定了严格的审批程序：一是省、自治区、直辖市人民政府批准的道路、管线工程和大型基础设施建设项目、国务院批准的建设项目占用土地，涉及农用地转为建设用地的，由国务院批准。二是在土地利用总体规划确定的城市和村庄、集

镇建设用地规模范围内，为实施该规划而将农用地转为建设用地的，按土地利用年度计划分批次由原批准土地利用总体规划的机关批准。三是在已批准的农用地转用范围内，具体建设项目可以由市、县人民政府批准。四是在以上规定以外的建设项目占用土地，涉及农用地转为建设用地的，由省、自治区、直辖市人民政府批准。

尽管法律规定得非常明确，但仍然不断出现侵害承包方土地承包经营权的违法现象。为此，《农村土地承包法》第59条规定，违反土地管理法规，非法征用、占用土地，构成犯罪的，依法追究刑事责任；造成他人损害的，应当承担损害赔偿等责任。

损害赔偿是指因当事人一方的侵权行为对他方造成损害时应承担赔偿对方损失的责任。对于权利人来说，损害赔偿是一种重要的保护权利的手段；对于义务人来说，它是一种重要的承担责任的方式。赔偿损失的范围包括侵权人造成的全部损失。例如，承包方在承包的土地上投入了很多资金，施肥、打水井灌溉等等，由于非法征用和非法占用土地，将水井填平了，农作物也破坏了，承包人对土地的投入付之东流，而更重要的是承包方失去土地或者土地受损。这些都属于损失的范围。法律规定对于非法征用和非法占用而给承包方造成的损失，应当承担损害赔偿责任。至于损害赔偿适用的法律，如果是国家机关或者其工作人员违法行使行政职权乱征地，侵犯土地承包经营权造成损害的，如果符合国家赔偿法规定的条件的，由国家给予赔偿。其他主体的侵权行为，如村委会乱占地，侵害土地承包经营权的，就适用民法通则等有关法律进行赔偿。如果非法征用、占用土地构成犯罪的，应当依照刑法第410条“国家机关工作人员徇私舞弊，违反土地管理法规，滥用职权，非法批准征用、占用土地，或者非法低价出让国有土地使用权，情节严重的，处三年以下有期徒刑或者拘役；致使国家或者集体利益遭受特别重大损失的，处三年以上七年以下有期徒刑”，或者按照刑法第342条“违反土地管理法规，非法占用耕地、林地等农用地，改变被占用土地用途，数量较大，造成耕地、林地等农用地大量毁坏的，处五年以下有期徒刑或者拘役，并处或者单处罚金”的规定处罚，其“违反土地管理法规”的含义，按照2001年8月31日第九届全国人民代表大会常务委员会第23次会议通过的关于《中华人民共和国刑法》第342条的解释，是指违反土地管理法、森林法、草原法等法律以及有关行政法规中关于土地管理的规定。

（2）关于贪污、挪用土地征用补偿费用的法律责任

国家实行征用土地补偿制度。《土地管理法》第47条明确规定：“征用土地的，按照被征用土地的原用途给予补偿。”《农村土地承包法》第16条在承包方享有的权利中明确规定：“承包地被依法征用、占用的，有权依法获得相应的补偿。”

征地补偿费用包括土地补偿费、安置补助费以及地上附着物和青苗补偿费。①土地补偿费是指因国家征用土地对土地所有者和土地使用者因土地被征用而受到的经济损失的补偿。补偿的对象包括土地所有权人和使用权人。征用耕地的土地补偿费标准为被征用耕地前3年

平均年产值的4至6倍。②安置补助费是为了安置以土地为主要生产资料并取得生活来源的农业人口的生活所给予的补助费用。其安置补助费的标准为该耕地前3年平均年产值的4至6倍。③地上附着物包括地上地下的各种建筑物、构筑物如房屋、水井、道路、地上地下管线、水渠的拆迁和恢复费用等。④青苗补偿费是指农作物正处于生长阶段而未能收获的，因征用土地需要及时让出土地而致使农作物不能收获而使农民造成损失的，应当给予土地承包者或土地使用者以经济补偿。青苗补偿费的补偿标准，一般根据农作物的生长期按一季的产值予以计算，或按一季作物产值的一定比例予以补偿。

农村的土地属于农民集体所有。征用土地的土地补偿是对土地所有权的补偿，是其价值的表现形式。因此，土地补偿应当属于土地所有权人和使用权人，用于被征地单位的生产发展，安置被征地的农民等。任何单位和个人贪污、挪用征地补偿费都是违法行为。对此，《土地管理法》第79条规定："侵占、挪用被征用土地单位的征地补偿费用和其他有关费用，构成犯罪的，依法追究刑事责任；尚不构成犯罪的，依法给予行政处分。"《农村土地承包法》第59条规定，对于违反土地管理法规，贪污、挪用土地征用补偿费用，构成犯罪的，依法追究刑事责任。

a.关于贪污罪。刑法第382条规定："国家工作人员利用职务上的便利，侵吞、窃取、骗取或者以其他手段非法占有公共财物的，是贪污罪。"由于征地补偿应属于集体所有，属于公共财产，所以国家工作人员利用职务上的便利，侵吞、窃取、骗取或者以其他手段非法占有征地补偿费的，就构成了刑法规定的贪污罪。为了解决各地在司法实践中提出的村民委员会等村基层组织人员，在从事哪些工作时属于刑法第93条第2款规定的"其他依照法律从事公务的人员"的问题，九届全国人大常委会第15次会议于2000年4月29日通过了关于《中华人民共和国刑法》第93条第2款的解释。该解释表明，村民委员会等村基层组织人员协助人民政府从事征地补偿费用管理的，属于刑法第93条第2款规定的"其他依照法律从事公务的人员"。根据上述规定，村民委员会等村基层组织人员在协助人民政府依法从事土地征用补偿费用的管理工作时，可以成为贪污罪的主体。

根据刑法第383条的规定，对犯贪污罪的，根据情节轻重，分别依照下列规定处罚：（1）个人贪污数额在10万元以上的，处10年以上有期徒刑或者无期徒刑，可以并处没收财产；情节特别严重的，处死刑，并处没收财产。（2）个人贪污数额在5万元以上不满10万元的，处5年以上有期徒刑，可以并处没收财产；情节特别严重的，处无期徒刑，并处没收财产。（3）个人贪污数额在5000元以上不满5万元的，处1年以上7年以下有期徒刑；情节严重的，处7年以上10年以下有期徒刑。个人贪污数额在5000元以上不满1万元，犯罪后有悔改表现、积极退赃的，可以减轻处罚或者免予刑事处罚，由其所在单位或者上级主管机关给予行政处分。（4）个人贪污数额不满5000元，情节较重的，处2年以下有期徒刑或者拘役。情节较轻的，由其所在单位或者上级主管机关酌情给予行政处分。

b.关于挪用公款罪。刑法第384条规定："国家工作人员利用职务上的便利，挪用公款归个人使用，进行非法活动，或者挪用公款数额较大、进行营利活动的，或者挪用数额较大、超过三个月未还的，是挪用公款罪。"由于征地补偿费属于公共财产，因此，国家工作人员利用职务上的便利，挪用征地补偿费归个人使用，就构成挪用公款罪。

根据刑法第384条的规定，对挪用公款罪，处5年以下有期徒刑或者拘役；情节严重的，处5年以上有期徒刑。挪用数额巨大不退还的，处10年以上有期徒刑或者无期徒刑。

28. 农村土地承包经营纠纷调解仲裁工作有哪些重要意义？

答：农村土地承包经营纠纷是农村社会矛盾的重要反映，具有不易调和、情况复杂和社会影响大的特点。近年来，随着工业化、城镇化的不断推进和现代农业的发展，农村人口流动和劳动力转移加快，尤其是一系列强农惠农政策的实施，使农民负担逐步减轻，农民珍惜土地的意识不断增强，农村土地承包经营纠纷随之不断增加，表现形式日趋多样化，涉及的范围不断扩大，表现出的矛盾趋于复杂，妥善处理好农村土地承包经营纠纷已成为新形势下农村工作的一项重要任务。根据《农村土地承包经营纠纷调解仲裁法》的要求，我省农村土地承包经营纠纷调解仲裁工作仍存在着许多困难和问题。主要表现在：仲裁机构需进一步建立和完善，仲裁委员会和仲裁人员需依法进行组建和充实，仲裁设施建设滞后，仲裁工作经费未列入财政预算，一些地方对做好调解仲裁工作的重要性认识不足等等。这些问题严重制约着调解仲裁工作的有效开展。

认真贯彻实施《农村土地承包经营纠纷调解仲裁法》，加强调解仲裁工作，妥善处理好农村土地承包经营纠纷，是稳定土地承包关系，尊重和保护农民的土地承包经营权，推进农村社会和谐和建设社会主义新农村的客观要求，是解决农村土地纠纷中的现实矛盾，有效化解重复上访、越级上访和群体性上访等事件，推进依法行政的迫切需要。各级政府及有关部门一定要充分认识做好调解仲裁工作的重要性和紧迫性，进一步增强贯彻实施《农村土地承包经营纠纷调解仲裁法》的主动性和自觉性，切实加强调解仲裁工作，维护好广大农民群众和农村集体经济组织的合法权益，促进农村经济发展和社会稳定。

29. 《农村土地承包经营纠纷调解仲裁法》有哪些基本原则和精神？

答：《农村土地承包经营纠纷调解仲裁法》确立了公开、公平、公正，便民高效，根据事实、符合法律和尊重社会公德4项基本原则，是调解仲裁工作必须始终遵循的基本准则。在具体工作中，要做到信息透明、程序公开，保障社会公众广泛的知情权和当事人机会均等地参与调解仲裁，保证程序公正和实体公正。要按照方便当事人、减轻当事人负担的要求，在法律规定的期限内，尽可能地方便农民群众，快捷高效地解决纠纷。要坚持实事求是，一切从实际出发，注重证据和调查研究，依据《农村土地承包经营纠纷调解仲裁法》等法律法规和国家政策规定的内容、程序进行调解和裁决。要牢牢把握稳定农村土地承包关系并长久不变和维护好当事人合法权益的根本要求，依据《农村土地承包仲裁委员会示范章程》（农业部、林业局令2010年第2号），规范农村土地承包仲裁委员会（以下简称“仲裁委员会”）的设立和运行；依据《农村土地承包经营纠纷仲裁规则》（农业部、林业局令2010年第1号）开展仲裁。把调解贯穿于调处农村土地承包经营纠纷始终，积极支持乡村开展调解活动，对调解不成或不愿调解的要依法及时仲裁。要正确处理好政府指导支持与独立仲裁、仲裁委员会与仲裁庭、仲裁委员会与土地承包管理部门的关系，指导支持仲裁委员会依法开展工作，仲裁庭依法独立仲裁。农村土地承包管理部门依法承担仲裁委员会的日常工作，并不得干涉仲裁庭依法独立仲裁。

30. 农村土地承包经营纠纷调解仲裁工作适用于哪些范围?

答：调解是解决民事纠纷的一种途径，是在当事人双方自愿接受调解的前提下，在查明事实、分清是非的基础上，由具有调解职能的组织或者仲裁庭等主持，经双方当事人自愿协商，互谅互让，达成协议，进而解决纠纷的方式。本法中的调解包括仲裁前的调解和仲裁中的调解，仲裁前的调解除适用本法外，还适用有关人民调解的法律法规。

仲裁也是解决民事纠纷的一种途径，是仲裁机构根据当事人的申请，由仲裁庭根据事实和法律对纠纷进行居中裁决的解决纠纷的制度。对于商事仲裁，适用仲裁法；对于劳动争议仲裁，适用劳动争议调解仲裁法；对于农村土地承包经营纠纷仲裁，适用本法。需要说明的是，对于通过招标、拍卖、公开协商等方式承包“四荒地”等农村土地发生纠纷的，如果双方当事人达成仲裁协议，选定商事仲裁机构的，也可以采用商事仲裁的方式解决纠纷。

农村土地承包经营纠纷是民事纠纷，不是行政争议。农村土地承包经营纠纷既包括家庭承包产生的纠纷，也包括通过招标、拍卖、公开协商等方式承包农村土地产生的纠纷；既包括承包耕地产生的纠纷，也包括承包林地、草地以及“四荒地”、养殖水面产生的纠纷；既包括物权性质的承包产生的纠纷，也包括合同性质的承包产生的纠纷；既包括集体经济组织内部承包产生的纠纷，也包括集体经济组织及其成员与本集体经济组织以外的单位和个人建立承包关系后产生的纠纷。这些纠纷都可以通过农村土地承包经营纠纷调解和仲裁方式解决。

31. 农村土地承包仲裁委员会的成立及其职责?

答：根据《农村土地承包经营纠纷调解仲裁法》第12条规定，农村土地承包仲裁委员会，根据解决农村土地承包经营纠纷的实际需要设立。农村土地承包仲裁委员会可以在县和不设区的市设立，也可以在设区的市或者其市辖区设立。农村土地承包仲裁委员会在当地人民政府指导下设立。设立农村土地承包仲裁委员会的，其日常工作由当地农村土地承包管理部门承担。本法第 14 条规定，农村土地承包仲裁委员会依法履行下列职责：

（1）聘任、解聘仲裁员；

（2）受理仲裁申请；

（3）监督仲裁活动。农村土地承包仲裁委员会应当依照本法制定章程，对其组成人员的产生方式及任期、议事规则等作出规定。

32. 处理土地纠纷的方式有哪几种？

答：土地纠纷的处理有四种方式可供选择：和解、调解、仲裁、诉讼。

33. 农村土地承包经营纠纷可以向哪些组织申请调解？

答：发生农村土地承包经营纠纷的，当事人可以自行和解，也可以请求村民委员会、乡（镇）人民政府等调解。

34. 农村土地承包经营纠纷调解和仲裁的范围有哪些？

答：（1）因订立、履行、变更、解除和终止农村土地承包合同发生的纠纷；

（2）因农村土地承包经营权转包、出租、互换、转让、入股等流转发生的纠纷；

（3）因收回、调整承包地发生的纠纷；

（4）因确认农村土地承包经营权发生的纠纷；

（5）因侵害农村土地承包经营权发生的纠纷；

（6）法律、法规规定的其他农村土地承包经营纠纷。

需要注意：因征收集体所有的土地及其补偿发生的纠纷，不属于农村土地承包仲裁委员会的受理范围，可以通过行政复议或者诉讼等方式解决。

35. 发生农村土地承包经营纠纷时，当事人如何申请仲裁？

答：当事人申请仲裁，应当向纠纷涉及的土地所在地的农村土地承包仲裁委员会递交仲裁申请书。仲裁申请书可以邮寄或者委托他人代交。仲裁申请书应当载明申请人和被申请人的基本情况，仲裁请求和所根据的事实、理由，并提供相应的证据和证据来源。

书面申请确有困难的，可以口头申请，由农村土地承包仲裁委员会记入笔录，经申请人核实后由其签名、盖章或者按指印。

农村土地承包仲裁委员会决定受理的，应当自收到仲裁申请之日起五个工作日内，将受理通知书、仲裁规则和仲裁员名册送达申请人；决定不予受理或者终止仲裁程序的，应当自收到仲裁申请或者发现终止仲裁程序情形之日起五个工作日内书面通知申请人，并说明理由。

36. 土地纠纷调解和仲裁的原则是什么？

答：土地纠纷调解和仲裁应当坚持“公开、公平、公正，便民高效，根据事实、符合法律，尊重社会公德”的原则。

37. 哪些人可以参加土地纠纷仲裁？

答：家庭承包的，可以由农户代表人参加仲裁。当事人一方人数众多的，可以推选代表人参加仲裁。与案件处理结果有利害关系的，可以申请作为第三人参加仲裁，或者由农村土地承包仲裁委员会通知其参加仲裁。当事人、第三人可以委托代理人参加仲裁。

38. 申请土地纠纷仲裁要符合什么条件？

答：申请土地纠纷仲裁应当符合下列条件：（1）申请人与纠纷有直接的利害关系；（2）有明确的被申请人；（3）有具体的仲裁请求和事实、理由；（4）属于农村土地承包仲裁委员会的受理范围。

39. 被申请人是否要交答辩书？

答：被申请人应当自收到仲裁申请书副本之日起十日内向农村土地承包仲裁委员会提交答辩书；书面答辩确有困难的，可以口头答辩，由农村土地承包仲裁委员会记入笔录，经被申请人核实后由其签名、盖章或者按指印。农村土地承包仲裁委员会应当自收到答辩书之日起五个工作日内将答辩书副本送达申请人。被申请人未答辩的，不影响仲裁程序的进行。

40. 已经发生法律效力的调解书、裁决书可否申请强制执行？

答：当事人对发生法律效力的调解书、裁决书，应当依照规定的期限履行。一方当事人逾期不履行的，另一方当事人可以向被申请人住所地或者财产所在地的基层人民法院申请执行。受理申请的人民法院应当依法执行。

41. 当事人不服仲裁裁决的可否向人民法院起诉？

答：可以。根据《农村土地承包经营纠纷仲裁法》第48条规定，当事人不服农村土地承包仲裁委员会的仲裁裁决的，可以自收到裁决书之日起三十日内向人民法院起诉。逾期不起诉的，裁决书即发生法律效力。当事人应当根据裁决书所确定的内容行使权利、履行义务。承担义务的一方当事人在裁决书确定的期限内不履行的，对方当事人有权申请人民法院强制执行，人民法院应当执行。

另外，依据《农村土地承包经营纠纷调解仲裁法》规定，农村土地承包经营纠纷仲裁不是诉讼的前置程序，当事人可以直接向法院起诉，通过诉讼途径解决纠纷。

42. 农村土地承包经营纠纷调解仲裁应注意哪几个“时间”？

答:（1）农村土地承包经营纠纷申请仲裁的时效期为二年，自当事人知道或者应当知道其权利被侵害之日起计算。

（2）农村土地承包仲裁委员会决定受理的，应当自收到仲裁申请之日起五个工作日内，将受理通知书、仲裁规则和仲裁员名册送达申请人；决定不予受理或者终止仲裁程序的，应当自收到仲裁申请或者发现终止仲裁程序情形之日起五个工作日内书面通知申请人，并说明理由。

（3）被申请人应当自收到仲裁申请书副本之日起十日内向农村土地承包仲裁委员会提交答辩书（被申请人未答辩的，不影响仲裁程序的进行）。

（4）仲裁农村土地承包经营纠纷，应当自受理仲裁申请之日起六十日内结束；案情复杂需要延长的，经农村土地承包仲裁委员会主任批准可以延长，并书面通知当事人，但延长期限不得超过三十日。

（5）当事人不服仲裁裁决的，可以自收到裁决书之日起三十日内向人民法院起诉。逾期不起诉的，裁决书即发生法律效力。

43. 提起农村土地承包经营纠纷调解仲裁是否要缴纳调解仲裁费？

答：不需要。《农村土地承包经营纠纷调解仲裁法》第52条规定，农村土地承包经营纠纷仲裁不得向当事人收取费用，仲裁工作经费纳入财政预算予以保障。

44. 当事人申请仲裁后还能否选择其他纠纷处理方式？

答：当事人申请仲裁后，可以自行和解。达成和解协议的，可以请求仲裁庭根据和解协议做出裁决书，也可以撤回仲裁申请。

45. 什么是农村土地承包经营权流转？

答：农村土地承包经营权流转是指农村家庭承包的土地在土地承包期内，承包方以转包、出租、互换、转让、股份合作等方式将承包土地的使用权转移给第三方从事农业生产经营，简称土地流转，或农村土地使用权流转。随着农村劳动力外出务工增多和现代农业发展的要求，让有限的耕地更好地发挥强农富民的作用，法律和政策规定按照依法、自愿、有偿原则，允许农民以转包、出租、互换、转让、股份合作等形式流转土地承包经营权，发展多种形式的适度规模经营。

46. 农村土地承包经营权流转应注意哪些问题?

答：土地承包经营权流转应当注意以下几个方面的问题：一是平等协商、自愿、有偿，任何组织和个人不得强迫或者阻碍承包方进行土地承包经营权流转；二是不得改变土地所有权的性质和土地的农业用途；三是受让方须有农业经营能力；四是流转的期限不得超过承包期的剩余期限，如耕地的承包期为三十年，承包方已承包了十年，那么流转的期限不得超过二十年；五是在同等条件下，本集体经济组织成员享有优先接包、承租等权利。

47. 农村土地承包经营权流转有哪几种形式?

答：土地承包方依法取得的农村土地承包经营权可以采取转让、转包、互换、入股、出租或者其他符合有关法律和国家政策规定的形式流转。

（1）转让是指承包方有稳定的非农职业或者有稳定的收入来源，经承包方申请和发包方同意，将部分或全部土地承包经营权让渡给其他从事农业生产经营的农户，由其履行相应土地承包合同的权利和义务。转让后原土地承包关系自行终止，原承包方承包期内的土地承包经营权部分或全部灭失。

（2）转包是指承包方将部分或全部土地承包经营权以一定期限转给同一集体经济组织的其他农户从事农业生产经营。转包后原土地承包关系不变，原承包方继续履行原土地承包合同规定的权利和义务。接包方按转包时约定的条件对转包方（原承包方）负责。承包方将土地交他人代耕不足一年的除外。

（3）互换是指承包方之间为各自需要或者方便耕种管理，通过自愿平等协商，对属于同一集体经济组织的承包地块进行交换，同时交换相应的土地承包经营权。互换后，原土地承包合同规定的权利义务可由原承包者承担，也可随互换而转移，但如果转移了则需按规定办理相关手续。

（4）入股是指实行家庭承包方式的承包方之间为发展农业经济，将土地承包经营权作为股权，自愿联合从事农业合作生产经营；其他承包方式的承包方将土地承包经营权量化为股权，入股组成股份公司或者合作社等，从事农业生产经营，承包方按股分红。如：福建省莆田市闽中蔬菜食品工业总厂以种子、种苗、肥料、生物药剂等实物折价入股，农户则以耕地、投工、投劳等折价入股，企业所占股份由20%至80%不等，组成股份有限公司进行蔬菜生产，企业按合同价格收购，所得总额按股份分成。这种方式有效地扩大了农业经营规模，提高了土地产出率，激励了农户生产积极性，增加了农户收入。

（5）出租是指承包方将部分或全部土地承包经营权以一定期限租赁给他人（包括个人、集体、企业或其他组织）从事农业生产经营，出租人向承租人收取租金。出租后原土地承包关系不变，原承包方继续履行原土地承包合同规定的权利和义务。承租人按出租时约定的条件对出租人（承包方）负责。

（6）其他方式流转。如：农村土地承包经营权抵押、继承、代耕、准占用等方式也属于农村土地承包经营权流转的范畴，但这几种方式比较特殊，目前在流转土地中所占比例不大。

实践中最常见的形式有两种：一是承包方直接出租其承包土地，这种形式比较方便自由，争议少；二是反租倒包，由村集体以一定条件把已承包出去的土地使用权赎买回来，再以其他形式进行土地流转。这种形式便于解决抛荒等问题，但操作过程缺乏监督，易导致耕地占用管理失控。

48. 谁有权力决定农村土地承包经营权的流转?

答：农村土地承包方对承包的土地有自主的使用权、收益权和流转权，有权依法自主决定土地承包经营权是否流转（有些地方也叫转承包）和流转的形式。任何单位和个人不得强迫或者阻碍承包方依法流转其承包的土地。农村土地承包经营权流转收益归承包方所有，任何组织和个人不得侵占、截留、扣缴。承包方自愿委托发包方或中介组织流转其承包土地的，应当由承包方出具土地流转委托书。委托书应当载明委托的事项、权限和期限等，并有委托人的签名或盖章。没有承包方的书面委托，任何组织和个人无权以任何形式决定流转农户的承包土地。这是农民拥有的长期而且有保障的土地使用权的具体体现。

接收农村土地承包经营权流转的一方叫受让方（通俗也叫接包方、承租方等），受让方可以是农户，也可以是其他按有关法律及有关规定允许从事农业生产经营的组织和个人。受让方在合同期内可以依法将承包方以转包、出租方式流转的土地实行再流转，但应当事先取得原承包方的同意。

49. 如何签订农村土地承包经营权流转合同?

答：首先，承包方与受让方经过充分的协商，达成真实一致的意见。

其次，签订合同。合同采取标准格式，当事人要从当地农业行政主管部门领取农村土地承包经营权流转专用合同。流转合同要求一式四份，流转双方各执一份，发包方和乡（镇）人民政府农村土地承包管理部门各备案一份（承包方将土地交由他人代耕不超过一年的，可以不签订书面合同）。

农村土地承包经营权流转合同一般包括以下内容：双方当事人的姓名、住所；流转土地的四至、坐落、面积、质量等级；流转的期限和起止日期；流转方式；流转土地的用途；双方当事人的权利和义务；流转价款及支付方式；流转合同到期后地上附着物及相关设施的处理；违约责任等。

第三，承包方委托发包方或者中介服务组织流转其承包土地的，流转合同应当由承包方或其书面委托的代理人签订；农村土地承包经营权流转当事人根据自愿决定是否向乡（镇）人民政府农村土地承包管理部门申请合同签证。

第四，农村土地承包经营权流转合同经双方签字并经当地乡（镇）政府农村经营管理机构备案（或签证）后生效。

50. 如何办理农村土地承包经营权证？

答：根据我国《农村土地承包经营权证管理办法》的规定，实行家庭承包的，应当按照以下程序颁发农村土地承包经营权证：

第一，土地承包合同生效后，发包方应在30个工作日内，将土地承包方案、承包方以及承包土地的详细情况、土地承包合同等材料一式两份报乡（镇）人民政府农村经营管理部门。

第二，乡（镇）人民政府农村经营管理部门对发包方报送的材料予以初审。材料符合规定的，及时登记造册，由乡（镇）人民政府向县级以上地方人民政府提出颁发农村土地承包经营权证的书面申请；材料不符合规定的，应在15个工作日内补正。

第三，县级以上地方人民政府农政主管部门对乡（镇）人民政府报送的申请材料予以审核。申请材料符合规定的，编制农村土地承包经营权证登记簿，报同级人民政府颁发农村土地承包经营权证；申请材料不符合规定的，书面通知乡（镇）人民政府补正。

第四，乡（镇）人民政府农村经营管理部门领取农村土地承包经营权证后，应在30个工作日内将农村土地承包经营权证发给承包方。发包方不得为承包方保存农村土地承包经营权证。

51. 为什么要换发补发农村土地承包经营权证？

答：农村土地承包经营权证是国家依法确认承包方享有土地承包经营权的法律凭证，是解决农村土地承包纠纷的重要法律依据。承包耕地、园地、荒山、荒沟、荒丘、荒滩等农村土地从事种植业生产活动，承包方依法取得农村土地承包经营权后，应颁发农村土地承包经营权证予以确认。自1998年开展延长土地承包期以来，各级党委、政府和有关部门认真贯彻执行农村土地承包一系列法律法规政策规定，积极开展农村土地延包、确权、发证等项工作，对稳定完善农村土地承包关系，促进农民增收、农村稳定和农村经济发展发挥了重要作用，但实际工作中也存在一些不容忽视的问题，有的地方至今没有按规定落实农村土地承包期延长三十年不变的政策，由于土地征占用、土地调整等诸多方面原因，导致农村土地承包经营权不落实，原有的土地承包经营权证失去应有法律效力的问题不同程度地存在。开展农村土地承包经营权证的换发补发工作，切实做到承包地块、承包面积、承包合同、经营权证书、基本农田“五到户”。可以从根本上解决当前农村土地承包中存在的问题，对于稳定完善土地承包关系具有极其重要的意义。

52. 如何处理农户自愿放弃土地承包经营权问题?

答：不论是什么原因，要自愿放弃土地承包经营权的农户，需提出书面申请，村、组干部要给申请人讲清政策，确认其明确政策后仍要自愿放弃的，由发包方法定代表人在申请书上签字认可并由村级签证并加盖公章，严防弄虚作假。凡自愿放弃土地承包经营权的，依照《农村土地承包法》的规定在本轮土地承包期内不得再要求承包土地。

53. 承包农户自发调换承包土地应如何处理?

答：承包农户相互之间已经自愿调换承包地块的，在不影响国家、集体和他人利益的前提下，签订土地流转合同，经调换双方提出书面申请签字确认后，按调换后的实际承包地块和面积重新签订承包合同并按新的承包合同补发经营权证。

54. 承包农户自愿分户，承包土地应如何处理?

答：承包农户自愿分户，经承包户家庭内部协商一致，明确划分了原承包土地的，四至界限清楚，由当事人提出书面申请，重新签订土地承包合同，分别颁发《农村土地承包经营权证》。

55. 外出务工人员承包土地应如何处理?

答：常年全家外出的农户，无论其承包土地是否荒芜，《农村土地承包经营权证》仍然颁发给原承包农户。村组集体经济组织要积极与承包农户或其委托耕种农户联系，如果原承包农户自愿放弃承包土地，发包方收回后作为机动地或另行发包；如果承包农户仍需继续承包，短期内又无力耕种，要动员其将承包土地流转给具有耕种能力的农户代耕，流转时要注意按政策要求完善手续。如果外出农户没有参加二轮土地延包，现在返乡要求承包土地的，要区别不同情况妥善处理。如果该农户的户口仍在原地，原则上应同意继续参加土地承包，有条件的应在集体机动地中调剂解决，没有机动地的可通过土地流转等方式解决。

56. 农村妇女或入赘男子结婚、离婚、离婚后再婚等情况如何处理?

答:(1)承包期内，妇女或入赘男子结婚，在新居住地未取得承包地的，除本人自愿放弃承包经营权外发包方不得收回其原承包地，本次仍要给其补发《农村土地承包经营权证》或在给原承包户主补发的《农村土地承包经营权证》的“共有人”栏如实填写其姓名，确认其承包经营权的权属。

(2)妇女或入赘男子离婚或者丧偶,仍在原居住地生活或者不在原居住地生活但在新居住地未取得承包地的，除本人自愿放弃承包经营权外，发包方不得收回其原承包地，本次要按双方协商一致,明确划分的承包土地重新签订承包合同,并按重新签订的承包合同给其补发《农村土地承包经营权证》，确认其承包经营权的权属。

(3)离婚后再婚，其户口已经迁出本集体经济组织，如果在对方集体经济组织又分得了承包土地，原村社集体经济组织应当及时收回承包土地重新发包；如果在对方集体经济组织没有分得承包土地，除农户自愿放弃承包土地外，发包方不得收回其原承包地，本次要按双方协商一致,明确划分的承包土地重新签订承包合同,并按重新签订的承包合同给其补发《农村土地承包经营权证》，确认其承包经营权的权属。

57. 换发补发农村土地承包经营权证的范围包括哪些?

答：凡承包耕地、园地、“四荒”、矿区废弃地、矿区塌陷地、养殖水面、滩涂等从事种养殖活动，承包方依法取得农村土地承包经营权的，均属于换发补发经营权证范围，要按照调查摸底、群众认可情况进行换发补发证。具有下列6种情况之一的，应换发补发经营权证:

(1)未进行第二轮土地承包的，特别是城市规划区内农村承包地、结构调整用地等，要严格按照《农村土地承包法》和《山东省实施〈中华人民共和国农村土地承包法〉办法》有关法律政策规定开展延包后，补发经营权证。

(2)已完成二轮土地承包但未向农户发放经营权证的，依法进行补发。

(3)经营权证遗失或严重污损、毁坏的，据实换发补发。

(4)二轮土地承包完成后，因修路、城镇建设、矿区用地、农田水利等占用农民承包的土地,农户的实际种植土地与原发放的经营权证面积不符的,如在原村组范围内已经调整土地、群众无异议的，可按调整后的土地实际面积变更并换发补发经营权证；对于群众意见较大，必须严格按照农村土地承包的法律、政策化解矛盾后再换发补发经营权证；对承包地全部被征收、征用的，不再办理补证手续。部分征收、征用的，据实换发补发经营权证。

(5)对二轮土地承包合同签订不规范,在完善合同的基础上,据实变更或换发经营权证。

(6)对于二轮土地承包完成后分户的、土地调整、地块面积变动的，在核清地亩、重新签订合同后，换发补发经营权证。

58. 农村土地承包纠纷案件应予受理的五种情形是哪些?

答: 农村土地承包法公布实施后，确定涉及农村土地承包纠纷案件的受理范围问题日益凸显。对农民已经取得土地承包经营权后，因其承包经营权被侵害而提起的民事诉讼，《解释》规定人民法院应当依法予以受理。其中包括：农村土地承包合同纠纷、土地承包经营权侵权纠纷、土地承包经营权流转纠纷、土地承包经营权继承等纠纷案件。此外，对承包地征收补偿费用分配引起的争议，因其同样属于平等民事主体之间的纠纷，人民法院也应当依法予以受理。

59. 土地承包经营权属于物权?

答:《最高人民法院关于审理涉及农村土地承包纠纷案件适用法律问题的解释》(以下简称《解释》）第六条规定，对涉及发包方违法收回、调整承包地，或者承包方弃耕撂荒承包地的纠纷，按照不同情形，分别处理。该规定的基本考虑是：农民通过家庭承包方式依法取得的土地承包经营权是其安身立命的根本，其权利性质应属于物权，这也是农村土地承包法的立法重点所在。违法收回、调整承包地是对物权的侵害，土地承包经营权人有权基于物权人的地位寻求法律保护，要求返还承包地。不论侵权人是否已将该承包地与他人另行建立了承包合同关系，土地承包经营权人要求返还承包地的，均应予以支持。此外，承包方弃耕撂荒承包地有其深刻复杂的背景，农村土地承包法对发包方收回承包地做了严格的限定，并未规定此种情形下发包方可以收回承包地。从维护土地承包经营权人利益的考虑出发，弃耕撂荒承包地的承包方要求返还承包地的诉讼请求，亦应予以支持。

60. 无法定理由发包方不得干涉承包方流转土地自主权吗

答:《农村土地承包法》第三十七条规定，承包方采取转让方式流转土地承包经营权的，应当经发包方同意。因此，实践中不少人认为，只要未经发包方同意，承包方与他人订立的土地承包经营权转让合同即为无效。农村土地承包法做此规定的目的，并不是要限制土地承包经营权人的流转自主权，而是为了更加充分地保护承包方的权益。因为土地承包经营权对农民而言至关重要，一旦转让，在承包期内就无法再行取得土地承包经营权。但更应看到的是，发包方不能在无法定理由的情况下，干涉土地承包经营权人依法享有的土地承包经营权流转自主权。基于此种考虑，《解释》第十三条后段规定，发包方无法定理由不同意或者拖延表态的，不影响土地承包经营权转让合同的效力。《解释》实际是运用了立法目的解释的方法论，其规定与农村土地承包法的立法目的是一致的。

61. 以土地承包经营权设定抵押无效吗?

答: 农村土地承包法对家庭承包方是否可以采取抵押方式流转其土地承包经营权确实未作明确规定。但抵押权作为担保物权，依物权法定原理，抵押担保物的范围亦应遵从法定。土地承包经营权在性质上实为集体土地使用权，根据担保法第三十七条第(二)项和第三十四条第(五)项规定，除了依法经发包方同意抵押的“四荒”等荒地的土地使用权外，集体土地使用权不得抵押。其本意在于，以土地承包经营权设定抵押权，在抵押权实现时将有可能导致土地承包经营权人丧失这项极为重要的权利，从而沦为失地农民，成为严重的社会问题。因此，《解释》第十五条规定：承包方以其土地承包经营权进行抵押或者抵偿债务的，应当认定无效。

62. 经济组织成员可以请求支付土地补偿费有哪些规定

答: 农村土地承包纠纷案件主要集中在城镇边缘建设用地需求较大、征地较为频繁的地区。与其他涉农纠纷相比，其往往涉及农民的根本利益，具有矛盾激烈、难于化解的特点。目前，由此引发的涉诉信访已经在整个涉农信访中占有相当大的比重。承包地征收补偿费用包括土地补偿费、安置补助费及地上附着物和青苗补偿费三个部分。《解释》第二十二条至第二十四条规定的基本内容和考虑是:(1)地上附着物和青苗补偿费是对被征地农户财产损失的补偿，理应支付给承包方;(2)安置补助费是对被征地农户丧失土地承包经营权的补偿，只要该农户放弃统一安置，该笔费用亦应支付给他；(3)土地补偿费系对集体土地所有权丧失的补偿,其分配主体应当是征地补偿安置方案确定时所有具有本集体经济组织成员资格的人，这也是成员自益权的体现。

考虑到土地补偿费分配机制的改革趋势，为使《解释》的规定能够与日后新出台的相关规范性文件衔接,《解释》第二十四条后段另作了特别规定，即已报全国人大常委会、国务院备案的地方性法规、自治条例和单行条例、地方政府规章对土地补偿费在农村集体经济组织内部的分配办法另有规定的除外。

63. 一地数包纠纷中经营权归哪方?

答：一地数包纠纷中经营权归依法登记方。

一地数包是指，发包方就同一土地与他人订立两份以上承包合同的情况。我们认为，如果土地承包经营权人将其权利依法登记，则该权利具有法定的公示方式。〈农村土地承包法〉第四十九条已经赋予依法登记取得土地承包经营权证等证书的其他方式承包土地经营权以相应的物权效力。因此,《解释》第二十条首先从权利性质方面区分，如果一方已经依法登记，则该人享有的是一种物权性质的权利。其他未进行依法登记的仅为合同权利人，在性质上属于债权。两者相较，前者优先。如果均未依法登记，则两者权利性质同属债权，应依承包合同生效的时间先后确定。如根据以上方法仍不能确定，则依据合法占有使用承包地的事实确定土地承包经营权的归属。为避免造成恶意抢占带来的消极后果，《解释》第二十条还规定，已经发生争议的，在争议解决前的强行先占不得作为确定土地承包经营权的依据。需特别说明的是，《解释》之所以未将取得土地承包经营权证等证书作为确定土地承包经营权权利属性的依据，主要是基于两个考虑：1. 从法律上讲，依法在登记机关进行登记，即已完备了物权法意义上的公示，只有依法登记才具有物权公示的实质意义；2. 从调研情况看，确权发证的工作在个别地方还有待加强。

64. 人民法院在审理农村土地承包经营纠纷时，还应特别注意以下几个突出问题的处理原则。

答：一是外出务工农民的土地承包经营权问题。外出务工农民的土地承包经营权应受法律保护。根据《中华人民共和国农村土地承包法》第 26 条规定，在法定承包期限内，除承包方全家迁入设区的市、转为非农业户口的，其他一律不得收回农户的土地承包经营权。农村集体经济组织或村民委员会，将外出务工农民的承包地发包给别的农户，外出务工农民请求收回的，人民法院应予支持。

二是违背农民意愿强迫流转承包地问题。强迫农民流转承包地的，流转关系无效，侵害承包方土地承包经营权的责任人应当承担民事责任。《江苏省农村土地承包经营权保护条例》第 21 条规定，承包方依法享有土地承包经营权流转的自主权；任何组织和个人不得妨碍或者强迫承包方进行土地承包经营权流转；未经承包方书面委托，发包方和其他任何组织、个人不得代表承包方与流入方签订土地流转合同。农户起诉要求返还被强迫流转的承包土地的，人民法院应当保护。

三是以抛荒为由收回农户承包土地问题。任何组织和个人以抛荒为由收回农户承包土地的，应予退还。根据国务院办公厅国办发明电[2004]21 号文件要求，人民法院审理农村土地承包经营纠纷，要严格执行《中华人民共和国农村土地承包法》的规定，对《中华人民共和国农村土地承包法》实施以前，农村集体经济组织收回农户抛荒承包地的，现在农户起诉要求继续承包耕种的，原则上应准许。

四是出嫁女的承包地问题。出嫁女的土地承包经营权受法律保护，这个问题分为两种情况：一是在承包期限内，妇女结婚，在新居住地取得承包地的，发包方可以收回其原承包地；二是在承包期限内，妇女结婚，在新居住地未取得承包地的，发包方不得收回其原承包地。另外，妇女离婚或者丧偶，仍在原居住地生活或者不在原居住地生活但在新居住地未取得承包地的，发包方不得收回其承包地。根据《江苏省农村土地承包经营权保护条例》的规定，结婚后，男方到女方家落户的，适用上述规定。

65. 解决当前农村土地承包纠纷的重要性?

答:稳定和完善土地承包关系，是党的农村政策的基石，是保障农民权益、促进农业发展和保持农村稳定的制度基础。目前一些地方出现的土地承包纠纷，实际上是没有贯彻落实好党的农村政策、土地承包关系不稳定的反映。对此，各级政府和有关部门务必高度重视，一定要站在政治和全局的高度，充分认识妥善解决农村土地承包纠纷是进一步落实党的农村政策、稳定和完善农村土地承包关系的重要任务;是贯彻当前中央关于农业和粮食工作各项决策、保护农民发展粮食生产积极性的重要基础，对维护农民群众的合法权益、保持农业健康发展和农村社会稳定具有重要作用。

66. 农村土地承包纠纷的现状有哪些?

答：诱发农村土地承包纠纷的原因是多方面的，归纳起来有下列三种类型：

（1）主观意识型；

（2）操作失误型；

（3）土政策偏离型。

主观意识型主要表现在：

一是农民珍惜土地的意识增强，随着国家基础设施和城市化进程的加快，土地征用量增大，耕地的存量逐年减少。农民越来越感到土地资源的珍贵。

二是土地价值越来越得到体现，随着国家对农村征用土地问题的不断重视，和对征用农村土地及征用补偿的约束，使农村土地征用补偿费的标准越来越接近其本身的价值，激发了农民重视对土地拥有使用权的意识。

三是各项惠农政策的落实，使土地承包使用权由原来的“包袱”变为现在的“钱袋子”，也使农民越来越重视土地承包使用权。

操作失误型主要表现在：

一是在落实承包政策过程中，少数基层干部方法简单、操作马虎造成后期纠纷频繁。

（1）一轮承包时期，因顾及到农业税费负担，大多数承包面积远低于实际面积。

（2）二轮延包发证，相当一部分地方没有落实到位。

（3）已经发放《农村土地承包经营权证》的也大量存在“四至不清”、“面积不实”、“张冠李戴”、“表证不符”、“证地不符”、“乱涂乱改”的现象。

（4）承包档案的建立与管理不规范。

二是前期农村土地转让、流转无序：

（1）农民无序交换土地。有的一块耕地经过近10个人交换，且每次交换既面积不等、地块不等，又无文字协议，也不到发包方备案。

（2）农民前期放弃承包权手续不规范。有的农民由于当时的特定原因放弃对土地的承包权，发包方将其承包权移于其他第三方，但因手续不全，导致将使用权移于第三方的合法性不足。

（3）调整变更程序不到位。

一轮承包期间，很多地方在“大稳定”的前提下都程度不一地进行了“小调整”，然而有的地方的调整无方案、无会议记录、无底册变更登记，造成纠纷的发生。

土政策偏离型主要表现在：

在一轮承包和后期的小调整过程中，各地的做法不一：有的地方根据当地的习惯，制定了一些土政策，但这些土政策很多偏离了国家政策法规。诸如：乡、村企业职工不分承包田、民办教师不分承包田、户口未迁出的出嫁女不分承包田，农村年龄大的、农村手工业人员、劳教人员、乡村在职干部不分田等，致使这些人员身份发生变化后失去了土地承包使用权，因而引发大量的承包维权争议。

67. 解决当前农村土地承包纠纷有哪些原则?

答:《中华人民共和国农村土地承包法》和中央关于稳定完善农村土地承包关系的一系列政策，是解决农村土地承包纠纷的根本依据。对法律和政策已有明确规定的，必须坚决按规定执行。农民拥有法律赋予的长期而稳定的土地承包经营权，法定承包期内，任何组织和个人不得干预农民的生产经营自主权，不得违法调整和收回承包地，不得违背农民意愿强行流转承包地，不得非法侵占农民承包地。要认真落实二轮延包政策。没有开展二轮延包或者二轮延包没有完成的地方，必须及时认真组织完成延包工作，依法确权、确地到户。对没有具体法规为处理依据的土地承包纠纷，要从实际出发，实事求是，根据《农村土地承包法》和党的农村土地承包政策的基本精神，以维护农民合法权益为核心，按照民主协商、分类指导的原则，在当地政府的领导下，积极稳妥地探索处理方式，妥善化解矛盾。

仲裁、调处纠纷要把握好以下几条：

（1）100%受理的原则：只要是受理范围之内的纠纷，都应100%的受理，否则影响仲裁机构形象。

（2）坚持调解为主、仲裁为辅的原则。

（3）坚持以事实为基础、政策法规为依据的原则。

（4）坚持基层“先调”的原则。任何一起土地承包纠纷，基层乡、村对情况比较清楚，因此这些纠纷都应责成（并劝当事人找）基层解决，只有待基层提出的调处意见不能接受时，再参与仲裁调处。这样可以使案情在调处前就能有所了解。

（5）坚持当事人地位平等的原则。在仲裁、调处纠纷过程中，不受当事人的身份、对象类别的影响，一律只能作为当事人，应当平等对待。

（6）纠纷仲裁要把好几个环节的“关”。

一是受理“关”：做到不向仲裁机关申请的不受理，不属仲裁范围的不受理。

二是把好规范操作“关”：在审理纠纷案的过程中，所有具体环节都必须规范操作。

三是把好档案整理“关”：每起纠纷调解仲裁后，须将与该案相关的文本资料整理成册，妥善保管，以备后期出现“翻案”和人民法院调查时待查。

农村土地承包纠纷的仲裁调解是一项艰巨、复杂的工作，需要党委、政府的关心，需要仲裁人员有爱心、有耐心、有信心和决心，才能使仲裁调解工作为农村的社会稳定发挥作用。

68. 如何尊重和保障外出务工农民的土地承包权和经营自主权？

答：按照《农村土地承包法》的规定，承包期内，除承包方全家迁入设区的市转为非农业户口的，不得收回农户的土地承包经营权。对外出农民回乡务农，只要在土地二轮延包中获得了承包权，就必须将承包地还给原承包农户继续耕作。乡村组织已经将外出农民的承包地发包给别的农户耕作的，如果是短期合同，应当将承包收益支付给拥有土地承包权的农户，合同到期后，将土地还给原承包农户耕作。如果是长期合同，可以修订合同，将承包地及时还给原承包农户；或者在协商一致的基础上，通过给予或提高原承包农户补偿的方式解决。对外出农户中少数没有参加二轮延包、现在返乡要求承包土地的，要区别不同情况，通过民主协商，妥善处理。如果该农户的户口仍在农村，原则上应同意继续参加土地承包，有条件的应在机动地中调剂解决，没有机动地的可通过土地流转等办法解决。

69. 如何纠正对欠缴税费或土地抛荒的农户收回承包地？

答：要严格执行《农村土地承包法》的规定，任何组织和个人不能以欠缴税费和土地撂荒为由收回农户的承包地，已收回的要立即纠正，予以退还。对《农村土地承包法》实施以前收回的农户抛荒承包地，如农户要求继续承包耕作，原则上应允许继续承包耕种。如原承包土地已发包给本集体经济组织以外人员，应修订合同，将土地重新承包给原承包农户；如已分配给本集体经济组织成员，可在机动地中予以解决，没有机动地的，要帮助农户通过土地流转，获得耕地。对农户所欠税费，应列明债权债务，按照农村税费改革试点工作中清理乡村债务的有关规定妥善处理。

70. 如何处理好占用基本农田植树造林的遗留问题？

答：近几年，一些地方和企业大量违法圈占平原农田造林，不少农户的承包地被强迫用于植树，不仅基本农田遭到破坏，而且农民生计也受到了影响。各地要认真贯彻《国务院关于坚决制止占用基本农田进行植树等行为的紧急通知》（国发明电〔2004〕1号）精神，对本地区基本农田保护情况进行一次全面检查。市、县、乡（镇）政府未经承包农户同意与企业签订的承包、租赁或提供农民集体土地特别是基本农田植树的合同，属无效合同，应予废止。林业部门不得颁发林权证，已颁发的要立即收回并注销。已经植树的，当地政府应做好工作，限期将其移植至非基本农田；在规定期限不能移植的，允许农民拔树种田。对企业没有与农户直接签订合同占用农户承包的非基本农田植树的，应由企业与农民协商是否继续种树。农户不愿意种树的，可比照基本农田植树的处理办法办理。对大量圈占基本农田造林的地区和企业，国务院有关部门要依法查处，追究责任。

71. 如何妥善解决好引发当前农村土地承包纠纷的几个主要问题？

答：（1）严格执行农村土地有关法律和政策规定。对全家迁入设区市转为非农业户口的农户，以及个别已经获得固定职业、取得固定收入、有稳定生活保障并转为非农户口和取得国家公职人员身份的人员，其个人原承包地可以由村、组集体经济组织依法收回。除此以外，不得以任何理由收回或调整农户承包地。

（2）对外出务工经商农民的承包地，本人不愿耕种的可以依法进行流转，但其承包经营权仍受法律保护。除非本人提出书面申请自愿放弃承包权，否则任何组织和个人均不得剥夺或限制其承包权。已经收回或调整其承包地的，原则上应立即退还。不能立即退还的，要依照有关规定、区别不同情况进行妥善处理。对承包地已经被乡村组织流转给别人耕种的，由乡村组织负责原承包农户与现耕种人直接协商，如原承包农户同意继续流转的，流转收益必须全部归原承包人。经协商达不成一致意见的，应将原承包地归还原承包农户。如果原承包地已被乡村组织发包给本集体组织其他成员，能够收回退还的应限期收回退还，不能收回退还的，乡村组织须制定给原承包农户合理的经济补偿方案，经原承包农户同意后由乡村组织负责给予原承包户经济补偿。

（3）对少数长期外出没有参加二轮延包的农户，现在返乡要求承包土地的，要区别不同情况作妥善处理。如果该农户户口仍在该集体经济组织，且集体经济组织留有机动地的，原则上应允许其参加土地承包。没有机动地的，如果该农户在二轮延包时自愿放弃承包的，则本轮承包期不应再提出承包要求，但可由集体组织通过土地流转的办法解决其土地耕作问题。如二轮延包时集体组织没有依照法定程序办理，没有正式通知该农户的，由集体组织依法通过民主协商，妥善处理。能够通过非农就业的，由集体组织帮助其就业，不能就业的，由集体组织给予合理的经济补偿，并保障其基本的生活来源。

（4）以欠缴税费或土地抛荒为由，乡村组织强行收回农户承包地的，要立即予以纠正，予以退还。各地要结合农村税费改革工作，立即进行一次全面的清理，凡是以上述理由收回或调整农户承包地的，一律无条件立即将承包地退还给原承包户。已经栽插早稻的，在归还原承包户后给第三方造成的损失由乡村组织承担。但对2003年3月1日以前，以上述理由收回农户承包地的，如原承包农户现在要求继续承包耕种的，原则上要归还其承包地。如其承包地已被乡村组织发包给本集体组织以外的人耕种的，在确认原承包农户的承包经营权的前提下，本着友好协商的原则，在协商一致的前提下，重新修订合同，限期归还承包地。如已经由乡村组织发包给本集体成员承包的，由乡村组织做沟通工作予以归还，如无法归还的由乡村组织在机动地中予以解决，没有机动地的，由乡村组织给予合理的经济补偿，并保障其基本生活来源。

（5）要按照“依法、自愿、有偿”的原则，促进农村土地规范流转。具体操作按江西省农业厅印发的《江西省农村土地承包经营权流转操作指南》（赣农字[2004]46号）的要求进行。禁止由乡村组织出面，强迫农民流转土地。凡以乡村组织名义出面签订的流转合同，均属无效。农户同意由乡村组织帮助其流转的，必须有农户书面申请，流转价格由流转当事人双方自愿协商，收益全部归承包户所有，流转合同仍由流转双方直接签订，不得代签。任何组织和个人不得以任何理由截留、挪用、扣缴流转收益。对已经截留、挪用、扣缴农户承包地流转收益的乡村组织，必须承担相应的赔偿责任。

（6）要认真贯彻落实江西省人民政府《转发国务院关于坚决制止占用基本农田进行植树等行为的紧急通知》（赣府字[2004]25号）精神。今后严禁占用基本农田植树造林。凡违反此禁令者，要依法严肃处理并追究责任人和有关领导人的责任。虽不占用基本农田，但占用耕地植树的，须严格按照国家法律和有关政策规定办理，并完全尊重原承包农户的意愿，优先保障承包农户利益，与承包农户直接签订合同，不准乡村组织代签，否则无效。

72. 什么叫农村土地承包经营权？

答：农村土地承包经营权，是指农村集体经济组织成员在法律规定或者合同约定的范围内享有的，对本村集体经济组织所有的土地、森林、山岭、草原、荒地、滩涂、水面等进行占有、使用和收益、流转等方面权利的总和。

根据法律的规定，农村土地承包经营权是村集体经济组织成员享有的法定权利，任何组织和个人不能剥夺土地承包经营权，也不能非法限制土地承包经营权。

73. 农村土地承包经营纠纷有哪些种类?

答:（1）农业承包合同纠纷

农业承包合同是指农业集体经济组织或者村民委员会通过自愿协商、公开招标等方式，将集体所有的或者国家所有由集体经济组织使用的土地，发包给承包人，由承包人独立经营，完成规定的上交任务后，享有合同规定收益的协议。

凡农业承包合同的当事人，因农业承包合同的签订、履行、变更或终止而发生纠纷，一方当事人向人民法院提起诉讼的，案由均应确定为农业承包合同纠纷。农业承包合同纠纷案件，由承包合同履行地或者被告住所地人民法院管辖。共同承包、人数众多的，应当推选代表人进行诉讼。推选不出代表人的，由人民法院在承包人中指定代表人。

（2）承包经营权纠纷

承包经营权是公民、集体对于集体所有的或者国家所有由集体经济组织使用的土地占有、使用、收益的权利，是用益物权的一种。《中华人民共和国民法通则》第80条第2款规定，公民、集体依法对集体所有的或者国家所有由集体经济组织使用的土地的承包经营权，受法律保护。

承包经营权纠纷，是指因发包人、承包人之外的第三人，违反《中华人民共和国民法通则》第80条第2款的规定，侵害承包人对土地的承包经营权而引发的纠纷。与农业承包合同纠纷的主要区别在于，它是侵权类纠纷，而农业承包合同纠纷属合同类纠纷。

（3）承包经营权流转协议纠纷

承包经营权流转协议纠纷，是土地承包经营权流转当事人，因转让、转包、出租和互换土地承包经营权，在履行土地承包经营权流转协议过程中而发生的纠纷。

通过家庭承包取得的土地承包经营权，可以依法采取转让、转包、出租、互换等方式流转。土地承包经营权流转协议由承包方与流入方签订，承包方依法享有土地承包经营权流转的自主权和收益权，流转收益的价款和支付方式，由流转当事人双方自主商定。

（4）请求确认土地转让协议无效纠纷

请求确认土地转让协议无效纠纷，是指农业集体经济组织的成员或者村民委员会的村民，认为农业集体经济组织或者村民委员会违反法律规定，将集体所有的土地转让给他人，损害农民利益而引发的纠纷。此类纠纷多为群体性纠纷，起诉到人民法院的，多为集团诉讼。

目前，人民法院受理的农村土地承包经营纠纷数量虽然较多，但归纳起来，纠纷的类型主要有以上四种。人民法院应根据案件具体情况，准确确定案由。今后，随着农村形势的变化，还会有新类型纠纷出现，对新类型的农村土地承包经营纠纷，人民法院应根据最高法院关于民事案件案由确定的规则，确定新类型纠纷的案由，以便正确适用法律，更好地维护农民的合法权益。

74. 土地承包经营权包含哪些内容?

答：土地承包经营权包括以下内容：

（1）经营自主权，也叫经营决策权。它是指在生产经营过程中，承包人自行决定干什么、干多少、怎样干的权利。

（2）收益权。它是指通过自主在承包地上进行经营活动后，占有经营所得利益的权利。

（3）收益的处分权。它是指承包方可以对自己经营的收益自行予以处理，可以留给自己或者送给别人，也可以当作商品将其出售。

（4）流转权。它是指承包方可以将承包的土地自行采取转让、转包、互换、出租等方式使其拥有的土地承包经营权流转给第三人，由第三人行使部分土地承包经营权。

（5）优先承包权。它是指在土地承包经营权流转过程中或者将土地发包给本集体经济组织以外的单位或者个人过程中，本集体经济组织的成员在同等条件下有优先于本集体经济组织以外的单位或者个人获得土地承包经营权的权利。

（6）继承权。它是指承包人在承包期内死亡的，该承包人的继承人继续享有原承包合同法定及约定的权利。

75. 哪些纠纷属于农村土地承包经营纠纷?

答：农村土地承包经营纠纷包括：

（1）因订立、履行、变更、解除和终止农村土地承包合同发生的纠纷；

（2）因农村土地承包经营权转包、出租、互换、转让、入股等流转发生的纠纷；

（3）因收回、调整承包地发生的纠纷；

（4）因确认农村土地承包经营权发生的纠纷；

（5）因侵害农村土地承包经营权发生的纠纷；

（6）法律、法规规定的其他农村土地承包经营纠纷。

76. 发生农村土地承包经营纠纷时，可以通过哪些途径解决?

答：发生农村土地承包经营纠纷时，当事人可以通过以下途径解决：（1）自行和解；（2）请求村民委员会、乡（镇）人民政府等调解；（3）向农村土地承包仲裁委员会申请仲裁；（4）直接向人民法院起诉。

77. 因征地及其补偿发生的纠纷，可以通过调解仲裁方式解决吗?

答: 因征收集体所有的土地及其补偿发生的纠纷，不属于农村土地承包仲裁委员会的受理范围，不能用调解仲裁的方法解决纠纷，但可以通过行政复议或者诉讼等方式解决。

78. 对农村土地承包经营纠纷的调解有哪些具体规定?

答:《农村土地承包经营纠纷调解仲裁法》规定:

（1）调解农村土地承包经营纠纷，村民委员会或者乡（镇）人民政府应当充分听取当事人对事实和理由的陈述，讲解有关法律以及国家政策，耐心疏导，帮助当事人达成协议。

（2）经调解达成协议的，村民委员会或者乡（镇）人民政府应当制作调解协议书。调解协议书由双方当事人签名、盖章或者按指印，经调解人员签名并加盖调解组织印章后生效。

（3）仲裁庭对农村土地承包经营纠纷应当进行调解。调解达成协议的，仲裁庭应当制作调解书；调解不成的，应当及时作出裁决。调解书应当写明仲裁请求和当事人协议的结果。调解书由仲裁员签名，加盖农村土地承包仲裁委员会印章，送达双方当事人。

（4）调解书经双方当事人签收后，即发生法律效力。在调解书签收前当事人反悔的，仲裁庭应当及时作出裁决。

79. 农村土地承包仲裁委员会的设立有哪些规定?

答:（1）农村土地承包仲裁委员会，根据解决农村土地承包经营纠纷的实际需要设立。农村土地承包仲裁委员会可以在县和不设区的市设立，也可以在设区的市或者其市辖区设立。

（2）农村土地承包仲裁委员会在当地人民政府指导下设立。设立农村土地承包仲裁委员会的，其日常工作由当地农村土地承包管理部门承担。

（3）农村土地承包仲裁委员会由当地人民政府及其有关部门代表、有关人民团体代表、农村集体经济组织代表、农民代表和法律、经济等相关专业人员兼任组成，其中农民代表和法律、经济等相关专业人员不得少于组成人员的1/2。

（4）农村土地承包仲裁委员会设主任一人、副主任一至二人和委员若干人。主任、副主任由全体组成人员选举产生。

80. 仲裁员应当符合哪些条件?

答: 仲裁员应当符合下列条件之一:（1）从事农村土地承包管理工作满五年;（2）从事法律工作或者人民调解工作满五年;（3）在当地威信较高，并熟悉农村土地承包法律以及国家政策的居民。

81. 农村土地承包仲裁委员会组成人员、仲裁员有索贿受贿等违法违纪行为的怎么办？

答:《农村土地承包经营调解仲裁法》规定，农村土地承包仲裁委员会组成人员、仲裁员应当依法履行职责，遵守农村土地承包仲裁委员会章程和仲裁规则，不得索贿受贿、徇私舞弊，不得侵害当事人的合法权益。

仲裁员有索贿受贿、徇私舞弊、枉法裁决以及接受当事人请客送礼等违法违纪行为的，农村土地承包仲裁委员会应当将其除名；构成犯罪的，依法追究刑事责任。

县级以上地方人民政府及有关部门应当受理对农村土地承包仲裁委员会组成人员、仲裁员违法违纪行为的投诉和举报，并依法组织查处。

82. 当事人、第三人参加农村土地承包仲裁是怎样规定的？

答：农村土地承包经营纠纷仲裁的申请人、被申请人为当事人。家庭承包的，可以由农户代表人参加仲裁。当事人一方人数众多的，可以推选代表人参加仲裁。

与案件处理结果有利害关系的，可以申请作为第三人参加仲裁，或者由农村土地承包仲裁委员会通知其参加仲裁。

当事人、第三人可以委托代理人参加仲裁。

83. 农村土地承包仲裁委员会对哪些仲裁申请不予受理？

答：对于当事人提出的农村土地承包仲裁申请，有下列情形之一的，农村土地承包仲裁委员会不予受理；已受理的，终止仲裁程序：（1）不符合申请条件；（2）人民法院已受理该纠纷；（3）法律规定该纠纷应当由其他机构处理；（4）对该纠纷已有生效的判决、裁定、仲裁裁决、行政处理决定等。

84. 对农村土地承包仲裁在程序上有哪些规定？

答：（1）农村土地承包仲裁委员会决定受理的，应当自收到仲裁申请之日起五个工作日内，将受理通知书、仲裁规则和仲裁员名册送达申请人；决定不予受理或者终止仲裁程序的，应当自收到仲裁申请或者发现终止仲裁程序情形之日起五个工作日内书面通知申请人，并说明理由。

（2）农村土地承包仲裁委员会应当自受理仲裁申请之日起五个工作日内，将受理通知书、仲裁申请书副本、仲裁规则和仲裁员名册送达被申请人。

（3）被申请人应当自收到仲裁申请书副本之日起十日内向农村土地承包仲裁委员会提交答辩书；书面答辩确有困难的，可以口头答辩，由农村土地承包仲裁委员会记入笔录，经被申请人核实后由其签名、盖章或者按指印。农村土地承包仲裁委员会应当自收到答辩书之日起五个工作日内将答辩书副本送达申请人。被申请人未答辩的，不影响仲裁程序的进行。

（4）农村土地承包仲裁委员会应当自仲裁庭组成之日起二个工作日内将仲裁庭组成情况通知当事人。

（5）仲裁庭应当在开庭五个工作日前将开庭的时间、地点通知当事人和其他仲裁参与人。

（6）仲裁农村土地承包经营纠纷，应当自受理仲裁申请之日起六十日内结束；案情复杂需要延长的，经农村土地承包仲裁委员会主任批准可以延长，并书面通知当事人，但延长期限不得超过三十日。

（7）农村土地承包仲裁委员会应当在裁决作出之日起三个工作日内将裁决书送达当事人，并告知当事人不服仲裁裁决的起诉权利、期限。

（8）当事人不服仲裁裁决的，可以自收到裁决书之日起三十日内向人民法院起诉。逾期不起诉的，裁决书即发生法律效力。

85. 仲裁员在什么情况下必须回避?

答：仲裁员有下列情形之一的，必须回避，当事人也有权以口头或者书面方式申请其回避：（1）是本案当事人或者当事人、代理人的近亲属；（2）与本案有利害关系；（3）与本案当事人、代理人有其他关系，可能影响公正仲裁；（4）私自会见当事人、代理人，或者接受当事人、代理人的请客送礼。

当事人提出回避申请，应当说明理由，在首次开庭前提出。回避事由在首次开庭后知道的，可以在最后一次开庭终结前提出。

86. 对农村土地承包经营纠纷仲裁的开庭是怎样规定的?

答：《农村土地承包经营纠纷调解仲裁法》规定，农村土地承包经营纠纷仲裁应当开庭进行。开庭可以在纠纷涉及的土地所在地的乡（镇）或者村进行，也可以在农村土地承包仲裁委员会所在地进行。当事人双方要求在乡（镇）或者村开庭的，应当在该乡（镇）或者村开庭。

开庭应当公开，但涉及国家秘密、商业秘密和个人隐私以及当事人约定不公开的除外。

87. 对仲裁的裁决是怎样规定的?

答：《农村土地承包经营纠纷调解仲裁法》规定，仲裁庭应当根据认定的事实和法律以及国家政策作出裁决并制作裁决书。

裁决应当按照多数仲裁员的意见作出，少数仲裁员的不同意见可以记入笔录。仲裁庭不能形成多数意见时，裁决应当按照首席仲裁员的意见作出。裁决书应当写明仲裁请求、争议事实、裁决理由、裁决结果、裁决日期以及当事人不服仲裁裁决的起诉权利、期限，由仲裁员签名，加盖农村土地承包仲裁委员会印章。

88. 一方当事人对发生法律效力的调解书、裁决书不履行的怎么办？

答：当事人对发生法律效力的调解书、裁决书，应当依照规定的期限履行。一方当事人逾期不履行的，另一方当事人可以向被申请人住所地或者财产所在地的基层人民法院申请执行。受理申请的人民法院应当依法执行。

89. 农村的土地承包关系到底有什么重大意义？

答：长期稳定农村土地的承包关系，实际上是由土地在我国现阶段的功能所决定的。

第一，从土地作为生产要素的功能看，它要求土地的承包关系长期稳定。土地这个生产要素，与其他的许多生产要素相比具有很多特殊性。例如，土地是不可移动的，这一点与劳动力、资金等生产要素就很不相同。一个地方的投资环境不好，投资者可以将资金投到别的地方去。但要想提高一块土地的产出率，就不可能把它移到自然条件好的地方去，而只能想办法改善这块土地的生产条件，如打机井、修渠道、建梯田、改良土壤等。这就要对土地进行投资。这样的投资，不仅量大而且回收期长。显然，土地的承包期短了，农民就不会愿意对土地进行长期投资，农业的生产条件也就不可能得到改善。我国是一个人多地少的国家，这个基本国情是不可能改变的。必须不断地改善我国农业的生产条件，才能逐步提高土地产出率，以满足人口增加、经济发展和人民生活水平提高的需要；必须合理使用土地，使有限的土地真正能够永续利用，才能为子孙后代留下生存和发展的财富。

第二，从土地作为农民基本生活保障的功能看，土地的承包期也必须足够长、承包期内的承包关系也必须足够稳定。因为大多数地区的农民目前除了土地之外还没有别的稳定的生活保障手段，因此保证农民有一份稳定的承包地，对于保障农民的基本生活、保持农村社会的稳定就具有极为重要的现实意义。

目前确实有大量的农民离开了家乡在外流动就业。但应该看到他们的就业还是不稳定的，真正能够在城镇定居下来、不再回乡的毕竟还是极少数。多数在外流动就业的农民是在城乡之间双向流动的：外面有就业机会就在外就业，外面找不到就业机会就回乡，那是因为家里有块承包地，回乡后就不至于没饭吃。如果家里的承包地没有了，在外打工又找不到就业机会，那外出的农民就只能变成“流民”或城市贫民。不少发展中国家的大城市周围之所以会有大片的贫民窟，就是因为农民破了产，在城里找不到就业机会，在农村又失去了土地，没有了退路，于是只能陷入贫民窟。显然，无论是“流民”还是城市贫民，都将是社会不稳定的因素。因此，在没有别的手段可以替代土地作为农民的生活保障之前，农户的承包地就必须长期保持稳定。

90. 承包期内的土地可以作调整吗？调整中应注意什么原则？

答：中央一再强调要稳定土地的承包关系，指的就是在承包期内原则上对土地不能作调整。1984年中共中央1号文件规定，土地承包期一般应在15年以上。在延长承包期之前，群众有调整土地要求的，可以本着“大稳定，小调整”的原则，经充分协商，由集体统一调整。1993年11月，中共中央、国务院发出《关于当前农业和农村经济发展的若干政策措施》，规定在第一轮15年的承包到期后，土地的承包期再延长30年，并明确要求在承包期内提倡“增人不增地，减人不减地”的办法。1997年8月，中共中央办公厅、国务院办公厅发出《关于进一步稳定和完善农村土地承包关系的通知》，指出土地承包“大稳定，小调整”的前提是稳定。在承包地基本稳定的前提下，对农村人口变化后人地关系过于悬殊的可以通过“大稳定，小调整”的办法解决。

但必须注意以下原则：一是允许“小调整”，绝不是用行政命令的办法规定全村（或全组）范围内每几年重新调整一次承包地；二是“小调整”只限于人地矛盾突出的个别农户，不能对所有农户进行普遍调整；三是不能利用“小调整”提高承包费，增加农民负担。同时还规定，对个别人地矛盾突出的农户进行承包地的“小调整”，必须召开村民大会，经2/3以上村民同意，报乡（镇）政府批准、县（市）政府主管部门备案后，才能进行调整。

村、组内的人口变动是经常发生的。如果人口有了变动就要调整土地，那么土地承包期“30年不变”就成了一句空话。新增人口没有承包地，他的生活保障怎么办？这就涉及一个更深层次的问题，就是家庭对其自身成员应承担的保障功能问题。如果家里人口增加了就要求调地，实际上等于把家庭对自身成员应该承担的保障责任推给了全村去解决。这个道理要讲清楚：集体提供给农民的承包地确实是生活保障，但保的是什么？保的是不能有人饿肚子，保证人人有饭吃，而不是保证你不比别人收入低。如果某一个家庭由于人口增加，到了种的粮不够吃，要饿肚子程度，出现这种情况确实应该作为特殊问题来对待，要适当进行“小调整”。但如果不是这样，仅仅是人口增加了，承包地上种的粮自我消费的部分增加了，能出售的部分减少了，家庭的收入也相应减少了，这样的情况显然不属于社会提供保障的范围。

所以观念一定要转变。家庭应该对自己的成员提供生活的基本保障，只有在家庭确实没有能力、对自己的成员提供不了基本保障时，才可以考虑由社会来提供保障。如果不断采取平均主义的做法来调整土地，一是不可能形成稳定的土地承包关系，导致农户不愿意对土地进行长期投资；二是实际上在鼓励家庭对自己的新增成员不提供保障，而是把家庭人口增加后的负担转给社会；三是不仅不可能逐步实现规模经营，甚至连现有的经营规模也保不住。因此，村里在开始土地承包时，确实应当对农户给出土地承包的“起点公平”，但在以后的发展中，各家庭之间人地关系的变化、收入和负担的变化都是必然的，这不可能靠行政手段来解决，而要靠土地使用权的流转、开发新的农业资源、通过工业化和城镇化带动劳动力就业的转移等市场的手段才能解决。不断调整土地，只会不断分割现有的土地经营规模，使农地经营更加细碎化，更没有效率，因此是不可能真正有出路的。

91. 土地承包经营权中有哪些物权意识?

答：长期而有保障的土地承包经营权，是农民赖以生存和发展的基础，是农民根本利益的集中体现。《物权法》对土地承包经营权作出专章规定，明确确认农民土地承包经营权的用益物权性质，充分体现了广大农民群众的意愿，为确保赋予农民长期而有保障的土地承包经营权，切实维护农民的土地承包权益提供了坚实的法律保障。

要充分认识和准确把握将农村土地承包经营权规定为用益物权的基本内涵：

一是用益物权的内容按照物权法定的原则必须由法律规定，而不是由当事人约定。农民的土地承包经营权作为用益物权是由法律所赋予的，任何组织和个人不得剥夺和非法限制，必须按照《物权法》和《农村土地承包法》精神，全面落实好农民的土地承包经营权。

二是农民获得的土地承包经营权作为用益物权受法律保护。承包期内，不得违法收回和调整农民的承包土地。

三是农民的土地承包经营权作为用益物权，承包农户对承包土地依法享有占有、使用、流转、收益等权利。

四是用益物权使农村土地承包经营权成为独立的财产权利，承包农产成为独立的民事权利主体，当承包土地被征收征用时，土地承包经营权人依法享有获得相应补偿的权利。

五是当土地承包经营权受到不法侵害时，土地承包经营权人可以利用物权的保护方法，依法维护自己的合法权益。各级农业部门特别是农村经营管理部门要深刻领会《物权法》的立法精神，进一步依法做好农村土地承包管理和维护农民土地承包权益各项工作。

92. 要如何落实好农民土地承包权益，妥善调处农村土地承包纠纷?

答：《物权法》明确规定：“耕地的承包期为三十年。”规定的承包期届满，由土地承包经营权人按照国家有关规定继续承包。这就更加明确地赋予了农民长期而有保障的土地承包经营权。通过抓好延包后续完善工作，切实解决好延包遗留问题，全面落实好农民依法享有的土地承包经营权，既是长期稳定农村土地承包关系的需要，也是对历史、对子孙后代负责的要求。因此，要充分认识贯彻好《物权法》和《农村土地承包法》，通过抓好延包后续完善工作，全面落实好农民土地承包经营权对于农业和农村经济发展、国家长治久安的极端重要性。

《物权法》明确赋予农民土地承包经营权的物权属性，为妥善解决农村土地承包纠纷、维护农民的根本利益提供了更加明确的法律依据和保障。在农村土地承包和流转纠纷中，有的情况复杂，涉及多方利益，解决起来有一定难度。但只要坚持以维护农民土地承包经营权为核心，就能够找到依法妥善解决纠纷的办法。各级农业部门要通过贯彻《物权法》，进一步加大工作力度，妥善解决农村土地承包纠纷。要按照《信访条例》精神，协同相关部门解决好农民反映的土地承包问题。已经开展农村土地承包纠纷仲裁工作的地方，要进一步健全仲裁工作制度、程序和方法，发挥其便民快捷的优势，努力做好纠纷调处工作。同时，积极推动包括协商、调解、信访、仲裁、司法等农村土地承包纠纷调处机制不断健全。

93. 什么是土地承包经营权流转?

答：土地承包经营权流转，是指在农户土地承包权不变的基础上，承包方将自己承包的村集体的部分或全部土地以一定的条件转移给第三方经营，原承包方或第三方向村集体履行原承包合同的行为。

94. 农村土地承包经营权流转的方式有哪些?

答：《农村土地承包法》第32条规定，通过家庭承包取得的土地承包经营权可以依法采取转包、出租、互换、转让或其他方式流转。

（1）转包。转包主要发生在农村集体经济组织内部农户之间。

（2）出租。出租主要是农户将土地承包经营权租赁给本集体经济组织以外的人。

（3）互换。互换是农村集体经济组织内部的农户之间，为方便耕种和各自需要，对各自的土地承包经营权的交换。

（4）转让。转让是农户将土地承包经营权转移给他人，转让将使农户丧失对承包土地的使用权。

（5）入股。即承包方将承包土地使用权入股，参加农业股份制、农业股份合作制或实行“股田制”，并以入股股份作为分红依据。

（6）退包。是指承包户在承包期内把承包土地退交给集体，由集体重新发包的行为。

95. 当前农地经营权流转的现状?

答：（1）流转数量逐步增加。据有关资料，当前全国农村土地流转率为10%左右。发展较快，形式多样。

（2）流转形式多样化。从农地流转的发展历程来看，农地流转形式不断趋于多样化，并逐步向市场化流转方向发展。早期的农地流转是农户之间的自发流转，多采取代耕、无偿转包、倒贴转包等形式，并且由转出方主动寻找受让方，流转目的是防止土地抛荒和转移农业税费负担。随着形势的进一步发展，租赁、有偿转包、股田制、土地股份合作社、土地托管等便于土地规模经营的市场化流转方式成为主要形式，流转的目的也由减负转为增收为主。与此同时，山林地流转速度也不断加快，带动了农村经济的发展。

（3）流转逐步规模化。自家庭承包制实行以来，各地就开始出现农户间自发的土地流转，但这些流转都是小规模的、口头要约的非规范流转，且流转的发生率较低。近几年，由于农村劳动力转移和种养大户、合作社的大量涌现，农村土地转出需求和土地转入需求的增加，促进了农地流转向规模化发展。同时，由于农村税费改革，特别是免征农业税政策直接增加了农民收入，也为土地承包权流转、实现适度规模经营提供了更为广阔的空间。

（4）流转的组织化程度不断提高。近几年政府加强了对农村土地流转的组织和管理，随着《农村土地承包法》和《农村土地承包经营权流转管理办法》的颁布实施，各地也积极探索土地流转的有效形式，出台了各项服务措施。一些农业行政主管部门就免费向农户提供规范的流转合同，指导合同签订和搞好合同签证服务。同时，在农村也出现了“农民职业经纪人”，为流转双方牵线搭桥。农户自发流转比例逐渐下降，而有组织的流转比例正在上升。

（5）促进了农业产业结构调整。通过规模经营实施农业产业化经营，拓宽了农业发展空间，提高了农业生产水平，发展了现代农业，使我国的农业朝着高效、生态、外向以及观光休闲等现代农业方向发展。

96. 现阶段农地流转中存在哪些问题？

答：（1）农民的小农意识观念和恋土情结亟待转变。由于农民长期受农村传统思想的影响，即便从其他行业可以获得一定的收入，也有部分农民仍不愿放弃承包土地的经营权，把土地看成了“保命田”、“退路田”，这种观念在一定程度上阻碍了土地流转进程。

（2）农地流转的程序不规范、手续不完善。土地流转不规范主要表现在手续不完善。特别是农户之间的土地流转，承包方不及时向发包方备案，也没有签订规范的书面协议或合同，有的甚至只有口头协议，自由性和随意性较大。

（3）农地流转市场化程度还不高。农地流转市场虽已初步形成，但由于农地流转市场的配套服务跟不上，导致农地流转市场化程度不高。主要原因有：一是中介服务组织的缺位。虽然在土地流转中介服务和土地托管等方面较早地进行了探索，但在有些地方农地流转中介组织不规范，土地流转台账、信息库尚未全部建成，有的地方尚未建立农地流转中介服务组织，造成流转信息不畅通；二是尚未按市场经济运行机制形成市场化的流转价格体系；三是土地承包权抵押市场没有建立。

（4）尚未建立合理的规避农业风险机制。“靠天农业”仍旧是当前农业最突出的问题，特别是针对规模经营，市场风险和自然风险严重阻碍农业的健康发展，农业保险政策的滞后乃至空白，由此也严重阻碍了土地的规模经营和土地流转规模。

97. 如何加快农地流转的对策建议？

答：（1）进一步强调和深化对农地流转的认识

首先，强调农地流转的主体是农户而非集体组织。农地流转的实质是农村土地承包经营权的流转，国家有关法律法规和政策明文规定，这一权利属于农户。因此，在任何时候农地流转的主体都是农户，要充分尊重群众意愿，坚决杜绝以集体组织是土地所有者身份、或以农业产业化为借口去强迫农民搞流转。

其次，充分认识农地流转是手段而非目的。一是农地流转有利于克服小农经济的局限性，推动规模经营，促进农村经济发展，但它只是促进农村经济发展的手段而非目的；二是农村经济发展需要多方面因素共同作用，并不是只要搞了农地流转，经济就会发展，农民就会增收；三是农地流转是以农村劳动力大量向非农产业转移为前提条件的，而农村劳动力转移又是以经济发展为基础的。基于各地存在的经济差距，应因地制宜，有条件就流转，没有条件只能创造条件，这样才能达到强农富民的目的。

（2）积极探索建立土地股份合作社

建立土地股份合作社是农村基本经营制度的创新和完善，是农村集体经济的一种重大组织创新。坚持自愿互利原则，实施规模经营、签订承包合同，初步形成区域化布局、标准化生产、规模化经营的新格局。此外，将组建农业专业服务队，购置植保机械，为企事业单位园林绿化提供养护服务，通过拓宽服务内容增加收入，使合作社广泛地应用到农业生产的各个环节和农村的更多领域，促进农业规模化生产、集约化经营，推动现代农业建设。

（3）建立市场中介组织，完善农地流转市场体系

农地流转市场化机制的形成有赖于较为完善的流转市场体系，要结合本地实际，在保障农民合法权益的前提下，积极探索建立由市场调节土地流转的长效机制。

一是要积极支持和引导创办中介组织等农地流转有形市场体系。重点是积极培育以乡镇农经管理部门为主体的非盈利性农地流转中介服务组织，充分发挥它们在农地供给主体和需求主体之间的媒介和桥梁作用。

二是要建立农地流转信息库。目前可以依托农经信息网建立农地流转信息库，做好流转规划、信息发布、价格评估、合同档案管理等工作。

（4）加快农村劳动力转移，创造农地流转市场化的更大空间

城市化的过程实际就是化农民为市民的过程，离开农村的农民越多，这些农民的承包土地使用权流转的规模就越大。

一是要鼓励、扶持农民创业，通过大力发展农村二、三产业，走农村工业化、城市化的路子，加快农村富余劳力从传统的自给自足的农村自然经济方式中解放出来，从固定在少量的承包土地上解放出来，开辟新的就业门路和生产空间。

二是要建立城乡统一的劳动力市场，使农村劳动力能够自由选择职业，把劳动力市场与土地流转市场结合起来，以劳动力的有序转移、流动，促进土地使用权的合理流转，进而建立稳定的农地流转市场。

（5）完善农村社会保障体系，营造有益于农地流转的社会环境?

农村社会保障体系的缺位，使农民不得不把土地作为最后一道吃饭、就业、养老的心理防线。只有逐步建立和完善农村的社会保障体系，为走出土地的农民解除后顾之忧，土地使用权流转的市场化才具备了基础。

一是要以保障农民基本生活为目的，积极探索农村社会保障体系建设的新途径，促使农地流转走上完全市场化的轨道。

二是要建立比较完备的社会化服务体系，积极探索建立农业保险制度，改变当前“靠天农业”的局面。

（6）充分发挥政府的宏观调控职能，确保农地使用权流转步入市场化、法制化轨道

政府在农地流转中的作用是引导、服务和监督，各级政府要充分发挥宏观调控职能，制定完善相关政策措施。

一是要制订“农地流转促进方案”，以期促进农业的规模经营，培育有效率的专业市场，让留下来的农民专心当好农民，让转出去的农民安心当好非农民。可以考虑，各地在农发基金中划出一块，建立农地流转补贴专项资金，对出让农地的农民给予补偿，以进一步加大农业规模经营的财政补贴扶持力度。

二是要做好农地流转过程中的政策服务、农业技术和流转手续业务指导、农地流转用途监督。

三是要健全完善农村土地承包仲裁制度，在制度设计上进一步突破，使农地使用权流转尽早走上市场化、规范化、法制化的轨道。

98. 什么是农户承包地使用权流转?

答：农户承包地使用权流转，是指在不改变土地承包经营权的前提下，承包农户依照有关政策法规，将土地使用权让渡给他人的一种经济行为。实行土地使用权合理流转，优化配置土地资源，是农业发展的客观要求，符合党的一贯政策。

99. 农户承包地使用权流转要符合哪些条件？

答：农民承包地使用权流转要在稳定家庭承包经营制度和土地承包期再延长30年不变的前提下进行。土地使用权流转一定要符合一定的条件，只有第二、第三产业发达、大多数农民实现非农就业并有稳定的工作岗位和收入来源的地方，才有可能出现较大范围的土地流转，发展适度规模经营。因此，土地使用权流转，不能刮风，不能下指标，不能强制推行，也不能用收回农民承包地的办法搞劳动力转移。

100. 党和国家对保护农村妇女的承包地是怎样规定的？

答：党和国家对保护农村妇女的承包地历来高度重视，2001年9月，中共中央办公厅、国务院办公厅发出了关于切实维护农村妇女土地承包经营权益的通知（即厅字[2001]9号文）。通知要求，要切实提高对维护农村妇女土地承包经营权益重要性的认识。强调，在农村土地承包中，必须坚持男女平等原则，不允许对妇女有任何歧视。《妇女权益保护法》第30条规定，农村划分责任田、口粮田，以及批准宅基地等，妇女与男子享有平等权利，不得侵害妇女的合法权益。《农村土地承包法》第6条规定，农村土地承包，妇女与男子享有平等的权利。承包中应当保护妇女的合法权益，任何组织和个人不得剥夺、侵害妇女应当享有的土地承包权。针对一些地方在土地承包中不同程度地存在歧视妇女、侵害妇女权益的问题，《农村土地承包法》第30条规定，承包期内，妇女结婚，在新居住地未取得承包地的，发包方不得收回其原承包地；妇女离婚或者丧偶，仍在原居住地生活或者不在原居住地生活但在新居住地未取得承包地的，发包方不得收回其原承包地。中央强调，不管采取什么办法，都要确保农村出嫁妇女有一份承包土地。有女无儿、儿子没有赡养能力或者女儿尽主要赡养义务的家庭，男到女家生产和生活的，应享有同等村民待遇。

101. 怎样维护农村妇女土地承包权益？

答：在农村土地承包中，必须坚持男女平等原则，不允许对妇女有任何歧视。

妇女嫁入男方所在村要优先解决其土地承包问题。在没有解决之前，出嫁妇女娘家所在村不得强行收回其原籍承包地。对于妇女嫁入时已经完成延包工作的，实行“大稳定、小调整”的办法，应在“小调整”时统筹解决；如当地实行“增人不增地、减人不减地”的办法，则出嫁妇女的承包土地应予以保留。不管采取什么办法，都要确保出嫁妇女有一份承包土地。要处理好离婚或丧偶妇女土地承包问题。

妇女离婚或丧偶后仍在原居住地生活的，原居住地应保证其有一份承包地。离婚或丧偶后不在原居住地生活、其新居住地还没有为其解决承包土地的，原居住地所在村应保留其土地承包权。

102. 什么是基本农田保护“五不准”？

答：不准除法律规定的国家及省重点建设项目之外的非农建设项目占用基本农田。

不准以退耕还林为名，将平原地区耕作条件良好的基本农田纳入退耕范围，违反土地利用总体规划，随意减少基本农田面积。

不准占用基本农田植树造林，发展林果业。

不准以农业结构调整为名，在基本农田内挖塘养鱼和进行畜禽养殖，以及其他严重破坏耕作层的生产经营活动。

不准占用基本农田进行绿色通道和绿化隔离带建设。

103. 如何解决占用基本农田植树造林问题?

答: 近几年，一些地方和企业大量违法圈占平原农田造林，不少农户的承包地被强迫用于植树，不仅基本农田遭到破坏，而且农民生计也受到了影响。各地要认真贯彻《国务院关于坚决制止占用基本农田进行植树等行为的紧急通知》（国发明电〔2004〕1号）精神，对本地区基本农田保护情况进行一次全面检查。市、县、乡（镇）政府未经承包农户同意与企业签订的承包、租赁或提供农民集体土地特别是基本农田植树的合同，属无效合同，应予废止。林业部门不得颁发林权证，已颁发的要立即收回并注销。已经植树的，当地政府应做好工作，限期将其移植至非基本农田；在规定期限不能移植的，允许农民拔树种田。对企业没有与农户直接签订合同占用农户承包的非基本农田植树的，应由企业与农民协商是否继续种树。农户不愿意种树的，可比照基本农田植树的处理办法办理。对大量圈占基本农田造林的地区和企业，国务院有关部门要依法查处，追究责任。

104. 什么是基本农田，基本农田有什么特点，农民建房是否可以占用基本农田?

答: 基本农田是指按照一定时期人口和社会经济发展对农产品的需求，依据土地利用总体规划确定的不是占用的耕地。基本农田主要是高产优质的那一部分耕地。一般来说，划入基本农田保护区的耕地都是基本农田。

基本农田有以下特点: 一是为了满足一定时期人口和社会经济发展对农产品的需求而必须确保的耕地; 二是基本农田的布局、数量和质量要求，由各级人民政府通过编制土地利用总体规划来确定; 三是基本农田一经依法划定，长期不得占用; 国家重点建设项目确定需要占用的，必须报国务院批准，并必须按照占补平衡的要求，落实新的基本农田补划任务，以保证划定的基本农田数量和质量不至于减少和降低。

农民建房应当符合乡（镇）土地利用总体，在土地利用总体规划确定的建设用地区内选址。同时《土地管理法》还明确规定禁止占用基本农田建房、建窑、建坟、挖砂、采石、采矿、取土、堆放固体废弃物或者进行其他破坏基本农田的活动。2004 年，国土资源部又再次发文强调，不准非农建设占用基本农田（法律规定的除外）；不准以退耕还林为名违反土地利用总体规划减少基本农田面积；不准占用基本农田进行植树造林，发展林果业；不准在基本农田内挖塘养鱼和进行畜禽养殖，以及其他严重破坏耕作层的生产经营活动；不准占用基本农田进行绿色通道和绿化隔离带建设。同时，又强调对非农建设实行“六不报批”即，对土地市场秩序治理整顿工作验收不合格的不报批；未按规定执行建设用地备案制案的不报批；城市规模已经达到或突破土地利用总体规划确定的建设用地规模，年度建设用地指标已用完的不报批；已批准的城市建设用地仍有闲置的不报批；未按国家有关规定进行建设用地预审的不报批；建设项目不符合国家产业政策的不报批。

105. 怎样进行基本农田保护?

答: 基本农田是指根据一定时期人口和国民经济对农产品的需求以及对建设用地的预测而确定的长期不得占用的和基本农田保护区规划期内不得占用的耕地。基本农田有以下特点: 第一，基本农田有一定的时间性。它由长期不得占用的耕地和规划期内不得占用的耕地组成。所谓长期不得占用的耕地，老百姓称之为“吃饭田”、“保命田”、“永久性耕地”。为了保障人们生存需要，这部分耕地是不能占用的。所谓规划期内不得占用的耕地，是指土地利用总体规划和基本农田保护区规划中规划为在一个阶段内必须保持相对稳定的耕地。第二，基本农田是根据人口和国民经济对农产品的需求和对建设用地的预测而确定的。基本农田一般都应划入基本农田保护区。也就是说，划入基本农田保护区内的耕地都称为基本农田。耕地与基本农田的主要区别在于: 耕地的概念比基本农田的概念要大，基本农田只是耕地的其中一部分，而且主要是高产优质的那部分耕地，并不是所有的耕地都是基本农田。一般而言，只有那些划入基本农田保护区内的耕地，才视为基本农田。

106. 什么是基本农田保护区，划定基本农田保护区的意义和作用有哪些?

答: 基本农田保护区，是指为对基本农田实行特殊保护而依据土地利用总体规划和依照法定程序确定的特定保护区域。一般而言，基本农田保护区是一种区域概念，保护区内除了基本农田外，还可能有少量建设用地、废弃地以及未利用土地。

我国划定基本农田保护区的工作始于1988年，并于1994年通过发布《基本农田保护条例》首次建立起了基本农田保护区制度。

我国人口多耕地少，耕地后备资源不足，维护国家粮食安全，保持社会稳定，始终是我国的一个重大问题。划定基本农田保护区的根本目的，就是为了对基本农田实行特殊保护，以满足我国未来人口和国民经济发展对农产品的需求，为农业生产乃至国民经济的持续、稳定、快速发展起到保障作用。

划定基本农田的意义和作用主要表现在以下几个方面：

第一，通过划定基本农田保护区进一步宣传了《中华人民共和国土地管理法》和“十分珍惜、合理利用土地和切实保护耕地”的基本国策，增强了全社会保护耕地的意识。

第二，通过划定基本农田保护区协调了农业用地与建设用地的矛盾，比较好地处理了“一要吃饭，二要建设”的关系。

第三，通过划定基本农田保护区，严格控制了对耕地的占用，切实保护了耕地，对实现耕地总量动态平衡起到了重要作用。

第四，通过划定基本农田保护区，稳定了农民承包土地的思想，调动了农民的生产积极性。

第五，通过划定基本农田保护区，增加了对基本农田的投入，加强了“吨粮田”建设。通过大力实施土地整理，有效改善了农业生产条件，促进了农业生产发展。

107. 中国基本农田保护区当地政府可不可以开发用地?

答：可以，但要从严。

基本农田保护区指为对基本农田实行特殊保护而依据土地利用总体规划和依照法定程序确定的特定保护区域。国家对基本农田实行特殊保护的具体措施包括：(1)在体制上，国家成立国土资源部，地方各级人民政府成立国土资源管理部门，统一负责土地的管理和监督工作，加强对基本农田的保护和管理。(2)在机制上，各级人民政府编制土地利用总体规划，对土地实行用途管制制度，尤其对农地转为建设用地实行严格控制，从严审批。同时，国家对新增建设用地征收土地有偿使用费，对占用耕地征收耕地占用税，采用经济手段建立占用耕地的调控机制。(3)在法制上，对非法占用耕地，造成耕地大量毁坏，对国家机关工作人员徇私舞弊，违反土地管理法规，滥用职权，非法批准征用、占用土地，或者非法低价出让国有土地使用权等违法行为，追究刑事责任，把耕地纳入刑法的保护范围。(4)在管理上，国家依法建立了基本农田保护区制度，乡（镇）人民政府必须依法划定基本农田保护区。

108. 加强基本农田保护工作有何重要性?

答：党中央、国务院始终高度重视耕地保护工作，特别强调把保护基本农田作为“一条不可逾越的红线”。土地是民生之本，保护土地是一项基本国策，要实行最严格的土地管理制度，珍惜和保护每一寸土地。基本农田是耕地保护中的重中之重，直接关系国家粮食安全，人民生活，尤其是广大人民的切身利益。在当前我国人口持续增长，经济建设不可避免要占用部分耕地，粮食生产不容乐观的形势下，保护耕地特别是基本农田尤为重要，绝不能有丝毫的松解。保护好基本农田对于促进农业发展、农民增收、农村稳定，实现全面建设小康社会奋斗目标具有重要意义。

从实施土地保护基本国策，促进经济社会可持续发展的高度，从真正维护最广大人民群众根本利益出发，充分认识基本农田保护的极端重要性，切实做好基本农田保护工作。按照《土地管理法》和《基本农田保护条例》的有关规定，严格执行基本农田目标责任制、用途管制、建设占用审批和补划、监督检查等各项基本农田保护和管制制度，确保土地利用总体规划确定的基本农田面积不减少。强化基本农田保护的管理和监督措施，进一步落实基本农田保护公示制度，建立基本农田统计核查制度，坚持开展土地动态巡回检查制度，及时发现和纠正占用基本农田违法行为。

109. 什么是非农业建设？什么是非农业建设用地？

答：非农业建设是指非种植业以外的建设，在耕地上发展规模化养殖畜牧业就属于非农建设，同时农村居民在获准占用的宅基地内不建住宅而建猪圈、牛栏、鸡舍，也属于非农业建设。

我国《土地管理法》规定，为了保护耕地，农村集体所有的土地要进行非农业建设时必须进行申请审批之后再由县级人民政府登记造册，核发合法证书才算合法进行非农建设。

非农建设用地是相对于农业建设用地而言的，是指用于农业之外的一切工程建设以及其他建设设施所占用的土地，包括城镇建设用地、工矿企业用地、集镇和农村居民点建设用地、交通运输建设用地、国防建设、风景旅游和名胜古迹用地等。

110. 什么是非法占用耕地？什么是改作他用？

答：非法占用耕地，是指未经法定程序审批、登记、核发证书、确认土地使用权，而占用耕地的行为。非法占有耕地行为通常表现为：其一，未经批准占用耕地，即未经国家土地管理机关审理，并报经人民政府批准，擅自占用耕地的；其二，少批多占耕地的，即部分耕地的占用是经过合法批准的，但超过批准的数量且多占耕地的数量较大的；其三，骗取批准而占用耕地的，主要是以提供虚假文件、谎报用途或借用、盗用他人的名义申请等欺骗手段取得批准手续而占用耕地，且数量较大的。

改作他用是指改变耕地的种植用途而作其他方面使用，诸如开办企业、建造住宅、筑路、采石、采矿、采土、采河、倾倒废物等。

111. 什么是非法占用耕地罪？

答：非法占用耕地罪是指违反土地管理法规，非法占用耕地改作他用，数量较大，造成耕地大量毁坏的行为。

本罪侵犯的客体是国家的耕地管理制度。耕地的贫乏已成为制约我国经济发展的重要因素之一，严加保护耕地是摆在全国人民面前的重要任务，也是每个公民的重要职责。我国《宪法》第10条规定："城市的土地属于国家所有。农村和城市郊区的土地，除由法律规定居于国家所有的以外，属于集体所有；宅基地和自留区、自留山，也属于集体所有。国家为了公共利益的需要，可以依照法律规定对土地实行征用。任何组织和个人不得侵占、买卖、出租或者以其他形式非法转让土地。一切使用土地的组织和个人必须合理地利用土地。"我国《土地管理法》第3条规定："十分珍惜、合理利用土地和切实保护耕地是我国的基本国策。各级人民政府应当采取措施，全面规划，严格管理，保护、开发土地资源，制止非法占用土地的行为。"

本罪在客观方面表现为违反土地管理法规，非法占用耕地改作他用，数量较大，造成耕地大量毁坏的行为。非法占用耕地数量较大且造成耕地大量毁坏结果的，是非法占用耕地罪的必备要件。至于数量较大的具体标准，法律没有明文规定，根据《土地管理法》对土地的征用或使用所作的详细规定：征用基本农田、基本农田以外的耕地超过35公顷、其他土地超过70公顷的，由国务院批准；征用上述规定以外的土地，由省、自治区、直辖市人民政府批准，并报国务院备案。如果违反上述有关土地管理的审批程序或所规定的数量而多征用、使用耕地的行为，就是违反土地管理法的非法占用耕地的行为。司法实践中也可根据当时当地耕地面积的大小、质量优劣的状况等情况综合衡量非法占用耕地的数量是否较大。"造成耕地大量毁坏"，是指非法占用耕地导致耕地种植功能基本丧失，如造成土地板结、沙化、盐渍化、水土严重流失、土壤肥力消失等。

112. 非法占用耕地罪与非法转让、倒卖土地使用权罪的界限？

答：本罪与非法转让、倒卖土地使用权罪都是与土地管理有关的犯罪。二者的不同在于：（1）客体不同。本罪侵害的是国家对土地特别是耕地进行保护的管理制度；而非法转让、倒卖土地使用权罪侵害的则是国家对土地使用权合法转让的管理制度。（2）犯罪客观方面不同。非法占用耕地罪是结果犯，表现为违反土地管理法规，非法侵占耕地，数量较大，造成大量耕地毁坏的行为。非法转让、倒卖土地使用权罪则是情节犯，表现为违反土地管理法规，实施了非法转让、倒卖土地使用权，情节严重的行为。其中非法转让土地使用权，是指以买卖以外的其他形式非法转移土地使用权的行为，也即未按国家法律规定程序办理征用或者划拨手续的行为，或者未按规定权限办理审批手续的土地转让的行为。倒卖土地使用权，包括毫不掩饰和明码标价地将土地卖给他人，而收取价款和以某种形式掩盖其土地买卖的实质而将土地卖给他人的两种行为方式。（3）对二者的处罚虽都采取了判处有期徒刑和罚金的刑罚方法，但前者没有明确确定罚金标准；而后者则采取倍比罚金制的方式以确定罚金的标准。

113. 非法占用耕地罪与非法批准征用、占用土地罪和非法低价出让国有土地使用权罪的界限？

答：此三罪相同之处都是与土地资源有关；并且在主观方面均表现为故意。不同之处表现为：

（1）侵害的客体不同。非法占用耕地罪的客体是对耕地的法律保护制度；而非法批准征用、占用土地罪和非法低价出让国有土地使用权罪所侵害的客体均为国家机关工作人员职务行为的廉洁性和正当性。

（2）客观方面不同。非法占用耕地罪在客观上表现为违反土地管理法规，非法占用耕地改作他用，数量较大，造成耕地大量毁坏的行为，而非法批准征用、占用土地罪和非法低价出让国有土地使用权罪在客观上都表现为徇私舞弊，违反土地管理法规，滥用职权。通常表现为弄虚作假，欺上瞒下，掩盖事实真相；或违反《土地管理法》等有关土地管理法规中关于批准征用、占用土地以及出让土地使用权的规定，不正确地行使批准征用、占用土地或者出让国有土地使用权的职权。

（3）主体不同。非法占用耕地罪的主体是一般主体，而非法批准征用、占用土地罪和非法低价出让国有土地使用权罪的主体是特殊主体，即国家机关工作人员。

114. 理解和适用非法占用耕地罪的有关法律规定，对强化土地执法监察工作具有哪些重要的意义？

答：一是国土资源部门避免违法。非法占用耕地改作他用，基本农田五亩以上或者基本农田以外的耕地十亩以上的，就必须移送公安、司法部门追究刑事责任，不论是否造成耕地大量毁坏，其数量也不能仅以建筑物占地数量为依据，而应与行政处罚的违法占地数量一致。从而该移送的不移送而造成的行政不作为问题，甚至违法行政。

二是有效解决移送案件的“肠梗阻”问题。公安、司法部门对“非法占用耕地改作他用，数量较大”的情形，不应要求国土资源部门出具《破坏耕地鉴定书》，从而解决“非法占用耕地罪”具体适用中“公安部门硬要《破坏耕地鉴定书》，国土部门又拿不出”的“肠梗阻”问题。事实上，“非法占用耕地改作他用，数量较大”的情形，占“非法占用耕地罪”的绝大多数，这种情形犯罪行为人及时给予刑事追究，对提高打击土地犯罪的力度和效率、对保护土地资源具有深远意义。

115. 什么是建设用地？建设用地包括哪些特点？

答：建设用地是指建造建筑物、构筑物的土地。建筑物一般是指人们进行生产、生活或其他活动的房屋或场所，如工业建筑、民用建筑、农业建筑和园林建筑。构筑物一般是指人们不直接在其内进行生产和生活活动的建筑，如水塔、烟囱、栈桥、堤坝、挡土墙、蓄水池和囤仓等。建筑物和构筑物又统称为建筑。因此，国外和我国香港、台湾地区又将建设用地称为建筑用地。

建设用地包括：

（1）城乡住宅和公共设施用地，即城乡居民住宅、学校、医院、商业、道路、给排水、电力、电讯、防洪、供热等公共设施用地。

（2）工矿用地，即工业用地和矿业用地，包括工业厂房、各种仓库、动力设施、各种堆场、道路、矿山操作场地及配套设施等用地。

（3）交通、水利设施用地，包括机场、铁路、公路、港口、航道、水电站、水库及人工运河等用地，不包括天然河道用地。

（4）旅游用地，即专门供游览参观的设施用地，包括风景名胜区、游乐场、高尔夫球场等用地。

（5）军事设施用地，包括军事训练、军事指挥、防务设施、营房、武器装备仓库等用地。

（6）其他建设用地，除上述之外的各类建筑物、构筑物用地。

建设用地按照土地所有权的种类又划分为国有建设用地和农民集体所有建设用地。

建设用地主要有以下几个特点：

（1）它是生活场所、操作空间和工程的载体。从利用方式上看，建设用地是利用土地的承载功能建设建筑物和构筑物，同时为人们提供生活活动的场所和操作空间，以及堆放场地，而不是直接利用土壤，通过吸收水、气、热和土壤养分形成生物量，因此对建设用地的选择与土壤肥力没有关系。

（2）可逆性差。一般来讲，农用地要变为建设用地较为容易，只要地质条件符合工程建设要求，加以必要的开发和配套建设就可以变为建设用地。但要使建设用地变为农用地却较为困难，因为拆除地上的建筑物、构筑物要耗费大量人力、物力和财力，恢复土壤也需要一定的时间，复垦的成本相当高。

（3）土地利用价值高。农用地或未利用土地变为建设用地后，可以产生更高的经济效益。也就是说可以引起地价的上涨，有时上涨的幅度可以达到几倍甚至几十倍、几百倍。因此，人们都热衷于将农用地开发成为建设用地。为了限制农用地转为建设用地，世界各国都采取了控制措施。国外将农用地转变为建设用地的权力称之为土地的建筑用地许可权，并规定这种权力属于国家所有，凡是将农地转为建设用地，都必须经过政府许可，有的还要通过购买方式才能取得土地的建筑许可权。

（4）区域选择性强。与农用地不一样，建设用地在地域上选择性很强，不是任何一块土地都可以作为建设用地的。除了地质条件外，一般来说，一块土地是否选作建设用地还决定于这块土地的地理位置、交通条件、水源条件、矿产资源分布等。如城市的扩张，一般都是在城市的周围；工矿企业建设，首先要有矿藏资源；建设铁路、公路，一般要连接主要城市。

116. 建设用地审查报批有哪些程序?

答:（1）在土地利用总体规划确定的城市建设用地范围外单独选址的建设项目使用土地的，建设单位向县土地行政主管部门提出用地申请。

建设单位提出用地申请时，应当填写《建设用地申请表》，并附具下列材料：①建设单位有关资质证明；②项目可行性研究报告批复或其他有关批准文件；③土地行政主管部门出具的建设项目用地预审报告；④初步设计或其他有关批准文件；⑤建设项目总平面布置图；⑥占用耕地的，必须提出补充耕地方案；⑦建设项目位于地质灾害易发区的，应当提供地质灾害危险性评估报告。

县土地行政主管部门对材料齐全、符合条件的建设用地申请，应当受理，并在收到申请之日起30日内拟订和编制”一书四方案“，经县人民政府审核同意后，报上一级土地行政主管部门审查。

（2）在土地利用总体规划确定的城市建设用地或者村庄、集镇建设用地范围内，为实施城市或者村庄、集镇规划占用土地的，由县土地行政主管部门拟定和编制“一书四方案”，经县人民政府审核同意后，报上一级土地行政主管部门审查。

117. 什么是土地储备？什么是土地储备制度?

答:（1）土地储备，是指各级人民政府依照法定程序在批准权限范围内，对通过收回、收购、征用或其他方式取得土地使用权的土地，进行储存或前期开发整理，并向社会提供各类建设用地的行为。

（2）土地储备制度是政府依法律程序，运用市场机制，按照土地利用总体规划和城市规划，对通过收回、收购、置换、征用等方法取得的土地进行前期开发、整理，并进行储存，以供应和调控城市各类建设用地的需求，确保政府能垄断土地一级市场的一种管理制度。

上述定义明确了土地储备的四个要素，即储备主体、对象、手段和目的。储备主体，即政府，这决定了土地储备不仅仅是一种市场行为，而且是一种管理制度；储备对象，按中国的现状，可以理解为依法纳入储备范围的土地；储备手段，可依照法律程序、运用市场机制、按照土地利用总体规划和城市规划；目的就是供应和调控城市各类建设用地的需求，确保政府能垄断土地一级市场。

118. 土地储备有哪些对象？

答：（1）国有土地使用者未按照土地使用权出让合同支付土地使用权出让金，应依法收回的土地；

（2）国有土地使用年限届满，被依法收回的土地；

（3）被依法没收使用权的国有土地；

（4）因用地单位搬迁、解散、撤销、破产、产业结构调整或其他原因调整出的国有土地，或者是经核准报废的交通设施、矿场用地；

（5）交易价格偏低，政府应优先购买的土地；

（6）依法分批次征用或农村集体经济组织全部成员转为城镇居民，原属于其成员集体所有的土地；

（7）以出让方式取得土地使用权后，不能按合同的期限开发或无力继续开发且又不具备转让条件的土地；

（8）其他需要进行储备的国有土地。

119. 什么是土地复垦？

答：土地复垦，是指对生产建设活动和自然灾害损毁的土地，采取整治措施，使其达到可供利用状态的活动。例如，在生产建设过程中，因挖损、塌陷、压占等原因造成的土地破坏，采取整治措施，使其恢复到可供利用状态的活动。其广义定义是指对被破坏或退化土地的再生利用及其生态系统恢复的综合性技术过程；狭义定义是专指对工矿业用地的再生利用和生态系统的恢复。

120. 土地复垦有什么作用？

答：土地复垦是对因采掘、建材工业发展和其他工矿废弃物堆积等而被占用或破坏的土地，通过整治改造使失去的生产能力得到重新利用。是国土整治和环境保护工作的重要组成部分，也是解决采掘、建材等工矿企业与农、林、牧、渔业争地的矛盾，防止环境污染、恢复生态平衡的有效途径。随着经济的高度发展，为获得更多矿产品，人类赖以生存的环境和最宝贵的土地资源日益遭受严重破坏。据估计，全世界约有300万公顷土地为露天采矿所破坏或荒芜。故进行矿区土地复垦，提高受破坏土地的复垦率势在必行，许多国家正继续寻求解决上述问题的途径和对策。在中国已明确规定：开采矿产资源，应当节约用地，耕地、草原、林地因受采矿破坏的，矿山企业应当因地制宜采取复垦利用，植树种草或者其他利用措施。

121. 土地复垦有哪些对象和标准?

答:（1）复垦对象

由于煤炭开发、工矿交通建设引起的土地问题主要表现为两个方面：一是占用农业用地，包括工业矿场、堆矸场、灰渣堆放场、露天开采剥离占压的土地及交通与生活区设施等用地以及由此引起的耕地减少、土地污染等问题；二是破坏土地，主要是开矿形成的采空区及其波及的地表变形、塌陷、裂缝，以及由此引起的水土流失、土地质量退化等问题；而且，有些煤矸石堆自燃还可产生酸雨而酸化土壤。

（2）土地复垦标准

决定土地复垦的标准主要取决于四个方面的因素：一是待复垦土地被破坏的类型及其程度；二是待复垦土地在被破坏前的自然适宜性和生产潜力；三是复垦土地的工程地质条件和应用机械的可能性；四是社会环境条件和经济因素。根据上述四个因素的综合影响，一般有三类不同的复垦标准。

①接近破坏前的自然适宜性和土地生产力水平

一般来说，任何一种土地资源被破坏以后，很难使其绝对地恢复成原有的状况，而只能通过尽量地减少由于破坏所造成的后果，使其达到原有的适宜性和生产力。实际上，这是土地复垦所能达到的最高标准。

②通过复垦改造为具有新适宜性的另一种土地资源

考虑到有些待垦土地的破坏形式和程度，一般很难使其达到前一种复垦标准。往往只能拟定适应所在地环境条件下的新适宜性、新生产力与潜力水平的复垦标准。

③恢复植被，保持其环境功能

对于某些地区来说，由于经济实力的制约或复垦工程的困难，土地复垦的目标主要是让其恢复生态系统，减少水土流失，防止土地质量的进一步退化。

122. 土地复垦有哪些范围?

答：土地复垦的范围大体包括以下六种情况：（1）由于露天采矿、取土、挖砂、采石等生产建设活动直接对地表造成破坏的土地；（2）由于地下开采等生产活动引起地表下沉塌陷的土地；（3）工矿企业的排土场、尾矿场、电厂储灰场、钢厂灰渣、城市垃圾等压占的土地；（4）工业排污造成对土壤的污染地；（5）废弃的水利工程，因改线等原因废弃的各种道路（包括铁路、公路）路基、建筑搬迁等毁坏而遗弃的土地；（6）其他荒芜废弃地。恢复利用的具体用途，根据《土地复垦规定》，按照经济合理的原则和自然条件、土地破坏状态来确定，宜农则农、宜林则林、宜渔则渔、宜建则建，尽量将破坏的土地恢复利用。

123. 我国土地复垦存在哪些问题及其对策有哪些？

答：（1）我国土地复垦存在的问题

在复垦工作与复垦研究中，重复垦数量，轻复垦质量；重复垦工程，轻复垦管理；重技术复垦途径和模式研究，轻土地破坏与复垦的演变规律、技术标准、理论体系等基础研究；重局部研究，轻整体研究等问题较突出。

①复垦理论研究落后于复垦实践。

②农业复垦研究不够。

农业复垦的效益不十分显著，矿区农业复垦应走高产高效发展的道路，复垦起点要高。

③复垦资金来源不足，复垦责权利不明确，复垦技术监督体系不健全。

（2）我国土地复垦的对策

①尽快建立符合我国国情的土地复垦科学理论。

②尽快建立适合我国国情的土地复垦工程技术体系，重视有关技术的综合集成和新技术的开发。

③进一步完善土地复垦的法律法规和政策，并严格执法，强化管理。

④编制土地复垦规划，并保证有效实施通过复垦规划的编制确定土地复垦的原则重点目标及土地利用结构、方向等。

⑤多渠道筹集土地复垦资金，加大土地复垦资金投入。

⑥加强土地复垦宣传教育，提高全民土地复垦意识。

124. 什么是土地整理？什么是土地开发？

答：土地整理是指在一定区域内，根据土地利用总体规划与土地整理专项规划，对田、水、路、林、村等实行综合整治，调整土地关系，改善土地利用结构和生产生活条件，增加可利用土地面积和有效耕地面积，提高土地利用率和产出率的活动。

土地整理一般可分为两大类，即农地整理与市地整理。根据我国国情，现阶段土地整理的重点在农村地区。

土地整理的主要内容包括：（1）调整农地结构，归并零散地块；（2）平整土地，改良土壤；（3）道路、林网、沟渠等综合建设；（4）归并农村居民点、乡镇工业用地等；（5）复垦废弃土地；（6）划定地界，确定权属；（7）改善环境，维护生态平衡。

土地开发，是指在土地利用总体规划划定的可开垦的区域内，以荒山、荒地、荒滩等未利用地为对象，通过工程或生物措施进行整治、加工和配套建设，以达到可供利用的活动。

125. 什么是土地开发整理?

答：土地开发整理是土地开发、土地整理与土地复垦的统称。土地开发是指对未利用土地包括荒山、荒地、荒滩等，通过工程或生物措施，使其改造成为可利用土地的行为。按开发后土地用途来划分，土地开发可分为农用地开发和建设用地开发两种形式。其中，农用地开发包括耕地、林地、草地、养殖水面等的开发；建设用地开发指用于各类建筑物、构筑物用地的开发。

土地整理分为两大类，即农地整理与市地整理。根据我国国情，现阶段我国土地整理重点在农村地区，是指在一定区域内，依据土地利用总体规划与有关专项规划，对田、水、路、林、村等实行综合整治，调整土地关系，改善土地利用结构和生产、生活条件，增加可利用土地面积，提高土地利用率和产出率的活动。同时，我国城市地区也不同程度存在土地低效利用的问题，开展城市土地整理的潜力很大，城市土地整理也不可忽视。

土地复垦是指对在生产建设过程中，因挖损、塌陷、压占等造成破坏的土地，采取整治措施，使其恢复到可供利用状态的活动。土地开发整理是对土地资源及其利用方式的再组织和再优化过程，是一项复杂的系统工程。可以从以下几个方面来加以理解：土地开发整理涉及自然、社会、经济、工程等各个方面，横跨众多学科领域，是一项技术性和实践性极强的系统工程；土地开发整理的内容和目标随着社会经济的发展而发展，表现为一个持续的动态发展过程；土地开发整理不仅包括土地利用的空间配置和土地利用内部要素的重新组合，还包括土地权属和土地收益的调整；土地开发整理不仅协调自然过程，还协调社会经济和文化过程，追求生态效益、经济效益和社会效益的统一。

126. 土地开发整理工作的意义是什么?

答：（1）土地开发整理是确保粮食安全的重要保证

我国是一个拥有8亿多农民的农业大国，农业是国民经济的基础产业，粮食是农民的命根子，是治国安邦的基础。要实现耕地保护的基本目标，补充耕地的任务也很艰巨，因此土地开发整理对实现耕地保护目标具有决定性作用，是我国特殊国情下，保护和提高粮食综合生产能力，确保粮食安全的必然选择。

（2）土地开发整理是促进资源可持续利用的主要手段

实现可持续发展必然要以资源的可持续利用为基础。只有通过对农村田、水、路、林、村进行综合土地整理，对工矿生产建设中挖损、塌陷、压占、污染等破坏的土地和自然灾害损毁的土地进行复垦，才能有效改善土地利用状况，充分挖掘资源潜力，提高集约化利用程度，促进土地资源的可持续利用。

（3）土地开发整理是促进新农村建设的有效途径

土地开发整理是一项政策性很强的政府行为，是一项多部门合作和参与的社会活动。从改善生产条件、提高综合生产能力、增加高质量农田出发，立足于服务现代农业，服务农村规模建设，服务于农民多元化生产，从土地的数量增加，质量改善，每个生产环节组织及后续产业形成中的综合效益。

（4）土地开发整理是改善生态环境的重要举措

加强对生态环境的保护和建设，是我国全面建设小康社会而做出的一项战略部署。在土地开发整理中，始终以生态环境的保护和改善为重要任务之一，以有效防止水土流失和耕地退化，建设一批土地优质、生态良好的农业区为目的。对村镇居民点坡地、沙地等的综合整理与合理安排，以妥善解决农民的生产和生活出路，保证生态退耕等治理措施达到预期效果。

127. 土地开发整理有哪些内容？

答：采用工程、生物等措施，平整土地，归并零散地块，修筑梯田，整治养殖水面，规整农村居民点用地；建设道路、机井、沟渠、护坡、防护林等农田和农业配套工程；治理沙化地、盐碱地、污染土地，改良土壤，恢复植被；界定土地权属、地类、面积，进行土地变更调查和登记等。

128. 土地开发整理施工流程有哪些？

答：（1）申请立项

土地开发整理项目承担人在论证基础上，提交土地开发整理可行性研究报告，内容包括：是否符合《土地开发整理规划》、年度计划；土地开发的自然资源，社会经济条件，土地利用，基础设施等情况；土地开发限制因素分析和适宜性评价；开发规划方案与建设内容；投资估算及资金渠道；土地开发后利用方式；效益分析；组织实施措施等。

土地开发项目，还要提出开发用地申请。

（2）审查核实

县国土局对申报资料进行审查，并到实地核实有关情况，指导开发整理项目承担人在土地利用现状图上绘出项目区，对符合要求的，则填写开发整理项目呈报表，报县政府，再根据规定，对需上报的逐级上报。

土地开发项目，符合要求的，可先行按规定报批开发用地手续。

（3）批准立项

根据申报项目的面积、资金筹措方式等不同，分为国家、省级、市级、县级批准立项。

（4）项目规划设计、投资计划与预算建议

根据批准项目建设与投资控制规模、新增耕地率等编制（中央承担的项目由国土部土地整理中心编制，地方承担的项目由省国土部门编制）。

（5）项目实施

制订实施方案（要包括权属问题）、公告，同时对质量、进度等进行监督。

（6）竣工验收

项目承担人竣工后要写出自查报告及初验申请交初验部门，初验合格的由初验部门写出申请交终验部门，终验合格的，颁发验收合格证或下发批准文件。

（7）成果管理

按有关规定对权属、地类等进行划分、登记，对开发整理的土地及时加以利用。

（8）项目运行管理及评价

写出项目运行管理情况及评价报告，将资料整理归档。

129. 土地利用现状分类是什么?

答:《土地利用现状分类》国家标准采用一级、二级两个层次的分类体系，共分12个一级类、57个二级类。其中一级类包括：耕地、园地、林地、草地、商服用地、工矿仓储用地、住宅用地、公共管理与公共服务用地、特殊用地、交通运输用地、水域及水利设施用地、其他土地。

《土地利用现状分类》国家标准确定的土地利用现状分类，严格按照管理需要和分类学的要求，对土地利用现状类型进行归纳和划分。一是区分“类型”和“区域”，按照类型的唯一性进行划分，不依“区域”确定“类型”；二是按照土地用途、经营特点、利用方式和覆盖特征四个主要指标进行分类，一级类主要按土地用途，二级类按经营特点、利用方式和覆盖特征进行续分，所采用的指标具有唯一性；三是体现城乡一体化原则，按照统一的指标，城乡土地同时划分，实现了土地分类的“全覆盖”。这个分类系统既能与各部门使用的分类相衔接，又与时俱进，满足当前和今后的需要，为土地管理和调控提供基本信息，具有很强的实用性。同时，还可根据管理和应用需要进行续分，开放性强。本分类系统能够与以往的土地分类进行有效衔接，不至于由于新分类造成土地基本信息的“断档”。

据国土资源部有关负责人介绍，由于客观历史原因，多年来，我国土地资源分类标准不统一，土地资源基础数据数出多门、口径不一、数据矛盾，对国土资源规范化管理和国家宏观管理科学决策带来了不利影响。土地利用现状分类标准的统一，将避免各部门因土地利用分类不一致引起的统计重复、数据矛盾、难以分析应用等问题，对科学划分土地利用类型、掌握真实可靠的土地基础数据、实施全国土地和城乡地政统一管理乃至国家宏观管理和决策具有重大意义。

130. 土地利用现状的特点有哪些?

答:(1)林地面积大,分布广,森林覆盖率高;

(2)耕地比重小,且以坡耕地为主,分布零散、面积破碎;

(3)建设用地构成不合理,村庄用地比重过大,基础设施用地比重偏小;

(4)土地利用存在一定的地域差异。

131. 土地利用程度和效益的概述?

答:(1)土地实际利用水平较低;

(2)土地生产率较低,中低产地面积较多,土地开发利用的潜力较大;

(3)土地利用效益尚待提高。

132. 土地利用有哪些潜力?

答:(1)后备土地资源潜力;

后备土地资源指目前尚未被开发利用,当前一段时期内,在现有科学技术、经济条件、生产方式下能被开发利用的土地。

(2)再开发土地资源潜力;

(3)耕地资源潜力;

(4)建设用地潜力。

133. 土地利用中存在哪些问题?

答:(1)耕地资源不足,人地矛盾日趋尖锐

耕地资源不足体现在:①耕地资源总量小,占土地总面积的比重低,人均耕地面积少;②各业建设和农业内部结构调整占用耕地过多;③可开垦为耕地的后备土地资源少;④现有耕地中坡地和梯田占很大比例,分布零碎,限制因素多,总体质量不高。

耕地资源不足主要是受自然条件所限,同时也有人为原因,即对保护耕地重视不够,致使耕地面积大幅度减少。

(2)各业用地需求大,争地问题突出

(3)土地利用比较单一,优势发挥不明显

主要表现在:①国家建设、集体建设、农民建房占用耕地控制不严,浪费了大量耕地,农业内部结构调整也占用了较多的耕地;②耕地重用轻养现象比较普遍,致使地力衰退,取

土烧砖、采矿、挖沙等也毁坏了部分耕地；③森林过伐、陡坡开荒及工矿交通建设等造成水土流失面积较大；④林、园地重造轻抚，管理粗放，失管荒芜比较严重；⑤“三废”（污水、废渣、农药）排放使部分农田、水域受到污染。

土地浪费、破坏现象的存在有法律、行政、经济等多方面原因。

（4）土地实际利用水平和生产率较低，利用效益较差

134. 合理利用土地的建议有哪些?

答：土地是农业的基本生产资料，是其他各项生产建设和人类生活的基地和场所。我国人多地少，土地资源紧缺已成为制约全国农业乃至整个社会经济稳定发展的基本因素。正是从这一点出发，国家把十分珍惜和合理利用每寸土地、切实保护耕地同控制人口、保护环境并列作为我国长期坚持的基本国策。同时，也应看到，土地不仅是重要的资源，而且也是重要的资产，是财政收入的重要来源。因此可以说，合理利用土地既是贯彻土地基本国策的需要，又是发展本市经济的需要。

（1）强化土地管理措施，切实保护好现有耕地

耕地是最重要的土地资源。为巩固农业的基础地位，实现农产品增产目标，必须保证一定数量的耕地，而首先是保护好现有耕地。目前，未利用土地数量有限，其中在当前技术经济条件下适宜开垦为耕地的面积就更小。还要看到，未利用土地中的宜耕地总体上熟化程度低，或受坡度、水分等其他因素限制，而多年来被占用的耕地大都是靠近居民点、交通线、水肥等条件较好的耕地，即便按占用一亩开发一亩计算，耕地的总体生产力也会受到影响，这也是我们要首先立足于保护好现有耕地的原因。

①建立和认真执行基本农田保护制度。

基本农田保护制度是根据我国国情确定的保护耕地的有效办法，是增加农业后劲，保障人口增长和社会经济发展对农副产品需求的战略措施，是造福子孙的事业。做好这项工作，一是有利于缓解农业与非农业、农业内部各业之间争地矛盾，有效制止乱占滥用耕地的现象发生，保持耕地面积的基本稳定；二是有利于增强农民对承包耕地的信心，增加对土地投入，不断培肥地力；三是有利于改善农田环境质量，防止工矿废水和生活污水对农田的污染。

②加强计划管理和用地审批，严格控制非农业建设占用耕地。

各项建设必须注意节约用地，坚决纠正乱占耕地、浪费和破坏耕地的行为。要加强建设用地的计划管理和审批工作，保证建设用地不突破计划，在用地审批上充分考虑以下方面：

a. 节约用地，杜绝浪费。要在不对建设基础上的功能产生大的影响的前提下，严格掌握设计定额，控制建筑密度，发展节约用地的建设方式，充分利用地上地下空间。

b. 提倡利用山地、荒坡建厂房。在建设条件许可的情况下，要尽量利用荒山、坡地、瘠

地搞建设，力争少占或不占良田。

c. 充分利用建设用地内部的空闲地以及旧场地、废弃地。

d. 合理考虑预留发展用地。如需预留用地，应当远近期结合并有充分的技术经济依据。

e. 合理安排有污染企业的用地，保持良好的生态环境。

③实行土地有偿使用，促进用地节约。

实行土地有偿使用，对于改变国有土地和集体土地实际上为部门、单位和个人占有的不合理状况，节约用地，合理用地，有着重要的作用。在城镇充分应用城镇土地分等定级成果，合理征收土地使用税，迫使各类建设尽量少占地，充分利用老厂区、个人和原旧房进行改建、扩建。对于超过限额指标的用地户或经营不当而浪费土地的企业和个人，实行征收高额土地使用税的办法，使其自动退出土地。在农村，要把乡镇企业用地作为重点，积极进行有偿使用试点探索。

④深入开展全民国土观念教育和法制教育。

通过长期广泛地开展土地国情、国法、国策宣传教育，转变我国地大物博的观念，树立我国人多地少、耕地资源尤为紧缺的忧患意识，提高各级领导和广大群众的土地危机感和保护耕地的紧迫感，从而自觉遵守土地管理法规，珍惜土地，合理利用土地。

（2）加强土地的广度和深度开发，全面提高土地利用率和利用效益

①搞好山地综合开发，发挥山地资源优势。

根据地貌、气候、土壤、水文等自然条件的多样性，山地资源的开发必须因地制宜，统筹安排，走立体开发、综合开发的路子。

a. 统一规划。山地资源的开发是一项系统工程，必须加强领导，统一规划，按宜农则农、宜林则林、宜果则果和经济、生态、社会效益兼顾的原则，有计划地进行开发。

b. 突出重点。要讲究实际效果，在全面发展农、林、牧、副各业的同时，根据区域资源优势和土地生态适宜性，重点搞好果、茶、桑、竹的开发。

c. 办好基地。要贯彻高起点、上规模、求效益的指导思想，抓好重点基础上的开发，建立商品生产基地，实行规模经营、集约经营，提高生产的专业化和市场化水平。

d. 落实政策。山地开发一般投资大、周期长、难度大。要制定优惠的开发政策，明确土地权属，坚持谁开发、谁受益的原则，允许使用权的继承、转让和租赁，保护开发者的经营权和合法权益，并在资金、税收方面给予优惠，更好地调动开发山地的积极性。

②继续抓好宜农荒地开发，努力弥补耕地不足。

耕地开发中也有几个问题值得注意：一是要禁止陡坡开荒，25度以上的坡地一律不得开垦，防止出现新的水土流失；二是既注意生态适宜性，又注意技术经济可行性，质量太差、开发效益差的土地近期不宜开发，防止单纯追求数量而不顾效益的现象出现，三是造地

与管地相结合，对开垦的耕地要加强管理，避免垦荒后又抛荒。

③大力改造中低产地，充分挖掘土地利用潜力。

在土地深度开发与广度开发的关系上，要坚持深度开发与广度开发相结合，而以深度开发即中低产地改造利用为主。

④综合开发、高效利用城镇土地。

城镇土地的综合开发，是根据城镇建设总体规划要求，对城镇区域内的房屋建筑、配套工程及基础设施的用地进行全面设计，整体开发，分期施工，以取得良好的经济效益、社会效益和环境效益。实行城镇土地综合开发，能够充分体现政府在城镇建设方面的一系列意志，有计划地进行城市旧城区改造和新区开发，限制城镇用地规模的不合理扩大，提高城镇土地利用率；有利于实施城镇总体规划，合理安排城镇土地的利用，充分发挥城镇土地的多种功能，使城镇建设的经济、社会和环境效益相一致。

⑤加强农村小城镇和工业小区建设。

加强农村小城镇和工业小区规划，既利于推进农村工业化、城镇化，也利于节约用地，合理利用土地，提高农村居民点用地的综合效益。

（3）优化结构、合理布局，为发展社会主义市场经济提供良好土地条件

①适应市场需要，合理调整土地利用结构。

结构决定功能，功能决定效益，全面提高土地利用综合效益，还有赖于合理调整土地利用结构，不断优化土地利用结构。农户联产承包责任制推行以来，放宽政策，鼓励自主生产，多种经营发展较快，大农业用地结构及种植业内部用地结构都有了明显改善，但总的来看，土地利用仍很单一，用地结构有待进一步优化。

面向市场，按照价值规律和比较利益，以市场导向组织土地利用，是改革开放和发展社会主义市场经济的要求，也是本市今后调整土地利用结构的出发点和总思路。

②培育城镇地产市场，促进土地资源优化配置。

随着经济体制改革的不断深入，土地作为重要的资产已进入市场，成为政府财政收入的重要来源。同时，地产市场的出现，改变了土地单一的行政分配制，通过市场调节机制促进了土地资源的优化配置。

过去城镇土地的分配，是通过单一的行政划拨手段来进行的，由于土地是无偿取得和无限期使用的，各用地单位缺乏自觉服从行政和规划审批规定的内在动力，结果城镇土地利用规划确定的土地使用结构、土地功能分区往往难以实现，导致城镇土地利用空间布局十分混乱，土地使用结构很不合理，浪费、低效利用土地的现象十分普遍。土地市场的建立，能有效地克服这些弊端。在实行土地有偿出让和允许土地流转的情况下，各用地单位在选用土地位置和确定用地规模时，不得不考虑土地支付能力，从而自觉节约用地和选择与本单位地价

支付能力相适应的地段，原先占据较好区位但得不到或很少得到区位收益的单位也会自愿迁出，而由能获得较高区位收益的单位置换。政府还可通过制定不同的地价政策，支持或限制某些土地的使用功能。这样，通过市场机制的作用，能促使城镇土地利用空间布局逐渐趋于合理，利用结构不断优化，土地利用率得到提高，取得最佳的土地利用效益。

③确保基础设施建设的用地需要。

经济发展中最突出的制约因素，是交通、能源等基础设施滞后。加快经济的发展，必须将其摆在国民经济发展战略的突出位置，实行交通、电力先行。土地利用必须服从和服务于这一战略安排，确保交通、电力建设的用地需要。实施这一战略不可避免地要占用大量耕地，进一步加剧人地紧张关系，给粮食生产造成影响，要通过加强农耕地的开发、中低产田的挖潜改造和控制其他非农建设占用耕地来减缓。

135. 什么是闲置土地？闲置土地包括哪些？

答：闲置土地是指土地使用者依法取得土地使用权后，未经原批准用地的人民政府同意，超过规定的期限未动工开发建设的建设用地。

具有下列情形之一的，依据《闲置土地处置办法》第二条规定，也可以认定为闲置土地：（1）国有土地有偿使用合同或者建设用地批准书未规定动工开发日期，自国有土地有偿使用合同生效或者土地行政主管部门建设用地批准书颁发之日起满一年未动工开发建设的；（2）已动工开发建设但开发建设的面积占应动工开发建设总面积不足1/3或者已投资额不足25%且未经批准中止开发建设连续满一年的；（3）法律、行政法规规定的其他情形。

《城市房地产管理法》第26条规定：除因不可抗力或者政府、政府有关部门的行为或者动工开发必需的前期工作造成动工开发迟延外，以出让方式取得土地使用权进行房地产开发的，必须按照土地使用权出让合同约定的土地用途、动工开发期限开发土地。超过出让合同约定的动工开发日期满一年未动工开发的，即可认定为闲置土地。

136. 闲置土地处置包括哪几种方式呢？

答：闲置土地的处置方式有以下6种：（1）延长开发建设时间，但最长不得超过1年；（2）改变土地用途，办理有关手续后继续开发建设；（3）安排临时使用，待原项目开发建设条件具备后，重新批准开发，土地增值的，由政府收取增值地价；（4）政府为土地使用者置换其他等价土地或者现有建设用地进行开发建设；（5）政府采取招标、拍卖等方式确定新的土地使用者，对原建设项目继续开发建设，并对原土地使用者给予补偿；（6）土地使用者与政府签订土地使用权交换协议等文书，将土地使用权交换给政府。原土地使用者需要使用土地时，政府应当按照土地使用权交换协议等文书的约定供应与其交换土地等价的土地。

137. 土地闲置费的征收标准是怎样的?

答：土地闲置满一年不满两年的，应征收土地闲置费。已经办理审批手续的非农业建设占用耕地，1 年以上未动工建设的，应当按照省、自治区、直辖市的规定缴纳闲置费；在城市规划区范围内，以出让等有偿方式取得土地使用权进行房地产开发的闲置土地，超过出让合同约定的动工开发日期满 1 年未动工开发的，可以征收相当于土地使用权出让金 20% 以下的土地闲置费；以划拨方式取得土地使用权的，按原批准用地评估出让金金额的 20% 征收土地闲置费用。

138 什么情况下可无偿收回土地使用权?

答：无偿收回土地使用权是指县级以上人民政府和农村集体经济组织依照法律规定，无偿收回用地单位或个人的土地使用权的行为。无偿收回国有土地使用权主要有以下几种情况：

（1）经批准非农业建设占用耕地连续两年未使用的；

（2）以出让方式取得土地使用权进行房地产开发，满两年未动工开发的；

（3）土地出让等有偿使用合同约定的使用期限届满，土地使用者未申请续期或者申请续期未获批准的；

（4）因单位撤销、迁移等原因，停止使用原划拨的国有土地的；

（5）公路、铁路、机场、矿场等经核准报废的。

无偿收回农民集体土地所有权主要有以下 2 种情况：

（1）不按批准的用途使用土地；

（2）因撤销、迁移等原因停止使用土地的。

139. 收回闲置土地要经过哪些程序呢?

答：收回闲置土地应遵循以下程序：（1）立案。通知原土地使用权人。（2）对土地闲置情况进行调查、认定并要求原土地使用权人限期举证。（3）认定事实后，下发《收回土地使用权告知书》。告知原土地使用权人有关人民政府或土地行政主管部门拟收回土地使用权的事实、理由和依据；闲置土地已依法设立抵押权的，还应当告知抵押权人。（4）拟定闲置土地处置方案。听取原土地使用权人陈述和申辩；告知原土地使用权人听证的权利，原土地使用权人要求听证的，应当举行听证。（5）处置方案报原批准用地的人民政府批准。（6）下发《收回国有土地使用权决定书》，并送达原土地使用权人。（7）向社会公告收回土地使用权决定。原土地使用权人对收回土地使用权决定有异议的，可以依法申请行政复议或提起行政诉讼。（8）终止土地使用权出让合同或者撤销建设用地批准文件，注销土地登记和土地证书。

140. 对闲置土地的处理有哪几种?

答:《土地法》规定，对闲置土地处理的方法包括:（1）已经办理审批手续的非农业建设占用耕地,一年内不用而可以耕种并收获的,应当由原耕种该幅耕地的集体或个人恢复耕种;（2）一年以上未动工建设的，应当按照省、自治区、直辖市的规定缴纳闲置费;（3）连续两年以上未使用的,经原批准机关批准,由县级以上人民政府无偿收回用地单位的土地使用权;（4）承包经营耕种的单位或个人连续两年弃耕权的，原发包单位应当终止承包合同，收回发包的耕地。

141. 土地闲置费是什么?

答: 土地闲置费是指向依法取得土地使用权但未按照规定动工建设满一年、不满二年的建设单位和个人征收的闲置土地的费用。

根据《城市房地产管理法》第25条的规定，超出出让合同约定的动工开发日期满一年未动工开发的，可以征收相当于土地使用权出让金20%以下的土地闲置费；满二年为动工开发的，可以无偿收回土地使用权。

142. 土地违法行为有哪些刑事责任？对破坏土地有哪些法律规定?

答：土地违法行为的刑事责任，在《中华人民共和国刑法》中有明确规定，共涉及3个条款，4项罪名:

（1）非法转让、倒卖土地使用权罪。刑法第228条规定：“以牟利为目的，违反土地管理法规，非法转让、倒卖土地使用权，情节严重的，处三年以下有期徒刑或者拘役，并处或者单处非法转让、倒卖土地使用权价额百分之五以上百分之二十以下罚金；情节特别严重的,处三年以上七年以下有期徒刑,并处非法转让、倒卖土地使用权价额百分之五以上百分之二十以下罚金。”

（2）非法占用耕地罪。刑法第342条规定：“违反土地管理法规，非法占用耕地改作他用,数量较大,造成耕地大量毁坏的，处五年以下有期徒刑或者拘役,并处或者单处罚金。”

（3）非法批准征用、占用土地罪和非法低价出让国有土地使用权罪。刑法第410条规定:“国家机关工作人员徇私舞弊，违反土地管理法规，滥用职权，非法批准征用、占用土地，或者非法低价出让国有土地使用权,情节严重的,处三年以下有期徒刑或者拘役; 致使国家或者集体利益遭受特别重大损失的，处三年以上七年以下有期徒刑。”

根据《土地管理法》第74条和《实施条例》第40条的规定，破坏耕地行为的法律责任是:

（1）责令限期改正或者治理。

（2）可以并处罚款。罚款的标准是耕地开垦费的2倍以下。

（3）破坏耕地情节严重，构成犯罪的，依法追究刑事责任。

《中华人民共和国刑法》第342条规定："违反土地管理法规，非法占用耕地改作他用，数量较大，造成耕地大量毁坏的，处五年以下有期徒刑或者拘役，并处或者单处罚金。"

《最高人民法院关于审理破坏土地资源刑事案件具体应用法律若干问题的解释》规定：

（1）非法占用耕地"数量较大"，是指非法占用基本农田五亩以上或者非法占用基本农田以外的耕地10亩以上。

（2）非法占用耕地"造成耕地大量毁坏"，是指行为人非法占用耕地建窑、建坟、建房、挖砂、采石、采矿、取土、堆放固体废弃物或者进行其他非农业建设，造成基本农田5亩以上或者基本农田以外的耕地10亩以上种植条件严重毁坏或严重污染。

143. 什么是土地违法行为和土地违法案件?

答：土地违法行为，是指行为人违反国家土地管理法律、法规规定的行为。土地违法案件，是指行为人的行为违反国家土地管理法律、法规的规定，依法应追究行为人法律责任的案件。土地违法行为一般包括土地行政违法行为、土地民事违法行为和土地刑事违法行为三种类型。土地违法案件也一般包括土地行政违法案件、土地民事违法案件和土地刑事违法案件三种类型。

144.土地违法行为有哪些种类?

答：根据《土地管理法》、《城市房地产管理法》、《刑法》、《土地管理法实施条例》、《基本农田保护条例》等法律、法规，土地违法行为主要有以下几种：

（1）买卖或者以其他形式非法转让土地的违法行为；

（2）非法占用土地的违法行为；

（3）非法批准征用、占用土地的违法行为；

（4）破坏耕地的违法行为；

（5）拒不履行土地复垦义务的违法行为；

（6）非法侵占、挪用征地费、基本农田的耕地开垦费的违法行为；

（7）拒不交还土地的违法行为；

（8）擅自将集体土地使用权出让、转让或者出租用于非农业建设的违法行为；

（9）不办理土地变更登记的违法行为；

（10）土地行政主管部门工作人员的违法行为；

（11）应将耕地划入基本农田保护区而不划入的违法行为；

（12）破坏或者擅自改变基本农田保护区标志的违法行为；

（13）擅自批准出让或者擅自出让土地使用权用于房地产开发的违法行为；

（14）不符合房地产转让条件，非法转让房地产的违法行为；

（15）未经批准擅自转让划拨土地房地产的违法行为；

（16）非法转让、倒卖土地使用权的违法行为；

（17）非法低价出让国有土地使用权的违法行为。

145. 对买卖或者以其他形式非法占用土地行为如何处罚?

答：按照《土地管理法》第73条、《土地管理法实施条例》第38条规定，买卖或者以其他形式非法转让土地的，由县级以上人民政府土地行政主管部门没收违法所得；对违反土地利用总体规划擅自将农用地改为建设用地的，限期拆除在非法转让的土地上新建的建筑物和其他设施，恢复土地原状，对符合土地利用总体规划的，没收在非法转让的土地上新建的建筑物和其他设施；可以并处罚款；对直接负责的主管人员和其他直接责任人员，依法给予行政处分；构成犯罪的，依法追究刑事责任。并处罚款的，罚款额为非法所得的50%以下。

146. 对非法占用土地行为如何处罚?

答：按照《土地管理法》第76条、《土地管理法实施条例》第42条规定，未经批准或者采取欺骗手段获取批准，非法占用土地的，由县级以上人民政府土地行政主管部门责令退还非法占用的土地，对违反土地利用总体规划擅自将农用地改建设用地的，限期拆除在非法占用的土地上新建的建筑物和其他设施，可以并处罚款；对非法占用土地单位的直接负责的主管人员和其他直接责任人员，依法给予行政处分；构成犯罪的，依法追究刑事责任。并处罚款的，罚款额为非法占用土地每平方米30元以下。

超过批准的数量占用土地，多占的土地以非法占用土地论处。

147. 对非法批准用地行为如何处罚?

答：按照《土地管理法》第78条规定，无权批准征用、使用土地的单位或者个人非法批准占用土地的，超越批准权限非法批准占用土地的，不按照土地利用总体规划确定的用途批准用地的，或者违反法律规定的程序批准占用、征用土地的，其批准文件无效，对非法批准征用、使用土地的直接负责的主管人员和其他直接责任人员，依法给予行政处分；构成犯罪的，依法追究刑事责任。非法批准、使用的土地应当收回，有关当事人拒不归还的，以非法占用土地论处。

非法批准征用、使用土地，对当事人造成损失的，依法应当承担赔偿责任。

148. 耕地保护的概念？

答：耕地保护是指运用法律、行政、经济、技术等手段和措施，对耕地的数量和质量进行的保护。耕地保护是关系我国经济和社会可持续发展的全局性战略问题。“十分珍惜和合理利用土地，切实保护耕地”是必须长期坚持的一项基本国策。

149. 为什么要保护耕地？

答：耕地是人类赖以生存和发展的基础，面对我国耕地严重不足的严峻形势，采取各种措施，预防和消除危害耕地及环境的因素，稳定和扩大耕地面积，维持和提高耕地的物质生产能力，预防和治理耕地的环境污染，是保证土地得以永续和合理使用，稳定农业基础地位和促进国民经济发展的重大问题。

（1）我国的确实现了由农产品严重短缺到供求总量平衡、丰年有余的历史性跨越，并不意味着我国的粮食安全可以高枕无忧。农业仍然是我国保持经济发展和社会稳定的基础，仍然要始终把农业放在发展国民经济的首要位置，仍然要保护和提高粮食生产能力。在21世纪，保障粮食安全是我国农业现代化的首要任务。人口与耕地、粮食矛盾是农业资源优化配置的最大障碍。我国在相当长的时间内，粮食生产将仍然是农业的主体，农业现代化进程包含着粮食安全水平的提高，粮食安全水平的提高是农业现代化的重要组成部分。在我国，没有国家粮食安全及其水平的提高，就不可能实现农业现代化。粮食安全水平是衡量我国农业现代化的重要标志。目前粮食问题备受关注。据国家统计局统计，2003年全国夏粮总产量为9622万吨，比上年减产240万吨，减2.4%。1999年—2001年，我国粮食连续3年减产，2002年仍是产不足需。但与此同时，粮食需求持续增长。所以必须要保护和提高粮食综合生产能力。

（2）严格保护耕地是保护、提高粮食综合生产能力的前提。党的十六届三中全会指出，要实行最严格的耕地保护制度，保证国家粮食安全，保护提高粮食综合生产能力，说到粮食，必须以稳定一定数量的耕地为保障。耕地是人类获取食物的重要基地，维护耕地数量与质量，对农业可持续发展至关重要。我国明确规定“十分珍惜和合理利用每一寸土地，切实保护耕地”是基本国策，要求在有限时间内，建立耕地保护制度，保护基本农田。基本农田是耕地中的精华，是维护国家粮食安全最基本的依靠。基本农田可定义为：从战略高度出发，在一定历史时期内，为满足国民经济持续、稳定发展，社会安定和人口增加对耕地需求，而必须确保的农田。保护耕地最重要的是把基本农田保护好，这是一条不可逾越的红线。保护耕地特别是保护基本农田，是保护、提高粮食综合生产能力的重要前提。耕地问题的实质是农业问题特别是粮食问题。确保国家粮食安全，就要高度重视保护和提高粮食生产能力。应当看到，目前我国耕地严重不足。我国是一个农业大国，我国农村人口依然占全国人口的70%，然而我国的人均耕地面积远远低于世界平均水平，而且有日趋减少的趋势。近年来我国耕地面积逐年递减。无论是从经济建设的角度出发，还是从国家安全的角度考虑，解决我国农产品特别是粮食的供给问题，必须主要立足于国内，这是我们党和政府一贯的方针，从来没有动摇过。为了切实贯彻这一方针，必须采取有力措施，扭转耕地减少过快的势头。正是出于这样的战略考虑，我国土地管理部门提出，土地管理工作必须把保持耕地总量动态平衡作为首要的奋斗目标。按照国务院批准的《1997–2010年全国土地利用总体规划纲要》（以下简称《规划》），到2010年，非农建设占用耕地不得突破2950万亩，全国耕地面积减少要求控制在9661万亩以内，耕地保有量应控制在19.2亿亩。随着人口的增加，人口对土地的压力将进一步增大，即使耕地面积保持不减，人均耕地还将减少。我国在法律法规上对耕地采取了世界上最严格的保护措施。《土地管理法》明确规定严格控制耕地转为非耕地，禁止占用基本农田发展林果业和挖塘养鱼。

（3）改革征地制度，完善征地程序。我国耕地本不富余，但很多地方不能很好处理城镇化进程与粮食生产的矛盾，挤占了不少耕地。近年随着征地规模不断扩大，征地中暴露出来的矛盾和问题越来越多。一是征地规模过大。全国开发区规划面积已达3.5万平方公里，圈占的耕地有43%闲置。二是农民权益得不到保障。一些地方甚至把农民的土地作为生财之道，违法违规征地时有发生。因征地问题引发的纠纷甚至群体性事件，已成为影响社会稳定的一个因素。这些问题暴露出我国现行征地制度方面的缺陷。因此，党的十六届三中全会明确提出，“要按照保护农民权益、控制征地规模的原则，改革征地制度，完善征地程序”。一要强化土地利用规划约束和用途管制。地方各级政府都要制定土地利用规划。要强化规划对建设用地总量的控制，把用地规模限制在规划数量、范围之内。因经济社会发展需要，确需调整规划的，必须按法定程序进行。土地用途一旦划定，就要严格执行，不能随意改作他用。二要严格区分公益性和经营性两种不同性质的用地。要把为公益性项目而进行的征地与一般经营性项目用地严格分开，缩小征地范围。征地权是国家的强制性行政权力，应当主要用于水利、交通、国防、义务教育、公共卫生、公检法设施等国家重点公共设施建设，一般不能用于商业开发，更不应变成企业行为。要慎用征地权力，进一步发挥市场配置土地资源的基础性作用。工商企业需要用地，应当在符合土地利用规划和城镇建设规划的前提下，通过向国家、向农民集体购买、租赁等市场方式取得，价格由市场决定。三要严格控制征地规模。土地是农民最基本的生产资料，也是农民最可靠的生活保障。要加强土地管理，切实保护耕地，可征可不征的尽量不征，可用可不用的尽量不用，必须征和必须用的尽量少征少用。国家重点基础设施建设用地，也要节省用地，减少征地。城镇建设要尽量盘活存量土地，控制城区过分扩张。企业用地多少，应当和产业特点，投资规模挂钩，防止投不多的钱，办不大的厂，占很多的地。四要改进土地征用补偿方式。征用农民土地补偿低，土地增值分配不合理，是农民反映比较强烈的一个问题，也是造成耕地占用多的重要因素。农民集体土地转为建设用地的过程，应当是农民分享城市化和工业化成果的过程，应当有利于缩小城乡差距而不是扩大城乡差距。要调整土地收入分配结构，确定补偿安置最低标准，给被征地农民以及时、合理的补偿，并探索解决被征地农民社会保障和长远生计的办法。农户是市场经济的主体，土地经营权是农民的基本权益，要保障农民在土地征用过程中的权益不受侵犯。

150. 耕地的数量保护有哪些措施？

答：耕地的数量保护具体措施包括以下几方面：

（1）严格控制耕地转为非耕地；

（2）国家实行占用耕地补偿制度；

（3）国家实行基本农田保护制度；

（4）推进土地开发、复垦、整理。

151. 耕地的质量保护有哪些？

答：耕地的质量保护包括以下几方面：

（1）国家制定耕地质量保护措施，如：防止水土流失、耕地沙化、盐碱化、贫瘠化等；

（2）实现耕地环境保护。

152. 当前法律规定的耕地保护制度有哪些？

答：根据《中华人民共和国土地管理法》、《中华人民共和国土地管理法实施条例》和《基本农田保护条例》等法律、法规，当前法律规定的耕地保护制度主要有以下几个方面：

土地用途管制制度。《中华人民共和国土地管理法》第四条第一款规定：“国家实行土地用途管制制度。”该条第二款规定：“国家编制土地利用总体规划，规定土地用途，将土地分为农用地、建设用地和未利用地。严格限制农用地转为建设用地，控制建设用地总量，对耕地实行特殊保护。”

耕地总量动态平衡制度。《中华人民共和国土地管理法》第三十三条规定：“省、自治区、直辖市人民政府应当严格执行土地利用总体规划和年度土地利用计划，采取措施，确保本行政区域内耕地不减少；耕地总量减少的，由国务院责令在规定期限内组织开垦与所减少耕地的数量与质量相当的耕地，并由国务院土地行政主管部门会同农业行政主管部门验收。个别省、自治区、直辖市确因土地后备资源匮乏，新增建设用地后，新开垦耕地数量不足以补偿所占用耕地的数量的，必须报经国务院批准减免本行政区域内开垦耕地的数量，进行易地开垦。”

耕地占补平衡制度。《中华人民共和国土地管理法》第三十一条第二款规定：“国家实行占用耕地补偿制度。非农业建设经批准占用耕地，按照占多少、垦多少的原则，由占用耕地的单位负责开垦与所占用耕地的数量和质量相当的耕地；没有条件开垦的或者开垦的耕地不符合要求的，应当按照省、自治区、直辖市的规定缴纳耕地开垦费，专款用于开垦新的耕地。”

耕地保护目标责任制度。根据《基本农田保护条例》关于“县级以上地方各级人民政府应当将基本农田保护工作纳入国民经济和社会发展计划，作为政府领导任期目标责任制的一项内容，并由上级人民政府监督实施”的规定，各级政府应当建立以基本农田保护和耕地总量动态平衡为主要内容的耕地保护目标责任制，每年进行考核。

基本农田保护制度。《中华人民共和国土地管理法》第三十四条规定：“国家实行基本农田保护制度。”基本农田保护制度包括基本农田保护责任制度、基本农田保护区用途管制制度、占用基本农田严格审批与占补平衡制度、基本农田质量保护制度、基本农田环境保护制度、基本农田保护监督检查制度等。

农用地转用审批制度。《中华人民共和国土地管理法》第四十四条规定：“建设占用土地，涉及农用地转为建设用地的，应当办理农用地转用审批手续。省、自治区、直辖市人民政府批准的道路、管线工程和大型基础设施建设项目、国务院批准的建设项目占用土地，涉及农用地转为建设用地的，由国务院批准。在土地利用总体规划确定的城市和村庄、集镇建设用地规模范围内，为实施该规划而将农用地转为建设用地的，按土地利用年度计划分批次由原批准土地利用总体规划的机关批准。在已批准的农用地转用范围内，具体建设项目用地可以由市、县人民政府批准。本条第二款、第三款规定以外的建设项目占用土地，涉及农用地转为建设用地的，由省、自治区、直辖市人民政府批准。”

土地开发整理复垦制度。《中华人民共和国土地管理法》第三十八条规定：“国家鼓励单位和个人按照土地利用总体规划，在保护和改善生态环境、防止水土流失和土地荒漠化的前提下，开发未利用的土地；适宜开发为农用地的，应当优先开发成农用地。”第四十一条规定：“国家鼓励土地整理。县、乡、镇、人民政府应当组织农村集体经济组织，按照土地利用总体规划，对山、水、田、林、路、村综合整治，提高耕地质量，增加有效耕地面积，改善农业生产条件和生态环境。”第四十二条规定：“因挖损、塌陷、压占等造成土地破坏的土地，用地单位和个人应当按照国家有关规定负责复垦；没有条件复垦或者复垦不符合要求的，应当缴纳土地复垦费，专项用于土地复垦。复垦的土地应当优先用于农业。”

土地税费制度。《中华人民共和国土地管理法》第三十一条规定，建设占用耕地，如没有条件开垦或者开垦的耕地不符合要求的，应缴纳耕地开垦费，用于开垦新耕地；第三十七条规定，对于闲置、荒芜耕地要缴纳闲置费；第四十七条规定，征用城市郊区菜地，要缴纳新菜地开发建设基金；第五十五条规定，对以出让方式取得国有土地使用权的建设单位，要缴纳新增建设用地土地有偿使用费。《中华人民共和国耕地占用税暂行条例》规定，非农业建设占用耕地，要缴纳耕地占用税。法律规定的税费制度，是以经济手段保护耕地的重要措施。

153. 耕地是什么？耕地有哪些分类？

答：耕地是指种植农作物的土地，包括熟地、新开发复垦整理地、休闲地、轮歇地、草田轮作地；以种植农作物为主，间有零星果树、桑树或其他树木的土地；平均每年能保证收获一季的已垦滩地和海涂。耕地中还包括南方宽<1.0 米，北方宽<2.0 米的沟、渠、路和田埂。包括灌溉水田、望天田、水浇地、旱地、菜地。

我国耕地主要分布在东部季风区的平原和盆地地区。我国西部耕地面积小，分布零星。

（1）根据耕地性质，耕地总资源又分为常用耕地面积和临时性耕地。

常用耕地：是指专门种植农作物并经常进行耕种、能够正常收获的土地。包括土地条件较好的基本农田和虽然土地条件较差，但能正常收获且不破坏生态环境的可用耕地。常用耕地作为我国基本的、宝贵土地资源，受到我国《土地法》严格保护，未经批准，任何个人和单位都不得占用。

临时性耕地：又称“帮忙田”，是指在常用耕地以外临时开垦种植农作物，不能正常收获的土地。包括临时种植农作物的坡度在 25 度以上的陡坡地，在河套、湖畔、库区临时开发种植农作物的土地，以及在废旧矿区等地方临时开垦种植农作物的成片或零星土地。根据我国《水土保持法》规定，现在临时种植农作物坡度在 25 度以上的陡坡地要逐步退耕还林还草，在其他一些地方临时开垦种植农作物，易造成水土流失及沙化的土地，也要逐步退耕。因此，我们又可称这部分临时性耕地为待退的临时性耕地。

（2）根据耕地当年利用情况可分为当年实际利用的耕地和当年闲置、弃耕的耕地。

当年实际利用的耕地：指当年种植农作物的耕地。

当年闲置、弃耕的耕地：指由于种种原因，当年未能种植农作物的耕地。包括轮歇地，休耕地，因干旱、洪涝及其他自然和经济原因农民未能种植农作物的耕地。

（3）根据耕地的水利条件，可分为水田和旱地。旱地又分水浇地和无水浇条件的旱地。

水田：指筑有田埂（坎），可以经常蓄水，用来种植水稻、莲藕、席草等水生作物的耕地。因天旱暂时没有蓄水而改种旱地作物的，或实行水稻和旱地作物轮种的（如水稻和小麦、油菜、蚕豆等轮种），仍计为水田。

旱地：指除水田以外的耕地。旱地包括水浇地和无水浇条件的旱地。

水浇地：是指旱地中有一定水源和灌溉设施，在一般年景下能够进行正常灌溉的耕地。

由于雨水充足在当年暂时没有进行灌溉的水浇地，也应包括在内。没有灌溉设施的引洪淤灌的耕地，不算水浇地。

无水浇条件的旱地：是指没有固定水源和灌溉设施，不能进行正常灌溉的旱地。

154. 耕地资源有哪些现状和问题?

答：（1）人均耕地少。现在人口每年仍以1000多万的速度递增，人地矛盾更加尖锐。

（2）耕地整体质量下降

由于干旱缺水，使大量耕地、草地荒芜，利用难度大。

（3）耕地退化严重。

（4）耕地后备资源严重不足。

（5）耕地减少势头仍未遏制。我国耕地保护的形势十分严峻，耕地减少的趋势仍未缓解。

155. 耕地资源节约和集约利用有哪些对策?

答：据中国政府与联合国开发计划署、联合国粮农组织于1996年完成的《中国土地的人口承载千里研究》得出：中国可以养活自己人口，但前提是必须保证耕地面积不得低于1.2亿公顷。对此，党的十六届三中全会指出，“要实行最严格的耕地保护制度，保证国家粮食安全，保护提高粮食综合生产能力，说到粮食，必须以稳定一定数量的耕地为保障”。为节约和集约利用土地，维持我国的长远发展，必须从以下几方面着手。

（1）科学编制和严格执行土地利用总体规划

各级政府编制土地利用总体规划的原则为：①严格保护基本农田，控制非农建设占用耕地；②提高土地利用率；③统筹安排各类、各区域用地；④保护和改善生态环境，保障土地的可持续利用；⑤占用耕地与开垦耕地相平衡。土地利用总体规划是各项建设和土地用途管制的法律依据。任何建设项目涉及改变土地利用总体规划确定的用途和范围的，都应严格办理审批手续，杜绝先占用后补办手续的作法，加大对违法占用耕地行为的处罚力度。同时应加大土地利用年度计划执行的监督力度，重点监督耕地被占用情况。做好土地利用动态监测工作，保证耕地总量动态平衡。

（2）规范土地市场，合理配置土地资源，完善和规范土地市场秩序，大力推进经营性用地招标拍卖挂牌出让制度

对征用农民集体土地可引入市场机制，政府只参与管理、协调和合同签订等工作，这样就可以杜绝“暗箱”操作和侵害农民利益事件的发生。积极开展农用地合理流转的试点和推广工作，发挥市场配置土地资源的基础性作用。政府应继续提高调控土地市场的能力和水平，运用行政、法律、经济手段，严控土地供应总量，优化土地利用结构，合理配置

土地资源。

（3）提高土地利用率，积极稳妥推进城市化

现阶段，我国城市化水平达到37%，正处于加速发展阶段。我们必须改变传统的城市扩张模式，走内涵挖潜、盘活存量土地为主的路子。积极引导城市建设利用闲置土地、存量土地，提高土地利用率和建筑容积率。

随着农村人口向城镇逐步转移，对农村居民点可重新规划整理，北方重点做好旧村改造工作，提倡综合开发和集中成片建设；南方重点做好迁村并点工作。对于整理出的土地可重新组织复垦。

（4）清理、整顿开发区，健全审批程序

由国土资源部牵头组织国务院有关职能部门对全国各类开发区进行一次全面、彻底的清查，对一些无人投资或投资不到位，闲置、荒芜两年以上的土地，政府无偿收回土地使用权，交由原农村集体经济组织恢复耕种；对一些未办理审批手续或私自改变用途的，责令限期整改。

今后，开发区的设置、审批应遵循实事求是、科学规划、合理布局、充分论证、民主参与的原则。对决策失误而造成重大经济损失的，应追究主管领导的行政和法律责任。

（5）提高抵御自然灾害的能力，减少耕地的灭失

我们应采取工程技术、生物技术，加大对大江大河和荒漠化区域的综合治理力度；认真贯彻中共中央国务院关于退耕还林还草的有关方针政策，恢复植被，加强生态建设。国家应加大农业基础设施建设的资金投入，改善农业生产条件，增加耕地的抗灾能力。

156. 耕地占用税是什么?

答：对占用耕地建房或者从事其他非农建设为征收对象的税种，属于一次性税收。纳税人是占用耕地建房或从事其他非农建设的单位和个人。耕地占用税采用定额税率，其标准取决于人均占有耕地的数量和经济发达程度。

一般来讲，经济发达、人口稠密、人均耕地较少、土地位置较好、非农业建设占用耕地问题突出的地区，耕地占用税定额税率就高一些；反之，经济发展水平相对较低、人口较少、人均耕地较多的地区，耕地占用税定额税率就低一些。

157. 对耕地占用税纳税人有哪些具体占地项目免征税款?

答：对耕地占用税纳税人的具体占地项目免征税款的范围。包括：

（1）军事设施用地；

（2）铁路线路、飞机场跑道和停机坪用地；

（3）炸药库用地；

（4）学校、幼儿园、敬老院、医院用地；

（5）殡仪馆、火葬场用地；

（6）直接为农业生产服务的农田水利设施用地，水利工程以发电、旅游为主的除外；

（7）安置水库移民、灾民、难民的房屋占用地；

（8）农村居民搬迁，原宅基地恢复耕种，并且新建住宅占用耕地少于原宅基地的。

158. 国家在耕地占用税方面有哪些特殊照顾?

答：国家对一些特殊行业占地、农村居民建房用地应缴纳的耕地占用税给予的减征照顾。具体包括：

（1）农村革命烈士家属、革命残废军人、鳏寡孤独以及革命老根据地、少数民族聚居地和边远贫困山区生活困难的农户，在规定的用地标准内，新建住房纳税确有困难的，可在减半征收的基础上，进一步给予减免照顾。减免税额，一般应控制在农村居民新建住宅用地计征税额总额的10%以内；少数省、自治区贫困地区较多的，减免比例最高不得超过15%。

（2）对民政部门所办的福利工厂，确属安置残疾人就业的，可按残疾人占工厂人员的比例，酌情给予减税照顾。

（3）国家在“老、少、边、穷”地区采取以公代赈办法修筑公路，缴税确有困难的，由省、自治区审查核定，提出具体意见报经财政部批准后，可酌情给予减税照顾。

（4）农村居民在规定的用地标准内新建住房，按规定税额减半征税。

（5）对于公路建设耕地占用税，可在国务院规定的适用税额范围内，按低限税额征收。1990年，财政部统一了公路建设耕地占用税税额标准，原核定的平均税额在每平方米5元以上的，按每平方米2元计征；平均税额每平方米不足5元的，按每平方米1.5元计征。

159. 征收的耕地占用税有哪些用途?

答：征收的耕地占用税收入在地方建立农业发展基金；中央建立农业综合开发基金后的基本用途和支出范围。主要包括：

（1）用于提高耕地质量，改造中低产田，兴建排涝、改碱、荒滩治理、深翻改土、培养地力等工程措施所需的各项费用；

（2）扩大耕地数量，开垦宜耕荒地、滩涂、撂荒地、闲弃地等所需的费用；

（3）兴建和整修小型农田水利工程、灌区渠道、防渗工程、打井配套等工程所需的费用；

（4）在原有耕地和扩大耕地周围实施保护耕地的生物措施，营造农田防护林，水上涵养保持等所需的种子、苗木、工具等所需的资金补助；

（5）繁育推广优良品种，采取先进农业科技措施的费用；

（6）实施开垦和整治宜农耕地工程等大面积开发项目及引进外资项目所需的前期勘测、论证、规划设计所需的配套资金；

（7）经当地人民政府批准，由银行贷款开发农用土地资源项目的贴息支出。

160. 什么是征地补偿?

答：征地补偿是指国家为了公共利益的需要，依法对农民集体所有土地实行征收或征用，并按照被征地的原用途给予补偿。2010年7月13日，国土部发布《关于进一步做好征地管理工作的通知》，要求拆迁补偿既要考虑被拆迁的房屋，还要考虑被征收的宅基地。

161. 征地补偿安置方案中，农村土地的承包者都应得到哪些补偿费?

答：征收耕地的补偿费用包括土地补偿费、安置补助费以及地上附着物和青苗的补偿费。征收耕地的土地补偿费，为该耕地被征收前三年平均年产值的6至10倍。征收耕地的安置补助费，按照需要安置的农业人口数计算。需要安置的农业人口数，按照被征收的耕地数量除以征地前被征收单位平均每人占有耕地的数量计算。每一个需要安置的农业人口的安置补助费标准，为该耕地被征收前三年平均年产值的4至6倍。但是，每公顷被征收耕地的安置补助费，最高不得超过被征收前三年平均年产值的15倍。

162. 哪些争议可向政府申请协调裁决?

答：化解征地纠纷，被征地农民维权除了走司法途径外，我们将明确建立规范化的省级政府行政协调、裁决制度，及时、公开、依法对争议作出裁判。

申请人可自征地补偿安置方案公告之日起60日内，向批准征地补偿安置方案的人民政府申请协调。

（1）对征地补偿安置标准适用标准依据的争议；对被征收土地的地类认定的争议；

（2）对被征地农村集体经济组织人均耕地面积认定的争议；

（3）对计算土地补偿费、安置补助费倍数，适用征地的统一年产值标准或者区片综合地价标准的争议；

（4）法律、法规、规章规定的其他属于征地补偿安置标准争议的事项。

163. 失地农民如何产生?

答：随着中国经济建设的快速发展和农村城市化进程的加快，农村集体土地被大量征用，失地农民越来越多。城市化进程中农民流失的不仅仅是土地，随着土地的流失，以及相应的社会保障机制滞后或不健全，使他们成了游离在“农村”与“城市”边缘的弱势群体，随时有可能激起社会新的矛盾和冲突。根据专家们的保守估计，全国大约4000万失地农民中的2000万以上是“务农无地、上班无岗、低保无份”的“三无农民”。在未来5至10年，我国仍将保持较快的城市化速度，仍将有大量集体土地被征用，大批农民需要得到安置。如何切实做到依法征地、合理补偿、妥善安置，不仅关系到为经济建设和社会发展提供建设用地，关系到广大农民的切身利益，而且成为关系我国社会稳定和经济可持续增长的大局。

（1）失地农民的法律地位的界定

失地农民，顾名思义，就是指失去土地的农民。失地农民问题的产生是农村城市化战略的必然结果。从国外的情况来看，这一问题的产生可以追溯到英国在进行城市化进程中的“圈地运动”。我国失地农民的产生萌芽于20世纪50年代的计划经济时代，到20世纪八九十年代到达高潮。从社会学的角度，我们可以将失地农民界定为：在我国现代化进程中由于城市扩张和小城镇建设，而逐步失去包括林地、耕地等农用地的农民。

不过，这样的定义还是不能揭示失地农民的法律地位。要揭示失地农民的法律地位，必须从“权利”的角度进行分析，唯有如此，才能从根本上揭示失地农民的法律地位。众所周知，法是以权利和义务为机制调整人的行为和社会关系的，权利和义务贯穿于法律现象逻辑联系的各个环节、法的一切部门和法律运行的全过程。因此，可以毫不夸张地说，权利和义务共同构成了法律的主要线索。失地农民失去的不仅仅是土地，还包括土地上的一切权利。这种权利主要包括：财产权利、基本的生活保障的权利、就业机会的权利、与土地相关的一系列相关权利。所以，从法学的角度对失地农民的界定应该是：因失去土地而失去土地上包括财产权利、基本生活保障的权利、就业机会的权利以及与土地相关的一系列相关权利的一类特殊法律主体。

（2）失地农民的现状

近20年时间里，中国经济的年平均增长率达到了9.5%。这种高速发展必然造成一些损失，而这些损失大多是由农民来承担的。近十年来，随着我国改革的进一步深入，交通、能源等基础设施建设的全面铺开，在大中城市的城乡结合部和人多地少的发达地区，农村耕地被大量征用。在这一过程中，约有2400万农民成为失地农民。2000年至2010年，十年中还将至少形成2600万被征地农民。2000年至2030年，被征地农民总量将超过7800万人。这一庞大的人群总体数量将远远超过许多发达国家人口总规模。在二元经济社会结构下，农民被排除在社会保障之外，许多农民一旦失去土地便处于无地、无工作、无保障的“三无”状态，相当于现在的下岗失业职工，如果失地农民不能得到合理补偿与妥善安排，他们的就业和社会保障等问题不能得到解决，势必会影响到城市化的进程和社会的稳定，由此引发的局部社会安定问题有可能演变成全国性的日益突出的社会问题。

164. 失地农民有哪些社会保障问题?

答:（1）现行征地补偿制度有违市场经济规则，征地补偿标准偏低

①土地征用补偿标准的测算办法不够科学合理。依据《土地管理法》，我国现行的征地补偿费计算方式为“产值倍数法”，这种测算办法对农民缺乏说服力。第一，以产值测算的征地补偿标准偏低。以传统农业产值为依据测算出的土地征用价格，同现代农业的土地产出价值相比，明显偏低。第二，土地的增值部分没有计算进补偿标准中。地价增值部分全部归征用者所有，有失社会公正。第三，对地价地区差异性欠考虑。一个地区的基准地价从根本上讲是由区域经济条件决定的，而耕地的产值与区域经济条件没有明显的相关性，以此为基础测算的征地补偿标准无法反映地区的地价差异。第四，不同项目征地补偿标准不统一。相邻地区、相同时间、相同面积的土地被不同项目征用时，补偿费差距很大。

②征地补偿制度与市场经济规则不相适应。我国现行的征地补偿制度是一种纯粹的补偿关系。根据大部分地方政府的做法，农用土地成为建设用地应首先改变土地的属性，也就是农村集体所有的土地首先应“卖”给国家，然后再成为建设用地。但国家给予农民的补偿却是大大低于市场交易价格的。这种征地方式具有行政强制性、垄断性，把农民排斥在土地增值收益分配体系之外，农民既不能决定土地卖与不卖，也不能与买方平等谈判价格。具体表现在：一方面，由于现行土地征用补偿费的规定是以农业经营收入作为参照，可中国现阶段农业经营收入还相当低，因而补偿范围显得过于狭窄，没有充分考虑征地给农民带来的福利损失、安定损失、事业损失等因素；另一方面，现行的补偿实际上只是体现了对土地资源属性的补偿，但对农业用地转为非农业用地后的土地使用权的价值却无法体现。因此，现行土地征用对失地农民的补偿机制还不完善，既大大低估了土地对于农民的重要性，又影响到了失地农民转为城市居民后的生活。在政府渔利的同时，极大地损害了失地农民的利益。

（2）失地农民的工作得不到妥善安排，失地的同时失业

土地毕竟是大多数农民最重要的收入来源和生活保障。土地被征用后，部分失地农民是“务农无地、就业无门、低保无份”。不少失地农民，特别是中老年和妇女劳动力，或缺少技术，或年龄较大，另谋职业困难，对于这部分农民而言，失地意味着失业。现阶段，我国农村本来就存在大量的剩余劳动力，随着土地被征用，又会产生出大量的闲置劳动力，进一步加大了社会压力。由于政府征用土地后并没有对这些劳动力进行妥善的就业安排，也缺乏对失地农民的再就业培训，随着劳动力市场逐步由单纯的体力型向专业型技能型转变，失地农民就业难度加大。

（3）失地农民尚未被纳入城镇养老保障体系，失地又意味着失去了养老保障

在现阶段我国尚未建立起农村社会保障体制的情况下，土地成为国家留给农民的最低水

平的生存保障。它的作用不仅体现在为从事非农产业的农村劳动力提供失业保障，而且更加充分地体现在农村老年人口的养老保障方面。但由于土地被征用，农民从土地获取养老保障的能力将会丧失或极度弱化。而且国家对失地农民的养老问题没有明文规定，各地只能根据自身情况办理。因此经济欠发达地区和不发达地区的失地农民的养老保障问题便被忽略或无力解决。

（4）失地农民得不到可靠的医疗保障

土地征用后的安置补助费和土地补偿费本来就归农民所有，或者即使用这笔钱替农民建立社会保障，本质上仍是农民自费买保险，土地补偿费并未真正到达农民手中；其次，由于现行补偿标准偏低，许多农民在拆迁重置商品房后已所剩无几；再次，目前对失地农民的医疗问题尚无明确规定，虽然参加城乡合作医疗保险为失地农民起到了消除因病致贫的作用，但整体保障水平较低。

165. 如何构建失地农民社会保障制度？

答：我国的割裂城市和农村的二元政策长期以来把农民排除在社会保障体系的门外，土地成为了农民最后的“生命线”，土地一旦被征用，这种保障也就随着失去了。虽然国家按照《土地管理法》给予失地农民一定的失地补偿，但补偿标准的偏低对农民而言也有失社会公平和正义。只有把失地农民纳入社会保障体系，才能实现农村社会保障与城市接轨，实现城乡社会保障一体化。

（1）维护农民利益，提高补偿标准

进一步深化征地制度改革，完善征地程序的条件已经基本成熟。作为改革的主要内容，关键是要修改《土地管理法》中与市场经济要求和保障农民权益不适应的条款，切实改变现行征地制度对农民的补偿标准严重偏低、违反市场经济和城镇化基本规律的现状，并根据被征土地的原有收益、未来用途、供求关系等因素，结合当地城镇居民社会保障水平和失地农民未来生存发展的实际需要，指定评估办法，合理确定征地补偿标准，为解决失地农民基本生活、就业和社会保障问题留下必要的政策空间，为解决这些问题做出必要的安排。

为此，应根据经济发展形势，通过定性与定量分析相结合的方法，研究影响土地价格形成的主要因素和土地市场价格的形成机制，切实改变征地补偿测算依据不全面、严重偏离土地的市场价值的现状。特别应以保障失地农民基本生活和社会保障为重点，制定相关政策，合理提高征地补偿标准，改革补偿费的分配办法，为失地农民参加社会保障留下必要的政策空间。

（2）推进农地创新机制

在城市化这样一个经济发展过程中，国家没有用经济手段、没有用市场化的手段去解决农地的征用问题，就会产生目前失地农民的种种问题。用市场化手段来解决农地征用问题的思路，是探索农地直接进入土地建设用地市场，农民以转让土地承包经营权的方式实现农地的转用和土地转移，这就可以运用市场机制对农民的土地承包经营权转让进行合理的直接补偿，保证农民在进入城市非农部门时能够支付转岗培训成本和社会保障成本。

（3）改革户籍制度

在实施城镇化战略过程中，应彻底消除对农民的种种歧视，进行适应社会主义市场经济体制需要的制度创新。从长远目标看，我们应着手取消沿用近半个世纪的户籍管理制度，代之以国际上通行的户籍登记制度，恢复其本来的人口统计功能，使全体公民在户口身份上一律平等，在享受各种福利、就业机会等各个方面平等。对于户籍改革，应积极创造条件，逐步实施，但最起码对于城镇化进程中的失地农民应给予其城镇户口认定，为其他相关事宜的衔接和处理创造先决条件。

（4）逐步建立养老、医疗和失业在内的失地农民社会保险制度

养老保险是我国社会保障体系中最重要、最基本的险种，考虑到公平、效率以及我国的实际情况，我国养老保险实行“统账结合”模式，即“社会统筹账户＋个人账户”的模式。对于失地农民来说，只要他们能获得基本养老保险，就能较好地规避市场风险。失地农民要获得基本养老保险待遇，就要履行相应的缴费义务。实行国家、集体和农民三方筹资的方式，国家和集体出资主要来自于土地出让金，失地农民缴纳的养老保险费用主要来自于所获得的土地补偿费和安置补助费，这样，失地农民到了退休年龄之后，就可以按月获取当地的基本养老金。

失地农民养老保险的思路主要有三种：一是政府强制性养老保险，就是将征地补偿款的一部分交由政府托管，待到退休年龄时再开始领取退休金；二是商业性养老保险，就是缴纳一部分保费给专门商业保险公司，由他们进行运营管理，保险期满就开始领取退休金；三是建立小城镇社会保险，这一工作上海正在推行。

关于失业保险与再就业。要健全就业保障机制，全面推行市场化就业，多渠道促进失地农民非农就业。对失地农民的就业可以从建立失业登记制度、失业预防、失业补救、失业保险、就业培训等方面来进行保障。并在政策上给予一定的优惠扶持。失地农民进城后，政府应针对失地农民重新就业困难的实际做好几项工作。第一，政府有保障失地农民就业的职责，把失地农民纳入城镇就业体系，与城镇居民享有同等待遇；第二，政府必须主动彻底打破城乡就业二元体制，取消就业中城乡歧视，建立统一的就业机制和统一的劳动力市场，实现城乡统一就业；第三，就业是民生之本，而技能则是就业之本，大力开展农村劳动力转移培训，重点加强失地农民的就业技能培训，提高他们的就业竞争力；第四，发展地方经济，尤其大力发展第三产业和劳动密集型产业，为失地农民创造更多的机会。

关于医疗保险。农民失地前，只能靠土地收获维持生活的微薄收益；失地后，就连这一相对稳定的生活来源也掐断了。再加上征地补偿款发放不及时，失地农民的生活常常会陷入窘境。在这种情况下，昂贵的医疗费用让他们"望医兴叹"，所以，针对失地农民建立的医疗保障制度应坚持"低水平、广覆盖"原则，推广建立福利型合作医疗保障网，由政府和集体来承担费用的大头，个人缴纳较少费用。

（5）建立就业培训和社会服务的保障制度

长期以来，我国农民由于缺少受教育和培训的机会，文化素质和劳动技能普遍很低，农民失去土地后，面临着极大的生活和就业风险。解决失地农民的就业难题，除就业安置外，根本在于帮助他们建立全新的就业观念，鼓励其积极参加就业培训，提高劳动技能，努力通过劳动力市场寻找就业机会。政府部门应建立完善的就业培训体系，根据不同的年龄阶段和文化层次，有针对性地安排不同的培训内容，尽可能地解决失地农民就业问题。

（6）失地农民的法律保障

失地农民与进城农民、城镇贫民一样同属于社会弱势群体，他们地位低下，经济能力有限。在征地的过程和其他社会活动中，当他们的合法权益受到侵犯时，由于缺乏相应的法律和知识，并且没有足够能力支付因寻求行政救济所需要的成本（包括时间、金钱、精力等），宪法规定的"法律面前人人平等"的原则在他们身上也无法体现，同时也给社会稳定带来了一定的隐患。因此，要为失地农民提供多种方式的法律援助，为其能够平等地享有行政救济的权利建立通畅的渠道，使农民对土地权利的行使切实得到法律的保护。

综观发达国家的社会保障制度，几乎无一例外表现为其法制健全、立法完备。而我国在农村社会保障方面的立法是相当薄弱的，这同我国在2010年建立完善的市场经济法制的进程相距较远，已有的有关法律也是效力相对较低，临时性的决定多于法律、法规，即使是某一方面颁布了行政条例，也多因注重于局部而忽视了全局的协调和统一，内容上也有些地方不甚周全。因此，加快立法，为农村社会保障体系的健康发展提供法律支持。国家应形成以全国人大制定的《农村社会保障法》为总领的、以国务院针对农村社保问题制定的专门条例为主体的、并配以各地方人大和地方政府的实施办法为补充的法律体系。作为对失地农民的救济，可以根据具体情况将调整的规范编入相应的单行法。

总之，建立失地农民社会保障体系，是农村城市化过程中一项重要的社会保障制度，对建立和谐社会、缓解征地矛盾、长远地解决失地农民的生活、保障失地农民利益等问题，发挥着积极的重要的作用。建立失地农民社会保障体系，既可以使他们获得基本的生存权与发展权，又可以促进我国城市化和工业化的顺利进行。

166. 什么是农用地？什么是农用地转用？

答：农用地是指直接用于农业生产的土地，包括耕地、林地、草地、农田水利用地、养殖水面等。

农用地转用是指按照土地利用总体规划和国家规定的批准权限获得批准后，将农用地转变为建设用地的行为。农用地转用又称为农用地转为建设用地。

农用地转用是指将农用地转为建设用地。建设占用土地涉及农用地的，应当办理农用地转用审批手续。

用于非农建设有以下情形之一者，应当办理农用地转用审批手续：

（1）征用农村集体经济组织农用地的；

（2）农村集体经济组织使用本集体农用地的；

（3）使用国有农用地的；

（4）需要办理农用地转用的其他土地的。

通常征地范围都在靠近城市的农村和郊区，有利于土地的利用和综合发展。但基础用地一般不会遭到征用。因为国家有农业用地保持在15亿亩这条红线的规定。也就是说大部分被征用的农用地都为贫瘠土地或低产田。

167. 办理农用地转用要什么手续？

答：（1）农用地转用批准权属于国务院，而征用土地批准权属于国务院或者省级人民政府的，国务院批准农用地转用时，同时批准征用土地，不再另行办理征用土地审批。

（2）农用地转用批准权和征用土地批准权都属于省级人民政府的，省级人民政府批准农用地转用时，同时批准征用土地，不再另行办理征用土地审批。

（3）农用地转用批准权属于省级人民政府而征用土地的批准权属于国务院的，先由省级人民政府批准农用地转用后，再报国务院批准征用土地（省级人民政府批准农用地转用的文件作为国务院批准征用土地的依据之一）。

168. 土地征用与农用地转用有什么关系？

答：土地征用，一般是指国家及地方行政机关，以国家行政职权对土地进行征用；现在国家将加快土地征用制度改革，抓紧出台新的土地征用办法。新的土地征用办法将严格区分公益性用地和经营性用地，明确界定政府土地征用权和征用范围，严格控制征地规模，实行公益性用地征地价格听证会制度，完善征用办法、补偿标准和补偿机制，经营性用地将退出政府征用范围，按市场规则运作，推行土地使用权招标、拍卖、挂牌出让制度；农用地转用，却是把现在的农业用地改变土地用途，转变为“非农业用地”。

169. 什么是非法占用农用地罪?

答：非法占用农用地罪，是指违反土地管理法规，非法占用耕地、林地等农用地，改变被占用土地用途，数量较大，造成耕地、林地等农用地大量毁坏的行为。

（1）客体要件

本罪侵犯的客体是国家的耕地管理制度。

作为一个古老的农业大国，耕地是我国最重要的自然资源。然而我国人均只有耕地约1.3亩，仅相当于世界人均耕地4.1亩的1/3。耕地的贫乏已成为制约我国经济发展的重要因素之一，严加保护耕地是摆在全国人民面前的重要任务，也是每个公民的重要职责。我国《宪法》第10条规定："城市的土地属于国家所有。农村和城市郊区的土地，除由法律规定居于国家所有的以外，属于集体所有；宅基地和自留区、自留山，也展于集体所有。国家为了公共利益的需要，可以依照法律规定对土地实行征用。任何组织和个人不得侵占、买卖、出租或者以其他形式非法转让土地。一切使用土地的组织和个人必须合理地利用土地。"我国《土地管理法》第3条规定："十分珍惜、合理利用土地和切实保护耕地是我国的基本国策。各级人民政府应当采取措施，全面规划，严格管理，保护、开发土地资源，制止非法占用土地的行为。"《宪法》和《土地管理法》明确规定了土地（含耕地在内》的所有权属于国家或集体，禁止任何单位或个人非法占用耕地。任何单位或个人可在不违反有关耕地保护管理制度和通过正常的审批程序的前提下，依法占有耕地，享受对耕地的使用权，并接受国家的统一管理和监督。所谓耕地的保护制度，则是指我国《宪法》、《土地管理法》及其实施条例等一系列有关耕地的行政性管理法规的总称。

本罪的对象是耕地资源。耕地资源分为已开垦的已耕地和尚未开发利用的后备耕地。已开垦的耕地包括熟地、当年新开荒地、连续撂荒未满3年的耕地、当年的休闲地、以种植农作物为主并附带其他作物的土地和沿海沿湖地区围垦利用的海涂湖田等。根据1998年12月27日《基本农田保护条例》第10条对属于基本农田所包含的耕地范围分别是：国务院有关主管部门和县级以上地方人民政府批准确定的粮、棉、油生产基地内的耕地；有良好的水利与水土保持设施的耕地，正在实施改造计划以及可以改造的中、低产田；蔬菜生产基地；农业科研、教学实验田。

（2）客观要件

本罪在客观方面表现为违反土地管理法规，非法占用耕地改作他用，数量较大，造成耕地大量毁坏的行为。

违反土地管理法规，是指违反了《土地管理法》、全国人大常委会《关于修改〈中华人民共和国土地管理法〉的决定》、《土地管理法实施条例》、《土地复垦规定》、《关于制止农村建房用地的紧急通知》和《基本农田保护条例》、《国家建设征用土地条例》、《中华人民共和国水土保持法》和《中华人民共和国农业法》等等与土地管理相关的法规。《土地管理法》第20条规定，各级人民政府应当采取措施，保护耕地，维护排灌工程设施，改良土壤，提高地力，防治土地沙化、盐渍化、水土流失，制止荒废和破坏耕地的行为。国家建设的乡（镇）村建设必须节约使用土地，可以利用荒地的，不得占用耕地；可以利用劣地的，不得占用好地。

非法占用耕地，是指未经法定程序审批、登记、核发证书、确认土地使用权，而占用耕地的行为。非法占有耕地行为通常表现为：其一，未经批准占用耕地，即未经国家土地管理机关审理，并报经人民政府批准，擅自占用耕地的；其二，少批多占耕地的，即部分耕地的占用是经过合法批准的，但超过批准的数量且多占耕地的数量较大的；其三，骗取批准而占用耕地的，主要是以提供虚假文件、谎报用途或借用、盗用他人的名义申请等欺骗手段取得批准手续而占用耕地，且数量较大的。

改作他用是指改变耕地的种植用途而作其他方面使用，诸如开办企业、建造住宅、筑路、采石、采矿、采土、采河、倾倒废物等。

非法占用耕地数量较大且造成耕地大量毁坏结果的，是非法占用耕地罪的必备要件。至于数量较大的具体标准，法律没有明文规定，根据《土地管理法》对土地的征用或使用所作的详细规定：征用基本农田、基本农田以外的耕地超过35公顷、其他土地超过70公顷的，由国务院批准；征用上述规定以外的土地，由省、自治区、直辖市人民政府批准，并报国务院备案。如果违反上述有关土地管理的审批程序或所规定的数量而多征用、使用耕地的行为，就是违反土地管理法的非法占用耕地的行为。司法实践中也可根据当时当地耕地面积的大小、质量优劣等情况综合衡量非法占用耕地的数量是否较大。“造成耕地大量毁坏”，是指非法占用耕地导致耕地种植功能基本丧失，如造成土地板结、沙化、盐渍化、水土严重流失、土壤肥力消失等。

（3）主体要件

本罪的主体既可以是自然人，也可以是单位。

自然人非法占用耕地，主要是指凡年满16周岁，具备刑事责任能力的实施了非法占用耕地行为的自然人。根据《土地管理法》第62条的规定，农村村民住宅用地，经乡（镇）人民政府审核，由县级人民政府批准；其中，涉及占用农用地的，由省、自治区、直辖市人民政府批准。凡违反该程序私自占用数量较大耕地的居民均可构成本罪的主体。

单位非法占用耕地，主要是指单位在国家建设用地、本单位发展建设和乡（镇）村建设用地过程中，违反土地管理法规，非法占用耕地改作他用，数量较大，造成耕地大量毁坏的行为。这里的单位，既包括国有的公司、企业、事业单位，也包括集体所有的公司、企业、事业单位以及合资或独资、私人所有的公司、企业以及国家各级权力机关、行政机关、审判机关、检察机关和人民团体和社会团体。至于土地管理机关侵权或越权审批占用耕地的，无权审批或无权发放使用证的机关批准占用耕地或有权审机关超越权限、职权批准占用耕地且数量较大的，通常视为单位构成非法批准征用、占用土地罪，而不以本罪论。

（4）主观要件

本罪在主观方面表现为故意。即明知占用耕地改作他用的行为违反土地管理法规，而且对于占用耕地改作他用会造成大量耕地被毁坏的结果也是明知的。明知自己的行为会发生危害社会的结果，仍然希望或者放任结果的发生，在主观上为故意。行为人非法占用耕地的动机多种多样，但不影响本罪的成立。

170. 非法占用农用地罪与非法转让、倒卖土地使用权罪的界限？

答：本罪与非法转让、倒卖土地使用权罪都是与土地管理有关的犯罪。二者的不同在于：（1）客体不同。本罪侵害的是国家对土地特别是耕地进行保护的管理制度；而非法转让、倒卖土地使用权罪侵害的则是国家对土地使用权合法转让的管理制度。（2）犯罪客观方面不同。非法占用耕地罪是结果犯，表现为违反土地管理法规，非法侵占耕地，数量较大，造成大量耕地毁坏的行为。非法转让、倒卖土地使用权罪则是情节犯，表现为违反土地管理法规，实施了非法转让、倒卖土地使用权，情节严重的行为。其中非法转让土地使用权，是指以买卖以外的其他形式非法转移土地使用权的行为，也即未按国家法律规定程序办理征用或者划拨手续的行为，或者未按规定权限办理审批手续的土地转让的行为。倒卖土地使用权，包括毫不掩饰和明码标价地将土地卖给他人，而收取价款和以某种形式掩盖其土地买卖的实质而将土地卖给他人的两种行为方式。（3）对二者的处罚虽都采取了判处有期徒刑和罚金的刑罚方法，但前者没有明确确定的罚金标准；而后者采取的是倍比罚金制的方式以确定罚金的标准。

171. 非法占用农用地罪与非法批准征用等罪的界限？

答：占用农用地罪，非法批准征用、占用土地罪和非法低价出让国有土地使用权罪的界限 此三罪相同之处都是与土地资源有关；并且在主观方面均表现为故意。不同之处表现为：（1）侵害的客体不同。非法占用耕地罪的客体是对耕地的法律保护制度；而非法批准征用、占用土地罪和非法低价出让国有土地使用权罪所侵害的客体均为国家机关工作人员职务行为的廉洁性和正当性。（2）客观方面不同。非法占用耕地罪在客观上表现为违反土地管理法规，非法占用耕地改作他用，数量较大，造成耕地大量毁坏的行为，而非法批准征用、占用土地罪和非法低价出让国有土地使用权罪在客观上都表现为徇私舞弊，违反土地管理法规，滥用职权。通常表现为弄虚作假，欺上瞒下，掩盖事实真相；或违反《土地管理法》等有关土地管理法规中关于批准征用、占用土地以及出让土地使用权的规定，不正确地行使批准征用、占用土地或者出让国有土地使用权的职权。（3）主体不同。非法占用耕地罪的主体是一般主体，而非法批准征用、占用土地罪和非法低价出让国有土地使用权罪的主体是特殊主体，即国家机关工作人员。

172. 什么是土地征收?

答：土地征收关系到国家、集体和个人的利益冲突和利益平衡，对社会影响深远。中国的土地征收程序还存在着很多缺陷，迫切需要进行改革、完善。

土地征收指国家为了社会公共利益的需要，依据法律规定的程序和批准权限，并依法给予农村集体经济组织及农民补偿后，将农民集体所有土地变为国有土地的行为。

173. 土地征收中需要注意什么?

答：（1）限制土地征收权的滥用，防止行政权力的泛滥

土地征收是行政机关运用公权力对土地所有权的强制剥夺。在征收过程中，行政机关既是决定者又是执行者，很容易从自身利益出发，滥用行政权力，任意征收土地，损害他人和社会利益。为防止行政机关滥用土地征收权，构成对他人利益的不适当干预和损害，应当对土地征收施加严格的程序制约。科学合理的土地征收程序可以预先设定行政机关的权限，规范行政机关的行为，增加土地征收的透明度和公示性，避免暗箱操作和肆意妄为等现象的出现，以保证行政权力的公正合理行使。

（2）缓解征收土地者与被征收土地者间的矛盾

由于土地征收的强制性，决定了征收土地者与被征收土地者处于不平等地位，后者只能服从前者，不得阻挠前者的征收行为，加上中国对土地征收程序规定过于粗糙、不科学，导致土地征收中屡屡发生片面强调征收者的利益而未能给被征收者的利益以必要保护的现象，难以真正实现土地征收中的公正与公平，导致被征收土地者极度不满，两者关系紧张，影响社会稳定和发展。科学合理的土地征收程序可以规范征收者的行为，使被征收者明白征收的决策、执行依据和步骤等信息，增强征收者的权威性和公信力，缓解两者间的矛盾，有利于土地征收的顺利进行和征收目的的实现。

（3）具有明显的条件导向性，提高行政效率

科学合理的土地征收程序预先设定了行政机关的权限，规定了其决策、执行的依据和步骤等重要内容，具有很强的针对性和确定性，只要符合土地征收的目的，遵循必要的土地征收程序，该征收行为即是合法有效的。正是因为这一明显的条件导向性，行政机关可以套用

这一模式：条件成立，结果必然，有利于减少不必要的论证、内部决议等过程，节约成本，提高行政效率，保证结果的一致性和稳定性，避免行政机关专断和反复无常，同时也可以增加被征收土地者的可预见性，增强其对行政机关征收行为的信服度，避免产生纠纷，保证土地征收的顺利进行。

174. 中国土地征收程序的缺陷?

答：（1）有关土地征收程序的立法比较简单、粗糙，在许多具体的制度设计上存在漏洞。具体表现在：①土地征收目的合法性审查没有纳入程序中。土地征收目的必须合法，必须是为了公共利益需要才能征收土地，这是国际上通行的原则，亦为中国法律所接受。但这一原则在实施过程中却受到了严重扭曲，表现在：一方面，中国对公共利益的界定不够明确；另一方面，公共利益在程序上没有保障，审批程序中没有征地目的合法性的专项审查，在征地公告中也没有征地目的合法性的专门说明。这样的一个直接后果是无论在实际操作中还是在观念上都淡化了对征收土地目的合法性这一基本前提的重视，导致一些经营性用地也采用征地方式，从而严重侵害了集体土地所有权和土地承包经营权。②缺少对行政机关的监督机制。在中国，行政机关既是土地征收的决定者，亦是执行者，处于绝对优势地位，必须严加监督，防止权力滥用，但中国现行土地立法并没有规定必要的监督机制。如在征地范围的决定权、征地审查权、赔偿方案确定权等方面都只规定由行政机关自主决定，具体实施，缺少对行政机关的必要监督，导致行政机关既当运动员又当裁判员，容易侵害集体和个人的合法权益，也会带来行政权力的泛滥，破坏政府和人民的关系，危害社会稳定和繁荣。

（2）土地征收程序中对被征收者的保护不足。这主要表现在几方面：①土地征收程序透明度和公示性不够。如在补偿方案的确定上，是由政府自己核准并实施的，实难保障征收程序的公示性，难以避免暗箱操作行为的发生，因而难以保障被征收者的利益获得公正的保护。②被征收者在土地征收过程中缺乏表达自己意见的机会。整个征地过程中，被征收者都处于比较被动的局面。《土地管理法》第四十八条规定，征地补偿安置方案确定后，有关地方人民政府应当公告，并听取被征地的农村集体经济组织和农民的意见，但既然征地补偿方案已经确定，被征地者的意见所起的作用是微乎其微的。除此之外，被征地者在征收的目的性、征收的范围等方面都没有表达自己意见的机会。③对被征地者的救济措施规定不足。根据《土地管理法》及其《实施条例》的规定，被征地者在征地范围、补偿标准等方面存在争议的，由县级以上地方人民政府协调；协调不成，由批准征地的人民政府裁决，并没有规定其向司法机关获得救济的权利，这样的救济措施是远远不够的。对于土地征收出现争议时的行政和司法救济措施，现行立法缺乏明确全面的规定。

175. 如何执行土地征收?

答: 首先，由需用地人按照补偿方案缴纳土地征收补偿费用，之后双方到土地管理部门进行登记，需用地人获得征收土地的所有权。这样既有利于被征收土地者尽快获得合理的补偿，又有利于需用地人早日获得土地的所有权，有利于双方利益的实现，避免不必要的纠纷，维护交易安全。

当然，在整个土地征收过程中，都要注重被征收者在征地行为过程中的参与，让他们在征收的目的性、征收的范围、征收补偿安置和征收补偿安置费用的使用、管理等方面都有充分发表意见的机会，并能采取足够的措施保障他们的合法权益。同时，也要设置科学、合理的救济措施，保证在被征收者存有争议时，可以通过多种救济途径，有效地维护自己的合法利益。允许被征收者采取复议、申诉或者诉讼等救济措施，在条件成熟时，还可设立由专业人员组成的征地仲裁机构，主持有关征地过程中产生的异议仲裁，以更好地维护被征地者的合法利益。

176. 结合当前农用地转用和土地征收审查报批工作实际，如何进行工作?

答:（1）明确指标，作好计划。农用地转用地指标相当紧张，面对指标少、用地量大的矛盾，如何最大限度地发挥土地价值，国土局认真分析用地情况，对少量的指标作了初步安排，尽量保证开发区大项目、重点项目报批，并预留一部分乡镇工业区用地和私人建房报批。

（2）认真审查，理清资料。农转用和土地征收资料包括“一书四方案”：包括建设用地呈报说明书、农用地转用方案、补充耕地方案、征地方案和供地方案，共含33项资料。为确保报批资料齐全，数据真实准确，国土窗口严把资料审查关，以保证报件按时高质量完成。

（3）落实责任，加强学习。农转用和土地征收涉及国土窗口及局用地科、征地科、整理中心、各国土所和各乡镇等单位，各单位的工作紧密联系，环环相扣。此项工作上级出台了多项新的规定，为此，要认真学习、贯彻新的业务要求，落实分解工作任务，搞好科室间业务上的衔接，使农转用和土地征收工作有序开展。

177. 如何推进征地制度改革，完善征地补偿机制?

答: 我国各地逐步推进征地制度改革，在征地安置补偿和规范征地程序方面取得了明显的进展。但我国征地制度仍然存在亟待解决的矛盾和问题，因征地补偿不合理而引发的社会矛盾是当前各方面关注的一个焦点。《决定》对进一步改革征地制度和完善征地补偿机制提出了明确的要求。

第一，严格界定公益性和经营性建设用地，逐步缩小征地范围。这是《决定》提出的一个明确要求。目前，我国相关法律未对公益性和经营性建设用地的范围作出明确的界定。按照《决定》的精神，今后将适当缩小征地范围。在土地利用规划确定的城镇建设用地范围外，经批准占用农村集体土地建设非公益性项目，允许农民依法通过多种方式参与开发经营并保障农民合法权益。通过明确地界定“公共利益”来缩小强制征地的范围，是今后征地制度改革的重要方向。

第二，完善征地补偿机制，合理确定征地补偿标准。我国土地管理法规定的征收土地补偿费、劳动力安置补助费，都是按照被征收土地前3年的平均年产值计算的。2004年国务院通过《关于深化改革严格土地管理的决定》，在征地补偿方面提出了确保被征地农民生活水平不降低的要求。《决定》对完善征地补偿机制提出了新的要求，即“依法征收农村集体土地，按照同地同价原则及时足额给农村集体组织和农民合理补偿”。在规划确定的相同区片内，征地应采取统一标准补偿农民，征地补偿标准不随项目性质不同而不同。在征地过程中要维护被征地农民的知情权、参与权、监督权和申诉权，逐步建立和完善征地补偿争议的协调裁决机制，为被征地农民提供法律援助。

第三，拓宽安置渠道，解决好被征地农民就业、住房、社会保障问题。各地在征地时普遍采取一次性地支付补偿金，让被征地农民自谋职业。自谋出路的失地农民，就业方面明显处于劣势地位，很容易陷入失地又失业的困境。从总体上看，失地农民社会保障覆盖面窄，保障水平低。《国务院关于加强土地调控有关问题的通知》提出，被征地农民的社会保障费用，按有关规定纳入征地补偿安置费用，不足部分由当地政府从国有土地有偿使用收入中解决，社会保障费用不落实的不得批准征地；土地出让中价款必须首先足额支付土地补偿费、安置补助费、地上附着物和青苗补偿费、拆迁补偿费以及补助被征地农民社会保障所需资金的不足。《决定》提出，解决好被征地农民就业、住房、社会保障，确保被征地农民基本生活长期有保障。此外，必须多渠道促进失地农民就业，加强对失地农民的就业培训，在贷款、税收、场地等方面对自谋职业和自主创业的失地农民提供优惠政策。征地制度改革涉及法律法规的修改，应当按照《决定》的精神，抓紧完善相关法律法规和配套政策，规范推进这项改革。

178. 土地补偿费主要用于被征地农户的原则；户口不在本地的人是不是无权分配?

答：根据《村民委员会组织法》的规定村民是指农村组织的具有本村农业户口的村民，户口不在本地的人不是村民，无权取得本村集体经济组织的利益。但要注意的是这里用的是“农户”这个概念，不是以个人说的，而是以“户”说的，即《农村土地承包法》中的以家庭为单位的承包户，那么，只要在当时承包土地时得到承包土地份额的人，而他所在的“户”还在，根据承包期内不得收回土地的原则，即使他的现在户口已经离开本地，也有他的份额，即他也有权参加分配。

179. 土地补偿费应在农村集体经济组织内部合理分配。具体分配办法由省级人民政府制定；怎么才是合分配，怎么确定?

答：如果按照《土地管理法》规定的征地补偿原则，土地补偿费是应该全部由村集体所有的，不能分给农民。但自从《关于完善征地补偿安置制度的指导意见》下达后，各地都有松动，目前各地大多采取的办法是 80% 以上分给农民，村里提留的不超过 20%。

180. 什么是征用土地?

答：征用土地是国家为了社会公共利益的需要，依照法定程序将农民集体所有的土地转变为国有土地，并依法给予被征用土地的单位和个人一定补偿的行为。

181. 征用土地补偿标准有哪些?

答：《〈中华人民共和国土地管理法〉办法》第二十二条规定，国家建设征用土地，建设单位应支付土地补偿费、青苗和附着物补偿费、安置补助费。标准如下：

（1）土地补偿费

①征用耕地、蔬菜地，根据国家规定的价格政策，按该土地征用前三年平均年产值（下同）的六倍计算；

②征用鱼塘、藕塘、养殖场、果园、竹园、林地等土地，按该土地年产值的五倍计算；

③征用柴山、滩地、水塘、苇塘和其他有收益的非耕地，按该土地年产值的三倍计算；

④征用宅基地按邻近耕地的补偿标准计算；房屋由建设单位另行征地移迁重建的，原宅基地不再给予补偿；

⑤征用无收益的非耕地，一般不予补偿。

（2）青苗和附着物补偿费

①青苗补偿费，一般按一季农作物的产值计算；能收获的不予补偿。多年生经济林木，可以移植的，由建设单位付给移植费；不能移植的，由用地单位给予合理补偿或作价收购；

②房屋拆迁，按房屋结构、面积、新旧程度，给予合理补偿；违章建筑物和开始协商征地后突击抢栽的树木、突击抢建的建筑物，不予补偿；

③农田水利工程及机电排灌设施、水井、人工鱼塘、养殖场和电力、广播、通讯设施等附着物，按照实际情况付给迁移费或补偿费。

182. 什么是行政听证?

答: 行政听证，是指行政机关在实施抽象行政行为或影响相对人合法权益的具体行政行为前，应举行公开会议，听取行政相对人的评价和意见，对行政相对人提出的疑点和问题，当面予以说明、解释和答复的一种行政程序法律制度。作为行政程序法的核心内容，行政听政在内容上一般应包括:（1）听证主持人;（2）当事人制度;（3）听证范围;（4）证据制度;（5）案卷制度;（6）代理人制度，以及具体的行政听证的步骤，涵盖了行政立法和行政执法的各个领域。

183. 行政听证程序的基本原则有哪些?

答：听证程序是指国家机关作出决定之前，给利害关系人提供发表意见提出证据的机会，对特定事项进行质证、辩驳的程序，其实质是听取利害关系人的意见。广义上的听证包括立法、司法和行政听证三种形式。立法机关制定法律征求利害关系人意见的程序称为立法听证。司法听证事实上就是法院审理案件的程序。本文研究的行政听证是专门适用于行政机关的程序制度。在这一程序制度中，行政机关作出影响行政相对人权益决定前，有义务告知相对人决定的理由和获得听证人的权利，行政相对人有权就事实和适用法律表达意见、提供证据，行政机关有义务听取和接纳，通过公开、民主的方式达到正确实施行政行为的目的。

行政听证程序是现代民主政治的产物，也是行政程序法的核心内容，近几十年来，受到世界许多国家的特别重视。

大致有以下几个：

（1）公开原则

公开是听证程序顺利进行的前提条件，也是防止用专横的方法行使权力的有力保障。我国《行政处罚法》第42条规定:“除涉及国家机密、商业秘密或者个人隐私外，听证公开举行。”

听证的目的是听取对方当事人意见。怎样才能保证当事人的意见被充分如实听取呢?

最重要的是在听证开始阶段就应当向当事人公开有关材料，允许他在决定作出之前为自己辩解，避免被调查人“处于黑暗之中”。具体而言，公开原则要求听证程序公开进行，举行听证会之前应发出公告，告知利害关系人听证程序举行的时间、地点、案由等情况；允许群众、记者旁听，允许记者采访报道；在听证过程中，当事人有权在公开举行听证的地点进行陈述和申辩，提出自己的主张和证据，反驳对方主张和证据；行政机关作出决定的事实根据必须公开并经当事人质证，不能以不为一方当事人所知悉的证据作为决定作出的事实根据；根据听证记录作出的行政决定的内容也必须公开。听证程序公开化不仅可以保证行政决定更加公正、全面、客观，而且有利于加强对行政机关的社会和舆论监督，提高公民的守法意识。正如英国弗兰克斯委员会在行政裁判所和公开调查的报告中所说的，为了做到裁判上的公平，一切裁判活动必须以三个原则为指导，即公开、公正和无偏私。在这三个原则中，公开原则列为第一位。当然，公开原则也不是听证程序的绝对要求。凡涉及国家机密，个人隐私的事项，可以不公开听证，这是很多国家的习惯做法。

（2）职能分离原则

职能分离原则是指在听证过程中从事裁决和审判型听证的机构或者人员，不能从事与听证和裁决行为不相容的活动，以保证裁决公平。我国《行政处罚法》第42条第1款第4项规定了这一原则，即“听证由行政机关指定的非本案调查人员主持，当事人认为主持人与本案有直接利害关系的，有权申请回避”。

职能分离原则来源于古老的自然公正原则。该原则主张“每个人不能作为自己案件的法官”，它不仅适用于司法职务，也适用于行政职务。公民在其权利和合理的利益受到行政决定不利影响时，不仅有权为自己辩护，而且有权要求他的意见必须由一个没有偏见的行政官员决定。一个行政决定不能由和该决定有利益牵连的人作出，这是自然公正原则对行政程序的要求。“任何人不能就同一事件同时作为追诉人和裁判官，因为这种情况也是作为自己案件的法官”。

当然，行政机关不同于司法机构，它不是专门的裁决机构，鉴于行政机关处理的问题涉及较复杂的专业知识和技术，为了提高效率，避免增加财政开支，立法不可能要求行政机关内的追诉调查职能与听证裁决职能完全分开，由独立的机构行使。能够做到的只是内部职能分离，即在同一行政机关内部，执行调查追诉职能的人，不得主持听证和参加裁决。这也是很多国家听证程序的具体做法。各国立法之所以如此重视职能分离，是因为事先进行调查追诉的人如参与裁决，必然着重以他所调查的证据作为裁决的基础，而忽视当事人所提出的证据。与反驳意见，甚至调查追诉人秘密调查没有经过当事人对质的证据，并可能作为裁决的基础，这对当事人来说是很不公平的。事先调查和追诉的人，对于案件的处理很难处于一种超然的客观心理状态，而这种心理状态是公正的听证和裁决所必须具备的条件。如果调查和追诉人员与主持听证的人员和裁决人员合一，即使主持听证和裁决的人没有偏见存在，也难以使当事人相信自己得到了公平的裁决。

我国《行政处罚法》第42条的规定体现了职能分离原则，但此规定过于原则，因为“非本案调查人员”的范围十分广泛，既可以是负责案件调查部门的其他人员，也可以是机关首长，还可以是本机关其他部门的人员。《行政处罚法》公布后，很多行政机关在制定相关实施办法时，大多将听证主持人定位于本行政机关的法制机构工作人员，尽管如此，仍难以避免这类人员与调查人员的接触及受到影响。特别是在法制机构人员本身作案件调查人员时，更难以避免这种情况。为了保证职能分离原则的真正落实，必须确立听证主持人相对独立和公正超然的法律地位。美国这方面的经验可资借鉴。

与听证公开原则一样，职能分工原则也不是绝对的。特别在行政机关的高层，职能融合仍是被允许的。而且在某些特殊领域，职能分工仍有若干例外。如在对申请原始许可证的决定程序，涉及价格的正当性与选用的程序，或涉及公用事业、公共运输的设施和经营活动的程序中，也不可能做到职能分离，应当允许相对融合。

（3）事先告知原则

行政机关举行听证，作出行政决定前，应当告知相对人听证所涉及的主要事项和听证时间、地点，以确保相对人有效行使抗辩权，从而保证行政决定的适当性与合法性。不能及时得到通知，没有充分的准备时间，就意味着当事人没有机会取证和准备辩论，不知道听证涉及的主要问题，就无法做必要的听证准备，难以行使自卫抗辩的权利。所以，我国《行政处罚法》第42条规定，行政机关作出“责令停产停业，吊销许可证或者执照、较大数额罚款等行政处罚决定前，应当告知当事人有要求举行听证的权利”；“行政机关应当在听证的七日前，通知当事人举行听证的时间、地点”。

事先告知原则是听证制度的核心内容之一。很多国家的法律原则和程序法包含这项听证原则。根据英国自然公正原则，行政机关必须听取对方意见的原则包含三个内容：①公民有在合理时间以前得到通知的权利；②公民有了解行政机关论点和根据的权利；③公民有为自己辩护的权利。其中前两项内容就是有关事先告知原则的体现。日本《行政程序法》第15条规定，行政机关作出不利处分时应在事先留出相当期限，书面通知该不利处分的相对人。书面通知应当包括：a. 作出的不利处分的内容以及有关法令条款的依据；b. 构成不利处分原因的事实；c. 听证的日期和场所；d. 管辖听证事务的组织名称和所在地。此外，美国、德国的行政程序法也规定了较为详细的告知原则。该原则主要解决以下几个问题：

①告知的对象。行政机关举行听证前，应当将听证事项及时间地点告知相对人。相对人的范围，即告知的对象则在不同国家有不同界定。我国《行政处罚法》将其界定为“当事人”，即受处罚人，美国法律则界定为“利害关系之当事人”，即“因听证的结果，而权利义务直接受影响之当事人”。德国《行政程序法》则将其界定为“相对人或关系人”。由于听证的目的是听取利害相关人的意见，不仅限于受处罚人或当事人的意见，所以，听证告知的对象应当比当事人更广，包括相对人和其他利害相关人。

②告知的时间。听证前告知的目的是便于利害相关人出席听证会或准备陈述意见和辩论，所以在告知听证权利和听证时间内，应当给利害相关人预先留出一定的准备时间，即告知与听证之间的时间，不宜过短，否则会影响有关人员的准备，但也不宜太长，以避免耗费时间、精力。时间长短视当事人及关系人的住所远近及案情复杂性而定。

③告知的内容。听证前告知的内容应当包括当事人要求举行听证的权利，听证的大致内容及涉及的重要事项以及听证时间、地点、听证机关等。我国《行政处罚法》对此未作详细规定，各地和各部门在有关听证的实施办法中对此进一步细化，增加了“当事人的姓名、名称、违法行为、行政处罚的理由、依据和拟作出的行政处罚决定”等。

④告知的方式。听证前的告知通常采用三种方式：一是书面直接送达，二是邮寄告知，三是公告送达。我国《行政处罚法》未作规定，但各地及各部门实施行政处罚法的具体办法除规定上述三种送达方式外，还包括委托送达，口头告知（但要记入笔录）等。

（4）案卷排他性原则

案卷排他性原则是指行政机关按照正式听证程序作出的决定只能以案卷为根据，不能在案卷以外，以当事人未知悉和未论证的事实为根据。目的是保障当事人有效行使陈述意见的权利和反驳不利于自己证据的权利。法院也只能以案卷中的记录为根据，审查行政决定合法与否，行政机关也可以以此为由排除干扰，独立作出决定。我国《行政处罚法》第42条第1款第7项规定：“听证应当制作笔录，笔录应当交当事人审核无误后签字或者盖章。”但没有规定听证笔录在决定中作为唯一依据，甚至对该笔录在处罚决定的作用也只字未提。各地各部门的听证实施办法对此作了一定补充。如《上海市行政处罚听证程序试行规定》第26条规定：“听证笔录应当作为行政机关作出行政处罚决定的依据。”《劳动行政处罚听证程序规定》第16条规定：“劳动行政部门不得以未经听证认定的证据作为行政处罚的依据。”

目前争议的问题是：听证笔录在行政决定中的作用是什么？一种观点主张应全面借鉴吸收案卷排他性原则，特别是吸收其精髓，“行政机关认定的事实和理由应是当事人所知悉并经其辩论的；如果行政机关采用听证笔录以外的事实和证据，应当提供当事人知悉和辩论这些材料的机会”。也就是说，听证笔录应当作为行政决定的主要依据。

另一种观点认为，听证笔录只能作为行政决定的依据之一，因为听证之后补充的证据不能认为是无效的，仍应作为依据，当事人也可以不提交有关证据，因而无法做到所有证据都必须在听证中出示并经过质证后确认。特别是在当事人放弃听证的情况下，要求所有证据在听证会上质证，在法理上不成立，实践中也做不到。从我国目前听证制度的适用现状看，一方面，听证笔录的作用仍未被充分重视，行政机关作为程序的发动者和终结裁判者，在使用听证笔录方面仍享有较大的自由裁量权，而且未经听证的证据和事实仍然对行政决定起着相当重要的作用，这与听证程序本身中的案卷排他性原则要求还有一定差距；另一方面，听证笔录是行政程序的阶段性产物，行政决定的最终形成还有赖于行政首长的裁决，听证后采纳证据、认定事实仍不能避免，加之行政决定并不是最终决定，还要接受司法审查，所以为了达到听证程序本身所追求的目的。

184. 什么是耕地占补平衡?

答: 建设占用多少耕地，各地人民政府就应补充划入多少数量和质量相当的耕地。占用单位要负责开垦与所占用耕地的数量和质量相当的耕地；没有条件开垦的，应依法缴纳耕地开垦费，专款用于开垦新的耕地。耕地占补平衡是占用耕地单位和个人的法定义务。

185. 存在“占优补劣”现象有哪些原因?

答:（1）耕地保护考核体系还不够完善。虽然《土地管理法》明确规定补充的耕地应与占用耕地的数量和质量相当，国土资源部也相应出台了耕地质量评价标准，但各省对耕地质量评价尚未制定具体的实施办法，对耕地占补平衡的考核存在重数量、轻质量的问题。

（2）管理体制不健全。当前，国土资源部门负责土地开发整理事务的都是自收自支的事业单位，无经费来源，办公经费、人员工资、福利、养老保险等经费无保障，不利于土地开发整理工作的开展。

（3）缺少一批业务精通、经验丰富的专业技术队伍，影响土地开发整理项目规划、设计和实施的质量。

（4）受客观因素的制约。一般建设所占耕地都是经营多年、土壤肥沃、自然条件较好的土地，而开发补充的土地大部分是未利用土地，自然条件不好，土层薄且土质贫瘠。

（5）土地开发整理项目资金问题。按现行的政策，耕地开垦费必须全额上缴后，以土地开发整理项目的形式拨付用于补充耕地。现实中，存在拨付资金不足的现象，上缴的开垦费水田一般是1000元/亩左右，旱土是600元/亩左右。而拨付的资金仅是200元/亩左右，并且所拨付资金还有部分用于必须的办公经费、交通工具、人员工资、福利、保险等开支，致使投入土地开发整理的资金严重不足。

（6）对新开垦耕地的后续管理缺少必要的措施。

186. 如何加强和改进耕地占补平衡?

答:（1）开垦耕地应尽量选质地好的后备土地资源。通过开发后备土地资源补充耕地的质量主要取决于后备土地资源的先天条件，如果要开垦的后备土地资源的先天条件不足或自然质量不高，即使投入再多的人力、物力，也难以获得高质量的耕地。因此，在现有的后备土地资源中，选择适宜开垦而且宜耕性较好的土地，是保证开垦后的耕地质量较高的先决条件。

（2）建立一批高素质的专业技术队伍，科学做好土地开发整理项目资源开发的规划、设计和施工。首先，各级应加强土地开发整理规划、设计队伍建设，通过业务培训提高从业人员的整体素质，通过新技术应用培训，提高土地开发整理规划与管理的科学性和先进性。对待开发的后备土地资源进行“田、林、路、渠”综合规划；设计好田块内的土壤构造，包括土层厚度、土体构型、土壤质地、土壤有机质含量等，使其达到理想土壤的水平。其次是要建立土地开发整理规划设计单位、监理单位、施工单位的资质认证和考评制度，对其从业人员也需进行执业资格认定。只有具备相关资质的机构和个人才能承接土地开发整理项目，使土地开发整理项目施工质量有保障。

（3）完善耕地保护考核体系。据相关资料的数据表明，全国后备耕地资源只有8100万亩，集中分布在干旱缺水的新疆、内蒙古、宁夏和低洼易涝的三江平原、松嫩平原以及沿海滩涂。由于我国后备土地资源先天不足，靠开发后备土地资源来实现耕地占补的数量平衡尚且存在较大困难，要实现耕地占补的质量平衡更是难上加难。鉴于以上客观原因，建议尽快完善耕地保护考核体系，树立耕地数量与质量相统一的思想，拓宽耕地占补平衡思路。对耕地占补平衡的考核不单纯地进行数量平衡的考核，更重要的是要注重质量平衡的考核。耕地是质与量的统一体，对耕地占补平衡的考核实质是对耕地生产能力占补平衡的考核。在明确这一根本目的的基础上可以采取“以质抵量”来实现耕地占补平衡这一目标。比如：在占用1亩质量较好的耕地时，若补充的1亩耕地与其质量不相当时，还应投入一定资金用于改造一定数量的中、低产田来平衡占用和补充耕地两者质量的差异，或者直接以改造较大面积的中、低产田来代替补充耕地，而达到耕地生产能力的平衡，并可以有效的避免开发耕地带来的生态风险。据相关资料显示：我国现有耕地质量属中等，高产田仅占21，中产田占37，低产田占42，中低产田的比例高达79，改造中低产田大有潜力可挖。当然，要实现耕地生产能力占补平衡，需要建立在补充耕地与占用耕地的针对性比较和耕地质量量化的基础上，科学地确定耕地开垦费的数量和改造中低产田的数量及标准，同时要严把耕地占补平衡考核、验收关，确保耕地质量不变劣，生产能力不降低。

（4）完善管理体制和机制。一是建议将各级土地开发整理机构纳入财政全额拨款的事业单位。二是适当下放土地开发整理立项和验收的权利。按现行的管理体制，土地开发整理项目的立项审批权限在市以上国土资源部门，一些后备资源优良但面积较小的项目不能立项。特别是丘陵地带，成片、大规模的后备资源相对匮乏，因此建议适当下放土地开发整理的立项和验收权利，由县（市、区）级国土资源部门负责小面积的土地开发整理项目的立项、验收工作。

（5）加强对新开垦耕地的后续管理。各级政府应加大对新开垦耕地的后续管理，制定具体措施鼓励单位和个人加大对新开垦耕地质量的改良力度，加大后续资金投入力度，并落实种植措施，逐步提高新开垦耕地的质量。

187. 被征地农民是指哪些群体？

答：被征地农民是指，征地时享有农村集体土地承包权的在册农业人口，在城市规划区内（含县城、镇政府所在地）因征地失去1/2以上农用地的人员；在城市规划区外，被征地农户人均耕地面积低于所在县（市、区）农业人口人均耕地面积1/3的人员。

188. 被征地农民遇到哪些问题？

答:（1）大批被征地农民失业，就业竞争能力弱。当前以“市场就业”为取向的劳动用工制度和以“知识经济”为基础的产业结构调整，对求职者的年龄、文化、知识、技能和市场竞争意识要求较高。而被征地农民大多是年龄偏大、文化程度不高、知识水平有限、技能水平偏低的群体，面对劳动力市场上一大批有文凭、有知识的求职大学生和有一定劳动技能的下岗工人，失地农民就业竞争力可想而知。他们当中只有少部分通过亲朋好友的帮助和自己的努力找到了有一定固定收入的岗位，而且不能保证月月有，要靠运气吃饭。

（2）社会保障无着落。按现行国土方面的政策，国家在征用集体土地时，实行货币安置，被征地农民一次性全额领取安置补偿费后，自主择业，自行解决养老、医疗、失业等社会保险。据调查，全市被征地农民中，只有极少数人领取了每月30元的农村低保金。

（3）征地补偿费过低，农民生计困难突出。在征用农村集体土地过程中，由于各个时期的政策变化不一样，因此，被征地农民从中获得的补偿安置费不一样。一方面是改革开放初期，国家征用农村集体土地补偿费每亩在2000元至8000元左右，农民人均领取1600元左右就失去了耕地，这部分人经历过20多年的打工生涯，如今年迈体衰，生活十分困难，一无固定经济来源，二无宅基地建房。如渔场村一组王正明一家三代共12口人挤在一栋80平方米的平房内，白天是餐厅，晚上就变成卧室。另一方面是改革开放后期，在征用农村集体土地时，按郴州市现行政策和征地补偿标准，被征地农民完全失去土地后，人均能一次性领到安置补偿费3万元左右，从此后，就再没有固定的经济来源，虽说安置补偿费比以前要多，能维持几年的基本生活，但从长期来看，他们的生计还是与改革开放初期被征地农民一样，困难重重。目前被征地农民中，已经显露出许多问题，部分失地农民沦为特困家庭。

189. 什么是移民安置？

答：按有关规定的标准将水库淹没范围内、工程用地范围内的居民迁移到适宜地点，并妥善安置。

190. 如何保障以农民权益为核心的征地制度？

答：征地是指国家为了公共利益的需要，运用国家强制力，按照法定程序将一定范围农村集体土地的所有权转为国家所有权，并依法给予补偿的活动。现行土地征用制度形成于计划经济时代，其主要特征是政府用行政命令代替市场机制，由集体土地变为国有土地的过程不是一个平等的产权交易过程。征地中，农民享有知情权、参与权和赔偿权，却没有拒绝征地权、议价权和征地补偿价格的最终决定权。各级政府在政绩工程或财政利益的驱动下，大规模低价征用农民的土地，是当前农民利益流失最严重的一条渠道。土地征用不仅没有使农民富裕，而是造成了大批农民失地失业；不仅没有缩小城乡差距，而是扩大了社会不公。因此，完善被征地农民的社会保障制度，从法律的角度讲，首先要解决的问题是改革和完善我国现行的征地制度。“坚持最严格的耕地保护制度，加快征地制度改革，健全对被征地农民的合理补偿机制。”

191. 如何增加被征地农民的收益?

答：在市场经济条件下，在城镇化进程中，土地不仅是农民的基本生活保障和重要的生产资料，更应成为农民的一大财富。

192. 土地管理的含义是什么?

答：土地管理是国家为维护土地制度，调整土地关系，合理组织土地利用所采取的行政、经济、法律和技术的综合措施。一般而言，国家把土地管理权授予政府及其土地行政主管部门。因此，土地管理也是政府及其土地行政主管部门依据法律和运用法定职权，对社会组织、单位和个人占有、使用、利用土地的过程或者行为所进行的组织和管理活动。

193. 土地管理的内容是什么?

答：中国土地管理的基本任务是维护社会主义土地公有制，在正确调整土地关系的基础上，根据国民经济各部门以及农村经济组织内部各业（农、林、牧、工、渔）综合发展的需要，合理组织土地利用，不断改善土地生态环境，提高土地生产率，使有限的土地资源更好地为社会主义现代化事业服务。土地管理的内容主要包括：①制定并执行土地法律、法规；②查清各类土地的数量、质量、分布和利用状况，并给以综合的科学评价（见土地调查、土地评价）；③进行土地登记，颁发土地所有权和使用权证书，以确认土地所有者、使用者的合法权益，巩固和稳定土地使用的范围和秩序，维护社会主义土地公有制，调动土地经营者合理利用土地、投资改造土地的积极性；④建立和健全土地统计制度，以土地所有者和使用者为基层统计单位，按土地利用类别进行统计，逐级汇总，每年上报一次；⑤加强建设用地管理，严格控制非农建设占用耕地，认真贯彻保护耕地的国策，并依法办理建设征用划拨土地的审批、登记手续（见土地法规）；⑥制订和实施土地利用规划；⑦检查、监督土地利用情况，查处有关违法案件，调解土地纠纷。

194. 土地管理有何必要性?

答:(1)土地资源数量不清;

(2)土地资源质量不明;

(3)土地权属混乱;

(4)土地纠纷多且复杂;

(5)土地浪费大。

基于以上现实状况,非常有必要对土地进行严格管理。

195. 什么是土地使用?

答:即土地利用,民事权利人为满足自己需要,按照土地的自然性能和用途加以利用的行为或法律事实。土地使用和土地占有存在密切联系,没有占有就无法使用,而占有的目的就是为了使用土地。土地利用是人类通过与土地结合获得物质产品和服务的经济活动过程,在这一过程中人类与土地进行物质、能量和价值、信息的交流、转换。

土地利用是个技术问题,是对空气、土壤、水分、地形、生物等多种自然因素综合体的利用,如果人类掌握的科学技术水平高,则对这些因素的认识程度就高,利用时采取的手段、措施也就越恰当,取得的效果就越好。土地利用还是一个经济问题,土地和其他生产要素一样,在利用中必须服从一定的经济规律,才能取得良好的经济效益。

土地利用是一个动态的概念,人类最早对土地的利用是直接从土地上获取野兽、植物果实等食品;随着人类社会分工和原始农业的产生,人类开始通过播种、收获等农业活动获得粮食等农产品;现在,人们常说的土地利用已经是土地开发、利用和保护的综合行为了。土地利用的基本内容包括:土地资源的调查、分类、统计;土地利用程度、结构、效益等现状分析;土地利用规划;土地开发;土地保护。土地资源的调查、分类、统计是土地利用的基础性工作,为因地制宜合理利用土地提供了科学依据;土地利用现状分析为更合理地利用土地指明了方向;土地利用规划用于指导今后土地利用规划的实践;土地开发是土地的广度和深度利用。人类通过利用土地来满足自己的生存和发展需要,土地利用的三大目标是土地利用的经济目标、生态系统目标和生态环境目标。中国人口众多,土地资源相对不足,可开垦耕地资源已经很少,应更注重土地的集约利用;为保证国内粮食的供给应在农业优先的前提下,统筹安排用地比例。

196. 什么是土地利用率?

答:土地利用率指已利用的土地面积与土地总面积之比,一般用百分数表示。它是反映土地利用程度的数量指标。

土地利用率的高低取决于多种因素。主要有：①土地的自然条件。包括地势的高低，土壤的肥瘠，降水的多少，气温的高低，以及动物、植物、矿产的分布情况等。②经济条件与利用技术水平。土地利用受经济因素的影响很大，这又和技术水平有密切关系。土地的利用程度可因技术条件改变。技术进步可以使土地利用率提高。目前，有许多土地人类尚不能利用，例如高山、沙漠、峭壁、陡坡、未经风化的岩石、积雪深厚的冰川等。③生产关系与社会制度。包括土地所有制，土地经营制度，地租制等。

衡量土地利用率的主要指标有：①农业土地利用率。是指一个地区或农业生产单位用于农业生产（包括农、林、牧、副、渔业）的土地占土地总面积的比例，是衡量一个地区或农业生产单位农业土地利用程度的指标；②非农业土地利用率。是指一个地区或农业生产单位非农业用地（包括城镇居民点、工矿、交通、旅游、军事等的占地）占土地总面积的比例，是反映非农业用地占用土地状况的指标；③垦殖指数。是指已开垦利用的耕地面积占土地总面积的比例，是衡量一个地区或农业生产单位耕地开发利用程度的指标；④复种指数。是指一个地区或农业生产单位一年内农作物播种面积与耕地面积的百分比，表明耕地在一年内被重复利用程度的指标。在土地开发利用过程中，必须在不造成水土流失和破坏生态环境的原则下，将一切可以开发利用的土地资源，因地制宜地加以充分合理的开发利用，以提高土地利用率。

197. 什么是土地转让?

答:（1）土地所有人将土地所有权有偿或无偿地转给绘他人。有偿的是买卖，无偿的是赠与或遗赠。土地转让行为只能发生在土地私有制的社会里，我国在农业、手工业和资本主义工商业社会主义改造基本完成之后，土地变私有制为公有制，因而不允许土地转让。但是土地的使用权可以依法转让，受让人仅对土地享有使用权，而所有权仍属于国家或集体。

（2）在土地家庭承包经营的情况下，土地转让指承包人自找对象，由第三者代替自己向发包人履行承包合同的行为。转让的合同内容虽无改变，但是变更了承包人，终结了原承包人与发包人的权利义务关系，确立了受让人与发包人的权利义务关系。土地承包经营权转让时，承包方与第三者应订立书面协议。

相关土地转让税率：

转让土地使用权，按“转让无形资产”税目缴纳营业税，税率为5%。

转让建筑物有限产权或永久使用权，将不动产无偿赠与他人的行为视同销售不动产，按5%的税率缴纳营业税。

198. 什么是土地使用权?

答: 土地使用权，是指单位或者个人依法或依约定，对国有土地或集体土地所享有的占有、使用、收益和有限处分的权利。

国有土地使用权是指国有土地的使用人依法利用土地并取得收益的权利。国有土地使用权的取得方式有划拨、出让、出租、入股等。有偿取得的国有土地使用权可以依法转让、出租、抵押和继承。划拨土地使用权在补办出让手续、补缴或抵交土地使用权出让金之后，才可以转让、出租、抵押。

农民集体土地使用权是指农民集体土地的使用人依法利用土地并取得收益的权利。农民集体土地使用权可分为农用土地使用权、宅基地使用权和建设用地使用权。农用地使用权是指农村集体经济组织的成员或者农村集体经济组织以外的单位和个人从事种植业、林业、畜牧业、渔业生产的土地使用权。宅基地使用权是指农村村民住宅用地的使用权。建设用地使用权是指农村集体经济组织兴办乡（镇）企业和乡（镇）村公共设施、公益事业建设用地的使用权。按照《土地管理法》的规定，农用地使用权通过发包方与承包方订立承包合同取得。宅基地使用权和建设用地使用权通过土地使用者申请，县级以上人民政府依法批准取得。

在中国，土地使用权的主体是广泛的。国家机关、企事业单位、农民集体和公民个人，以及三资企业，凡具备法定条件者，依照法定程序都可以取得土地使用权，成为土地使用权的主体。土地使用权可以出让、转让、买卖、出租、抵押。

199. 什么是土地使用权出让?

答: 土地使用权出让是国家以土地所有人的身份将土地使用权在一定期限内让与土地使用者，由土地使用者向国家支付土地使用权出让金的行为。土地使用权出让有拍卖、招标和协议三种方式。

200. 什么是土地使用权转让?

答: 土地使用权转让是指通过出让方式取得国有土地使用权的单位和个人，将土地使用权再转移的行为，如出售、交换、赠与等。土地使用权的出让构成土地使用权流转的一级市场，土地使用权的转让构成土地使用权流转的二级市场。集体土地使用权的转让，目前情况比较复杂，在法律中并无系统的规定，各地的做法也不一致。从原则上讲，农民集体所有的土地使用权不得出让、转让或者出租用于非农建设。因此，集体土地使用权的转让，目前一般是指不改变农用地性质的承包和转包。通过土地划拨及建设用地程序取得的使用权是无限期的，通过土地使用权出让取得使用权的，按照土地的用途不同，使用权的年限也不同。

201. 什么是土地使用权出租?

答: 土地使用权出租是指土地使用者作为出租人将土地使用权随同地上建筑物、其他附着物租赁给承租人使用,由承租人向出租人支付租金的行为。未按土地使用权出让合同规定的期限和条件投资开发、利用土地的，土地使用权不得出租。

202. 什么是土地使用权买卖?

答: 土地使用权买卖是土地使用权人以获取价款为目的将自己的土地使用权转移给其他公民或法人，后者获得土地使用权并支付价款的行为。

203. 什么是土地使用权交换?

答: 土地使用权交换是相邻的集体所有制单位，为了改变土地利用的缺点、机械化作业条件和水利灌溉条件，进行局部土地界线的调整与交换部分土地。经调整后，土地利用条件得到改善。土地使用权的交换必须在自愿基础上产生，在平等互利的原则上协商解决，因而可由交换单位提出申请，在土地管理部门指导下，经协商提出方案，经县级以上地方人民政府批准后进行划界，申请办理变更登记。土地使用权可以作为抵押权的标的物，以土地使用权设定抵押权时，其地上的建筑或其他工作物也随之抵押；当地上的建筑或其他工作物抵押时，其适用范围内的土地使用权也随之抵押。

204. 什么是土地使用权变更?

答: 土地使用权变更指国有土地使用权、集体土地使用权在初始登记后发生的变更，主要有以下几种类型：（1）国有土地划拨、集体土地内部划拨；（2）依法通过土地有偿出让、转让取得土地使用权；（3）因赠与或继承、买卖、交换、分割地上附着物引起；（4）因土地交换、机构调整、企业兼并等原因引起；（5）因宗地合并或分立引起；（6）因处分抵押财产取得土地使用权；（7）更改土地使用者名称、地址等。

205. 什么是土地使用权赠与?

答: 土地使用权赠与是土地使用权人将土地使用权无偿地转移给相对人，相对人予以接受的行为。

206. 什么是土地使用权继承?

答: 土地使用权继承指公民按照法律规定或者合法有效的遗嘱取得死者生前享有的土地使用权的行为。继承人除继承土地的使用权外，其地上附着物的所有权也随之得到继承。

207. 什么是土地使用权划拨?

答: 土地使用权划拨是指国家依法按照一定的程序将国有建设用地的使用权无偿地转移给建设用地者。土答: 地使用者以无偿方式取得土地使用权，但需要支付给原土地使用者拆迁安置及各项补偿费用。

208. 什么是土地使用权终止?

答：土地使用权终止指因某种原因造成土地使用权的结束或停止，一般有四种情况：（1）使用年限届满，未经批准续期，土地使用权即告停止；（2）情况特殊，根据社会公共利益的需要，国家在给予合理补偿的前提下，依法提前收回土地使用权;（3）土地灭失;（4）土地使用权受让人逾期未全部支付出让金的，出让方依照法律和合同规定，终止其土地使用权。

209. 关于土地的违法行为有哪些?

答: 土地违法行为是指单位和个人违反土地管理法律、法规的行为，即不履行土地管理法规定的义务或滥用权利与职权，应当追究法律责任的行为。根据现行法律、法规的规定，土地违法行为主要包括以下几种：

（1）非法转让土地行为；

（2）破坏耕地行为；

（3）非法占地行为；

（4）非法批地行为；

（5）侵占、挪用征地费及其他有关费用的行为；

（6）拒不交还土地的行为；

（7）拒不履行土地复垦义务的行为；

（8）非法批准出让或者非法出让土地使用权用于房地产开发的行为；

（9）不按批准用途使用国有土地的行为；

（10）非法转让集体土地的行为；

（11）不办理土地变更登记的行为；

（12）在临时用地上修建永久性建筑物、构筑物行为；

（13）违反土地利用总体规划重建、扩建建筑物、构筑物行为；

（14）逾期不恢复种植条件行为；

（15）违反法定要求划定基本农田保护区行为；

（16）破坏或者擅自改变基本农田保护区标志行为；

（17）侵占、挪用基本农田的耕地开垦费行为；

（18）占用基本农田发展林果业和挖塘养鱼行为；

（19）非法低价出让国有土地使用权行为；

（20）土地管理工作人员玩忽职守、滥用职权、徇私舞弊行为。

210. 土地违法行为的法律责任有哪些特点？

答：土地违法行为的法律责任是指行为人违反土地管理法律、法规所应承担的法律后果。它具有两个特点：

（1）法律责任必须在土地管理法律、法规上有明确具体的规定。既是土地违法行为，土地管理法律、法规又明确规定负法律责任的才负法律责任，否则不负法律责任。

（2）具有国家强制性。追究土地违法行为人的法律责任是土地行政主管部门基于行政管理权的单方意思表示，不受当事人的意志左右，不存在调解或协商，无须考虑当事人的意愿，被处罚人在限期内既不起诉也不申请复议又不履行的，则申请人民法院强制执行。

211. 土地违法行为的法律责任有哪些类型？

答：土地违法行为的法律责任包括行政责任和刑事责任两大类。

行政责任分为行政处罚和行政处分两种制裁方式。根据现行土地管理法律法规的规定，行政处罚的种类包括：（1）没收，即没收违法所得，没收非法的建筑物和其他设施；（2）罚款；（3）限期拆除；（4）责令履行义务，即责令限期改正或治理，责令缴纳复垦费，责令交还土地等。

行政处分亦称“纪律处分”，是国家机关、企事业单位按行政隶属关系，给予违反行政法的所属人员的一种制裁，根据现行土地管理法律法规规定，应予有关责任人员行政处分的土地违法行为包括：（1）买卖或以其他形式非法转让土地；（2）非法占地；（3）非法批地；（4）侵占、挪用被征地单位的征地补偿费的其他有关费用，尚未构成犯罪的；（5）土地行政主管部门的工作人员玩忽职守、滥用职权、徇私舞弊，尚未构成犯罪的；（6）应将耕地划入基本农田而不划入，且拒不改正的；（7）擅自批准出让或者擅自出让土地使用权用于房地产开发的；（8）非法低价（包括无偿）出让国有土地使用权的。根据《土地管理法》的规定，土地行政主管部门在监督检查工作中发现国家工作人员的违法行为，依法应当给予行政处分的，应当依法予以处理；自己无权处理的，应当向同级或上级人民政府的行政监察机关提出行政处分建议。2000年3月2日，监察部和国土资源部联合发布了《关于违反土地管理规定行为行政处分暂行办法》。

土地违法行为的刑事责任，在《中华人民共和国刑法》中有明确规定，共涉及3个条款，

4项罪名:(1)非法转让、倒卖土地使用权罪。刑法第282条规定:"以牟利为目的,违反土地管理法规,非法转让、倒卖土地使用权,情节严重的,处三年以下有期徒刑或者拘役,并处或者单处非法转让、倒卖土地使用权价额百分之五以上百分之二十以下罚金;情节特别严重的,处三年以上七年以下有期徒刑,并处非法转让、倒卖土地使用权价额百分之五以上百分之二十以下罚金。"(2)非法占用耕地罪。刑法第342条规定:"违反土地管理法规,非法占用耕地改作他用,数量较大,造成耕地大量毁坏的,处五年以下有期徒刑或者拘役,并处或者单处罚金。"(3)非法批准征用、占用土地罪和非法低价出让国有土地使用权罪。刑法第410条规定:"国家机关工作人员徇私舞弊,违反土地管理法规,滥用职权,非法批准征用、占用土地、或者非法低价出让国有土地使用权,情节严重的,处三年以下有期徒刑或者拘役;致使国家或者集体利益遭受特别重大损失的,处三年以上七年以下有期徒刑。"

212. 土地拆迁赔偿有哪些内容?

答:被拆迁人的补偿是民法上的损害赔偿关系,笔者不这样认为。拆迁安置补偿是行政补偿。拆迁人在拆迁过程中,由于执法(适用法律的)行为,给被拆迁人造成或将要造成经济上的损失而给予一定的经济补偿,这是一种行政补偿。拆迁人主观上无过错,也不存在违法行为,并可以先行补偿。拆迁人为了公共利益的需要,实施拆迁,拆迁人的行为是执行职务的行为,无过错也要承担补偿责任,一般以现实直接损失为限,并不完全适用民法的公平等价原则。特别是市政道路拆迁,被拆迁人为了公共利益,为了城市道路建设,为了更多的绿地环境,为了公共服务设施畅通,必须腾让房屋,为国家利益作出一定的牺牲。拆迁补偿类似于国家征用土地补偿。国家依法征用土地时,为了不使被征用人的生产和生活受到较大的影响,国家公平合理地给予补偿。我国土地管理法第46条、47条等条款规定了国家征用补偿,日本《土地征用法》对因公征收而签订的合同作出了详细规定。根据该法的规定,凡因国防、公益、公立学校、铁路、电信、水利、灾害防治等可征收之,其征收程序为先由内阁认定该土地为公共利益所必需,再由内务大臣向内阁会议提出认定案,经二次认定后,签订征收合同,合同包括土地所在地、地号、地目、面积,土地所有人及关系人的姓名、住址,依据合同取得的种类与内容,取得权利的时间与附属物之交付或迁移期限,补偿事项等。我国不存在土地私有,但房屋存在私有,房屋拆迁补偿实质上国家补偿。被拆迁人针对特权行为只能寻求经济利益平衡,寻求合理适当的补偿。不论合同有无规定。实际存在的拆迁灭损、不可预见的过渡意外情况,皆可要求合理补偿。纵使双方达不成协议,没有形成行政合同关系。

但针对拆迁人的特权,被拆迁人的经济利益平衡原则在强制拆迁后仍然存在。.

拆迁补偿安置是行政补偿。拆迁关系实质上是行政法律关系。拆迁主体是行政主体与行政相对人，即拆迁人与被拆迁人，如前所述，拆迁人是房屋拆迁主管行政机关及法规授权的组织。拆迁的客体是拆迁行为：对房屋的强行拆除行为、回迁或异地安置行为、差价补偿行为、对拆迁的奖励与制裁行为及其他有关拆迁的行为。拆迁行为因行政主体的单方意思表示而发生，因城市建设的需要而决定拆迁，无需行政相对人的同意，但为了体现行政管理的多样性与灵活性，调动相对人的积极性，拆迁补偿可采取合同的形式进行。合同的目的是为了公共建设、公共利益。合同的成立必须双方意思表示一致。但合同中行政主体（拆迁人）一方享有特权，被拆迁人的意志不能充分体现，平等原则不能严格执行，被拆迁人针对特权行为只能寻求经济利益平衡，寻求合理适当的补偿。

213. 农村土地所有权和农民房屋所有权有哪些区别?

答：在我国，农村的土地所有权和农民的房屋所有权属于不同的主体。根据《中华人民共和国土地管理法》（以下简称《土地管理法》）第八条之规定：农村的土地，除由法律规定属于国家所有以外，属于农民集体所有；宅基地和自留地、自留山，属于农民集体所有。《中华人民共和国土地管理法实施条例》对全民所有即国家所有土地的范围作了更具体的规定。因此可以说，农村中土地除部分为国家所有外，主要归集体所有。而房屋归农民自己所有，属于农民私人财产。《中华人民共和国民法通则》第七十五条明确规定：公民的个人财产，包括公民的合法收入、房屋、储蓄、生活用品、文物、图书资料、林木、牲畜和法律允许公民所有的生产资料以及其他合法财产。公民的合法财产受法律保护，禁止任何组织或者个人侵占、哄抢、破坏或者非法查封、扣押、冻结、没收。而作为根本大法的《中华人民共和国宪法》（以下简称《宪法》）第四次修正案加大了对公民私有财产的保护力度，强调：公民的合法的私有财产不受侵犯。国家依照法律规定保护公民的私有财产权和继承权。

214. 土地拆迁有哪些法律关系?

答：（1）拆迁法律关系的当事人是拆迁人和被拆迁人

房屋拆迁涉及多方的利益，参与主体除了拆迁人、被拆迁人，还有房屋拆迁管理部门、房屋评估机构、金融机构以及政府等。如果被拆迁房屋已经租赁，还涉及房屋的承租人。拆迁法律关系的当事人是谁？有观点认为“拆迁的当事人一方应当是国家，另一方是被拆迁的居民”。拆迁法律关系的当事人应当是拆迁人和被拆迁人。例如，根据《北京市集体土地房屋拆迁管理办法》之规定：拆迁人是指经依法批准征用或者占用集体土地并取得房屋拆迁许可证的用地单位；被拆迁人是指对被拆迁房屋拥有所有权的单位或者个人。拆迁人仅限于单位，而不能是个人。如此规定在于保障拆迁人补偿安置的能力，保护被拆迁人的权益。

在拆迁活动中，拆迁人和被拆迁人之间是一种民事法律关系，双方就补偿方式和补偿金额、安置用房面积和安置地点、搬迁期限、搬迁过渡方式和过渡期限等事项订立拆迁补偿安置协议。双方必须按照协议的内容履行各自的义务，否则就构成义务的违反，须承担相应的责任。

国家并不是拆迁法律关系当事人。体现国家意志的政府房屋拆迁主管部门在房屋拆迁中对房屋拆迁许可证的审核、发放，房屋拆迁公告的发布，对拆迁补偿安置协议的裁决，对未取得房屋拆迁许可证擅自实施拆迁等违法行为的查处等职责体现了国家对经济和社会发展的宏观调控，是政府履行职能的表现形式之一。除履行上述职责之外，政府拆迁主管部门应尊重拆迁人和被拆迁人双方达成的协议，减少对拆迁事务的干预。

（2）房屋拆迁融合了行政行为和民事行为

拆迁属于民事法律行为，而它又与政府及其有关部门的行政行为密切联系。从拆迁发生的原因考察，房屋拆迁可以归结为土地的所有者——国家，出于公共利益的需要，向土地使用权人收回土地使用权或另行发放土地使用权。由于土地与其之上的建筑物有着密切联系，因而国家要收回土地使用权必然会牵涉到这部分土地之上的房屋的拆迁问题。《土地管理法》第二条规定：中华人民共和国实行土地的社会主义公有制，即全民所有和劳动群众集体所有制；国家为公共利益的需要，可以依法对集体所有的土地实行征用。《宪法》第四次修正案进一步完善了土地征用制度，第十条第三款改为“国家为了公共利益的需要，可以依照法律规定对土地实行征收或者征用并给予补偿”。这种国家征用行为是典型的行政行为（行政行为是指行政主体运用行政权所作的法律行为）。有人认为房屋拆迁的当事人是国家和被拆迁人，可能是将国家征用农民土地与房屋拆迁两个独立的行为混为一谈。还有人认为，征地拆迁总体上是行政机关的行政管理活动，是行政行为，这一行为的标的是土地，至于房屋拆迁，则作为土地征用过程中对地上定着物进行补偿的内容，整体上仍然包含在征用这一行为之中。这一观点将房屋拆迁行为视为土地征用行为的从属行为，否认房屋拆迁行为的独立性，笔者实难赞同。

此外，房屋拆迁过程中存在政府及有关部门大量的行政行为，如房屋拆迁许可证的核发；拆迁人与被拆迁人就补偿安置问题不能达成协议时，有关土地房屋管理部门负责依当事人的申请进行裁决等等，在此不一一展开论述。综上，在拆迁行为当中，拆迁人与被拆迁人是拆迁法律关系的当事人。应严格将拆迁行为与拆迁发生的原因——国家征地行为区分开来。同时，拆迁行为伴有政府及其有关部门的诸多行政行为，应将之与拆迁人与被拆迁人之间的民事行为相区分。

215. 目前农村集体土地房屋拆迁有哪些依据及其效力？

答：农村集体土地房屋拆迁，既关系国家建设发展的大局，又关系广大被拆迁农民的切身利益，是一个敏感而又普遍的社会问题，日渐引起人们的关注。近年来，各地相继出台了一些办法或者规定，如《北京市集体土地房屋拆迁管理办法》、《上海市征用集体所有土地拆迁房屋补偿安置若干规定》、《青岛市征用集体土地房屋拆迁补偿暂行规定》、《杭州市征用集体所有土地房屋拆迁管理条例》，等等。实践中，各地集体土地房屋拆迁工作主要按照这些办法或者规定进行。

有人以《中华人民共和国立法法》第八条之规定“下列事项只能制定法律：……（六）对非国有财产的征收……”主张对农民房屋拆迁应该制定法律，因而各地出台的有关办法或者规定都是无效的。笔者认为此观点混淆了征收与征用的概念。行政征收是指行政主体为了国家和社会公共利益的需要，根据法律、法规规定，以强制的方式无偿取得负有法定缴纳义务的行政相对人一定金钱或实物的一种具体行政行为。而行政征用是指行政主体依照法律规定强制性使用行政相对人的财产或劳务，并给予一定补偿的具体行政行为。房屋拆迁是由于国家征用集体所有土地所产生的，只有国家有权征用集体所有的土地。单位和个人进行建设需要使用土地的，可以申请使用国有土地。新的土地使用者（可以是国家、单位或者个人）为了有效使用土地，就需对该土地上原有的建筑进行拆迁。土地征用和房屋拆迁是两个独立的行为，进行理论研究时应将两者区分开，做到化繁为简，以便于更好地分析问题和解决问题。拆迁是拆迁人与被拆迁人之间就有关安置补偿问题达成协议并履行协议的活动，其本质是一种民事行为。因此，拆迁不是国家对公民财产的征收，对拆迁活动进行规范可以不制定法律。

实践中各地出台的有关农村房屋拆迁的办法或者规定具有积极的指导意义，但仍有一些地方尚未出台相关法规，房屋拆迁处于无序状态。呼吁各地方应尽快完善农村房屋拆迁方面的法规，使农村房屋拆迁工作有“章”可循。

216. 目前农民房屋拆迁中出现了哪些损害农民权益的情况，原因有哪些？

答：各地因拆迁而损害农民利益的事件时有发生，究其原因，主要存在以下几个方面：

（1）相关法规不够完善

首先，“公共利益”失之过宽。《土地管理法》第二条规定：国家为公共利益的需要，可以依法对集体所有的土地实行征用。而该法第四十三条规定：“任何单位和个人进行建设，需要使用土地的，必须依法申请国有土地……依法申请使用的国有土地包括国家所有的土地和国家征用的原属于农民集体所有的土地。”从中可以发现：集体所有的土地被国家以“公共利益”之名征用后，可以为单位或者个人建设使用。而何种建设可以申请使用国家征用的农村集体所有的土地，并没有做出规定，导致了公共利益的外延极为膨胀。在现实生活中，一些地方政府出面征用土地建立开发区以招商引资，迫使农民拆迁，这直接导致了土地征用权的滥用。

有人指出公共利益的层级性理论：按建设项目本身计划审批的效力分类，可将拆迁的“公共利益”分为三个层级：高层级的公共利益、中层级的公共利益和低层级的公共利益。其中高层级和中层级的公共利益是直接的，而低层级的公共利益是间接的。

法律普遍规定：国家征用土地必须出于公共利益目的，而公共利益又明确限定为：国防、政府设施以及直接的公用事业，如教育、交通、环保等项目。笔者认为，“公共利益”本身就是一个不确定的概念，想要明确公共利益的内涵和外延是极其困难的，而可行的做法是：规定哪一主体有权对“是不是公共利益”进行界定。并应当对界定“是不是公共利益”的程序加以规定。出于保护公民的财产权考虑，不宜对公共利益解释得过宽。上述公共利益层级性理论，试图解决滥用公共利益的问题。遗憾的是，现实生活纷繁复杂，如此划分不可能网罗所有现象，然后再对各种现象进行层级归类。而且，高、中、低层级公共利益的界限难以明确。还应当指出的是，公共利益是个整体的概念，无所谓高、中、低之分。因此这种划分本身就缺乏科学根据，不可能从根本上解决问题。

其次，补偿安置方面存在问题，有待完善。各地集体土地房屋拆迁管理办法或规定虽然都有关于拆迁补偿和安置问题的规定，但是对各项补助费用（如搬迁补助费、过渡期内的临时安置补助费等）的数额仅指明“由政府规定”。实践中，政府往往担当双重角色：既是标准的制定者，又是标准的执行者。能否做到客观公正，令人质疑。四川峨眉山市峨山镇万坎村，被拆迁农民的境况为：“这些农民的房子被拆除后，镇政府只发给拆迁户每人180元‘过渡费’（每人每天1元，只发半年），要拆迁户自行解决住处。因而许多村民只好在废墟上搭起了窝棚。”而拆迁前的万坎村本是远近闻名的“小康村”，村民大多修起了一楼一底或一楼两底的楼房。拆迁前后，当地农民的生活状况形成了强烈的对比。要保障农民的合法权益，就必须对当前农民房屋拆迁中的补偿安置做出调整。笔者建议国家制定法律或者行政法规，统一规定对农民房屋补偿的最低标准，各地方可根据本地经济发展水平，结合本地实际，在最低标准之上确定具体的补偿数额，确保农民不会因为拆迁而使生活水平下降。同时，对过渡期内农民的安置问题做出更具体的规定，确保拆迁人在具备安置条件的情况下才能开始拆迁。

再次，对强制拆迁缺少规范。强制拆迁不等于胡乱拆迁、野蛮拆迁。参照《城市房屋拆迁管理条例》有关强制拆迁的规定，“被拆迁人或者房屋承租人在裁决规定的搬迁期限内未搬迁的，由房屋所在地的市、县人民政府责成有关部门强制拆迁，或者由房屋拆迁管理部门依法申请人民法院强制拆迁。”《北京市集体土地房屋拆迁管理办法》第十二条第二款规定：“裁决规定的搬迁期限届满被拆迁人拒绝搬迁的，属于征地拆迁宅基地上房屋的，由区、县国土房管局申请人民法院强制执行；属于占地拆迁房屋的，由当事人依法向人民法院提起民事诉讼。”两者均指出强制拆迁应符合下列条件：在拆迁人与被拆迁人达不成补偿安置协议的情况下，经当事人申请，由房屋拆迁管理部门（或国土房管局）或人民政府进行裁决，而在裁决规定的搬迁期限届满时被拆迁人仍未搬迁的。而在现实生活中，强制拆迁往往演化成赤裸裸的野蛮拆迁。《宪法》第四次修正案在第二章“公民的基本权利和义务”第一条中增加一款：“国家尊重和保障人权。”将“国家尊重和保障人权”写入宪法，为党、政府和全国人民进一步贯彻落实尊重和保障人权这一重大方针提供了宪法保障。然而，有关部门在强制拆迁过程中，却漠视对人权的保护。值得欣慰的是，强制拆迁中暴露出的问题已经引起了有关部门的高度重视，规范强制拆迁的举措纷纷上台。如北京市制定了强制拆迁的新规定，明确强制拆迁要经过八个程序。从程序上对强制拆迁加以规范，有助于约束强制拆迁行为，具有积极的意义，值得其他地方借鉴。

（2）实践中对房屋拆迁人的资格审查不严

拆迁人必须是取得房屋拆迁许可证的单位。一些单位觊觎房屋拆迁中的巨大利益，在不具备拆迁资格的情况下，擅自进行拆迁，或者通过不正当的手段取得房屋拆迁许可。不对拆迁人的资格进行认真把关，保障被拆迁农民的利益就无从谈起。而且，目前对拆迁人未取得房屋拆迁许可证擅自实施拆迁的法律责任较轻，不能有效地防止此类现象的发生。因此，笔者主张有关部门严把房屋拆迁许可证的发放，同时适当加大违规拆迁者的法律责任，以有效地遏制当前拆迁中损害农民权益的现象。实践中，有的用地单位自己不进行拆迁而是委托其他单位进行拆迁，对此法规已经予以承认，因而还应对实际拆迁人（受用地单位委托实际进行拆迁的单位）的资格进行严格审查，看其是否已取得房屋拆迁许可证；同时要加强对实际拆迁人拆迁情况的监督，确保其在授权范围内实施拆迁等等。

（3）房屋拆迁中暴露出政府及有关部门离依法行政的目标还有较大差距

“湖南嘉禾拆迁事件”和“沈阳暴力拆迁事件”所暴露出的政府行政过程中的违法“执法”现象不禁使人担忧：依法行政，通向你的路有多难，又有多远？2004年3月22日国务院印发了《全面推进依法行政实施纲要》，表明全面推进依法行政、建设法治政府的决心，重申忠实履行宪法、法律赋予的职责，确保法制统一和政令畅通，保护公民、法人和其他组织的合法权益。只有政府依法行政，公民、法人和其他组织的权益才能得到更坚强的捍卫。

217. 如何加强对拆迁农民权益的保护？

答：（1）程序公正方能确保实体公正

目前一些地方拆迁中出现严重损害农民权益的现象，很大程度上应归咎于程序的混乱。在征用补偿的法律关系中，有的地方政府集法规制定者、参与者、裁判员于一身，使农民的公平受偿的权利至少从程序上得不到保障；在农民房屋征用补偿标准制定方面，本无制定补偿标准权力的基层政府及有关部门，以行政文件、命令、通知制定或决定适用某种标准，以此处分农民私有财产的现象存在；在确定房屋价格、补偿标准方面，公开性、透明性有待改进……

要解决上述问题，笔者作如下构想：在全国范围内统一制定法律或者行政法规，对农村房屋拆迁安置补偿等问题作出一般性规定。其中明确各地方有权制定具体“补偿标准”的主体，严禁其他部门或个人私设标准；按照市场价格对农民房屋作价补偿，允许各地由于经济发展水平的差异具体的补偿价格有所不同。建议引入听证制度，广泛听取农民的意见。当事人对评估价格有异议时，应有权申请重新评估，对重新评估的结果仍有异议，有权申请召开听证会对评估的依据、事实进行听证。当事人提出听证的申请，有关部门应当组织听证。

（2）畅通法律救济途径

拆迁中，农民的合法权益遭到侵害，如何运用法律进行救济成为令人关注的问题。司法救济是权力得以保障的最后途径。拆迁当事人如果产生纠纷，可以通过法律手段保护自己的合法权益。拆迁人与拆迁人之间，对有关补偿安置协议履行中的纠纷，应以对方为被告向法院提起民事诉讼；如果是对政府有关部门的具体行政行为不服，可以向它的上级主管机关提起行政复议，也可以直接向人民法院提起行政诉讼。

但是由于农民的法律知识比较薄弱，遇到自身权益受损的情况无法通过法律途径进行救济，往往采取较为极端的方式，如自焚、聚众闹事等，不仅不能使自身的权益得到维护，还会给有关国家机关的工作造成压力，扰乱正常的社会秩序。针对这一情况，政府应加大对农民的法律知识教育，安排专门人员为农民提供法律指导、法律咨询和法律援助，引导他们通过正当、合法的途径解决纠纷。这不仅有利于保护农民的权益，而且有利于整个社会的稳定和经济的发展。

218. 土地犯罪有哪些法定罪名及其立案标准和犯罪构成?

答：（1）立案标准

根据公安部、最高人民检察院《关于经济犯罪案件追诉标准的规定》的有关规定，以牟利为目的，违反土地管理法规，非法转让、倒卖土地使用权，涉嫌下列情形之一的，应予追诉：

①非法转让、倒卖基本农田5亩以上的；

②非法转让、倒卖基本农田以外的耕地10亩以上的；

③非法转让、倒卖其他土地20亩以上的；

④违法所得数额在50万元以上的；

⑤虽未达到上述数额标准，但因非法转让、倒卖土地使用权受过行政处罚2次以上，又非法转让、倒卖土地的；

⑥造成恶劣影响的。

刑法第二百二十八条规定，以牟利为目的，违反土地管理法规，非法转让、倒卖土地使用权，情节严重的，处三年以下有期徒刑或者拘役，并处或者单处非法转让、倒卖土地使用权价额5%以上20%以下罚金；情节特别严重的，处三年以上七年以下有期徒刑，并处非法转让、倒卖土地使用权价额5%以上20%以下罚金。

对于本罪立案标准的第1项规定，“非法转让、倒卖基本农田5亩以上的”，应当立案追究。所谓非法转让，是指行为人通过出让和划拨方式取得土地使用权后，为牟取非法暴利违反国家法律和行政法规的规定，擅自将土地转让给他人使用的行为。所谓非法倒卖，是指土地受让者未支付全部土地使用权出让金，也未取得土地使用权证书，或者不进行任何开发建设，只等地价上涨后转手倒卖，从中牟取暴利的行为。

这里的“5亩以上”，包括累计达到5亩。至于基本农田的范围，可以根据《中华人民共和国土地管理法》的有关规定确定。

对于本罪立案标准的第2项规定，“非法转让、倒卖基本农田以外的耕地10亩以上的”应当立案追究。这里的“10亩以上”，包括累计达到10亩。至于基本农田以外的耕地的范围，可以根据《中华人民共和国土地管理法》的有关规定确定。

对于本罪立案标准的第3项规定，“非法转让、倒卖其他土地20亩以上的”，应当立案追究。这里的“20亩以上”，包括累计达到20亩。所谓“其他土地”，是指根据《中华人民共和国土地管理法》的有关规定，除本罪追诉标准第1项、第2项规定的“基本农田”、“基本农田以外的耕地”之外的土地。

对于本罪立案标准的第4项规定，“违法所得数额在50万元以上的”，应当立案追究。所谓违法所得，是指行为人非法转让、倒卖土地使用权扣除成本后所获得的非法利益。这里的50万元以上，包括违法所得累计达到50万元。

对于本罪立案标准的第5项规定，“虽未达到上述数额标准，但因非法转让、倒卖土地使用权受过行政处罚2次以上，又非法转让、倒卖土地的”，应当立案追究。这里“虽未达到上述数额标准”，根据最高人民检察院、公安部《关于经济犯罪案件追诉标准的规定》中附则中有关规定，是指行为人非法转让、倒卖土地的数额、违法所得接近本罪追诉标准第1项至第4项规定的数额标准，并且已经达到上述标准的80%以上，即“非法转让、倒卖基本农田4亩以上的，或者非法转让、倒卖基本农田以外的耕地8亩以上的，或者非法转让、倒卖其他土地16亩以上的，或者违法所得数额在40万元以上”。

所谓“受过行政处罚2次以上”，是指行为人因非法转让、倒卖土地使用权被有关土地主管部门给予2次或者2次以上行政处罚。

至于处罚的种类、具体时间以及2次行政处罚之间的时间间隔多久等，均不影响本罪的成立。只要上述两个条件同时具备，就应当立案追究。

对于本罪立案标准第6项规定，“造成恶劣影响的”，应当立案追究。至于恶劣影响的具体标准，应当结合具体案情进行综合评定。

（2）犯罪构成

①客体。本罪侵犯的客体是国家的土地管理制度。1988年4月12日七届全国人大一次会议通过了宪法修正案，其中规定：“任何组织或者个人不得侵占、买卖或者以其他形式非法转让土地。土地的使用权可以依照法律的规定转让。”土地属于国家或集体所有，国家严禁以任何形式转让土地，但土地的使用权可以依法转让。对于非法转让、倒卖土地使用权的，显然是对国家土地管理制度的严重侵犯。

②客观要件。本罪在客观方面表现为违反土地管理法规，非法转让、倒卖土地使用权，情节严重的行为。a. 必须是违反土地管理法规的行为。土地管理法规，是指以《土地管理法》为代表的一系列土地管理法规。如《土地管理法》（1988年12月29日通过）、《国务院关于出让国家土地使用权批准权限的通知》、《城镇国家土地使用权出让和转让暂行条例》、《土地管理法实施条例》等。b. 必须是非法转让、倒卖土地使用权的行为。土地管理法规定，中华人民共和国实行土地的社会主义公有制，即全民所有制和劳动群众集体所有制。任何单位和个人不得侵占、买卖或者以其他形式非法转让土地，国有土地和集体所有的土地的使用权可以依法转让。土地使用权转让应当严格依法进行。土地使用权转让是指土地使用者将土地使用权再转移的行为，包括出售、交换和赠送。未按土地使用权出让合同规定的期限和条件投资开发，利用土地的，土地使用权不得转让。土地使用权转让应当签订转让合同。土地使用权转让时、土地使用权出让合同和登记文件中所载明的权利、义务随之转移，土地使用权转让时，其地上建筑物、其他附着物的所有权转让，应当依照规定办理过户登记。土地使用权和地上建筑物、其他附着物所有权分割转让的，应当经市、县人民政府土地管理部门和房产管理部门批准，并依法办理过户登记。土地使用权转让须符合上述规定，否则即为非法转让。

所谓倒卖土地使用权，是指将土地使用权非法出卖给他人，或者为了出卖而向他人收买、租借土地使用权等，有的是明码标价予以出卖；有的则是以某种形式掩盖其土地的买卖，如明里购买他人的厂房，暗里则是购买厂房所占地的土地使用权；借买他人住宅之名行占他人住宅基地使用权之实等。

本罪属情节犯，非法转让、倒卖土地使用权的行为必须达到情节严重，才能构成本罪，所谓情节严重，主要是指多次实施本罪行为的；非法转让、倒卖土地使用权数量较大的；牟取非法利益较大的；造成土地严重破坏或荒芜的；等等。

③主体。本罪的主体为一般主体，凡达到刑事责任年龄，具备刑事责任能力的自然人均可成为本罪主体。依本节第231条规定，单位亦能构成本罪。单位犯本罪的、对单位判处罚金，对其直接负责的主管人员和其他直接责任人员依本条追究刑事责任。

④主观要件。本罪在主观方面表现为故意，并且以牟利为目的，不以牟利为目的，不构成本罪。牟利不仅是行为人谋取金钱上的利益，而且也指行为人谋取其他不正当的利益，例如为了出国办理护照，为了升官等等。

（3）处罚

犯本条罪的，处三年以下有期徒刑或者拘役，并处或者单处非法转让、倒卖土地使用权价额百分之五以上百分之二十以下罚金；情节特别严重的，处三年以上七年以下有期徒刑，并处非法转让、倒卖土地使用权价额百分之五以上百分之二十以下罚金。

219. 土地使用权纠纷是什么？

答：土地权属纠纷指的是因土地的所有权和使用权的归属而引起的纠纷。土地所有人及使用国有土地和集体土地的单位和个人，均可以成为权属争议的当事人，涉及争议双方的利益，情况复杂，政策性强。认真研究，掌握真实可靠的权属资料是调处解决土地纠纷的基础。

土地纠纷的实质是土地权属纠纷，即是指对土地所有权和使用权的争议。它包括农地、山地、草原、水域等因所有权、使用权受到侵害而引起的争执。权属纠纷发生的原因很多，主要是由于地界不清、土地权属紊乱、政策和体制的变更，以及其他历史遗留问题等。具体内容大致有以下几个方面：

（1）土改、合作化时留下来的土地权属未定，地界无明显的标志或土地证上规定得不够明确。

（2）公社化时期体制调整，新划地界不清或调整不合理，协议书订得不明确。

（3）因过去无偿占有或平调而变动的土地。

（4）因历年集体搞水利建设、平整土地造成地界变更，土地原有状况或新队之间归并，原有田界铲除，无原始记载，现在恢复乡村原建制无历史依据可查考的土地。

（5）因行政区划变更，原社队之间、社队与国有土地之间因插花地互越地界以致地界不清的土地。

（6）因移民开荒，侵占他队的荒山、荒坡、荒地和原权属不清的公共土地。

（7）因其他各种历史原因遗留下来的土地瓜葛问题。

（8）因土地的征用、承包等引起的所有权和使用权的变更而产生的权属争议等。

（9）乡镇集体企业建设用地，由于过去没有具体规定，需要重新给予核定。

（10）乡村公共事业或公益事业占有的土地，过去没有给过补偿，群众后来提出要补偿等问题。

（11）1950年无偿划拨的荒山、荒坡、荒地等，当时未计算面积，并无规定地界，几经变迁，从而引起地权、地界的争议。

（12）有的单位征用土地的证据遗失，无据可查，从而引起的土地争议。

（13）农民使用的宅基地，因地界不清，从而引起的土地争议及城镇个人因地界不清引起的土地权属争议。

（14）企业与企业之间因土地权属不清引起的土地权属争议。

总之，土地纠纷的调处应先搞清发生纠纷的原因及争议的性质和关键问题，再根据双方就争议问题所持的意见、理由，研究确定土地纠纷的实质。

220. 土地纠纷调处的一般原则是什么?

答：（1）一般土地纠纷案件必须依照《土地管理法》第十三条规定，先由当地土地主管部门行政调处。当事人对行政调处不服时，才能按规定依照司法程序解决。未经行政调处的，法院不予受理。

（2）土地所有权和使用权争议解决之前，任何一方面都不得改变土地现状，不得破坏土地上的附属物，不得影响生产和在有争议的土地上兴建建筑物和变更附着物。

（3）历史上已经达成有协议、协定，或已制定有乡规民约的，而这些协议、协定乡规民约并不违背国家法律、法令和党的政策的，予以维护，不合理的部分可以进行适当调整。

（4）对过去因无偿占有或平调引起的纠纷应根据现行党的政策，作具体分析。通过仔细的调查研究，广泛听取各方面的意见。区别党在各个阶段的方针、政策，根据具体情况做出合理的处理意见，切忌用简单、武断、一概而论等解决办法。

（5）对过去因无偿占有或平调而引起的纠纷应根据现行党的政策精神和法律规定，保护原社队或个人的应有权益。

（6）土地所有权或使用权的争议未解决前，如无法按照《土地管理法》第十三条第五款的规定维持现状时，土地管理机关有权指定临时使用单位使用，以保护争议的土地，争议双方均须服从，不得借故破坏土地及其附属物，不得煽动群众闹事，或以其他非法手段强行占地。

（7）处理土地纠纷必须坚持以事实为依据、以法律为准绳的实事求是原则，从实际出发，参照历史变迁情况和现实使用情况，兼顾国家、集体、个人三方面的利益，合情、合理、合法地加以解决。

（8）处理土地纠纷必须坚持维护社会主义公有制，保护国家、集体的土地所有权，维护单位或公民个人的合法使用权。

（9）处理土地纠纷涉及各有关部门的，应同有关部门共同协商，正确处理好部门之间的关系，进一步共同管好用好土地。

221. 土地权属纠纷的调处程序有哪些?

答：土地纠纷调处的程序因争议双方的主体不同而有不同。依照我国《土地管理法》第十三条规定：

（1）土地所有权和使用权的争议先由当事人协商解决。

（2）土地争议双方协商不成的，由当地人民政府土地管理部门进行调解，签订权属地界协议书。

（3）协商、调解不成的，按《土地管理法》第十三条规定：全民所有制单位之间、集体所有制单位之间、全民所有制单位和集体所有制单位之间的土地所有权和使用权的争议，由县级以上人民政府做出处理决定。如属个人之间、个人与全民所有制单位和集体所有制单位之间的土地使用权的争议，由乡级人民政府或区、县级人民政府做出处理决定。

（4）发生严重的侵犯行为，引起重大的财产损失和人身事故，触犯法律的可直接由人民检察院或人民法院处理。

（5）跨越县、市、省级行政管辖区的土地权属争议，各由其上一级人民政府处理。这类纠纷涉及面广，情况复杂的，由省、直辖市、自治区人民政府或国务院的土地管理机关组织有关部门临时组成仲裁委员会进行调解和裁决，并经所在省、直辖市、自治区人民政府或国务院批准执行。

（6）地方单位或个人与驻军发生的土地权属纠纷，由县以上人民政府处理；如当事人双方的土地跨县、市、省的，参照上述规定处理。

（7）当事人对有关政府的处理决定不服的，根据《土地管理法》第十三条规定，可以在接到处理决定通知之日起30日内，向人民法院起诉。但土地所有权争议解决之前，任何一方不得改变土地现状，不得破坏地上附着物。

222. 土地纠纷的处理途径?

答：土地纠纷的处理，是指国家行政机关或司法机关根据土地纠纷的当事人因所依法享有的各项权利受到侵害，而向其提起的要求保护自己合法权益的请求，依照有关法律进行调查、调解、裁决和诉讼的一系列活动。

目前，我国土地纠纷的处理途径按照现行有关法律的规定，可以分为自行协商、行政处理和司法诉讼三种。自行协商是指土地纠纷当事人各方平等、自愿地达成解决协议；行政处理是行政机关根据当事人的请求而依法解决纠纷；司法诉讼是人民法院根据当事人向其提起的诉讼而依法审理和解决有关土地纠纷案件。

（1）自行协商

我国《土地管理法》第十六条规定："土地所有权和使用权争议，由当事人协商解决，协商不成的，由人民政府处理。"因此，自行协商是指土地纠纷各方当事人本着互谅互让和实事求是的精神，平等自愿地通过协商达成解决土地纠纷协议的活动。

自行协商由当事人双方自行解决。协商必须是在平等自愿的基础上进行，而且所达成的协议既不能违反国家的法律、法规和政策，也不能侵犯国家的公共利益和他人的合法权益。各方当事人在达成一致协议后，可以由公证机关对协议进行公证；或由人民政府以具有法律效力文书的形式，将协议固定下来，加以法律上的认可，促使协议各方严格遵守执行。这样，就最大限度地消除了纠纷可能重新发生的隐患，避免了通过行政处理这一强制性方法来解决。自行协商解决土地纠纷，不仅可以节省时间和财力，而且解决来自双方当事人自己的认可，可以不伤和气，有利于纠纷双方关系的进一步改善，有利于正常的生产、生活秩序，有利于安定团结。这种途径和方式与其他方式相比，不啻是解决土地纠纷的最佳方式。

（2）行政处理

土地纠纷的行政处理，是指人民政府及其主管部门根据当事人向其提起的要求保护自己合法权益的请求，或者当事人之间因土地权属发生争议和冲突而向其提起的要求确定权属的请求，依法进行调查、调解和裁决的活动。

根据《土地管理法》"单位之间的争议，由县级以上人民政府处理；个人与单位之间的争议，由乡级人民政府或者县级人民政府处理"的规定，行使行政处理权解决纠纷的国家行政主管机关是地方各级人民政府，而地方各级人民政府根据有关法规和规章，可以将该项权利委托政府的土地管理部门。土地管理部门在决定立案受理后，通过调查、取证和调解工作，以事实为依据，以法律为准绳，以政府的名义作出行政处理决定。行政处理比司法诉讼来得及时，可以节省大量处理时间和经费，减轻当事人的负担，为当事人提供许多方便。同时，行政机关通过行政处理可以加强行政机关与人民群众的联系。行政处理经过法定期限后，当事人不申请行政复议或者提起行政诉讼的，处理决定即具有法律效力。

当事人如果不服行政处理决定，可以依法向上一级行政机关申请行政复议，要求重新处理。行政复议法第30条明确规定：公民、法人或者其他组织认为行政机关的具体行政行为侵犯其已经取得的土地等自然资源的所有权或者使用权的，应当先申请行政复议；对复议决定不服的，可以依法向人民法院提起行政诉讼。行政诉讼法第37条、第38条也规定：法律、法规规定应当先向行政机关申请复议，对复议不服再向人民法院提起诉讼的，依照法律、法规的规定。申请人不服复议决定的，可以在收到复议决定书之日起十五日内向人民法院提起诉讼。复议机关逾期不作决定的，申请人可以在复议期满之日起十五日内向人民法院提起诉讼（行政复议决定为最终裁决的除外）。这些规定，使行政复议制度更加明确、统一，效力范围更加普遍，扩展到了适合行政诉讼法规定的一切行政案件。

（3）司法诉讼

司法诉讼因当事人的诉讼请求不同，可以分为行政诉讼、民事诉讼和刑事诉讼。这三种诉讼构成我国三大诉讼制度，行政诉讼法、民事诉讼法和刑事诉讼法构成我国三大程序法。三大诉讼制度的共同点在于，三者都是人民法院行使宪法和法律所赋予的审判权，对案件作出判决或裁定的司法形式。

①行政诉讼。人民法院审理的土地行政案件，是指公民、法人或者其他组织认为人民政府关于土地所有权和使用权的归属争议的处理决定以及有关土地管理机关作出的行政处理裁决侵犯了其合法权益而依法向人民法院起诉的案件。土地行政诉讼，人民法院在审判活动中起着主导地位。原告与作为被告的行政机关享有平等的地位。诉讼活动中被告可以变更原具体行政行为；原告可以申请撤诉。对于生效的判决，当事人拒不执行，法院可依法强制执行。诉讼活动不适用调解原则，原告起诉后，被告不能与当事人达成和解，这与民事诉讼有着明显的区别。

②民事诉讼。民事诉讼是指当事人在其所享有的民事权利受到他人的非法侵犯时，为保护自己的合法权利而向人民法院提起的诉讼。在土地纠纷中，有关民事权利被侵害而向人民法院提起的诉讼，主要有排除侵害之诉、消除危险之诉、返还土地之诉、恢复原状之诉和损害赔偿之诉等。在民事诉讼中，当事人不仅可以向公民和企事业单位组织提起，而且还可以向国家机关及其工作人员提起。诉讼当事人应按民事诉讼法的有关规定进行起诉和应诉，由有管辖权的人民法院行使审判权。

③刑事诉讼。刑事诉讼是指人民检察院对实施犯罪行为的人依法向人民法院提起的、要求利用刑罚加以惩罚的诉讼。凡根据《刑法》规定构成犯罪的行为，都应当向人民法院提起公诉，追究其刑事责任，给予刑事制裁，以严厉惩治和打击危害土地资源的犯罪活动，充分发挥刑罚的威慑作用。

223. 土地违法案件有哪些行政处罚依据?

答：（1）《中华人民共和国土地管理法》

第二条　中华人民共和国实行土地的社会主义公有制，即全民所有制和劳动群众集体所有制。

全民所有，即国家所有土地的所有权由国务院代表国家行使。

任何单位和个人不得侵占、买卖或者以其他形式非法转让土地。土地使用权可以依法转让。

国家为了公共利益的需要，可以依法对土地实行征收或者征用并给予补偿。

国家依法实行国有土地有偿使用制度。但是，国家在法律规定的范围内划拨国有土地使用权的除外。

第四十三条　任何单位和个人进行建设，需要使用土地的，必须依法申请使用国有土地；但是，兴办乡镇企业和村民建设住宅经依法批准使用本集体经济组织农民集体所有的土地的，或者乡（镇）村公共设施和公益事业建设经依法批准使用农民集体所有的土地的除外。

第四十四条　建设占用土地，涉及农用地转为建设用地的，应当办理农用地转用审批手续。

省、自治区、直辖市人民政府批准的道路、管线工程和大型基础设施建设项目、国务院批准的建设项目占用土地，涉及农用地转为建设用地的，由国务院批准。

在土地利用总体规划确定的城市和村庄、集镇建设用地规模范围内，为实施该规划而将农用地转为建设用地的，按土地利用年度计划分批次由原批准土地利用总体规划的机关批准。在已批准的农用地转用范围内，具体建设项目用地可以由市、县人民政府批准。

本条第二款、第三款规定以外的建设项目占用土地，涉及农用地转为建设用地的，由省、自治区、直辖市人民政府批准。

第七十六条　未经批准或者采取欺骗手段骗取批准，非法占用土地的，由县级以上人民政府土地行政主管部门责令退还非法占用的土地，对违反土地利用总体规划擅自将农用地改为建设用地的，限期拆除在非法占用的土地上新建的建筑物和其他设施，恢复土地原状，对符合土地利用总体规划的，没收在非法占用的土地上新建的建筑物和其他设施，可以并处罚款；对非法占用土地单位的直接负责的主管人员和其他直接责任人员，依法给予行政处分；构成犯罪的，依法追究刑事责任。

超过批准的数量占用土地，多占的土地以非法占用土地论处。

第七十七条　农村村民未经批准或者采取欺骗手段骗取批准，非法占用土地建住宅的，由县级以上人民政府土地行政主管部门责令退还非法占用的土地，限期拆除在非法占用的土地上新建的房屋。

超过省、自治区、直辖市规定的标准，多占的土地以非法占用土地论处。

（2）《中华人民共和国土地管理法实施条例》

第四十二条　依照《土地管理法》第七十六条的规定处以罚款的，罚款额为非法占用土地每平方米30元以下。

（3）《中华人民共和国刑法》

第三百四十二条　违反土地管理法规，非法占用耕地改作他用，数量较大，造成耕地大量毁坏的，处五年以下有期徒刑或者拘役，并处或者单处罚金。

（4）《关于审理破坏土地资源刑事案件具体应用法律若干问题的解释》

第三条　违反土地管理法规，非法占用耕地改作他用，数量较大，造成耕地大量毁坏的，依照刑法第三百四十二条的规定，以非法占用耕地罪定罪处罚。

①非法占用耕地“数量较大”，是指非法占用基本农田五亩以上或者非法占用基本农田以外的耕地十亩以上。

②非法占用耕地“造成耕地大量毁坏”，是指行为人非法占用耕地建窑、建坟、建房、挖沙、采石、采矿、取土、堆放固体废弃物或者进行其他非农业建设，造成基本农田五亩以上或者基本农田以外的耕地十亩以上种植条件严重毁坏或者严重污染。

（5）《基本农田保护条例》

第十七条　禁止任何单位和个人在基本农田保护区内建窑、建房、建坟、挖沙、采石、采矿、取土、堆放固体废弃物或者进行其他破坏基本农田的活动。

禁止任何单位和个人占用基本农田发展林果业和挖塘养鱼。

第三十三条　违反本条例规定，占用基本农田建窑、建房、建坟、挖沙、采石、采矿、取土、堆放固体废弃物或者从事其他活动破坏基本农田、毁坏种植条件的，由县级以上人民政府土地行政主管部门责令改正或者治理，恢复原种植条件，处占用基本农田的耕地开垦费1倍以上2倍以下的罚款；构成犯罪的，依法追究刑事责任。

224. 土地违法案件有哪些处理程序及要件？

答：（1）《浙江省土地监察条例》

第二十二条　符合立案条件的土地违法行为，承办人员应填写《土地违法案件立案呈批表》，经本级土地管理部门主管领导批准后立案。

第二十三条　土地管理部门对土地违法案件进行调查时，被调查单位和个人应主动配合，如实回答询问，提供有关情况和资料，不得拒绝。

第二十五条　土地违法案件调查结束后，土地管理部门应分别下列情形依法处理：

①违法事实清楚，证据确凿，依法需给予行政处罚的，作出《土地违法行为行政处罚决定书》；

②侵犯土地所有权或使用权的，作出《土地侵权行为处理决定书》；

③对国家工作人员违法行为需给予行政处分的，作出《行政处分建议书》并附调查报告和有关证据，移送当事人所在单位或其上级主管部门或监察部门处理；

④违法行为构成犯罪的，移送司法机关依法追究刑事责任。

对重大或典型的土地违法案件，土地管理部门应予以通报。

（2）《土地违法案件查处办法》

第十六条　土地管理部门受理土地违法案件后，应当进行审查，凡符合立案条件的，应当及时立案查处；不符合立案条件的，应当告知交办、移送案件的单位或者举报人。

第十七条　符合下列条件的土地违法案件，土地管理部门应当立案：

①有明确的行为人；

②有违反土地法律、法规的事实；

③依照土地法律、法规的规定应当追究法律责任的；

④属本部门管辖和职责范围内处理的。

第十九条　符合立案条件的案件，应当填写《土地违法案件立案呈批表》，经土地管理部门主管领导批准后立案。

第二十二条　承办人可以向当事人、证人或者关系人提出询问，并应当制作询问笔录。询问笔录由被调查人阅读或者向其宣读，并由调查人和被调查人签名或者盖章。

第二十六条　承办人在案件调查结束后，应当根据事实和法律、法规，提出《土地违法案件调查报告》。

第二十八条　经审议的土地违法案件，土地管理部门应当分别情况予以处理：

①认定举报不实或者证据不足，未发现违法事实的，发出《撤销立案决定书》，立案予以撤销，重大案件的撤销应当报上一级人民政府土地管理部门备案；

②认定违法事实清楚，证据确凿的，依法作出行政处罚决定，发出《土地违法案件行政处罚决定书》，送达当事人；

③认定侵犯土地的所有权或者使用权的，依法作出处理决定，发出《土地侵权行为处理决定书》，送达当事人；

④认定当事人拒绝、阻碍土地管理工作人员依法执行职务的，应当提请公安机关处理；

⑤认定国家工作人员违法，依法应当给予行政处分的，应当提出书面建议并附调查报告和有关证据，移送当事人所在单位或者上级机关处理，处理结果应当抄送移送案件的机关；

⑥认定违法行为构成犯罪的，应当将案件及时移送司法机关依法追究刑事责任。

第三十条《土地违法案件行政处罚决定书》、《土地侵权行为处理决定书》等作出后，土地管理部门应当在三日内送达当事人及利害关系人。

（3）《中华人民共和国行政处罚法》

第四十六条第三款　当事人应当自收到行政处罚决定书之日起十五日内，到指定的银行缴纳罚款。银行应当收受罚款，并将罚款直接上缴国库。

（4）《中华人民共和国行政复议法》

第六条第一款第一项　有下列情形之一的，公民、法人或者其他组织可以依照本法申请行政复议：

对行政机关做出的警告、罚款、没收违法所得、没收非法财物、责令停产停业、暂扣或者吊销许可证、暂扣或者吊销执照、行政拘留等行政处罚决定不服的。

第九条　公民、法人或者其他组织认为具体行政行为侵犯其合法权益的，可以自知道该具体行政行为之日起六十日内提出行政复议申请；但是法律规定的申请期限超过六十日的除外。

因不可抗力或者其他正当理由耽误法定申请期限的，申请期限自障碍消除之日起继续计算。

（5）《中华人民共和国行政诉讼法》

第三十九条规定，公民、法人或者其他组织直接向人民法院提起诉讼的，应当在知道作出具体行政行为之日起三个月内提出。法律另有规定的除外。

225. 土地违法案件有哪些时限规定?

答:《浙江省土地监察条例》第二十六条　土地管理部门对土地违法案件，应自立案之日起三十日内作出处理决定。重大、复杂的案件，经立案机关的主管领导批准，可适当延长期限。

226. 什么是土地权属?

土地所有权是国家或农民集体依法对归其所有的土地所享有的具有支配性和绝对性的权利。

一般来说，土地所有权属于财产所有权的范畴。但是土地所有权相对于一般财产所有权而言有其特殊性，主要表现在：

（1）主体的特定性；

（2）交易的禁止性；

（3）权属的稳定性；

（4）权能的分离性。

227. 土地所有权内容行使权利的限制是什么?

土地所有权内容包括对土地的占有、使用、收益和处分四项权能，同时对土地所有者及其代表行使权利有三条重要的限制：

（1）土地所有者及其代表行使权利不得违反法律、行政法规规定的义务；

（2）土地所有者及其代表不得违反其与土地使用者签订的土地使用权出让合同或者土地承包合同中约定的义务；

（3）土地所有权禁止交易。

我国土地管理法规定：城市市区的土地属于国家所有；农村和城郊的土地，除法律规定属于国家所有外，属于农民集体所有；宅基地、自留山，属于农民集体所有。

228. 土地使用权有哪些?

答：土地使用权是指国家机关、企事业单位、农民集体和公民个人，以及三资企业，凡具备法定条件者，依照法定程序或依约定对国有土地或农民集体土地所享有的占有、利用、收益和有限处分的权利。

国有土地使用权是指国有土地的使用人依法利用土地并取得收益的权利。国有土地使用权的取得方式有划拨、出让、出租、入股等。有偿取得的国有土地使用权可以依法转让、出租、抵押和继承。划拨土地使用权在补办出让手续、补缴或抵交土地使用权出让金之后，才可以转让、出租、抵押。

农民集体土地使用权是指农民集体土地的使用人依法利用土地并取得收益的权利。农民集体土地使用权可分为农用土地使用权、宅基地使用权和建设用地使用权。农用地使用权是指农村集体经济组织的成员或者农村集体经济组织以外的单位和个人从事种植业、林业、畜牧业、渔业生产的土地使用权。宅基地使用权是指农村村民住宅用地的使用权。建设用地使用权是指农村集体经济组织兴办乡（镇）企业和乡（镇）村公共设施、公益事业建设用地的使用权。按照《土地管理法》的规定，农用地使用权通过发包方与承包方订立承包合同取得。宅基地使用权和建设用地使用权通过土地使用者申请，县级以上人民政府依法批准取得。

229. 土地使用类型有几种?

根据《土地管理法》、《土地登记办法》的相关规定，土地使用类型只有土地划拨和土地出让两种形式。

（1）划拨土地使用权

划拨土地使用权是指经县级以上人民政府依法批准，在土地使用者缴纳补偿、安置等费用后，取得的国有土地使用权，或者经县级以上人民政府依法批准后无偿取得的国有土地使用权。由此可见，划拨土地使用权有两种基本形式。

①经县级以上人民政府依法批准，土地使用者缴纳补偿、安置等费用后取得的国有土地使用权。这种划拨土地使用权有两个显著特征：一是土地使用者取得土地使用权必须经县级以上人民政府依法批准，二是土地使用者取得土地使用权必须缴纳补偿、安置等费用。

②经县级以上人民政府依法批准后，土地使用者无偿取得的土地使用权。这种划拨土地使用权也有两个显著特征：一是土地使用者取得土地使用权必须经县级以上人民政府依法批准，二是土地使用者取得土地使用权是无偿的，也就是说无须缴纳任何费用、支付任何经济

上的代价。

（2）出让土地使用权

出让土地使用权是指国家以土地所有者的身份将国有土地使用权在一定年限内让与土地使用者。由土地使用者向国家支付土地使用权出让金后取得的土地使用权。取得出让土地使用权有以下几个特征：①取得的土地使用权是有偿的。土地使用者取得一定年限内的土地使用权应向国家支付土地使用权出让金。国家凭借土地所有权取得的土地经济效益，表现为一定年期内的地租，一般以土地使用者向国家支付一定数额的货币为表现形式。②取得的土地使用权是有期限的。土地使用者享有土地使用权的期限以出让年限为限。出让年限由出让合同约定，但不得超过法律限定的最高年限。③取得的土地使用权是一种物权。土地使用权出让是以土地所有权与土地使用权分离为基础的。土地使用权出让后，在出让期限内受让人实际享有对土地占有、使用、收益和处分的权利，其使用权在使用年限内可以依法转让、出租、抵押或者用于其他经济活动，合法权益受国家法律保护。土地使用权出让的形式有三种，即协议出让、招标出让和拍卖出让。

征用土地是指国家为了公共利益的需要将属农民集体的土地由有权批准机关批准转征为国有土地，属于强制性征地行为。征用是一种土地所有权发生变化的行为，而不是土地使用权的类型。

230. 土地使用权有哪些使用形式？

答：按照《中华人民共和国土地管理法》的规定，土地使用权可以有出让、转让、买卖、出租、抵押、交换、变更、继承、赠与、划拨、终止等使用形式。

（1）土地使用权出让是国家以土地所有人的身份将土地使用权在一定期限内让与土地使用者，由土地使用者向国家支付土地使用权出让金的行为。土地使用权出让有拍卖、招标和协议三种方式。

（2）土地使用权转让是指通过出让方式取得国有土地使用权的单位和个人，将土地使用权再转移的行为，如出售、交换、赠与等。土地使用权出让构成土地使用权流转的一级市场，土地使用权的转让构成土地使用权流转的二级市场。集体土地使用权的转让，目前情况比较复杂，在法律中并无系统的规定，各地的做法也不一致。从原则上讲，农民集体所有的土地使用权不得出让、转让或者出租用于非农建设。因此，集体土地使用权的转让，目前一般是指不改变农用地性质的承包和分包。通过土地划拨及建设用地程序取得的使用权是无限期的，通过土地使用权出让取得使用权的，按照土地的用途不同，使用权的年限也不同。

（3）土地使用权出租是指土地使用者作为出租人将土地使用权随同地上建筑物、其他附着物租赁给承租人使用，由承租人向出租人支付租金的行为。未按土地使用权出让合同规定的期限和条件投资开发、利用土地的，土地使用权不得出租。

（4）土地使用权买卖是土地使用权人以获取价款为目的将自己的土地使用权转移给其他公民或法人，后者获得土地使用权并支付价款的行为。

（5）土地使用权交换是相邻的集体所有制单位，为了改变土地利用的缺点、机械化作业条件和水利灌溉条件，进行局部土地界线的调整与交换部分土地。经调整后，土地利用条件得到改善。土地使用权的交换必须在自愿基础上产生，在平等互利的原则上协商解决，因而可由交换单位提出申请，在土地管理部门指导下，经协商提出方案，经县级以上地方人民政府批准后，进行划界，申请办理变更登记。土地使用权可以作为抵押权的标的物，以土地使用权设定抵押权时，其地上的建筑或其他工作物也随之抵押；当地上的建筑或其他工作物抵押时，其适用范围内的土地使用权也随之抵押。

（6）土地使用权变更指国有土地使用权、集体土地使用权在初始登记后发生的变更，主要有以下几种类型：①国有土地划拨、集体土地内部划拨；②依法通过土地有偿出让、转让取得土地使用权；③因赠与或继承、买卖、交换、分割地上附着物引起；④因土地交换、机构调整、企业兼并等原因引起；⑤因宗地合并或分立引起；⑥因处分抵押财产取得土地使用权；⑦更改土地使用者名称、地址等。

（7）土地使用权赠与是土地使用权人将土地使用权无偿地转移给相对人，相对人予以接受的行为。

（8）土地使用权继承指公民按照法律规定或者合法有效的遗嘱取得死者生前享有的土地使用权的行为。继承人除继承土地的使用权外，其地上附着物的所有权也随之得到继承。

（9）土地使用权划拨是指国家依法按照一定的程序将国有建设用地的使用权无偿地转移给建设用地者。土地使用者以无偿方式取得土地使用权，但需要支付给原土地使用者拆迁安置及各项补偿费用

（10）土地使用权终止指因某种原因造成土地使用权的结束或停止，一般有四种情况：①使用年限届满，未经批准续期，土地使用权即告停止；②情况特殊，根据社会公共利益的需要，国家在给予合理补偿的前提下，依法提前收回土地使用权；③土地灭失；④土地使用权受让人逾期未全部支付土地出让金的，出让方依照法律和合同规定，终止其土地使用权。

231. 土地使用权确认有哪些内容?

答：土地使用权确认在中国有关土地管理的法律文件中，被称为土地确权。实质上是指对土地使用权归属的确认。土地确权是中国《土地管理法》中很重要的一个法律环节。

土地使用权确认是指在土地使用权的归属不明或发生争议时，利害关系人请求有关权力机关确认土地使用权归属，从而解决土地使用权争议的行为。土地使用权确认请求权由对特

定的土地有利害关系人行使，利害关系人不一定是土地使用权人，在土地使用权的归属不清或发生争议时，利害关系人可以是任何与特定的土地就土地使用权归属有土地使用权法律关系的自然人、法人和其他组织，他们都可以向有关机关或机构提出土地使用权确认的请求。

土地使用权确认是土地使用权保护的前提，只有通过确认土地使用权，才能明确土地使用权的归属，只有在土地使用权归属明确的情形下，土地使用权受到侵害或妨害，土地使用权人既可以直接行使土地使用权请求权，以土地使用权方法进行保护，也可以行使债权请求权，以债权方法进行保护。在土地使用权归属不明或发生归属争议的情况下，首先应通过土地使用权确认，明确土地使用权归属之后，才能确定谁是真正的土地使用权人，才能确定请求权行使的主体。

土地使用权确认的确权主体是行政机关和人民法院，行政机关拥有行政裁决权，对有关土地权属等争议，依法行使裁决权。对行政机关确权决定不服的，申请行政复议，提起行政诉讼，人民法院行使司法审查。

土地使用权的确认包括两方面的内容：一是对土地使用权归属的确认，二是对土地使用权内容的确认。

确认土地使用权的归属就是确认土地使用权的权利主体，即确认对特定的土地享有直接占有和排他权利的权利人，所要确认的权利主体，包括使用权和担保权的权利人。行使返还原物、消除危险、排除妨害、赔偿损失等请求权，都是以土地使用权归属确定为前提，如若权利归属不清，行使土地使用权请求权和侵权请求权将没有依据。

232. 提前收回土地使用权的变更程序有哪些?

答：提前收回土地使用权，是指出让人在土地使用权出让合同约定出让年限尚未届满的情况下，终止土地使用权出让合同而收回土地使用权。根据《城市房地产管理法》和《土地管理法》及其实施细则的有关规定，提前收回土地使用权的前提条件是在特殊情况下，根据社会公共利益的需要，并由有关人民政府土地行政主管部门报经原审批机关批准。

（1）为公共利益需要使用土地的。为公共利益需要是指国家为经济、政治、军事、文化、卫生等建设，需要使用土地的，可以将土地使用权收回。

（2）为实施城市规划进行旧城区改建，需要调整使用土地的，随着城市建设的加快，新的城市规划的实施，需要对旧城区进行大规模的改造，需要重新调整和安排城市各个区域的土地的使用，为配合旧城区改建，国家要调整使用土地，收回或重新安排一些单位和居民正在使用的土地。

（3）土地出让等有偿使用合同约定的使用期限届满，土地使用者未申请续期或者申请续期未获批准的。

（4）因单位撤销、迁移等原因，停止使用原划拨的国有土地的。

（5）公路、铁路、机场、矿场等经核准报废的。

233. 国家提前收回土地使用权有哪些补偿？

答：根据《城市房地产管理法》第19条后段的规定，国家提前收回土地使用权的，应"根据土地使用者使用土地的实际年限和开发土地的实际情况给予相应的补偿"。由于国家提前终止土地使用权出让合同，收回土地使用权，必然会给土地使用者造成损失，国家给予相应的补偿，符合合同法理。

（1）付给余期土地使用权补偿费

提前收回使用权时，出让方应根据土地使用权的余期、土地的用途、土地使用者对土地进行投资开发的情况，出让时的地价和收回时的地价等因素，与土地使用者协商确定补偿费。补偿费的标准依土地使用者的损失情况而定。一般来说，要补偿的费用应包括土地使用者的直接损失和间接损失。

（2）用其他土地使用权交换

即出让方与使用方协商，将另一块地的使用权与被收回的土地使用权进行交换。交换时，双方商定收回的土地使用权的补偿费和换得的土地使用权的出让金进行结算。土地使用者通过交换得到土地使用权，应与出让方重新签订土地使用权出让合同，并办理登记手续。

①土地使用权方面有哪些使用期规定。

答：土地使用权出让合同约定的使用年限届满，土地使用者依该合同取得的土地使用权即终止。由于土地使用权是一种有期限的他物权，土地所有者出让土地使用权的结果并不导致所有权的丧失。因而，使用期限届满，土地使用者理应将土地使用权返还给土地所有者，这是土地国家所有权的最终体现，也是土地有偿、有期限使用原则的具体反映。为了平衡土地使用权人和土地使用者利益，《城市房地产管理法》第21条从以下两个方面对土地使用权期限届满的法律后果作了规定：

续期

土地使用权出让合同约定的使用年限届满后的续期。

a. 续期申请的提出。土地使用权出让合同约定的使用年限届满，土地使用者需要继续使用土地的，应当至迟于届满前一年提出续期申请，这是《城市房地产管理法》第21条第1款前段对土地使用权续期规定的前提条件。

b. 续期申请的审批。土地使用者提出续期申请后，土地管理部门应在合理期限内，尽快作出答复，除根据社会公共利益需要收回该幅土地外，均应予以批准。

c. 续期的性质。土地使用权的续期与土地使用权的出让同其性质，也就是说土地使用权的续期也是土地使用权的出让。其唯一不同之处在于，对于土地使用权的续期申请，出让人根据社会公共利益需要收回外，应予以批准，但对于土地使用权出让申请，出让人并无此等义务。

收回

土地使用权出让合同约定的使用年限届满后的收回。《城市房地产管理法》第21条第2款规定，土地使用权出让合同约定的使用年限届满，如果土地使用者未申请续期或未按法定期限申请续期，以及根据社会公共利益的需要，国家未批准其续期申请，土地使用权由国家无偿收回。

a. 土地使用权由国家无偿收回。国家是国有土地的所有者，国有土地使用权作为相对独立的财产权，它只是以通过出让的方式，在一定年期内由国家让渡于土地使用者。土地使用者在支付一定年期的土地使用权出让金后，取得在该年期内使用土地的权利，即取得了一定年期的土地使用权。当出让年期届满，土地使用者就不在拥有该土地使用权。因此，国家收回其土地使用权应当是无偿的，不应附加任何条件。

b. 国家在无偿收回起土地使用权的同时，无偿取得该土地上的建筑物、其他附着物所有权。

②土地使用权有哪些继承问题。

a. 土地使用权证不可以改成去世的人的名字。根据（1995）国土[籍）字第26号文颁布的《确定土地所有权和使用权的若干规定》第26条关于“土地使用权确定给直接使用土地的具有法人资格的单位和个人”，而死人不会“直接使用”，所以土地局换证时疏于查实登记人是否是“直接使用土地的个人”。

b. 如果死者生前使用某片国有土地，其死后的土地使用权是可以继承的。国务院1990年5月19日发布的《城镇国有土地使用权出让和转让暂行条例》第48条规定：依照本条例取得土地使用权的个人，其土地使用权可以继承。

234. 土地权属有哪些内容?

答：土地权属是指土地产权的归属，是存在于土地之中的排他性完全权利。它包括土地所有权、土地使用权、土地租赁权、土地抵押权、土地继承权、地役权和他项权利。

土地权利是一束权利的集合，除所有权外，还有使用权、抵押权等物权及租赁债权。土地权利的主体是集体土地所有者、国有土地使用者、集体土地使用者和土地他项权利者；客体是土地权属的界址、土地权属面积、土地用途、土地使用条件、土地等级和价格等。土地所有权人和使用权人享有的土地权利受法律保障。当国有土地使用权、集体土地所有权、集体土地使用权、他项权利等土地权利变更时，必须由土地权利主体提出申请，经过权属审核后进行变更登记，办发证书，否则不具有法律效力。土地权利可能因主体违反法律规定被剥，也可能由于某种原因造成结束或停止。土地权利人可以放弃其拥有的各项土地权利。土地权利可以通过划拨、租赁、交换等各种形式转移。确定土地权属性质，必须查清土地的权属来源，即土地所有者或使用者最初取得土地的方式。

235. 中国土地权属单位有哪些?

答：中国土地权属单位主要有以下几种：①乡、村集体经济组织；②依法直接从国家取得国有土地使用权的单位和个人；③使用集体土地进行非农建设的单位和个人；④跨地区国有工程设施一般以业务主管机关为土地登记单位。非法占用、买卖、租赁土地形成的用地单位，均不能成为土地权属单位。土地权属变更一般有以下几种情形：①依法征用或划拨土地，依法有偿出让、转让土地；②新建、扩建、改建、买卖、继承、赠送、交换、分割地上建筑物或其他附属物；③依法增减、交换、调整土地或分割、合并土地；④机构调整、企业兼并；土地使用权的收回。土地权属单位即“土地登记单位”，指土地所有权、使用权和拥有他项权利的单位或个人。土地权属调查是针对土地所有权人或使用权人（法人、自然人）的申请，对土地位置、界址、使用情况进行的实地核定、调查和勘察丈量。通过对宗地权属及其权利所及的界线的调查，在现场标定宗地界址位置，绘制宗地草图，调查用途，填写地籍调查表，为地籍测量提供工作草图和依据。

236. 土地权属制度有哪些类型?

答：土地权属制度，包括土地的所有权制度和土地的使用权制度。

现行土地制度，是指涉及土地权属法律制度以及土地权属流通的法律制度，还包括土地利用管制的法律制度。这里所说的土地权属不仅指土地的所有权制度，还包括土地的使用权制度；相应的，土地权属的流通制度也包括土地所有权和土地使用权的流通制度。

除此之外，为了合理利用土地，国家还制定了土地利用管制的法律制度。现行的土地所有权制度与国家推行的社会制度即公有制是相适应的。土地所有制度也是公有制，“即全民所有制和劳动群众集体所有制”。

土地使用权制度，应视使用者使用土地的所有权性质而定。一般情况下，农民使用本集体所有的土地是无偿的。不仅如此，由于历史原因引起的非农业人口使用的农村集体所有的土地也是无偿的，比如宅基地。对于国有土地来说，除了法律规定的无偿使用者外，中国公民住宅使用的国有土地都是有偿的。

237. 土地权属有哪些法律依据?

答:《中华人民共和国宪法》第十条规定:“城市的土地属于国家所有。农村和城市郊区的土地，除由法律规定属于国家所有的以外，属于集体所有；宅基地和自留地、自留山，也属于集体所有。”《中华人民共和国土地管理法》规定得更清楚，第二条规定:“中华人民共和国实行土地的社会主义公有制，即全民所有制和劳动群众集体所有制。”“全民所有，即国家所有土地的所有权由国务院代表国家行使。”《中华人民共和国农业法》也有类似的规定。

《中华人民共和国土地管理法》第二条第五款规定:“国家依法实行国有土地有偿使用制度。但是，国家在法律规定的范围内划拨国有土地使用权的除外。”《中华人民共和国城市房地产管理法》第三条规定也有类似规定。

238. 土地所有权的公与私问题?

答：一个国有或集体企业的老板，无需为企业的亏损或破产承担任何实际意义上的责任。这是在同等条件下公有制企业无法与私营企业竞争的原因所在。

集体土地被征用变为国有土地之后，政府如果未能很快将其使用权出让，接下来就是该幅土地的荒芜或者土地利用价值的降低（如水土流失或被固体或液体废弃物污染），这是因为没有具体的使用人，导致土地管理者的缺位（形式上是政府机关但实际上不存在）。“土地不属于农民，农民当然没有理由去珍惜它。也就是说，有能力珍惜土地的人没有权利，有权利珍惜它的人没有能力。农民使用自己土地的效率，就一定比国家向农民出租土地的效率低吗？我们相信每个人会更珍惜自己的东西，绝大多数人会珍惜自己的土地。但国家做不到这一点，不可能非常珍惜地使用土地。由于种种原因，国家没有能力管好这么多土地。中国生态环境的恶化，特别是荒漠化问题说明，国家独占了所有土地，却没有能力来兼顾、来管理。”

在一个主权国家中，无论某块土地的所有权归集体或者归个人，它都不可能被权利人置于这个国家的主权管辖之外。说到底，这些土地最终的所有权都归国家，作为具体所有人的集体或个人只不过是这个国家土地法律意义上的所有人罢了。土地所有权的归属，实质上并不影响政府对土地使用的管理。

239. 土地的公有与地上建筑的私有问题?

答：土地的国家所有和集体所有，是由国家法律明确规定的。

国家法律又承认建筑物可以由自然人也即私人所有。这些私有的建筑不可能成为空中楼阁，它必须建立在现实的土地之上。也就是说，私有的建筑所占有的土地必然是公有的，房屋主人所拥有的只能是该处房屋占有土地的使用权。土地与其上的房屋只能作为一个整体，而房屋和土地却可以分别为不同的主体所拥有。这样，必然带来难以调和的矛盾。

（1）日益显现的旧城区拆迁矛盾。

（2）未申请继续使用土地的房屋存废问题。

《中华人民共和国城市房地产管理法》第21条规定："土地使用权出让合同约定的使用年限届满，土地使用者需要继续使用土地的，应当至迟于届满前一年申请续期，除根据社会公共利益需要收回该幅土地的，应当予以批准。经批准准予续期的，应当重新签订土地使用权出让合同，依照规定支付土地使用权出让金。""土地使用权出让合同约定的使用年限届满，土地使用者未申请续期或者虽申请续期但依照前款规定未获批准的，土地使用权由国家无偿收回。"

法律规定居住用地的国有土地使用年限最长是七十年。也就是说，居民所购买或建造的房屋，其土地使用权总有一天要期满。如果是单独建设房屋，房主到期未申请继续使用房屋所在国有土地时，国家可以采取强制力予以拆除；如果房屋是在小区居住楼群中的单元房，这块土地使用期限届满的情况下，有人申请而有人未申请继续使用土地的情况下，对未申请继续使用土地的房屋或其主人怎么办？能拆除吗？不能。能没收吗？恐怕也不能。

240. 什么是土地权属流通制度？

答：土地权属流通制度指的是土地所有权和土地使用权转移的法律制度。因为我国土地所有权形式采取的是国家所有和农村集体所有，土地所有权的转移也只能发生在这两个权利主体之间；而土地使用权的转移则可发生于各种主体之间，包括国家、法人单位和作为自然人的个人。

241. 土地所有权的转移制度？

答：《宪法》第十条规定："国家为了公共利益的需要，可以依照法律规定对土地实行征用。"《中华人民共和国土地管理法》第二条第四款也规定："国家为公共利益的需要，可以依法对集体所有的土地实行征用。"该法第四十七条规定："征用土地的，按照被征用土地的原用途给予补偿。"该条还规定了征用土地的补偿标准。

土地所有权转移的强制性和单向性，即只能由国家征用集体所有的土地而不能反过来。法律直接规定了国家对被征用土地的补偿标准，土地的集体所有者在其土地被国家征用时与国家讨价还价的权利也随之丧失。

242. 土地征用制度的滥用？

答：《中华人民共和国宪法》和《中华人民共和国土地管理法》均规定了国家对农业集体土地的征用制度。土地征收与土地征用具有相似性，但并非同一概念。两者的相似性，在于土地征收和土地征用都是国家以公权力强制地对他人的土地权利予以剥夺，使得他人的土地权利因征收或征用而消灭或终止。一般认为，土地征收为国家根据公共利益需要而行使公权力，以补偿为条件，强制取得他人的土地所有权，他人的土地所有权因国家的征收而消灭。如他人的土地所有权并不消灭，则不能谓之征收。

243. 土地确权的概念?

答：土地确权又称为确定土地权利，是指县级以上人民政府依法对土地权利的主体、客体、内容进行认定，明确土地权属的行政行为。实践中，对土地确权的概念，有狭义和广义两种理解。狭义的土地确权，仅指依法确定土地权利的归属，即依照法律、法规和政策的规定，确定某一范围内土地（或一宗地）的所有权、建设用地使用权、宅基地使用权、地役权和抵押权等土地权利归谁所有。广义的土地确权，不仅包括确定土地权利的归属，还包括确定土地权利的主体、客体和内容。由于具体的土地权利总是主体、客体和内容三者的统一，因此，实践中确定土地权利的概念，更多地采用广义上的理解。

244. 土地确权的依据?

答：土地确权依据，是指确定土地使用权或者土地使用权过程中所依据的法律法规政策和事实根据。

（1）法律依据

确定土地权利归属的法律依据散见于基本法、土地法律和各种土地法规及相关法律中。

①基本法：《宪法》、《民法通则》。

②土地法律：《土地管理法》、《城市房地产管理法》。

③相关法律：《物权法》、《城乡规划法》、《农业法》、《农村土地承包法》、《森林法》、《草原法》、《渔业法》、《矿产资源法》、《环境保护法》、《水法》、《文物保护法》等。

④土地行政法规：《土地管理法实施条例》、《城镇国有土地使用权出让和转让暂行条例》、《外商开发经营成片土地管理暂行办法》、《城镇土地使用税暂行条例》、《中外合资企业建设用地的暂行规定》、《铁路留用土地办法》等。

⑤部门规章及政策性文件：《确定土地所有权和使用权的若干规定》、《土地权属争议调查处理办法》、《土地登记办法》、《农村人民公社工作条例修正草案》等。

⑥其他有关的地方性法规和政府规章等。

（2）事实依据

在土地确权工作中，可以作为土地确权的事实依据包括：

①当事人依法达成的协议；

②县级以上人民政府的批准文件、处理决定；
③县级以上国土资源行政主管部门的调解书；
④人民法院生效的判决、裁定和调解书；
⑤生效的遗嘱；
⑥土地详查或更新调查形成的土地权属协议书、认定书；
⑦新中国成立之后双方签订的土地、山林等权属或界线的协议；
⑧法律、法规规定的其他文件。

245. 我国的土地权利体系是什么?

答:（1）土地权利概述及特征
①土地权利是对土地的支配权；
②土地权利是排他性财产权；
③土地权利是对世权；
④土地权利必须有法律规定，不容许当事人自行创设；
⑤土地权利一般采取登记的公示方式。
（2）土地权利体系
①土地所有权；
②土地使用权；
③土地他项权利；
④土地权利体系；
⑤国家土地所有权；
⑥农民集体土地所有权；
⑦国有土地使用权；
⑧集体土地使用权；
⑨地役权；
⑩抵押权；
⑪承租权；
⑫国有农用地使用权；
⑬国有建设用地使用权；
⑭一般抵押权；
⑮最高额抵押权；
⑯集体土地承包经营权；

⑰集体建设用地使用权；

⑱宅基地使用权。

246. 土地确权的基本原则是什么?

答:（1）合法性原则

合法性原则是指在土地确权过程中，确权机关必须遵守宪法、法律、行政法规、地方性法规、单行条例有关土地确权的规定。合法性原则包含既要遵循实体法，又要遵循程序法两个方面，违反实体法或程序法，都将构成对合法性原则的破坏。

（2）合理性原则

合理性原则是指土地确权决定内容要客观、适度、符合理性，即土地确权行为的动因应符合行政目的，应建立在正当考虑的基础上，内容应合乎情理。坚持合理性原则既有利于保障行政权力合法行使，也有利于维护公民、个人、组织的合法权益。

（3）城市土地属国家所有原则

《土地管理法》明确规定，"城市市区的土地属于全民所有即国家所有"。城市不存在农民集体经济组织，其土地自然应属于国家所有。

（4）国有土地所有权性质不可变更原则

国有土地可以由农民集体长期使用，但不能因此而改变土地所有权性质。对于国家建设征收后，由于种种原因又退还给原农民集体使用的土地，其国有土地的性质不得改变。

（5）尊重历史，面对现实原则

我国土地所有权制度经历了几次大的调整，各地的情况千差万别，土地权属状况十分复杂，致使土地权属纠纷不断，使土地确权工作面临相当大的难度。因此，在确权工作中，必须坚持尊重历史和现实、分阶段处理的原则，即既要根据当时的历史条件和政策，又要充分考虑当前土地使用的实际状况，正确处理国家与集体、集体与集体、单位与个人之间的关系。

（6）有利于生产生活和社会稳定原则

在实施土地确权时，尽可能地全面考虑各方面的利益；在有利于维护社会稳定和土地可持续利用的基础上，坚持有利于社会团结、稳定这一处理原则，化解矛盾、解决纠纷。

247. 土地权属的行政复议制度与其他法律制度的区别?

答：土地管理是行政机关的基本职责，按照我国的法律规定，非经政府确认土地所有权或使用权，都无法对土地行使权利。所以在行政复议过程中，因政府对土地权属争议作出的处理决定引起当事人提出复议申请的，在整个复议案件中占有一定的比重。

（1）土地权属争议涉及国家对土地所有权、使用权的认可与否。根据我国法律的原则，土地属于国家或集体所有，凡是需要取得土地权的都要由政府依法认可，因此确认土地所有权或使用权首先是一种行政行为。按照我国法律规定的原则，对行政行为持有不同意见将形成管理相对人与行政管理人之间的行政争议。

（2）土地权属争议是特殊的行政争议，必须首先通过行政复议途径来解决。土地等的所有权和使用权的确认，是国家行政机关的基本职责，不履行这种确认程序，就没有讨论争议及解决的前提条件。根据我国的实际和法律需要，《行政复议法》第三十条一款规定：公民、法人或者其他组织认为行政机关的具体行政行为侵犯其已经取得的土地、矿藏、水流、森林、山岭、草原、荒地、滩涂、海域等自然资源的所有权或者使用权的，应当先申请行政复议。如果通过行政复议这种行政机关的内部自我纠错途径能够解决争议，就没有必要再诉诸其他方式，更有益维护权益、提高效率。

248. 我国的土地所有权归属在法律、法规上有何规定？

答：《中华人民共和国土地管理法》第二条规定，“中华人民共和国实行土地的社会主义公有制，即全民所有制和劳动群众集体所有制”，这就是说我国的土地在所有权归属上只可能有两种情况：一种是国家所有，一种是集体所有。

249. 国有土地和集体土地如何划分？

答：根据《土地管理法》第 8 条和《土地管理法实施条例》第 2 条规定，下列土地属于全民所有土地即国家所有土地：

（1）城市市区的土地；

（2）农村和城市郊区中已经依法没收、征收、征购为国有的土地；

（3）国家依法征用的土地；

（4）依法不属于集体所有的林地、草地、荒地、滩涂及其他土地；

（5）农村集体经济组织全部成员转为城镇居民的，原属于其成员集体所有的土地；

（6）因国家组织移民、自然灾害等原因，农民成建制地迁移后不再使用的原属于迁移农民集体所有的土地。

下列土地属于集体土地，也叫做劳动群众集体所有的土地：

①《中华人民共和国宪法》第十条规定：“农村和城市郊区的土地，除由法律规定属于国家所有的以外，属于集体所有；宅基地和自留地、自留山，也属于集体所有。”

《中华人民共和国土地管理法》第二条：“中华人民共和国实行土地的社会主义公有制，即全民所有制和劳动群众集体所有制。”第八条：“城市市区的土地属于国家所有。农村和城市郊区的土地，除由法律规定属于国家所有的以外，属于农民集体所有；宅基地和自留地、自留山，属于农民集体所有。”

②在集体土地的经营管理方面规定:《中华人民共和国土地管理法》第十条:“农民集体所有的土地依法属于村农民集体所有的，由村集体经济组织或者村民委员会经营、管理；已经分别属于村内两个以上农村集体经济组织的农民集体所有的，由村内各该农村集体经济组织或者村民小组经营、管理；已经属于乡（镇）农民集体所有的，由乡（镇）农村集体经济组织经营、管理。”

③集体土地所有权的确认。《中华人民共和国土地管理法》第十一条:“农民集体所有的土地，由县级人民政府登记造册，核发证书，确认所有权。”

250. 国有土地使用权的取得方式问题?

（1）国有土地使用权出让的随意性大

出让土地使用权是指依据《城镇国有土地出让和转让暂行条例》的规定，通过出让方式并缴纳土地出让金取得的土地使用权。出让土地使用权具有严格的期限、用途规定。不同用途的土地使用权出让的最高年限也各不相同，不同用途的土地使用权出让的最高年限也各不相同，有40年、50年、70年三种不同期限。

尽管我国法律明确规定，国有土地使用权出让，除依照法律、法规和规章的规定采用招标、拍卖或挂牌方式外，才可采取协议方式。但现阶段我国城市土地出让形式存在的问题，恰好就在于政府出让国有土地使用权，很多以协议出让的方式进行，土地出让方式随意性很大。这就使得土地使用权出让市场缺乏竞争，一方面阻碍了土地资源配置过程中市场机制的建立；另一方面，也给不少单位和个人在土地流转过程中“权力寻租”行为提供了机会，造成国家权益的流失。

国有土地使用权出让不是随意进行的，它是以市、县人民政府按照出让计划由县级以上土地行政主管部门组织实施，经过报批才取得的。国有土地使用权出让，必须坚持只有在确实不能采用招标、拍卖方式的前提下，才可采用协议方式出让。笔者认为，协议方式应当主要适用于工业仓储、市政公益事业项目、非营利项目以及需要国家扶持的产业。对于商业、旅游、娱乐等营利性用地一律实行公开挂牌招标、拍卖的方式出让土地。如果采用协议方式出让国有土地使用权，必须要做到在地价评估基础上，集体审核确定协议价格，协议结果必须向社会公开。协议出让国有土地使用权的出让金不得低于国家规定的最低价格。协议出让结果和地价评估结果要报上级土地行政主管部门和社会监督。如果低于最低价时，国有土地使用权不得出让。同一地块只有一个意向者的，市、县人民政府国土资源部行政主管部门可按照《协议出让国有土地使用权规定》采取协议方式出让。同一地块有两个或两个以上意向者的，市、县人民政府国土资源行政主管部门应当按照《招标、拍卖或挂牌出让国有土地使用权规定》采取招标、拍卖或挂牌方式出让，不能采取协议方式。

总之，在社会主义市场经济条件下，国有土地使用权出让，必须按照法律、法规的规定，充分发挥市场机制的调节作用进行。只有这样，才能达到优化土地资源配置，维护土地权利人的合法权益的目的，才能有效防止土地资源的流失，消除大量国有土地非法入市、隐形交易、变相交易的问题。

（2）国有土地使用权划拨的适用对象限定不明

所谓土地使用权划拨，是指经县级以上人民政府依法批准，在土地使用者缴纳补偿、安置等费用后将该幅土地交付其使用，或者将国有土地无偿交付经土地使用者使用的行为。划拨土地的用途具有特定性。根据《土地管理法》第54条的规定，划拨土地只能适用以下类型用地：①国家机关用地和军事用地；②城市基础设施用地和公益事业用地；③国家重点扶持的能源、交通、水利等基础设施用地；④法律法规规定的其他用地。

划拨土地使用权是在改革开放前确立的，有其特有的历史背景。改革开放后，随着市场经济体制的建立和完善，划拨土地使用权日益显露。其中最突出的问题就是国有土地使用权划拨的适用对象限定不明，导致一部分不应当享有划拨用地的单位和个人获得了划拨用地的使用权，其弊端是显而易见的。这种将市场隔离于划拨过程之外，使用行政手段强行建立的无偿关系使土地使用者没有负担，效益意识低下；加上缺乏利益监督机制，缺乏外在压力和内在动力，导致划拨土地使用权人不重视土地价值挖掘、利用，土地多征少用、征而不用、用而浪费的现象大量存在。这方面的典型就是国有企业。另一方面，非国有企业则要为用地的获得四处奔波、上下疏通，付出高昂的代价。而一些国企苦于拥有土地却无法实现其价值，久而久之开始采用出租、联营的方式对土地进行事实上的处分，从而获利，形成了合理但不合法的尴尬局面，土地隐形市场大量出现且表现活跃。这对市场经济的健康发展是极为不利的。

尽管土地使用权划拨制度存在诸多弊端，但它的存在有其必要性。土地使用权划拨制度作为国家的一种社会公共政策工具，在经济和社会发展中具有不可取代的地位。改革土地使用权划拨制度，必须坚持土地使用权划拨制度存在的必要性，重点是要把划拨土地使用权的适用对象严格限定在法律明确规定的范围内，防止一些单位和个人利用法律空白非正当取得划拨土地使用权，还划拨土地使用权制度本来面目。应当修改现行《土地管理法》第54条之规定。对于“国家机关用地和军事用地、城市基础设施用地和公益事业用地”适用土地使用权划拨制度没有异议。但是对于“国家重点扶持的能源、交通、水利等基础设施用地，法律法规规定的其他用地”之条文，应当予以修正或废除。因为一些单位或部门正是利用这一法律条文的不完善钻法律空子，将本不属于划拨对象的土地使用权以划拨的方式无偿取得。也只有将划拨对象严格限定在明确的范围内，实行严紧的划拨土地使用权制度，才能从源头上解决划拨土地的“盈利性”问题，提高划拨土地使用权的利用效率，防止重复建设、浪费土地的行为。使有权取得划拨用地的范围限于：国家机关用地和军事用地、关系国家核心战略意义的经济用地及公益性事业用地。也就是说只要参与市场竞争，存在赢利可能的就不可以获得划拨用地（如医院等，当然关系国家核心战略意义的情形除外）。要禁止原第五十四条规定的第三、四两项即“国家重点扶持的能源、交通、水利等项目用地以及法律行政法规规定的其他用地”成为国企取得划拨用地的借口。由于历史问题形成的划拨用地，尊重其事实，但在以后这部分用地需要流转以及国企改革、股份制改造时应当适用出让的有关规定，不过对于土地上的建筑物等必须实行足额补偿。此外，笔者主张国家在划拨土地分配上专划出一部分用于城市贫困人口住房分配，在这部分人经济条件有明显改善或将来欲将其转让或另购住房时由专门机构按不同情形收回或收取出让金。可以考虑将划拨土地分配权限上收，设置全国统一的划拨土地管理机构，下设分支，组织上、财政上独立于地方，使划拨工作透明化、公开化、公正化。

251. 土地使用权征用有哪些公益性?

答：土地使用权，是指在土地所有权人设定的权利范围内对土地的支配与利用的权利。它是一项独立和完整的土地物权，内容包括土地所有权人设定范围内对土地的占有、使用、收益、处分四项权能。我国土地所有权实行社会主义的土地公有制。它在法律上是指土地所有权属于全民所有和劳动群众集体所有，任何个人不允许享有土地所有权。在土地使用权方面，我国法律允许土地使用权出让、转让、出租、作价入股。这种土地使用权制度设计有其优越性，有利于土地使用权的充分实现。土地征用是土地使用权流转和实现的一个重要环节，所谓土地征用是指土地所有权不变，只是国家根据公共利益的需要，强制使用他人土地并给予补偿，待法定事由或法定期限过后仍将土地归还原土地权利人。征用的实质是以国家的名义强行使用公民和法人的财产，即不必得到权利人的同意，在国家有使用的必要时直接使用。例如，在战争状态或者自然灾害发生时，征用公民和法人土地作为军队驻扎或修建军营之用。土地征用是有偿的，行政主体应当给予被征用方以相应的经济补偿。我国《宪法》第13条第3款规定：“国家为了公共利益的需要，可以依照法律规定对公民的私有财产实行征收或者征用并给予补偿。”但是毫无疑问，被征用的土地权利人在土地征用过程中处于被动不利地位。正因为这种地位的不平等，我国的土地征用存在诸多问题，有些已严重违背了土地征用的基本原则和立法本意。其中最突出的问题就是公共利益没有具体化的标准，现有法律条文对公共利益界定不清，这就导致一些地方政府机关任意解释“社会公益性”，并以此为由滥征土地。

《土地管理法》第2条第4款规定：“国家为了公共利益的需要，可以依法对土地实行征收或者征用并给予补偿。”因此，“公共利益的需要”是国家征用土地的唯一合法依据。但是，什么是“公共利益的需要”呢？我国法律既没有给出明确的定义，也没有具体限定其适用范围。这就导致一些地方无论是公益性用地还是商业经营性用地，都以“公共利益的需要”为由通过政府强制征用土地使用权而取得。这种不正当歪曲理解“公共利益的需要”，任意对“公共利益的需要”的弹性解释，导致了国家征地权的滥用，实际上是掠夺一部分人的利益来满足另一部分人的利益。

对此问题，本人认为应当以立法明确“公共利益”的内涵，从而限制国家征地权滥用。应当通过国家立法，将“公共利益的需要”严格限定为国防、公共活动场、环境保护等方面的需要。可以考虑采用列举的方式，列出何为“公共利益的需要”的清单。必须严格区分“公共利益的需要”性质的用地和商业经营性用地。对于“公共利益的需要”，政府当然享有强制的土地征用权，但对于商业性质的用地，应当通过建立土地权利人有权议价、价格市场化的土地征购制度来解决，政府对此不应当享有强制的土地征用权。必须明确政府土地征用权的范围，土地征用权只能在法律规定的范围内行使。对“公共利益的需要”的规定不能仅停留在政策和部门规章、不统一的地方性法规的层面上，应当制定全国统一适用的规范的法律、法规。可以考虑建立一个专门机构根据法律对“公共利益的需要”的规定，对土地征用项目的“公共利益”性与否进行认定。在认定过程中，认定机构要在听取相关土地权益人和有关专家意见、召开听证会的基础上，作出认定。要向公众公开该征收项目有关的材料，给予相关权利人充分的参与权，接受社会监督。土地征用的审批部门必须以此认定为依据作出征用与否的决定。对于土地征用项目是否符合“公共利益的需要”，应当允许各利益相关方依法充分发表自己的意见，必要时可以考虑通过行政诉讼方式解决争议。当然，政府在紧急情况下征用权利人的土地使用权除外。

252. 土地闲置有哪些法律制裁?

答:（1）我国的土地闲置现状

随着我国国民经济的持续快速发展和基础建设规模的大幅度增长，一些地方出现了城市土地闲置问题，城市土地闲置包括两种情况：一是取得土地使用权后，未及时对土地加以利用，致使土地处于未被利用或利用不充分的状态。这方面的典型就是一些房地产商通过各种手段获得土地使用权后，出于对土地升值的投机心理，将土地圈起不用；以土地控制房价，将土地囤积居奇，导致大量城市土地闲置。由于风险的不可预测性，资金链的断裂，导致土地长年闲置，成为城市荒地。二是各种非法批地所造成的闲置状态，未经批准已圈占了土地，以及未征、未用或利用不充分所造成的闲置。例如一些地方政府以各种名义巧立名目，变相圈地，以各种手段从农民手中低价征得大量土地，却因为土地征收缺乏规划等原因征而未用，长年荒芜。甚至有的地方政府为征得农民的土地，对农田水利设施进行破坏、不修缮，导致大量农田因断水断电而被迫闲置。2003年，全国开展了非农建设闲置土地清理工作。据国家土地管理局统计，“全国共清查出非农建设闲置土地600平方公里，为2002年全国各项建设用地总量的27.3%，其中耕地270平方公里，占45%”。另外，根据国家土地管理局统计，“目前我国因各种人为因素造成的废弃地累计约为133300平方公里”。

（2）对于土地闲置问题我国现行的法律规定缺乏可操作性

对于土地闲置问题，我国的《土地管理法》虽然规定了各种制止措施，但是缺乏可操作性。如《土地管理法》第37条规定：“禁止任何单位和个人闲置、荒芜土地。已经办理审批手续的非农业建设占用耕地，一年内不用而又可以耕种并收获的，应当由耕种该幅土地的集体或个人恢复耕种，也可由用地单位组织耕种。”这种耕种人的随意性、不明确的规定在实践中缺乏可操作性。用地单位一般不愿意耕种，而原耕种人想继续耕种该幅土地，用地单位为了用地的便利，防止用地时不必要的麻烦，一般不会同意原耕种人耕种，而且用地人完全可以以自己需要组织耕种为由予以拒绝。《土地管理法》第37条还规定：“一年以上未动工建设的应当按省、自治区、直辖市的规定缴纳闲置费；连续两年未使用的，经原批准机关批准，由县级以上人民政府无偿收回用地单位的土地使用权；该幅土地原为农民集体所有的，应当由原农村集体经济组织恢复耕种。”缴纳土地闲置费、无偿收回土地使用权的现象在实践中很少有，由农村集体经济组织恢复耕种更是不可能。因为经批准用于非农业建设的土地使用权人，往往会将土地的现状加以改变，如硬化、填埋、修整等等，要恢复耕种几乎不可能。而且现行法律规定的“未开工建设”、“未使用”的标准何在？

（3）解决土地闲置问题的建议

基于以上考虑，笔者认为解决土地闲置问题，除了国家要严格控制建设用地规模，科学制定土地利用整体规划，加大现有闲置土地的整治力度外，关键在于建立一个专门的土地监察机关，对土地使用、征收、闲置等问题进行专门的监督管理。土地监察部门的主要职责应当是做好土地的调查统计工作，按国家要求和标准进行土地调查，查清各自行政辖区内的土地类型、数量、质量、分布利用等情况，特别是土地闲置情况。对于土地闲置问题，由土地监察机关依照法律规定执行相关的督促、处罚措施。同时，国家立法机关应当修改完善上述法律条文的不足之处，对立法规定不明确、不合理、缺乏可操作性的地方，要及时修改或以立法解释的形式加以明确。应当制定《土地监察法》，以国家立法的形式规定土地监察机关的职权、工作规则等。

253. 农民集体土地所有权主体有哪几种类型？

答：依照法律规定，农民集体土地所有权主体有三种基本类型：一是乡（镇）农民集体；二是村农民集体；三是村内两个以上农村集体经济组织的农民集体。相应的，我国农民集体所有土地也有三种基本形式，即乡（镇）农民集体所有土地；村农民集体所有土地；村内两个以上农村集体经济组织的农民集体所有土地。乡（镇）农民集体所有土地属于乡（镇）农村集体经济组织的农民集体所有；村农民集体所有土地属于村集体经济组织的农民集体所有；村内两个以上农村集体经济组织的农民集体所有土地属于村内各该农村集体经济组织的农民集体所有。乡（镇）农民集体所有土地，由乡（镇）农村集体经济组织经营、管理；村农民集体所有土地，由村集体经济组织或者村民委员会经营、管理；村内两个以上农村集体经济组织的农民集体所有土地，由村内各该农村集体经济组织或者是村民小组经营、管理。

254. 集体土地所有权存在哪些问题？

答：（1）集体土地所有权是一定社区范围内的农民共同共有的所有权，“农民集体”不是一个抽象的名词，而是一种能按章程或规则行使权利的组织形式。在“农民集体”中每个成员的权利是平等的，如对集体土地享有平等的承包经营权。集体成员的权利是集体所有权的组成部分，全体成员大会是集体的最高权力机关。但是，集体中的成员不能以个人身份享有和行使集体所有权，对集体土地和其他财产不享有可分割的特定份额。所以，集体所有既不同于个人所有基础上的共有，也不同于股份制基础上的法人所有。对集体土地所有权作此理解，符合《民法通则》第74条“劳动群众集体组织的财产属于劳动群众集体所有”和第78条“共同共有人对共有财产享有权利，承担义务”以及共同共有人不得要求将共有的财产分出或者转让的规定。集体土地所有权性质的模糊，是集体土地所有权弱化的原因与表现，其直接后果将进一步导致对土地无人负责。

（2）集体土地所有权的主体和集体土地的所有权的行使，是集体土地所有权的表现形式。鉴于历史和现实的原因，虽然在征求意见的过程中反映较多，但新颁布的《土地管理法》对此没有作出更加明确、具体的规定，对原规定基本上未作大的改动。该法第10条规定：“农民集体所有的土地依法属于村农民集体所有的，由村集体经济组织或者村民委员会经营、管理；已经分别属于村内两个以上农村集体经济组织的农民集体所有的，由村内各该农村集体经济组织或者村民小组经营、管理；已经属于乡（镇）农民集体所有的，由乡（镇）农村集体经济组织经营、管理。”同修改前比较，增加了已经属于村内农民集体所有的，可由村民小组经营、管理的规定。删去了“农业生产合作社”作为集体经济组织主要形式的规定，对乡（镇）和村内农民集体的次序作了调整。从这条规定中可以明确三点：一是集体土地所有权主体是农民集体；二是农民集体有乡（镇）、村和村内的农民集体之分；三是集体所有的土地由农村集体经济组织或者村民委员会或村民小组经营、管理。尚不明确的亦有三点：其一，农民集体可否对土地直接进行经营、管理；其二，农村集体经济组织或者村民委员会或村民小组对农民集体土地的经营、管理权是什么性质的权利，这种权利是通过委托取得的还是授权取得的；其三，乡（镇）、村和村内的农民集体，这三种权利主体之间是什么关系？

（3）土地所有权是一种特殊的财产所有权，但仍具有财产所有权的基本特征。我国《民法通则》第71条规定，财产所有权是指所有人依法对自己的财产享有占有、使用、收益和处分的权利，换句话说，占有、使用、收益和处分是所有权的主要权能。土地是“一切生产和一切生存的源泉”，对人类的生存与发展有着特别重大的意义，所以，古今中外的国家无不十分重视对土地资源的利用与管理，对所有权人的权利作出适当的限制。我国人口众多，土地资源稀缺。国家对国有土地和集体所有的土地均实行严格的保护政策。新的《土地管理法》规定，为了合理利用土地，切实保护耕地，国家实行土地利用总体规划制度，土地用途管制制度，耕地特殊保护制度和土地执法监察制度。所以，集体土地所有权是受限制的所有权。这种限制是必要的，但是不能忽视，在现在的有关土地问题的法律法规中，对集体土地所有权限制性规定明确具体，而保护性规定相对模糊、抽象。在使用权和收益权方面，明显的存在以管理权排斥、替代所有权的现象。通过承包合同取得集体土地承包经营权的农民，在逐渐建立起来的市场经济体制下，本应享有根据合同的约定和国家产业政策，自主合理使用土地和争取最大收益的权利。然而在不少基层人民政府常常以调整产业结构为名，用行政命令的方式，把国家保护农民利益为基本出发点的指导性计划，变成损害农民利益的指令性计划，强行要求或者禁止农民从事某些属于自主经营权范围内的生产经营活动。当前，使用权和收益权是集体土地所有权的两项最为重要的权能，如果不能保证切实享有，与农民生存权休戚相关的集体土地所有权将失去存在的价值。此外，农民因承包经营集体土地而承担的乡（镇）统筹的款项中，亦部分含有以行政权力参与农民收益分配的性质。

集体土地使用权还应包括使用权人有依法有偿进行出让和转让的权利，但由于缺少可操作的规定，实践中这一权利也难以行使。1988年12月修订的《土地管理法》第2条中曾规定“国有土地和集体所有土地的使用权可以依法转让。土地使用权转让的具体办法，由国务院另行规定”。1993年7月制定的《农业法》第13条第2款规定：“在承包期内，经发包方同意，承包方可以转让所承包的土地、山岭、草原、荒地、滩涂、水面，也可以将农业承包合同的权利义务转让给第三者。”然而，国务院一直未能制定集体土地使用权转让办法，在新的《土地管理法》中则只规定：“土地使用权可以依法转让”，是否要制定“具体办法”未作规定。依据法律规定，取得集体土地使用权的主体包括个人或者单位。取得集体土地使用权的途径主要有：①本集体组织成员通过签订承包经营合同无偿取得农用土地使用权和按规定取得的宅基地使用权；②本集体组织以外的单位或者个人，通过签订承包经营合同有偿取得的集体土地的使用权；③单位或个人通过拍卖、招标、协议等方式有偿取得的集体所有的“四荒”地使用权。另外，国家交由集体使用的国有土地的使用权，亦可通过上述办法转让使用权。理论界普遍认为，无偿取得的承包经营权（等于社员权加使用权），因具有社会保障性质，应限制或禁止转让，但可在本集体组织成员间转包；凡有偿取得的土地使用权，使用权人可以依法转让。目前，集体土地使用权不能正常进行转让或转包，不但使用权人的权益受到限制，土地资源作用的发挥也受到影响。

根据《宪法》和《土地管理法》规定，“国家为公共利益的需要”，可以依法对集体所有的土地实行征用，征用后转为国家所有。实践证明，国家征用的土地实际上只有一部分用于“公共利益的需要”，而其他部分则用于商业性目的。统统视为“公共利益的需要”，至少有两大弊端：一是容易助长多征、乱征集体土地之风；二是严重侵犯了农民集体的利益。

另外，现有规定对被征用的土地，只给少量的地力、地上损失补偿费和失去土地人口的安置费，不包括土地本身的价格。实际上只承认集体土地使用权的存在，而否认了集体土地（财产）所有权的存在。

255. 集体土地所有权改革有哪些价值取向？

答：关于集体土地所有权制度的改革，20世纪80年代以来，理论战线和实际工作部门不断提出各种主张：（注：王卫国：《中国土地权利研究》第116页，第98页，中国政法大学出版社1997年5月出版。）（1）取消集体土地所有权，实行农村土地国有化；（2）取消集体土地所有权，实行农村土地私有化；（3）部分取消集体土地所有权，实行农村土地的国家所有、集体所有和农民私人所有三者并存或者集体所有和农民私人所有二者并存；（4）保留集体土地所有权，实行农村土地使用制度的改革。

我国土地资源有限，人多地少的矛盾突出。据悉，目前我国人均占有耕地仅为世界人均数3.75亩的47%。土地制度是社会制度的基础。在我国历史上，土地所有权制度的变革曾引起过社会的激烈的振荡，甚至政权的更迭，所以，土地制度的改革必须慎之又慎。印度实行土地私有制后，结果农民的土地不断被兼并，失去土地的农民拥入城市，流落街头，社会矛盾丛生。这种状况，我们应当引以为戒。因为上列前三种主张均涉及集体土地所有权制度的改革，所以在修改《土地管理法》时未予考虑，而是坚持农村土地集体所有制，适度加强了集体土地使用权的规定。对于如何完善集体土地所有权和使用权，学者们的见解又有所不同。有的认为，我国的现实情况决定了农村土地制度改革必须先建立相对完善的土地使用权制度，在此基础上才有条件完善土地所有权制度。（注：皮纯协：《新土地管理法理论与适用》第102页，中国法制出版社1999年1月出版。）笔者则认为，完善所有权制度比完善使用权制度更为重要。所有权和使用权在地位上存在从属性，即后者从属于前者，前者决定后者。改革开放以来，在集体土地立法上就存在管理权优位于所有权的现象，已经导致在一些地方以行政权排挤、代替所有权的不良结果。若循先完善使用权后完善所有权的思路立法，同样会不可避免地出现上述情况。那时，要完善所有权，难度会更大。所以二者应当同步进行。

256. 改革农民集体组织形式有哪些？

答：可着重从两个方面进行：（1）在修改《民法通则》或制定民法典时，统一规定“农民集体组织”为集体土地所有权的主体，具有法人资格。在此顺便说明一下，对集体土地进行经营、管理的“集体经济组织”、村民委员会或村民小组，是否具有法人资格，现有法律未予明确。按常理，村民委员会和村民小组均为群众自治组织，不具有法人资格。而不论何种性质的经济组织是否具有法人资格，则不宜由法律来规定，应通过工商登记来认定。建议制定《农民集体组织规则（或章程）》（其名称可以是綦经济（或资产）管理委员会，或者其他适合的名称），规定农民集体组织的性质、组成、职责、权限以及行使权利的原则、程序等。使集体土地所有权主体明晰，行使权利有现实的组织形式和规范的运作程序。（2）将目前的乡（镇）、村和村内的三种农民集体所有改为一种，即村农民集体所有或曰村民委员会范围内的全体农民共同共有。理由有三：其一是“三级所有”的体制早已过时，乡（镇）和村内的农民集体所有大多数都已名存实亡；其二是村农民集体所有规模比较适合当前农村的生产力水平和组织管理水平，村党支部和村民委员会又可对其进行指导、监督；其三是当前不少地方对《土地管理法》第10条中规定的三种农民集体所有已经作了选择性的理解，且在确权发证时将所有权证发给了村民委员会，尤其是在地少人多经济比较发达的东南沿海地区，有的省已作出规定，集体土地统一归村农民集体所有。另外，自90年代初以来，理论界对集体土地归村农民集体所有，已基本形成了共识。实行土地村农民集体所有，因不涉及土地制度的改变，不会引起社会振荡，又可以使原来所有权主体缺位的乡（镇）和村内农民集体土地所有权主体清晰。

257. 如何强化农用土地使用权？

答：按照用途之别，《土地管理法》将土地分为农用地、建设用地和未利用地。农民集体所有的土地绝大部分属于农用地。集体农用地由农户长期承包经营后，农户的承包经营权能否得到切实保障，不仅关系到农户的切身利益，也影响到集体土地所有权的完善。对承包经营权的性质历来有两种不同的看法，一种认为是债权，另一种认为是物权。现在，尽管这两种认识的分歧依然存在，但都认识到债权性质的承包经营权，不利于维护农民的生产积极性，不利于使用权的市场流转，不利于使用权制度的稳定。强化农用地使用权（承包经营权）是维护集体土地所有权的有效措施之一，而强化的途径是将承包经营权物权化。当前，承包经营权物权化的条件基本成熟：一是确立市场经济体制和保证农业持续发展的需要；二是承包经营制度内部变化（承包人投资增加，发包人投资减少，承包人与发包人的关系逐步简化为土地使用权关系）的推动；三是改革的政策基础已经坚实，如中央规定“增人不增地，减人不减地”，二轮承包期为30年，对“四荒”地的承包、使用期还可更长，并且给承包人发承包权证书。中央《关于农业和农村工作若干重大问题的决定》指出，实行土地集体所有、家庭承包经营是“使用权同所有权分离”，强调要抓紧制定确保农村土地承包关系长期稳定的法律法规，“赋予农民长期而有保障的土地使用权”。当前在我国农村出现的“承租反包”和“股田制”，是对使用权制度不完善的一种补充。由此可见，集体土地承包经营权（使用权）物权化势在必行。

当然，承包经营权物权化还存在一些有待进一步研究的问题，例如，将承包经营权简化为使用权，或者说把使用权从承包经营权中析出来，会不会削弱或者取消承包经营权对集体成员的社会保障功能？又如，承包经营权的权源有两个，一个来自集体土地所有权，另一个来自由集体使用的国有土地的使用权，对于后者如何物权化也是一个难题。

258. 如何改革征用集体土地的办法？

答：从《土地管理法》中就可看出，国家征用集体所有的土地，是国家（政府）单方面的行为，农民集体作为所有者的地位没有得到应有的尊重。学者早就提出建议，应在立法中对“公共利益”的范围作出明确规定，以防止征用权的滥用。笔者前几年就呼吁将现行的征用制度改为征用和征购制度。凡真正属于国家公共利益需要的，继续按现有规定征用。对于商业性目的用地，改为征购。在征购过程中国家进行指导、协调，不包办一切，让农民集体与用地方协商达成协议后，由政府批准执行。对于征购的土地除按现有规定支付补偿、补助和安置费用外，还应支付前项费用总和5至10倍的地价款。以此达到不但在理论上而且在实践上承认和尊重农民集体土地（财产）的所有权。

259. 农民集体的法律地位？

依照法律、法规和规章的规定，集体土地所有权主体只能是农民集体，即一定范围内的农民集体。需要指出的是，“农民集体”不能与农村集体经济组织本身作同一解释，尽管这些农村集体经济组织由该农民集体的全体农民组成，但并不等于农民集体本身。根据我国民法理论，民事主体主要包括自然人、法人和其他组织（如，《民事诉讼法》、《行政诉讼法》和《合同法》等法律规定的主体类型之一，即非法人组织）。“国家在某些情况下也以民事主体出现”（注：李开国：《民法基本问题研究》，法律出版社，1997年，第60页），“在公有制国家，从国家享有的特殊的能力出发，大都认为国家在民法上只是特殊的主体，而不是一个法人”（注：王利明：《国家所有权研究》，中国人民大学出版社，1991年，第269页）。有的人认为，“农民集体”既非个人（即自然人），也非法人，不是一种独立的民事主体，不能作为人格者享有集体土地所有权（注：温世扬：《集体所有土地诸物权形态剖析》，《法制与社会发展（长春）》1999年第2期）；还有的人认为，“‘农民集体’不是一个抽象的名词，而是一种能按章程或规则行使权利的组织形式”（注：肖方扬：《集体土地所有权的缺陷及完善对策》，《中外法学》1999年第4期）。笔者不完全赞成上述两种看法。笔者认为，“农民集体”既非自然人，也非法人或其他组织，而是一种新型的特殊民事主体。农民集体与国家和自然人之区别是显而易见的，因此，下面主要剖析它与法人和其他组织的区别，以论证农民集体是一种新型的特殊民事主体。

农民集体作为一种新型的特殊民事主体，它与法人（即具有民事权利能力和民事行为能力，依法享有民事权利和承担民事义务，并独立承担民事责任的组织）的区别，主要表现在以下4个方面：①法人无法享有土地所有权；而农民集体依法享有集体土地所有权。②法人以其全部财产对外承担民事责任；而农民集体则只能以其全部财产中可依法处分的部分财产对外承担民事责任。③企业法人可以在内部设立分支机构（即非法人的其他组织），但企业法人不能单独出资创办其他企业法人；而农民集体可以依法创办具有法人资格的乡（镇）、村或组的集体企业，也可以建立社区性的农村集体经济组织（一般登记或确认为法人），显然农民集体不属于法人，否则会产生两级法人，与传统民法理论法人的独立性相悖。④法人（一般除国家机关法人外）可以成为公司的投资主体（即股东）；而农民集体不能成为公司的投资主体。关于农村集体经济组织或者村民委员会作为公司的投资主体的问题，国家工商行政管理局1995年11月28日做出的《关于公司登记管理中几个具体问题的答复意见》规定：农村中由集体经济组织行使集体经济管理职能的，由农村集体经济组织作为投资主体；没有集体经济组织，由村民委员会代行集体经济管理职能的，村民委员会可以作为投资主体投资设立公司。村民委员会投资设立公司，应由村民委员会做出决议。从上述分析可见，农民集体非属法人。

农民集体与其他组织（即非法人组织，是指具有民事权利能力和民事行为能力，依法享有民事权利和承担民事义务，但不能独立承担民事责任的不具备法人资格的组织）的区别，也主要表现在以下4个方面：①农民集体有完全独立的财产；而其他组织只有非独立或相对独立的财产。②农民集体能承担独立民事责任；而其他组织不具有独立的民事责任能力。其他组织的这一特征主要体现在，“当对外交往而举债时，如其自身拥有的经费足以偿债，则由其自身偿付债务；如其拥有的财产不足以偿付债务，则由其创设人进行偿付，创设人为其承担最终的连带责任”（注：孔祥俊：《民商法新问题与判解研究》，人民法院出版社，1996年，第51页）。③农民集体享有集体土地所有权；而其他组织无法享有土地所有权。④农民集体的权力机构是农民大会或农民代表大会；而其他组织一般无权力机构，只设有管理内部事务及对外代表组织进行交往的组织机构。可见，农民集体也非属其他组织。

260. 农民集体土地所有权主体的法律界定有哪些？

答：（1）从法律规定来看，农民集体土地所有权主体为农民集体。根据新《土地管理法》第10条“农民集体所有的土地依法属于村农民集体所有的，由村集体经济组织或者村民委员会经营、管理；已经分别属于村内两个以上农村集体经济组织的农民集体所有的，由村内各该农村集体经济组织或者村民小组经营、管理；已经属于乡（镇）农民集体所有的，由乡（镇）农村集体经济组织经营、管理”的规定，对照原《土地管理法》第8条以及《民法通则》第74条第2款和《农业法》第11条的规定，结合新《宪法》第9条和第10条之规定分析，笔者认为：①新《土地管理法》第10条对集体土地所有权制度做了三个层次的、独立民事权利的科学规定，即集体土地所有权可分为三种类型：乡（镇）农民集体土地所有权；村农民集体土地所有权；组农民集体土地所有权。②明确了集体土地经营管理者为三种，即乡（镇）农村集体经济组织；村农村集体经济组织或者村民委员会；组农村集体经济组织或者村民小组。

分析新《土地管理法》第10条的规定，笔者认为，集体土地所有权主体是农民集体，即“一定范围内的农民集体”。其主体类型有三：乡（镇）农民集体；村农民集体；组农民集体。

（2）从行政法规规定来看，集体土地所有权主体也可推定为农民集体。1990年5月国务院发布的《乡村集体所有制企业条例》第18条规定：“乡村企业财产属于举办该企业的乡或者村范围内的全体农民集体所有，由乡或者村的农民大会（农民代表大会）或者代表全体农民的集体经济组织行使企业财产的所有权。”这就明确了乡村集体企业财产所有权的主体是举办该企业的乡或者村范围内的全体农民集体，即“一定范围内的农民集体”，而代表全体农民的集体经济组织只能行使企业财产的所有权。

（3）从行政规章规定来看，集体土地所有权主体仍为农民集体。1995年4月9日国家土地管理局公布的《确定土地所有权和使用权的若干规定》第21条规定：“农民集体连续使用其他农民集体所有的土地已满二十年的，应视为现使用者所有；连续使用不满二十年，或者虽满二十年但在二十年期满之前所有者曾向现使用者或有关部门提出归还的，由县级以上人民政府根据具体情况确定土地所有权。”这里的集体土地所有权主体或争议主体只使用“农民集体”，而不提“农村集体经济组织”或村民委员会以及村民小组，可认定集体土地所有权的主体只能是农民集体。

（4）从中央有关政策来看，集体土地所有权主体同样为农民集体。国发[1995]35号《国务院关于加强农村集体资产管理工作的通知》规定：“农村集体资产（以下简称‘集体资产’）

是指归乡、村集体经济组织（以下简称‘集体经济组织’）全体成员集体所有的资产。属于组（原生产队）集体所有的资产，仍归该组成员集体所有。集体资产包括：集体所有的土地和法律规定属于集体所有的森林、山岭、草原、荒地、滩涂、水面等自然资源；集体所有的各种流动资产、长期投资、固定资产、无形资产和其他资产。”同时，该《通知》还规定，“集体经济组织是集体资产管理的主体”。可见，农村集体资产（包括集体土地）所有权的主体是一定范围内的农民集体（这里指的是全体成员集体）。

（5）从土地所有权制度演变来看，现阶段集体土地所有权主体理应归农民集体。新中国成立以来，农村土地所有制经历了农民土地所有制和集体土地所有制两个时期。农村集体土地所有权是在农民私人土地所有权的基础上形成的。

261. 集体土地所有权的主体包括几类？

集体土地所有权的主体应包括三类：①乡（镇）农民集体；②村农民集体；③组（即村的下一级组织）农民集体。具体涉及某一地方或某一乡（镇），则可能存在上述三类集体土地所有权的主体；也可能只存在两类集体土地所有权的主体，即乡（镇）农民集体和村农民集体，或村农民集体和组农民集体；甚至有的地方可能只存在一类集体土地所有权的主体，即一般是村农民集体，但也可能只存在组农民集体。一些地方或乡（镇）只存在集体土地所有权的一类主体或两类主体的原因是：第一，有的地方在人民公社时期就存在集体土地归生产大队和生产队两级组织所有，或归公社和生产大队两级组织所有；第二，有的地方政社分设后，原生产队集体土地已经过原生产队全体农民同意将土地所有权已合并到上一级村农民集体的土地所有权中，由村农民集体拥有原属于下属全部原生产队所有的集体土地。

262. 国有土地和集体土地的区别有哪些？

依法使用国家所有土地的权利。国有土地使用权的主体非常广泛，任何单位和个人，包括境外的企事业单位和个人，符合依法使用中国国有土地条件的，都可以成为中国的国有土地使用者。国有土地使用权具有重大意义。国家作为国有土地所有者并不直接使用土地，而是由具体单位和个人来使用。国有土地的收益权能一部分由土地使用者实现，一部分由国家通过收取土地使用税（费）和土地使用权有偿出让的形式来实现。由于中国法律禁止土地买卖，国家土地所有权一般不能流转，因而国家对国有土地的处分权主要是对土地使用权而言，划拨、出让或者确认、收回土地使用权的权利，都可以理解为对土地的一种处分。有偿取得的国有土地使用权，可以依法转让，因此，国家土地所有权中的处分权有一部分也可以有限制地由土地使用者来行使。在农村，农民使用国有土地和使用本集体所有的土地，除了在法律概念上不同外，其他方面已没有本质的区别。国家在收回农民长期使用的国有土地时也要给以适当补偿。依法有偿受让取得的国有土地使用权，成为一种完整意义上的财产权，可以依法转让、出租、赠与、继承、抵押，与一般通过划拨取得的国有土地使用权不同的是“有偿”、“有期”，这是国家凭借土地所有权对使用权进行的一种限制，是实现土地所有权的一种措施。

集体土地使用权不得出让、转让或者出租用于非农业建设，但是符合土地利用总体规划并依法取得建设用地的企业因破产、兼并等情形致使土地使用权依法发生转移的除外。

集体土地使用权的主体为特殊民事主体，主要为集体经济组织及其成员，集体经济组织设立的企业和公益性组织，只有法律、行政法规规定允许的个别情况下，才可包括集体经济组织以外的单位和个人。

263. 国家所有的土地有哪些?

答：根据《土地管理法》第8条和《土地管理法实施条例》第2条规定，下列土地属于全民所有土地即国家所有土地：

（1）城市市区的土地；

（2）农村和城市郊区中已经依法没收、征收、征购为国有的土地；

（3）国家依法征用的土地；

（4）依法不属于集体所有的林地、草地、荒地、滩涂及其他土地；

（5）农村集体经济组织全部成员转为城镇居民的，原属于其成员集体所有的土地；

（6）因国家组织移民、自然灾害等原因，农民成建制地迁移后不再使用的原属于迁移农民集体所有的土地。

264. 集体所有的土地有哪些?

答：集体土地是指农民集体所有的土地。也叫做劳动群众集体所有的土地。

集体土地是我国土地所有制的一种形式。

我国实行土地的社会主义公有制，土地的所有制形式包括国家所有（全民所有）和劳动群众集体所有两种形式。

（1）《中华人民共和国宪法》第十条规定：“农村和城市郊区的土地，除由法律规定属于国家所有的以外，属于集体所有；宅基地和自留地、自留山，也属于集体所有。”

《中华人民共和国土地管理法》第二条规定：“中华人民共和国实行土地的社会主义公有制，即全民所有制和劳动群众集体所有制。”第八条规定：“城市市区的土地属于国家所有。农村和城市郊区的土地，除由法律规定属于国家所有的以外，属于农民集体所有；宅基地和自留地、自留山，属于农民集体所有。”

（2）在集体土地的经营管理方面，《中华人民共和国土地管理法》第十条规定：“农民集体所有的土地依法属于村农民集体所有的，由村集体经济组织或者村民委员会经营、管理；已经分别属于村内两个以上农村集体经济组织的农民集体所有的，由村内各该农村集体经济组织或者村民小组经营、管理；已经属于乡（镇）农民集体所有的，由乡（镇）农村集体经济组织经营、管理。”

（3）集体土地所有权的确认。《中华人民共和国土地管理法》第十一条规定：“农民集体所有的土地，由县级人民政府登记造册，核发证书，确认所有权。”

（4）集体土地的征收和征用。国家为了公共利益的需要，可以依照法律规定对土地实行征收或者征用并给予补偿。

（5）集体所有的土地可以由集体或者个人承包经营，从事农林牧渔生产。

265. 国有土地使用权有哪些内容?

答：依法使用国家所有土地的权利。国有土地使用权的主体非常广泛，任何单位和个人，包括境外的企事业单位和个人，符合依法使用中国国有土地条件的，都可以成为中国的国有土地使用者。国有土地的收益权能一部分由土地使用者实现，一部分由国家通过收取土地使用税（费）和土地使用权有偿出让的形式来实现。

由于中国法律禁止土地买卖，国家土地所有权一般不能流转，因而国家对国有土地的处分权主要是对土地使用权而言，划拨、出让或者确认、收回土地使用权的权利，都可以理解为对土地的一种处分。有偿取得的国有土地使用权，可以依法转让，因此，国家土地所有权中的处分权有一部分也可以有限制地由土地使用者来行使。在农村，农民使用国有土地和使用本集体所有的土地，除了在法律概念上不同外，其他方面已没有本质的区别。国家在收回农民长期使用的国有土地时也要给以适当补偿。依法有偿受让取得的国有土地使用权，成为一种完整意义上的财产权，可以依法转让、出租、赠与、继承、抵押，与一般通过划拨取得的国有土地使用权不同的是“有偿”、“有期”，这是国家凭借土地所有权对使用权进行的一种限制，是实现土地所有权的一种措施。

266. 国有土地使用权有哪些使用年限?

答：按照土地用途不同，使用期限也不相同。

最高年限按下列用途确定：

居住用地七十年；

工业用地五十年；

教育、科技、文化、卫生、体育用地五十年；

商业、旅游、娱乐用地四十年；

综合或者其他用地五十年。

土地使用期限为土地使用权证上的土地使用期限减去该土地已经使用的年限，剩下的年限就是可以使用的年限，到期后可以申请续期。

取得土地使用权的土地使用者，其使用权在使用年限内可以转让、出租、抵押或者用于其他经济活动，合法权益受国家法律保护。

267. 集体土地建设用地使用权是什么？

答：集体土地建设用地使用权一般是指农民集体和个人进行非农业建设依法使用集体所有土地的权利。

268. 现行农村集体土地制度存在的弊端是什么？

答：新中国成立以后，在我国广大农村，逐步建立起集体土地制度。几十年来，该制度历经改革，基本上都对我国农村经济的发展起过积极的推动作用。特别是20世纪70年代末以来的家庭联产承包责任制的改革，但随着时间的推移和农村经济发展，现行的集体土地制度存在种种弊端日益显露出来。总的来说，其存在的弊端主要体现在以下几方面：

（1）所有权主体虚位

集体所有权按基本含义来讲，应当是全体集体成员共同所有，也就是说“既不是个人所有权基础上的共有，也不是股份制基础上的法人所有”，那么，农村集体土地所有权应当是归某一农村集体经济组织的全体农民集体共同共有。从我国立法上看，关于集体土地所有权的主体，我国《民法通则》第74条规定：“集体所有的土地依照法律属于村农民集体所有的，由村农业生产合作社等农业集体经济组织或村委会经营、管理，已经属于乡镇农民集体经济组织所有的，可以属于乡镇农民集体所有”；新《土地管理法》第十条规定：“……；已经分别属于村内两个以上农村集体经济组织的农民集体所有的，由村内各该农村经济集体组织或者村民小组经营、管理；……”。按这些规定，现阶段集体土地所有权主体有以下几种：①村农民集体；②乡镇农民集体；③村内多个农民集体如村民小组等。由于农民缺乏行使集体所有权的组织形式或程序，这样，就导致农民集体无法行使所有权，甚至缺乏行使所有权的动力。因此，客观上就由相对应的集体经济组织代表农民集体行使所有权。但是，现实的情况是，大多数地区的农民集体经济组织已经解体或名存实亡。“所谓土地集体所有，实际上成了乡村干部的小团体所有，有的甚至成为个别乡村干部的个人所有”。于是，乡村干部利用土地牟取私利和利用对土地的支配权欺压农民的现象屡见不鲜。例如，少数乡村干部凭借集体土地所有权或征收各种名义的费用，加重农民负担，或以权谋私，造成土地使用的分配不公。难怪有人说，有些地方的乡村干部已经蜕变成为新时代的地主恶霸，土豪劣绅。这样，集体土地所有权也就成了一块“虚牌”。

（2）土地利用效率低

由于土地所有权实际上掌握在少数乡村干部的小团体手中，而没有掌握在大多数农民手中，那么建立在此基础上的土地使用权实际上还要受到少数乡村干部的种种干扰，其中，最突出的问题是土地承包关系不确定。调查显示：1978年以来，有95%的村对土地进行过调整。调整一次的占22.55%，调整两次的占22.7%，调整3次的占30.6%，调整4次的占20.8%，调整5次的占139%，平均调整3.10次，最高的8次。由于土地承包关系的频繁变动，严重影响了广大人民对土地进行投资的动力，反而可能导致土地的滥耕滥用，从而严重破坏地力。这种粗放型的经营模式不仅使土地的利用效率低，而且在很大程度上制约着农业生产力的进一步发展。

（3）集体土地使用权流转的法律不健全，严重影响农业规模化进程

1998年修订的《土地管理法》规定了土地使用权可依法转让（包括采用出让，转让和出租等形式），并对集体土地使用权转让规定了限制条件。但至今，国务院对农村土地使用权的出让和转让办法尚未作出具体规定。即使是2002年颁布的《中国农村土地承包法》也是一样，规定过于笼统，有关内容和程序不够具体明确。缺乏可操作性，一旦在流转中出现纠纷，广大农民的合法权益就得不到充分保护。

如果不推行农业规模化经营，将导致很多严重后果：①农民收入增长缓慢，甚至处于停滞状态。由于落后的经营模式造成生产成本急剧上升，而农业特别是粮食生产的比较收益下降。据统计，按可比价格计算，中国农村人均净收入从1995年起至今就处于停滞不前的发展状态，而城镇居民的人均收入则每年以相当快的速度在增长，中国的基尼系数已经达到0.45。这不仅导致农民收入增长缓慢，城乡贫富差距拉大，而且可能影响农村经济的发展和社会稳定；②导致农民抛荒严重，土地资源的极大浪漫。由于依靠种地收益太低，很多农民就抛弃自己承包的土地，纷纷进城务工，但他们还得向集体组织缴纳税金，这又导致加重农民负担，同时也给城市的就业、教育、交通等带来巨大的压力。

269. 土地管理的主体和对象有哪些？

答：任何管理（含土地管理）的定义都需包括三项内容：“谁在管理”——管理者（主体），“管理什么”——管理的对象和范围，“如何管理”——管理的方式和方法。

（1）土地管理的主体

土地管理主体是各级政府的土地行政主管部门及其公务员。从享有行政权力和具体行使

行政权力的角度分析，土地管理的主体又可以分为四种：

①政府包括中央政府和地方各级政府。

②土地行政主管机关。

③行政首长。土地行政主管机关的首长无论在名义上还是在实际执行上都是行政权力的一种主体。

④土地行政主管部门的普通公务员。他们是土地管理的又一主体。他们人数众多，由法律保障其身份和规定其职责。他们的主要职责是处理部门的大量日常事务，具体执行既定的政府政策和首长决定，他们是技术作业层上土地管理的主体。依据“管理就是决策”的观点，他们以其独特的方式、专长和优势，直接影响土地管理的过程和时效性，通过他们的努力，土地管理才能转化为社会过程，产生社会效应。

（2）土地管理的对象

土地管理的对象是指土地保护和开发利用活动中的社会公共事务。这些社会化公共事务的自然载体是土地，社会载体是从事资源保护和开发利用的社会组织和个人，大体可以分为以下五类：

①经济性组织。包括一切以资源开发利用为生产经营活动内容，以赢利为目的的组织。政府通过制定政策、行政法规、规程、规范来影响和制约它们的行为，对其不正当的经营行为予以惩处、罚款、限期改正、收回开发许可证、撤销营业执照等。

②社会性组织。一般说来，政府对它们的管理以不违反保护和合理利用资源的法律和行政法规为限度。检查监督制度是政府对其管理的主要方式。

③教科文卫组织。

④新闻性组织。

⑤公民。

270. 土地征收主体有哪些?

答：土地征收是国家行使其“最高所有权”的体现。我国并不存在私人土地所有权，土地征收是在国家和集体之间展开的。在我国，土地征收法律关系的主体只能是国家和农村集体经济组织。集体由其内部成员构成。集体财产权的实现，既是其自身财产权的实现，同时也是其成员财产的实现。土地征收既涉及农民集体的利益，也涉及其成员的利益。承认土地征收法律关系主体的特定性，可以将因实施经济政策而引起的土地开发排除在土地征收之外。这对维护集体经济组织及其成员的利益具有现实意义。以此为基础，还可以说，土地征收权具有专有性，只有国家享有征收集体土地的权利，企业和公司等经济组织不能以实施经济政策的名义进行土地征收，亦不应通过国家达到征收土地的目的。

271. 集体土地征收的权力主体和法律程序?

答: 土地征收是指国家为了社会公共利益的需要,将集体所有的土地征收转变为国有土地并给予一定经济补偿的行为。

征地是一种政府行为,是政府的专有权力,征地主体只能是国家,单位和个人无权征收。

土地征收，必须经过一定的审批程序，享有审批权的只有国务院和省级人民政府。征收非农用地的，可以直接办理审批手续；征收农用地的，应该先办理农用地转用审批，再办理征地审批（国务院可同时办理征地审批和农用地转用审批）。

被征用土地所在地的市、县人民政府应当在收到征用土地方案批准文件之日起10个工作日内进行征用土地公告，该市、县人民政府土地行政主管部门负责具体实施。

征用土地方案和征地补偿、安置方案应当在被征用土地所在地的村、组内以书面形式公告，征用乡镇农民集体所有土地的，在乡镇人民政府所在地进行公告。

272. 什么是房地产抵押登记制度?

答: 房地产抵押登记制度,是指抵押人以其合法的房地产以不转移占有的方式向抵押权人提供债务履行担保的行为。

273. 什么是不动产登记?

答: 不动产登记为物权法中的重要制度，是指经权利人或利害关系人申请，由国家专职部门将有关不动产物权及其变动事项记载于不动产登记簿的事实。作为物权公示手段,不动产登记本质上为产生私法效果的事实行为而非登记机关的行政管理行为。目前世界上存在的契据登记制、权利登记制和托伦斯登记制三种模式各有所长,我们应充分比较借鉴上述登记制度的长处，结合中国的现实国情，构建有中国特色的不动产物权登记制度。

274. 不动产登记有哪些权利?

答:（1）所有权;（2）地上权;（3）永佃权;（4）地役权;（5）先取特权;（6）质权;（7）抵押权;（8）租赁权;（9）采石权。

275. 不动产登记的性质是什么?

答：不动产登记的性质，是指不动产登记行为的法律属性。

对于不动产登记的性质，大致有三种学说:（1）公法行为说。（2）证明行为说。（3）私法行为说。我们认为,不动产登记并非登记机关的行政管理行为，其本质应为产生私法效果的事实行为。

276. 什么是契据登记制度？

答：契据登记制度，也称形式主义登记，是指不动产物权的变动，经当事人订立契约即发生效力，但非经登记，不得对抗第三人。

契据登记制度具有以下法律特征：（1）登记为物权变动的对抗要件。（2）登记与否不予强制。（3）登记实行形式审查主义。（4）登记无公信力。（5）登记簿采人的编成主义。（6）登记不动产物权变动状态，即不仅登记不动产物权的现在状态，而且登记物权变动事项。

277. 什么是权利登记制度？

答：权利登记制度，又称实质主义登记，是指不动产物权依法律行为的设立、转移、变更和废止等事项非经登记不得生效的立法体制。权利登记制度为德国民法首创，并为瑞士、奥地利、匈牙利等国以及中国台湾地区所采用。

权利登记制度具有以下法律特征：（1）登记为物权变动的生效要件。（2）登记采实质审查主义。（3）登记具有公信力。（4）登记采用强制主义。（5）登记簿采物的编成主义。（6）登记以不动产权利的静态为主。

278. 什么是托伦斯登记制度？

答：托伦斯登记制度，又称权利交付主义登记，是指经实质审查后用登记机关发放的权利证书确认产权以便利不动产物权转移的登记制度。

托伦斯登记制度具有如下法律特征：（1）登记不实行全面的强制主义。（2）登记采实质审查主义。（3）登记具有公信力。（4）交付权利证书。（5）登记土地上的权利负担。（6）设置赔偿基金。

279. 中国统一不动产登记制度构建了哪些内容？

答：2007年3月16日，十届全国人大第五次会议通过了物权法，该法设专节规定了不动产登记制度。它在总结中国不动产登记实践经验的基础上，借鉴西方国家先进立法经验，对不动产登记的法律效力、不动产登记机构、登记程序、登记类型及登记错误的赔偿责任等重要问题作出了明确规定，确立了中国不动产登记的基本结构，为将来不动产登记法的制定，提供了整体架构和思路，标志着中国统一不动产登记制度的正式确立。

（1）确立了统一的不动产登记制度。

（2）明确了不动产登记的效力。

（3）规定了不动产登记程序。

（4）健全了不动产登记类型。

（5）规范了登记当事人和登记机关的赔偿责任土地登记发证制度。

280. 不动产登记有哪些登记效力？

答：（1）登记的公示力。

所谓公示，是指物权在变动时，必须将物权变动的事实通过一定方法向社会公开，从而使第三人知道物权变动的情况，以避免第三人遭受损害并保护交易安全。

（2）登记的形成力。

登记的形成力，又称物权变动的根据效力，是指登记具有使基于法律行为的不动产物权变动能否生效的效力。

（3）登记的推定力。

登记的推定力又称权利正确性推定效力，是指以不动产登记簿上所记载的当事人的权利内容为正确不动产权利的效力。

（4）登记的公信力。

登记的公信力是指登记记载的权利人在法律上推定其为真正的权利人，如果以后事实证明登记记载的物权不存在或存在瑕疵，对于信赖该物权的存在并已从事了物权交易的人，法律仍然承认其具有与真实的物权相同的法律效果。也就是说，不动产登记簿所记载的权利推定为真正的权利，并赋予其公信力，基于登记的公信力，即使登记错误或遗漏，因相信登记正确而与登记名义人进行交易的善意第三人，其所得利益仍将受到法律的保护。

281. 不动产的更正登记是什么？

答：更正登记是指为消除因登记错误或遗漏而导致的登记与实体权利关系原始的不一致状态，对既存登记内容的一部分进行订正、补充而发生的登记。更正登记的目的在于为错误的登记提供救济途径，保护真正权利人的权利，维护秩序安定与交易安全。

根据物权法的规定，更正登记应具备如下构成要件：

（1）不动产登记事项记载错误。

（2）须权利人或利害关系人申请。

（3）须登记权利人书面同意更正或者有证据证明登记确有错误。

282. 什么是异议登记？

答：异议登记是指事实上的权利人或利害关系人对不动产登记簿记载的权利提出异议而进行的登记。异议登记制度的目的在于阻却登记的公信力，从而保护事实上的权利人或真正权利人的利益，它是为更正登记所设置的临时保全措施。

根据物权法的规定，异议登记应具备如下要件：

（1）不动产登记事项被认为错误。

（2）登记权利人不同意更正或登记机关不予更正。

（3）须权利人或利害关系人向不动产登记机关申请。

异议登记并非不动产物权变动的登记，而只是一种对登记事项存在异议而将异议记载于登记簿的制度。但是该制度具有阻却登记公信力的作用，其效力主要有如下几项：（1）权利保全效力。（2）风险警示效力。

283. 什么是预告登记？

答：预告登记是指当事人所期待的不动产物权变动所需要的条件缺乏或者尚未成就时，法律为保全这项将来发生的不动产物权变动为目的的请求权而进行的登记。不动产预告登记最早为德国中世纪民法所创，《德国民法典》加以继承，并为瑞士、日本民法和中国台湾地区“民法”所继受。

因预告登记要发生物权的排他效力，故根据物权公示原则，预告登记必须具备如下要件：（1）经预告登记的不动产物权变动的事项，须是可以本登记的事项。预告登记是为本登记作准备的，它只是一种请求权的保全，本身不具有独立的效力，只有在进行本登记后，才能发生当事人所期待的物权效果。（2）须不动产权利人同意或有法院的假处分命令。

预告登记作成后即具有如下法律效力：（1）权利保全效力。（2）顺位保全效力。（3）破产保护效力。

284. 登记机关的职责是什么？

答：登记机关的职责是指登记机关在进行不动产登记时依法享有的职权与应履行的义务。关于不动产登记机构的职责，不同国家或地区的立法有不同的规定。德国法律规定不动产登记机关除有审查当事人的申请材料是否齐备的权利之外，对当事人申请登记的内容只有消极的登记义务。

中国物权法既没有去试图界定什么是实质审查，什么是形式审查，更没有去回答物权法要求不动产登记机构去进行实质审查还是形式审查，而是在听取各方面意见的基础上，针对中国不动产登记的实际情况，对不动产机关应当履行的职责作出原则性规定。该法第12条规定：“登记机构应当履行下列职责：（1）查验申请人提供的权属证明和其他必要材料；（2）就有关登记事项询问当事人；（3）如实、及时登记有关事项；（4）法律、行政法规规定的其他职责。

具体来说，物权法要求中国的登记机构在进行不动产登记时应当履行下列职责：

（1）查验申请人提供的必要材料。

（2）询问申请人有关登记事项。

（3）如实、及时进行登记。

（4）法律法规规定的其他职责。

为保证登记机关更好地履行登记职责，物权法在规定登记机构应当履行的职责的基础上，又对其禁止从事的行为作出明确规定。

285. 登记机关的法律责任是什么？

答:（1）登记机关法律责任概述。登记机关的法律责任，是指登记机关因登记错误给当事人造成损失而依法应当承担的民事赔偿责任。

（2）登记机关赔偿责任的归责原则。侵权行为的归责原则，就是指归责的一般规则，是据以确定行为人承担民事责任的根据和标准，也是贯穿于侵权行为法之中，对各个侵权行为规则起着统帅作用的立法指导方针。

（3）登记机关赔偿责任的构成要件。根据无过错责任的归责原则，中国不动产登记机关承担赔偿责任须具备以下要件：

①存在登记错误。所谓登记错误是指除了登记申请人弄虚作假，登记机关尽到了审查职责之外的情况，都属于登记错误。

②存在损害事实。所谓损害事实是指因一定的行为或事件使某人受侵权法保护的权利和利益遭受某种不利益的影响。损害事实的存在是侵权赔偿责任构成的前提，“无损害即无赔偿”。

③损害事实与登记错误之间有因果关系。

（4）登记机关赔偿范围及其追偿。登记机关赔偿责任的范围应根据当事人因登记错误造成的实际损失来确定，包括主权利受损害的赔偿、利息及当事人或利害关系人主张权利的费用，如申请更正登记、异议登记的费用，进行诉讼的费用，等等

286. 什么是异议登记？

答: 异议登记是指事实上的权利人或利害关系人对不动产物权登记的正确性存有异议而提出的登记。异议登记制度起始于早期的普鲁士法，但那时的异议登记制度所涉及的范围远比我们现今谈到的异议登记制度广泛。再经由后期普鲁士法的发展与概念的分合，再至德国民法典中所确立的异议登记制度，乃是我们今天所讨论的异议登记制度。该制度是物权法的一项重要制度。

我国物权法草案第二修改稿第二十条规定了异议登记制度，具体表述如下：“权利人、利害关系人认为不动产登记簿记载错误的，有权向人民法院请求作出异议登记的地方裁定。

根据人民法院异议登记的裁定，登记机构应当将该异议记载于不动产登记簿。”第二十一条第2款规定了异议登记的法律效果，即“登记更正后，原权利人在异议登记期间对该不动产作出的处分，登记更正后的权利人未追认的，不发生物权效力。”此草案第二十条、第二十一条大致勾勒出了我国未来物权法中异议登记制度的框架。(1)异议登记申请的人为权利人和利害关系人；异议登记提起的原因是认为不动产登记簿记载错误的。(2)异议登记作出的法律程序为，有权申请异议登记的人向法院提起异议登记之诉，并由法院认可，作出异议登记的裁定，再由登记机构记载异议。(3)异议登记的法律效果并不在于冻结不动产登记簿，禁止原登记权利人处分该不动产。而是准许原登记权利处分不动产，只是与之交易的第三人承担一定的风险。因为依据物权法草案二稿规定原登记权利人在异议登记期间的处分行为是一种待定的法律行为。一旦异议登记正确且而后又为更正登记，更正后取得登记权利人的地位的事实权利人对原登记权利人的处分不动产的行为有追认的权利，予以追认的则该处分行为发生物权效力；不予追认的，该处分自始无效。相反，在异议登记被证实为错误、失效的情形下，原登记权利人仍为正当的登记权利人，则其对不动产的处分自始有效。

异议登记是一种临时性的救济手段，更正登记才具有终局性。

287. 异议登记的法律效果?

答：异议登记本身也可视为一种公示方式，它的作用在于对之前登记这种公示的击破。即以一种新的公示排斥以前的公示。异议被记载之后，原登记的权利推定不复存在，第三人也不能再主张因为有登记的存在仍信赖登记权利人为实际权利人。但异议登记本身并不产生公信力，即有异议登记也不能认为申请异议登记的人就是真正的权利人。异议登记实际上将原登记权利由确定的归属于登记名义人的状态转变为一种悬而未决存有疑义的状态。

异议登记的法律效果并不在于冻结不动产登记簿，禁止原登记权利人处分该不动产。而是准许原登记权利处分不动产，只是与之交易的第三人承担一定的风险。依据物权法草案第21条第2款的规定，原登记权利人在异议登记期间的处分行为是一种待定的法律行为。一旦异议登记正确且而后又为更正登记，物权溯及异议记载之日发生效力。更正后取得登记权利人的地位的事实权利人对原登记权利人的处分不动产的行为有追认的权利，予以追认的则该处分行为发生物权效力；不予追认的，该处分自始无效。相反，在异议登记被证实为错误、失效的情形下，原登记权利人仍为正当的登记权利人，则其对不动产的处分自始有效。

288. 异议不成立的法律责任?

答：物权法征求意见稿第17条第二款规定：“异议登记不当，造成权利人损害的，权利人可以向异议登记的申请人请求损害赔偿。”物权法草案第20条第3款也规定：“异议登记的法律后果由申请人承担。”如果申请人提起的异议不成立，结果给登记权利人的利益造成损害时，申请人应予以赔偿。

289. 物权法草案对异议登记有哪些相关规定？

答：我国物权法草案有两个条文涉及异议登记制度，第20条规定：“权利人、利害关系人认为不动产登记簿记载错误的，有权向人民法院请求作出异议登记的裁定。根据人民法院异议登记的裁定，登记机构应当将该异议记载于不动产登记簿。”第21条第2款规定了异议登记的法律效果，即“登记更正后，原权利人在异议登记期间对该不动产作出的处分，登记更正后的权利人未追认的，不发生物权效力”。以上条款大致勾勒出了我国未来物权法中异议登记制度的框架。

290. 土地他项权利有哪些内涵？

答：土地他项权利是指土地所有权和土地使用权以外与土地有密切关系的权利。主要包括地役权、地上权、空中权、地下权、土地租赁权、土地借用权、耕作权和土地抵押权等。

他项权利与土地使用权的客体一般为同一块土地，它既依附于土地的所有权和使用权，又是对土地所有权和使用权的一种限制，这种限制往往影响土地所有者和使用者对土地的充分利用，从而影响土地所有权和使用权的价值。中华人民共和国成立前，在土地私有制条件下，除土地所有权以外，设定在他人所有土地（包括国有土地）上的一切权利统称为土地他项权利。

291. 土地他项权利有哪些内容？

答：包括地上权、永佃权、地役权、典权、抵押权和租赁权等。目前中国实行土地公有制，土地他项权利的种类不多，但随着土地使用制度的改革，已逐步派生出各种各样的他项权利。①抵押权。经有偿出让的土地使用权可以用来抵押。抵押开始，抵押权人即取得土地使用权的抵押权，这个抵押权必须经土地登记机关加以确认。抵押终止，抵押权即告消灭。抵押人破产的，抵押权人可以从土地使用权拍卖转让收益中得到补偿。②租赁权。经出让的土地使用权可以出租，承租人对所承租的土地有租赁权，这是中国的一种较为特殊的土地他项权利。租赁权经土地登记可以保护土地承租人在租期内对土地的合法使用。③地役权。中国《民法通则》对相邻用地的通行、排水等权利相邻关系的形式作了规定。这种在他人土地通行、排水的权利称为地役权。相邻关系是通过法律规定的，不必经相邻各方约定而对土地所有权和使用权进行限制，所以不需要再作为土地他项权利予以确认。但将邻里之间的通行权、排水权等进行权利登记，可以更好地保护土地产权各有关方面的合法权益。④耕作权。

指按照规定或约定，在已经明确了土地使用权的土地上，在不妨碍土地使用人的土地使用权的条件下，种植农作物，在大型靶场、试验场内有限制地种植树木和农作物等。设置这种他项权利，主要是从合理利用土地的原则出发的。耕作权一般都长期地依附于土地使用权，取消这种他项权利时，还要给耕作权人以适当补偿。⑤借用权。通过借用而使用别人的土地，可以认为借用人具有借用权。这是中国特殊历史条件下产生的一种他项权利形式。20世纪50年代-60年代，通过借用协议使用土地的相当多，且一般协议内容简单，有的有期限，有的没有期限，有的写明不作某用途时即退还等等。这些问题，往往通过补签协议，增加限制条件继续借用，对借用方加以权利上的明确，有利于土地使用的稳定。⑥空中权和地下权。主要是针对地表土地使用权而言的。空中权如桥梁、渡槽、架空电线、空中楼阁（水中、地面以柱角支撑的亭台、房屋）等。地下权如地下隧道、地下商场等。空中权与地下权的成立是以地表土地使用权已经确定且与空中、地下权利主体不一致为条件的。这是一种可以独立转让、抵押和出租的权利，其权利内容和价值与土地使用权有时基本相同。

292. 土地他项权利有何作用？

答：土地他项权利是一种发展和变化中的土地权利，对其进行确认和登记，一方面，可以区别土地所有权和使用权与他项权利的地位关系，保障土地所有权和使用权的正常行使不受干扰；另一方面，对土地的所有权和使用权进行了明确的限制，保护了土地所有权和使用权以外的有关土地的合法权益不被忽视和损害。此外，设定他项权利，还有利于土地所有权和使用权各项权能的分离和实现，对完善土地的权属管理和适应土地使用制度的改革有重要的作用。

293. 土地他项权利设定登记的一般程序是什么？

答：土地他项权利设定登记依次分为申请、地籍调查、审核、注册登记、颁发证书五个阶段。

（1）申请

①申请人土地他项权利申请人为权利人和义务人双方。

②申请时限当事人应在抵押合同或出租合同签订后十五日内申请他项权利设定登记，同宗地多次抵押或出租给多人的，以收到登记申请先后为序办理登记和实现他项权。

③申请人应提交的证明文件

a. 土地登记申请书。填写方法与土地使用权设定登记一致，相关栏目按具体情况填写。

b. 申请人身份证明。同土地使用权设定登记申请人身份证明。

c. 土地权属来源证明。其权属来源证明应为《国有土地使用证》或《集体使用证》。

d. 地上建筑物、附着物权属证明。凡是地上存有建筑物、附着物的，申请人还应向土地登记机关提交地上建筑物、附着物的权属证明，如房管部门颁发的《房屋所有权证》。

e. 抵押合同或出租合同。

f. 有关部门同意部分抵押或出租地块开发投资认证的证明。

g. 地价评估和确认报告。

h. 土地使用权抵押设定登记。除以上证明文件外，还应分别情况提交以下材料：以划拨土地使用权抵押的，提交土地管理部门确认的抵押宗地的土地使用权出让金额的证明；抵押乡（镇）、村企业厂房等建筑物涉及集体土地使用权抵押的，提交集体土地所有者同意抵押的证明；以承包方式取得的荒山、荒地、荒丘、荒滩等荒地的集体土地使用权抵押的，提交该集体土地所有者同意抵押的证明。

④收件

土地登记机关对土地他项权利设定登记申请进行申请审查，符合规定要求的，受理申请，收件整理，并及时把登记文件资料移交给地籍调查人员进行地籍调查，其审查方式与土地使用权设定登记一致。

（2）地籍调查（5个工作日）

地籍调查人员接到土地登记人员移交来的登记文件资料后，对设定他项权的宗地进行地籍调查，调查方法与设定土地使用权登记调查方法相同，地籍调查完毕后，将地籍调查资料连同登记文件资料一并移交给土地登记人员，由土地登记人员进行权属审核。

（3）权属审核（5个工作日）

①对申请人的审核。审核方法与土地使用权设定登记对申请人的审核大体相同，但应重点审核以下两个方面的内容：一是权利人是否与土地使用证书上的权利人一致；二是权利人和义务人是否与合同签订双方一致。

②对土地使用权的审核。根据《担保法》的规定和提交资料的要求是否合法、完整。

③对期限的审核。设定期限是否与土地出让合同签订期限一致，以及是否超出剩余土地使用年限。

④对抵押贷款额度的审核。抵押贷款金额应小于土地评估价值，且应当符合金融部门规定的抵押率。

⑤对出租地块土地投资开发情况、土地用途的审核。审核其是否与批准用地合同的要求一致。经以上审核，符合规定要求的，土地登记人员填写《土地登记审批表》，报土地管理部门批准后即可进行注册登记。

（4）注册登记（3个工作日）

土地他项权设定登记的注册登记在宗地原《土地登记卡》和土地使用证上进行。在《土地登记卡续表》上依次填写有关内容，“登记的其他内容及变更登记的事项”栏填写权属来源证明文件的类型、编号、日期、抵押权（承租）人名称、通讯地址、抵押（出租）范围、权利顺序、抵押贷款（出租）金额、偿还（缴纳）方式等。

（5）颁发证书（2个工作日）

①土地登记机关根据《土地登记卡》在土地证书上记录他项权利内容，填写《土地他项权利证明书》。

②对土地登记的有关内容予以公告。

③填写《土地使用证签收簿》，《土地登记台账》，由领证人在《土地使用证签收账》上签字后颁发证书，领证人一般为土地登记申请人。

294. 出让国有土地使用权设定登记应注意哪些要点?

根据《土地登记规则》第二十六条规定，须办理出让国有土地使用权设定登记的有以下两种类型：

（1）出让国有土地使用权按出让合同约定受让方一次支付全部土地出让金的。

（2）出让国有土地使用权成片开发，按出让合同约定一次出让，受让方分期付款、分期取得土地使用权的。

○申请

（1）申请人：出让国有土地使用权的受让方。

（2）申请时限：①出让国有土地使用权按出让合同约定，受让方一次支付全部土地出让金的，在支付出让金后30日内，申请出让国有土地使用权设定登记；②出让国有土地使用权成片开发按出让合同约定一次出让，受让方分期付款，分期取得使用权的，在每期付款后30日内，申请出让国有土地使用权设定登记。

（3）申请人应提交的土地权属证明文件：

①建设用地批准书。

②《国有土地使用权出让合同》。

③国有土地使用权出让金全部缴纳完毕的凭证。

④有关税费的缴纳证明。

⑤其他证明文件。

○权属审核

（1）出让国有土地使用权设定登记的主要土地权属证明要件是《国有土地使用权出让合同》。出让合同的出让方，依法是市、县人民政府土地行政主管部门，其他部门、组织和个人为出让方与他人签订的出让合同无效；出让标的只能是经依法批准的国有土地使用权，出让集体土地使用权或未经依法批准的国有土地使用权，签订的出让合同无效。

（2）出让国有土地使用权的最高使用期限应符合《中华人民共和国城镇国有土地使用权出让和转让暂行条例》第十二条规定的各类土地出让的最高年限：

①居住用地70年；

②工业用地50年；

③教育、科技、文化、卫生、体育用地50年；

④商业、旅游、娱乐用地40年；

⑤综合或者其他用地50年。

（3）受让人应按出让合同的约定支付出让金。

○注册登记核发证书

出让国有土地使用权设定登记应报经人民政府批准后，方可进行注册登记。

（1）在《土地登记卡》上注册登记。如果该宗地在此次登记前已进行过其他土地权利登记，且宗地地号、图号、宗地面积未发生变更的，注册登记在原《土地登记卡》上进行；宗地未进行过其他土地权利登记或进行登记但宗地的地号、图号、宗地面积发生变更的，注册登记在新建立的《土地登记卡》上进行。

（2）依据《土地登记卡》填写《土地归户卡》。

（3）根据《土地登记卡》填制《国有土地使用证》，由土地登记机关代表政府核发给出让国有土地使用者。

295. 什么是土地用途?

答：土地用途一般是指土地权利人依照规定对其权利范围内的土地的利用方式或功能。

《中华人民共和国土地管理法》第一章第四条：国家编制土地利用总体规划，规定土地用途，将土地分为农用地、建设用地和未利用地。严格限制农用地转为建设用地，控制建设用地总量，对耕地实行特殊保护。　前款所称农用地是指直接用于农业生产的土地，包括耕地、林地、草地、农田水利用地、养殖水面等；建设用地是指建造建筑物、构筑物的土地，包括城乡住宅和公共设施用地、工矿用地、交通水利设施用地、旅游用地、军事设施用地等；未利用地是指农用地和建设用地以外的土地。

296. 土地用途包括哪些种类?

答：土地分为农用地、建设用地和未利用地。

农用地是指直接用于农业生产的土地，包括耕地、林地、草地、农田水利用地、养殖水面等；建设用地是指建造建筑物、构筑物的土地，包括城乡住宅和公共设施用地、工矿用地、交通水利设施用地、旅游用地、军事设施用地等；未利用地是指农用地和建设用地以外的土地。

297. 什么是名称变更登记？

答：名称变更登记也称更名登记，是指土地权属不发生转移的条件下因土地权利人名称或姓名的改变而进行的变更土地登记。名称变更登记中的名称或姓名，是指依法在主管部门完成登记，为法律认可的名称或姓名，具有法律意义。由于土地权利人是土地权属的主体，土地权利人的名称是确定和区分土地权利归属的唯一标识，因此，当土地权利人的名称实际发生变更时，土地登记簿中该土地权利人的名称也必须进行相应的变更。只有这样，才能使土地与其权利主体加以对应；从而维护原土地正常的财产归属和利用关系。同时也可保持地籍资料的现势性和准确性。

名称变更登记的程序为：申请—变更地籍调查—权属审核—注册登记—更改和核发土地证书五个阶段。

298. 什么是地址变更登记？

答：地址变更登记又称更址登记，是指因土地权利人住址改变而进行的变更土地登记。与日常生活中所说的“地址”和“住址”含义不同，这里的地址和住址是一个具有法律意义的概念，用法律用语来表达应为“住所”之意。对于自然人是指法律确认的自然人的中心生活场所，所谓“住所”应具备下列三个要件：属自然人连续一年以上的经常居住地（门牌编号、自然村）；属固定处所；经法律确认的住所。无论自然人的住所还是法人的住所，都必须遵循住所唯一的原则，即住所依法只有一个。土地权利人的住所是土地权利人生活或进行经济活动的主要场所，把土地权利人的地址记载到国家土地登记册上，不仅仅是为了土地登记机关与土地权利人关系的方便，如通知土地权利人领取土地证书等，更重要的是关系到诉讼等的管辖和债务清偿的地点，以及依据土地权利人的地址审核和确认申请人所提交的某些证件、证明是否有效：

因此，当土地权利人的地址发生改变后，土地权利人应该向土地登记机关申请进行地址变更登记，只有这样，才能维护法律的严密性和地籍资料的现势性，方便与该宗土地有关的登记案件或有关问题的处理。地址变更登记的程序为：变更土地登记申请—变更地籍调查—权属审核—注册登记四个阶段。由于我国土地证书上未设“土地权利人地址”栏目，不便对土地证书进行更改。

299. 什么是土地用途变更登记?

答: 土地用途变更登记也称地类变更登记,是经批准土地权利人依法变更土地用途或自然环境变化致使土地用途与原来不符而进行的变更土地登记。

土地用途一般是指土地的利用方式或功能,地类是指土地利用的类别,两者之间有联系也有区别。按土地登记的有关规定,城市土地用途以城镇土地分类的二级类为准,农村土地用途以土地利用现状调查中土地分类的一级类为准。土地用途是实际利用方式的反映,是土地状况的最重要特征之一,土地利用具有社会性,不同的土地用途对个人、社会乃至环境的影响不同,因此土地用途历来为人们所重视,并成为土地登记的一项重要内容。当土地的实际用途发生变更后,土地权利人(所有权和使用权人)应当向土地登记机关申请进行土地用途变更登记,以保持土地登记资料的现势性和通过土地用途变更登记,把土地利用纳入政府的规划和控制之中,优化土地利用结构,提高土地利用综合效益。目前我国的土地用途变更登记有三种类型:

(1)国有土地的用途发生变更的土地用途变更登记;(2)农村集体所有土地进行农业结构调整涉及已登记地类变化的土地用途变更登记;(3)集体土地建设用地的用途发生变更的土地用途变更登记。土地用途变更登记的程序为:变更土地登记申请—变更地籍调查—权属审核—注册登记—更改土地证书五个阶段。

300. 擅自改变土地用途具体指哪些?

答:《土地管理法》第四条规定:国家实行土地用途改制,通过编制土地利用总体规划,将土地分为农用地、建设用地和未利用地。对建设用地的土地用途,通过在土地出让合同或土地划拨批文中加以明确。城市国有土地用途一般划分为:一级分类1个;二级分类8个,包括商服、工矿仓储、公用设施、公共建筑、住宅、交通运输、水利设施和特殊用地;三级分类32个。在以往的土地出让合同中,一般采用的是土地的二级分类,凡未经批准实际用途与土地出让合同中规定的用途不一致的,都应认定为擅自改变用途。

301. 擅自改变土地用途处理有哪些法律规定?

答:《土地管理法》第五十六条明确规定:建设用地单位使用国有土地的,应当按照土地使用权出让等有偿使用合同的约定或者土地使用权划拨批准文件的规定使用土地;确需改变该幅土地建设用途的,应当经有关人民政府土地行政主管部门同意,报原批准用地的人民政府批准。其中,在城市规划区改变土地用途的,在报批前应当先经有关城市规划行政主管部门同意。

《城市房地产管理法》第十七条明确规定:土地使用者需要改变土地使用权出让合同约

定土地用途的，必须取得出让方和市、县人民政府城市规划行政主管部门的同意，签订土地使用权出让合同变更协议或者重新签订土地使用权出让合同，相应调整土地使用权出让金。

《城市房地产管理法》第二十五条规定：以出让方式取得土地使用权进行房地产开发的，必须按照土地使用权出让合同约定的土地用途，动工开发期限开发土地。

《合同法》第九十四条规定：有下列情形之一的，当事人可以解除合同……第（五）项法律法规规定的其他情形。

《城镇国有土地使用权出让和转让暂行条例》第十七条规定：土地使用权应当按照土地使用出让合同的规定和城市规划的要求，开发、利用、经营土地。未按合同规定的期限和条件开发利用土地的，市、县人民政府土地管理部门应当予以纠正，并根据情节可以给予警告、罚款直至无偿收回土地使用权的处罚。

302. 擅自改变土地用途如何处理?

答：对其进行处理时应分别对待。对受让方改变土地用途，无论受让方是否已经同意，只要经政府规划行政主管部门批准，规划、立项、工程手续齐全的，受让方应及时向出让方提出补签土地出让合同、调整土地出让金的申请，受让方应及时将调整方案报县级以上人民政府批准后，和受让方补签土地出让合同。受让方还必须及时申请土地变更登记，更换土地出让书对受让方改变土地用途未经出让方和城市规划行政主管部门同意的：一是如果严重影响规划的，应由规划部门按城市规划法的要求查处，受让方应无条件拆除违章建筑，出让方可依法解除出让合同，并可根据情节给予警告、罚款直至无偿收回土地使用权；二是如果符合城市规划的，应由受让方按规定程序补办工程规划、立项审批手续，向出让方申请调整土地出让金，补签土地出让合同。

擅自改变土地用途是一种违法占地行为，若不及时办理变更用途的相关手续，将会造成新的土地产权矛盾和纠纷。国土管理部门应加大建设用地跟踪管理的力度，主动协调与规划行政主管部门的关系，对未经办理土地用途变更登记手续调整土地出让金的，不予办理工程施工许可手续。对受让方提出申请办理用途变更手续调整土地出让金的，要简化程序及时办理。只有这样，才能将擅自改变土地用途管住、管好。

303.擅自改变土地用途的界定?

答：《土地管理法》第四条规定：国家实行土地用途改制，通过编制土地利用总体规划，将土地分为农用地、建设用地和未利用地。对建设用地的土地用途，通过在土地出让合同或土地划拨批文中加以明确。城市国有土地用途一般划分为：一级分类 1 个；二级分类 8 个，包括商服、工矿仓储、公用设施、公共建筑、住宅、交通运输、水利设施和特殊用地；三级分类32个。在以往的土地出让合同中，一般采用的是土地的二级分类，凡未经批准实际用途与土地出让合同中规定的用途不一致的，都应认定为擅自改变用途。

304. 擅自改变土地用途处理的法律规定?

答:《土地管理法》第五十六条明确规定：建设用地单位使用国有土地的，应当按照土地使用权出让等有偿使用合同的约定或者土地使用权划拨批准文件的规定使用土地；确需改变该幅土地建设用途的，应当经有关人民政府土地行政主管部门同意，报原批准用地的人民政府批准。其中，在城市规划区改变土地用途的，在报批前应当先经有关城市规划行政主管部门同意。

《城市房地产管理法》第十七条明确规定：土地使用者需要改变土地使用权出让合同约定土地用途的，必须取得出让方和市、县人民政府城市规划行政主管部门的同意，签订土地使用权出让合同变更协议或者重新签订土地使用权出让合同，相应调整土地使用权出让金。

《城市房地产管理法》第二十五条规定: 以出让方式取得土地使用权进行房地产开发的，必须按照土地使用权出让合同约定的土地用途，动工开发期限开发土地。

《合同法》第九十四条规定：有下列情形之一的，当事人可以解除合同……第（五）项法律法规规定的其他情形。

《城镇国有土地使用权出让和转让暂行条例》第十七条规定：土地使用权应当按照土地使用出让合同的规定和城市规划的要求，开发、利用、经营土地。未按合同规定的期限和条件开发利用土地的，市、县人民政府土地管理部门应当予以纠正，并根据情节可以给予警告、罚款直至无偿收回土地使用权的处罚。

从上述相关法条中不难看出，擅自改变土地用途的处理方式有两种：一是严重影响城市规划的，出让方有权解除土地出让合同，收回土地使用权。二是符合城市规划的，受让方经出让方和市、县人民政府城市规划行政主管部门同意，可以改变土地使用权出让合同约定的土地用途，调整土地出让金。

在实践中，第一种情形较为少见，主要是第二种情形。

305. 擅自改变土地用途处理及应注意的法律关系?

答: 根据土地出让合同的约定，受让方一经取得土地使用权后，土地的用途不得擅自变更，必须按照原合同约定来正确合理地使用土地资源，这是一个基本原则。不过，考虑到具体实际情况的差异，有些时候又不能一味机械地执行。对那些必须或者有充足理由需要变更土地用途，又得到土地使用权出让方和政府规划行政主管部门批准同意的情况下变更土地用途也未尝不可。由于土地出让金的计算标准、出让年限等与土地用途直接相关，土地用途发生变化通常会使原土地出让金的数额也发生变化。因此，当土地用途改变后，根据新用地性质重新算出的土地出让金数额，无论是超出原土地出让合同所确定的出让金，还是低于原出让合同所确定的出让金，都存在一个对原土地出让合同中土地出让金总量进行调整的问题，有时也涉及土地出让年限的调整。

306. 改变土地用途导致土地出让金调整实质上属于一种变更合同的性质?

答：土地出让合同属于一种民事合同，导致合同变更的主要原因有多种，根据《合同法》第七十七条规定：当事人协商一致，可以变更合同。合同的变更有广义和狭义之分，所谓广义的合同变更包括合同内容的变更和合同主体的变更。所谓狭义的合同变更，仅指合同内容的变更。在实践中，土地出让合同主体变更属于一种转让行为，必须办理土地转让手续。而在用途变更前后主体不变的情况下，只是作为合同主要内容土地用途、土地出让金等发生变更的，属于合同内容的变更。

土地作为一种流通领域的特殊商品，土地价格是由许多可变参数决定的，不同的区段、不同的时点、不同的用途、不同的容积率等，都会使土地的价格发生明显的变化，土地受让人因此所应支付的土地出让金也就大不一样，一旦土地用途变更，土地出让金也必然发生调整，如果不对出让金进行调整，就不能真正体现合理、有偿使用土地的原则。

调整土地出让金的时点应以补签土地出让合同的时点为依据。原出让合同的土地出让金标准与调整土地出让金时的土地出让金标准相比较有两种可能性：一是原高现低；二是原低现高。在现实生活中受让方改变用途几乎都是为了获取更大的经济效益，因此，实践中大量存在的是土地出让金标准原低现高的现象，往往都是受让方要向出让方补缴土地出让金。因此，应由受让方提供相关材料并提出申请调整土地出让金标准，变更土地出让合同。

307. 变更土地用途在双方协商一致的基础上，是否必须办理合法的审批手续?

答：土地使用权出让合同是具有一定特殊性的合同，一方面其具有民事合同的性质，是平等的民事主体之间在达成一致意见基础上签订的；同时在现行标准下，又体现了国家对土地出让市场的规范运行和管理职能的内容。《合同法》第七十七条第二款规定：法律、行政法规规定变更合同应当办理批准、登记等手续的，依照其规定。一般而言，普通的民事合同，如果合同内容进行变更，只要主体之间达成共识即可。而土地用途的变更，除了平等的民事主体之间达成共识外，还必须报经有权部门批准同意。

在实践中土地用途的变更有四种情形：一是当事人双方就用途变更已经达成协议而仅仅是未取得规划行政主管部门同意批准。此种情形下的土地用途的改变属于尚未完全符合法律规定；二是合同各方当事人均同意变更用途且也获得规划行政主管部门的批准，而只是出让金如何调整未达成一致意见，也未重新签订正式合同；三是变更土地用途获得了政府规划行政主管部门的批准，但出让方没有同意也没有办理相关手续；四是变更土地用途未获规划行政主管部门同意，也未和出让方达成一致，无论其是否符合规划，是一种标准违反合同规定的违章建筑行为。一般情况下，在实践中以第二、四种情况为主。土地用途的变更必须符合土地利用总体规划、城市规划和年度建设用地计划。土地出让合同就其本质来讲具有民事合同的性质，因而它应该遵循民事合同关于合同变更的规定；同时由于法律的特殊规定，变更土地出让合同的用途，是一种必须经规划行政主管部门批准才能有效的合同。因此，如果受让方和出让方就土地用途变更问题达成协议，但未经政府规划行政主管部门批准，该土地用途不能成为合法有效的用途。所以，关于土地用途的变更必须达成合同主体的合意及必要的规划审批程序，二者缺一不可。

308. 擅自改变土地用途的主体是哪些？

答：擅自改变土地用途的主体是受让方并不是出让方。

出让方本身作为土地的管理者，对土地开发、利用的管理、监督等负有一定职能。由于其特殊的主体地位，当其欲改变土地用途时，往往无需通过变更原合同内容的形式来实现，依据《土地管理法》第五十八条的有关规定，其可以采取诸如基于社会公共利益的需要、规划要求等原因，很容易就强令受让方必须接受条件。此种情况下，土地管理者享有一定的行政职能，可以无需承担违约责任，也无需承担民事上的赔偿责任。按照现行有关规定，出让方只需要对受让方受到的损失按照市场评估价和剩余使用年限予以适当的补偿即可。这种补偿并非民法意义上的补偿，所引发的纠纷也不完全属于民事案件所欲解决的范畴。

受让人因规划的调整，提出因变更土地用途而要求调整土地出让金的，按照2005年6月18日最高人民法院《关于审理涉及国有土地使用权合同纠纷案件适用法律问题的解释》第十五条的规定，出让方应予及时办理。在实践中存在受让方改变土地用途的行为已经经过出让方所在地的政府城市规划行政主管部门的同意，但仅就此改变用途形成共识，而未向出让方申请对变更用途后土地出让金作出相应的调整，没有向出让方提出申请重新签订协议。严格来讲，这是一种违反规定的违法用地行为。按照规定，改变原出让合同中约定的土地用途，应当重新签订或者变更原合同并就土地出让金等问题作出调整，否则，极易引发纠纷，为今后的建设用地跟踪管理留下隐患，以致造成无法办理土地分割登记，造成新的产权纠纷。

309. 什么是土地权利？

答：土地权利是法律制度的核心内容，一般属不动产物权范畴，是指权利人按照法律的规定直接支配土地的权利。土地权利的四项基本权能：占有、使用、收益和处分。

在有些情况下，权能之间会发生吸收和竞合。如占有权就经常会被使用权能吸收，使用权能也可以与处分权能发生竞合等。

土地权利的特征，集中体现了物权的特征，特别是不动产物权的特征，主要表现在以下几个方面：

（1）土地权利是对土地的支配权；

（2）土地权利是排他性财产权；

（3）土地权利是对世权；

（4）土地权利必须由法规定；

（5）土地权利的变动一般采取登记的公示方式。

310. 土地权利变更登记主要包括哪些登记?

答：土地权利变更登记是指对已经登记的土地所有权、土地使用权和土地他项权利发生变更而进行的登记。

土地权利变更登记按照所登记的土地权利的不同可以分为以下四种：

（1）划拨国有土地使用权变更登记。是对经登记的划拨国有土地使用权，因各种原因使该土地使用权发生变更进行的登记。

（2）出让和国家入股国有土地使用权的变更登记。是对经登记的出让和国家入股国有土地使用权因入股或转让发生变更而进行的登记。

（3）集体土地使用权变更登记。是对经登记的集体土地使用权发生变更进行的登记。如集体土地农用承包地的转包、荒地拍卖、集体土地使用权转让和农民集体内部成员之间的宅基地转让等，使集体土地使用权发生变更进行的变更登记。

（4）土地他项权利变更登记。是对经登记的土地他项权利发生变更而进行的登记。如土地抵押权变更登记、土地租赁权变更登记。

311. 什么是土地权利的变更登记？哪些情况下需进行土地权利的变更登记?

答：土地权利的变更登记，是指因土地权利人发生改变，或者因土地权利人姓名或者名称、地址和土地用途等内容发生变更而进行的登记。

在下列情况下需进行土地权利的变更登记：

（1）依法以出让、国有土地租赁、作价出资或者入股方式取得的国有建设用地使用权转让的，当事人应当持原国有土地使用证和土地权利发生转移的相关证明材料，申请国有建设用地使用权变更登记。

（2）因依法买卖、交换、赠与地上建筑物、构筑物及其附属设施涉及建设用地使用权转移的，当事人应当持原土地权利证书、变更后的房屋所有权证书及土地使用权发生转移的相关证明材料，申请建设用地使用权变更登记。涉及划拨土地使用权转移的，当事人还应当提供有批准权人民政府的批准文件。

（3）因法人或者其他组织合并、分立、兼并、破产等原因致使土地使用权发生转移的，当事人应当持相关协议及有关部门的批准文件、原土地权利证书等相关证明材料，申请土地使用权变更登记。

（4）因处分抵押财产而取得土地使用权的，当事人应当在抵押财产处分后，持相关证明文件，申请土地使用权变更登记。

（5）土地使用权抵押期间，土地使用权依法发生转让的，当事人应当持抵押权人同意转让的书面证明、转让合同及其他相关证明材料，申请土地使用权变更登记。

已经抵押的土地使用权转让后，当事人应当持土地权利证书和他项权利证明书，办理土地抵押权变更登记。

（6）经依法登记的土地抵押权因主债权被转让而转让的，主债权的转让人和受让人可以持原土地他项权利证明书、转让协议、已经通知债务人的证明等相关证明材料，申请土地抵押权变更登记。

（7）因人民法院、仲裁机构生效的法律文书或者因继承、受遗赠取得土地使用权，当事人申请登记的，应当持生效的法律文书或者死亡证明、遗嘱等相关证明材料，申请土地使用权变更登记。

权利人在办理登记之前先行转让该土地使用权或者设定土地抵押权的，应当依照本办法先将土地权利申请登记到其名下后，再申请办理土地权利变更登记。

（8）已经设定地役权的土地使用权转移后，当事人申请登记的，供役地权利人和需役地权利人应当持变更后的地役权合同及土地权利证书等相关证明材料，申请办理地役权变更登记。

（9）土地权利人姓名或名称、地址发生变化的，当事人应当持原土地权利证书等相关证明材料，申请姓名或者名称、地址变更登记。

（10）土地的用途发生变更的，当事人应当持有关批准文件和原土地权利证书，申请土地用途变更登记。

土地用途变更依法需要补交土地出让价款的，当事人还应当提交已补交土地出让价款的缴纳凭证。

312. 什么是房屋权利人?

答: 是指依法享有房屋所有权和该房屋占用范围内的土地使用权、房地产他项权利的法人、其他组织和自然人。

313. 什么是房屋登记?

答: 房屋登记,是指房屋登记机构依法将房屋权利和其他应当记载的事项在房屋登记簿上予以记载的行为。

314. 办理房屋登记，一般依照哪些程序进行?

答:（1）申请;

（2）受理;

（3）审核;

（4）记载于登记簿;

（5）发证。

房屋登记机构认为必要时，可以就登记事项进行公告。

315. 办理房屋登记的原则是什么?

答: 办理房屋登记,应当遵循房屋所有权和房屋占用范围内的土地使用权权利主体一致的原则。

316. 办理房屋登记的时间如何规定?

答: 自受理登记申请之日起,房屋登记机构应当于下列时限内,将申请登记事项记载于房屋登记簿或者作出不予登记的决定:

（1）国有土地范围内房屋所有权登记，30个工作日，集体土地范围内房屋所有权登记，60个工作日;

（2）抵押权、地役权登记，10个工作日;

（3）预告登记、更正登记，10个工作日;

（4）异议登记，1个工作日。

公告时间不计入前款规定时限。因特殊原因需要延长登记时限的,经房屋登记机构负责人批准可以延长，但最长不得超过原时限的一倍。

法律、法规对登记时限另有规定的，从其规定。

317. 办理房屋登记在效力方面如何规定？

答：第26条：房屋权属证书、登记证明与房屋登记簿记载不一致的，除有证据证明房屋登记簿确有错误外，以房屋登记簿为准。

318. 房屋登记费计费方式有哪些？

答：（1）房屋登记费，是指县级以上地方人民政府房地产主管部门对房屋权属依法进行各类登记时，向申请人收取的费用。

（2）房屋登记费按件收取，不得按照房屋的面积、体积或者价款的比例收取。

（3）住房登记一套为一件；非住房登记的房屋权利人按规定申请并完成一次登记的为一件。

（4）房屋登记费向申请人收取。但按规定需由当事人双方共同申请的，只能向登记为房屋权利人的一方收取。

（5）房屋权利人因丢失、损坏等原因申请补领证书，只收取房屋权属证书费。

（6）农民利用宅基地建设的住房登记，不收取房屋登记费，只收取房屋权属证书工本费。

319. 房屋权属登记是什么？有哪些类型？

答：房屋权属登记是指房地产行政主管部门代表政府对房屋所有权以及由上述权利产生的抵押权、典权等房屋他项权利进行登记，并依法确认房屋产权归属关系的行为。

房屋权属登记有6类：

（1）初始登记：新建房屋竣工后，权利人申请初始登记；

（2）转移登记：房屋买卖、交换、赠与、继承、调拨、以房地产作价入股或者作为合作条件与他人成立法人或者其他组织、法人或者其他组织合并（分立）、以房地产清偿债务、以其他合法方式使房屋权属发生变更的，当事人申请转移登记；

（3）变更登记：房屋所有权人（共有权人）名称改变、房屋坐落的地址变更、房屋面积增加或减少、房屋登记状况变更的，权利人申请变更登记；

（4）他项权利（抵押权）登记：设定房屋抵押权，当事人申请房屋抵押登记。登记后抵押情况发生变更的，当事人申请抵押变更登记；

（5）注销登记：房屋灭失、抵押权终止、房屋权利灭失的，权利人申请注销登记；

（6）补证、换证登记：证书（证明）遗失的，申请补证登记；证书（证明）破损的，申请换证登记。

320. 什么是房屋共有?

答: 房屋共有是指由两个或两个以上的公民、法人共同拥有该房屋的权利和应承担的义务。共有房屋一般分为:“按份共有”和“共同共有”两种。所谓“按份共有”是指房屋共有人按照各自的房屋份额对共有的房屋分享权利和承担义务;“共同共有”是指房屋共有人对共有房屋分享权利和承担义务。房屋共有权保障共有人的权利。

321. 办理《房屋共有权证》的条件是什么?

答:(1)由两个或两个以上的合法继承人同时继承一套房屋的,可以按份共有,即房屋共有人按照各自的房屋份额对所继承的共有房屋申请办理《房屋共有权证》;也可以按共同共有,即房屋共有人对共有房屋申请办理《房屋共有权证》。

(2)由两个或两个以上的个人或法人同时出资购买一套房屋,一般按份共有,即按出资比例由共有人共同申请办理《房屋共有权证》。

《房屋共有权证》的颁发方式:共有的房屋,由权利人推举的持证人收执房屋所有权证书,其余共有人各执房屋共有权证书一份。《房屋所有权证》由国务院建设行政主管部门统一制定,证书由市、区(县)房地产行政主管部门颁发。

双方共有房屋产权是指该房屋的所有权为两个公民或法人共同享有,是一个所有权同时归属两个主体享有的权属状态。根据我国现有的法律规定: 共有关系分为按份共有和共同共有两种类型。

322. 处分双方共有房屋产权应该注意什么?

答:在处分双方共有房屋产权时也应分为两种情况:

(1)处分按份共有关系的双方共有房屋产权时,按照两个所有者各自的份额,对房屋享有使用、收益和处分的权利,并且也按份额分担义务。按份共有的双方均有权将自己的份额分出或转让,但任何一方不经他方同意不得擅自处分房屋,且在同等条件下,另一方有优先获得权。

(2)处分共同共有关系的双方房屋产权时,由于两个所有者对房屋享有平等的所有权,承担共同的义务,在这种关系存续期间,任何一方擅自处分房屋均属无效。当这种关系终止时,按照友好、协商的原则对房屋产权进行处理。有协议的,按照协议进行处理;无协议的,根据等分的原则进行处理,并考虑共有人对房屋的贡献大小,适当照顾共有人生产、生活的实际需要等情况进行处理。

323. 房屋权属性质有哪些？比如商品房、集体土地房、房改房都有什么区别？

答：商品房是指在通过市场化取得的土地上建造的、可自由流通交易的住宅及商用物业。一般对买卖对象没有限制。

集体土地房，即所谓的“小产权房”，是指该房所在的土地尚未改制为国家所有，其性质仍为该地村民集体所有。这种性质的房子，只可以在本村本镇范围内转让，不得售与本本村镇的外来人口。（尽管现在很流行买“小产权房”，因为价格的确非常便宜，但毕竟是不受国家法律保护的）

房改房是指原福利分房时代取得的住房使用权，在居住人付出一定金额的款项后，取得的所有权房子；是国家过渡时期的特殊产物。房改房在取得所有权后，可视同商品房一样在市场上转让交易。

324. 什么是土地权属争议？

答：土地权属争议，是指土地所有权或者使用权归属争议。它包括两个方面的内容：一是土地所有权归属问题的争议；二是土地使用权归属问题的争议。

325. 土地权属性质有哪些？

答：土地权属性质是指土地所有权和土地使用权的性质。我国实行的是土地的社会主义公有制，《土地管理法》第八条规定：“城市市区的土地属于国家所有。”“农村和城市郊区的土地，除由法律规定属于国家所有的以外，属于农民集体所有；宅基地和自留地、自留山属于农民集体所有。”因此，我国土地所有权性质分国家土地所有权和集体土地所有权。《土地管理法》第九条规定：“国有土地和农民集体所有土地，可依法确定给单位或者个人使用。”这样，土地使用权的性质分为国有土地使用权和集体土地使用权。

326. 土地权属争议一般包含哪几种？

答：土地权属争议分为土地所有权争议和土地使用权争议。土地所有权争议分为国有土地所有权和集体土地所有权之间的争议、农民集体之间的土地所有权争议，包括乡（镇）农民集体之间、村农民集体之间、村民小组与农民集体之间的土地所有权争议。

土地使用权争议分为国有土地使用权和集体土地使用权争议，国有土地使用权争议大多为单位与单位之间土地权属争议，集体土地使用权争议包括集体土地建设用地使用权争议和宅基地使用权争议等。

土地权属是指土地的所有权、使用权和他项权利的归属。具体讲，就是指土地所有权、使用权和他项权利。土地权利是一束权利的集合，除所有权外，还有使用权、抵押权等物权及租赁债权。

当国有土地使用权、集体土地所有权、集体土地使用权、他项权利等土地权利变更时，必须由土地权利主体提出申请，经过权属审核后进行变更登记，颁发证书，否则不具有法律效力。土地权利可能因主体违反法律规定被剥，也可能由于某种原因造成结束或停止。土地权利人可以放弃其拥有的各项土地权利。土地权利可以通过划拨、租赁、交换等各种形式转移。确定土地权属性质，必须查清土地的权属来源，即土地所有者或使用者最初取得土地的方式。

327. 土地权属争议有哪几种解决方式?

答：根据《中华人民共和国土地管理法》第 1 6 条和《土地权属争议调查处理办法》的规定，土地权属争议发生后，可通过以下方式解决：

（1）协商解决。首先由当事人协商解决，各方本着尊重历史、面对现实、实事求是、互谅互让、公正合理、自觉自愿的原则进行协商解决。

（2）调解。协商不成由人民政府处理。个人与个人之间、个人与单位之间的争议，可由当事人向乡（镇）人民政府或者县级人民政府国土资源行政主管部门提出处理申请。单位之间的争议，向县级人民政府国土资源行政主管部门提出调解处理申请。书面申请书应当载明：

①申请人和被申请人的姓名或者名称、地址、邮政编码、法定代表人姓名和职务；

②请求的事项、事实和理由；

③证人的姓名、工作单位、住址、邮政编码。

国土资源行政主管部门在调查处理争议案件时，争议双方当事人应当提供的下列证据材料：

①人民政府颁发的确定土地权属的凭证；

②人民政府或者主管部门批准征用、划拨、出让土地或者以其他方式批准使用土地的文件；

③争议双方当事人依法达成的书面协议；

④人民政府或者司法机关处理争议的文件或者附图；

⑤其他有关证明文件。

国土资源行政主管部门对受理的争议案件，应当在查清事实、分清权属关系的基础上先行调解，促使当事人以协商方式达成协议。

调解应当坚持自愿、合法的原则。

调解达成协议的，应当制作调解书。

调解未达成协议的，国土资源行政主管部门应当及时提出调查处理意见，报同级人民政府作出处理决定。

当事人对有关人民政府的处理决定不服的，可以自接到处理决定通知之日起30日内，向人民法院起诉或自接到处理决定通知书之日起60日内提出行政复议。当事人既不申请行政复议，也不提起行政诉讼，处理决定即发生法律效力。生效的处理决定是土地登记的依据。

在土地所有权和使用权争议解决前，任何一方不得改变土地的现状和破坏土地上的建筑物、附着物，不得在有争议的土地上兴建建筑物和其他附着物。

下列案件不作为争议案件受理：

（1）土地侵权案件；

（2）行政区域边界争议案件；

（3）土地违法案件；

（4）农村土地承包经营权争议案件；

（5）其他不作为土地权属争议的案件。

土地登记，也称土地权利登记，是指由国家专门机关依法对土地的各项权利实行登记的制度。根据《土地登记规则》引第二条规定，我国土地登记是指国家依法对国有土地使用权、集体土地所有权、集体土地使用权和土地他项权利的登记。

土地登记的内容是指反映在土地登记簿内的土地登记对象质和量方面的要素，包括土地权属性质与来源、土地权利主体、土地权利客体以及与这三方面直接相关的其他内容。具体包括：土地所有者、使用者及他项权利者，土地权属性质，土地权属来源，土地使用期限，土地面积，土地坐落及四至，土地用途，土地等级、地价，建筑占地面积，建筑容积率，建筑密度，建筑物类型等。

土地登记的基本程序：不同类型的土地登记在具体程序上虽然不尽相同，但总体上的基本程序可分为土地登记申请、地籍调查、权属审核、注册登记、核发证书五个步骤。

申请人向土地登记机关申请土地登记，应当提交必要的文件资料，包括：

（1）《土地登记申请书》；

（2）申请人身份证明；

（3）土地权属来源证明；

（4）地上附着物权属证明。

328. 哪些属于土地纠纷？

答：当事人因土地所有权和使用权以及其他有关土地的权利归属问题发生的争议。具体而言，就是两个以上单位或个人同时对未经确权的同一块土地各据理由主张权属，根据各方理由难以解决的土地权属矛盾。它有以下特征：①主体的多样性，土地所有权的争议一般发生在国家和集体之间，集体和集体之间；使用权的争议则是发生在国家和集体之间、集体和集体之间。也有发生在国家或集体和个人以及个人和个人之间。②客体的特定性，一般表现为土地所有权和使用权归谁所有、由谁来行使的问题。③争议大都表现为情况复杂、年代久远、查证难度大以及政策性强等特性。④土地权属争议有特定的程序。引起土地纠纷的主要原因有：①相邻单位或个人之间权属界线不清；②实地面积与批准面积不一致；③用地手续不完备；④有关补偿、安置等措施未落实；⑤国家政策体制变动；⑥土地租赁、借用或重复征用、划拨等引起土地权属紊乱；⑦农田基本建设造成的土地原有状况的改变和地界变更而又无原始记载，以及其他历史原因遗留问题等。

329. 土地纠纷有哪些分类?

答：土地纠纷按其争议的内容不同，可分为三类：

（1）土地确权纠纷。此类纠纷是指因不同主体间就土地所有权或土地使用权的归属或界线等问题产生异议而引发的争议纠纷。非农业户口和未分到地的农业户口。

（2）土地侵权纠纷。此类纠纷是指因对他人已依法取得的土地所有权或使用权构成侵害，侵权人与被侵权人之间引发的争议纠纷。

（3）土地行政争议。此类纠纷是指因相对人对土地行政主管机关或人民政府作出的土地行政处罚等具体行政行为不服而引起的争议纠纷。

330. 土地纠纷的解决途径?

答：不同类的土地纠纷依不同途径解决：

（1）土地确权纠纷

土地确权纠纷，由当事人协商解决；协商不成的，由人民政府处理；单位之间的争议，由县级以上人民政府处理；个人之间、个人与单位之间的争议，由乡级政府处理。当事人对有关人民政府的处理决定不服的，可以自接到处理决定通知之日起30日内以作出处理决定的人民政府为被告提起行政诉讼。

（2）土地侵权纠纷

土地侵权纠纷，由当事人协商解决。协商不成的，可由土地行政主管部门进行行政调处。当事人对行政调处不服的，可以以对方当事人为被告提起民事诉讼；当事人也可不经行政调处直接提起民事诉讼。

（3）土地行政争议

土地行政争议，按一般行政复议及行政诉讼程序处理。

331. 什么是农村宅基地?

答: 农村宅基地是仅限本集体经济组织内部符合规定的成员，按照法律法规规定标准享受使用，用于建造自己居住房屋的农村土地。

332. 农村宅基地的法律解释?

（1）是土地管理法里的名词。

（2）法律依据是土地管理法、国土资源部的行政法规，以及各省的宅基地管理办法，在实践中，主要是依据各省的宅基地管理条例来进行申请的。根据国土资源部《关于加强农村宅基地管理的意见》，坚决贯彻“一户一宅”的法律规定，农村村民一户只能拥有一处宅基地，面积不得超过省（区、市）规定的标准。这个标准要根据各省自己的规定来办理。

333. 农村宅基地的使用程序是什么?

答: 农村村民建住宅需要使用宅基地的，应向本集体经济组织提出申请，并在本集体经济组织或村民小组张榜公布。公布期满无异议的，报经乡（镇）审核后，报县（市）审批。经依法批准的宅基地，农村集体经济组织或村民小组应及时将审批结果张榜公布。

334. 农村宅基地的申请条件?

答:（1）因子女结婚等原因确需分户，缺少宅基地的;

（2）外来人口落户，成为本集体经济组织成员，没有宅基地的;

（3）因发生或者防御自然灾害、实施村庄和集镇规划以及进行乡（镇）村公共设施和公益事业建设，需要搬迁的。

农村村民有下列情形之一的，不予批准使用宅基地:

（1）年龄未满十八周岁的;

（2）原有宅基地的面积已经达到规定标准或者能够解决分户需要的;

（3）出卖或者出租村内住房的。

由于各省的规定有些出入，具体还要到当地的土地部门进行咨询后才能确定，总的程序和步骤就是上面所述，如有其他问题，请补充提问。

335. 农村宅基地纠纷处理原则是什么?

答: 因宅基地使用权而发生的纠纷在民事纠纷中比较常见。对宅基地使用权纠纷应按下列原则妥善处理:

（1）原则 1

依法保护国家、集体的宅基地所有权。我国土地分别属于国家和集体所有。根据《土地管理法》的规定，土地改革前的旧契约不能作为土地权属的依据。处理宅基地（土地）纠纷，应切实保护国家和集体的土地所有权。属于国家或集体所有的宅基地，集体组织或个人不得侵占、买卖或者以其他形式非法转让。

（2）原则 2

依法保护公民、法人合法取得的宅基地使用权。根据《土地管理法》的规定，使用国有土地的单位或者个人，由县级以上人民政府登记造册，核发证书，确认使用权。土地使用权受法律保护，任何单位或者个人不得侵犯。农村居民建住房，应当使用原有的宅基地和村内空闲地。使用耕地的，由乡级人民政府审核后，报县级人民政府批准。未经批准的，不予保护。法人、公民合法继承的宅基地使用权除经统一规划或个别调整外，长期不变。另外，宅基地使用权包括合法取得和合法使用两个方面。对非法扩大、抢占宅基地甚至耕地的行为应依法宣布其无效，并可给予法律制裁。在使用宅基地过程中，妨碍公共利益，侵害他人房屋、通行、排水、通风、采光等相邻权的，应依法承担民事责任。

（3）原则 3

宅基地使用权随房屋转移的原则。农村房屋发生买卖、继承、赠与等法律事由的，其所占宅基地的使用权随房屋所有权而转移。1984 年最高人民法院《关于贯彻执行民事政策法律若干问题的意见》中规定："公民在城镇依法买卖房屋时，该房屋宅基地的使用权应随房屋所有权一起转归新房主使用。"关于办理农村房屋宅基地使用权转移手续问题，实践中应注意掌握一个时间界限，即在 1982 年《村镇建房用地管理条例》发布之前，农村房屋买卖中宅基地使用权均随房转移，无须办理批准手续；但自该《条例》之后，宅基地使用权须经过申请批准后方可随房转移。未经审查批准，宅基地使用权不能随房转移给买方，房屋买卖亦无效，但买主可将房屋拆走。村民迁居或者拆除房屋后腾出的宅基地，由集体收回使用，另作统一安排。但在农村合法继承的房屋，其宅基地使用权可以随房屋所有权而转移。

（4）原则 4

尊重历史、面对现实，有利于生产、生活的原则。我国对土地、山林大体上进行了四次确权，即土改、合作化、1962 年"四固定"、1982 年《宪法》颁布前后土地权属的重新登记。在处理土地、山林纠纷时，一般应以"四固定"确定的权属为准，任何以其他理由而否认"四固定"时的确权均不予以支持；如果"四固定"时未确权的，发生纠纷应参照合作化或者是土改时确定的产权处理。在解放后，已通过双方协商并达成合法协议或经上级处理决定或经人民法院裁决了宅基地的权属，具有法律效力。经过统一规定的宅基地，如果对宅基地的使用权发生纠纷，一般应以规划确定的使用权为准。未经规划的宅基地，对地界有争议的，可以参照土改时的确权情况处理。土改确权是对房屋宅基地的确权，但自1962年《农村人民公社工作条例修正草案》公布后，土改时确认的农村个人宅基地所有权即丧失法律效力，但宅基地的使用权仍归原所有人。依照最高人民法院解释的规定，如果原来四至明确的，应以四至为准；四至不明确的，应参照长期以来的实际使用情况，本着有利于生产、方便生活的原则合理地解决。

（5）原则5

促进经济发展，维护社会稳定的原则。土地的使用和经营管理情况直接影响到生产和经济发展。及时、正确地处理好宅基地纠纷，能够促进经济的发展。发生宅基地纠纷时，首先应做好思想工作，并采取及时、慎重的措施，防止矛盾激化，依法合理地妥善予以解决，维护社会的安定团结。

336. 农村的宅基地允许买卖吗？

答：不能买卖。农村宅基地属于该农村集体经济组织的全体成员，即村集体，只有该村村民才能分到并使用该宅基地，其他人员不得买卖宅基地，包括使用权在内。你可以买到宅基地上面的房屋，但宅基地仍旧属于村集体所有，举个例子：农村拆迁，村民可以获得宅基地赔偿，但你不能。

337. 关于贯彻“一户一宅”有哪些法律规定？

答：严格宅基地申请条件。坚决贯彻“一户一宅”的法律规定。农村村民一户只能拥有一处宅基地，面积不得超过省（区、市）规定的标准。各地应结合本地实际，制定统一的农村宅基地面积标准和宅基地申请条件。不符合申请条件的不得批准宅基地。

农村村民将原有住房出卖、出租或赠与他人后，再申请宅基地的，不得批准。

规范农村宅基地申请报批程序。农村村民建住宅需要使用宅基地的，应向本集体经济组织提出申请，并在本集体经济组织或村民小组张榜公布。公布期满无异议的，报经乡（镇）审核后，报县（市）审批。经依法批准的宅基地，农村集体经济组织或村民小组应及时将审批结果张榜公布。

农村村民申请宅基地必须符合下列情况之一：（1）现在住房影响乡（镇）村建设规划，需要搬迁重建的；（2）农村居民户除身边留一子女外，其他子女确需另立门户而已有的宅基地低于分户标准的；（3）经主管部门批准，由外地迁入的农户无住房的；（4）集体组织招聘的技术人员要求在当地落户且户口已迁入的；（5）离休、退休、退职的干部职工，复退军人和华侨、侨眷、港澳台同胞持合法证明回原籍定居，需要建房而又无宅基地的。

338. 农村的宅基地使用证有什么法律效力?

答: 农村宅基地的使用证，证明你有权在这块土地上建造房屋，宅基地批准后二年内不建房的村里可以收回土地。在宅基地上所建房屋的所有权是你使用者的，但土地依然是村集体的。该房屋不可以买卖、转让租。把该房买卖、转让或出租给他人后，就不能再另申请宅基地了。

只要房子还在，土地就可以继续使用。

339. 农村村民申请农村宅基地的条件是什么?

答:（1）因国家建设、垦区移民、灾毁等需要搬迁的；（2）实施村镇规划或旧村镇改造，必须调整搬迁的;（3）常住人口中已领取结婚证书且原有的宅基地低于分户后可达到规定面积90%的;（4）经县（市）、区人民政府批准引进的专业技术人员确需在农村安家落户的;（5）县（市）、区人民政府规定可以申请建房的其他情形。

国家干部、职工的配偶是农村户口且干部职工本人长期与其一起居住的，经其所在单位批准，可随其配偶申请宅基地。

340. 农村村民建设住宅用地应遵循的原则?

答:（1）必须符合乡（镇）土地利用总体规划，符合村庄和集镇规划，鼓励自然村向中心村、中心镇集聚；鼓励统建、联建和建造公寓式住宅;（2）尽量使用原有的宅基地和村内的空闲地，严格控制占用耕地;（3）严格按照规定的宅基地标准使用土地;（4）必须按照法律规定的程序和审批权限履行用地审批手续。

同时，农村村民宅基地的所有权属于集体，农村村民个人只有使用权。实施村镇规划或旧村镇改造需要调整宅基地的，原宅基地使用人应当服从。

341. 农村村民怎样办理宅基地审批手续?

答:（1）由本人向所在的农村集体经济组织或者村民委员会提出用地申请;（2）由农村集体经济组织召开成员会议或者村民委员会召开村民会议对其用地申请进行讨论;（3)讨论通过后，由农村集体经济组织或村民委员会将申请宅基地的户主名单、占地面积、位置等张榜公布，报乡（镇）人民政府审核;（4）乡（镇）人民政府审核后，报县级人民政府批准，批准结果由村民委员会或农村集体经济组织予以公布。占用农用地的，按照《土地管理法》有关规定办理农用地转用手续。

经批准回乡落户的城镇干部、职工、军人和其他人员申请建造住宅的，应当持有原所在单位或者原户口所在地乡（镇）人民政府出具的无住房证明材料办理有关手续，其宅基地面积标准适用落户地的标准。

回乡定居的华侨、台湾和港澳同胞、外籍华人、烈士家属申请建造住宅的，其宅基地面积参照当地标准执行。

342. 农村村民申请宅基地哪些情形不予批准?

答：（1）已有宅基地并达到规定面积标准的90%；（2）出租、出卖、赠与他人或以其他形式非法转让宅基地及以上建筑物，或将住宅改作他用的；（3）以所有家庭成员作为一户申请并被批准后，不具分户条件的；（4）其他不符合申请建房条件的。

343. 什么是农村宅基地使用权?

答：农村宅基地使用权是我国特有的一项独立的用益物权，是农村居民在依法取得的集体经济组织所有的宅基地上建造房屋及其附属设施，并对宅基地进行占有、使用和有限制处分的权利。它具有严格的身份性、无偿使用性、永久使用性、从属性及范围的严格限制性等特点。其取得方式有原始取得与继受取得，消灭形式有绝对消灭与相对消灭。农村宅基地使用权人享有权利并负担义务。

344. 宅基地转让行为的效力，应根据受让主体不同加以区分对待?

答：（1）农村村民之间进行宅基地使用权转让

目前关于农村村民之间转让宅基地使用权主要有两种观点：一种是允许自由转让，另一种是有条件的允许转让。第一种观点认为，依照现有的法律和行政法规对农村村民之间的宅基地转让没有禁止性的规定，依据“法无规定不禁止”的原则，农村村民之间转让宅基地不应加以限制。第二种观点认为农村村民之间转让宅基地使用权需要具备各种前提条件，如转让人拥有两处以上的农村住房（含宅基地）；受让人没有住房和宅基地且符合宅基地使用权分配条件；转让行为须征得本集体经济组织同意等等。

对比以上两种观点，法院大部分判例比较认同后一种观点：一是因为根据宅基地取得程序，转让行为应经村委会同意，报乡政府土地部门批准备案，应进行物权登记；二是转让应进行公示，私下转让会造成违反《土地管理法》“一户只能拥有一处宅基地”的规定，后果是少数人拥有多处宅基地，而其他成员在没有宅基地的情况下只能去挤占耕地。

（2）农村村民向城镇居民转让宅基地使用权

根据《土地管理法》第62条第四款规定：“农村村民出卖、出租住房后，再申请宅基地的，不予批准。”第62条第一款规定：“农村村民一户只能拥有一处宅基地，其宅基地的面积不得超过省、自治区、直辖市规定的标准。国务院办公厅在1999年颁布《关于加强土地转让管理严禁炒卖土地的通知》第二条规定“农民的住宅不得向城市居民出售”,“有关部门不得为购买的住宅发放土地使用证和产权证”。2004年12月24日国土资源部《关于深化改革严格土地管理的决定》强调:“加强农村宅基地管理,禁止城镇居民在农村购置宅基地”。

对于宅基地使用权的转让问题需区别对待:对农村村民之间的转让各地可以根据情况有条件的允许,但需完善相关的登记、公示制度以保护各方利益。而对于将宅基地使用权转让给城市居民的行为则应严格禁止。认定买卖合同无效,不应受到法律保护。

345. 现行法规在严格限制宅基地使用权的自由流转有哪些规定?

答:《土地管理法》第63条规定,农民集体所有的土地的使用权不得出让、转让或者出租用于非农业建设。根据该条规定,宅基地的使用权不可以转让。《物权法》第一百八十四条下列财产不得抵押之第二款规定“耕地、宅基地、自留地、自留山等集体所有的土地使用权,但法律规定可以抵押的除外”,我国《担保法》第三十七条也早已作了相应的规定,不允许以宅基地使用权设定抵押。1999年5月6日国务院办公厅发布的《关于加强土地转让管理严禁炒卖土地的通知》第2条第二款规定:“农村的住宅不得向城镇居民出售。”2004年12月24日国务院《关于深化改革严格土地管理的决定》强调:“加强农村宅基地管理,禁止城镇居民在农村购置宅基地。”通过以上规定可以看出,现行法律确定宅基地使用主体仅限于农民,无论宅基地及建于其上的房屋均不得向外转让。《土地管理法》第62条第四款规定:“农村村民出卖、出租住房后,再申请宅基地的,不予批准。”国土资源部2004年发布的《关于加强农村宅基地管理的意见》规定:“宅基地转让须符合规定条件,购买人必须为房屋所在地本集体经济组织成员,我国农村宅基地使用权一般在本集体经济组织内部转让。”根据以上规定确定:我国宅基地及建筑于其上的房屋不得抵押、不得转让、不得出租,宅基地使用权人享有的权利仅限于占有和使用。

346. 为什么不允许宅基地使用权的自由流转?

答:(1)农村宅基地的福利性质及社会保障功能,不允许农村宅基地在城乡之间自由转让。目前,我国农村宅基地制度具有确保农民的基本生活居住条件、最终维护农村社会秩序稳定的意义。根据现行的土地管理法规定,农村村民一户只能拥有一处宅基地,确保了每户农民都能得到一块栖身之地。无论贫富,结果均等,富者不能多占,贫者不会少得,体现了社会公平,实现了基本的社会保障。宅基地使用权不得抵押、转让或被强制执行,确保了每户居民不因贫穷而流离失所,能真正起到使农户安居乐业的作用。如果允许流转,一旦农民进城打工无法在城市立足,丧失了生活来源,将会沦为无居无业的失地农民,因此,在农村村民社会保障制度尚未完全建立的情况下,限制农村宅基地使用权流转有利于农村社会稳定。

（2）我国人多地少的现状不允许宅基地自由流转。我国面临的人地矛盾是世界上最突出的，我国用不到世界10%的耕地，养活占世界20%左右的人口。随着城市化进程的加快，我国耕地呈逐年减少的态势。现行中国耕地红线是18亿亩。2009年6月23日国务院新闻办公室举行新闻发布会，国土资源部提出“保经济增长、保耕地红线”行动，坚持实行最严格的耕地保护制度，耕地保护的红线不能碰。在人多地少的现实困境下，切实保护农业用地是我国的基本国策，是各级政府都必须关切的头等大事。在可垦荒土地不多、人口快速增长的情况下，宅基地多是从农用地中分离出来的。如果允许宅基地使用权流转，在高额利润的驱使下，许多农户会利用各种方式侵占农用地建筑房屋，获取收益。为了保护农用地，稳定粮食生产，必须严格限制农用地转为建设用地，严格禁止宅基地流转。

347. 农村宅基地登记发证政策具体有哪些?

答：（1）农村宅基地登记发证是政府根据《物权法》、《土地管理法》及《土地登记办法》的规定，对宅基地使用权实行的土地总登记。已经登记发证的宅基地和未经登记的宅基地均在登记范围内，登记前为各户颁发的《集体土地使用证》（宅基地）证书作废，符合政策的换发新证书。

（2）严格落实农村村民一户只能拥有一处宅基地的法律规定。除继承外，农村村民一户申请第二宗宅基地使用权登记的，不予受理。

（3）严格执行城镇居民不能在农村购买和违法建造住宅的规定。对城镇居民在农村购买和违法建造住宅申请宅基地使用权登记的，不予受理。

（4）严格执行宅基地面积标准。宅基地面积不得超过省规定的标准，对宅基地超占面积的，在办理登记时按下列情况处理：

① 1982年《村镇建房用地管理条例》实施前，农村村民建房占用的宅基地，在《村镇建房用地管理条例》实施后至今未扩大用地面积的，可以按现有实际使用面积进行登记。

② 1982年《村镇建房用地管理条例》实施起至1987年《中华人民共和国土地管理法》实施时止，农村村民建房占用的宅基地，超过规定面积标准的，超过部分按当时国家和地方有关规定处理后，可以按实际使用面积进行登记。

③ 1987年《中华人民共和国土地管理法》实施后，农村村民建房占用的宅基地，超过当地规定的面积标准的，按照实际批准面积进行登记。其面积超过规定标准的，可在土地登记簿和土地权利证书记事栏内注明超过标准的面积，待以后分户建房或现有房屋拆迁、改建、翻建、政府依法实施规划重新建设时，按有关规定作出处理，并按照规定的面积标准重新进行登记。

④农村村民的农业生产附属用地，如沼气池、猪羊圈舍等，可作为该农户的生产性建设用地，不计入宅基地面积范围。非农业生产附属用地应计入宅基地面积，如车库等。

⑤已经取得《集体土地使用证》，但至今闲置的宅基地，已满两年未建的宅基地，由集体经济组织收回宅基地使用权。

⑥已经发生转让且受让人在本村有户口的，符合一户只能拥有一处宅基地的法律规定的，可以进行登记发证；已经发生转让但受让人在本村无户口的，只统计备案，不予登记发证。受让人应当缴纳有偿使用费。

⑦未经批准擅自占用公路、铁路两侧控制区范围内土地修建的住宅，不予登记发证。

⑧因历史原因形成的国有土地所有权与集体土地所有权区分不清时，要严格按照土地确权的有关规定，在依法确定土地所有权的性质后，再进行宅基地使用权登记发证，严禁在国有土地上颁发《集体土地使用证》和在集体土地上颁发《国有土地使用证》。

⑨因历史原因或其他特殊原因形成的一处宅基地有几户共有，且难以划分使用范围，可作为共有土地使用权宗地处理。各户可自行协议分摊面积，无法分摊的按共同共有处理。农村村民一户申请第二宗共有宅基地使用权登记的，应当受理，同时应当缴纳有偿使用费。

⑩城镇居民（含华侨）原在农村的宅基地，房屋产权没有变化的，可以进行登记发证。应当缴纳有偿使用费。

⑪集中居住区的居民住房按照一户一宅的法律规定办理。城镇居民、原有宅基地未退出的农村居民不得购买。

⑫严禁工作中营私舞弊、弄虚作假的行为，维护农村宅基地确权登记发证工作的严肃性和法律性。

348. 什么是国有财产？

答：国有财产指法律规定属于国家所有的财产，即属于全民所有的财产。

“国家所有的财产”是指依法属于全民所有的财产，不仅包括国家拥有所有权的财产.如矿藏、水流、海域，国有的土地以及森林、山岭、草原、荒地、滩涂等自然资源，无线电频谱资源，依法属于国家所有的文物、野生动植物资源，国防设施、国有的铁路、公路、电力设施、电信设施和油气管道等基础设施，国家机关和国家举办的事业单位依法直接支配的国有财产，也包括国家依法投入企业的动产和不动产。还有，国家的财政收入、外汇储备和其他国有资金也属于国家所有的财产。

根据2007年3月全国人民代表大会通过的《中华人民共和国物权法》，国有财产包括矿藏、水流、海域；城市的土地及属于国家所有的农村和城市郊区的土地；森林、山岭、草原、荒地、滩涂等自然资源（法律规定属于集体所有的除外）；法律规定属于国家所有的野生动植物资源；无线电频谱资源；法律规定属于国家所有的文物；国防资产；铁路、公路、电力设施、电信设施和油气管道等基础设施，依照法律规定为国家所有的。

国有财产由国务院代表国家行使所有权；法律另有规定的，依照其规定。

根据该法规定："履行国有财产管理、监督职责的机构及其工作人员，应当依法加强对国有财产的管理、监督，促进国有财产保值增值，防止国有财产损失；滥用职权，玩忽职守，造成国有财产损失的，应当依法承担法律责任。"

349. 国有财产管理、监督机构及其工作人员的职责是什么？

答："违反国有财产管理规定，在企业改制、合并分立、关联交易等过程中，低价转让、合谋私分、擅自担保或者以其他方式造成国有财产损失的，应当依法承担法律责任。"

根据党的十六大和十六届二中全会关于深化国有资产管理体制改革和设立专门国有资产管理监督机构的精神，经十届人大一次会议批准，设立了国务院国有资产监督管理委员会。地方政府也组建了相应的国有资产监督管理机构。十六届三中全会决定提出："国有资产管理机构对授权监管的国有资本依法履行出资人职责，维护所有者权益，维护企业作为市场主体依法享有的各项权利，督促企业实现国有资本保值增值，防止国有资产流失。"根据上述要求，国务院国有资产监督管理委员会除了根据国务院授权，依照公司法等法律和行政法规履行出资人职责外，还负有以下主要职责：（1）指导推进国有企业改革和重组；对所监管企业国有资产的保值增值进行监督，加强国有资产的管理工作；推进国有企业的现代企业制度建设，完善公司治理结构；推动国有经济结构和布局的战略性调整。（2）代表国家向部分大型企业派出监事会；负责监事会的日常管理工作。（3）通过法定程序对企业负责人进行任免、考核并根据其经营业绩进行奖惩；建立符合社会主义市场经济体制和现代企业制度要求的选人、用人机制，完善经营者激励和约束制度。（4）通过统计、稽核对所监管国有资产的保值增值情况进行监管；建立和完善国有资产保值增值指标体系，拟定考核标准；维护国有资产出资人的权益。（5）起草国有资产管理的法律、行政法规，制定有关规章制度；依法对地方国有资产管理进行指导和监督。还有三点需要注意：一是履行国有资产管理、监督职责的机构不仅仅是中央政府和地方政府设立的国有财产监督管理委员会（局），而且包括其他机构，比如，财政部门、审计部门、水利部门、外汇管理部门、银行业监督委员会等，还有国家机关和国家举办事业单位内部设立的国有财产管理部门等，都负有一定的国有财产管理、监督职责。二是国有财产监督管理机构应当支持企业依法自主经营，除履行出资人职责以外，不得干预企业的生产经营活动。三是本条强调了国有财产管理、监督职责的机构的工作人员的责任。如果滥用职权，玩忽职守，造成国有财产损失的，还要依法承担行政责任、刑事责任等。如刑法第三百九十七条规定，国家机关工作人员滥用职权或者玩忽职守，致使公共财产遭受重大损失的，处三年以下有期徒刑或者拘役。

350. 违反国有财产管理规定造成国有财产损失的法律责任是什么?

答：据了解，造成国有财产流失的，主要发生在国有企业改制、合并分立、关联交易的过程中国有企业改制，是指国有企业通过重组、联合、兼并、租赁、承包经营、合资、转让国有产权和股份制、股份合作制等多种形式，建立符合市场经济规律的以产权为核心的现代企业制度。而今，国有企业的公司化改革已经基本完成，除了部分带有政府职能性质或者占据垄断资源的机构还保留全资国有的产权结构外，绝大部分国有企业均已实现投资主体的多元化，并建立起以股东会、董事会、监事会为主要标志的现代企业管理体系。国有企业改制过程中，必须依法进行清产核资、财务审计、资产评估、公开信息。涉及国有产权转让的，应当采取拍卖、招投标等竞价转让方式以及国家法律法规规定的其他方式。

国有企业的分立是指一个国有企业法人分成两个或者两个以上企业法人。因分立而保留的企业应申请变更登记；因分立而新开办的企业应申请开业登记。国有企业的合并是指两个或两个以上的国有企业法人，合并为一个企业法人或合并为一个新的企业法人。因合并而保留的企业，应申请变更登记，因合并而终止的企业，应申请注销登记；因合并而新开办的企业，应申请开业登记。企业法人分立、合并，它的权利和义务，由分立、合并后法人享有和承担。

本条中的关联交易，就是指企业关联方之间的交易。根据财政部1997年颁布的《企业会计准则——关联方关系及其交易的披露》的规定，在企业财务和经营决策中，如果一方有能力直接或间接控制、共同控制另一方或对另一方施加重大影响的，则视其为关联方；如果两方或多方受同一方控制，也将其视为关联方。这里的控制，是指有权决定一个企业的财务和经营政策，并能据以从该企业的经营活动中获取利益。所谓重大影响，是指对一个企业的财务和经营政策有参与决策的权力，但并不决定这些政策。参与决策的途径主要包括：在董事会或类似的权力机构中派有代表，参与政策的制定过程，互相交换管理人员等。凡以上关联方之间发生转移资源或义务的事项，不论是否收取价款，均被视为关联交易。由于关联交易方可以运用行政力量撮合交易的进行，从而有可能使交易的价格、方式等在非竞争的条件下出现不公正情况，形成对股东或部分股东权益的侵犯。

351. 造成国有资产损失的常见情形是什么?

答：（1）低价转让。有的不按规定进行国有资产评估或者压低评估价格。有的不把国家划拨的土地计入国有股；有的对专利、商标等无形资产不作评估；有的将国有资产无偿转让或者低价折股、低价出售给非国有单位或者个人；有的在经营活动中高价进、低价出。

（2）违反财务制度，合谋私分侵占国有资产。有的将应收账款做成呆账、坏账，有的私设“小金库”或者设立“寄生公司”，以后再提取侵占私分。（3）擅自担保。有的根本不认真调查被担保人的资信情况，未经法定程序和公司章程规定，擅自向非国有单位或者个人担保，造成国有财产损失。此外，还包括以下情形：（1）通过管理层持股非法牟利；（2）低估企业财产，虚构企业债务，以降低持股所需资金；有的实际未出资，以拟收购的企业财产作为其融资担保；（3）贪污、挪用国有财产；虚假破产，逃避债务；（4）利用分立重组方式，把债务留在原企业，使原企业变成空壳企业，侵害银行的国有财产；（5）直接负责的主管人员玩忽职守，造成企业破产或者严重亏损等。

352. 造成国有财产流失的行为，应当依法承担哪些法律责任？

答：违反国有财产管理的行为，应当依法承担法律责任，包括赔偿损失等民事责任，纪律处分等行政责任，构成犯罪的，依法追究刑事责任。根据《国有资产监督管理暂行条例》第四十一条的规定，对企业国有资产损失负有责任受到撤职以上纪律处分的国有及国有控股企业的企业负责人，5年内不得担任任何国有及国有控股企业的企业负责人；造成企业国有资产重大损失或者被判处刑罚的，终身不得担任任何国有及国有控股企业的企业负责人。

353. 对国有财产有哪些保护？

答：侵占、哄抢、私分、截留、破坏国有财产的，应当承担返还原物、恢复原状、赔偿损失等民事责任；违反行政管理规定的，依法追究行政责任；构成犯罪的，依法追究刑事责任。有关单位的责任人也要依法承担行政责任甚至是刑事责任。

这里的“侵占”是指以非法占有为目的，将其经营、管理的国有财产非法占为己有。“哄抢”是指以非法占有为目的，组织、参与多人一起强行抢夺国有财产的行为。“私分”是指违反国家关于国有财产分配管理规定，以单位名义将国有财产按人头分配给单位内全部或者部分职工的行为。“截留”是指违反国家关于国有资金等国有财产拨付、流转的决定，擅自将经手的有关国有财产据为己有或者挪作他用的行为。“破坏”是指故意毁坏国有财产，影响其发挥正常功效的行为。

354. 什么叫集体所有权？哪些财产属于集体所有？

答：集体所有权，是指劳动群众集体组织对其财产依法享有占有、使用、收益、处分的权利。

集体所有的不动产和动产包括：（1）法律规定属于集体所有的土地和森林、山岭、草原、荒地、滩涂；（2）集体所有的建筑物、生产设施、农田水利设施；（3）集体所有的教育、科学、文化、卫生、体育等设施；（4）集体所有的其他不动产和动产。

355. 如何保护集体财产在公权力上的独立性？

答：必须确保集体财产在公权力面前的独立性：（1）公权力原则上不能消灭集体组织。村、乡社区集体组织是以一定的区域为基础的共同体，只要区域本身没有发生变化，集体组织就必须存在，因此，村、乡社区集体组织不被解散或破产，集体土地不被强制执行，村、乡社区集体组织只因行政区域的调整合并或消灭。已纳入城市社会保障体系的集体企业可因经营的原因解散和破产，但前提是安置好职工，未按国家标准支付职工安置费用的，不得破产或终止。（2）公权力不得干预集体财产的经营。村、乡社区集体组织依法自主经营，政府只能引导不能强迫农民搞现代化农业或股份合作经营。城镇集体企业的经营不应纳入政府经济职能部门的管理体系，政府无权安排城镇集体企业搞现代企业制度试点或股份化改制。（3）公权力不得强迫集体组织低价或无偿出让财产。政府不能在征用集体土地中牟利，出让土地的收益应归集体组织所有或用于安置农民。城镇集体企业清算后若有剩余财产，可移交给社会保障基金，同时，城镇集体企业财产不足以支付国家规定的职工安置费用的，由社会保障基金补足。

356. 侵占集体财产如何处理？

答：我国刑法第三百八十二条第二款规定："受国家机关、国有公司、企业、事业单位、人民团体委托管理、经营国有财产的人员，利用职务上的便利，侵吞、窃取、骗取或者以其他手段非法占有国有财物的，以贪污论。"

第二百七十一条第一款规定，公司、企业或其他单位的人员，利用职务上的便利，将本单位财物非法占为己有，数额较大的，处五年以下有期徒刑或拘役，数额巨大的，处五年以上有期徒刑，可以并处没收财产。

从法条上可见，职务侵占罪在数额上没有作出明确的规定。而参照最高人民法院颁布的解释，在数额较大上规定了"5000–20000元"的选择幅度，在数额巨大上，把10万元作为数额巨大的起点，而且各地区不同，具体的数额还会有差异。发达地区数额较大的就是10万左右，一般为2 – 3年有期徒刑。

357. 保护集体财产权有哪些规定？物权法在保护集体财产方面有哪些内容？

答：集体经济是社会主义公有制的重要组成部分。集体所有的财产是劳动群众集体多年来通过辛苦劳动创造、积累的物质财富，是发展集体经济、实现共同富裕的物质基础。近年来，集体经济发展迅速，集体资产存量迅速增长，但由于集体资产的管理还相当薄弱等原因，造成集体资产的严重流失，不仅使集体经济遭受了损失，集体生产力受到破坏，而且直接损害劳动群众的切身利益，影响了社会的和谐发展。因此，依法保护集体财产是巩固和发展公有制经济的现实需要，也是物权法应有之义。我国宪法和民法通则等法律对集体财产的保护已经有所规定。如宪法第十二条规定："社会主义的公共财产神圣不可侵犯。""国家保护社会主义的公共财产。禁止任何组织或者个人用任何手段侵占或者破坏国家的和集体的财产。"民法通则第七十三条规定："国家财产属于全民所有。""国家财产神圣不可侵犯，禁止任何组织和个人侵占、哄抢、私分、截留、破坏。"本条第一款根据集体财产保护的特点，依据上述法律做了规定："集体所有的财产受法律保护，禁止任何单位和个人侵占、哄抢、私分、破坏。"

针对损害集体财产的主要行为，本条强调了禁止任何单位和个人侵占、哄抢、私分、破坏集体财产。所谓的"侵占"是指以非常占有为目的，将其经营、管理的集体财产非法占为己有。侵占的客体是集体所有的资产。侵占的主体一般是经营、管理集体资产的单位或者个人。构成侵占，还必须是有非法占有集体资产的主观故意。"哄抢"是指以非法占有为目的，组织、参与多人一起强行抢夺集体财产的行为。哄抢的客体是集体财产。哄抢的主体可以是任何的单位和个人，并且还需具备非法占有集体财产的主观故意。"私分"是指违反集体财产分配管理规定，擅自将集体财产按人头分配给部分集体成员的行为，如有少数村委会干部将应分配给全体村民的征收补偿款擅自分掉据为已有。"破坏"是指故意毁坏集体财产，致使其不能发挥正常功效的行为。如故意毁坏集体企业的机器设备或者农村集体所有的水利设施，影响集体经济组织生产经营的行为。破坏的主体可以是任何的单位和个人，而且需有毁坏集体财产的主观故意。

侵占、哄抢、私分、破坏集体所有财产的，应当承担返还原物、恢复原状、赔偿损失等民事责任；触犯治安管理处罚法和刑法的，还应当承担相应的法律责任。有关单位的责任人也要依法承担行政甚至是刑事责任。

358. 集体所有的财产主要内容有哪些？

答：集体所有的财产，从内容上主要是指本法所规定的集体所有的不动产和动产，包括法律规定属于集体所有的土地和森林、山岭、草原、荒地、滩涂；集体所有的建筑物、生产设施、农田水利设施；集体所有的教育、科学、文化、卫生、体育等设施；以及集体所有的其他不动产和动产。从所有者来讲，既包括农民集体所有的财产，也包括城镇集体所有的财产。

359. 集体成员的诉权有哪些？

答：集体所有的财产一般要由集体经济组织经营管理，在村农民集体所有的情况下，村民委员会也可以代表集体经营管理村集体所有的财产。因为“集体所有”的性质，集体所有的财产应当采取民主管理的模式，涉及集体成员重大利益的事项，应当依照法定程序或者章程规定，由本集体成员（或者其代表）来共同决定。本集体成员有权参与集体经济组织的民主管理，监督集体经济组织的各项活动和管理人员的工作。现实中，有的集体的负责人违反法定程序或者章程规定，擅自决定或者以集体名义做出决定低价处分、私分、侵占集体所有的财产，严重侵害集体成员的财产权益。针对这种情况，本条第二款赋予了集体成员请求人民法院撤销集体经济组织、村民委员会或者其负责人做出的不当决定的权利。关于集体成员诉权，主要有以下几个内容：一是每个集体经济组织成员都可以针对集体经济组织（或者村民委员会）及其负责人做出的损害其权益决定，向人民法院请求撤销该决定。本条规定的集体经济组织不仅包括农村集体经济组织，也包括城镇集体经济组织。二是提起诉讼的事由，是集体经济组织、村民委员会及其负责人做出的决定，侵害了该集体成员的合法财产权益。三是提起诉讼的时间，本条没有明确限制。根据民法通则的规定，除法律另有规定外，向人民法院请求保护民事权利的诉讼时效期间为二年。诉讼时效期间从知道或者应当知道权利被侵害时起计算。但是，从权利被侵害之日起超过二十年的，人民法院不予保护。有特殊情况的，人民法院可以延长诉讼时效期间。因此，集体成员从知道或者应当知道其权利被侵害时起二年内向人民法院提起诉讼，请求撤销集体经济组织、村民委员会及其负责人做出的不当决定。

360. 什么是农用地？什么是建设用地？什么是未利用地？

答：农用地是指直接用于农业生产的土地，包括耕地、林地、草地、农田水利用地、养殖水面等；建设用地是指建造建筑物、构筑物的土地，包括城乡住宅和公共设施用地、工矿用地、交通水利设施用地、旅游用地、军事设施用地等；未利用地是指农用地和建设用地以外的土地。

耕地保护的内涵：

答：耕地保护是指运用法律、行政、经济、技术等手段和措施，对耕地的数量和质量进行的保护。耕地保护是关系我国经济和社会可持续发展的全局性战略问题。“十分珍惜和合理利用土地，切实保护耕地”是我们必须长期坚持的一项基本国策。

361. 什么是占用耕地补偿制度？

答：《土地管理法》第31条规定：“国家实行占用耕地补偿制度。非农业建设经批准占用耕地，按照‘占多少、垦多少’的原则，由占用耕地的单位负责开垦与所占用耕地的数量和质量相当的耕地；没有条件开垦的或者开垦的耕地不符合要求的，应当按照省、自治区、直辖市的规定缴纳耕地开垦费，专款用于开垦新的耕地。省、自治区、直辖市人民政府应当制定开垦耕地计划，监督占用耕地的单位按照计划开垦耕地或者按照计划组织开垦耕地，并进行验收。”

362. 法律禁止占用耕地的情形有哪些？

答：一是非农业建设必须节约使用土地，可以利用荒地的，不得占用耕地；二是禁止占用耕地建窑、建坟或者擅自在耕地上建房、挖沙、采石、采矿、取土等。

363. 土地利用总体规划是怎么审批的？

答：《土地管理法》第21条规定：“土地利用总体规划实行分级审批。省、自治区、直辖市的土地利用总体规划，报国务院批准。省、自治区人民政府所在地的市，人口在一百万以上的城市以及国务院指定的城市的土地利用总体规划，经省、自治区人民政府审查同意后，报国务院批准。本条第二款、第三款规定以外的土地利用总体规划，逐级上报省、自治区、直辖市人民政府批准；其中乡（镇）土地利用总体规划可以由省级人民政府授权的设区的市、自治州人民政府批准。土地利用总体规划一经批准，必须严格执行。”

364. 未经批准可以在公共建设用地、道路两旁建房吗？

答：不可以。公共建设用地是国家所有的土地，这类土地用来建设公共设施为广大群众服务，任何人不得擅自占用。道路两旁的土地在规定的界线内属于道路用地，任何人不得占用，如果未经批准而占用的，必须依法拆除，并受到行政或刑事处罚。

365. 未经批准，占用集体土地在自家的责任田建房可以吗？

答：不可以。《土地管理法》规定，禁止擅自在耕地上建房、建窑、建坟、挖沙取土等。自家的责任田也属于耕地，未经批准在耕地上建房，情节严重的构成破坏耕地罪，最高刑罚是7年有期徒刑。

366. 具备什么条件才能申请宅基地？

答：村民符合下列条件之一者，可以申请宅基地：

（1）统一规划新建的新村、村民点，需要村民宅基地的农户；

（2）原有宅基地少于规定限额标准、居住拥挤的农户；

（3）确实需要分家、分居而又无宅基地的农户；

（4）现有住房影响村镇规划或因国家建设，原住宅需要拆迁的；

（5）其他按规定应安排宅基地的。

367. 为什么已领取了《房屋产权证》，还需要申办《国有土地使用证》？

答：首先，完整的房地产权利包括房屋所有权和土地使用权两个部分。我市土地和房产管理部门机构没有合一，土地管理部门负责土地产权登记工作，房产管理部门负责房屋所有权登记工作。因此我市房产主管部门所颁发的《房屋产权证》只是房屋产权的法律凭证，不包含土地使用权。其次《房屋产权证》和《国有土地使用证》分别确定两种性质不同的权利。《房屋产权证》确定的是房屋及其他建筑物、构筑物的所有权，是一种相对永久性的权利；《国有土地使用证》确定的是土地使用权，是有年限规定的权利。第三，《房屋产权证》和《国有土地使用证》所登记的内容不同。《房屋产权证》所登记的是房产权利及相关内容；《国有土地使用证》所登记的是土地权利及相关内容。两者虽有联系，但不可替代。综上所述，要取得完整的房地产权利，必须同时拥有房产所有权和土地使用权。所以，办理了《房屋产权证》还必须申办《国有土地使用证》。

368. 土地权属发生争议怎么办?

答：根据《土地管理法》第16条规定，土地权属发生争议，一般有三种解决方法：

（1）争议发生后先由当事人之间协商解决，即各方在自愿互利的基础上，依照法律的规定，直接进行磋商，自行解决争议。如果争议各方达成一致意见则协商成功。

（2）当事人协商不成时由人民政府处理，即单位之间的争议由县级以上人民政府处理，个人与个人之间、个人与单位之间的争议，由乡级人民政府或县级以上人民政府处理。

（3）当事人对有关人民政府的处理决定不服的，可以自接到处理决定通知之日起60日内提出行政复议，也可在30日内向人民法院起诉，在土地权属争议解决前，任何一方不得改变土地利用现状。

369. 新的征地补偿安置政策什么时间开始实施？新老政策的起止时间如何界定?

答：《长沙市征地补偿安置条例》和《长沙市征地补偿实施办法》（103号令）于2008年4月1日起实施，2000年1月1日起实施的《长沙市征地补偿安置条例》和2000年3月16日发布的《长沙市征地补偿安置条例实施办法》（60号令）同时废止。

新政策实施前已发布征地补偿安置实施公告的，按原有规定办理。

370. 未在规定期限内办理补偿登记的如何处理？

答：被征地农民集体经济组织、村民和其他权利人未在规定期限内办理登记手续或者对调查结果拒不配合予以确认的，其补偿内容以土地行政主管部门的调查结果为准。

371. 对拒不腾地的拆迁户怎么办？

答：根据《长沙市征地补偿安置条例》第十五条规定："被征地的农村集体经济组织、村民和其他权利人应当在《征地补偿安置方案实施公告》规定的期限内腾地。发布《征地补偿安置方案实施公告》并足额支付征地补偿费用后，被征地者在规定期限内没有腾地的，由县（市）、区土地行政主管部门依法作出限期腾地决定；到期拒不腾地的，土地行政主管部门可以申请人民法院强制执行。"

372. 什么是以租代征土地？有哪几种主要表现形式？

答："以租代征"即违反土地利用总体规划和土地利用年度计划，规避农用地转用和土地征收审批，通过出租、承租和承包等方式非法占用农地搞非农建设。

其主要表现形式为：乡镇政府和村级组织擅自占用农地，有的搞"标准厂房"和配套设施向社会出租；有的村级组织与外来投资者以"合作经营"的方式或名义擅自占用农地搞非农建设；有的乡镇政府和村级组织利用"旧村改造"多盖住宅向社会出售或出租；有的村级组织擅自占用农地兴建住宅向社会出售或者是"以租代售"等。

373. 什么是非法转让土地？对非法转让土地行为如何进行行政处罚？

答：非法转让土地，是指行为人违反《土地管理法》的规定，以买卖或者其他形式转让土地的行为。

根据《中华人民共和国土地管理法》第73条规定，买卖或者以其他形式非法转让土地的，由县级以上人民政府土地行政主管部门没收违法所得；对违反土地利用总体规划擅自将农用地改为建设用地的，限期拆除在非法转让的土地上新建的建筑物和其他设施，恢复土地原状，对符合土地利用总体规划的，没收在非法转让的土地上新建的建筑物和其他设施；可以并处罚款；依法给予行政处分；构成犯罪的，依法追究刑事责任。

374. 占用耕地建窑、建坟或者擅自在耕地上建房、挖沙、采石、采矿、取土等破坏种植条件的，或者因开发土地造成土地荒漠化、盐渍化的应当承担什么法律责任？

答：由县级以上人民政府土地行政主管部门责令限期改正或者治理，可以并处耕地开垦费2倍以下的罚款；构成犯罪的，依法追究刑事责任。

375. 擅自将农民集体所有的土地的使用权出让、转让或者出租用于非农业建设的应当承担什么法律责任?

答：由县级以上人民政府土地行政主管部门责令限期改正，没收非法所得，并处非法所得5%以上20%以下的罚款。

376. 未经依法批准或者采取欺骗手段骗取批准，非法占用土地应当承担什么法律责任?

答：由县级以上人民政府土地行政主管部门责令退还非法占用的土地，对违反土地利用总体规划擅自将农用地改为建设用地的，限期拆除在非法占用土地上新建的建筑物和其他设施，恢复土地原状，对符合土地利用总体规划的，没收在非法占用的土地上新建的建筑物和其他设施；可以并处非法占用土地每平方米30元以下的罚款；对非法占用的土地单位直接负责的主管人员和其他直接责任人员，依法给予行政处分；构成犯罪的，依法追究刑事责任。

377. 农村房屋选址安全和应防范哪些地质灾害?

答：农村房屋选址要考虑地质安全。应注意以下几方面：

（1）地形因素：应选择常年洪水位以上一定高位的平缓平地。尽可能避开江、河、湖（水库）、沟切割的陡坡。

（2）岩土体因素：岩土类型分为基岩、松散堆积体、土体。岩体稳定性通常较好；松散堆积体稳定性差；分布在平缓地带的土体稳定性较好而分布在斜坡上的土体稳定性往往较差。

（3）地质构造：要注意观察斜坡上的断层、节理裂隙等构造面的组合和分离体的分布特征，当这种不连续面顺斜坡分布时，边坡岩体稳定性差，最易发生滑坡和崩塌等地质灾害。

（4）降水和水文条件：在房屋选址时要了解地表水体和汇流条件，注意收集了解历史洪水位或泥位迹印。

（5）植被条件：树林和竹林茂密的斜坡也可能是表层滑坡和泥石流的易发区，因此在这种地区选址要细心观察，避开成片分布的“马刀树”或分布有东倒西歪的“醉汉林”的斜坡。

在农村房屋选址时应防范的地质灾害主要是滑坡、崩塌、泥石流、地面塌陷。

378. 听证应遵循什么原则?

答：主管部门组织听证，应当遵循公开、公平、公正和便民的原则，充分听取公民、法人和其他组织的意见，保证其陈述意见、质证和申辩的权利。

379. 对当事人提出听证有何时限规定？听证书面申请包括哪些内容？

答：根据《国土资源听证规定》第21条，当事人应当在告知后5个工作日内向听证机构提出书面申请，逾期未提出的，视为放弃听证；但行政处罚听证的时限为3个工作日。放弃听证的，应当书面记载。

根据《国土资源听证规定》第23条，听证的书面申请包括以下内容：

（1）当事人的姓名、地址（法人或者其他组织的名称、地址、法定代表人）；

（2）申请听证的具体事项；

（3）申请听证的依据、理由。

申请听证的，应当同时提供相关资料。

380. 建设占用土地涉及农用地转为建设用地需报国务院批准的有哪些？

建设占用土地涉及农用地转为建设用地的，需报国务院批准：

（1）国务院批准的建设项目；

（2）国务院有关部门和国家计划单列企业批准的道路、管线工程和大型基础设施建设项目；

（3）省、自治区、直辖市人民政府批准的道路、管线工程和大型基础设施建设项目；

（4）在土地利用总体规划确定的直辖市、计划单列市和省、自治区人民政府所在地的城市以及人口在50万以上的城市建设用地规模范围内，为实施该规划按土地利用年度计划分批次用地；

（5）需要征用基本农田的；

（6）需要征用基本农田以外的耕地超过三十五公顷的；

（7）需要征用其他土地超过七十公顷的。

381. 非法占用土地的行为有几种表现形式？

答：（1）未经批准擅自占用土地的行为；

（2）采取各种欺骗手段骗取批准而非法占用土地的行为；

（3）超过批准的数量多占土地的行为；

（4）超过省、自治区、直辖市规定的宅基地面积标准多占土地的行为。

根据法律规定，未经批准或者采取欺骗手段骗取批准，非法占用土地的，由县级以上人民政府土地行政主管部门责令退还非法占用的土地，对违反土地利用总体规划擅自将农用地改为建设用地的，限期拆除在非法占用的土地上新建的建筑物和其他设施，恢复土地原状，对符合土地利用总体规划的，没收在非法占用土地上新建的建筑物和其他设施，可以并处罚款；对非法占用土地单位的直接负责的主管人员和其他直接责任人员，依法给予行政处分；构成犯罪的依照刑法第342条追究刑事责任。

382. 什么是非法占用土地?

答：非法占用土地是指单位或者个人未经批准擅自占用土地、采取欺骗手段骗取批准占用土地以及超过批准的数量多占土地的违法行为。

383. 非法占用土地违法行为会构成什么?

答：（1）未经批准或者采取欺骗手段骗取批准，非法占用土地的；

（2）农村村民未经批准或者采取欺骗手段骗取批准，非法占用土地建住宅的；

（3）超过批准的数量占用土地的；

（4）依法收回非法批准、使用的土地，有关当事人拒不归还的；

（5）依法收回国有土地使用权，当事人拒不交出土地的；

（6）临时使用土地期满，拒不归还土地的；

（7）不按照批准的用途使用土地的；

（8）不按照批准的用地位置和范围占用土地的；

（9）在土地利用总体规划确定的禁止开垦区内进行开垦，经责令限期改正，逾期不改正的；

（10）在临时使用的土地上修建永久性建筑物、构筑物的；

（11）在土地利用总体规划制定前已建的不符合土地利用总体规划确定的用途的建筑物、构筑物，重建、扩建的。

384. 非法占用土地违反哪些法律、法规条款?

答：（1）《土地管理法》第2条

第三款："任何单位和个人不得侵占、买卖或者以其他形式非法转让土地。土地使用权可以依法转让。"

（2）《土地管理法》第43条

"任何单位和个人进行建设，需要使用土地的，必须依法申请使用国有土地；但是，兴办乡镇企业和村民建设住宅经依法批准使用本集体经济组织农民集体所有的土地的，或者乡（镇）村公共设施和公益事业建设经依法批准使用农民集体所有的土地的除外。

前款所称依法申请使用的国有土地包括国家所有的土地和国家征收的原属于农民集体所有的土地。”

（3）《土地管理法》第44条

建设占用土地，涉及农用地转为建设用地的，应当办理农用地转用审批手续。

省、自治区、直辖市人民政府批准的道路、管线工程和大型基础设施建设项目、国务院批准的建设项目占用土地，涉及农用地转为建设用地的，由国务院批准。

在土地利用总体规划确定的城市和村庄、集镇建设用地规模范围内，为实施该规划而将农用地转为建设用地的，按土地利用年度计划分批次由原批准土地利用总体规划的机关批准。在已批准的农用地转用范围内，具体建设项目用地可以由市、县人民政府批准。

本条第二款、第三款规定以外的建设项目占用土地，涉及农用地转为建设用地的，由省、自治区、直辖市人民政府批准。”

（4）《土地管理法》第53条

“经批准的建设项目需要使用国有建设用地的，建设单位应当持法律、行政法规规定的有关文件，向有批准权的县级以上人民政府土地行政主管部门提出建设用地申请，经土地行政主管部门审查，报本级人民政府批准。”

（5）《土地管理法》第55条

“以出让等有偿使用方式取得国有土地使用权的建设单位，按照国务院规定的标准和办法，缴纳土地使用权出让金等土地有偿使用费和其他费用后，方可使用土地。

自本法施行之日起，新增建设用地的土地有偿使用费，百分之三十上缴中央财政，百分之七十留给有关地方人民政府，都专项用于耕地开发。”

（6）《土地管理法》第57条

“建设项目施工和地质勘察需要临时使用国有土地或者农民集体所有的土地的，由县级以上人民政府土地行政主管部门批准。其中，在城市规划区内的临时用地，在报批前，应当先经有关城市规划行政主管部门同意。土地使用者应当根据土地权属，与有关土地行政主管部门或者农村集体经济组织、村民委员会签订临时使用土地合同，并按照合同的约定支付临时使用土地补偿费。

临时使用土地的使用者应当按照临时使用土地合同约定的用途使用土地，并不得修建永久性建筑物。

临时使用土地期限一般不超过二年。”

（7）《土地管理法》第59条

“乡镇企业、乡（镇）村公共设施、公益事业、农村村民住宅等乡（镇）村建设，应当按照村庄和集镇规划，合理布局，综合开发，配套建设；建设用地，应当符合乡（镇）土地利用总体规划和土地利用年度计划，并依照本法第四十四条、第六十条、第六十一条、第六十二条的规定办理审批手续。”

（8）《土地管理法》第60条

“农村集体经济组织使用乡（镇）土地利用总体规划确定的建设用地兴办企业或者与其他单位、个人以土地使用权入股、联营等形式共同举办企业的，应当持有关批准文件，向县级以上地方人民政府土地行政主管部门提出申请，按照省、自治区、直辖市规定的批准权限，由县级以上地方人民政府批准；其中，涉及占用农用地的，依照本法第四十四条的规定办理审批手续。

按照前款规定兴办企业的建设用地，必须严格控制。省、自治区、直辖市可以按照乡镇企业的不同行业和经营规模，分别规定用地标准。”

（9）《土地管理法》第61条

“乡（镇）村公共设施、公益事业建设，需要使用土地的，经乡（镇）人民政府审核，向县级以上地方人民政府土地行政主管部门提出申请，按照省、自治区、直辖市规定的批准权限，由县级以上地方人民政府批准；其中，涉及占用农用地的，依照本法第四十四条的规定办理审批手续。”

（10）《土地管理法实施条例》第21条

“具体建设项目需要使用土地的，建设单位应当根据建设项目的总体设计一次申请，办理建设用地审批手续；分期建设的项目，可以根据可行性研究报告确定的方案分期申请建设用地，分期办理建设用地有关审批手续。”

（11）《土地管理法实施条例》第22条

“具体建设项目需要占用土地利用总体规划确定的城市建设用地范围内的国有建设用地的，按照下列规定办理：

①建设项目可行性研究论证时，由土地行政主管部门对建设项目用地有关事项进行审查，提出建设项目用地预审报告；可行性研究报告报批时，必须附具土地行政主管部门出具的建设项目用地预审报告。

②建设单位持建设项目的有关批准文件，向市、县人民政府土地行政主管部门提出建设用地申请，由市、县人民政府土地行政主管部门审查，拟订供地方案，报市、县人民政府批准；需要上级人民政府批准的，应当报上级人民政府批准。

③供地方案经批准后，由市、县人民政府向建设单位颁发建设用地批准书。有偿使用国有土地的，由市、县人民政府土地行政主管部门与土地使用者签订国有土地有偿使用合同；划拨使用国有土地的，由市、县人民政府土地行政主管部门向土地使用者核发国有土地。

385. 什么是非法占用农用地罪？

答：非法占用农用地罪，是指违反土地管理法规，非法占用耕地、林地等农用地，改变被占用土地用途，数量较大，造成耕地、林地等农用地大量毁坏的行为。

386. 与非法转让、倒卖土地使用权罪的界限是什么？

答：非法占用农用地罪与非法转让、倒卖土地使用权罪都是与土地管理有关的犯罪。二者的不同在于：（1）客体不同。本罪侵害的是国家对土地特别是耕地进行保护的管理制度；而非法转让、倒卖土地使用权罪侵害的则是国家对土地使用权合法转让的管理制度。（2）犯罪客观方面不同。非法占用耕地罪是结果犯，表现为违反土地管理法规，非法侵占耕地，数量较大，造成大量耕地毁坏的行为。非法转让、倒卖土地使用权罪则是情节犯，表现为违反土地管理法规，实施了非法转让、倒卖土地使用权，情节严重的行为。其中非法转让土地使用权，是指以买卖以外的其他形式非法转移土地使用权的行为，也即未按国家法律规定程序办理征用或者划拨手续的行为，或者未按规定权限办理审批手续的土地转让的行为。倒卖土地使用权，包括毫不掩饰和明码标价地将土地卖给他人，而收取价款和以某种形式掩盖其土地买卖的实质而将土地卖给他人的两种行为方式。（3）对二者的处罚虽都采取了判处有期徒刑和罚金的刑罚方法，但前者没有明确确定的罚金标准；而后者采取的则是倍比罚金制的方式以确定罚金的标准。

387. 与非法批准征用等罪的界限是什么？

答：非法占用农用地罪与非法批准征用、占用土地罪和非法低价出让国有土地使用权罪的界限：此三罪相同之处都是与土地资源有关；并且在主观方面均表现为故意。不同之处表现为：（1）侵害的客体不同。非法占用耕地罪的客体是对耕地的法律保护制度；而非法批准征用、占用土地罪和非法低价出让国有土地使用权罪所侵害的客体均为国家机关工作人员职务行为的廉洁性和正当性。（2）客观方面不同。非法占用耕地罪在客观上表现为违反土地管理法规，非法占用耕地改作他用，数量较大，造成耕地大量毁坏的行为，而非法批准征用、占用土地罪和非法低价出让国有土地使用权罪在客观上都表现为徇私舞弊，违反土地管理法规，滥用职权。通常表现为弄虚作假，欺上瞒下，掩盖事实真相；或违反《土地管理法》等有关土地管理法规中关于批准征用、占用土地以及出让土地使用权的规定，不正确地行使批准征用、占用土地或者出让国有土地使用权的职权。（3）主体不同。非法占用耕地罪的主体是一般主体，而非法批准征用、占用土地罪和非法低价出让国有土地使用权罪的主体是特殊主体，即国家机关工作人员。

附：相关法律法规

中华人民共和国农村土地承包法

第一章　总则

第一条　为稳定和完善以家庭承包经营为基础、统分结合的双层经营体制，赋予农民长期而有保障的土地使用权，维护农村土地承包当事人的合法权益，促进农业、农村经济发展和农村社会稳定，根据宪法，制定本法。

第二条　本法所称农村土地，是指农民集体所有和国家所有依法由农民集体使用的耕地、林地、草地，以及其他依法用于农业的土地。

第三条　国家实行农村土地承包经营制度。

农村土地承包采取农村集体经济组织内部的家庭承包方式，不宜采取家庭承包方式的荒山、荒沟、荒丘、荒滩等农村土地，可以采取招标、拍卖、公开协商等方式承包。

第四条　国家依法保护农村土地承包关系的长期稳定。

农村土地承包后，土地的所有权性质不变。承包地不得买卖。

第五条　农村集体经济组织成员有权依法承包由本集体经济组织发包的农村土地。

任何组织和个人不得剥夺和非法限制农村集体经济组织成员承包土地的权利。

第六条　农村土地承包，妇女与男子享有平等的权利。承包中应当保护妇女的合法权益，任何组织和个人不得剥夺、侵害妇女应当享有的土地承包经营权。

第七条　农村土地承包应当坚持公开、公平、公正的原则，正确处理国家、集体、个人三者的利益关系。

第八条　农村土地承包应当遵守法律、法规，保护土地资源的合理开发和可持续利用。未经依法批准不得将承包地用于非农建设。

国家鼓励农民和农村集体经济组织增加对土地的投入，培肥地力，提高农业生产能力。

第九条　国家保护集体土地所有者的合法权益，保护承包方的土地承包经营权，任何组织和个人不得侵犯。

第十条　国家保护承包方依法、自愿、有偿地进行土地承包经营权流转。

第十一条　国务院农业、林业行政主管部门分别依照国务院规定的职责负责全国农村土地承包及承包合同管理的指导。县级以上地方人民政府农业、林业等行政主管部门分别依照各自职责，负责本行政区域内农村土地承包及承包合同管理。乡（镇）人民政府负责本行政区域内农村土地承包及承包合同管理。

第二章　家庭承包

第一节　发包方和承包方的权利和义务

第十二条　农民集体所有的土地依法属于村农民集体所有的，由村集体经济组织或者村民委员会发包；已经分别属于村内两个以上农村集体经济组织的农民集体所有的，由村内各该农村集体经济组织或者村民小组发包。村集体经济组织或者村民委员会发包的，不得改变村内各集体经济组织农民集体所有的土地的所有权。

国家所有依法由农民集体使用的农村土地，由使用该土地的农村集体经济组织、村民委员会或者村民小组发包。

第十三条　发包方享有下列权利：

（一）发包本集体所有的或者国家所有依法由本集体使用的农村土地；

（二）监督承包方依照承包合同约定的用途合理利用和保护土地；

（三）制止承包方损害承包地和农业资源的行为；

（四）法律、行政法规规定的其他权利。

第十四条　发包方承担下列义务：

（一）维护承包方的土地承包经营权，不得非法变更、解除承包合同；

（二）尊重承包方的生产经营自主权，不得干涉承包方依法进行正常的生产经营活动；

（三）依照承包合同约定为承包方提供生产、技术、信息等服务；

（四）执行县、乡（镇）土地利用总体规划，组织本集体经济组织内的农业基础设施建设；

（五）法律、行政法规规定的其他义务。

第十五条　家庭承包的承包方是本集体经济组织的农户。

第十六条　承包方享有下列权利：

（一）依法享有承包地使用、收益和土地承包经营权流转的权利，有权自主组织生产经营和处置产品；

（二）承包地被依法征用、占用的，有权依法获得相应的补偿；

（三）法律、行政法规规定的其他权利。

第十七条　承包方承担下列义务：

（一）维持土地的农业用途，不得用于非农建设；

（二）依法保护和合理利用土地，不得给土地造成永久性损害；

（三）法律、行政法规规定的其他义务。

第二节　承包的原则和程序

第十八条　土地承包应当遵循以下原则：

（一）按照规定统一组织承包时，本集体经济组织成员依法平等地行使承包土地的权利，也可以自愿放弃承包土地的权利；

（二）民主协商，公平合理；

（三）承包方案应当按照本法第十二条的规定，依法经本集体经济组织成员的村民会议三分之二以上成员或者三分之二以上村民代表的同意；

（四）承包程序合法。

第十九条　土地承包应当按照以下程序进行：

（一）本集体经济组织成员的村民会议选举产生承包工作小组；

（二）承包工作小组依照法律、法规的规定拟订并公布承包方案；

（三）依法召开本集体经济组织成员的村民会议，讨论通过承包方案；

（四）公开组织实施承包方案；

（五）签订承包合同。

第三节　承包期限和承包合同

第二十条　耕地的承包期为三十年。草地的承包期为三十年至五十年。林地的承包期为三十年至七十年；特殊林木的林地承包期，经国务院林业行政主管部门批准可以延长。

第二十一条　发包方应当与承包方签订书面承包合同。

承包合同一般包括以下条款：

（一）发包方、承包方的名称，发包方负责人和承包方代表的姓名、住所；

（二）承包土地的名称、坐落、面积、质量等级；

（三）承包期限和起止日期；

（四）承包土地的用途；

（五）发包方和承包方的权利和义务；

（六）违约责任。

第二十二条　承包合同自成立之日起生效。承包方自承包合同生效时取得土地承包经营权。

第二十三条　县级以上地方人民政府应当向承包方颁发土地承包经营权证或者林权证等证书，并登记造册，确认土地承包经营权。

颁发土地承包经营权证或者林权证等证书，除按规定收取证书工本费外，不得收取其他费用。

第二十四条　承包合同生效后，发包方不得因承办人或者负责人的变动而变更或者解除，也不得因集体经济组织的分立或者合并而变更或者解除。

第二十五条　国家机关及其工作人员不得利用职权干涉农村土地承包或者变更、解除承包合同。

第四节　土地承包经营权的保护

第二十六条　承包期内，发包方不得收回承包地。

承包期内，承包方全家迁入小城镇落户的，应当按照承包方的意愿，保留其土地承包经营权或者允许其依法进行土地承包经营权流转。

承包期内，承包方全家迁入设区的市，转为非农业户口的，应当将承包的耕地和草地交回发包方。承包方不交回的，发包方可以收回承包的耕地和草地。

承包期内，承包方交回承包地或者发包方依法收回承包地时，承包方对其在承包地上投入而提高土地生产能力的，有权获得相应的补偿。

第二十七条　承包期内，发包方不得调整承包地。

承包期内，因自然灾害严重毁损承包地等特殊情形对个别农户之间承包的耕地和草地需要适当调整的，必须经本集体经济组织成员的村民会议三分之二以上成员或者三分之二以上村民代表的同意，并报乡（镇）人民政府和县级人民政府农业等行政主管部门批准。承包合同中约定不得调整的，按照其约定。

第二十八条　下列土地应当用于调整承包土地或者承包给新增人口：

（一）集体经济组织依法预留的机动地；

（二）通过依法开垦等方式增加的；

（三）承包方依法、自愿交回的。

第二十九条　承包期内，承包方可以自愿将承包地交回发包方。承包方自愿交回承包地的，应当提前半年以书面形式通知发包方。承包方在承包期内交回承包地的，在承包期内不得再要求承包土地。

第三十条　承包期内，妇女结婚，在新居住地未取得承包地的，发包方不得收回其原承包地；妇女离婚或者丧偶，仍在原居住地生活或者不在原居住地生活但在新居住地未取得承包地的，发包方不得收回其原承包地。

第三十一条　承包人应得的承包收益，依照继承法的规定继承。

林地承包的承包人死亡，其继承人可以在承包期内继续承包。

第五节　土地承包经营权的流转

第三十二条　通过家庭承包取得的土地承包经营权可以依法采取转包、出租、互换、转让或者其他方式流转。

第三十三条　土地承包经营权流转应当遵循以下原则：

（一）平等协商、自愿、有偿，任何组织和个人不得强迫或者阻碍承包方进行土地承包经营权流转；

（二）不得改变土地所有权的性质和土地的农业用途；

（三）流转的期限不得超过承包期的剩余期限；

（四）受让方须有农业经营能力；

（五）在同等条件下，本集体经济组织成员享有优先权。

第三十四条　土地承包经营权流转的主体是承包方。承包方有权依法自主决定土地承包经营权是否流转和流转的方式。

第三十五条　承包期内，发包方不得单方面解除承包合同，不得假借少数服从多数强迫承包方放弃或者变更土地承包经营权，不得以划分“口粮田”和“责任田”等为由收回承包地搞招标承包，不得将承包地收回抵顶欠款。

第三十六条　土地承包经营权流转的转包费、租金、转让费等，应当由当事人双方协商确定。流转的收益归承包方所有，任何组织和个人不得擅自截留、扣缴。

第三十七条　土地承包经营权采取转包、出租、互换、转让或者其他方式流转，当事人双方应当签订书面合同。采取转让方式流转的，应当经发包方同意；采取转包、出租、互换或者其他方式流转的，应当报发包方备案。

土地承包经营权流转合同一般包括以下条款：

（一）双方当事人的姓名、住所；

（二）流转土地的名称、坐落、面积、质量等级；

（三）流转的期限和起止日期；

（四）流转土地的用途；

（五）双方当事人的权利和义务；

（六）流转价款及支付方式；

（七）违约责任。

第三十八条　土地承包经营权采取互换、转让方式流转，当事人要求登记的，应当向县级以上地方人民政府申请登记。未经登记，不得对抗善意第三人。

第三十九条　承包方可以在一定期限内将部分或者全部土地承包经营权转包或者出租给第三方，承包方与发包方的承包关系不变。

承包方将土地交由他人代耕不超过一年的，可以不签订书面合同。

第四十条　承包方之间为方便耕种或者各自需要，可以对属于同一集体经济组织的土地的土地承包经营权进行互换。

第四十一条　承包方有稳定的非农职业或者有稳定的收入来源的，经发包方同意，可以将全部或者部分土地承包经营权转让给其他从事农业生产经营的农户，由该农户同发包方确立新的承包关系，原承包方与发包方在该土地上的承包关系即行终止。

第四十二条　承包方之间为发展农业经济，可以自愿联合将土地承包经营权入股，从事农业合作生产。

第四十三条　承包方对其在承包地上投入而提高土地生产能力的，土地承包经营权依法流转时有权获得相应的补偿。

第三章　其他方式的承包

第四十四条　不宜采取家庭承包方式的荒山、荒沟、荒丘、荒滩等农村土地，通过招标、拍卖、公开协商等方式承包的，适用本章规定。

第四十五条　以其他方式承包农村土地的，应当签订承包合同。当事人的权利和义务、承包期限等，由双方协商确定。以招标、拍卖方式承包的，承包费通过公开竞标、竞价确定；以公开协商等方式承包的，承包费由双方议定。

第四十六条　荒山、荒沟、荒丘、荒滩等可以直接通过招标、拍卖、公开协商等方式实行承包经营，也可以将土地承包经营权折股分给本集体经济组织成员后，再实行承包经营或者股份合作经营。

承包荒山、荒沟、荒丘、荒滩的，应当遵守有关法律、行政法规的规定，防止水土流失，保护生态环境。

第四十七条　以其他方式承包农村土地，在同等条件下，本集体经济组织成员享有优先承包权。

第四十八条　发包方将农村土地发包给本集体经济组织以外的单位或者个人承包，应当事先经本集体经济组织成员的村民会议三分之二以上成员或者三分之二以上村民代表的同意，并报乡（镇）人民政府批准。

由本集体经济组织以外的单位或者个人承包的，应当对承包方的资信情况和经营能力进行审查后，再签订承包合同。

第四十九条　通过招标、拍卖、公开协商等方式承包农村土地，经依法登记取得土地承包经营权证或者林权证等证书的，其土地承包经营权可以依法采取转让、出租、入股、抵押或者其他方式流转。

第五十条　土地承包经营权通过招标、拍卖、公开协商等方式取得的，该承包人死亡，其应得的承包收益，依照继承法的规定继承；在承包期内，其继承人可以继续承包。

第四章　争议的解决和法律责任

第五十一条　因土地承包经营发生纠纷的，双方当事人可以通过协商解决，也可以请求村民委员会、乡（镇）人民政府等调解解决。

当事人不愿协商、调解或者协商、调解不成的，可以向农村土地承包仲裁机构申请仲裁，也可以直接向人民法院起诉。

第五十二条 当事人对农村土地承包仲裁机构的仲裁裁决不服的，可以在收到裁决书之日起三十日内向人民法院起诉。逾期不起诉的，裁决书即发生法律效力。

第五十三条 任何组织和个人侵害承包方的土地承包经营权的，应当承担民事责任。

第五十四条 发包方有下列行为之一的，应当承担停止侵害、返还原物、恢复原状、排除妨害、消除危险、赔偿损失等民事责任：

（一）干涉承包方依法享有的生产经营自主权；

（二）违反本法规定收回、调整承包地；

（三）强迫或者阻碍承包方进行土地承包经营权流转；

（四）假借少数服从多数强迫承包方放弃或者变更土地承包经营权而进行土地承包经营权流转；

（五）以划分“口粮田”和“责任田”等为由收回承包地搞招标承包；

（六）将承包地收回抵顶欠款；

（七）剥夺、侵害妇女依法享有的土地承包经营权；

（八）其他侵害土地承包经营权的行为。

第五十五条 承包合同中违背承包方意愿或者违反法律、行政法规有关不得收回、调整承包地等强制性规定的约定无效。

第五十六条 当事人一方不履行合同义务或者履行义务不符合约定的，应当依照《中华人民共和国合同法》的规定承担违约责任。

第五十七条 任何组织和个人强迫承包方进行土地承包经营权流转的，该流转无效。

第五十八条 任何组织和个人擅自截留、扣缴土地承包经营权流转收益的，应当退还。

第五十九条 违反土地管理法规，非法征用、占用土地或者贪污、挪用土地征用补偿费用，构成犯罪的，依法追究刑事责任；造成他人损害的，应当承担损害赔偿等责任。

第六十条 承包方违法将承包地用于非农建设的，由县级以上地方人民政府有关行政主管部门依法予以处罚。

承包方给承包地造成永久性损害的，发包方有权制止，并有权要求承包方赔偿由此造成的损失。

第六十一条 国家机关及其工作人员有利用职权干涉农村土地承包，变更、解除承包合同，干涉承包方依法享有的生产经营自主权，或者强迫、阻碍承包方进行土地承包经营权流转等侵害土地承包经营权的行为，给承包方造成损失的，应当承担损害赔偿等责任；

情节严重的，由上级机关或者所在单位给予直接责任人员行政处分；构成犯罪的，依法追究刑事责任。

第五章　附则

第六十二条　本法实施前已经按照国家有关农村土地承包的规定承包，包括承包期限长于本法规定的，本法实施后继续有效，不得重新承包土地。未向承包方颁发土地承包经营权证或者林权证等证书的，应当补发证书。

第六十三条　本法实施前已经预留机动地的，机动地面积不得超过本集体经济组织耕地总面积的百分之五。不足百分之五的，不得再增加机动地。

本法实施前未留机动地的，本法实施后不得再留机动地。

第六十四条　各省、自治区、直辖市人民代表大会常务委员会可以根据本法，结合本行政区域的实际情况，制定实施办法。

中华人民共和国农村土地承包经营纠纷调解仲裁法

第一章 总则

第一条 为了公正、及时解决农村土地承包经营纠纷，维护当事人的合法权益，促进农村经济发展和社会稳定，制定本法。

第二条 农村土地承包经营纠纷调解和仲裁，适用本法。

农村土地承包经营纠纷包括：

（一）因订立、履行、变更、解除和终止农村土地承包合同发生的纠纷；

（二）因农村土地承包经营权转包、出租、互换、转让、入股等流转发生的纠纷；

（三）因收回、调整承包地发生的纠纷；

（四）因确认农村土地承包经营权发生的纠纷；

（五）因侵害农村土地承包经营权发生的纠纷；

（六）法律、法规规定的其他农村土地承包经营纠纷。

因征收集体所有的土地及其补偿发生的纠纷，不属于农村土地承包仲裁委员会的受理范围，可以通过行政复议或者诉讼等方式解决。

第三条 发生农村土地承包经营纠纷的，当事人可以自行和解，也可以请求村民委员会、乡（镇）人民政府等调解。

第四条 当事人和解、调解不成或者不愿和解、调解的，可以向农村土地承包仲裁委员会申请仲裁，也可以直接向人民法院起诉。

第五条 农村土地承包经营纠纷调解和仲裁，应当公开、公平、公正，便民高效，根据事实，符合法律，尊重社会公德。

第六条 县级以上人民政府应当加强对农村土地承包经营纠纷调解和仲裁工作的指导。

县级以上人民政府农村土地承包管理部门及其他有关部门应当依照职责分工，支持有关调解组织和农村土地承包仲裁委员会依法开展工作。

第二章 调解

第七条 村民委员会、乡（镇）人民政府应当加强农村土地承包经营纠纷的调解工作，帮助当事人达成协议解决纠纷。

第八条　当事人申请农村土地承包经营纠纷调解可以书面申请，也可以口头申请。口头申请的，由村民委员会或者乡（镇）人民政府当场记录申请人的基本情况、申请调解的纠纷事项、理由和时间。

第九条　调解农村土地承包经营纠纷，村民委员会或者乡（镇）人民政府应当充分听取当事人对事实和理由的陈述，讲解有关法律以及国家政策，耐心疏导，帮助当事人达成协议。

第十条　经调解达成协议的，村民委员会或者乡（镇）人民政府应当制作调解协议书。

调解协议书由双方当事人签名、盖章或者按指印，经调解人员签名并加盖调解组织印章后生效。

第十一条　仲裁庭对农村土地承包经营纠纷应当进行调解。调解达成协议的，仲裁庭应当制作调解书；调解不成的，应当及时作出裁决。

调解书应当写明仲裁请求和当事人协议的结果。调解书由仲裁员签名，加盖农村土地承包仲裁委员会印章，送达双方当事人。

调解书经双方当事人签收后，即发生法律效力。在调解书签收前当事人反悔的，仲裁庭应当及时作出裁决。

第三章　仲裁

第一节　仲裁委员会和仲裁员

第十二条　农村土地承包仲裁委员会，根据解决农村土地承包经营纠纷的实际需要设立。农村土地承包仲裁委员会可以在县和不设区的市设立，也可以在设区的市或者其市辖区设立。

农村土地承包仲裁委员会在当地人民政府指导下设立。设立农村土地承包仲裁委员会的，其日常工作由当地农村土地承包管理部门承担。

第十三条　农村土地承包仲裁委员会由当地人民政府及其有关部门代表、有关人民团体代表、农村集体经济组织代表、农民代表和法律、经济等相关专业人员兼任组成，其中农民代表和法律、经济等相关专业人员不得少于组成人员的二分之一。

农村土地承包仲裁委员会设主任一人、副主任一至二人和委员若干人。主任、副主任由全体组成人员选举产生。

第十四条　农村土地承包仲裁委员会依法履行下列职责：

（一）聘任、解聘仲裁员；

（二）受理仲裁申请；

（三）监督仲裁活动。

农村土地承包仲裁委员会应当依照本法制定章程，对其组成人员的产生方式及任期、议事规则等作出规定。

第十五条　农村土地承包仲裁委员会应当从公道正派的人员中聘任仲裁员

仲裁员应当符合下列条件之一：

（一）从事农村土地承包管理工作满五年；

（二）从事法律工作或者人民调解工作满五年；

（三）在当地威信较高，并熟悉农村土地承包法律以及国家政策的居民。

第十六条　农村土地承包仲裁委员会应当对仲裁员进行农村土地承包法律以及国家政策的培训。

省、自治区、直辖市人民政府农村土地承包管理部门应当制定仲裁员培训计划，加强对仲裁员培训工作的组织和指导。

第十七条　农村土地承包仲裁委员会组成人员、仲裁员应当依法履行职责，遵守农村土地承包仲裁委员会章程和仲裁规则，不得索贿受贿、徇私舞弊，不得侵害当事人的合法权益。

仲裁员有索贿受贿、徇私舞弊、枉法裁决以及接受当事人请客送礼等违法违纪行为的，农村土地承包仲裁委员会应当将其除名；构成犯罪的，依法追究刑事责任。

县级以上地方人民政府及有关部门应当受理对农村土地承包仲裁委员会组成人员、仲裁员违法违纪行为的投诉和举报，并依法组织查处。

第二节　申请和受理

第十八条　农村土地承包经营纠纷申请仲裁的时效期间为二年，自当事人知道或者应当知道其权利被侵害之日起计算。

第十九条　农村土地承包经营纠纷仲裁的申请人、被申请人为当事人。家庭承包的，可以由农户代表人参加仲裁。当事人一方人数众多的，可以推选代表人参加仲裁。

与案件处理结果有利害关系的，可以申请作为第三人参加仲裁，或者由农村土地承包仲裁委员会通知其参加仲裁。

当事人、第三人可以委托代理人参加仲裁。

第二十条　申请农村土地承包经营纠纷仲裁应当符合下列条件：

（一）申请人与纠纷有直接的利害关系；

（二）有明确的被申请人；

（三）有具体的仲裁请求和事实、理由；

（四）属于农村土地承包仲裁委员会的受理范围。

第二十一条　当事人申请仲裁，应当向纠纷涉及的土地所在地的农村土地承包仲裁委员会递交仲裁申请书。仲裁申请书可以邮寄或者委托他人代交。仲裁申请书应当载明申请人和被申请人的基本情况，仲裁请求和所根据的事实、理由，并提供相应的证据和证据来源。

书面申请确有困难的，可以口头申请，由农村土地承包仲裁委员会记入笔录，经申请人核实后由其签名、盖章或者按指印。

第二十二条　农村土地承包仲裁委员会应当对仲裁申请予以审查，认为符合本法第二十条规定的，应当受理。有下列情形之一的，不予受理；已受理的，终止仲裁程序：

（一）不符合申请条件；

（二）人民法院已受理该纠纷；

（三）法律规定该纠纷应当由其他机构处理；

（四）对该纠纷已有生效的判决、裁定、仲裁裁决、行政处理决定等。

第二十三条　农村土地承包仲裁委员会决定受理的，应当自收到仲裁申请之日起五个工作日内，将受理通知书、仲裁规则和仲裁员名册送达申请人；决定不予受理或者终止仲裁程序的，应当自收到仲裁申请或者发现终止仲裁程序情形之日起五个工作日内书面通知申请人，并说明理由。

第二十四条　农村土地承包仲裁委员会应当自受理仲裁申请之日起五个工作日内，将受理通知书、仲裁申请书副本、仲裁规则和仲裁员名册送达被申请人。

第二十五条　被申请人应当自收到仲裁申请书副本之日起十日内向农村土地承包仲裁委员会提交答辩书；书面答辩确有困难的，可以口头答辩，由农村土地承包仲裁委员会记入笔录，经被申请人核实后由其签名、盖章或者按指印。农村土地承包仲裁委员会应当自收到答辩书之日起五个工作日内将答辩书副本送达申请人。被申请人未答辩的，不影响仲裁程序的进行。

第二十六条　一方当事人因另一方当事人的行为或者其他原因，可能使裁决不能执行或者难以执行的，可以申请财产保全。

当事人申请财产保全的，农村土地承包仲裁委员会应当将当事人的申请提交被申请人住所地或者财产所在地的基层人民法院。

申请有错误的，申请人应当赔偿被申请人因财产保全所遭受的损失。

第三节　仲裁庭的组成

第二十七条　仲裁庭由三名仲裁员组成，首席仲裁员由当事人共同选定，其他二名仲裁员由当事人各自选定；当事人不能选定的，由农村土地承包仲裁委员会主任指定。

事实清楚、权利义务关系明确、争议不大的农村土地承包经营纠纷，经双方当事人同意，可以由一名仲裁员仲裁。仲裁员由当事人共同选定或者由农村土地承包仲裁委员会主任指定。

农村土地承包仲裁委员会应当自仲裁庭组成之日起二个工作日内将仲裁庭组成情况通知当事人。

第二十八条 仲裁员有下列情形之一的，必须回避，当事人也有权以口头或者书面方式申请其回避：

（一）是本案当事人或者当事人、代理人的近亲属；

（二）与本案有利害关系；

（三）与本案当事人、代理人有其他关系，可能影响公正仲裁；

（四）私自会见当事人、代理人，或者接受当事人、代理人的请客送礼。

当事人提出回避申请，应当说明理由，在首次开庭前提出。回避事由在首次开庭后知道的，可以在最后一次开庭终结前提出。

第二十九条 农村土地承包仲裁委员会对回避申请应当及时作出决定，以口头或者书面方式通知当事人，并说明理由。

仲裁员是否回避，由农村土地承包仲裁委员会主任决定；农村土地承包仲裁委员会主任担任仲裁员时，由农村土地承包仲裁委员会集体决定。

仲裁员因回避或者其他原因不能履行职责的，应当依照本法规定重新选定或者指定仲裁员。

第四节 开庭和裁决

第三十条 农村土地承包经营纠纷仲裁应当开庭进行。

开庭可以在纠纷涉及的土地所在地的乡（镇）或者村进行，也可以在农村土地承包仲裁委员会所在地进行。当事人双方要求在乡（镇）或者村开庭的，应当在该乡（镇）或者村开庭。

开庭应当公开，但涉及国家秘密、商业秘密和个人隐私以及当事人约定不公开的除外。

第三十一条 仲裁庭应当在开庭五个工作日前将开庭的时间、地点通知当事人和其他仲裁参与人。

当事人有正当理由的，可以向仲裁庭请求变更开庭的时间、地点。是否变更，由仲裁庭决定。

第三十二条 当事人申请仲裁后，可以自行和解。达成和解协议的，可以请求仲裁庭根据和解协议作出裁决书，也可以撤回仲裁申请。

第三十三条 申请人可以放弃或者变更仲裁请求。被申请人可以承认或者反驳仲裁请求，有权提出反请求。

第三十四条 仲裁庭作出裁决前，申请人撤回仲裁申请的，除被申请人提出反请求的外，仲裁庭应当终止仲裁。

第三十五条 申请人经书面通知，无正当理由不到庭或者未经仲裁庭许可中途退庭的，可以视为撤回仲裁申请。

被申请人经书面通知，无正当理由不到庭或者未经仲裁庭许可中途退庭的，可以缺席裁决。

第三十六条 当事人在开庭过程中有权发表意见、陈述事实和理由、提供证据、进行质证和辩论。对不通晓当地通用语言文字的当事人，农村土地承包仲裁委员会应当为其提供翻译。

第三十七条　当事人应当对自己的主张提供证据。与纠纷有关的证据由作为当事人一方的发包方等掌握管理的，该当事人应当在仲裁庭指定的期限内提供，逾期不提供的，应当承担不利后果。

第三十八条　仲裁庭认为有必要收集的证据，可以自行收集。

第三十九条　仲裁庭对专门性问题认为需要鉴定的，可以交由当事人约定的鉴定机构鉴定；当事人没有约定的，由仲裁庭指定的鉴定机构鉴定。根据当事人的请求或者仲裁庭的要求，鉴定机构应当派鉴定人参加开庭。当事人经仲裁庭许可，可以向鉴定人提问。

第四十条　证据应当在开庭时出示，但涉及国家秘密、商业秘密和个人隐私的证据不得在公开开庭时出示。

仲裁庭应当依照仲裁规则的规定开庭，给予双方当事人平等陈述、辩论的机会，并组织当事人进行质证。

经仲裁庭查证属实的证据，应当作为认定事实的根据。

第四十一条　在证据可能灭失或者以后难以取得的情况下，当事人可以申请证据保全。当事人申请证据保全的，农村土地承包仲裁委员会应当将当事人的申请提交证据所在地的基层人民法院。

第四十二条　对权利义务关系明确的纠纷，经当事人申请，仲裁庭可以先行裁定维持现状、恢复农业生产以及停止取土、占地等行为。

一方当事人不履行先行裁定的，另一方当事人可以向人民法院申请执行，但应当提供相应的担保。

第四十三条　仲裁庭应当将开庭情况记入笔录，由仲裁员、记录人员、当事人和其他仲裁参与人签名、盖章或者按指印。

当事人和其他仲裁参与人认为对自己陈述的记录有遗漏或者差错的，有权申请补正。如果不予补正，应当记录该申请。

第四十四条　仲裁庭应当根据认定的事实和法律以及国家政策作出裁决并制作裁决书。

裁决应当按照多数仲裁员的意见作出，少数仲裁员的不同意见可以记入笔录。仲裁庭不能形成多数意见时，裁决应当按照首席仲裁员的意见作出。

第四十五条　裁决书应当写明仲裁请求、争议事实、裁决理由、裁决结果、裁决日期以及当事人不服仲裁裁决的起诉权利、期限，由仲裁员签名，加盖农村土地承包仲裁委员会印章。

农村土地承包仲裁委员会应当在裁决作出之日起三个工作日内将裁决书送达当事人，并告知当事人不服仲裁裁决的起诉权利、期限。

第四十六条　仲裁庭依法独立履行职责，不受行政机关、社会团体和个人的干涉。

第四十七条　仲裁农村土地承包经营纠纷，应当自受理仲裁申请之日起六十日内结束；案情复杂需要延长的，经农村土地承包仲裁委员会主任批准可以延长，并书面通知当事人，但延长期限不得超过三十日。

第四十八条　当事人不服仲裁裁决的，可以自收到裁决书之日起三十日内向人民法院起诉。逾期不起诉的，裁决书即发生法律效力。

第四十九条　当事人对发生法律效力的调解书、裁决书，应当依照规定的期限履行。一方当事人逾期不履行的，另一方当事人可以向被申请人住所地或者财产所在地的基层人民法院申请执行。受理申请的人民法院应当依法执行。

第四章　附则

第五十条　本法所称农村土地，是指农民集体所有和国家所有依法由农民集体使用的耕地、林地、草地，以及其他依法用于农业的土地。

第五十一条　农村土地承包经营纠纷仲裁规则和农村土地承包仲裁委员会示范章程，由国务院农业、林业行政主管部门依照本法规定共同制定。

第五十二条　农村土地承包经营纠纷仲裁不得向当事人收取费用，仲裁工作经费纳入财政预算予以保障。

第五十三条　本法自2010年1月1日起施行。

农村土地承包经营权流转管理办法

第一章　总则

第一条　为规范农村土地承包经营权流转行为，维护流转双方当事人合法权益，促进农业和农村经济发展，根据《农村土地承包法》及有关规定制定本办法。

第二条　农村土地承包经营权流转应当在坚持农户家庭承包经营制度和稳定农村土地承包关系的基础上，遵循平等协商、依法、自愿、有偿的原则。

第三条　农村土地承包经营权流转不得改变承包土地的农业用途，流转期限不得超过承包期的剩余期限，不得损害利害关系人和农村集体经济组织的合法权益。

第四条　农村土地承包经营权流转应当规范有序。依法形成的流转关系应当受到保护。

第五条　县级以上人民政府农业行政主管（或农村经营管理）部门依照同级人民政府规定的职责负责本行政区域内的农村土地承包经营权流转及合同管理的指导。

第二章　流转当事人

第六条　承包方有权依法自主决定承包土地是否流转、流转的对象和方式。任何单位和个人不得强迫或者阻碍承包方依法流转其承包土地。

第七条　农村土地承包经营权流转收益归承包方所有，任何组织和个人不得侵占、截留、扣缴。

第八条　承包方自愿委托发包方或中介组织流转其承包土地的，应当由承包方出具土地流转委托书。委托书应当载明委托的事项、权限和期限等，并有委托人的签名或盖章。

没有承包方的书面委托，任何组织和个人无权以任何方式决定流转农户的承包土地。

第九条　农村土地承包经营权流转的受让方可以是承包农户，也可以是其他按有关法律及有关规定允许从事农业生产经营的组织和个人。在同等条件下，本集体经济组织成员享有优先权。

受让方应当具有农业经营能力。

第十条　农村土地承包经营权流转方式、期限和具体条件，由流转双方平等协商确定。

第十一条　承包方与受让方达成流转意向后，以转包、出租、互换或者其他方式流转的，承包方应当及时向发包方备案；以转让方式流转的，应当事先向发包方提出转让申请。

第十二条 受让方应当依照有关法律、法规的规定保护土地，禁止改变流转土地的农业用途。

第十三条 受让方将承包方以转包、出租方式流转的土地实行再流转，应当取得原承包方的同意。

第十四条 受让方在流转期间因投入而提高土地生产能力的，土地流转合同到期或者未到期由承包方依法收回承包土地时，受让方有权获得相应的补偿。具体补偿办法可以在土地流转合同中约定或双方通过协商解决。

第三章 流转方式

第十五条 承包方依法取得的农村土地承包经营权可以采取转包、出租、互换、转让或者其他符合有关法律和国家政策规定的方式流转。

第十六条 承包方依法采取转包、出租、入股方式将农村土地承包经营权部分或者全部流转的，承包方与发包方的承包关系不变，双方享有的权利和承担的义务不变。

第十七条 同一集体经济组织的承包方之间自愿将土地承包经营权进行互换，双方对互换土地原享有的承包权利和承担的义务也相应互换，当事人可以要求办理农村土地承包经营权证变更登记手续。

第十八条 承包方采取转让方式流转农村土地承包经营权的，经发包方同意后，当事人可以要求及时办理农村土地承包经营权证变更、注销或重发手续。

第十九条 承包方之间可以自愿将承包土地入股发展农业合作生产，但股份合作解散时入股土地应当退回原承包农户。

第二十条 通过转让、互换方式取得的土地承包经营权经依法登记获得土地承包经营权证后，可以依法采取转包、出租、互换、转让或者其他符合法律和国家政策规定的方式流转。

第四章 流转合同

第二十一条 承包方流转农村土地承包经营权，应当与受让方在协商一致的基础上签订书面流转合同。

农村土地承包经营权流转合同一式四份，流转双方各执一份，发包方和乡（镇）人民政府农村土地承包管理部门各备案一份。

承包方将土地交由他人代耕不超过一年的，可以不签订书面合同。

第二十二条 承包方委托发包方或者中介服务组织流转其承包土地的，流转合同应当由承包方或其书面委托的代理人签订。

第二十三条 农村土地承包经营权流转合同一般包括以下内容：

（一）双方当事人的姓名、住所；

（二）流转土地的四至、座落、面积、质量等级；

（三）流转的期限和起止日期；

（四）流转方式；

（五）流转土地的用途；

（六）双方当事人的权利和义务；

（七）流转价款及支付方式；

（八）流转合同到期后地上附着物及相关设施的处理；

（九）违约责任。

农村土地承包经营权流转合同文本格式由省级人民政府农业行政主管部门确定。

第二十四条　农村土地承包经营权流转当事人可以向乡（镇）人民政府农村土地承包管理部门申请合同鉴证。

乡（镇）人民政府农村土地承包管理部门不得强迫土地承包经营权流转当事人接受鉴证。

第五章　流转管理

第二十五条　发包方对承包方提出的转包、出租、互换或者其他方式流转承包土地的要求，应当及时办理备案，并报告乡（镇）人民政府农村土地承包管理部门。

承包方转让承包土地，发包方同意转让的，应当及时向乡（镇）人民政府农村土地承包管理部门报告，并配合办理有关变更手续；发包方不同意转让的，应当于七日内向承包方书面说明理由。

第二十六条　乡（镇）人民政府农村土地承包管理部门应当及时向达成流转意向的承包方提供统一文本格式的流转合同，并指导签订。

第二十七条　乡（镇）人民政府农村土地承包管理部门应当建立农村土地承包经营权流转情况登记册，及时准确记载农村土地承包经营权流转情况。以转包、出租或者其他方式流转承包土地的，及时办理相关登记；以转让、互换方式流转承包土地的，及时办理有关承包合同和土地承包经营权证变更等手续。

第二十八条　乡（镇）人民政府农村土地承包管理部门应当对农村土地承包经营权流转合同及有关文件、文本、资料等进行归档并妥善保管。

第二十九条　采取互换、转让方式流转土地承包经营权，当事人申请办理土地承包经营权流转登记的，县级人民政府农业行政（或农村经营管理）主管部门应当予以受理，并依照《农村土地承包经营权证管理办法》的规定办理。

第三十条　从事农村土地承包经营权流转服务的中介组织应当向县级以上地方人民政府农

业行政(或农村经营管理)主管部门备案并接受其指导,依照法律和有关规定提供流转中介服务。

第三十一条　乡(镇)人民政府农村土地承包管理部门在指导流转合同签订或流转合同鉴证中，发现流转双方有违反法律法规的约定，要及时予以纠正。

第三十二条　县级以上地方人民政府农业行政(或农村经营管理)主管部门应当加强对乡(镇)人民政府农村土地承包管理部门工作的指导。乡(镇)人民政府农村土地承包管理部门应当依法开展农村土地承包经营权流转的指导和管理工作，正确履行职责。

第三十三条　农村土地承包经营权流转发生争议或者纠纷,当事人应当依法协商解决。

当事人协商不成的，可以请求村民委员会、乡(镇)人民政府调解。

当事人不愿协商或者调解不成的,可以向农村土地承包仲裁机构申请仲裁,也可以直接向人民法院起诉。

第六章　附则

第三十四条　通过招标、拍卖和公开协商等方式承包荒山、荒沟、荒丘、荒滩等农村土地，经依法登记取得农村土地承包经营权证的，可以采取转让、出租、入股、抵押或者其他方式流转，其流转管理参照本办法执行。

第三十五条　本办法所称转让是指承包方有稳定的非农职业或者有稳定的收入来源,经承包方申请和发包方同意,将部分或全部土地承包经营权让渡给其他从事农业生产经营的农户,由其履行相应土地承包合同的权利和义务。转让后原土地承包关系自行终止，原承包方承包期内的土地承包经营权部分或全部灭失

转包是指承包方将部分或全部土地承包经营权以一定期限转给同一集体经济组织的其他农户从事农业生产经营。转包后原土地承包关系不变,原承包方继续履行原土地承包合同规定的权利和义务。接包方按转包时约定的条件对转包方负责。承包方将土地交他人代耕不足一年的除外。

互换是指承包方之间为方便耕作或者各自需要,对属于同一集体经济组织的承包地块进行交换,同时交换相应的土地承包经营权。

入股是指实行家庭承包方式的承包方之间为发展农业经济，将土地承包经营权作为股权，自愿联合从事农业合作生产经营；其他承包方式的承包方将土地承包经营权量化为股权，入股组成股份公司或者合作社等，从事农业生产经营。

出租是指承包方将部分或全部土地承包经营权以一定期限租赁给他人从事农业生产经营。出租后原土地承包关系不变，原承包方继续履行原土地承包合同规定的权利和义务。承租方按出租时约定的条件对承包方负责。

本办法所称受让方包括接包方、承租方等。

第三十六条　本办法自2005年3月1日起正式施行。

中华人民共和国农村土地承包经营权证管理办法

第一条　为稳定和完善农村土地承包关系，维护承包方依法取得的土地承包经营权，加强农村土地承包经营权证管理，根据《中华人民共和国农村土地承包法》，制定本办法。

第二条　农村土地承包经营权证是农村土地承包合同生效后，国家依法确认承包方享有土地承包经营权的法律凭证。

农村土地承包经营权证只限承包方使用。

第三条　承包耕地、园地、荒山、荒沟、荒丘、荒滩等农村土地从事种植业生产活动，承包方依法取得农村土地承包经营权后，应颁发农村土地承包经营权证予以确认。

承包草原、水面、滩涂从事养殖业生产活动的，依照《中华人民共和国草原法》、《中华人民共和国渔业法》等有关规定确权发证。

第四条　实行家庭承包经营的承包方，由县级以上地方人民政府颁发农村土地承包经营权证。

实行其他方式承包经营的承包方，经依法登记，由县级以上地方人民政府颁发农村土地承包经营权证。

县级以上地方人民政府农业行政主管部门负责农村土地承包经营权证的备案、登记、发放等具体工作。

第五条　农村土地承包经营权证所载明的权利有效期限，应与依法签订的土地承包合同约定的承包期一致。

第六条　农村土地承包经营权证应包括以下内容：

（一）名称和编号；

（二）发证机关及日期；

（三）承包期限和起止日期；

（四）承包土地名称、坐落、面积、用途；

（五）农村土地承包经营权变动情况；

（六）其他应当注明的事项。

第七条　实行家庭承包的，按下列程序颁发农村土地承包经营权证：

（一）土地承包合同生效后，发包方应在30个工作日内，将土地承包方案、承包方及承包土地的详细情况、土地承包合同等材料一式两份报乡（镇）人民政府农村经营管理部门。

（二）乡（镇）人民政府农村经营管理部门对发包方报送的材料予以初审。材料符合规定的，及时登记造册，由乡（镇）人民政府向县级以上地方人民政府提出颁发农村土地承包经营权证的书面申请；材料不符合规定的，应在15个工作日内补正。

（三）县级以上地方人民政府农业行政主管部门对乡（镇）人民政府报送的申请材料予以审核。申请材料符合规定的，编制农村土地承包经营权证登记簿，报同级人民政府颁发农村土地承包经营权证；申请材料不符合规定的，书面通知乡（镇）人民政府补正。

第八条　实行招标、拍卖、公开协商等方式承包农村土地的，按下列程序办理农村土地承包经营权证：

（一）土地承包合同生效后，承包方填写农村土地承包经营权证登记申请书，报承包土地所在乡（镇）人民政府农村经营管理部门。

（二）乡（镇）人民政府农村经营管理部门对发包方和承包方的资格、发包程序、承包期限、承包地用途等予以初审，并在农村土地承包经营权证登记申请书上签署初审意见。

（三）承包方持乡（镇）人民政府初审通过的农村土地承包经营权登记申请书，向县级以上地方人民政府申请农村土地承包经营权证登记。

（四）县级以上地方人民政府农业行政主管部门对登记申请予以审核。申请材料符合规定的，编制农村土地承包经营权证登记簿，报请同级人民政府颁发农村土地承包经营权证；申请材料不符合规定的，书面通知申请人补正。

第九条　农村土地承包经营权证登记簿记载农村土地承包经营权的基本内容。农村土地承包经营权证、农村土地承包合同、农村土地承包经营权证登记簿记载的事项应一致。

第十条　农村土地承包经营权证登记簿、承包合同登记及其他登记材料，由县级以上地方农业行政主管部门管理。

农村土地承包方有权查阅、复制农村土地承包经营权证登记簿和其他登记材料。县级以上农业行政主管部门不得限制和阻挠。

第十一条　农村土地承包当事人认为农村土地承包经营权证和登记簿记载错误的，有权申请更正。

第十二条　乡（镇）农村经营管理部门和县级以上地方人民政府农业行政主管部门在办理农村土地承包经营权证过程中应当履行下列职责：

（一）查验申请人提交的有关材料；

（二）就有关登记事项询问申请人；

（三）如实、及时地登记有关事项；

（四）需要实地查看的，应进行查验。在实地查验过程中，申请人有义务给予协助。

第十三条　乡（镇）人民政府农村经营管理部门领取农村土地承包经营权证后，应在30

个工作日内将农村土地承包经营权证发给承包方。发包方不得为承包方保存农村土地承包经营权证。

第十四条　承包期内，承包方采取转包、出租、入股方式流转土地承包经营权的，不需办理农村土地承包经营权证变更。

采取转让、互换方式流转土地承包经营权的，当事人可以要求办理农村土地承包经营权证变更登记。

因转让、互换以外的其他方式导致农村土地承包经营权分立、合并的，应当办理农村土地承包经营权证变更。

第十五条　办理农村土地承包经营权变更申请应提交以下材料：

（一）变更的书面请求；

（二）已变更的农村土地承包合同或其他证明材料；

（三）农村土地承包经营权证原件。

第十六条　乡（镇）人民政府农村经营管理部门受理变更申请后，应及时对申请材料进行审核。符合规定的，报请原发证机关办理变更手续，并在农村土地承包经营权证登记簿上记载。

第十七条　农村土地承包经营权证严重污损、毁坏、遗失的，承包方应向乡（镇）人民政府农村经营管理部门申请换发、补发。

经乡（镇）人民政府农村经营管理部门审核后，报请原发证机关办理换发、补发手续。

第十八条　办理农村土地承包经营权证换发、补发手续，应以农村土地经营权证登记簿记载的内容为准。

第十九条　农村土地承包经营权证换发、补发，应当在农村土地承包经营权证上注明“换发”、“补发”字样。

第二十条　承包期内，发生下列情形之一的，应依法收回农村土地承包经营权证：

（一）承包期内，承包方全家迁入设区的市，转为非农业户口的。

（二）承包期内，承包方提出书面申请，自愿放弃全部承包土地的。

（三）承包土地被依法征用、占用，导致农村土地承包经营权全部丧失的。

（四）其他收回土地承包经营权证的情形。

第二十一条　符合本办法第二十条规定，承包方无正当理由拒绝交回农村土地承包经营权证的，由原发证机关注销该证（包括编号），并予以公告。

第二十二条　收回的农村土地承包经营权证，应退回原发证机关，加盖“作废”章。

第二十三条　县级人民政府农业行政主管部门和乡（镇）人民政府要完善农村土地承包方案、农村土地承包合同、农村土地承包经营权证及其相关文件档案的管理制度，建立健全农村土地承包信息化管理系统。

第二十四条 地方各级人民政府农业行政主管部门要加强对农村土地承包经营权证的发放管理，确保农村土地承包经营权证全部落实到户。

第二十五条 对不按规定及时发放农村土地承包经营权证的责任人，予以批评教育；造成严重后果的，应追究行政责任。

第二十六条 颁发农村土地承包经营权证，除工本费外，不得向承包方收取任何费用。

农村土地承包经营权证工本费的支出要严格执行国家有关财务管理的规定。

第二十七条 本办法实施以前颁发的农村土地承包经营权证，符合《农村土地承包法》有关规定，并已加盖县级以上地方人民政府印章的，继续有效。个别条款如承包期限、承包方承担义务等违反《农村土地承包法》规定的，该条款无效，是否换发新证，由承包方决定。

未加盖县级以上地方人民政府印章的，应按本《办法》规定重新颁发。重新颁发农村土地承包经营权证，土地承包期限应符合《农村土地承包法》的有关规定，不得借机调整土地。

第二十八条 农村土地承包经营权证由农业部监制，由省级人民政府农业行政主管部门统一组织印制，加盖县级以上地方人民政府印章。

第二十九条 本办法由农业部负责解释。

第三十条 本办法自2004年1月1日起正式施行。

最高人民法院关于审理涉及农村土地承包纠纷案件适用法律问题的解释

根据《中华人民共和国民法通则》、《中华人民共和国合同法》、《中华人民共和国民事诉讼法》、《中华人民共和国农村土地承包法》、《中华人民共和国土地管理法》等法律的规定，结合民事审判实践，对审理涉及农村土地承包纠纷案件适用法律的若干问题解释如下：

一、受理与诉讼主体

第一条　下列涉及农村土地承包民事纠纷，人民法院应当依法受理：

（一）承包合同纠纷；

（二）承包经营权侵权纠纷；

（三）承包经营权流转纠纷；

（四）承包地征收补偿费用分配纠纷；

（五）承包经营权继承纠纷。

集体经济组织成员因未实际取得土地承包经营权提起民事诉讼的，人民法院应当告知其向有关行政主管部门申请解决。

集体经济组织成员就用于分配的土地补偿费数额提起民事诉讼的，人民法院不予受理。

第二条　当事人自愿达成书面仲裁协议的，受诉人民法院应当参照最高人民法院《关于适用<中华人民共和国民事诉讼法>若干问题的意见》第145条至第148条的规定处理。

当事人未达成书面仲裁协议，一方当事人向农村土地承包仲裁机构申请仲裁，另一方当事人提起诉讼的，人民法院应予受理，并书面通知仲裁机构。但另一方当事人接受仲裁管辖后又起诉的，人民法院不予受理。

当事人对仲裁裁决不服并在收到裁决书之日起三十日内提起诉讼的，人民法院应予受理。

第三条　承包合同纠纷，以发包方和承包方为当事人。

前款所称承包方是指以家庭承包方式承包本集体经济组织农村土地的农户，以及以其他方式承包农村土地的单位或者个人。

第四条　农户成员为多人的，由其代表人进行诉讼。

农户代表人按照下列情形确定：

（一）土地承包经营权证等证书上记载的人；

（二）未依法登记取得土地承包经营权证等证书的，为在承包合同上签字的人；

（三）前两项规定的人死亡、丧失民事行为能力或者因其他原因无法进行诉讼的，为农户成员推选的人。

二、家庭承包纠纷案件的处理

第五条 承包合同中有关收回、调整承包地的约定违反农村土地承包法第二十六条、第二十七条、第三十条、第三十五条规定的，应当认定该约定无效。

第六条 因发包方违法收回、调整承包地，或者因发包方收回承包方弃耕、撂荒的承包地产生的纠纷，按照下列情形，分别处理：

（一）发包方未将承包地另行发包，承包方请求返还承包地的，应予支持。

（二）发包方已将承包地另行发包给第三人，承包方以发包方和第三人为共同被告，请求确认其所签订的承包合同无效、返还承包地并赔偿损失的，应予支持。但属于承包方弃耕、撂荒情形的，对其赔偿损失的诉讼请求，不予支持。前款第（二）项所称的第三人，请求受益方补偿其在承包地上的合理投入的，应予支持。

第七条 承包合同约定或者土地承包经营权证等证书记载的承包期限短于农村土地承包法规定的期限，承包方请求延长的，应予支持。

第八条 承包方违反农村土地承包法第十七条规定，将承包地用于非农建设或者对承包地造成永久性损害，发包方请求承包方停止侵害、恢复原状或者赔偿损失的，应予支持。

第九条 发包方根据农村土地承包法第二十六条规定收回承包地前，承包方已经以转包、出租等形式将其土地承包经营权流转给第三人，且流转期限尚未届满，因流转价款收取产生的纠纷，按照下列情形，分别处理：

（一）承包方已经一次性收取了流转价款，发包方请求承包方返还剩余流转期限的流转价款的，应予支持；

（二）流转价款为分期支付，发包方请求第三人按照流转合同的约定支付流转价款的，应予支持。

第十条 承包方交回承包地不符合农村土地承包法第二十九条规定程序的，不得认定其为自愿交回。

第十一条 土地承包经营权流转中，本集体经济组织成员在流转价款、流转期限等主要内容相同的条件下主张优先权的，应予支持。但下列情形除外：

（一）在书面公示的合理期限内未提出优先权主张的；

（二）未经书面公示，在本集体经济组织以外的人开始使用承包地两个月内未提出优先权主张的。

第十二条　发包方强迫承包方将土地承包经营权流转给第三人，承包方请求确认其与第三人签订的流转合同无效的，应予支持。

发包方阻碍承包方依法流转土地承包经营权，承包方请求排除妨碍、赔偿损失的，应予支持。

第十三条　承包方未经发包方同意，采取转让方式流转其土地承包经营权的，转让合同无效。但发包方无法定理由不同意或者拖延表态的除外。

第十四条　承包方依法采取转包、出租、互换或者其他方式流转土地承包经营权，发包方仅以该土地承包经营权流转合同未报其备案为由，请求确认合同无效的，不予支持。

第十五条　承包方以其土地承包经营权进行抵押或者抵偿债务的，应当认定无效。对因此造成的损失，当事人有过错的，应当承担相应的民事责任。

第十六条　因承包方不收取流转价款或者向对方支付费用的约定产生纠纷，当事人协商变更无法达成一致，且继续履行又显失公平的，人民法院可以根据发生变更的客观情况，按照公平原则处理。

第十七条　当事人对转包、出租地流转期限没有约定或者约定不明的，参照合同法第二百三十二条规定处理。除当事人另有约定或者属于林地承包经营外，承包地交回的时间应当在农作物收获期结束后或者下一耕种期开始前。对提高土地生产能力的投入，对方当事人请求承包方给予相应补偿的，应予支持。

第十八条　发包方或者其他组织、个人擅自截留、扣缴承包收益或者土地承包经营权流转收益，承包方请求返还的，应予支持。

发包方或者其他组织、个人主张抵消的，不予支持。

三、其他方式承包纠纷的处理

第十九条　本集体经济组织成员在承包费、承包期限等主要内容相同的条件下主张优先承包权的，应予支持。但在发包方将农村土地发包给本集体经济组织以外的单位或者个人，已经法律规定的民主议定程序通过，并由乡（镇）人民政府批准后主张优先承包权的，不予支持。

第二十条　发包方就同一土地签订两个以上承包合同，承包方均主张取得土地承包经营权的，按照下列情形，分别处理：

（一）已经依法登记的承包方，取得土地承包经营权；

（二）均未依法登记的，生效在先合同的承包方取得土地承包经营权；

（三）依前两项规定无法确定的，已经根据承包合同合法占有使用承包地的人取得土地承包经营权，但争议发生后一方强行先占承包地的行为和事实，不得作为确定土地承包经营权的依据。

第二十一条 承包方未依法登记取得土地承包经营权证等证书，即以转让、出租、入股、抵押等方式流转土地承包经营权，发包方请求确认该流转无效的，应予支持。但非因承包方原因未登记取得土地承包经营权证等证书的除外。承包方流转土地承包经营权，除法律或者本解释有特殊规定外，按照有关家庭承包土地承包经营权流转的规定处理。

四、土地征收补偿费用分配及土地承包经营权继承纠纷的处理

第二十二条 承包地被依法征收，承包方请求发包方给付已经收到的地上附着物和青苗的补偿费的，应予支持。

承包方已将土地承包经营权以转包、出租等方式流转给第三人的，除当事人另有约定外，青苗补偿费归实际投入人所有，地上附着物补偿费归附着物所有人所有。

第二十三条 承包地被依法征收，放弃统一安置的家庭承包方，请求发包方给付已经收到的安置补助费的，应予支持。

第二十四条 农村集体经济组织或者村民委员会、村民小组，可以依照法律规定的民主议定程序，决定在本集体经济组织内部分配已经收到的土地补偿费。征地补偿安置方案确定时已经具有本集体经济组织成员资格的人，请求支付相应份额的，应予支持。但已报全国人大常委会、国务院备案的地方性法规、自治条例和单行条例、地方政府规章对土地补偿费在农村集体经济组织内部的分配办法另有规定的除外。

第二十五条 林地家庭承包中，承包方的继承人请求在承包期内继续承包的，应予支持。

其他方式承包中，承包方的继承人或者权利义务承受者请求在承包期内继续承包的，应予支持。

五、其他规定

第二十六条 人民法院在审理涉及本解释第五条、第六条第一款第（二）项及第二款、第十六条的纠纷案件时，应当着重进行调解。必要时可以委托人民调解组织进行调解。

第二十七条 本解释自2005年9月1日起施行。施行后受理的第一审案件，适用本解释的规定。

施行前已经生效的司法解释与本解释不一致的，以本解释为准。

农村土地承包经营纠纷仲裁规则

第一章 总则

第一条 为规范农村土地承包经营纠纷仲裁活动，根据《中华人民共和国农村土地承包经营纠纷调解仲裁法》，制定本规则。

第二条 农村土地承包经营纠纷仲裁适用本规则。

第三条 下列农村土地承包经营纠纷，当事人可以向农村土地承包经营纠纷仲裁委员会（以下简称仲裁委员会）申请仲裁：

（一）因订立、履行、变更、解除和终止农村土地承包合同发生的纠纷；

（二）因农村土地承包经营权转包、出租、互换、转让、入股等流转发生的纠纷；

（三）因收回、调整承包地发生的纠纷；

（四）因确认农村土地承包经营权发生的纠纷；

（五）因侵害农村土地承包经营权发生的纠纷；

（六）法律、法规规定的其他农村土地承包经营纠纷。因征收集体所有的土地及其补偿发生的纠纷，不属于仲裁委员会的受理范围，可以通过行政复议或者诉讼等方式解决。

第四条 仲裁委员会依法设立，其日常工作由当地农村土地承包管理部门承担。

第五条 农村土地承包经营纠纷仲裁，应当公开、公平、公正，便民高效，注重调解，尊重事实，符合法律，遵守社会公德。

第二章 申请和受理

第六条 农村土地承包经营纠纷仲裁的申请人、被申请人为仲裁当事人。

第七条 家庭承包的，可以由农户代表人参加仲裁。农户代表人由农户成员共同推选；不能共同推选的，按下列方式确定：

（一）土地承包经营权证或者林权证等证书上记载的人；

（二）未取得土地承包经营权证或者林权证等证书的，为在承包合同上签字的人。

第八条 当事人一方为五户（人）以上的，可以推选三至五名代表人参加仲裁。

第九条 与案件处理结果有利害关系的，可以申请作为第三人参加仲裁，或者由仲裁委员会通知其参加仲裁。

第十条　当事人、第三人可以委托代理人参加仲裁。

当事人或者第三人为无民事行为能力人或者限制民事行为能力人的，由其法定代理人参加仲裁。

第十一条　当事人申请农村土地承包经营纠纷仲裁的时效期间为二年，自当事人知道或者应当知道其权利被侵害之日起计算。

仲裁时效因申请调解、申请仲裁、当事人一方提出要求或者同意履行义务而中断。从中断时起，仲裁时效重新计算。

在仲裁时效期间的最后六个月内，因不可抗力或者其他事由，当事人不能申请仲裁的，仲裁时效中止。从中止时效的原因消除之日起，仲裁时效期间继续计算。

侵害农村土地承包经营权行为持续发生的，仲裁时效从侵权行为终了时计算。

第十二条　申请农村土地承包经营纠纷仲裁，应当符合下列条件：

（一）申请人与纠纷有直接的利害关系；

（二）有明确的被申请人；

（三）有具体的仲裁请求和事实、理由；

（四）属于仲裁委员会的受理范围。

第十三条　当事人申请仲裁，应当向纠纷涉及土地所在地的仲裁委员会递交仲裁申请书。申请书可以邮寄或者委托他人代交。

书面申请有困难的，可以口头申请，由仲裁委员会记入笔录，经申请人核实后由其签名、盖章或者按指印。

仲裁委员会收到仲裁申请材料，应当出具回执。回执应当载明接收材料的名称和份数、接收日期等，并加盖仲裁委员会印章。

第十四条　仲裁申请书应当载明下列内容：

（一）申请人和被申请人的姓名、年龄、住所、邮政编码、电话或者其他通讯方式；法人或者其他组织应当写明名称、地址和法定代表人或者主要负责人的姓名、职务、通讯方式；

（二）申请人的仲裁请求；

（三）仲裁请求所依据的事实和理由；

（四）证据和证据来源、证人姓名和联系方式。

第十五条　仲裁委员会应当对仲裁申请进行审查，符合申请条件的，应当受理。

有下列情形之一的，不予受理；已受理的，终止仲裁程序：

（一）不符合申请条件；

（二）人民法院已受理该纠纷；

（三）法律规定该纠纷应当由其他机构受理；

（四）对该纠纷已有生效的判决、裁定、仲裁裁决、行政处理决定等。

第十六条　仲裁委员会决定受理仲裁申请的，应当自收到仲裁申请之日起五个工作日内，将受理通知书、仲裁规则、仲裁员名册送达申请人，将受理通知书、仲裁申请书副本、仲裁规则、仲裁员名册送达被申请人。

决定不予受理或者终止仲裁程序的，应当自收到仲裁申请或者发现终止仲裁程序情形之日起五个工作日内书面通知申请人，并说明理由。

需要通知第三人参加仲裁的，仲裁委员会应当通知第三人，并告知其权利义务。

第十七条　被申请人应当自收到仲裁申请书副本之日起十日内向仲裁委员会提交答辩书。

仲裁委员会应当自收到答辩书之日起五个工作日内将答辩书副本送达申请人。

被申请人未答辩的，不影响仲裁程序的进行。

第十八条　答辩书应当载明下列内容：

（一）答辩人姓名、年龄、住所、邮政编码、电话或者其他通讯方式；法人或者其他组织应当写明名称、地址和法定代表人或者主要负责人的姓名、职务、通讯方式；

（二）对申请人仲裁申请的答辩及所依据的事实和理由；

（三）证据和证据来源，证人姓名和联系方式。

书面答辩确有困难的，可以口头答辩，由仲裁委员会记入笔录，经被申请人核实后由其签名、盖章或者按指印。

第十九条　当事人提交仲裁申请书、答辩书、有关证据材料及其他书面文件，应当一式三份。

第二十条　因一方当事人的行为或者其他原因可能使裁决不能执行或者难以执行，另一方当事人申请财产保全的，仲裁委员会应当将当事人的申请提交被申请人住所地或者财产所在地的基层人民法院，并告知申请人因申请错误造成被申请人财产损失的，应当承担相应的赔偿责任。

第三章　仲裁庭

第二十一条　仲裁庭由三名仲裁员组成。

事实清楚、权利义务关系明确、争议不大的农村土地承包经营纠纷，经双方当事人同意，可以由一名仲裁员仲裁。

第二十二条　双方当事人自收到受理通知书之日起五个工作日内，从仲裁员名册中选定仲裁员。首席仲裁员由双方当事人共同选定，其他二名仲裁员由双方当事人各自选定；当事人不能选定的，由仲裁委员会主任指定。

独任仲裁员由双方当事人共同选定；当事人不能选定的，由仲裁委员会主任指定。

仲裁委员会应当自仲裁庭组成之日起二个工作日内将仲裁庭组成情况通知当事人。

第二十三条 仲裁庭组成后，首席仲裁员应当召集其他仲裁员审阅案件材料，了解纠纷的事实和情节，研究双方当事人的请求和理由，查核证据，整理争议焦点。

仲裁庭认为确有必要的，可以要求当事人在一定期限内补充证据，也可以自行调查取证。自行调查取证的，调查人员不得少于二人。

第二十四条 仲裁员有下列情形之一的，应当回避：

（一）是本案当事人或者当事人、代理人的近亲属；

（二）与本案有利害关系；

（三）与本案当事人、代理人有其他关系，可能影响公正仲裁；

（四）私自会见当事人、代理人，或者接受当事人、代理人请客送礼。

第二十五条 仲裁员有回避情形的，应当以口头或者书面方式及时向仲裁委员会提出。

当事人认为仲裁员有回避情形的，有权以口头或者书面方式向仲裁委员会申请其回避。

当事人提出回避申请，应当在首次开庭前提出，并说明理由；在首次开庭后知道回避事由的，可以在最后一次开庭终结前提出。

第二十六条 仲裁委员会应当自收到回避申请或者发现仲裁员有回避情形之日起二个工作日内作出决定，以口头或者书面方式通知当事人，并说明理由。

仲裁员是否回避，由仲裁委员会主任决定；仲裁委员会主任担任仲裁员时，由仲裁委员会集体决定主任的回避。

第二十七条 仲裁员有下列情形之一的，应当按照本规则第二十二条规定重新选定或者指定仲裁员：

（一）被决定回避的；

（二）在法律上或者事实上不能履行职责的；

（三）因被除名或者解聘丧失仲裁员资格的；

（四）因个人原因退出或者不能从事仲裁工作的；

（五）因徇私舞弊、失职渎职被仲裁委员会决定更换的。

重新选定或者指定仲裁员后，仲裁程序继续进行。当事人请求仲裁程序重新进行的，由仲裁庭决定。

第二十八条 仲裁庭应当向当事人提供必要的法律政策解释，帮助当事人自行和解。

达成和解协议的，当事人可以请求仲裁庭根据和解协议制作裁决书；当事人要求撤回仲裁申请的，仲裁庭应当终止仲裁程序。

第二十九条 仲裁庭应当在双方当事人自愿的基础上进行调解。调解达成协议的，仲裁庭应当制作调解书。

调解书应当载明双方当事人基本情况、纠纷事由、仲裁请求和协议结果，由仲裁员签名，并加盖仲裁委员会印章，送达双方当事人。

调解书经双方当事人签收即发生法律效力。

第三十条　调解不成或者当事人在调解书签收前反悔的，仲裁庭应当及时作出裁决。

当事人在调解过程中的陈述、意见、观点或者建议，仲裁庭不得作为裁决的证据或依据。

第三十一条　仲裁庭作出裁决前，申请人放弃仲裁请求并撤回仲裁申请，且被申请人没有就申请人的仲裁请求提出反请求的，仲裁庭应当终止仲裁程序。

申请人经书面通知，无正当理由不到庭或者未经仲裁庭许可中途退庭的，可以视为撤回仲裁申请。

第三十二条　被申请人就申请人的仲裁请求提出反请求的，应当说明反请求事项及其所依据的事实和理由，并附具有关证明材料。

被申请人在仲裁庭组成前提出反请求的，由仲裁委员会决定是否受理；在仲裁庭组成后提出反请求的，由仲裁庭决定是否受理。

仲裁委员会或者仲裁庭决定受理反请求的，应当自收到反请求之日起五个工作日内将反请求申请书副本送达申请人。申请人应当在收到反请求申请书副本后十个工作日内提交反请求答辩书，不答辩的不影响仲裁程序的进行。仲裁庭应当将被申请人的反请求与申请人的请求合并审理。

农村土地承包仲裁委员会或者仲裁庭决定不予受理反请求的，应当书面通知被申请人，并说明理由。

第三十三条　仲裁庭组成前申请人变更仲裁请求或者被申请人变更反请求的，由仲裁委员会作出是否准许的决定；仲裁庭组成后变更请求或者反请求的，由仲裁庭作出是否准许的决定。

第四章　开庭

第三十四条　农村土地承包经营纠纷仲裁应当开庭进行。开庭应当公开，但涉及国家秘密、商业秘密和个人隐私以及当事人约定不公开的除外。

开庭可以在纠纷涉及的土地所在地的乡（镇）或者村进行，也可以在仲裁委员会所在地进行。当事人双方要求在乡（镇）或者村开庭的，应当在该乡（镇）或者村开庭。

第三十五条　仲裁庭应当在开庭五个工作日前将开庭时间、地点通知当事人、第三人和其他仲裁参与人。

当事人请求变更开庭时间和地点的，应当在开庭三个工作日前向仲裁庭提出，并说明理由。仲裁庭决定变更的，通知双方当事人、第三人和其他仲裁参与人；决定不变更的，通知提出变更请求的当事人。

第三十六条　公开开庭的，应当将开庭时间、地点等信息予以公告。

申请旁听的公民，经仲裁庭审查后可以旁听。

第三十七条　被申请人经书面通知，无正当理由不到庭或者未经仲裁庭许可中途退庭的，仲裁庭可以缺席裁决。

被申请人提出反请求，申请人经书面通知，无正当理由不到庭或者未经仲裁庭许可中途退庭的，仲裁庭可以就反请求缺席裁决。

第三十八条　开庭前，仲裁庭应当查明当事人、第三人、代理人和其他仲裁参与人是否到庭，并逐一核对身份。

开庭由首席仲裁员或者独任仲裁员宣布。首席仲裁员或者独任仲裁员应当宣布案由，宣读仲裁庭组成人员名单、仲裁庭纪律、当事人权利和义务，询问当事人是否申请仲裁员回避。

第三十九条　仲裁庭应当保障双方当事人平等陈述的机会，组织当事人、第三人、代理人陈述事实、意见、理由。

第四十条　当事人、第三人应当提供证据，对其主张加以证明。

与纠纷有关的证据由作为当事人一方的发包方等掌握管理的，该当事人应当在仲裁庭指定的期限内提供，逾期不提供的，应当承担不利后果。

第四十一条　仲裁庭自行调查收集的证据，应当在开庭时向双方当事人出示。

第四十二条　仲裁庭对专门性问题认为需要鉴定的，可以交由当事人约定的鉴定机构鉴定；当事人没有约定的，由仲裁庭指定的鉴定机构鉴定。

第四十三条　当事人申请证据保全，应当向仲裁委员会书面提出。仲裁委员会应当自收到申请之日起二个工作日内，将申请提交证据所在地的基层人民法院。

第四十四条　当事人、第三人申请证人出庭作证的，仲裁庭应当准许，并告知证人的权利义务。

证人不得旁听案件审理。

第四十五条　证据应当在开庭时出示，但涉及国家秘密、商业秘密和个人隐私的证据不得在公开开庭时出示。

仲裁庭应当组织当事人、第三人交换证据，相互质证。

经仲裁庭许可，当事人、第三人可以向证人询问，证人应当据实回答。

根据当事人的请求或者仲裁庭的要求，鉴定机构应当派鉴定人参加开庭。经仲裁庭许可，当事人可以向鉴定人提问。

第四十六条　仲裁庭应当保障双方当事人平等行使辩论权，并对争议焦点组织辩论。

辩论终结时，首席仲裁员或者独任仲裁员应当征询双方当事人、第三人的最后意见。

第四十七条　对权利义务关系明确的纠纷，当事人可以向仲裁庭书面提出先行裁定申请，请求维持现状、恢复农业生产以及停止取土、占地等破坏性行为。仲裁庭应当自收到先行裁定申请之日起二个工作日内作出决定。

仲裁庭作出先行裁定的，应当制作先行裁定书，并告知先行裁定申请人可以向人民法院申请执行，但应当提供相应的担保。

先行裁定书应当载明先行裁定申请的内容、依据事实和理由、裁定结果和日期，由仲裁员签名，加盖仲裁委员会印章。

第四十八条　仲裁庭应当将开庭情况记入笔录。笔录由仲裁员、记录人员、当事人、第三人和其他仲裁参与人签名、盖章或者按指印。

当事人、第三人和其他仲裁参与人认为对自己的陈述记录有遗漏或者差错的，有权申请补正。仲裁庭不予补正的，应当向申请人说明情况，并记录该申请。

第四十九条　发生下列情形之一的，仲裁程序中止：

（一）一方当事人死亡，需要等待继承人表明是否参加仲裁的；

（二）一方当事人丧失行为能力，尚未确定法定代理人的；

（三）作为一方当事人的法人或者其他组织终止，尚未确定权利义务承受人的；

（四）一方当事人因不可抗拒的事由，不能参加仲裁的；

（五）本案必须以另一案的审理结果为依据，而另一案尚未审结的；

（六）其他应当中止仲裁程序的情形。

在仲裁庭组成前发生仲裁中止事由的，由仲裁委员会决定是否中止仲裁；仲裁庭组成后发生仲裁中止事由的，由仲裁庭决定是否中止仲裁。决定仲裁程序中止的，应当书面通知当事人。

仲裁程序中止的原因消除后，仲裁委员会或者仲裁庭应当在三个工作日内作出恢复仲裁程序的决定，并通知当事人和第三人。

第五十条　发生下列情形之一的，仲裁程序终结：

（一）申请人死亡或者终止，没有继承人及权利义务承受人，或者继承人、权利义务承受人放弃权利的；

（二）被申请人死亡或者终止，没有可供执行的财产，也没有应当承担义务的人的；

（三）其他应当终结仲裁程序的。终结仲裁程序的，仲裁委员会应当自发现终结仲裁程序情形之日起五个工作日内书面通知当事人、第三人，并说明理由。

第五章 裁决和送达

第五十一条 仲裁庭应当根据认定的事实和法律以及国家政策作出裁决，并制作裁决书。

首席仲裁员组织仲裁庭对案件进行评议，裁决依多数仲裁员意见作出。少数仲裁员的不同意见可以记入笔录。

仲裁庭不能形成多数意见时，应当按照首席仲裁员的意见作出裁决。

第五十二条 裁决书应当写明仲裁请求、争议事实、裁决理由和依据、裁决结果、裁决日期，以及当事人不服仲裁裁决的起诉权利和期限。

裁决书由仲裁员签名，加盖仲裁委员会印章。

第五十三条 对裁决书中的文字、计算错误，或者裁决书中有遗漏的事项，仲裁庭应当及时补正。补正构成裁决书的一部分。

第五十四条 仲裁庭应当自受理仲裁申请之日起六十日内作出仲裁裁决。受理日期以受理通知书上记载的日期为准。

案情复杂需要延长的，经仲裁委员会主任批准可以延长，但延长期限不得超过三十日。

延长期限的，应当自作出延期决定之日起三个工作日内书面通知当事人、第三人。

期限不包括仲裁程序中止、鉴定、当事人在庭外自行和解、补充申请材料和补正裁决的时间。

第五十五条 仲裁委员会应当在裁决作出之日起三个工作日内将裁决书送达当事人、第三人。

直接送达的，应当告知当事人、第三人下列事项：

（一）不服仲裁裁决的，可以在收到裁决书之日起三十日内向人民法院起诉，逾期不起诉的，裁决书即发生法律效力；

（二）一方当事人不履行生效的裁决书所确定义务的，另一方当事人可以向被申请人住所地或者财产所在地的基层人民法院申请执行。

第五十六条 仲裁文书应当直接送达当事人或者其代理人。受送达人是自然人，但本人不在场的，由其同住成年家属签收；受送达人是法人或者其他组织的，应当由法人的法定代表人、其他组织的主要负责人或者该法人、组织负责收件的人签收。

仲裁文书送达后，由受送达人在送达回证上签名、盖章或者按指印，受送达人在送达回证上的签收日期为送达日期。

受送达人或者其同住成年家属拒绝接收仲裁文书的，可以留置送达。送达人应当邀请有关基层组织或者受送达人所在单位的代表到场，说明情况，在送达回证上记明拒收理由和日期，由送达人、见证人签名、盖章或者按指印，将仲裁文书留在受送达人的住所，即视为已经送达。

直接送达有困难的，可以邮寄送达。邮寄送达的，以当事人签收日期为送达日期。

当事人下落不明，或者以前款规定的送达方式无法送达的，可以公告送达，自发出公告之日起，经过六十日，即视为已经送达。

第六章　附则

第五十七条　独任仲裁可以适用简易程序。简易程序的仲裁规则由仲裁委员会依照本规则制定。

第五十八条　期间包括法定期间和仲裁庭指定的期间。

期间以日、月、年计算，期间开始日不计算在期间内。

期间最后一日是法定节假日的，以法定节假日后的第一个工作日为期间的最后一日。

第五十九条　对不通晓当地通用语言文字的当事人、第三人，仲裁委员会应当为其提供翻译。

第六十条　仲裁文书格式由农业部、国家林业局共同制定。

第六十一条　农村土地承包经营纠纷仲裁不得向当事人收取费用，仲裁工作经费依法纳入财政预算予以保障。

当事人委托代理人、申请鉴定等发生的费用由当事人负担。

第六十二条　本规则自 2010 年 1 月 1 日起施行。

基本农田保护条例

第一章 总则

第一条 为了对基本农田实行特殊保护，促进农业生产和社会经济的可持续发展，根据《中华人民共和国农业法》和《中华人民共和国土地管理法》，制定本条例。

第二条 国家实行基本农田保护制度。本条例所称基本农田，是指按照一定时期人口和社会经济发展对农产品的需求，依据土地利用总体规划确定的不得占用的耕地。本条例所称基本农田保护区，是指为对基本农田实行特殊保护而依据土地利用总体规划和依照法定程序确定的特定保护区域。

第三条 基本农田保护实行全面规划、合理利用，用养结合、严格保护的方针。

第四条 县级以上地方各级人民政府应当将基本农田保护工作纳入国民经济和社会发展计划，作为政府领导任期目标责任制的一项内容，并由上一级人民政府监督实施。

第五条 任何单位和个人都有保护基本农田的义务，并有权检举、控告侵占、破坏基本农田和其他违反本条例的行为。

第六条 国务院土地行政主管部门和农业行政主管部门按照国务院规定的职责分工，依照本条例负责全国的基本农田保护管理工作。县级以上地方各级人民政府土地行政主管部门和农业行政主管部门按照本级人民政府规定的职责分工，依照本条例负责本行政区域内的基本农田保护管理工作。乡（镇）人民政府负责本行政区域内的基本农田保护管理工作。

第七条 国家对在基本农田保护工作中取得显著成绩的单位和个人，给予奖励。

第二章 划定

第八条 各级人民政府在编制土地利用总体规划时，应当将基本农田保护作为规划的一项内容，明确基本农田保护的布局安排、数量指标和质量要求。县级和乡（镇）土地利用总体规划应当确定基本农田保护区。

第九条 省、自治区、直辖市划定的基本农田应当占本行政区域内耕地总面积的百分之八十以上，具体数量指标根据全国土地利用总体规划逐级分解下达。

第十条 下列耕地应当划入基本农田保护区，严格管理；

（一）经国务院有关主管部门或者县级以上地方人民政府批准确定的粮、棉、油生产基地内的耕地；

（二）有良好的水利与水土保护设施的耕地，正在实施改造计划以及可以改造的中、低产田；

（三）蔬菜生产基地；

（四）农业科研、教学试验田。根据土地利用总体规划，铁路、公路等交通沿线，城市和村庄、集镇建设用地区周边的耕地，应当优先划入基本农田保护区；需要退耕还林、还牧、还湖的耕地，不应当划入基本农田保护区。

第十一条　基本农田保护区以乡（镇）为单位划区定界，由县级人民政府土地行政主管部门会同同级农业行政主管部门组织实施。划定的基本农田保护区，由县级人民政府设立保护标志，予以公告，由县级人民政府土地行政主管部门建立档案，并抄送同级农业行政主管部门。任何单位和个人不得破坏或者擅自改变基本农田保护区的保护标志。基本农田划区定界后，由省、自治区、直辖市人民政府组织土地行政主管部门和农业行政主管部门验收确认，或者由省、自治区人民政府授权设区的市、自治州人民政府组织土地行政主管部门和农业行政主管部门验收确认。

第十二条　划定基本农田保护区时，不得改变土地承包者的承包经营权。

第十三条　划定基本农田保护区的技术规程，由国务院土地行政主管部门会同国务院农业行政主管部门制定。

第三章　保护

第十四条　地方各级人民政府应当采取措施，确保土地利用总体规划确定的本行政区域内基本农田的数量不减少。

第十五条　基本农田保护区经依法划定后，任何单位和个人不得改变或者占用。国家能源、交通、水利、军事设施等重点建设项目选址确实无法避开基本农田保护区，需要占用基本农田，涉及农用地转用或者征用土地的，必须经国务院批准。

第十六条　经国务院批准占用基本农田的，当地人民政府应当按照国务院的批准文件修改土地利用总体规划，并补充划入数量和质量相当的基本农田。占用单位应当按照占多少，垦多少的原则，负责开垦与所占基本农田的数量与质量相当的耕地；没有条件开垦或者开垦的耕地不符合要求的，应当按照省、自治区、直辖市的规定缴纳耕地开垦费，专款用于开垦新的耕地。占用基本农田的单位应当按照县级以上地方人民政府的要求，将所占用基本农田耕作层的土壤用于新开垦耕地、劣质地或者其他耕地的土壤改良。

第十七条　禁止任何单位和个人在基本农田保护区内建窑、建房、建坟、挖砂、采石、采矿、取土、堆放固体废弃物或者进行其他破坏基本农田活动。禁止任何单位和个人占用基本农田发展林果业和挖塘养鱼。

第十八条　禁止任何单位和个人闲置，荒芜基本农田。经国务院批准的重点建设项目占用基本农田的，满一年不使用而又可以耕种并收获的，应当由原耕种该幅基本农田的集体或者个人恢复耕种，也可以由用地单位组织耕种；一年以上未动工建设的，应当按照省、自治区、直辖市的规定缴纳闲置费；连续两年未使用的，经国务院批准，由县级以上人民政府无偿收回用地单位的土地使用权；该幅土地原为农民集体所有的，应当交由原农村集体经济组织恢复耕种，重新划入基本农田保护区。承包经营基本农田的单位或者个人连续两年弃耕抛荒的，原发包单位应当终止承包合同，收回发包的基本农田。

第十九条　国家提倡和鼓励农业生产者对其经营的基本农田施用有机肥料，合理施用化肥和农药。利用基本农田从事农业生产的单位和个人应当保持和培肥地力。

第二十条　县级人民政府应当根据当地实际情况制定基本农田地力分等定级办法，由农业行政主管部门会同土地行政主管部门组织实施，对基本农田地力分等定级，并建立档案。

第二十一条　农村集体经济组织或者村民委员会应当定期评定基本农田地力等级。

第二十二条　县级以上地方各级人民政府农业行政主管理部门应当逐步建立基本农田地力与施肥效益长期定位监测网点，定期向本级人民政府提出基本农田地力变化状况报告以及相应的地力保护措施，并为农业生产者提供施肥指导服务。

第二十三条　县级以上人民政府农业行政主管部门应当会同同级环境保护行政主管部门对基本农田环境污染进行监测和评价，并定期向本级人民政府提出环境质量与发展趋势的报告。

第二十四条　经国务院批准占用基本农田兴建国家重点建设项目的，必须遵守国家有关建设项目环境保护管理的规定。在建设项目环境影响报告书中，应当有基本农田环境保护方案。

第二十五条　向基本农田保护区提供肥料和作为肥料的城市垃圾、污泥的，应当符合国家有关标准。

第二十六条　因发生事故或者其他突然性事件，造成或者可能造成基本农田环境污染事故的，当事人必须立即采取措施处理，并向当地环境保护行政主管部门和农业行政主管部门报告，接受调查处理。

第四章　监督管理

第二十七条　在建立基本农田保护区的地方，县级以上地方政府应当与下一级人民政府签订基本农田保护责任书；乡（镇）人民政府应当根据与县级人民政府签订的基本农田保护责任书的要求，与农村集体经济组织或者村民委员会签订基本农田保护责任书。

基本农田保护责任书应当包括下列内容：

（一）基本农田的范围、面积、地块；

（二）基本农田的地力等级；

（三）保护措施；

（四）当事人的权利与义务；

（五）奖励与处罚。

第二十八条　县级以上地方人民政府应当建立基本农田保护监督检查制度，定期组织土地行政主管部门，农业行政主管部门以及其他有关部门对基本农田保护情况进行检查，将检查情况书面报告上一级人民政府。被检查的单位和个人应当如实提供有关情况和资料，不得拒绝。

第二十九条　县级以上地方人民政府土地行政主管部门、农业行政主管部门对本行政区域内发生的破坏基本农田的行为，有权责令纠正。

第五章　法律责任

第三十条　违反本条例规定，有下列行为之一的，依照《中华人民共和国土地管理法》和《中华人民共和国土地管理法实施条例》的有关规定，从重给予处罚；

（一）未经批准或者采取欺骗手段骗取批准，非法占用基本农田的；

（二）超过批准数量，非法占用基本农田的；

（三）非法批准占用基本农田的；

（四）买卖或者以其他形式非法转让基本农田的。

第三十一条　违反本条例规定，应当将耕地划入基本农田保护区而不划入的，由上一级人民政府责令限期改正；拒不改正的，对直接负责的主管人员和其他直接责任人员依法给予行政处分或者纪律处分。

第三十二条　违反本条例规定，破坏或者擅自改变基本农田保护区标志的，由县级以上地方人民政府土地行政主管部门或者农业行政主管部门责令恢复原状，可以处1000元以下罚款。

第三十三条　违反本条例规定，占用基本农田建窑、建房、建坟、挖砂、采石、采矿、取土、堆放固体废弃物或者从事其他活动破坏基本农田，毁坏种植条件的，由县级以上人民政府土地行政主管部门责令改正或者治理，恢复原种植条件，处占用基本农田的耕地开垦费一倍以上两倍以下的罚款；构成犯罪的，依法追究刑事责任。

第三十四条　侵占、挪用基本农田的耕地开垦费，构成犯罪的，依法追究刑事责任；尚不构成犯罪的，依法给予行政处分或者纪律处分。

第六章　附则

第三十五条　省、自治区、直辖市人民政府可以根据当地实际情况，将其他农业生产用地划为保护区。保护区内的其他农业生产用地的保护和管理，可以参照本条例执行。

第三十六条　本条例自1999年1月1日起施行。1994年8月18日国务院发布的《基本农田保护条例》同时废止。

建设用地审查报批管理办法

第一条　为加强土地管理，规范建设用地审查报批工作，根据《中华人民共和国土地管理法》（以下简称《土地管理法》）、

《中华人民共和国土地管理法实施条例》（以下简称《土地管理法实施条例》），制定本办法。

第二条　依法应当报国务院和省、自治区、直辖市人民政府批准的建设用地的申请、审查、报批和实施，适用本办法。

第三条　县级以上人民政府土地行政主管部门负责建设用地的申请受理、审查、报批工作。

第四条　建设项目可行性研究论证时，建设单位应当向建设项目批准机关的同级土地行政主管部门提出建设用地预申请。

受理预申请的土地行政主管部门应当依据土地利用总体规划和国家土地供应政策，对建设项目的有关事项进行预审，出具建设项目用地预审报告。

第五条　在土地利用总体规划确定的城市建设用地范围外单独选址的建设项目使用土地的，建设单位应当向土地所在地的市、县人民政府土地行政主管部门提出用地申请。

建设单位提出用地申请时，应当填写《建设用地申请表》，并附具下列材料

（一）建设单位有关资质证明；

（二）项目可行性研究报告批复或者其他有关批准文件；

（三）土地行政主管部门出具的建设项目用地预审报告；

（四）初步设计或者其他有关批准文件；

（五）建设项目总平面布置图；

（六）占用耕地的，必须提出补充耕地方案；

（七）建设项目位于地质灾害易发区的，应当提供地质灾害危险性评估报

第六条　市、县人民政府土地行政主管部门对材料齐全、符合条件的建设用地申请，应当受理，并在收到申请之日起30日内拟订农用地转用方案、补充耕地方案、征用土地方案和供地方案，编制建设项目用地呈报说明书，经同级人民政府审核同意后，报上一级土地行政主管部门审查。

第七条　在土地利用总体规划确定的城市建设用地范围内，为实施城市规划占用土地

的，由市、县人民政府土地行政主管部门拟

订农用地转用方案、补充耕地方案和征用土地方案，编制建设项目用地呈报说明书，经同级人民政府审核同意后，报上一级土地行政主管部门审查。

在土地利用总体规划确定的村庄和集镇建设用地范围内，为实施村庄和集镇规划占用土地的，由市、县人民政府土地行政主管部门拟订农用地转用方案、补充耕地方案，编制建设项目用地呈报说明书，经同级人民政府审核同意后，报上一级土地行政主管部门审查。

第八条　建设只占用国有农用地的，市、县人民政府土地行政主管部门只需拟订农用地转用方案、补充耕地方案和供地方案。

建设只占用农民集体所有建设用地的，市、县人民政府土地行政主管部门只需拟订征用土地方案和供地方案。

建设只占用国有未利用地，按照《土地管理法实施条例》第二十四条规定应由国务院批准的，市、县人民政府土地行政主管部门只需拟订供地方案；其他建设项目使用国有未利用地的，按照省、自治区、直辖市的规定办理。

第九条　建设项目用地呈报说明书应当包括项目用地安排情况、拟使用土地情况等，并应附具下列材料：

（一）经批准的市、县土地利用总体规划图和分幅土地利用现状图，占用基本农田的，还应当提供乡级土地利用总体规划图；

（二）由建设单位提交的、有资格的单位出具的勘测定界图及勘测定界技术报告书；

（三）地籍资料或者其他土地权属证明材料；

（四）以有偿方式供地的，还应当提供草签的土地有偿使用合同及说明和有关文件；

（五）为实施城市规划和村庄、集镇规划占用土地的，还应当提供城市规划图和村庄、集镇规划图。

第十条　农用地转用方案，应当包括占用农用地的种类、位置、面积、质量等。

补充耕地方案，应当包括补充耕地或者补划基本农田的位置、面积、质量，补充的期限，资金落实情况等，并附具相应的图件。

征用土地方案，应当包括征用土地的范围、种类、面积、权属，土地补偿费和安置补助费标准，需要安置人员的安置途径等。

供地方案，应当包括供地方式、面积、用途，土地有偿使用费的标准、数额等。

第十一条　有关土地行政主管部门收到上报的建设项目呈报说明书和有关方案后，对材料齐全、符合条件的，应当在5日内报经同级人民政府审核。同级人民政府审核同意后，逐级上报有批准权的人民政府，并将审查所需的材料及时送该级土地行政主管部门审查。

对依法应由国务院批准的建设项目呈报说明书和有关方案，省、自治区、直辖市人民政府必须提出明确的审查意见，并对报送材料的真实性、合法性负责。

省、自治区、直辖市人民政府批准农用地转用、国务院批准征用土地的，省、自治区、直辖市人民政府批准农用地转用方案后，应当将批准文件和下级土地行政主管部门上报的材料一并上报。

第十二条　有批准权的人民政府土地行政主管部门应当自收到上报的农用地转用方案、补充耕地方案、征用土地方案和供地方案

并按规定征求有关方面意见后30日内审查完毕。

建设用地审查应当实行土地行政主管部门内部会审制度。

第十三条　农用地转用方案和补充耕地方案符合下列条件的，土地行政主管部门方可报人民政府批准：

（一）符合土地利用总体规划；

（二）确属必需占用农用地且符合土地利用年度计划确定的控制指标；

（三）占用耕地的，补充耕地方案符合土地整理开发专项规划且面积、质量符合规定要求；

（四）单独办理农用地转用的，必须符合单独选址条件。

第十四条　征用土地方案符合下列条件的，土地行政主管部门方可报人民政府批准：

（一）被征用土地界址、地类、面积清楚，权属无争议的；

（二）被征用土地的补偿标准符合法律、法规规定的；

（三）被征用土地上需要安置人员的安置途径切实可行。

建设项目施工和地质勘查需要临时使用农民集体所有的土地的，依法签订临时使用土地合同并支付临时使用土地补偿费，不得办理土地征用。

第十五条　供地方案符合下列条件的，土地行政主管部门方可报人民政府批准：

（一）符合国家的土地供应政策；

（二）申请用地面积符合建设用地标准和集约用地的要求；

（三）划拨方式供地的，符合法定的划拨用地条件；

（四）以有偿使用方式供地的，供地的方式、年限、有偿使用费的标准、数额符合规定；

（五）只占用国有未利用地的，必须符合规划、界址清楚、面积准确。

第十六条　农用地转用方案、补充耕地方案、征用土地方案和供地方案经有批准权的人民政府批准后，同级土地行政主管部门应当在收到批件后5日内将批复发出。

未按规定缴纳新增建设用地土地有偿使用费的，不予批准建设用地。

第十七条　经批准的农用地转用方案、补充耕地方案、征用土地方案和供地方案，由土地所在地的市、县人民政府组织实施。

第十八条 建设项目补充耕地方案经批准下达后，在土地利用总体规划确定的城市建设用地范围外单独选址的建设项目，由市、县人民政府土地行政主管部门负责监督落实；在土地利用总体规划确定的城市和村庄、集镇建设用地范围内，为实施城市规划和村庄、集镇规划占用土地的，由省、自治区、直辖市人民政府土地行政主管部门负责监督落实。

第十九条 征用土地方案经依法批准后，市、县人民政府应当自收到批准文件之日起10日内，在被征用土地所在地的乡、镇范围内，公告《土地管理法实施条例》第二十五条第一款规定的内容。

公告期满，市、县人民政府土地行政主管部门根据征用土地方案和征地补偿登记情况，拟订征地补偿、安置方案并在被征用土地所在地的乡、镇范围内公告。征地补偿、安置方案的内容，应当符合《土地管理法实施条例》第二十五条第三款的规定。

征地补偿、安置方案确定后，市、县人民政府土地行政主管部门应当依照征地补偿、安置方案向被征用土地的农村集体经济组织和农民支付土地补偿费、地上附着物和青苗补偿费，并落实需要安置农业人口的安置途径。

第二十条 在土地利用总体规划确定的城市建设用地范围内，为实施城市规划占用土地的，经依法批准后，市、县人民政府土地行政主管部门应当公布规划要求，设定使用条件，确定使用方式，并组织实施。

第二十一条 以有偿使用方式提供国有土地使用权的，由市、县人民政府土地行政主管部门与土地使用者签订土地有偿使用合同，并向建设单位颁发《建设用地批准书》。土地使用者缴纳土地有偿使用费后，依照规定办理土地登记。

以划拨方式提供国有土地使用权的，由市、县人民政府土地行政主管部门向建设单位颁发《国有土地划拨决定书》和《建设用地批准书》，依照规定办理土地登记。《国有土地划拨决定书》应当包括划拨土地面积、土地用途、土地使用条件等内容。

建设项目施工期间，建设单位应当将《建设用地批准书》公示于施工现场市、县人民政府土地行政主管部门应当将提供国有土地的情况定期予以公布。

第二十二条 各级土地行政主管部门应当对建设项目用地进行跟踪检查。

对违反本办法批准建设用地或者未经批准非法占用土地的，应当依法予以处罚。

第二十三条 本办法自发布之日起施行。1988年11月22日原国家土地管理局发布的《关于国家建设用地审批工作的暂行规定》和1990年4月29日原国家土地管理局发布的《出让国有土地使用权审批管理暂行规定》同时废止。

最高人民法院关于审理破坏土地资源刑事案件具体应用法律若干问题的解释

为依法惩处破坏土地资源犯罪活动，根据刑法的有关规定，现就审理这类案件具体应用法律的若干问题解释如下：

第一条　以牟利为目的，违反土地管理法规，非法转让、倒卖土地使用权，具有下列情形之一的，属于非法转让、倒卖土地使用权“情节严重”，依照刑法第二百二十八条的规定，以非法转让、倒卖土地使用权罪定罪处罚：

（一）非法转让、倒卖基本农田五亩以上的；

（二）非法转让、倒卖基本农田以外的耕地十亩以上的；

（三）非法转让、倒卖其他土地二十亩以上的；

（四）非法获利五十万元以上的；

（五）非法转让、倒卖土地接近上述数量标准并具有其他恶劣情节的，如曾因非法转让、倒卖土地使用权受过行政处罚或者造成严重后果等。

第二条　实施第一条规定的行为，具有下列情形之一的，属于非法转让、倒卖土地使用权“情节特别严重”：

（一）非法转让、倒卖基本农田十亩以上的；

（二）非法转让、倒卖基本农田以外的耕地二十亩以上的；

（三）非法转让、倒卖其他土地四十亩以上的；

（四）非法获利一百万元以上的；

（五）非法转让、倒卖土地接近上述数量标准并具有其他恶劣情节，如造成严重后果等。

第三条　违反土地管理法规，非法占用耕地改作他用，数量较大，造成耕地大量毁坏的，依照刑法第三百四十二条的规定，以非法占用耕地罪定罪处罚：

（一）非法占用耕地“数量较大”，是指非法占用基本农田五亩以上或者非法占用基本农田以外的耕地十亩以上。

（二）非法占用耕地“造成耕地大量毁坏”，是指行为人非法占用耕地建窑、建坟、建房、挖沙、采石、采矿、取土、堆放固体废弃物或者进行其他非农业建设，造成基本农田五亩以上或者基本农田以外的耕地十亩以上种植条件严重毁坏或者严重污染。

第四条　国家机关工作人员徇私舞弊，违反土地管理法规，滥用职权，非法批准征用、占用土地，具有下列情形之一的，属于非法批准征用、占用土地“情节严重”，依照刑法第四百一十条的规定，以非法批准征用、占用土地罪定罪处罚：

（一）非法批准征用、占用基本农田十亩以上的；

（二）非法批准征用、占用基本农田以外的耕地三十亩以上的；

（三）非法批准征用、占用其他土地五十亩以上的；

（四）虽未达到上述数量标准，但非法批准征用、占用土地造成直接经济损失三十万元以上；造成耕地大量毁坏等恶劣情节的。

第五条 实施第四条规定的行为，具有下列情形之一的，属于非法批准征用、占用土地“致使国家或者集体利益遭受特别重大损失”：

（一）非法批准征用、占用基本农田二十亩以上的；

（二）非法批准征用、占用基本农田以外的耕地六十亩以上的；

（三）非法批准征用、占用其他土地一百亩以上的；

（四）非法批准征用、占用土地，造成基本农田五亩以上，其他耕地十亩以上严重毁坏的；

（五）非法批准征用、占用土地造成直接经济损失五十万元以上等恶劣情节的。

第六条 国家机关工作人员徇私舞弊，违反土地管理法规，非法低价出让国有土地使用权，具有下列情形之一的，属于“情节严重”，依照刑法第四百一十条的规定，以非法低价出让国有土地使用权罪定罪处罚：

（一）出让国有土地使用权面积在三十亩以上，并且出让价额低于国家规定的最低价额标准的百分之六十的；

（二）造成国有土地资产流失价额在三十万元以上的。

第七条 实施第六条规定的行为，具有下列情形之一的，属于非法低价出让国有土地使用权，“致使国家和集体利益遭受特别重大损失”：

（一）非法低价出让国有土地使用权面积在六十亩以上，并且出让价额低于国家规定的最低价额标准的百分之四十的；

（二）造成国有土地资产流失价额在五十万元以上的。

第八条 单位犯非法转让、倒卖土地使用权罪、非法占有耕地罪的定罪量刑标准，依照本解释第一条、第二条、第三条的规定执行。

第九条 多次实施本解释规定的行为依法应当追诉的，或者一年内多次实施本解释规定的行为未经处理的，按照累计的数量、数额处罚。

国务院《关于坚决制止占用基本农田进行植树等行为的紧急通知》

国发明电[2004]1号

各省、自治区、直辖市人民政府，国务院各部委、各直属机构：近年来，一些地方违反《土地管理法》和《基本农田保护条例》的规定，占用基本农田进行植树造林、挖塘养鱼等，使基本农田面积不断减少，严重削弱了粮食生产能力。为实行最严格的耕地保护制度，切实保护基本农田，现紧急通知如下：

一、坚决制止占用基本农田进行植树等行为

要认真执行《土地管理法》和《基本农田保护条例》，坚决制止任意改变基本农田用途的行为，切实做好保护基本农田“五个不准”，即：不准占用基本农田进行植树造林、发展林果业和搞林粮间作以及超标准建设农田林网；不准以农业结构调整为名，在基本农田内挖塘养鱼、建设用于畜禽养殖的建筑物等严重破坏耕作层的生产经营活动；不准违法占用基本农田进行绿色通道和城市绿化隔离带建设；不准以退耕还林为名违反土地利用总体规划，将基本农田纳入退耕范围；除法律规定的国家重点建设项目以外，不准非农建设项目占用基本农田。凡在基本农田上进行植树造林（包括种植速生丰产林）、挖塘养鱼、绿色通道和城市绿化隔离带建设的必须立即停止和纠正。今后，新增绿化造林、新建和扩建用材林基地均不得占用基本农田。

二、正确引导和规范农业结构调整和绿色通道建设

地方各级人民政府和国务院有关部门要正确引导农民进行农业结构调整，充分利用荒山、荒地和一般耕地发展水产业、畜禽养殖和林果业。编制和实施退耕还林、生态建设与保护、农业结构调整等规划，要与土地利用总体规划相衔接。

进行绿色通道建设要因地制宜，严格限定道路沿线绿化带宽度。道路沿线是耕地的，道路用地范围以外每侧绿化带宽度不得超过5米，其中县乡道路不得超过3米；占用基本农田的，应履行基本农田占用报批手续。交通、水利工程建设用地范围内的绿化用地，要严格按照有关规定办理建设用地审批手续，其中涉及占用耕地的必须做到占补平衡。

三、严格控制各类建设占用基本农田

严禁违反法定程序通过修改或调整土地利用总体规划改变基本农田的数量与布局。严禁规避基本农田占用审批。严格执行国家重点建设项目占用基本农田审批制度，确需占用基本农田的，要严格审查农用地转用和土地征用方案，并按照法定程序报国务院审批。

四、对已经违法违规占用和破坏的基本农田要尽快采取恢复耕种措施

各地区、各有关部门要按以下原则对已经违规占用和破坏的基本农田进行处理：（一）对占用基本农田种植速生丰产林的，限期恢复耕种；（二）对在基本农田内建设畜禽养殖等建筑物的，限期拆除并予整理；（三）对建设基础设施造成基本农田耕作力破坏的，限期修复；（四）对超标准建设绿色通道而占用基本农田的，逐步恢复耕种条件；（五）对各类非农建设占用基本农田的，在依法妥善处理前，不得受理该地区建设用地申请。在具体处理中，要确保农民经济上不受损失。

五、抓紧开展基本农田保护检查工作

各省、自治区、直辖市人民政府要立即组织有关部门对本地区基本农田保护情况进行一次检查，严肃查处违法占用和破坏基本农田的行为，清查工作结束后向国务院作出报告。国土资源部、农业部要按照全国基本农田保护检查工作方案组织检查，并将本通知贯彻落实情况作为检查重点内容。对有令不行、有禁不止的要严肃查处；对情节严重，特别是顶风作案，造成基本农田面积大量减少的地区，要依法严肃处理并追究责任人和有关领导人的责任。

国务院有关部门应依照本通知制定具体实施办法。本通知自发布之日起实行。前发文件规定，凡与本通知不一致的，一律以本通知为准。

2004年3月20日

中华人民共和国耕地占用税暂行条例实施细则

第一条　根据《中华人民共和国耕地占用税暂行条例》（以下简称条例），制定本细则。

第二条　条例所称建房，包括建设建筑物和构筑物。

农田水利占用耕地的,不征收耕地占用税。

第三条　占用园地建房或者从事非农业建设的，视同占用耕地征收耕地占用税。

第四条　经申请批准占用耕地的，纳税人为农用地转用审批文件中标明的建设用地人；农用地转用审批文件中未标明建设用地人的，纳税人为用地申请人。未经批准占用耕地的，纳税人为实际用地人。

第五条　条例第四条所称实际占用的耕地面积，包括经批准占用的耕地面积和未经批准占用的耕地面积。

第六条　各省、自治区、直辖市耕地占用税的平均税额，按照本细则所附的《各省、自治区、直辖市耕地占用税平均税额表》执行。

县级行政区域的适用税额，按照条例、本细则和各省、自治区、直辖市人民政府的规定执行。

第七条　条例第七条所称基本农田，是指依据《基本农田保护条例》划定的基本农田保护区范围内的耕地。

第八条　条例第八条规定免税的军事设施，具体范围包括：

（一）地上、地下的军事指挥、作战工程；

（二）军用机场、港口、码头；

（三）营区、训练场、试验场；

（四）军用洞库、仓库；

（五）军用通信、侦察、导航、观测台站和测量、导航、助航标志；

（六）军用公路、铁路专用线，军用通讯、输电线路，军用输油、输水管道；（七）其他直接用于军事用途的设施。

第九条　条例第八条规定免税的学校，具体范围包括县级以上人民政府教育行政部门批准成立的大学、中学、小学、学历性职业教育学校以及特殊教育学校。学校内经营性场所和教职工住房占用耕地的，按照当地适用税额缴纳耕地占用税。

第十条　条例第八条规定免税的幼儿园，具体范围限于县级以上人民政府教育行政部门登记注册或者备案的幼儿园内专门用于幼儿保育、教育的场所。

第十一条　条例第八条规定免税的养老院，具体范围限于经批准设立的养老院内专门为老年人提供生活照顾的场所。

第十二条　条例第八条规定免税的医院，具体范围限于县级以上人民政府卫生行政部门批准设立的医院内专门用于提供医护服务的场所及其配套设施。

医院内职工住房占用耕地的，按照当地适用税额缴纳耕地占用税。

第十三条　条例第九条规定减税的铁路线路，具体范围限于铁路路基、桥梁、涵洞、隧道及其按照规定两侧留地。

专用铁路和铁路专用线占用耕地的，按照当地适用税额缴纳耕地占用税。

第十四条　条例第九条规定减税的公路线路，具体范围限于经批准建设的国道、省道、县道、乡道和属于农村公路的村道的主体工程以及两侧边沟或者截水沟。

专用公路和城区内机动车道占用耕地的，按照当地适用税额缴纳耕地占用税。

第十五条　条例第九条规定减税的飞机场跑道、停机坪，具体范围限于经批准建设的民用机场专门用于民用航空器起降、滑行、停放的场所。

第十六条　条例第九条规定减税的港口，具体范围限于经批准建设的港口内供船舶进出、停靠以及旅客上下、货物装卸的场所。

第十七条　条例第九条规定减税的航道，具体范围限于在江、河、湖泊、港湾等水域内供船舶安全航行的通道。

第十八条　条例第十条规定减税的农村居民占用耕地新建住宅，是指农村居民经批准在户口所在地按照规定标准占用耕地建设自用住宅。

农村居民经批准搬迁，原宅基地恢复耕种，凡新建住宅占用耕地不超过原宅基地面积的，不征收耕地占用税；超过原宅基地面积的，对超过部分按照当地适用税额减半征收耕地占用税。

第十九条　条例第十条所称农村烈士家属，包括农村烈士的父母、配偶和子女。

第二十条　条例第十条所称革命老根据地、少数民族聚居地区和边远贫困山区生活困难的农村居民，其标准按照各省、自治区、直辖市人民政府有关规定执行。

第二十一条　根据条例第十一条的规定，纳税人改变占地用途，不再属于免税或减税情形的，应自改变用途之日起30日内按改变用途的实际占用耕地面积和当地适用税额补缴税款。

第二十二条　条例第十三条所称临时占用耕地，是指纳税人因建设项目施工、地质勘查等需要，在一般不超过2年内临时使用耕地并且没有修建永久性建筑物的行为。

第二十三条　因污染、取土、采矿塌陷等损毁耕地的，比照条例第十三条规定的临时占用耕地的情况，由造成损毁的单位或者个人缴纳耕地占用税。超过2年未恢复耕地原状的，已征税款不予退还。

第二十四条　条例第十四条所称林地，包括有林地、灌木林地、疏林地、未成林地、迹地、苗圃等，不包括居民点内部的绿化林木用地，铁路、公路征地范围内的林木用地，以及河流、沟渠的护堤林用地。

第二十五条　条例第十四条所称牧草地，包括天然牧草地、人工牧草地。

第二十六条　条例第十四条所称农田水利用地，包括农田排灌沟渠及相应附属设施用地。

第二十七条　条例第十四条所称养殖水面，包括人工开挖或者天然形成的用于水产养殖的河流水面、湖泊水面、水库水面、坑塘水面及相应附属设施用地。

第二十八条　条例第十四条所称渔业水域滩涂，包括专门用于种植或者养殖水生动植物的海水潮浸地带和滩地。

第二十九条　占用林地、牧草地、农田水利用地、养殖水面以及渔业水域滩涂等其他农用地建房或者从事非农业建设的，适用税额可以适当低于当地占用耕地的适用税额，具体适用税额按照各省、自治区、直辖市人民政府的规定执行。

第三十条　条例第十四条所称直接为农业生产服务的生产设施，是指直接为农业生产服务而建设的建筑物和构筑物。具体包括：储存农用机具和种子、苗木、木材等农业产品的仓储设施；培育、生产种子、种苗的设施；畜禽养殖设施；木材集材道、运材道；农业科研、试验、示范基地；野生动植物保护、护林、森林病虫害防治、森林防火、木材检疫的设施；专为农业生产服务的灌溉排水、供水、供电、供热、供气、通讯基础设施；农业生产者从事农业生产必需的食宿和管理设施；其他直接为农业生产服务的生产设施。

第三十一条　经批准占用耕地的，耕地占用税纳税义务发生时间为纳税人收到土地管理部门办理占用农用地手续通知的当天。

未经批准占用耕地的，耕地占用税纳税义务发生时间为纳税人实际占用耕地的当天。

第三十二条　纳税人占用耕地或其他农用地，应当在耕地或其他农用地所在地申报纳税。

第三十三条　各省、自治区、直辖市人民政府财政、税务主管部门应当将本省、自治区、直辖市人民政府制定的耕地占用税具体实施办法报送财政部和国家税务总局。

第三十四条　本细则自公布之日起实施。

征用土地公告办法

第一条　为规范征用土地公告工作，保护农村集体经济组织、农村村民或者其他权利人的合法权益，保障经济建设用地，根据《中华人民共和国土地管理法》和《中华人民共和国土地管理法实施条例》，制定本办法。

第二条　征用土地公告和征地补偿、安置方案公告，适用本办法。

第三条　征用农民集体所有土地的，征用土地方案和征地补偿、安置方案应当在被征用土地所在地的村、组内以书面形式公告。其中，征用乡（镇）农民集体所有土地的，在乡（镇）人民政府所在地进行公告。

第四条　被征用土地所在地的市、县人民政府应当在收到征用土地方案批准文件之日起10个工作日内进行征用土地公告，该市、县人民政府土地行政主管部门负责具体实施。

第五条　征用土地公告应当包括下列内容：

（一）征地批准机关、批准文号、批准时间和批准用途；

（二）被征用土地的所有权人、位置、地类和面积；

（三）征地补偿标准和农业人员安置途径；

（四）办理征地补偿登记的期限、地点。

第六条　被征地农村集体经济组织、农村村民或者其他权利人应当在征用土地公告规定的期限内持土地权属证书到指定地点办理征地补偿登记手续。被征地农村集体经济组织、农村村民或者其他权利人未如期办理征地补偿登记手续的，其补偿内容以有关市、县土地行政主管部门的调查结果为准。

第七条　有关市、县人民政府土地行政主管部门会同有关部门根据批准的征用土地方案，在征用土地公告之日起45日内以被征用土地的所有权人为单位拟订征地补偿、安置方案并予以公告。

第八条　征地补偿安置、方案公告应当包括下列内容：

（一）本集体经济组织被征用土地的位置、地类、面积，地上附着物和青苗的种类、数量，需要安置的农业人口的数量；

（二）土地补偿费的标准、数额、支付对象和支付方式；

（三）安置补助费的标准、数额、支付对象和支付方式；

（四）地上附着物和青苗的补偿标准和支付方式；

（五）农业人员的具体安置途径；

（六）其他有关征地补偿、安置的具体措施。

第九条　被征地农村集体经济组织、农村村民或者其他权利人对征地补偿、安置方案有不同意见的或者要求举行听证会的，应当在征地补偿、安置方案公告之日起10个工作日内向有关市、县人民政府土地行政主管部门提出。

第十条　有关市、县人民政府土地行政主管部门应当研究被征地农村集体经济组织、农村村民或者其他权利人对征地补偿、安置方案的不同意见。对当事人要求听证的，应当举行听证会。确需修改征地补偿、安置方案的，应当依照有关法律、法规和批准的征用土地方案进行修改。

有关市、县人民政府土地行政主管部门将征地补偿、安置方案报市、县人民政府审批时，应当附具被征地农村集体经济组织、农村村民或者其他权利人的意见及采纳情况，举行听证会的，还应当附具听证笔录。

第十一条　征地补偿、安置方案经批准后，由有关市、县人民政府土地行政主管部门组织实施。

第十二条　有关市、县人民政府土地行政主管部门将征地补偿、安置费用拨付给被征地农村集体经济组织后，有权要求该农村集体经济组织在一定时限内提供支付清单。

市、县人民政府土地行政主管部门有权督促有关农村集体经济组织将征地补偿、安置费用收支状况向本集体经济组织成员予以公布，以便被征地农村集体经济组织、农村村民或者其他权利人查询和监督。

第十三条　市、县人民政府土地行政主管部门应当受理对征用土地公告内容和征地补偿、安置方案公告内容的查询或者实施中问题的举报，接受社会监督。

第十四条　未依法进行征用土地公告的，被征地农村集体经济组织、农村村民或者其他权利人有权依法要求公告，有权拒绝办理征地补偿登记手续。未依法进行征地补偿、安置方案公告的，被征地农村集体经济组织、农村村民或者其他权利人有权依法要求公告，有权拒绝办理征地补偿、安置手续。

第十五条　因未按照依法批准的征用土地方案和征地补偿、安置方案进行补偿、安置引发争议的，由市、县人民政府协调；协调不成的，由上一级地方人民政府裁决。

征地补偿、安置争议不影响征用土地方案的实施。

第十六条　本办法自2002年1月1日起施行。

中华人民共和国土地管理法

第一章 总则

第一条 为了加强土地管理，维护土地的社会主义公有制，保护、开发土地资源，合理利用土地，切实保护耕地，促进社会经济的可持续发展，根据宪法，制定本法。

第二条 中华人民共和国实行土地的社会主义公有制，即全民所有制和劳动群众集体所有制。

全民所有，即国家所有土地的所有权由国务院代表国家行使。

任何单位和个人不得侵占、买卖或者以其他形式非法转让土地。土地使用权可以依法转让。

国家为了公共利益的需要，可以依法对土地实行征收或者征用并给予补偿

国家依法实行国有土地有偿使用制度。但是，国家在法律规定的范围内划拨国有土地使用权的除外。

第三条 十分珍惜、合理利用土地和切实保护耕地是我国的基本国策。各级人民政府应当采取措施，全面规划，严格管理，保护、开发土地资源，制止非法占用土地的行为。

第四条 国家实行土地用途管制制度。

国家编制土地利用总体规划，规定土地用途，将土地分为农用地、建设用地和未利用地。严格限制农用地转为建设用地，控制建设用地总量，对耕地实行特殊保护。

前款所称农用地是指直接用于农业生产的土地，包括耕地、林地、草地、农田水利用地、养殖水面等；建设用地是指建造建筑物、构筑物的土地，包括城乡住宅和公共设施用地、工矿用地、交通水利设施用地、旅游用地、军事设施用地等；未利用地是指农用地和建设用地以外的土地。

使用土地的单位和个人必须严格按照土地利用总体规划确定的用途使用土地。

第五条 国务院土地行政主管部门统一负责全国土地的管理和监督工作。

县级以上地方人民政府土地行政主管部门的设置及其职责，由省、自治区、直辖市人民政府根据国务院有关规定确定。

第六条 任何单位和个人都有遵守土地管理法律、法规的义务，并有权对违反土地管理法律、法规的行为提出检举和控告。

第七条 在保护和开发土地资源、合理利用土地以及进行有关的科学研究等方面成绩显

著的单位和个人，由人民政府给予奖励。

第二章 土地的所有权和使用权

第八条 城市市区的土地属于国家所有。

农村和城市郊区的土地，除由法律规定属于国家所有的以外，属于农民集体所有；宅基地和自留地、自留山，属于农民集体所有。

第九条 国有土地和农民集体所有的土地，可以依法确定给单位或者个人使用。使用土地的单位和个人，有保护、管理和合理利用土地的义务。

第十条 农民集体所有的土地依法属于村农民集体所有的，由村集体经济组织或者村民委员会经营、管理；已经分别属于村内两个以上农村集体经济组织的农民集体所有的，由村内各该农村集体经济组织或者村民小组经营、管理；已经属于乡（镇）农民集体所有的，由乡（镇）农村集体经济组织经营、管理。

第十一条 农民集体所有的土地，由县级人民政府登记造册，核发证书，确认所有权。

农民集体所有的土地依法用于非农业建设的，由县级人民政府登记造册，核发证书，确认建设用地使用权。

单位和个人依法使用的国有土地，由县级以上人民政府登记造册，核发证书，确认使用权；其中，中央国家机关使用的国有土地的具体登记发证机关，由国务院确定。

确认林地、草原的所有权或者使用权，确认水面、滩涂的养殖使用权，分别依照《中华人民共和国森林法》、《中华人民共和国草原法》和《中华人民共和国渔业法》的有关规定办理。

第十二条 依法改变土地权属和用途的，应当办理土地变更登记手续。

第十三条 依法登记的土地的所有权和使用权受法律保护，任何单位和个人不得侵犯。

第十四条 农民集体所有的土地由本集体经济组织的成员承包经营，从事种植业、林业、畜牧业、渔业生产。土地承包经营期限为三十年。发包方和承包方应当订立承包合同，约定双方的权利和义务。承包经营土地的农民有保护和按照承包合同约定的用途合理利用土地的义务。农民的土地承包经营权受法律保护

在土地承包经营期限内，对个别承包经营者之间承包的土地进行适当调整的，必须经村民会议三分之二以上成员或者三分之二以上村民代表的同意，并报乡（镇）人民政府和县级人民政府农业行政主管部门批准。

第十五条 国有土地可以由单位或者个人承包经营，从事种植业、林业、畜牧业、渔业生产。农民集体所有的土地，可以由本集体经济组织以外的单位或者个人承包经营，从事种植业、林业、畜牧业、渔业生产。发包方和承包方应当订立承包合同，约定双方的权利和义务。土地承包经营的期限由承包合同约定。承包经营土地的单位和个人，有保护和按照承包

合同约定的用途合理利用土地的义务。

农民集体所有的土地由本集体经济组织以外的单位或者个人承包经营的，必须经村民会议三分之二以上成员或者三分之二以上村民代表的同意，并报乡（镇）人民政府批准。

第十六条　土地所有权和使用权争议，由当事人协商解决；协商不成的，由人民政府处理。

单位之间的争议，由县级以上人民政府处理；个人之间、个人与单位之间的争议，由乡级人民政府或者县级以上人民政府处理。

当事人对有关人民政府的处理决定不服的，可以自接到处理决定通知之日起三十日内，向人民法院起诉。

在土地所有权和使用权争议解决前，任何一方不得改变土地利用现状。

第三章　土地利用总体规划

第十七条　各级人民政府应当依据国民经济和社会发展规划、国土整治和资源环境保护的要求、土地供给能力以及各项建设对土地的需求，组织编制土地利用总体规划。

土地利用总体规划的规划期限由国务院规定。

第十八条　下级土地利用总体规划应当依据上一级土地利用总体规划编制。

地方各级人民政府编制的土地利用总体规划中的建设用地总量不得超过上一级土地利用总体规划确定的控制指标，耕地保有量不得低于上一级土地利用总体规划确定的控制指标。

省、自治区、直辖市人民政府编制的土地利用总体规划，应当确保本行政区域内耕地总量不减少。

第十九条　土地利用总体规划按照下列原则编制：

（一）严格保护基本农田，控制非农业建设占用农用地；

（二）提高土地利用率；

（三）统筹安排各类、各区域用地；

（四）保护和改善生态环境，保障土地的可持续利用；

（五）占用耕地与开发复垦耕地相平衡。

第二十条　县级土地利用总体规划应当划分土地利用区，明确土地用途。

乡（镇）土地利用总体规划应当划分土地利用区，根据土地使用条件，确定每一块土地的用途，并予以公告。

第二十一条　土地利用总体规划实行分级审批。

省、自治区、直辖市的土地利用总体规划，报国务院批准。

省、自治区人民政府所在地的市、人口在一百万以上的城市以及国务院指定的城市的土地利用总体规划，经省、自治区人民政府审查同意后，报国务院批准。

本条第二款、第三款规定以外的土地利用总体规划，逐级上报省、自治区、直辖市人民政府批准；其中，乡（镇）土地利用总体规划可以由省级人民政府授权的设区的市、自治州人民政府批准。

土地利用总体规划一经批准，必须严格执行。

第二十二条　城市建设用地规模应当符合国家规定的标准，充分利用现有建设用地，不占或者尽量少占农用地。

城市总体规划、村庄和集镇规划，应当与土地利用总体规划相衔接，城市总体规划、村庄和集镇规划中建设用地规模不得超过土地利用总体规划确定的城市和村庄、集镇建设用地规模。

在城市规划区内、村庄和集镇规划区内，城市和村庄、集镇建设用地应当符合城市规划、村庄和集镇规划。

第二十三条　江河、湖泊综合治理和开发利用规划，应当与土地利用总体规划相衔接。在江河、湖泊、水库的管理和保护范围以及蓄洪滞洪区内，土地利用应当符合江河、湖泊综合治理和开发利用规划，符合河道、湖泊行洪、蓄洪和输水的要求。

第二十四条　各级人民政府应当加强土地利用计划管理，实行建设用地总量控制。

土地利用年度计划，根据国民经济和社会发展计划、国家产业政策、土地利用总体规划以及建设用地和土地利用的实际状况编制。土地利用年度计划的编制审批程序与土地利用总体规划的编制审批程序相同，一经审批下达，必须严格执行。

第二十五条　省、自治区、直辖市人民政府应当将土地利用年度计划的执行情况列为国民经济和社会发展计划执行情况的内容，向同级人民代表大会报告。

第二十六条　经批准的土地利用总体规划的修改，须经原批准机关批准；未经批准，不得改变土地利用总体规划确定的土地用途。

经国务院批准的大型能源、交通、水利等基础设施建设用地，需要改变土地利用总体规划的，根据国务院的批准文件修改土地利用总体规划。

经省、自治区、直辖市人民政府批准的能源、交通、水利等基础设施建设用地，需要改变土地利用总体规划的，属于省级人民政府土地利用总体规划批准权限内的，根据省级人民政府的批准文件修改土地利用总体规划。

第二十七条　国家建立土地调查制度。

县级以上人民政府土地行政主管部门会同同级有关部门进行土地调查。土地所有者或者使用者应当配合调查，并提供有关资料。

第二十八条　县级以上人民政府土地行政主管部门会同同级有关部门根据土地调查成果、规划土地用途和国家制定的统一标准，评定土地等级。

第二十九条　国家建立土地统计制度。

县级以上人民政府土地行政主管部门和同级统计部门共同制定统计调查方案，依法进行土地统计，定期发布土地统计资料。土地所有者或者使用者应当提供有关资料，不得虚报、瞒报、拒报、迟报

土地行政主管部门和统计部门共同发布的土地面积统计资料是各级人民政府编制土地利用总体规划的依据。

第三十条　国家建立全国土地管理信息系统，对土地利用状况进行动态监测。

第四章　耕地保护

第三十一条　国家保护耕地，严格控制耕地转为非耕地。

国家实行占用耕地补偿制度。非农业建设经批准占用耕地的，按照“占多少，垦多少”的原则，由占用耕地的单位负责开垦与所占用耕地的数量和质量相当的耕地；没有条件开垦或者开垦的耕地不符合要求的，应当按照省、自治区、直辖市的规定缴纳耕地开垦费，专款用于开垦新的耕地。

省、自治区、直辖市人民政府应当制定开垦耕地计划，监督占用耕地的单位按照计划开垦耕地或者按照计划组织开垦耕地，并进行验收。

第三十二条　县级以上地方人民政府可以要求占用耕地的单位将所占用耕地耕作层的土壤用于新开垦耕地、劣质地或者其他耕地的土壤改良。第三十三条　省、自治区、直辖市人民政府应当严格执行土地利用总体规划和土地利用年度计划，采取措施，确保本行政区域内耕地总量不减少；耕地总量减少的，由国务院责令在规定期限内组织开垦与所减少耕地的数量与质量相当的耕地，并由国务院土地行政主管部门会同农业行政主管部门验收。个别省、直辖市确因土地后备资源匮乏，新增建设用地后，新开垦耕地的数量不足以补偿所占用耕地的数量的，必须报经国务院批准减免本行政区域内开垦耕地的数量，进行易地开垦。

第三十四条　国家实行基本农田保护制度。下列耕地应当根据土地利用总体规划划入基本农田保护区，严格管理：

（一）经国务院有关主管部门或者县级以上地方人民政府批准确定的粮、棉、油生产基地内的耕地；

（二）有良好的水利与水土保持设施的耕地，正在实施改造计划以及可以改造的中、低产田；

（三）蔬菜生产基地；

（四）农业科研、教学试验田；

（五）国务院规定应当划入基本农田保护区的其他耕地。

各省、自治区、直辖市划定的基本农田应当占本行政区域内耕地的百分之八十以上。

基本农田保护区以乡（镇）为单位进行划区定界，由县级人民政府土地行政主管部门会同同级农业行政主管部门组织实施。

第三十五条　各级人民政府应当采取措施，维护排灌工程设施，改良土壤，提高地力，防止土地荒漠化、盐渍化、水土流失和污染土地。

第三十六条　非农业建设必须节约使用土地，可以利用荒地的，不得占用耕地；可以利用劣地的，不得占用好地。

禁止占用耕地建窑、建坟或者擅自在耕地上建房、挖砂、采石、采矿、取土等。

禁止占用基本农田发展林果业和挖塘养鱼。

第三十七条　禁止任何单位和个人闲置、荒芜耕地。已经办理审批手续的非农业建设占用耕地，一年内不用而又可以耕种并收获的，应当由原耕种该幅耕地的集体或者个人恢复耕种，也可以由用地单位组织耕种；一年以上未动工建设的，应当按照省、自治区、直辖市的规定缴纳闲置费；连续二年未使用的，经原批准机关批准，由县级以上人民政府无偿收回用地单位的土地使用权；该幅土地原为农民集体所有的，应当交由原农村集体经济组织恢复耕种。

在城市规划区范围内，以出让方式取得土地使用权进行房地产开发的闲置土地，依照《中华人民共和国城市房地产管理法》的有关规定办理。

承包经营耕地的单位或者个人连续二年弃耕抛荒的，原发包单位应当终止承包合同，收回发包的耕地。

第三十八条　国家鼓励单位和个人按照土地利用总体规划，在保护和改善生态环境、防止水土流失和土地荒漠化的前提下，开发未利用的土地；适宜开发为农用地的，应当优先开发成农用地。

国家依法保护开发者的合法权益。

第三十九条　开垦未利用的土地，必须经过科学论证和评估，在土地利用总体规划划定的可开垦的区域内，经依法批准后进行。禁止毁坏森林、草原开垦耕地，禁止围湖造田和侵占江河滩地。

根据土地利用总体规划，对破坏生态环境开垦、围垦的土地，有计划有步骤地退耕还林、还牧、还湖。

第四十条　开发未确定使用权的国有荒山、荒地、荒滩从事种植业、林业、畜牧业、渔业生产的，经县级以上人民政府依法批准，可以确定给开发单位或者个人长期使用。

第四十一条　国家鼓励土地整理。县、乡（镇）人民政府应当组织农村集体经济组织，按照土地利用总体规划，对田、水、路、林、村综合整治，提高耕地质量，增加有效耕地面积，改善农业生产条件和生态环境。

地方各级人民政府应当采取措施，改造中、低产田，整治闲散地和废弃地

第四十二条　因挖损、塌陷、压占等造成土地破坏，用地单位和个人应当按照国家有关规定负责复垦；没有条件复垦或者复垦不符合要求的，应当缴纳土地复垦费，专项用于土地复垦。复垦的土地应当优先用于农业。

第五章　建设用地

第四十三条　任何单位和个人进行建设，需要使用土地的，必须依法申请使用国有土地；但是，兴办乡镇企业和村民建设住宅经依法批准使用本集体经济组织农民集体所有的土地的，或者乡（镇）村公共设施和公益事业建设经依法批准使用农民集体所有的土地的除外

前款所称依法申请使用的国有土地包括国家所有的土地和国家征收的原属于农民集体所有的土地。

第四十四条　建设占用土地，涉及农用地转为建设用地的，应当办理农用地转用审批手续。

省、自治区、直辖市人民政府批准的道路、管线工程和大型基础设施建设项目、国务院批准的建设项目占用土地，涉及农用地转为建设用地的，由国务院批准。

在土地利用总体规划确定的城市和村庄、集镇建设用地规模范围内，为实施该规划而将农用地转为建设用地的，按土地利用年度计划分批次由原批准土地利用总体规划的机关批准。在已批准的农用地转用范围内，具体建设项目用地可以由市、县人民政府批准。

本条第二款、第三款规定以外的建设项目占用土地，涉及农用地转为建设用地的，由省、自治区、直辖市人民政府批准。

第四十五条　征收下列土地的，由国务院批准：

（一）基本农田；

（二）基本农田以外的耕地超过三十五公顷的；

（三）其他土地超过七十公顷的。

征收前款规定以外的土地的，由省、自治区、直辖市人民政府批准，并报国务院备案。

征收农用地的，应当依照本法第四十四条的规定先行办理农用地转用审批。其中，经国务院批准农用地转用的，同时办理征地审批手续，不再另行办理征地审批；经省、自治区、直辖市人民政府在征地批准权限内批准农用地转用的，同时办理征地审批手续，不再另行办理征地审批，超过征地批准权限的，应当依照本条第一款的规定另行办理征地审批。

第四十六条　国家征收土地的，依照法定程序批准后，由县级以上地方人民政府予以公告并组织实施。

被征收土地的所有权人、使用权人应当在公告规定期限内，持土地权属证书到当地人民

政府土地行政主管部门办理征地补偿登记。

第四十七条　征收土地的，按照被征收土地的原用途给予补偿。

征收耕地的补偿费用包括土地补偿费、安置补助费以及地上附着物和青苗的补偿费。征收耕地的土地补偿费，为该耕地被征收前三年平均年产值的六至十倍。征收耕地的安置补助费，按照需要安置的农业人口数计算。需要安置的农业人口数，按照被征收的耕地数量除以征地前被征收单位平均每人占有耕地的数量计算。每一个需要安置的农业人口的安置补助费标准，为该耕地被征收前三年平均年产值的四至六倍。但是，每公顷被征收耕地的安置补助费，最高不得超过被征收前三年平均年产值的十五倍。

征收其他土地的土地补偿费和安置补助费标准，由省、自治区、直辖市参照征收耕地的土地补偿费和安置补助费的标准规定。

被征收土地上的附着物和青苗的补偿标准，由省、自治区、直辖市规定。

征收城市郊区的菜地，用地单位应当按照国家有关规定缴纳新菜地开发建设基金。

依照本条第二款的规定支付土地补偿费和安置补助费，尚不能使需要安置的农民保持原有生活水平的，经省、自治区、直辖市人民政府批准，可以增加安置补助费。但是，土地补偿费和安置补助费的总和不得超过土地被征收前三年平均年产值的三十倍。

国务院根据社会、经济发展水平，在特殊情况下，可以提高征收耕地的土地补偿费和安置补助费的标准。

第四十八条　征地补偿安置方案确定后，有关地方人民政府应当公告，并听取被征地的农村集体经济组织和农民的意见。

第四十九条　被征地的农村集体经济组织应当将征收土地的补偿费用的收支状况向本集体经济组织的成员公布，接受监督。

禁止侵占、挪用被征收土地单位的征地补偿费用和其他有关费用。

第五十条　地方各级人民政府应当支持被征地的农村集体经济组织和农民从事开发经营，兴办企业。

第五十一条　大中型水利、水电工程建设征收土地的补偿费标准和移民安置办法，由国务院另行规定。

第五十二条　建设项目可行性研究论证时，土地行政主管部门可以根据土地利用总体规划、土地利用年度计划和建设用地标准，对建设用地有关事项进行审查，并提出意见。

第五十三条　经批准的建设项目需要使用国有建设用地的，建设单位应当持法律、行政法规规定的有关文件，向有批准权的县级以上人民政府土地行政主管部门提出建设用地申请，经土地行政主管部门审查，报本级人民政府批准。

第五十四条　建设单位使用国有土地，应当以出让等有偿使用方式取得；但是，下列建设用地，经县级以上人民政府依法批准，可以以划拨方式取得：

（一）国家机关用地和军事用地；

（二）城市基础设施用地和公益事业用地；

（三）国家重点扶持的能源、交通、水利等基础设施用地；

（四）法律、行政法规规定的其他用地。

第五十五条　以出让等有偿使用方式取得国有土地使用权的建设单位，按照国务院规定的标准和办法，缴纳土地使用权出让金等土地有偿使用费和其他费用后，方可使用土地。

自本法施行之日起，新增建设用地的土地有偿使用费，百分之三十上缴中央财政，百分之七十留给有关地方人民政府，都专项用于耕地开发。

第五十六条　建设单位使用国有土地的，应当按照土地使用权出让等有偿使用合同的约定或者土地使用权划拨批准文件的规定使用土地；确需改变该幅土地建设用途的，应当经有关人民政府土地行政主管部门同意，报原批准用地的人民政府批准。其中，在城市规划区内改变土地用途的，在报批前，应当先经有关城市规划行政主管部门同意。

第五十七条　建设项目施工和地质勘查需要临时使用国有土地或者农民集体所有的土地的，由县级以上人民政府土地行政主管部门批准。其中，在城市规划区内的临时用地，在报批前，应当先经有关城市规划行政主管部门同意。土地使用者应当根据土地权属，与有关土地行政主管部门或者农村集体经济组织、村民委员会签订临时使用土地合同，并按照合同的约定支付临时使用土地补偿费。

临时使用土地的使用者应当按照临时使用土地合同约定的用途使用土地，并不得修建永久性建筑物。

临时使用土地期限一般不超过二年。

第五十八条　有下列情形之一的，由有关人民政府土地行政主管部门报经原批准用地的人民政府或者有批准权的人民政府批准，可以收回国有土地使用权：

（一）为公共利益需要使用土地的；

（二）为实施城市规划进行旧城区改建，需要调整使用土地的；

（三）土地出让等有偿使用合同约定的使用期限届满，土地使用者未申请续期或者申请续期未获批准的；

（四）因单位撤销、迁移等原因，停止使用原划拨的国有土地；

（五）公路、铁路、机场、矿场等经核准报废的。

依照前款第（一）项、第（二）项的规定收回国有土地使用权的，对土地使用权人应当给予适当补偿。

第五十九条　乡镇企业、乡（镇）村公共设施、公益事业、农村村民住宅等乡（镇）村建设，应当按照村庄和集镇规划，合理布局，综合开发，配套建设；建设用地，应当符合乡（镇）土地利用总体规划和土地利用年度计划，并依照本法第四十四条、第六十条、第六十一条、第六十二条的规定办理审批手续。

第六十条　农村集体经济组织使用乡（镇）土地利用总体规划确定的建设用地兴办企业或者与其他单位、个人以土地使用权入股、联营等形式共同举办企业的，应当持有关批准文件，向县级以上地方人民政府土地行政主管部门提出申请，按照省、自治区、直辖市规定的批准权限，由县级以上地方人民政府批准；其中，涉及占用农用地的，依照本法第四十四条的规定办理审批手续。

按照前款规定兴办企业的建设用地，必须严格控制。省、自治区、直辖市可以按照乡镇企业的不同行业和经营规模，分别规定用地标准。

第六十一条　乡（镇）村公共设施、公益事业建设，需要使用土地的，经乡（镇）人民政府审核，向县级以上地方人民政府土地行政主管部门提出申请，按照省、自治区、直辖市规定的批准权限，由县级以上地方人民政府批准；其中，涉及占用农用地的，依照本法第四十四条的规定办理审批手续。

第六十二条　农村村民一户只能拥有一处宅基地，其宅基地的面积不得超过省、自治区、直辖市规定的标准。

农村村民建住宅，应当符合乡（镇）土地利用总体规划，并尽量使用原有的宅基地和村内空闲地。

农村村民住宅用地，经乡（镇）人民政府审核，由县级人民政府批准；其中，涉及占用农用地的，依照本法第四十四条的规定办理审批手续。

农村村民出卖、出租住房后，再申请宅基地的，不予批准。

第六十三条　农民集体所有的土地的使用权不得出让、转让或者出租用于非农业建设；但是，符合土地利用总体规划并依法取得建设用地的企业，因破产、兼并等情形致使土地使用权依法发生转移的除外。

第六十四条　在土地利用总体规划制定前已建的不符合土地利用总体规划确定的用途的建筑物、构筑物，不得重建、扩建。

第六十五条　有下列情形之一的，农村集体经济组织报经原批准用地的人民政府批准，可以收回土地使用权：

（一）为乡（镇）村公共设施和公益事业建设，需要使用土地；

（二）不按照批准的用途使用土地的；

（三）因撤销、迁移等原因而停止使用土地的。

依照前款第（一）项规定收回农民集体所有的土地的，对土地使用权人应当给予适当补偿。

第六章 监督检查

第六十六条 县级以上人民政府土地行政主管部门对违反土地管理法律、法规的行为进行监督检查。

土地管理监督检查人员应当熟悉土地管理法律、法规，忠于职守、秉公执法。

第六十七条 县级以上人民政府土地行政主管部门履行监督检查职责时，有权采取下列措施：

（一）要求被检查的单位或者个人提供有关土地权利的文件和资料，进行查阅或者予以复制；

（二）要求被检查的单位或者个人就有关土地权利的问题作出说明；

（三）进入被检查单位或者个人非法占用的土地现场进行勘测；

（四）责令非法占用土地的单位或者个人停止违反土地管理法律、法规的行为。

第六十八条 土地管理监督检查人员履行职责，需要进入现场进行勘测、要求有关单位或者个人提供文件、资料和作出说明的，应当出示土地管理监督检查证件。

第六十九条 有关单位和个人对县级以上人民政府土地行政主管部门就土地违法行为进行的监督检查应当支持与配合，并提供工作方便，不得拒绝与阻碍土地管理监督检查人员依法执行职务。

第七十条 县级以上人民政府土地行政主管部门在监督检查工作中发现国家工作人员的违法行为，依法应当给予行政处分的，应当依法予以处理；自己无权处理的，应当向同级或者上级人民政府的行政监察机关提出行政处分建议书，有关行政监察机关应当依法予以处理。

第七十一条 县级以上人民政府土地行政主管部门在监督检查工作中发现土地违法行为构成犯罪的，应当将案件移送有关机关，依法追究刑事责任；尚不构成犯罪的，应当依法给予行政处罚。

第七十二条 依照本法规定应当给予行政处罚，而有关土地行政主管部门不给予行政处罚的，上级人民政府土地行政主管部门有权责令有关土地行政主管部门作出行政处罚决定或者直接给予行政处罚，并给予有关土地行政主管部门的负责人行政处分。

第七章 法律责任

第七十三条 买卖或者以其他形式非法转让土地的，由县级以上人民政府土地行政主管部门没收违法所得；对违反土地利用总体规划擅自将农用地改为建设用地的，限期拆除在非法转让的土地上新建的建筑物和其他设施，恢复土地原状，对符合土地利用总体规划的，没收在非法转让的土地上新建的建筑物和其他设施；可以并处罚款；对直接负责的主管人员和其他直接责任人员，依法给予行政处分；构成犯罪的，依法追究刑事责任。

第七十四条　违反本法规定，占用耕地建窑、建坟或者擅自在耕地上建房、挖砂、采石、采矿、取土等，破坏种植条件的，或者因开发土地造成土地荒漠化、盐渍化的，由县级以上人民政府土地行政主管部门责令限期改正或者治理，可以并处罚款；构成犯罪的，依法追究刑事责任。

第七十五条　违反本法规定，拒不履行土地复垦义务的，由县级以上人民政府土地行政主管部门责令限期改正；逾期不改正的，责令缴纳复垦费，专项用于土地复垦，可以处以罚款。

第七十六条　未经批准或者采取欺骗手段骗取批准，非法占用土地的，由县级以上人民政府土地行政主管部门责令退还非法占用的土地，对违反土地利用总体规划擅自将农用地改为建设用地的，限期拆除在非法占用的土地上新建的建筑物和其他设施，恢复土地原状，对符合土地利用总体规划的，没收在非法占用的土地上新建的建筑物和其他设施，可以并处罚款；对非法占用土地单位的直接负责的主管人员和其他直接责任人员，依法给予行政处分；构成犯罪的，依法追究刑事责任。

超过批准的数量占用土地，多占的土地以非法占用土地论处。

第七十七条　农村村民未经批准或者采取欺骗手段骗取批准，非法占用土地建住宅的，由县级以上人民政府土地行政主管部门责令退还非法占用的土地，限期拆除在非法占用的土地上新建的房屋。

超过省、自治区、直辖市规定的标准，多占的土地以非法占用土地论处。

第七十八条　无权批准征收、使用土地的单位或者个人非法批准占用土地的，超越批准权限非法批准占用土地的，不按照土地利用总体规划确定的用途批准用地的，或者违反法律规定的程序批准占用、征收土地的，其批准文件无效，对非法批准征收、使用土地的直接负责的主管人员和其他直接责任人员，依法给予行政处分；构成犯罪的，依法追究刑事责任。非法批准、使用的土地应当收回，有关当事人拒不归还的，以非法占用土地论处。

非法批准征收、使用土地，对当事人造成损失的，依法应当承担赔偿责任。

第七十九条　侵占、挪用被征收土地单位的征地补偿费用和其他有关费用，构成犯罪的，依法追究刑事责任；尚不构成犯罪的，依法给予行政处分。

第八十条　依法收回国有土地使用权当事人拒不交出土地的，临时使用土地期满拒不归还的，或者不按照批准的用途使用国有土地的，由县级以上人民政府土地行政主管部门责令交还土地，处以罚款。

第八十一条　擅自将农民集体所有的土地的使用权出让、转让或者出租用于非农业建设的，由县级以上人民政府土地行政主管部门责令限期改正，没收违法所得，并处罚款。

第八十二条　不依照本法规定办理土地变更登记的，由县级以上人民政府土地行政主管部门责令其限期办理。

第八十三条　依照本法规定，责令限期拆除在非法占用的土地上新建的建筑物和其他设施的，建设单位或者个人必须立即停止施工，自行拆除；对继续施工的，作出处罚决定的机关有权制止。建设单位或者个人对责令限期拆除的行政处罚决定不服的，可以在接到责令限期拆除决定之日起十五日内，向人民法院起诉；期满不起诉又不自行拆除的，由作出处罚决定的机关依法申请人民法院强制执行，费用由违法者承担。

第八十四条　土地行政主管部门的工作人员玩忽职守、滥用职权、徇私舞弊，构成犯罪的，依法追究刑事责任；尚不构成犯罪的，依法给予行政处分。

第八章　附则

第八十五条　中外合资经营企业、中外合作经营企业、外资企业使用土地的，适用本法；法律另有规定的，从其规定。

第八十六条　本法自 1999 年 1 月 1 日起施行。

国家土地管理局关于印发《确定土地所有权和使用权的若干规定》的通知

第一章　总则

第一条　为了确定土地所有权和使用权，依法进行土地登记，根据有关的法律、法规和政策，制订本规定。

第二条　土地所有权和使用权由县级以上人民政府确定，土地管理部门具体承办。

土地权属争议，由土地管理部门提出处理意见，报人民政府下达处理决定或报人民政府批准后由土地管理部门下达处理决定。

第二章　国家土地所有权

第三条　城市市区范围内的土地属于国家所有。

第四条　依据一九五0年《中华人民共和国土地改革法》及有关规定，凡当时没有将土地所有权分配给农民的土地属于国家所有；实施一九六二年《农村人民公社工作条例修正草案》（以下简称《六十条》）未划入农民集体范围内的土地属于国家所有。

第五条　国家建设征用的土地，属于国家所有。

第六条　开发利用国有土地，开发利用者依法享有土地使用权，土地所有权仍属国家。

第七条　国有铁路线路、车站、货场用地以及依法留用的其他铁路用地属于国家所有。土改时已分配给农民所有的原铁路用地和新建铁路两侧未经征用的农民集体所有土地属于农民集体所有。

第八条　县级以上（含县级）公路线路用地属于国家所有。公路两侧保护用地和公路其他用地凡未经征用的农民集体所有的土地仍属于农民集体所有。

第九条　国有电力、通讯设施用地属于国家所有。但国有电力通讯杆塔占用农民集体所有的土地，未办理征用手续的，土地仍属于农民集体所有，对电力通讯经营单位可确定为他项权利。

第十条　军队接收的敌伪地产及解放后经人民政府批准征用、划拨的军事用地属于国家所有。

第十一条　河道堤防内的土地和堤防外的护堤地，无堤防河道历史最高洪水位或者设计洪水位以下的土地，除土改时已将所有权分配给农民，国家未征用，且迄今仍归农民集体使用的外，属于国家所有。

第十二条　县级以上（含县级）水利部门直接管理的水库、渠道等水利工程用地属于国家所有。水利工程管理和保护范围内未经征用的农民集体土地仍属于农民集体所有。

第十三条　国家建设对农民集体全部进行移民安置并调剂土地后，迁移农民集体原有土地转为国家所有。但移民后原集体仍继续使用的集体所有土地，国家未进行征用的，其所有权不变。

第十四条　因国家建设征用土地，农民集体建制被撤销或其人口全部转为非农业人口，其未经征用的土地，归国家所有。继续使用原有土地的原农民集体及其成员享有国有土地使用权。

第十五条　全民所有制单位和城镇集体所有制单位兼并农民集体企业的，办理有关手续后，被兼并的原农民集体企业使用的集体所有土地转为国家所有。乡（镇）企业依照国家建设征用土地的审批程序和补偿标准使用的非本乡（镇）村农民集体所有的土地，转为国家所有。

第十六条　一九六二年九月《六十条》公布以前，全民所有制单位，城市集体所有制单位和集体所有制的华侨农场使用的原农民集体所有的土地（含合作化之前的个人土地），迄今没有退给农民集体的，属于国家所有。

《六十条》公布时起至一九八二年五月《国家建设征用土地条例》公布时止，全民所有制单位、城市集体所有制单位使用的原农民集体所有的土地，有下列情形之一的，属于国家所有：

1. 签订过土地转移等有关协议的；

2. 经县级以上人民政府批准使用的；

3. 进行过一定补偿或安置劳动力的；

4. 接受农民集体馈赠的；

5. 已购买原集体所有的建筑物的；

6. 农民集体所有制企事业单位转为全民所有制或者城市集体所有制单位的。

一九八二年五月《国家建设征用土地条例》公布时起至一九八七年《土地管理法》开始施行时止，全民所有制单位、城市集体所有制单位违反规定使用的农民集体土地，依照有关规定进行了清查处理后仍由全民所有制单位、城市集体所有制单位使用的，确定为国家所有。

凡属上述情况以外未办理征地手续使用的农民集体土地，由县级以上地方人民政府根据具体情况，按当时规定补办征地手续，或退还农民集体。一九八七年《土地管理法》施行后违法占用的农民集体土地，必须依法处理后，再确定土地所有权。

第十七条　一九八六年三月中共中央、国务院《关于加强土地管理、制止乱占耕地的通知》发布之前，全民所有制单位、城市集体所有制单位租用农民集体所有的土地，按照有关规定处理后，能够恢复耕种的，退还农民集体耕种，所有权仍属于农民集体；已建成永久性建筑物的，由用地单位按租用时的规定，补办手续，土地归国家所有。凡已经按照有关规定处理了的，可按处理决定确定所有权和使用权。

第十八条　土地所有权有争议，不能依法证明争议土地属于农民集体所有的，属于国家所有。

第三章　集体土地所有权

第十九条　土地改革时分给农民并颁发了土地所有证的土地，属于农民集体所有；实施《六十条》时确定为集体所有的土地，属农民集体所有。依照第二章规定属于国家所有的除外。

第二十条　村农民集体所有的土地，按目前该村农民集体实际使用的本集体土地所有权界线确定所有权。

根据《六十条》确定的农民集体土地所有权，由于下列原因发生变更的，按变更后的现状确定集体土地所有权。

（一）由于村、队、社、场合并或分割等管理体制的变化引起土地所有权变更的；

（二）由于土地开发、国家征地、集体兴办企事业或者自然灾害等原因进行过土地调整的；

（三）由于农田基本建设和行政区划变动等原因重新划定土地所有权界线的。行政区划变动未涉及土地权属变更的，原土地权属不变。

第二十一条　农民集体连续使用其他农民集体所有的土地已满二十年的，应视为现使用者所有；连续使用不满二十年，或者虽满二十年但在二十年期满之前所有者曾向现使用者或有关部门提出归还的，由县级以上人民政府根据具体情况确定土地所有权。

第二十二条　乡（镇）或村在集体所有的土地上修建并管理的道路、水利设施用地，分别属于乡（镇）或村农民集体所有。

第二十三条　乡（镇）或村办企事业单位使用的集体土地，《六十条》公布以前使用的，分别属于该乡（镇）或村农民集体所有；《六十条》公布时起至一九八二年国务院《村镇建房用地管理条例》发布时止使用的，有下列情况之一的，分别属于该乡（镇）或村农民集体所有：

1. 签订过用地协议的（不含租借）；

2. 经县、乡（公社）、村（大队）批准或同意，并进行了适当的土地调整或者经过一定补偿的；

3. 通过购买房屋取得的；

4. 原集体企事业单位体制经批准变更的。

一九八二年国务院《村镇建房用地管理条例》发布时起至一九八七年《土地管理法》开始施行时止，乡（镇）、村办企事业单位违反规定使用的集体土地按照有关规定清查处理后，乡（镇）、村集体单位继续使用的，可确定为该乡（镇）或村集体所有。

乡（镇）、村办企事业单位采用上述以外的方式占用的集体土地，或虽采用上述方式，但目前土地利用不合理的，如荒废、闲置等，应将其全部或部分土地退还原村或乡农民集体，或按有关规定进行处理。一九八七年《土地管理法》施行后违法占用的土地，须依法处理后再确定所有权。

第二十四条　乡（镇）企业使用本乡（镇）、村集体所有的土地，依照有关规定进行补偿和安置的，土地所有权转为乡（镇）农民集体所有。经依法批准的乡（镇）、村公共设施、公益事业使用的农民集体土地，分别属于乡（镇）、村农民集体所有。

第二十五条　农民集体经依法批准以土地使用权作为联营条件与其他单位或个人举办联营企业的，或者农民集体经依法批准以集体所有的土地的使用权作价入股，举办外商投资企业和内联乡镇企业的，集体土地所有权不变。

第四章　国有土地使用权

第二十六条　土地使用权确定给直接使用土地的具有法人资格的单位或个人。但法律、法规、政策和本规定另有规定的除外。

第二十七条　土地使用者经国家依法划拨、出让或解放初期接收、沿用，或通过依法转让、继承、接受地上建筑物等方式使用国有土地的，可确定其国有土地使用权。

第二十八条　土地公有制之前，通过购买房屋或土地及租赁土地方式使用私有的土地，土地转为国有后迄今仍继续使用的，可确定现使用者国有土地使用权。

第二十九条　因原房屋拆除、改建或自然坍塌等原因，已经变更了实际土地使用者的，经依法审核批准，可将土地使用权确定给实际土地使用者；空地及房屋坍塌或拆除后两年以上仍未恢复使用的土地，由当地县级以上人民政府收回土地使用权。

第三十条　原宗教团体、寺观教堂宗教活动用地，被其他单位占用，原使用单位因恢复宗教活动需要退还使用的，应按有关规定予以退还。确属无法退还或土地使用权有争议的，经协商、处理后确定土地使用权。

第三十一条　军事设施用地（含靶场、试验场、训练场）依照解放初土地接收文件和人民政府批准征用或划拨土地的文件确定土地使用权。土地使用权有争议的，按照国务院、中央军委有关文件规定处理后，再确定土地使用权。

国家确定的保留或地方代管的军事设施用地的土地使用权确定给军队，现由其他单位使用的，可依照有关规定确定为他项权利。

经国家批准撤销的军事设施，其土地使用权依照有关规定由当地县级以上人民政府收回并重新确定使用权。

第三十二条　依法接收、征用、划拨的铁路线路用地及其他铁路设施用地，现仍由铁路单位使用的，其使用权确定给铁路单位。铁路线路路基两侧依法取得使用权的保护用地，使用权确定给铁路单位。

第三十三条　国家水利、公路设施用地依照征用、划拨文件和有关法律、法规划定用地界线。

第三十四条　驻机关、企事业单位内的行政管理和服务性单位，经政府批准使用的土地，可以由土地管理部门商被驻单位规定土地的用途和其他限制条件后分别确定实际土地使用者的土地使用权。但租用房屋的除外。

第三十五条　原由铁路、公路、水利、电力、军队及其他单位和个人使用的土地，一九八二年五月《国家建设征用土地条例》公布之前，已经转由其他单位或个人使用的，除按照国家法律和政策应当退还的外，其国有土地使用权可确定给实际土地使用者，但严重影响上述部门的设施安全和正常使用的，暂不确定土地使用权，按照有关规定处理后，再确定土地使用权。一九八二年五月以后非法转让的，经依法处理后再确定使用权。

第三十六条　农民集体使用的国有土地，其使用权按县级以上人民政府主管部门审批、划拨文件确定；没有审批、划拨文件的，依照当时规定补办手续后，按使用现状确定；过去未明确划定使用界线的，由县级以上人民政府参照土地实际使用情况确定。

第三十七条　未按规定用途使用的国有土地，由县级以上人民政府收回重新安排使用，或者按有关规定处理后确定使用权。

第三十八条　一九八七年一月《土地管理法》施行之前重复划拨或重复征用的土地，可按目前实际使用情况或者根据最后一次划拨或征用文件确定使用权。

第三十九条　以土地使用权为条件与其他单位或个人合建房屋的，根据批准文件、合建协议或者投资数额确定土地使用权，但一九八二年《国家建设征用土地条例》公布后合建的，应依法办理土地转让手续后再确定土地使用权。

第四十条　以出让方式取得的土地使用权或以划拨方式取得的土地使用权补办出让手续后作为资产入股的，土地使用权确定给股份制企业。

国家以土地使用权作价入股的，土地使用权确定给股份制企业。

国家将土地使用权租赁给股份制企业的，土地使用权确定给股份制企业。企业以出让方式取得的土地使用权或以划拨方式取得的土地使用权补办出让手续后，出租给股份制企业的，土地使用权不变。

第四十一条　企业以出让方式取得的土地使用权，企业破产后，经依法处置，确定给新的受让人；企业通过划拨方式取得的土地使用权，企业破产时，其土地使用权由县级上人民政府收回后，根据有关规定进行处置。

第四十二条　法人之间合并，依法属于应当以有偿方式取得土地使用权的，原土地使用权应当办理有关手续，有偿取得土地使用权；依法可以以划拨形式取得土地使用权的，可以办理划拨土地权属变更登记，取得土地使用权。

第五章　集体土地建设用地使用权

第四十三条　乡（镇）村办企业事业单位和个人依法使用农民集体土地进行非农业建设的，可依法确定使用者集体土地建设用地使用权。对多占少用、占而不用的，其闲置部分不予确定使用权，并退还农民集体，另行安排使用。

第四十四条　依照本规定第二十五条规定的农民集体土地，集体土地建设用地使用权确定给联营或股份企业。

第四十五条　一九八二年二月国务院发布《村镇建房用地管理条例》之前农村居民建房占用的宅基地，超过当地政府规定的面积，在《村镇建房用地管理条例》施行后未经拆迁、改建、翻建的，可以暂按现有实际使用面积确定集体土地建设用地使用权。

第四十六条　一九八二年二月《村镇建房用地管理条例》发布时起至一九八七年一月《土地管理法》开始施行时止，农村居民建房占用的宅基地，其面积超过当地政府规定标准的，超过部分按一九八六年三月中共中央、国务院《关于加强土地管理、制止乱占耕地的通知》及地方人民政府的有关规定处理后，按处理后实际使用面积确定集体土地建设用地使用权。

第四十七条　符合当地政府分户建房规定而尚未分户的农村居民，其现有的宅基地没有超过分户建房用地合计面积标准的，可按现有宅基地面积确定集体土地建设用地使用权。

第四十八条　非农业户口居民（含华侨）原在农村的宅基地，房屋产权没有变化的，可依法确定其集体土地建设用地使用权。房屋拆除后没有批准重建的，土地使用权由集体收回。

第四十九条　接受转让、购买房屋取得的宅基地，与原有宅基地合计面积超过当地政府规定标准，按照有关规定处理后允许继续使用的，可暂确定其集体土地建设用地使用权。继承房屋取得的宅基地，可确定集体土地建设用地使用权。

第五十条　农村专业户宅基地以外的非农业建设用地与宅基地分别确定集体土地建设用地使用权。

第五十一条　按照本规定第四十五条至第四十九条的规定确定农村居民宅基地集体土地建设用地使用权时，其面积超过当地政府规定标准的，可在土地登记卡和土地证书内注明超过标准面积的数量。以后分户建房或现有房屋拆迁、改建、翻建或政府依法实施规划重新建设时，按当地政府规定的面积标准重新确定使用权，其超过部分退还集体。

第五十二条　空闲或房屋坍塌、拆除两年以上未恢复使用的宅基地，不确定土地使用权。已经确定使用权的，由集体报经县级人民政府批准，注销其土地登记，土地由集体收回。

第六章　附则

第五十三条　一宗地由两个以上单位或个人共同使用的，可确定为共有土地使用权。共有土地使用权面积可以在共有使用人之间分摊。

第五十四条　地面与空中、地面与地下立体交叉使用土地的（楼房除外），土地使用权确定给地面使用者，空中和地下可确定为他项权利。

平面交叉使用土地的，可以确定为共有土地使用权；也可以将土地使用权确定给主要用途或优先使用单位，次要和服从使用单位可确定为他项权利。

上述两款中的交叉用地，如属合法批准征用、划拨的，可按批准文件确定使用权，其他用地单位确定为他项权利。

第五十五条　依法划定的铁路、公路、河道、水利工程、军事设施、危险品生产和储存地、风景区等区域的管理和保护范围内的土地，其土地的所有权和使用权依照土地管理有关法规确定。但对上述范围内的土地的用途，可以根据有关的规定增加适当的限制条件。

第五十六条　土地所有权或使用权证明文件上的四至界线与实地一致，但实地面积与批准面积不一致的，按实地四至界线计算土地面积，确定土地的所有权或使用权。

第五十七条　他项权利依照法律或当事人约定设定。他项权利可以与土地所有权或使用权同时确定，也可在土地所有权或使用权确定之后增设。

第五十八条　各级人民政府或人民法院已依法处理的土地权属争议，按处理决定确定土地所有权或使用权。

第五十九条　本规定由国家土地管理局负责解释。

第六十条　本规定自一九九五年五月一日起施行。一九八九年七月五日国家土地管理局印发的《关于确定土地权属问题的若干意见》同时停止执行。

国有财产与集体所有的财产

《中华人民共和国宪法》第九条　矿藏、水流、森林、山岭、草原、荒地、滩涂等自然资源，都属于国家所有，即全民所有；由法律规定属于集体所有的森林和山岭、草原、荒地、滩涂除外。

国家保障自然资源的合理利用，保护珍贵的动物和植物。禁止任何组织或者个人用任何手段侵占或者破坏自然资源。

第十条　城市的土地属于国家所有。

农村和城市郊区的土地，除由法律规定属于国家所有的以外，属于集体所有；宅基地和自留地、自留山，也属于集体所有。

国家为了公共利益的需要，可以依照法律规定对土地实行征收或者征用并给予补偿。

任何组织或者个人不得侵占、买卖或者以其他形式非法转让土地。土地的使用权可以依照法律的规定转让。

一切使用土地的组织和个人必须合理地利用土地。

《中华人民共和国民法通则》第七十四条劳动群众集体组织的财产属于劳动群众集体所有，包括：

（一）法律规定为集体所有的土地和森林、山岭、草原、荒地、滩涂等；

（二）集体经济组织的财产；

（三）集体所有的建筑物、水库、农田水利设施和教育、科学、文化、卫生、体育等设施；

（四）集体所有的其他财产。

集体所有的土地依照法律属于村农民集体所有，由村农业生产合作社等农业集体经济组织或者村民委员会经营、管理。已经属于乡（镇）农民

集体经济组织所有的，可以属于乡（镇）农民集体所有。

集体所有的财产受法律保护，禁止任何组织或者个人侵占、哄抢、私分、破坏或者非法查封、扣押、冻结、没收。

第八十条　国家所有的土地，可以依法由全民所有制单位使用，也可以依法确定由集体所有制单位使用，国家保护它的使用、收益的权利；使用单位有管理、保护、合理利用的义务。

公民、集体依法对集体所有的或者国家所有由集体使用的土地的承包经营权，受法律保

护。承包双方的权利和义务，依照法律由承包合同规定。

第八十一条　国家所有的森林、山岭、草原、荒地、滩涂、水面等自然资源，可以依法由全民所有制单位使用，也可以依法确定由集体所有制单位使用，国家保护它的使用、收益的权利；使用单位有管理、保护、合理利用的义务。

国家所有的矿藏，可以依法由全民所有制单位和集体所有制单位开采，也可以依法由公民采挖。国家保护合法的采矿权。

公民、集体依法对集体所有的或者国家所有由集体使用的森林、山岭、草原、荒地、滩涂、水面的承包经营权，受法律保护。承包双方的权利和义务，依照法律由承包合同规定。

国家所有的矿藏、水流，国家所有的和法律规定属于集体所有的林地、山岭、草原、荒地、滩涂不得买卖、出租、抵押或者以其他形式非法转让。

不得买卖、出租、抵押或者以其他形式非法转让。

土地用途管制与农用地保护

《物权法》第七条物权的取得和行使，应当遵守法律，尊重社会公德，不得损害公共利益和他人合法权益。

第四十三条　国家对耕地实行特殊保护，严格限制农用地转为建设用地，控制建设用地总量。不得违反法律规定的权限和程序征收集体所有的土地。

第一百二十条　用益物权人行使权利，应当遵守法律有关保护和合理开发利用资源的规定。所有权人不得干涉用益物权人行使权利。

第一百二十八条　土地承包经营权人依照农村土地承包法的规定，有权将土地承包经营权采取转包、互换、转让等方式流转。流转的期限不得超过承包期的剩余期限。未经依法批准，不得将承包地用于非农建设。有权人不得干涉用益物权人行使权利。

第一百三十五条　建设用地使用权人依法对国家所有的土地享有占有、使用和收益的权利，有权利用该土地建造建筑物、构筑物及其附属设施。

第一百三十七条　设立建设用地使用权，可以采取出让或者划拨等方式。工业、商业、旅游、娱乐和商品住宅等经营性用地以及同一土地有两个以上意向用地者的，应当采取招标、拍卖等公开竞价的方式出让。严格限制以划拨方式设立建设用地使用权。采取划拨方式的，应当遵守法律、行政法规关于土地用途的规定。

第一百四十条　建设用地使用权人应当合理利用土地，不得改变土地用途；需要改变土地用途的，应当依法经有关行政主管部门批准。

第一百五十二条　宅基地使用权人依法对集体所有的土地享有占有和使用的权利，有权依法利用该土地建造住宅及其附属设施。

第一百五十三条　宅基地使用权的取得、行使和转让，适用土地管理法等法律和国家有关规定。

第一百五十四条　宅基地因自然灾害等原因灭失的，宅基地使用权消灭。对失去宅基地的村民，应当重新分配宅基地。

第一百五十五条　已经登记的宅基地使用权转让或者消灭的，应当及时办理变更登记或者注销登记。

《中华人民共和国农村土地承包法》第八条农村土地承包应当遵守法律、法规，保护土地资源的合理开发和可持续利用。未经依法批准不得将承包地用于非农建设。

国家鼓励农民和农村集体经济组织增加对土地的投入，培肥地力，提高农业生产能力。

第十七条　承包方承担下列义务：

（一）维持土地的农业用途，不得用于非农建设；

（二）依法保护和合理利用土地，不得给土地造成永久性损害；

（三）法律、行政法规规定的其他义务。

第三十三条　土地承包经营权流转应当遵循以下原则：

（一）平等协商、自愿、有偿，任何组织和个人不得强迫或者阻碍承包方进行土地承包经营权流转；

（二）不得改变土地所有权的性质和土地的农业用途；

（三）流转的期限不得超过承包期的剩余期限；

（四）受让方须有农业经营能力；

（五）在同等条件下，本集体经济组织成员享有优先权。

耕地转为非农用地的限制

《中共中央办公厅、国务院办公厅关于继续冻结非农业建设项目占用耕地的通知》（1998年3月29日）

《中共中央、国务院关于进一步加强土地管理切实保护耕地的通知》（中发【1997】11号）下发以来，各地认真贯彻执行关于冻结非农业建设项目占用耕地一年的决定，采取了一系列措施，遏制了近年来乱占滥用耕地的势头。但从1997年全国各类建设用地清查结果看，土地粗放利用、闲置的问题仍相当严重，控制非农业建设项目占用耕地的任务还十分艰巨。为此，党中央、国务院决定，继续在全国范围内冻结非农业建设项目占用耕地。现将有关事项通知如下：

一、自1998年4月15日起至《中华人民共和国土地管理法》修改后颁布施行之前，继续冻结非农业建设项目占用耕地。确实需要占用耕地的，报国务院审批。解决城镇中低收入家庭住房困难户住房和安居工程以及经国家批准的重点建设项目用地，仍按原规定报批。冻结期间，建设项目用地审批管理仍按1997年原国家土地管理局、国家计划委员会联合颁布的《冻结非农业建设项目占用耕地规定》执行。

二、在继续冻结非农业建设项目占用耕地期间，各类建设项目用地要坚持依法、科学、集约、规范用地的原则，走内涵挖潜、盘活存量土地为主的路子，尽可能利用占而未用的闲置土地、非耕地和利用率低的土地。

三、各级党委、人民政府要对1997年冻结非农业建设项目占用耕地工作进行认真总结，进一步严格非农业建设项目用地管理，切实做好耕地保护工作。各级人民政府要按照规定的申报程序和审批权限对非农业建设项目用地严格把关，严格管理。对未批先用或弄虚作假等违法行为要从严查处，构成犯罪的，要依法追究刑事责任。

《中华人民共和国土地管理法实施条例》（1998年12月27日）第十九条　建设占用土地，涉及农用地转为建设用地的，应当符合土地利用总体规划和土地利用年度计划中确定的农用地转用指标；城市和村庄、集镇建设占用土地，涉及农用地转用的，还应当符合城市规划和村庄、集镇规划。不符合规定的，不得批准农用地转为建设用地。

土地管理机构

《中华人民共和国城市房地产管理法》第六条　为了公共利益的需要，国家可以征收国有土地上单位和个人的房屋，并依法给予拆迁补偿，维护被征收人的合法权益；征收个人住宅的，还应当保障被征收人的居住条件。具体办法由国务院规定。

土地信访制度

《国土资源信访规定》第二条　本规定所称国土资源信访，是指公民、法人或者其他组织采用书信、电子邮件、传真、电话、走访等形式，向国土资源管理部门反映情况，提出建议、意见或者投诉请求，依法由国土资源管理部门处理的活动。

本规定所称信访人，是指采用前款规定的形式，反映情况，提出建议、意见或者投诉请求的公民、法人或者其他组织。

第三条　国土资源信访工作应当遵循下列原则：

（一）属地管理、分级负责，谁主管、谁负责；

（二）畅通信访渠道，方便信访人；

（三）实事求是，有错必纠；

（四）依法、及时、就地解决问题与疏导教育相结合；

（五）坚持依法行政，从源头上预防导致国土资源信访事项发生的矛盾和纠纷。

第十七条　信访人对国土资源管理部门及其工作人员的职务行为反映情况，提出建议、意见，或者不服国土资源管理部门及其工作人员的职务行为，可以向有关的国土资源管理部门提出信访事项。

对依法应当通过诉讼、仲裁、行政复议等法定途径解决的投诉请求，信访人应当依照有关法律、行政法规规定向有关机关提出。

第十八条　信访人提出国土资源信访事项，应当向依法有权处理的国土资源管理部门提出。

第十九条　信访人向国土资源管理部门提出信访事项，一般应当采取书信、电子邮件、传真等书面形式。信访人提出投诉请求的，还应当载明信访人的姓名（名称）、住址和请求、事实、理由。

对采用口头形式提出投诉请求的，国土资源管理部门应当记录信访人的姓名（名称）、住址和请求、事实、理由。

第二十条　信访人采用走访形式向国土资源管理部门提出信访事项的，应当到国土资源管理部门设立、指定的接待场所提出；多人采用走访形式提出共同信访事项的，应当推选代表，代表人数不得超过五人。

土地及房屋的权属登记及权利行使

《中华人民共和国物权法》第九条　不动产物权的设立、变更、转让和消灭，经依法登记，发生效力；未经登记，不发生效力，但法律另有规定的除外。

依法属于国家所有的自然资源，所有权可以不登记。

第十条　不动产登记，由不动产所在地的登记机构办理。

国家对不动产实行统一登记制度。统一登记的范围、登记机构和登记办法，由法律、行政法规规定

第十四条　不动产物权的设立、变更、转让和消灭，依照法律规定应当登记的，自记载于不动产登记簿时发生效力。

第十五条　当事人之间订立有关设立、变更、转让和消灭不动产物权的合同，除法律另有规定或者合同另有约定外，自合同成立时生效；未办理物权登记的，不影响合同效力。

第十六条　不动产登记簿是物权归属和内容的根据。不动产登记簿由登记机构管理。

第十七条　不动产权属证书是权利人享有该不动产物权的证明。不动产权属证书记载的事项，应当与不动产登记簿一致；记载不一致的，除有证据证明不动产登记簿确有错误外，以不动产登记簿为准。

第十八条　权利人、利害关系人可以申请查询、复制登记资料，登记机构应当提供。

第十九条　权利人、利害关系人认为不动产登记簿记载的事项错误的，可以申请更正登记。不动产登记簿记载的权利人书面同意更正或者有证据证明登记确有错误的，登记机构应当予以更正。

不动产登记簿记载的权利人不同意更正的，利害关系人可以申请异议登记。登记机构予以异议登记的，申请人在异议登记之日起十五日内不起诉，异议登记失效。异议登记不当，造成权利人损害的，权利人可以向申请人请求损害赔偿

第二十条　当事人签订买卖房屋或者其他不动产物权的协议，为保障将来实现物权，按照约定可以向登记机构申请预告登记。预告登记后，未经预告登记的权利人同意，处分该不动产的，不发生物权效力。

预告登记后，债权消灭或者自能够进行不动产登记之日起三个月内未申请登记的，预告登记失效。

第二十八条　因人民法院、仲裁委员会的法律文书或者人民政府的征收决定等，导致物

权设立、变更、转让或者消灭的，自法律文书或者人民政府的征收决定等生效时发生效力。

第二十九条 因继承或者受遗赠取得物权的，自继承或者受遗赠开始时发生效力。

第三十条 因合法建造、拆除房屋等事实行为设立或者消灭物权的，自事实行为成就时发生效力。

第三十一条 依照本法第二十八条至第三十条规定享有不动产物权的，处分该物权时，依照法律规定需要办理登记的，未经登记，不发生物权效力。

第四十一条 法律规定专属于国家所有的不动产和动产，任何单位和个人不能取得所有权。

第四十二条 为了公共利益的需要，依照法律规定的权限和程序可以征收集体所有的土地和单位、个人的房屋及其他不动产。

征收集体所有的土地，应当依法足额支付土地补偿费、安置补助费、地上附着物和青苗的补偿费等费用，安排被征地农民的社会保障费用，保障被征地农民的生活，维护被征地农民的合法权益。

征收单位、个人的房屋及其他不动产，应当依法给予拆迁补偿，维护被征收人的合法权益；征收个人住宅的，还应当保障被征收人的居住条件。

任何单位和个人不得贪污、挪用、私分、截留、拖欠征收补偿费等费用。

第四十三条 国家对耕地实行特殊保护，严格限制农用地转为建设用地，控制建设用地总量。不得违反法律规定的权限和程序征收集体所有的土地。

第四十四条 因抢险、救灾等紧急需要，依照法律规定的权限和程序可以征用单位、个人的不动产或者动产。被征用的不动产或者动产使用后，应当返还被征用人。单位、个人的不动产或者动产被征用或者征用后毁损、灭失的，应当给予补偿。

国家所有的土地及集体所有的土地

《中华人民共和国土地管理法实施条例》第二条　下列土地属于全民所有即国家所有：

（一）城市市区的土地；

（二）农村和城市郊区中已经依法没收、征收、征购为国有的土地；

（三）国家依法征用的土地；

（四）依法不属于集体所有的林地、草地、荒地、滩涂及其他土地；

（五）农村集体经济组织全部成员转为城镇居民的，原属于其成员集体所有的土地；

（六）因国家组织移民、自然灾害等原因，农民成建制地集体迁移后不再使用的原属于迁移农民集体所有的土地。

第三条　国家依法实行土地登记发证制度。依法登记的土地所有权和土地使用权受法律保护，任何单位和个人不得侵犯。

土地登记内容和土地权属证书式样由国务院土地行政主管部门统一规定。

土地登记资料可以公开查询。

确认林地、草原的所有权或者使用权，确认水面、滩涂的养殖使用权，分别依照《森林法》、《草原法》和《渔业法》的有关规定办理。

第四条　农民集体所有的土地，由土地所有者向土地所在地的县级人民政府土地行政主管部门提出土地登记申请，由县级人民政府登记造册，核发集体土地所有权证书，确认所有权。

农民集体所有的土地依法用于非农业建设的，由土地使用者向土地所在地的县级人民政府土地行政主管部门提出土地登记申请，由县级人民政府登记造册，核发集体土地使用权证书，确认建设用地使用权。

设区的市人民政府可以对市辖区内农民集体所有的土地实行统一登记。

第五条　单位和个人依法使用的国有土地，由土地使用者向土地所在地的县级以上人民政府土地行政主管部门提出土地登记申请，由县级以上人民政府登记造册，核发国有土地使用权证书，确认使用权。其中，中央国家机关使用的国有土地的登记发证，由国务院土地行政主管部门负责，具体登记发证办法由国务院土地行政主管部门会同国务院机关事务管理局等有关部门制定。

未确定使用权的国有土地，由县级以上人民政府登记造册，负责保护管理用益物权与土地使用权。

《中华人民共和国物权法》第一百一十八条　国家所有或者国家所有由集体使用以及法律规定属于集体所有的自然资源，单位、个人依法可以占有、使用和收益。

第一百二十条　用益物权人行使权利,应当遵守法律有关保护和合理开发利用资源的规定。所有权人不得干涉用益物权人行使权利。

国有土地使用权与集体土地建设用地使用权规定

《确定土地所有权和使用权的若干规定》第二十六条　土地使用权确定给直接使用土地的具有法人资格的单位或个人。但法律、法规、政策和本规定另有规定的除外。

第二十七条　土地使用者经国家依法划拨、出让或解放初期接收、沿用，或通过依法转让、继承、接受地上建筑物等方式使用国有土地的，可确定其国有土地使用权。

第二十八条　土地公有制之前，通过购买房屋或土地及租赁土地方式使用私有的土地，土地转为国有后迄今仍继续使用的，可确定现使用者国有土地使用

第二十九条　因原房屋拆除、改建或自然坍塌等原因，已经变更了实际土地使用者的，经依法审核批准，可将土地使用权确定给实际土地使用者；空地及房屋坍塌或拆除后两年以上仍未恢复使用的土地，由当地县级以上人民政府收回土地使用权。

第三十条　原宗教团体、寺观教堂宗教活动用地，被其他单位占用，原使用单位因恢复宗教活动需要退还使用的，应按有关规定予以退还。确属无法退还或土地使用权有争议的，经协商、处理后确定土地使用权。

第三十一条　军事设施用地（含靶场、试验场、训练场）依照解放初土地接收文件和人民政府批准征用或划拨土地的文件确定土地使用权。土地使用权有争议的，按照国务院、中央军委有关文件规定处理后，再确定土地使用权。

国家确定的保留或地方代管的军事设施用地的土地使用权确定给军队，现由其他单位使用的，可依照有关规定确定为他项权利。

经国家批准撤销的军事设施，其土地使用权依照有关规定由当地县级以上人民政府收回并重新确定使用权。

第三十二条　依法接收、征用、划拨的铁路线路用地及其他铁路设施用地，现仍由铁路单位使用的，其使用权确定给铁路单位。铁路线路路基两侧依法取得使用权的保护用地，使用权确定给铁路单位。

第三十三条　国家水利、公路设施用地依照征用、划拨文件和有关法律、法规划定用地界线。

第三十四条　驻机关、企事业单位内的行政管理和服务性单位，经政府批准使用的土地，可以由土地管理部门商被驻单位规定土地的用途和其他限制条件后分别确定实际土地使用者的土地使用权。但租用房屋的除外。

第三十五条 原由铁路、公路、水利、电力、军队及其他单位和个人使用的土地，一九八二年五月《国家建设征用土地条例》公布之前，已经转由其他单位或个人使用的，除按照国家法律和政策应当退还的外，其国有土地使用权可确定给实际土地使用者，但严重影响上述部门的设施安全和正常使用的，暂不确定土地使用权，按照有关规定处理后，再确定土地使用权。一九八二年五月以后非法转让的，经依法处理后再确定使用权。

第三十六条 农民集体使用的国有土地，其使用权按县级以上人民政府主管部门审批、划拨文件确定；没有审批、划拨文件的，依照当时规定补办手续后，按使用现状确定；过去未明确划定使用界线的，由县级以上人民政府参照土地实际使用情况确定。

第三十七条 未按规定用途使用的国有土地，由县级以上人民政府收回重新安排使用，或者按有关规定处理后确定使用权。

第三十八条 一九八七年一月《土地管理法》施行之前重复划拨或重复征用的土地，可按目前实际使用情况或者根据最后一次划拨或征用文件确定使用权

第三十九条 以土地使用权为条件与其他单位或个人合建房屋的，根据批准文件、合建协议或者投资数额确定土地使用权，但一九八二年《国家建设征用土地条例》公布后合建的，应依法办理土地转让手续后再确定土地使用权。

第四十条 以出让方式取得的土地使用权或以划拨方式取得的土地使用权补办出让手续后作为资产入股的，土地使用权确定给股份制企业。

国家以土地使用权作价入股的，土地使用权确定给股份制企业。

国家将土地使用权租赁给股份制企业的，土地使用权确定给股份制企业。企业以出让方式取得的土地使用权或以划拨方式取得的土地使用权补办出让手续后，出租给股份制企业的，土地使用权不变。

第四十一条 企业以出让方式取得的土地使用权，企业破产后，经依法处置，确定给新的受让人；企业通过划拨方式取得的土地使用权，企业破产时，其土地使用权由县级上人民政府收回后，根据有关规定进行处置。

第四十二条 法人之间合并，依法属于应当以有偿方式取得土地使用权的，原土地使用权应当办理有关手续，有偿取得土地使用权；依法可以以划拨形式取得土地使用权的，可以办理划拨土地权属变更登记，取得土地使用权。

第四十三条 乡（镇）村办企业事业单位和个人依法使用农民集体土地进行非农业建设的，可依法确定使用者集体土地建设用地使用权。对多占少用、占而不用的，其闲置部分不予确定使用权，并退还农民集体，另行安排使用。

第四十四条 依照本规定第二十五条规定的农民集体土地，集体土地建设用地使用权确定给联营或股份企业。

第四十五条　一九八二年二月国务院发布《村镇建房用地管理条例》之前农村居民建房占用的宅基地，超过当地政府规定的面积，在《村镇建房用地管理条例》施行后未经拆迁、改建、翻建的，可以暂按现有实际使用面积确定集体土地建设用地使用权。

第四十六条　一九八二年二月《村镇建房用地管理条例》发布时起至一九八七年一月《土地管理法》开始施行时止，农村居民建房占用的宅基地，其面积超过当地政府规定标准的，超过部分按一九八六年三月中共中央、国务院《关于加强土地管理、制止乱占耕地的通知》及地方人民政府的有关规定处理后，按处理后实际使用面积确定集体土地建设用地使用权。

第四十七条　符合当地政府分户建房规定而尚未分户的农村居民，其现有的宅基地没有超过分户建房用地合计面积标准的，可按现有宅基地面积确定集体土地建设用地使用权。

第四十八条　非农业户口居民（含华侨）原在农村的宅基地，房屋产权没有变化的，可依法确定其集体土地建设用地使用权。房屋拆除后没有批准重建的，土地使用权由集体收回。

第四十九条　接受转让、购买房屋取得的宅基地，与原有宅基地合计面积超过当地政府规定标准，按照有关规定处理后允许继续使用的，可暂确定其集体土地建设用地使用权。继承房屋取得的宅基地，可确定集体土地建设用地使用权

第五十条　农村专业户宅基地以外的非农业建设用地与宅基地分别确定集体土地建设用地使用权。

第五十一条　按照本规定第四十五条至第四十九条的规定确定农村居民宅基地集体土地建设用地使用权时，其面积超过当地政府规定标准的，可在土地登记卡和土地证书内注明超过标准面积的数量。以后分户建房或现有房屋拆迁、改建、翻建或政府依法实施规划重新建设时，按当地政府规定的面积标准重新确定使用权，其超过部分退还集体。

第五十二条　空闲或房屋坍塌、拆除两年以上未恢复使用的宅基地，不确定土地使用权。已经确定使用权的，由集体报经县级人民政府批准，注销其土地登记，土地由集体收回。

集体所有土地的经营和管理主体

《中华人民共和国农村土地承包法》第十二条农民集体所有的土地依法属于村农民集体所有的，由村集体经济组织或者村民委员会发包；已经分别属于村内两个以上农村集体经济组织的农民集体所有的，由村内各该农村集体经济组织或者村民小组发包。村集体经济组织或者村民委员会发包的，不得改变村内各集体经济组织农民集体所有的土地的所有权。

国家所有依法由农民集体使用的农村土地，由使用该土地的农村集体经济组织、村民委员会或者村民小组发包。

第十三条 发包方享有下列权利：

（一）发包本集体所有的或者国家所有依法由本集体使用的农村土地；

（二）监督承包方依照承包合同约定的用途合理利用和保护土地；

（三）制止承包方损害承包地和农业资源的行为；

（四）法律、行政法规规定的其他权利。

第十四条 发包方承担下列义务：

（一）维护承包方的土地承包经营权，不得非法变更、解除承包合同；

（二）尊重承包方的生产经营自主权，不得干涉承包方依法进行正常的生产经营活动；

（三）依照承包合同约定为承包方提供生产、技术、信息等服务；

（四）执行县、乡（镇）土地利用总体规划，组织本集体经济组织内的农业基础设施建设；

（五）法律、行政法规规定的其他义务。

第十五条 家庭承包的承包方是本集体经济组织的农户。

第十六条 承包方享有下列权利：

（一）依法享有承包地使用、收益和土地承包经营权流转的权利，有权自主组织生产经营和处置产品；

（二）承包地被依法征用、占用的，有权依法获得相应的补偿；

（三）法律、行政法规规定的其他权利。

第十七条 承包方承担下列义务：

（一）维持土地的农业用途，不得用于非农建设；

（二）依法保护和合理利用土地，不得给土地造成永久性损害；

（三）法律、行政法规规定的其他义务。

不动产登记制度

《物权法》第九条　不动产物权的设立、变更、转让和消灭，经依法登记，发生效力；未经登记，不发生效力，但法律另有规定的除外。

依法属于国家所有的自然资源，所有权可以不登记。

第十条　不动产登记，由不动产所在地的登记机构办理。

国家对不动产实行统一登记制度。统一登记的范围、登记机构和登记办法，由法律、行政法规规定。

第十一条　当事人申请登记，应当根据不同登记事项提供权属证明和不动产界址、面积等必要材料。

第十二条　登记机构应当履行下列职责：

（一）查验申请人提供的权属证明和其他必要材料；

（二）就有关登记事项询问申请人；

（三）如实、及时登记有关事项；

（四）法律、行政法规规定的其他职责。

申请登记的不动产的有关情况需要进一步证明的，登记机构可以要求申请人补充材料，必要时可以实地查看。

第十三条　登记机构不得有下列行为：

（一）要求对不动产进行评估；

（二）以年检等名义进行重复登记；

（三）超出登记职责范围的其他行为。

第十四条　不动产物权的设立、变更、转让和消灭，依照法律规定应当登记的，自记载于不动产登记簿时发生效力。

第十五条　当事人之间订立有关设立、变更、转让和消灭不动产物权的合同，除法律另有规定或者合同另有约定外，自合同成立时生效；未办理物权登记的，不影响合同效力。

第十六条　不动产登记簿是物权归属和内容的根据。不动产登记簿由登记机构管理。

第十七条　不动产权属证书是权利人享有该不动产物权的证明。不动产权属证书记载的事项，应当与不动产登记簿一致；记载不一致的，除有证据证明不动产登记簿确有错误外，以不动产登记簿为准。

第十八条　权利人、利害关系人可以申请查询、复制登记资料，登记机构应当提供。

第十九条　权利人、利害关系人认为不动产登记簿记载的事项错误的，可以申请更正登记。不动产登记簿记载的权利人书面同意更正或者有证据证明登记确有错误的，登记机构应当予以更正。

不动产登记簿记载的权利人不同意更正的，利害关系人可以申请异议登记。登记机构予以异议登记的，申请人在异议登记之日起十五日内不起诉，异议登记失效。异议登记不当，造成权利人损害的，权利人可以向申请人请求损害赔偿

第二十条　当事人签订买卖房屋或者其他不动产物权的协议，为保障将来实现物权，按照约定可以向登记机构申请预告登记。预告登记后，未经预告登记的权利人同意，处分该不动产的，不发生物权效力。

预告登记后，债权消灭或者自能够进行不动产登记之日起三个月内未申请登记的，预告登记失效。

第二十一条　当事人提供虚假材料申请登记，给他人造成损害的，应当承担赔偿责任。

因登记错误，给他人造成损害的，登记机构应当承担赔偿责任。登记机构赔偿后，可以向造成登记错误的人追偿。

第二十二条　不动产登记费按件收取，不得按照不动产的面积、体积或者价款的比例收取。具体收费标准由国务院有关部门会同价格主管部门规定。

土地登记发证制度

《中华人民共和国土地管理法实施条例》第三条　国家依法实行土地登记发证制度。依法登记的土地所有权和土地使用权受法律保护，任何单位和个人不得侵犯。

土地登记内容和土地权属证书式样由国务院土地行政主管部门统一规定。

土地登记资料可以公开查询。

确认林地、草原的所有权或者使用权，确认水面、滩涂的养殖使用权，分别依照《森林法》、《草原法》和《渔业法》的有关规定办理。

第四条　农民集体所有的土地，由土地所有者向土地所在地的县级人民政府土地行政主管部门提出土地登记申请，由县级人民政府登记造册，核发集体土地所有权证书，确认所有权。

农民集体所有的土地依法用于非农业建设的，由土地使用者向土地所在地的县级人民政府土地行政主管部门提出土地登记申请，由县级人民政府登记造册，核发集体土地使用权证书，确认建设用地使用权。

设区的市人民政府可以对市辖区内农民集体所有的土地实行统一登记。

第五条　单位和个人依法使用的国有土地，由土地使用者向土地所在地的县级以上人民政府土地行政主管部门提出土地登记申请，由县级以上人民政府登记造册，核发国有土地使用权证书，确认使用权。其中，中央国家机关使用的国有土地的登记发证，由国务院土地行政主管部门负责，具体登记发证办法由国务院土地行政主管部门会同国务院机关事务管理局等有关部门制定。

未确定使用权的国有土地，由县级以上人民政府登记造册，负责保护管理。

土地登记机关

《土地管理法》第十一条第三款规定:“中央国家机关使用的国有土地的具体登记发证机关，由国务院确定。”

《土地管理法实施条例》第五条第一款规定：“中央国家机关使用的国有土地的登记发证，由国务院土地行政主管部门负责，具体登记发证办法由国务院土地行政主管部门负责，具体登记发证办法由国务院土地行政主管部门会同国务院机关事务管理局等有关部门制定”。

这样规定，是为了明确中央国家机关使用的国有土地的资产处置权属于中央人民政府，便于解决中央和地方在土地资产处置上发生的纠纷。我部已与国务院机关事务管理局、北京市人民政府协商，在京中央国家机关使用的国有土地，拟委托北京市人民政府进行登记，发生争议时由我部进行裁决。各地在修订地方性土地管理法配套法规时，应当维护土地统一登记的原则，保证土地登记资料的完整性和统一性，涉及土地资产处置时，可将土地资产处置权与土地登记权分离，土地资产处置权按照资产隶属关系确定。

土地权属登记的具体规定

《土地登记规则》第一条　根据《中华人民共和国土地管理法》、《中华人民共和国城市房地产管理法》规定，为建立土地登记制度，维护土地的社会主义公有制，保障土地权利人的合法权益，特制定本规则。

第二条　土地登记是国家依法对国有土地使用权、集体土地所有权、集体土地使用权和土地他项权利的登记。

本规划所称土地他项权利，是指土地使用权和土地所有权以外的土地权利，包括抵押权、承租权以及法律、行政法规规定需要登记的其他土地权利。土地登记分为初始土地登记和变更土地登记。初始土地登记又称总登记，是指在一定时间内，对辖区全部土地或者特定区域的土地进行的普遍登记；变更土地登记，是指初始土地登记以外的土地登记，包括土地使用权、所有权和土地他项权利设定登记，土地使用权、所有权和土地他项权利变更登记，名称、地址和土地用途变更登记，注销土地登记等。

第三条　国有土地使用者、集体土地所有者、集体土地使用者和土地他项权利者，必须依照本规则划定，申请土地登记。

申请土地登记，申请者可以授权委托代理人办理。授权委托书应当载明委托事项和权限。

依法登记的土地使用权、所有权和土地他项权利受法律保护，任何单位和个人不得侵犯。

第四条　土地登记以县级行政区为单位组织进行。具体工作由县级以上人民政府土地管理部门负责。

第五条　土地登记以宗地为基本单元。

拥有或者使用两宗以上土地的土地使用者或土地所有者，应当分宗申请登记。

两个以上土地使用者共同使用一宗土地的，应当分别申请登记。

跨县级行政区使用土地的，应当分别向土地所在地县级以上地方人民政府土地管理部门申请登记。

第六条　土地登记依照下列程序进行：（一）土地登记申请；（二）地籍调查；（三）权属审核；（四）注册登记；（五）颁发或者更换土地证书。

第七条　国家土地管理局主管全国的土地登记工作。

县级以上地方人民政府土地管理部门主管本行政区域内的土地登记工作。

第八条　初始土地登记，由县级以上地方人民政府发布通告。通告的主要内容包括：

（一）土地登记区的划分；（二）土地登记的期限；（三）土地登记收件地点；（四）土地登记申请者应当提交的有关证件；（五）其他事项。

第九条　国有土地使用权由使用国有土地的单位及法定代表人或者使用国有土地的个人申请登记。

集体土地所有权由地民委员会或者农业集体经济组织及法定代表人申请登记。

集体土地使用权由使用集体土地的单位及法定代表人或者使用集体土地的个人申请登记。

土地他项权利需要单独申请的，由有关权利人申请登记。

第十条　土地登记申请者申请土地使用权、所有权和土地他项权利登记，必须向土地管理部门提交下列文件资料：（一）土地登记申请书；（二）单位、法定代表人证明，个人身份证明或者户籍证明；（三）土地权属来源证明；（四）地上附着物权属证明。

委托代理人申请土地登记的，还应当提交授权委托书和代理人资格身份证明。

第十一条　申请土地登记，申请者须向土地管理部门领取土地登记申请书。土地登记申请书应载明下列基本事项，并由申请者签名盖章：（一）申请者名称、地址；（二）土地坐落、面积、用途、等级、价格；（三）土地所有权、使用权和土地他项权利权属来源证明；（四）其他事项。

第十二条　土地管理部门接受土地登记申请者提交的申请书及权属来源证明，应当在收件簿上载明名称、页数、件数，并给申请者开具收据。

第十三条　土地管理部门负责组织辖区内的地籍调查。地籍调查规程由国家土地管理局制定。

第十四条　土地管理部门应当根据地籍调查和土地定级估价成果，对土地权属、面积、用途、等级、价格等逐宗进行全面审核，填写土地登记审批表。土地登记审批表以宗地为单位填写。两上以上土地使用者共同使用一宗土地的，应当分别填写土地登记审批表。

第十五条　经土地管理部门审核，对认为符合登记要求的宗地予以公告。公告的主要内容包括：（一）土地使用者、所有者和土地他项权利者的名称、地址；（二）准予登记的土地权属性质、面积、坐落；（三）土地使用者、所有者和土地他项权利者及其他土地权益有关者提出早议的期限、方式和受理机关；（四）其他事项。

第十六条　土地登记申请者及其他土地权益有关者在公告规定的期限内，可以向土地管理部门申请复查，并按规定缴纳复查费。经复查无误的，复查费不予退还；经复查确有差错的，复查费由造成差错者承担。

第十七条　土地登记过程中的土地权属争议，按照《中华人民共和国土地管理法》第十三条规定进行处理后，再行登记。

第十八条　公告期满，土地使用者、所有者和土地他项权利者及其他土地权益有关者对土地登记审核结果未提出异议的，由人民政府批准后，按照以下规定办理注册登记：（一）根据对土地登记申请的调查审核结果，以宗地为单位逐项填写土地登记卡，并由登记人员和土地管理部门主管领导在土地登记卡的经办人，审核人栏签字；（二）根据土地登记卡的有关内容填写土地归户卡，并由登记人员在土地归户卡的经办人栏签字。土地归户卡以权利人为单位填写，凡在一个县级行政区范围内对两宗以上土地拥有权利的，应当填写在同一土地归户卡上；（三）根据土地登记卡的相关内容填写土地证书。土地证书以宗地为单位填写。两个以上土地使用者共同使用一宗土地的，应当分别填写土地证书。

第十九条　由县级以上地方人民政府向国有土地使用者、集体土地所有者、集体土地使用者分别颁发《国有土地使用证》、《集体土地所有证》和《集体土地使用证》。

县级以上地方人民政府土地管理部门向土地他项权利者颁发土地他项权利证明书。

第二十条　尚未确定土地使用权、所有权的土地，由土地管理部门进行登记造册，不发土地证书。

第二十一条　本章除有关通知和公告的规定外适用于变更土地登记。

土地他项权利设定登记

第二十二条　设定土地使用权、所有权和土地他项权利必须依照本章规定向土地管理部门申请登记。

第二十三条　以划拨方式取得国有土地使用权的，按照以下规定办理土地登记手续:

（一）新开工的大中型建设项目使用划拨国有土地的，建设单位应当在接到县级以上人民政府发给的建设用地批准书之日起三十日内，持建设用地批准书申请土地预登记，建设项目竣工验收后，建设单位应当在该建设项目竣工验收之日起三十日内，持建设项目竣工验收报告和其他有关文件申请国有土地使用权设定登记；

（二）其他项目使用划拨国有土地的，土地使用单位或者个人应当在接到县级以上人民政府批准用地文件之日起三十日内，持批准用地文件申请国有土地使用权设定登记。

划拨新征用农民集体所有土地的，被征地单位应当依照本规划规定，同时申请集体土地所有权注销登记或者变更登记。

第二十四条　集体土地依法转为国有土地后，原集体土地使用者继续使用该国有土地的，应当在土地所有权性质变更后三十日内，持原《集体土地使用证》和其他有关文件申请国有土地使用权设定登记。

第二十五条　使用本集体土地进行建设或生产，集体土地使用单位或者个人应当在接到有批准权的地方人民政府批准用地文件或者农地使用合同签订之日起三十日内，持批准用地文件或者农地使用合同申请集体土地使用权设定登记。

第二十六条　以出让方式取得国有土地使用权的，受让方应当在按出让合同约定支付全部土地使用权出让金后三十日内，持土地使用权出让合同和土地使用权出让金支付凭证申请国有土地使用权设定登记。

成片开发用地采取一次出让、分期付款、分期提供出让国有土地使用权的，受让方应当在每期付款后三十日内，持土地使用权出让合同和土地使用权出让金支付凭证申请国有土地使用权设定登记。

第二十七条　国家将国有土地使用权以作价入股方式让与股份制企业的，该企业应当在签订入股合同之日起三十日内，持土地使用权入股合同和其他有关证明文件申请国有土地使用权设定登记。

第二十八条　依法向政府土地管理部门承租国有土地的，承租人应当在签订租赁合同之日起三十日内，持土地租赁合同和其他有关证明文件申请承租国有土地使用权登记。

第二十九条　依法抵押土地使用权的，当事人应当在抵押合同签订后十五日内，持抵押合同以及有关文件申请土地使用权抵押登记。土地管理部门应当在被抵押土地的土地登记卡上登记，并向抵押权人颁发土地他项权利证明书。

同一宗地多次抵押时，以收到抵押登记申请先后为序办理抵押登记和实现抵押权。

第三十条　有出租权的土地使用者依法出租土地使用权的，出租人与承租人应当在租赁合同签订后十五日内，持租赁合同及有关文件申请土地使用权出租登记。土地管理部门应当在出租土地的土地登记卡进行登记，并向承租人颁发土地他项权利证明书。

第三十一条　设定法律、行政法规规定需要登记的其他土地他项权利的，当事人应当在确定之日起十五日内，申请设定登记。

第五十三条　集体所有的土地依法被全部征用或者农业集体经济组织所属成员依法成建制转为城镇居民的。

第五十四条　县级以上人民政府依法收回国有土地使用权的。

第五十五条　国有土地使用权出让或者租赁期满，未申请续期或者续期申请未获批准的。

第五十六条　因自然灾害等造成土地权利灭失的。

第五十七条　土地他项权利终止，当事人应当在该土地他项权利终止之日起十五日内，持有关证明文件申请土地他项权利注销登记。

第五十八条　土地使用者、所有者和土地他项权利者未按照本规则规定申请注销登记的，土地管理部门可以依照规定直接办理注销土地登记，注销土地证书。

第五十九条　土地登记形成的文件资料主要有以下几种：（一）土地登记申请书；（二）土地登记收件单；（三）土地权属证明文件、资料；（四）土地登记审批表；（五）地籍图；（六）土地登记簿（卡）；（七）土地证书签收簿；（八）土地归户册（卡）；（九）土地登记复查申请表；（十）土地登记复查结果表；（十一）确权过程中形成的协议书、决定书等文件、资料。

土地登记文件资料由土地管理部门指定专人管理、更新、提供应用。

第六十条　土地登记卡以街道（乡、镇）为单位，按街道（村）及宗地号顺序排列组装土地登记簿。

宗地分割的，在原土地登记卡顺序上按宗地分割后支号的顺序排列。

宗地合并的，以合并后的宗地号顺序排列。

第六十一条　土地归户卡以县级行政区为单位，按土地权利人名称第一个字（或姓氏）笔画排列组装土地归户册。

第六十二条　土地登记文件资料的查阅，按照土地管理部门规定办理。未经允许不得向第三者提供或者公布。

土地使用权转让、抵押和出租应当以土地登记文件资料为准。需要查询土地登记文件资料的，受让人、抵押权人和承租人应当提出书面请求。凡符合查询规定的，土地管理部门应当出具书面查询结果或资料。

第六十三条　任何单位和个人不得伪造、擅自涂改和复制土地证书、土地登记文件资料。

第六十四条　《国有土地使用证》、《集体土地所有证》、《集体土地使用证》和土地他项权利证明书式样由国家土地管理局统一制定，由国家土地管理局或其授权的单位统一印制。

土地登记卡和土地归户卡由国家土地管理局统一格式，由县级以上地方人民政府土地管理部门印制。

土地登记所需的其他表、卡、簿按照国家土地管理局制订的基本格式要求，各省、自治区、直辖市人民政府土地管理部门可进行适当补充规定。

任何单位和个人不得非法印制土地证书。非法印制的土地证书无效。

第六十五条　土地登记卡是土地登记的主件，也是土地使用权、所有权和土地他项权利的法律依据；土地证书是土地登记卡部分内容的副本，是土地使用者、所有者的土地他项权利者持有的法律凭证。

第六十六条　有下列情形之一的，土地管理部门不予受理土地登记申请：（一）申请登记的土地不在本登记区的；（二）提供的证明材料不齐全的；（三）不能提供合法证明的；（四）土地使用权转让、出租、抵押期限超过土地使用权出让年限的；（五）按规定应当申报地价而未申报的，或者地价应当经土地管理部门确认而未办理确认手续的；（六）其他依法不予受理的。

第六十七条　有下列情形之一的，土地管理部门可以作出暂缓登记的决定：（一）土地权属争议尚未解决的；（二）土地违法行为尚未处理或者正在处理的；（三）依法限制土地权利或者依法查封地上建筑物、其他附着物而限制土地权利的；（四）法律、法规规定暂缓登记的其他事项。

第六十八条　土地管理部门应当在受理土地使用权、所有权设定登记，土地使用权、所有权变更登记，名称、地址和土地用途变更登记申请之日起三十日内，对登记申请和地籍调查结果进行审核，并报经批准后进行注册登记，颁发、更换或者更改土地证书。

土地管理部门应当在受理土地他项权利设定登记、土地他项权利变更登记和注销土地登记申请之日起十五日内，对登记申请和地籍调查结果进行审核后办理注册登记或者注销登记，颁发或者更换土地他项权利证明书，或者将注销登记的结果书面通知当事人。

土地管理部门作出不予受理土地登记申请或者暂缓登记决定的，应当自接到申请之日起十五日内将作出决定的理由书面通知当事人。

第六十九条　土地使用者、所有者凡不按规定如期申请初始土地登记的，按照非法占地的处理办法论处；对凡不按规定如期申请变更土地登记的，除按违法占地处理外，视情节轻重报经县级以上人民政府批准，注销土地登记，注销土地证书。

第七十条　土地管理部门工作人员违反本规则，严重失职的，应当根据情节给予政纪处分和经济处罚，直至依法追究刑事责任。

第七十一条　土地登记后，发现错登或者漏登的，土地管理部门应当办理更正登记；利害关系人也可以申请更正登记。

第七十二条　临时用地的登记办法由省、自治区、直辖市人民政府土地管理部门制定，报省、自治区、直辖市人民政府批准后执行。

第七十三条　土地证书实行定期查验制度。土地使用者、所有者和土地他项权利者应当按照土地管理部门规定的期限办理土地证书查验手续。具体办法由省、自治区、直辖市人民政府土地管理部门制定。

第七十四条　土地使用者、所有者和土地他项权利者应当按照国家规定缴纳土地登记费用。

第七十五条　土地管理部门具体负责土地登记的人员及执业土地登记申请代理人员须经考核合格、领取资格证书后，持证上岗。具体办法另行规定。

第七十六条　经省、自治区、直辖市人民政府确定，县级以上地方人民政府由一个部门统一负责房产管理和土地管理工作的，可以制作、颁发统一的房地产权证书，依法将房屋的所有权和该房屋占用范围的土地使用权的确认和变更，分别载入房地产权证书。房地产权证书中有关土地权利的记载格式和内容应当符合国家土地管理局的有关规定并报经批准。

土地用途变更登记

《中华人民共和国土地管理法实施条例》第六条　依法改变土地所有权、使用权的，因依法转让地上建筑物、构筑物等附着物导致土地使用权转移的，必须向土地所在地的县级以上人民政府土地行政主管部门提出土地变更登记申请，由原土地登记机关依法进行土地所有权、使用权变更登记。土地所有权、使用权的变更，自变更登记之日起生效。

依法改变土地用途的，必须持批准文件，向土地所在地的县级以上人民政府土地行政主管部门提出土地变更登记申请，由原土地登记机关依法进行变更登记。

土地权利的变更登记

《土地登记规则》第三十二条　依法变更土地使用权、所有权和土地他项权利的，必须依照本章规定向土地管理部门申请登记。

第三十三条　申请土地使用权、所有权变更登记时，申请者应当依照规定申报地价；未申报地价的，按宗地标定地价进行登记。

第三十四条　划拨土地使用权依法办理土地使用权出让手续的，土地使用者应当在缴纳土地使用权出让金后三十日内，持土地使用权出让合同、出让金缴纳凭证及原《国有土地使用证》申请变更登记。

第三十五条　企业将通过出让或者国有入股等形式取得的国有土地使用权，再以入股方式转让的，转让双方当事人应当在入股合同签订之日起三十日内，持以出让或者国家入股等方式取得土地使用权的合法凭证、入股合同和原企业的《国有土地使用证》申请变更登记。

第三十六条　集体土地所有者将集体土地使用权作为联营条件兴办三资企业和内联企业的，双方当事人应当在联营合同签定后三十日内，持县级以上人民政府批准文件和入股合同申请变更登记。

第三十七条　有下列情形之一的，土地使用权转让双方当事人应当在转让合同或者协议签订后三十日内，涉及房产变更的，在房产变更登记发证后十五日内，持转让合同或者协议、土地税费缴纳证明文件和原土地证书等申请变更登记：（一）依法转让土地使用权的；（二）因买卖、转让地上建筑物、附着物等一并转移土地使用权的。

房屋所有权变更而使土地使用权变更的，在申请变更登记时，应当提义变更后的房屋所有权证书。

第三十八条　因单位合并、分立、企业兼并等原因引起土地使用权变更的，有关各方应当在合同签订后三十日内或者在接到上级主管部门的批准文件后三十日内，持合同或者上级主管部门的批准文件和原土地证书申请变更登记。

第三十九条　因交换、调整土地而发生土地使用权、所有权变更的，交换、调整土地的各方应当在接到交换、调整协议批准文件后三十日内，持协议、批准文件和原土地证书共同申请变更登记。

第四十条　因处分抵押财产而取得土地使用权的，取得土地使用权的权利人和原抵押财产处分后三十日内，持有关证明文件申请变更登记。

第四十一条　商品房顶售，预售人应当在预售合同签订后三十日内，将预售合同报县级以上人民政府房产管理部门和土地管理部门登记备案。

县级以上人民政府土地管理部门建立商品房预售合同登记备案簿，记录预售人和预购人名称、商品房所占土地位置、预售金额、交付使用日期、预售面积等内容。

第四十二条　出售公有住房，售房单位与购房职工应当在县级以上地方人民政府房产管理部门登记房屋所有权之日起三十日内，持公房出售批准文件、售房合同、房屋所有权证书和售房单位原土地证书申请变更登记。

第四十三条　土地使用权抵押期间，抵押合同发生变更的，抵押当事人应当在抵押合同发生变更后十五日内。持有关文件申请变更登记。

第四十四条　土地使用权出租期间，租赁合同发生变更的，出租人和承租人应当在租赁合同发生变更后十五日内，持有关文件申请变更登记。

第四十五条　变更法律、行政法规规定需要登记的其他土地他项权利的，当事人应当在变更之日起十五日内，申请变更登记。

第四十六条　依法继承土地使用权和土地他项权利的，继承人应当在办理继承手续后三十日内，持有关证明文件申请变更登记。

第四十七条　其他形式的土地使用权、所有权和土地他项权利变更，当事人应当在发生变更之日起三十日内，持有关证明文件申请变更登记。

第四十八条　土地使用者、所有者和土地他项权利者更改名称、地址和依法变更土地用途的，必须依照本章规定向土地管理部门申请登记。

第四十九条　土地使用者、所有者和土地他项权利者更改名称、地址的，应当在名称、地址发生变更之日起三十日内，持有关证明文件申请名称、地址变更登记。

第五十条　国有土地的用途发生变更的，土地使用者应当在批准变更之日起三十日内，持有关部门批准文件和原《国有土地使用证》申请土地用途变更登记。以出让方式取得国有土地使用权的用途发生变更的，土地使用者还应当提交签订的土地使用权出让合同变更协议或者重新签订的土地使用权出让合同。

第五十一条　农村集体所有土地进行农业结构调整涉及已登记地类变化的，集体土地所有者应当在农业结构调整后三十日内，持批准文件、《集体土地所有证》和《集体土地使用证》申请土地用途变更登记。

第五十二条　集体土地建设用地的用途发生变更的，土地使用者应当在接到有批准权的地方人民政府批准文件之日起三十日内，持批准文件和原《集体土地使用证》申请土地变更登记。

土地承包经营权物权法的规定

第一百二十四条　农村集体经济组织实行家庭承包经营为基础、统分结合的双层经营体制。

农民集体所有和国家所有由农民集体使用的耕地、林地、草地以及其他用于农业的土地，依法实行土地承包经营制度。

第一百二十五条　土地承包经营权人依法对其承包经营的耕地、林地、草地等享有占有、使用和收益的权利，有权从事种植业、林业、畜牧业等农业生产。

第一百二十六条　耕地的承包期为三十年。草地的承包期为三十年至五十年。林地的承包期为三十年至七十年；特殊林木的林地承包期，经国务院林业行政主管部门批准可以延长。

前款规定的承包期届满，由土地承包经营权人按照国家有关规定继续承包。

第一百二十七条　土地承包经营权自土地承包经营权合同生效时设立。

县级以上地方人民政府应当向土地承包经营权人发放土地承包经营权证、林权证、草原使用权证，并登记造册，确认土地承包经营权。

第一百二十八条　土地承包经营权人依照农村土地承包法的规定，有权将土地承包经营权采取转包、互换、转让等方式流转。流转的期限不得超过承包期的剩余期限。未经依法批准，不得将承包地用于非农建设。

第一百二十九条　土地承包经营权人将土地承包经营权互换、转让，当事人要求登记的，应当向县级以上地方人民政府申请土地承包经营权变更登记；未经登记，不得对抗善意第三人。

第一百三十条　承包期内发包人不得调整承包地。

因自然灾害严重毁损承包地等特殊情形，需要适当调整承包的耕地和草地的，应当依照农村土地承包法等法律规定办理。

第一百三十一条　承包期内发包人不得收回承包地。农村土地承包法等法律另有规定的，依照其规定。

第一百三十二条　承包地被征收的，土地承包经营权人有权依照本法第四十二条第二款的规定获得相应补偿。

第一百三十三条　通过招标、拍卖、公开协商等方式承包荒地等农村土地，依照农村土地承包法等法律和国务院的有关规定，其土地承包经营权可以转让、入股、抵押或者以其他方式流转。

第一百三十四条　国家所有的农用地实行承包经营的，参照本法的有关规定。

土地物权权属争议的处理

第三十二条　物权受到侵害的，权利人可以通过和解、调解、仲裁、诉讼等途径解决。

第三十三条　因物权的归属、内容发生争议的，利害关系人可以请求确认权利。

土地承包经营纠纷的处理

《中华人民共和国农村土地承包法》第五十一条　因土地承包经营发生纠纷的，双方当事人可以通过协商解决，也可以请求村民委员会、乡（镇）人民政府等调解解决。

当事人不愿协商、调解或者协商、调解不成的，可以向农村土地承包仲裁机构申请仲裁，也可以直接向人民法院起诉。

第五十二条　当事人对农村土地承包仲裁机构的仲裁裁决不服的，可以在收到裁决书之日起三十日内向人民法院起诉。逾期不起诉的，裁决书即发生法律效力。

土地权属争议的调查与处理

《土地权属争议调查处理办法》第二条　本办法所称土地权属争议，是指土地所有权或者使用权归属争议。

第三条　调查处理土地权属争议，应当以法律、法规和土地管理规章为依据。从实际出发，尊重历史，面对现实。

第五条　个人之间、个人与单位之间、单位与单位之间发生的争议案件，由争议土地所在地的县级国土资源行政主管部门调查处理。

前款规定的个人之间、个人与单位之间发生的争议案件，可以根据当事人的申请，由乡级人民政府受理和处理。

第六条　设区的市、自治州国土资源行政主管部门调查处理下列争议案件：（一）跨县级行政区域的；（二）同级人民政府、上级国土资源行政主管部门交办或者有关部门转送的。

第七条　省、自治区、直辖市国土资源行政主管部门调查处理下列争议案件：（一）跨设区的市、自治州行政区域的；（二）争议一方为中央国家机关或者其直属单位，且涉及土地面积较大的；（三）争议一方为军队，且涉及土地面积较大的；（四）在本行政区域内有较大影响的；（五）同级人民政府、国土资源部交办或者有关部门转送的。

第八条　国土资源部调查处理下列争议案件：（一）国务院交办的；（二）在全国范围内有重大影响的。

第九条　当事人发生土地权属争议，经协商不能解决的，可以依法向县级以上人民政府或者乡级人民政府提出处理申请，也可以依照本办法第五、六、七、八条的规定，向有关的国土资源行政主管部门提出调查处理申请。

第十条　申请调查处理土地权属争议的，应当符合下列条件：（一）申请人与争议的土地有直接利害关系；（二）有明确的请求处理对象、具体的处理请求和事实根据。

第十三条　对申请人提出的土地权属争议调查处理的申请，国土资源行政主管部门应当依照本办法第十条的规定进行审查，并在收到申请书之日起7个工作日内提出是否受理的意见。

认为应当受理的，在决定受理之日起5个工作日内将申请书副本发送被申请人。被申请人应当在接到申请书副本之日起30日内提交答辩书和有关证据材料。逾期不提交答辩书的，不影响案件的处理。

认为不应当受理的，应当及时拟定不予受理建议书，报同级人民政府作出不予受理决定。

当事人对不予受理决定不服的，可以依法申请行政复议或者提起行政诉讼。

同级人民政府、上级国土资源行政主管部门交办或者有关部门转办的争议案件，按照本条有关规定审查处理。

第十四条　下列案件不作为争议案件受理：（一）土地侵权案件；（二）行政区域边界争议案件；（三）土地违法案件；（四）农村土地承包经营权争议案件；（五）其他不作为土地权属争议的案件。

第二十二条　在土地所有权和使用权争议解决之前，任何一方不得改变土地利用的现状。

第二十三条　国土资源行政主管部门对受理的争议案件，应当在查清事实、分清权属关系的基础上先行调解，促使当事人以协商方式达成协议。

调解应当坚持自愿、合法的原则。

第二十四条　调解达成协议的，应当制作调解书。调解书应当载明以下内容：（一）当事人的姓名或者名称、法定代表人姓名、职务；（二）争议的主要事实；（三）协议内容及其他有关事项。

第二十五条　调解书经双方当事人签名或者盖章，由承办人署名并加盖国土资源行政主管部门的印章后生效。生效的调解书具有法律效力，是土地登记的依据。

第二十六条　国土资源行政主管部门应当在调解书生效之日起15日内，依照民事诉讼法的有关规定，将调解书送达当事人，并同时抄报上一级国土资源行政主管部门。

第二十七条　调解未达成协议的，国土资源行政主管理部门应当及时提出调查处理意见，报同级人民政府作出处理决定。

第二十八条　国土资源行政主管部门应当自受理土地权属争议之日起6个月内提出调查处理意见。因情况复杂，在规定时间内不能提出调查处理意见的，经该国土资源行政主管部门的主要负责人批准，可以适当延长。

第三十条　国土资源行政主管部门提出调查处理意见后，应当在5个工作日内报送同级人民政府，由人民政府下达处理决定。

国土资源行政主管部门的调查处理意见在报同级人民政府的同时，抄报上一级国土资源行政主管部门。

第三十一条　当事人对人民政府作出的处理决定不服的，可以依法申请行政复议或者提起行政诉讼。

在规定的时间内，当事人既不申请行政复议，也不提起行政诉讼，处理决定即发生法律效力。

生效的处理决定是土地登记的依据。

土地权属的行政复议

《国土资源行政复议规定》 第二条　公民、法人或者其他组织认为土地行政主管部门和地质矿产主管部门的具体行政行为侵犯其合法权益，依法申请行政复议，土地行政主管部门、地质矿产主管部门受理行政复议申请、作出行政复议决定，适用本规定。

第四条　本规定所称国土资源行政复议机关（以下简称复议机关），是指依照行政复议法的规定履行行政复议职责的县级以上人民政府土地行政主管部门、地质矿产主管部门。

第九条　有下列情形之一的，公民、法人或者其他组织可以依照本规定申请行政复议：

（一）对警告、罚款、没收违法所得、拆除违法建筑、没收违法建筑或者非法采出的矿产品、吊销勘查许可证或者采矿许可证、责令交还土地、责令停止开采、责令停产整顿、无偿收回土地使用权等行政处罚决定不服的；

（二）对查封、扣押财产等行政强制措施不服的；

（三）对有关许可证、资质证、资格证等证书的变更、中止、撤销、注销的决定不服的；

（四）对有关法律、法规规定由土地行政主管部门确认土地他项权利的决定不服或者对地质矿产主管部门审批颁发勘查许可证、采矿许可证的行为不服的；

（五）认为违法集资、征收财物、摊派费用、征收费用或者违法要求履行其他义务的；

（六）认为符合法定条件，申请颁发许可证、资质证、资格证等证书，或者申请审批、登记有关事项，土地行政主管部门、地质矿产主管部门没有依法办理的；

（七）认为其他具体行政行为侵犯其合法权益的。

第十条　公民、法人或者其他组织认为土地行政主管部门、地质矿产主管部门的具体行政行为所依据的下列规定不合法，在对具体行政行为提起行政复议申请时，可以一并提出对该规定的审查申请：

（一）国土资源部和国务院其他部门的规定；

（二）县级以上地方人民政府、县级以上土地行政主管部门、地质矿产主管部门以及县级以上地方人民政府其他部门的规定；

（三）乡、镇人民政府的规定。

前款所列规定不含规章。

耕地保护规定

《中华人民共和国物权法》第四十三条　国家对耕地实行特殊保护，严格限制农用地转为建设用地，控制建设用地总量。不得违反法律规定的权限和程序征收集体所有的土地。

第一百二十五条　土地承包经营权人依法对其承包经营的耕地、林地、草地等享有占有、使用和收益的权利，有权从事种植业、林业、畜牧业等农业生产。

第一百二十八条　土地承包经营权人依照农村土地承包法的规定，有权将土地承包经营权采取转包、互换、转让等方式流转。流转的期限不得超过承包期的剩余期限。未经依法批准，不得将承包地用于非农建设。

耕地占用限制规定

《中华人民共和国土地管理法实施条例》第十六条　在土地利用总体规划确定的城市和村庄、集镇建设用地范围内，为实施城市规划和村庄、集镇规划

占用耕地，以及在土地利用总体规划确定的城市建设用地范围外的能源、交通、水利、矿山、军事设施等建设项目占用耕地的，分别由市、县人民政府、农村集体经济组织和建设单位依照《土地管理法》第三十一条的规定负责开垦耕地；没有条件开垦或者开垦的耕地不符合要求的，应当按照省、自治区、直辖市的规定缴纳耕地开垦费。

国有荒山、荒地、荒滩的开发

《中华人民共和国土地管理法实施条例》第十七条　禁止单位和个人在土地利用总体规划确定的禁止开垦区内从事土地开发活动。

《国务院办公厅关于进一步做好治理开发农村“四荒”资源工作的通知》

一、在“四荒”使用权承包、租赁或拍卖前，必须做好“四荒”界定、确权等基础性工作

（一）根据新修订的《中华人民共和国土地管理法》的规定，“四荒”属于“未利用地”。各级人民政府要据此严格界定“四荒”范围和土地类型，确定权属。承包、租赁或拍卖使用权的“四荒”地必须是农村集体经济组织所有的、未利用的土地。耕地、林地、草原以及国有未利用土地不得作为农村“四荒”。

“四荒”界定必须通过政府组织土地行政主管部门会同有关部门编制土地分类和划定土地利用区规划。在根据土地区位和利用条件确定“四荒”具体的治理开发方向后，再进行使用权承包、租赁或拍卖。待“四荒”完成初步治理后，根据其主导经营内容，依法分别由县级以上人民政府发放土地证、林权证、草原证或养殖使用证等相应的权属证明，对“四荒”治理开发工作实行依法管理。

（二）权属不明确、存在争议的未利用土地，由县级以上人民政府依法确认权属；在问题没有解决前，不得将其作为“四荒”进行使用权承包、租赁或拍卖。

（三）对“四荒”一般应先承包、租赁或拍卖使用权，后进行治理。但对一些条件差、群众单户治理有困难的“四荒”，可先由集体经济组织作出规划并完成初步治理后，再将其使用权承包、租赁或拍卖给个人进行后续治理开发和管护。

（四）对在“四荒”使用权的承包、租赁或拍卖中涉及的“两山”（自留山、责任山）问题，应慎重处理。“两山”是林地的组成部分，不在“四荒”之列。对承包后长期没有得到治理的责任山可由集体收回使用权，另行承包、租赁或拍卖，但要重新签订合同并办理林权变更登记手续。

二、对“四荒”使用权承包、租赁或拍卖必须严格按程序规范进行，并切实保护治理开发者的合法权益

（一）农村集体经济组织内的农民都有参与治理开发“四荒”的权利，同时积极支持和鼓励社会单位和个人参与。在同等条件下，本集体经济组织内的农民享有优先权。

（二）农村“四荒”资源属当地农民群众集体所有，农村集体经济组织在实施承包、租赁或拍卖“四荒”使用权之前，必须坚持公开、公平、自愿、公正的原则，充分发扬民主，广泛征求群众意见，应成立由村民代表参加的工作小组，拟订方案，要规定治理开发“四荒”的范围、期限、方式（承包、租赁、拍卖等）与程序、估价标准，明确治理开发的内容和要求等，经村民会议或者村民代表大会讨论通过。依照有关土地管理的法律、法规须报经县级以上人民政府批准的，应办理有关批准手续。如果承包、租赁或拍卖对象是本集体经济组织以外的单位或者个人，必须经村民会议三分之二以上成员或者三分之二以上村民代表的同意。

（三）承包、租赁或拍卖“四荒”使用权，农村集体经济组织要与对方签订合同或协议。合同或协议的内容应符合国家有关法律法规，并应依法明确双方的权利、义务和违约责任。合同和协议经县级人民政府批准生效后，双方都应认真履行。农村集体经济组织不得因负责人的变动而随意变更合同内容或解除合同。采取拍卖方式的，要标定拍卖底价，实行公开竞价。“四荒”使用权承包、租赁或拍卖的期限最长不得超过50年。

（四）要严格执行谁治理、谁管护、谁受益的>策，切实保护治理开发者的合法权益。治理开发者在规定的承包、租赁或拍卖期限内享有“四荒”使用权。“四荒”使用权受法律保护，依法享有继承、转让（租）、抵押或参股联营的权利。要广泛宣传教育，增强干部群众的法制观念，提高其维护治理开发者利益的自觉性。执法部门要及时依法处理和打击各类损害、破坏、侵犯治理开发成果的行为。

三、建立稳定的投入机制，加强对“四荒”使用权承包、租赁或拍卖资金的管理

为了加快“四荒”治理开发进程，必须调动广大农民和社会各方面的积极性，坚持国家、地方、集体和个人一起上，多>道、多层次筹集资金。各级政府要逐步增加财政对治理开发“四荒”的支持，引导信贷资金、社会资金更多地投向治理开发“四荒”。国家预算内生态建设资金、农业综合开发资金、扶贫资金、以工代赈资金，以及水利、林业、农业等方面资金使用，应统筹安排，把治理开发农村“四荒”作为一项重要内容，有些资金可以直接支持到户。银行、信用社要在加强管理、保证资金回收的基础上增加“四荒”治理开发的贷款，期限应长一些。

收取的承包、租赁或拍卖资金实行村有乡管，可专户储存在农村信用社，由乡镇农村集

体资产管理机构代管。资金使用由农村集体经济组织决定，并实行账目公开，只能用于“四荒”范围内的水利设施建设、植树造林种草和小型农田建设等，任何单位和个人不得平调、挪用，不准用于非生产性开支，更不准平分到户。要建立严格的资金使用申报和管理监督制度。收取的资金要列入农村集体资产管理，资金的使用情况要定期向群众公布，乡镇农村集体经济审计机构要进行专项审计，对违反规定的要坚决纠正，对贪污、挪用的要依法追究责任。

四、因地制宜制定“四荒”治理开发规划，加强监督检查

“四荒”治理开发必须以保护和改善生态环境、防止水土流失和土地荒漠化为主要目标，以植树种草为重点，合理安排农、林、牧、副、渔各业生产，具体按照土地利用总体规划进行。要依照《中华人民共和国土地管理法》、《中华人民共和国水土保持法》、《中华人民共和国森林法》等有关法律法规，对“四荒”资源治理开发实施用途管制。各地要在土地利用总体规划的控制和指导下，抓紧制定“四荒”治理开发实施计划，提出鼓励、适度限制和禁止发展的项目。

对位于江河源头、干支流两侧、>库周围、石质山区、风沙干旱区、高山陡坡地带、山脉顶脊部位、生物多样性丰富地区和其他生态环境脆弱地区适宜植树种草的“四荒”地，要大力植树种草。对长江上游、黄河中上游重点生态治理区，要采取封山育林种草为主、人工促进天然更新与人工造林相结合的方式，配套节水工程等综合水利设施建设，全面恢复和建设林草植被。

对东北、华北、西北沙化地区，实行分类防治。将目前尚无治理条件的大漠戈壁划为封禁区，实施封禁，防止人为因素使其扩大蔓延；将有条政治理或利用过度造成沙化的区域划为治理区，以培育和保护林草植被为中心，配套水利工程措施实施综合治理；将已开发利用，但有沙化危险的区域划为保护利用区，实施监测管理，防止退化为新的“沙荒”。

要充实和加强监督执法力量，加大监督检查和执法力度，搞好“四荒”治理开发全过程的监管，保证治理开发目标的实现。有关部门和农村集体经济组织应定期对“四荒”的治理开发情况和进度进行检查，对治理开发中的各种违法违规行为，要依法进行处罚。对于治理进展缓慢，未达到合同或协议规定进度的，要提出限期治理的要求；对于长期违约不治理开发的，可以收回使用权。对于毁坏林草植被种植农作物和其他掠夺式开发造成水土流失的，破坏道路和农田水利、水土保持工程设施的，以及将“四荒”改作非农用途的，要限期改正，否则收回其使用权，并依法予以处罚。

五、加强部门协作，落实管理责任

治理开发农村“四荒”工作，包括水土保持、造林种草、土地承包等多项内容，涉及国

土资源、水利、农业、林业等多个部门，地方各级政府要高度重视这项工作，切实加强领导，搞好统筹协调，不断研究新情况，解决新问题，总结新经验。这项工作的归口管理部门，由各省、自治区、直辖市人民政府根据实际情况确定。国务院有关部门应根据职能分工，落实各自的管理责任，通力合作，加强对治理开发农村"四荒"资源工作的业务、指导、监督和管理，及时帮助解决农民和其他治理者在开发治理中遇到的困难，保证"四荒"的承包、租赁或拍卖与治理开发工作健康、有序进行。水利部门要做好"四荒"治理中的水土保持方面的工作，协调水土流失的综合治理，研究制定水土保持的工程措施规划并组织实施。林业部门要做好以生物措施防治水土流失方面的工作，制定宜林"四荒"地造林绿化规划，进一步加强树种的基础研究工作，组织种苗供应、给予技术指导并组织实施，依法对宜林"四荒"地确权发证。土地部门要会同有关部门进一步依法做好"四荒"的范围、土地类型界定、"四荒"开发利用规划，办理使用"四荒"的土地登记和土地开发审批等有关手续。农业部门要做好"四荒"开发中的保土耕作措施，开展农业技术、信息等方面的业务。

建设用地使用权的审批

《中华人民共和国土地管理法实施条例》第二十一条　具体建设项目需要使用土地的，建设单位应当根据建设项目的总体设计一次申请，办理建设用地

审批手续；分期建设的项目，可以根据可行性研究报告确定的方案分期申请建设用地，分期办理建设用地有关审批手续。

第二十二条　具体建设项目需要占用土地利用总体规划确定的城市建设用地范围内的国有建设用地的，按照下列规定办理：

（一）建设项目可行性研究论证时，由土地行政主管部门对建设项目用地有关事项进行审查，提出建设项目用地预审报告；可行性研究报告报批时，必须附具土地行政主管部门出具的建设项目用地预审报告。

（二）建设单位持建设项目的有关批准文件，向市、县人民政府土地行政主管部门提出建设用地申请，由市、县人民政府土地行政主管部门审查，拟订供地方案，报市、县人民政府批准；需要上级人民政府批准的，应当报上级人民政府批准。

（三）供地方案经批准后，由市、县人民政府向建设单位颁发建设用地批准书。有偿使用国有土地的，由市、县人民政府土地行政主管部门与土地使用者签订国有土地有偿使用合同；划拨使用国有土地的，由市、县人民政府土地行政主管部门向土地使用者核发国有土地划拨决定书。

（四）土地使用者应当依法申请土地登记。通过招标、拍卖方式提供国有建设用地使用权的，由市、县人民政府土地行政主管部门会同有关部门拟订方案，报市、县人民政府批准后，由市、县人民政府土地行政主管部门组织实施，并与土地使用者签订土地有偿使用合同。土地使用者应当依法申请土地登记。

农用地转建设用地的规定

《中华人民共和国土地管理法实施条例》第十九条　建设占用土地，涉及农用地转为建设用地的，应当符合土地利用总体规划和土地利用年度计划中确定的农用地转用指标；城市和村庄、集镇建设占用土地，涉及农用地转用的，还应当符合城市规划和村庄、集镇规划。不符合规定的，不得批准农用地转为建设用地。

第二十条　在土地利用总体规划确定的城市建设用地范围内，为实施城市规划占用土地的，按照下列规定办理：

（一）市、县人民政府按照土地利用年度计划拟订农用地转用方案、补充耕地方案、征用土地方案，分批次逐级上报有批准权的人民政府。

（二）有批准权的人民政府土地行政主管部门对农用地转用方案、补充耕地方案、征用土地方案进行审查，提出审查意见，报有批准权的人民政府批准；其中，补充耕地方案由批准农用地转用方案的人民政府在批准农用地转用方案时一并批准。

（三）农用地转用方案、补充耕地方案、征用土地方案经批准后，由市、县人民政府组织实施，按具体建设项目分别供地。

在土地利用总体规划确定的村庄、集镇建设用地范围内，为实施村庄、集镇规划占用土地的，由市、县人民政府拟订农用地转用方案、补充耕地方案，依照前款规定的程序办理。

第二十三条　具体建设项目需要使用土地的，必须依法申请使用土地利用总体规划确定的城市建设用地范围内的国有建设用地。能源、交通、水利、矿山、军事设施等建设项目确需使用土地利用总体规划确定的城市建设用地范围外的土地，涉及农用地的，按照下列规定办理：

（一）建设项目可行性研究论证时，由土地行政主管部门对建设项目用地有关事项进行审查，提出建设项目用地预审报告；可行性研究报告报批时，必须附具土地行政主管部门出具的建设项目用地预审报告。

（二）建设单位持建设项目的有关批准文件，向市、县人民政府土地行政主管部门提出建设用地申请，由市、县人民政府土地行政主管部门审查，拟订农用地转用方案、补充耕地方案、征用土地方案和供地方案（涉及国有农用地的，不拟订征用土地方案），经市、县人民政府审核同意后，逐级上报有批准权的人民政府批准；其中，补充耕地方案由批准农用地转用方案的人民政府在批准农用地转用方案时一并批准；供地方案由批准征用土地的人民政府在批准征用土地方案时一并批准（涉及国有农用地的，供地方案由批准农用地转用的人民政府在批准农用地转用方案时一并批准）。

（三）农用地转用方案、补充耕地方案、征用土地方案和供地方案经批准后，由市、县人民政府组织实施，向建设单位颁发建设用地批准书。有偿使用国有土地的，由市、县人民政府土地行政主管部门与土地使用者签订国有土地有偿使用合同；划拨使用国有土地的，由市、县人民政府土地行政主管部门向土地使用者核发国有土地划拨决定书。

（四）土地使用者应当依法申请土地登记。

建设项目确需使用土地利用总体规划确定的城市建设用地范围外的土地，涉及农民集体所有的未利用地的，只报批征用土地方案和供地方案。

土地征收征用制度

《中华人民共和国物权法》第四十二条　为了公共利益的需要，依照法律规定的权限和程序可以征收集体所有的土地和单位、个人的房屋及其他不动产。

征收集体所有的土地，应当依法足额支付土地补偿费、安置补助费、地上附着物和青苗的补偿费等费用，安排被征地农民的社会保障费用，保障被征地农民的生活，维护被征地农民的合法权益。

征收单位、个人的房屋及其他不动产，应当依法给予拆迁补偿，维护被征收人的合法权益；征收个人住宅的，还应当保障被征收人的居住条件。

任何单位和个人不得贪污、挪用、私分、截留、拖欠征收补偿费等费用。

第一百二十一条　因不动产或者动产被征收、征用致使用益物权消灭或者影响用益物权行使的，用益物权人有权依照本法第四十二条、第四十四条的规定获得相应补偿。

第一百三十九条　设立建设用地使用权的，应当向登记机构申请建设用地使用权登记。建设用地使用权自登记时设立。登记机构应当向建设用地使用权人发放建设用地使用权证书。

第一百四十条　建设用地使用权人应当合理利用土地，不得改变土地用途；需要改变土地用途的，应当依法经有关行政主管部门批准。

第一百四十八条　建设用地使用权期间届满前，因公共利益需要提前收回该土地的，应当依照本法第四十二条的规定对该土地上的房屋及其他不动产给予补偿，并退还相应的出让金。

征地补偿标准

《中华人民共和国土地管理实施条例》第二十五条　征用土地方案经依法批准后，由被征用土地所在地的市、县人民政府组织实施，并将批准征地机关、批准文号、征用土地的用途、范围、面积以及征地补偿标准、农业人员安置办法和办理征地补偿的期限等，在被征用土地所在地的乡（镇）、村予以公告。

被征用土地的所有权人、使用权人应当在公告规定的期限内，持土地权属证书到公告指定的人民政府土地行政主管部门办理征地补偿登记。

市、县人民政府土地行政主管部门根据经批准的征用土地方案，会同有关部门拟订征地补偿、安置方案，在被征用土地所在地的乡（镇）、村予以公告，听取被征用土地的农村集体经济组织和农民的意见。征地补偿、安置方案报市、县人民政府批准后，由市、县人民政府土地行政主管部门组织实施。对补偿标准有争议的，由县级以上地方人民政府协调；协调不成的，由批准征用土地的人民政府裁决。征地补偿、安置争议不影响征用土地方案的实施。

征用土地的各项费用应当自征地补偿、安置方案批准之日起3个月内全额支付。

第二十六条　土地补偿费归农村集体经济组织所有；地上附着物及青苗补偿费归地上附着物及青苗的所有者所有。

征用土地的安置补助费必须专款专用，不得挪作他用。需要安置的人员由农村集体经济组织安置的，安置补助费支付给农村集体经济组织，由农村集体经济组织管理和使用；由其他单位安置的，安置补助费支付给安置单位；

不需要统一安置的，安置补助费发放给被安置人员个人或者征得被安置人员同意后用于支付被安置人员的保险费用。

市、县和乡（镇）人民政府应当加强对安置补助费使用情况的监督。

土地安置补助费的标准

国土资源部关于贯彻执行《中华人民共和国土地管理法》和《中华人民共和国土地管理法实施条例》若干问题的意见五

《土地管理法》第四十七条第二款规定，“征用耕地的土地补偿费，为该耕地被征用前三年平均年产值的六至十倍”。这里的“该耕地”，是指实际征用的耕地数量。而“每一个需要安置的农业人口的安置补助费标准，为该耕地被征用前三年平均年产值的四到六倍”中的“该耕地”，则是指在被征用土地所在地，被征地单位平均每人占有的耕地数量。这样规定，是将每一个需要安置的农业人口的安置补助费与人均耕地面积挂钩，以被征用土地所在地的人均耕地的平均年产值的倍数计算安置补助费，从而使安置补助费标准的确定更加公平、合理，有利于保护农民利益，维护社会稳定。

征地补偿安置制度

《中华人民共和国土地管理实施条例》第二十五条　征用土地方案经依法批准后，由被征用土地所在地的市、县人民政府组织实施，并将批准征地机

关、批准文号、征用土地的用途、范围、面积以及征地补偿标准、农业人员安置办法和办理征地补偿的期限等，在被征用土地所在地的乡（镇）、村予以公告。

被征用土地的所有权人、使用权人应当在公告规定的期限内，持土地权属证书到公告指定的人民政府土地行政主管部门办理征地补偿登记。

市、县人民政府土地行政主管部门根据经批准的征用土地方案，会同有关部门拟订征地补偿、安置方案，在被征用土地所在地的乡（镇）、村予以公告，听取被征用土地的农村集体经济组织和农民的意见。征地补偿、安置方案报市、县人民政府批准后，由市、县人民政府土地行政主管部门组织实施。对补偿标准有争议的，由县级以上地方人民政府协调；协调不成的，由批准征用土地的人民政府裁决。征地补偿、安置争议不影响征用土地方案的实施。

征用土地的各项费用应当自征地补偿、安置方案批准之日起3个月内全额支付。

征地补偿安置方案及公告

《建设用地审查报批管理办法》第十九条　征用土地方案经依法批准后，市、县人民政府应当自收到批准文件之日起１０日内，在被征用土地所在地的乡、镇范围内，公告《土地管理法实施条例》第二十五条第一款规定的内容。

公告期满，市、县人民政府土地行政主管部门根据征用土地方案和征地补偿登记情况，拟订征地补偿、安置方案并在被征用土地所在地的乡、镇范围内公告。征地补偿、安置方案的内容，应当符合《土地管理法实施条例》第二十五条第三款的规定。

征地补偿、安置方案确定后，市、县人民政府土地行政主管部门应当依照征地补偿、安置方案向被征用土地的农村集体经济组织和农民支付土地补偿费、地上附着物和青苗补偿费，并落实需要安置农业人口的安置途径。

《征用土地公告办法》第八条征地补偿安置、方案公告应当包括下列内容：（一）本集体经济组织被征用土地的位置、地类、面积，地上附着物和青苗的种类、数量，需要安置的农业人口的数量；（二）土地补偿费的标准、数额、支付对象和支付方式；（三）安置补助费的标准、数额、支付对象和支付方式；（四）地上附着物和青苗的补偿标准和支付方式；（五）农业人员的具体安置途径；（六）其他有关征地补偿、安置的具体措施。

第九条　被征地农村集体经济组织、农村村民或者其他权利人对征地补偿、安置方案有不同意见的或者要求举行听证会的，应当在征地补偿、安置方案公告之日起10个工作日内向有关市、县人民政府土地行政主管部门提出。

第十条　有关市、县人民政府土地行政主管部门应当研究被征地农村集体经济组织、农村村民或者其他权利人对征地补偿、安置方案的不同意见。对当事人要求听证的，应当举行听证会。确需修改征地补偿、安置方案的，应当依照有关法律、法规和批准的征用土地方案进行修改。

有关市、县人民政府土地行政主管部门将征地补偿、安置方案报市、县人民政府审批时，应当附具被征地农村集体经济组织、农村村民或者其他权利人的意见及采纳情况，举行听证会的，还应当附具听证笔录。

第十一条　征地补偿、安置方案经批准后，由有关市、县人民政府土地行政主管部门组织实施。

第十二条　有关市、县人民政府土地行政主管部门将征地补偿、安置费用拨付给被征地农村集体经济组织后，有权要求该农村集体经济组织在一定时限内提供支付清单。

市、县人民政府土地行政主管部门有权督促有关农村集体经济组织将征地补偿、安置费用收支状况向本集体经济组织成员予以公布，以便被征地农村集体经济组织、农村村民或者其他权利人查询和监督。

第十三条　市、县人民政府土地行政主管部门应当受理对征用土地公告内容和征地补偿、安置方案公告内容的查询或者实施中问题的举报，接受社会监督。

第十四条　未依法进行征用土地公告的，被征地农村集体经济组织、农村村民或者其他权利人有权依法要求公告，有权拒绝办理征地补偿登记手续。未依法进行征地补偿、安置方案公告的，被征地农村集体经济组织、农村村民或者其他权利人有权依法要求公告，有权拒绝办理征地补偿、安置手续。

第十五条　因未按照依法批准的征用土地方案和征地补偿、安置方案进行补偿、安置引发争议的，由市、县人民政府协调；协调不成的，由上一级地方人民政府裁决。

征地补偿、安置争议不影响征用土地方案的实施。

土地使用权取得问题

《物权法》第一百三十七条　设立建设用地使用权，可以采取出让或者划拨等方式。

工业、商业、旅游、娱乐和商品住宅等经营性用地以及同一土地有两个以上意向用地者的，应当采取招标、拍卖等公开竞价的方式出让。

严格限制以划拨方式设立建设用地使用权。采取划拨方式的，应当遵守法律、行政法规关于土地用途的规定。

第一百三十八条　采取招标、拍卖、协议等出让方式设立建设用地使用权的，当事人应当采取书面形式订立建设用地使用权出让合同。

建设用地使用权出让合同一般包括下列条款：

（一）当事人的名称和住所；

（二）土地界址、面积等；

（三）建筑物、构筑物及其附属设施占用的空间；

（四）土地用途；

（五）使用期限；

（六）出让金等费用及其支付方式；

（七）解决争议的方法。

第一百四十一条　建设用地使用权人应当依照法律规定以及合同约定支付出让金等费用。

临时占用土地

《中华人民共和国土地管理实施条例》第二十六条　土地补偿费归农村集体经济组织所有；地上附着物及青苗补偿费归地上附着物及青苗的所有者所

有。征用土地的安置补助费必须专款专用，不得挪作他用。需要安置的人员由农村集体经济组织安置的，安置补助费支付给农村集体经济组织，由农村集体经济组织管理和使用；由其他单位安置的，安置补助费支付给安置单位；不需要统一安置的，安置补助费发放给被安置人员个人或者征得被安置人员同意后用于支付被安置人员的保险费用。

市、县和乡（镇）人民政府应当加强对安置补助费使用情况的监督。

第二十七条　抢险救灾等急需使用土地的，可以先行使用土地。其中，属于临时用地的，灾后应当恢复原状并交还原土地使用者使用，不再办理用地审批手续；属于永久性建设用地的，建设单位应当在灾情结束后6个月内申请补办建设用地审批手续。土地使用权的保护与回收

《物权法》第四条　国家、集体、私人的物权和其他权利人的物权受法律保护，任何单位和个人不得侵犯。

第四十二条　为了公共利益的需要，依照法律规定的权限和程序可以征收集体所有的土地和单位、个人的房屋及其他不动产。

征收集体所有的土地，应当依法足额支付土地补偿费、安置补助费、地上附着物和青苗的补偿费等费用，安排被征地农民的社会保障费用，保障被征地农民的生活，维护被征地农民的合法权益。

征收单位、个人的房屋及其他不动产，应当依法给予拆迁补偿，维护被征收人的合法权益；征收个人住宅的，还应当保障被征收人的居住条件。

任何单位和个人不得贪污、挪用、私分、截留、拖欠征收补偿费等费用。

第一百四十八条　建设用地使用权期间届满前，因公共利益需要提前收回该土地的，应当依照本法第四十二条的规定对该土地上的房屋及其他不动产给予补偿，并退还相应的出让金。

土地回收的注销登记

《中华人民共和国土地管理法实施条例》第七条　依照《土地管理法》的有关规定，收回用地单位的土地使用权的，由原土地登记机关注销土地登记。

土地使用权有偿使用合同约定的使用期限届满，土地使用者未申请续期或者虽申请续期未获批准的，由原土地登记机关注销土地登记。

可以收回国有土地使用权的情形

《土地管理法》第五十八条有下列情形之一的，由有关人民政府土地行政主管部门报经原批准用地的人民政府或者有批准权的人民政府批准，可以收回国有土地使用权：

（一）为公共利益需要使用土地的；

（二）为实施城市规划进行旧城区改建，需要调整使用土地的；

（三）土地出让等有偿使用合同约定的使用期限届满，土地使用者未申请续期或者申请续期未获批准的；

（四）因单位撤销、迁移等原因，停止使用原划拨的国有土地；

（五）公路、铁路、机场、矿场等经核准报废的。

依照前款第（一）项、第（二）项的规定收回国有土地使用权的，对土地使用权人应当给予适当补偿。

非法批准占用土地的法律责任

《刑法》第四百一十条国家机关工作人员徇私舞弊，违反土地管理法规，滥用职权，非法批准征用、占用土地，或者非法低价出让国有土地使用权，情节严重的，处三年以下有期徒刑或者拘役；致使国家或者集体利益遭受特别重大损失的，处三年以上七年以下有期徒刑。

图书在版编目（CIP）数据

村镇干部法律工作手册：全2册 / 张志杰等主编.
—太原：山西人民出版社，2011.7
ISBN 978-7-203-07282-9

Ⅰ.①村… Ⅱ.①张… Ⅲ.①法律—中国—手册
Ⅳ.①D920.9

中国版本图书馆CIP数据核字（2011）第114891号

村镇干部法律工作手册：全2册

主　　编：张志杰
责任编辑：傅晓红

出 版 者：山西出版集团·山西人民出版社
地　　址：太原市建设南路21号
邮　　编：030012
发行营销：0351-4922220　4955996　4956039
0351-4922127（传真）　4956038（邮购）
E-mail：sxskcb@163.com　发行部
sxskcb@126.com　总编室
网　　址：www.sxskcb.com

经 销 者：山西出版集团·山西人民出版社
承 印 者：山西出版集团·山西省美术印务有限责任公司

开　　本：787mm×1092mm　1/16
印　　张：88.5
字　　数：1500千字
印　　数：1—5000册
版　　次：2011年7月　第1版
印　　次：2011年7月　第1次印刷
书　　号：ISBN 978-7-203-07282-9
定　　价：328.00元（上、下）